और बाबासाहेब अम्बेडकर ने कहा...

3

और बाबासाहेब अम्बेडकर ने कहा...

डॉ. बाबासाहेब अम्बेडकर के आलेख एवं अभिभाषण

(1938-1944)

खण्ड : तीन

डॉ. भीमराव रामजी अम्बेडकर

अनुवादक/सम्पादक

डॉ. एल. जी. मेश्राम 'विमलकीर्ति'

राधाकृष्ण प्रकाशन

ISBN : 978-81-8361-205-0 (सेट)

और बाबासाहेब अम्बेडकर ने कहा...

पहला संस्करण : 2008
चौथा संस्करण : 2021
This book is printed on **Print on Demand** Technology : 2024

मूल्य : ₹5550
(छह खंडों का सेट)

प्रकाशक
राधाकृष्ण प्रकाशन प्राइवेट लिमिटेड
जी-17, जगतपुरी, दिल्ली-110 051

शाखाएँ : अशोक राजपथ, साइंस कॉलेज के सामने, पटना-800 006
पहली मंजिल, दरबारी बिल्डिंग, महात्मा गांधी मार्ग, प्रयागराज-211 001
1, अनमोल सोराबजी संतुक लेन, धोबी तलाव, मरीन लाइंस, मुम्बई-400 002
वेबसाइट : www.radhakrishnaprakashan.com
ई-मेल : info@radhakrishnaprakashan.com

AUR BABASAHEB AMBEDKAR NE KAHA... (Vol. 3)
Transleted and Edited by Dr. L. G. Meshram 'Vimalkirti'

TANNA RADIO
TEL 42497

containing full record of the speeches proceedings and the Resolution This must be attended to immediately. Indeed it must be treated as urgent. The Reception Committee must have some balance left which it should keep for meeting the expenses of printing the Report. If there is no balance left fresh subscription must be raised. There must be no delay in printing.

I am writing to Shiva Rao to help you. Please send me a copy of the

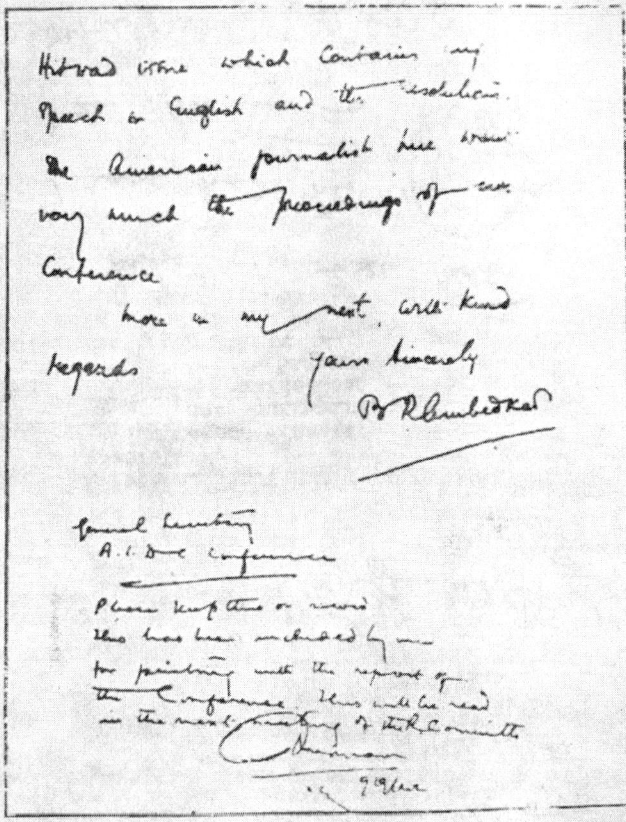

Hitvad issue which contains my
speech in English and the resolutions.
The American journalist here was [illegible]
very much the proceedings of the
Conference.

More in my next. With kind
regards

Yours sincerely

B R Ambedkar

General Secretary
A.I.D.C. Conference

Please keep this on record
this has been included by me
for printing with the report of
the Conference. This will be read
in the next meeting of the R. Committee

[illegible]

9/9/42

प्रकाशकीय

दलित चेतना के अग्रदूत बाबासाहेब अम्बेडकर की क्रान्तिमूलक प्रेरणाओं से सारा विश्व परिचित है। आधुनिक भारत के इतिहास में जिन महापुरुषों के शब्द हमारी अमूल्य थाती हैं, उनमें डॉ. अम्बेडकर पहली पंक्ति में आते हैं। वर्ण-व्यवस्था के दुष्चक्र में फंसे भारतीय समाज के एक बड़े हिस्से को बाबासाहेब ने जिस तरह आत्मसम्मान की राह दिखाई, उससे साबित होता है कि वे सचमुच एक युगद्रष्टा थे। अपनी गहरी विश्लेषणात्मक दृष्टि और स्वानुभूत पीड़ा के मेल से उन्होंने जो बल दलित-दमित जातियों को दिया, वह आगे चलकर युग-प्रवर्तक सिद्ध हुआ।

अपने आलेखों, भाषणों और टिप्पणियों में उन्होंने बार-बार ब्राह्मणवाद की जड़ पर प्रहार किया और समाज का ध्यान उस अन्याय की तरफ दिलाया जिसे लोग सदियों से स्वाभाविक और प्राकृतिक मानते आ रहे थे। आज भी उनके शब्दों की महत्ता और प्रासंगिकता घटी नहीं है, क्योंकि अनेक कारणों से आज भी यह अन्याय भारत में मौजूद है, और इसीलिए अम्बेडकर साहित्य को बार-बार पढ़ने की जरूरत है।

और बाबासाहेब अम्बेडकर ने कहा... के ये पाँच खण्ड इसी उद्देश्य को ध्यान में रखकर प्रकाशित किए जा रहे हैं। इन खण्डों में डॉ. अम्बेडकर के लेखों, अभिलेखों और भाषणों को सिलसिलेवार ढंग से संकलित किया गया है। विद्वान सम्पादक डॉ. विमलकीर्ति द्वारा संकलित/अनूदित यह प्रामाणिक और अभी तक हिन्दी में अनुपलब्ध सामग्री समकालीन पाठकों को चिंतन के लिए प्रेरित करेगी तथा वर्तमान समाज-व्यवस्था और दलित चेतना के नवीन उत्कर्ष को नई रोशनी प्रदान करेगी, ऐसा हमारा विश्वास है।

—अशोक महेश्वरी

भूमिका

डॉ. बाबासाहेब अम्बेडकर के आलेखों और अभिभाषणों का यह तीसरा खंड है। इस खंड में उनके सन् 1938 से सन् 1944 तक के आलेखों और अभिभाषणों को संग्रहित किया गया है। भारतीय राजनीति की दृष्टि से भी इस समय का बहुत ही महत्त्व है। हम यह अनुभव करते हैं कि इन दिनों में भारत की आजादी की लड़ाई काफी तेज होती दिखाई देती है। भारत के विभिन्न जाति, जमात, धर्म और सम्प्रदाय के लोग और उनके नेता एवं संगठन अपने-अपने समाज के और धर्म के लोगों के राजनीतिक अधिकारों को प्राप्त कर सुरक्षित रखने का प्रयास करते हुए दिखाई देते हैं। लेकिन दलित जातियाँ हिन्दू धर्म और समाज का अंग माने जाने की वजह से उनके राजनीतिक हक़ों की किसी को कोई चिन्ता नहीं थी। यही स्थिति आदिवासी लोगों की थी।

उस समय स्वतन्त्र होनेवाले भारत में सिख धर्म के लोग अपने राजनीतिक अधिकारों की माँग कर रहे थे, मुस्लिम नेता मुसलमानों के राजनीतिक अधिकारों की माँग कर रहे थे, एंग्लो-इंडियन अपने राजनीतिक अधिकार सुनिश्चित करना चाहते थे और तथाकथित हिन्दू नाम पर सवर्ण हिन्दू और खासतौर पर उच्चजातिय और उच्चवर्गीय हिन्दू स्वतन्त्र भारत की राजनीतिक सत्ता को हड़पना चाहते थे ऐसे समय में डॉ. अम्बेडकर ने अपनी 'स्वतन्त्र मजदूर पार्टी' को बर्खास्त करके दलित जातियों के और आदिवासी जनजातियों के स्वतन्त्र राजनीतिक अधिकारों की ओर वह भी संवैधानिक राजनीतिक अधिकारों की बात की थी। इसके लिए उन्होंने सबसे पहले इस सिद्धान्त को स्थापित किया था कि भारत की अछूत-दलित जातियाँ और जनजातियाँ हिन्दू नहीं हैं और उनको किसी भी रूप में हिन्दू नहीं माना जाना चाहिए। अन्य धार्मिक सम्प्रदाय के लोगों की तरह उनके भी राजनीतिक अधिकार स्वतन्त्र और विशेष होने चाहिए। इसके लिए उन्होंने सन् 1942 में नागपुर में सम्पूर्ण देश के दलितों की एक प्रातिनिधिक महापरिषद् आयोजित की थी और उसमें उन्होंने 'अखिल भारतीय दलित वर्गीय परिषद्' (ऑल इंडिया शैड्यूल्ड कॉस्ट फैडरेशन) की स्थापना की थी। इस तरह के अनेकों महत्त्वपूर्ण विचार इस खंड में हैं।

इसके साथ-साथ प्रस्तुत खंड में दलितों के दोस्त और दुश्मन कौन हैं इस पर डॉ. अम्बेडकर के महत्त्वपूर्ण विचार हैं। राष्ट्रीय एकता, धर्मान्तरण, मजदूरों के दुश्मन ब्राह्मणशाही और पूँजीवाद, देवधर्म, स्वाभिमान और स्वावलम्बन, दलित जातियाँ, वोटों का महत्त्व, जनप्रतिनिधि, हक़ पाने के लिए कुर्बानी देने की तैयारी आदि महत्त्वपूर्ण

विषयों पर डॉ. अम्बेडकर के मौलिक विचार इस खंड की विशेषता हैं। उनके विचारों में व्यक्त कई मौलिक संकल्पनाएँ इस खंड में आई हुई हैं। इस खंड में संग्रहित डॉ. अम्बेडकर के अभिभाषण हजारों, लाखों दलित नारी और पुरुषों की उपस्थिति में दिए गए व्याख्यान हैं। डॉ. अम्बेडकर के व्याख्यानों की विशेषता यह है कि वे किसी भी सवाल की चर्चा अपने व्याख्यान में बड़े विस्तार के साथ करते थे। उनके व्याख्यानों में भावनात्मकता की अपेक्षा विचारों को ज्यादा महत्त्व होता था। वे जो भी कहते थे उसके लिए वे जीवन की, समाज की वास्तविकता से उदाहरण देते थे। धर्मग्रन्थों के भी उदाहरण देते थे। वे बगैर आधार के कभी बोलते नहीं थे। उसी प्रकार वे स्पष्ट रूप से बोलने में और किसी की आलोचना करने में तनिक भी हिचकिचाते नहीं थे। दलितों के हितों के सामने, उनके कल्याण के सामने, उनके मानवी अधिकारों के सामने कोई नेता या देश भी बड़ा नहीं होता था। यही डॉ. अम्बेडकर के आलेखों और अभिभाषणों की विशेषता है।

इस खंड में डॉ. अम्बेडकर के बहुत ही महत्त्वपूर्ण आलेखों और अभिभाषणों को संकलित किया गया है। तत्कालीन भारत के सामाजिक, धार्मिक, राजनीतिक, आर्थिक, विधि तथा संवैधानिक विचारों को समझने के लिए डॉ. अम्बेडकर के इन अभिभाषणों और आलेखों का विशेष महत्त्व है तथा निश्चित ही इनसे समाज के सभी वर्गों को लाभ पहुँचेगा।

धन्यवाद।

नागपुर (महाराष्ट्र)

—डॉ. एल. जी. मेश्राम 'विमलकीर्ति'

अनुक्रम

सिर्फ धर्मान्तरण से नहीं, राजनीतिक आधार भी खोजना होगा

*नए साल के पहले दिन **1 जनवरी 1938** को सोलापुर में वहाँ के ईसाई समाज की ओर से डॉ. बाबासाहेब अम्बेडकर के व्याख्यान का आयोजन किया गया था। इस कार्यक्रम के अध्यक्ष थे रेव्हरन्ट गांगाधर राव जाधव। इस अवसर पर डॉ. अम्बेडकर ने अपने जीवन के बारे में बताते हुए कि वे आज की स्थिति में कैसे पहुँचे इसके बारे में बहुत सुन्दर ढंग से बताया। और अपने समाज के पतित होने के कारणों की चर्चा करते हुए उन्होंने कहा–*

चारो ओर अपने धर्मान्तरण की आलोचना हो रही है। इसका उदाहरण प्रिंसिपल अत्रे के 'वन्दे मातरम्' नाटक की एक घटना से समझाया जा सकता है। फिर भी हम लोग धर्मान्तरण के मकसद से बिल्कुल पीछे रहनेवाले नहीं हैं। वास्तव में धर्मान्तरण करनेवालों की अपने भारत देश में किसी ने प्रशंसा की है ऐसी कोई बात हमारी नजर में नहीं आई है।

आज दुनिया में विद्यमान प्रमुख धर्मों में से दो ही धर्म और उनमें से दो ही व्यक्ति धर्मान्तरण की दृष्टि से मेरे सामने हैं। उनमें से पहले व्यक्ति हैं बुद्ध और दूसरे हैं ईसा मसीह। मनुष्य की मनुष्य के प्रति क्या जिम्मेदारी है, मनुष्य की भगवान के प्रति क्या जिम्मेदारी है, बच्चे को बाप से कैसा बर्ताव करना चाहिए, सम्पूर्ण समाज में समानता, स्वतन्त्रता जिस धर्म में अनुभव की जा सकती है, इसी प्रकार का धर्म मुझे और मेरे अनुयायियों को चाहिए।

ईसाई मिशनरियों को लगता है कि हमने लोगों को ईसाई बना लिया तो हमारा काम खत्म हो गया। वे उनके राजनीतिक हक़ों के बारे में कुछ नहीं सोचते। मुझे ईसाई लोगों में यही एक बहुत बड़ा दोष दिखाई देता है। क्योंकि उन्होंने आज तक राजनीति में कोई ख़ास हस्तक्षेप नहीं किया है। किसी भी संस्था का यदि राजनीतिक आधार नहीं है तो वह बहुत दिनों तक टिक नहीं पाएगी। हम अछूत लोग अनपढ़, अज्ञानी हैं फिर भी हम आन्दोलन कर रहे हैं। और उसी की वजह से हमारे 15 प्रतिनिधि विधिमंडल में हैं। अछूत लोगों को सरकारी छात्रवृत्तियाँ मिल रही हैं। हमारे लड़के-लड़कियों के लिए

सरकार ने छात्रावास शुरू किए हैं। किन्तु ईसाई लोगों के लिए इस तरह से कुछ भी नहीं है। कोई अछूत लड़का जब तक अछूत है तब तक उसे सरकारी छात्रवृत्ति मिलती है, किन्तु वही कल ईसाई हो गया तो छात्रवृत्ति मिलना बन्द हो जाती है। मतलब धर्मान्तरण करने मात्र से उसकी दरिद्रता खत्म नहीं होती। किन्तु धर्मान्तरण की वजह से उसे आर्थिक नुकसान बर्दाश्त करना पड़ता है। इसलिए ईसाइयों का राजनीति में हस्तक्षेप होता तो स्थिति इससे भिन्न होती।

तुम्हारा समाज पढ़ा-लिखा है। सैकड़ों लड़के-लड़कियाँ मैट्रिक पास हैं। उन्होंने इस सार्वजनिक न्याय के लिए अनपढ़ अछूतों की तरह कभी कोई आन्दोलन नहीं किया है। कोई लड़की नर्स हो गई तो वह अपने ही काम में व्यस्त हो जाती है और सिर्फ अपने बारे में सोचती है। कोई लड़का मास्टर बन गया तो वह अपनी मास्टरी में खुश रहता है, वह समाजिक कार्य में कभी नहीं आता। किसी ने क्लर्क या अन्य कोई पद पा लिया तो वह अपने ही काम में खुश रहता है। सामाजिक अन्याय की उसे कोई परवाह नहीं रहती। आपका समाज इतना पढ़ा-लिखा है फिर भी आपमें से कितने जिला मजिस्ट्रेट, या मजिस्ट्रेट हैं? इसका कारण आप लोगों का राजनीति की ओर कोई ध्यान न होना है, ऐसा मुझे लगता है। क्योंकि आपके पक्ष में बोलने के लिए और झगड़ने के लिए सरकार में कोई नहीं है। राजनीति की गाड़ी खींचने के लिए आपमें से यदि कोई हो और वह यदि अपनी इच्छा के अनुसार न चल रहा हो तब भी कम-से-कम गाड़ी का पहिया अपने ऊपर न चले इस बात की तो सावधानी रखनी ही चाहिए।

आप लोग मुक़ाम पर हैं और हम राह चल रहे हैं। आपके मुक़ाम के अच्छे-बुरे परिणामों पर ही हमारा मुक़ाम भी तय होगा।

साप्ताहिक 'जनता' के 5 फरवरी, 1938 के अंक में प्रकाशित।

अपने दोस्त और दुश्मन को पहचानिए

*दि. **10 जनवरी 1938** को कोंकण, सतारा, नासिक आदि जिले के किसानों का एक मोर्चा मुम्बई एसेम्बली पर ले जाया गया था। इस मोर्चे को आजाद मैदान पर रोका गया। वहाँ डॉ. अम्बेडकर की अध्यक्षता में सभा हुई। इस सभा को सम्बोधित करते हुए डॉ. अम्बेडकर ने कहा–*

मेहनतकश लोगों का संगठन बनाना हो तो उसमें जातिभेद, धर्मभेद आदि बातों का कोई स्थान नहीं होना चाहिए क्योंकि यह मेहनतकश वर्ग पहले ही भयंकर आर्थिक उत्पीड़न से उत्पीड़ित है। ऐसी स्थिति में जो संगठन बना है उसमें उस प्रकार की विषमता नहीं दिखाई देनी चाहिए। और आज मैं कह रहा हूँ इस तरह का सभी जातियों के मेहनतकश वर्ग का संगठन देखकर मुझे बड़ी खुशी हो रही है। इसलिए मैं आज के दिन को बड़े सौभाग्य का दिन मानता हूँ। क्योंकि अपना आज का यह संगठन स्वार्थत्याग के बल पर खड़ा हुआ है। इसीलिए मेहनतकश वर्ग को धनी वर्ग मतलब कांग्रेस जैसी पार्टी के साथ सहयोग करके उस पर भरोसा करने का कोई मतलब नहीं है। आप सभी लोग जानते हैं कि दुनिया में जिसका मकान जलता है, जिसके घर को आग लगाई जाती है उसका और जो आग लगाता है उसमें क्या कभी दोस्ती हो सकती है? हम लोग आम तौर पर पशुओं की ओर अपनी नजर दौड़ाएँ तो पता चलता है कि साँप और नेवला कभी एक जगह नहीं रह सकते। क्या चूहा और बिल्ली में दोस्ती हो सकती है? इस प्रकार प्रकृति के विरुद्ध सृष्टि-निर्माण करनेवालों पर हम कभी भरोसा कर सकते हैं? और हम लोगों को उसी दृष्टि से धनवानों की रक्षक कांग्रेस पार्टी की ओर देखना चाहिए।

आप मुम्बई एसेम्बली के कांग्रेस सदस्यों को देखिए। चुने गए अधिकांश सदस्य साहूकार, जमींदार, खोत और धनवान लोग हैं। वे अपने स्वार्थ के खिलाफ कांग्रेस को कुछ नहीं करने देंगे। उनमें से अधिकांश लोगों का साहूकारी धन्धा 50 हजार से भी ज्यादा है। और ये ब्याजबट्टे से अपना धन बढ़ानेवाले लोग आप जैसे मेहनतकश वर्ग के कल्याण की बातें किस तरह कर सकते हैं? आप लोग अपने मन में अच्छी तरह सोच लीजिए कि जो कांग्रेस की मेहरबानी पर चुने गए हैं वे आपकी भलाई के लिए कुछ भी नहीं कर पाएँगे। आपने 1937 में इन कांग्रेस के प्रतिनिधियों को चुनकर भेजा उस

समय ये लोग किस तरह से आपके पाँव पड़ रहे थे, इस बात को आप लोग अच्छी तरह ध्यान में रखिए। जो लोग यह कहते थे कि आपकी भलाई की बातों को हम पहले हाथ में लेंगे, आपकी भलाई के लिए कांग्रेस ने फकीरी स्वीकार की है, इस बात को ध्यान में रखते हुए ही आप कांग्रेस को अपना वोट दीजिए, वे लोग चुने जाने के बाद आपकी ओर झाँककर देखने के लिए भी तैयार नहीं हैं। इसलिए मैं आप लोगों से कहता हूँ कि आप इन मुँहदेखी बात करनेवाले लोगों की बिल्कुल परवाह मत कीजिए। आपको ऐसे गुमराह करनेवाले लोगों की पूजा अपने पाँव की जूतियों से करनी चाहिए। और आगे अपना सही दोस्त कौन है इसकी अच्छी तरह पहचान कीजिए। आपके पास अक्ल है। उस अक्ल के बल पर आप सही ढंग से सोचिए। और देखिए कि आपकी भलाई की बात करनेवाले कौन हैं? कौन-सी पार्टी आपके लिए अपनी जान की परवाह किए बगैर लड़ने के लिए तैयार है, उसका चुनाव कीजिए।

वास्तव में देखा जाए तो दुनिया में सिर्फ दो ही जातियाँ हैं, पहली गरीबों की और दूसरी धनवानों की। और इसके अलावा तीसरा वर्ग है मध्यम वर्ग। दुनिया के किसी भी स्वर्णिम आन्दोलन के विनाश के लिए यही वर्ग जिम्मेदार होता है। आप कल्पना कीजिए कि अपने देश में मेहनत से अपना पेट पालनेवाले लोग सौ में अस्सी हैं। और इससे अन्य वर्ग कितने कम हैं, इसकी भी कल्पना कीजिए। किन्तु वे लोग हमारे अज्ञान की वजह से और इन ऊँचे कहे जानेवाले लोगों के हाथ में सत्ता होने की वजह से हम जैसे बहुसंख्य लोगों को पछाड़ सकते हैं। लेकिन आप सभी लोग जाग गए, आप लोगों को संघ-शक्ति और स्वावलंबन से इस बात का पता चला कि आपकी भलाई किसमें है, तो आप लोग पलभर में अपने तमाम अधिकार अपने हाथ में ले सकते हैं। यदि आप लोगों ने राष्ट्रीय कांग्रेस के पिछले सविनय अवज्ञा आन्दोलन का गहराई से अध्ययन किया तो आप लोगों को साफ तौर पर समझ में आ जाएगा कि मेहनतकश लोगों के बल पर ही कांग्रेस ने अपना इतना बड़ा आन्दोलन चलाया। इस मेहनतकश वर्ग के साथ कांग्रेस के सत्ताधारी लोगों ने उस समय बड़े आशादायी वायदे किए थे। उस समय कांग्रेस कहती थी कि कांग्रेस के हाथ में राजनीतिक सत्ता आने पर कांग्रेस सबसे पहले गरीब, मेहनतकश वर्ग के हितों की सुरक्षा का सवाल हाथ में लेगी। किन्तु आज आपको क्या नजारा दिखाई दे रहा है? आज कांग्रेस के हाथ में सत्ता है, लेकिन उन्होंने आज तक किसी भी प्रकार का कार्य हमदर्दी के साथ और तुरन्त नहीं किया है, आज मुम्बई एसेम्बली में उनकी पार्टी के बहुसंख्य सदस्य हैं। उनको आपकी भलाई की दृष्टि से बहुमत के बल पर कोई भी कार्य करना असम्भव नहीं है। हमारे स्वतन्त्र मजदूर पार्टी के सिर्फ 14-15 सदस्य हैं। इतने अल्पसंख्य सदस्यों के बल पर हमें आपकी भलाई के कानून पास करवाना असम्भव है। इसलिए इसके आगे अब ध्यान में रखिए कि इस कांग्रेस के पूँजीपति प्रतिनिधियों को अपना वोट देकर मत चुनिए। जैसे आज आप लोग संगठित होकर यहाँ आए हैं उसी प्रकार जातिभेद-धर्मभेद को भूलकर अपने संगठन को मजबूत बनाइए।

आप लोगों ने कोंकण इलाके की स्थिति को देखा तो पता चलेगा कि वहाँ खोत आदि साहूकार लोगों की संख्या सिर्फ हजार या दो हजार होगी। और आप मेहनतकश लोग 13 लाख के करीब हैं। ऐसी स्थिति में आप लोग इतने दुर्बल क्यों हैं, इस बात पर मुझे आश्चर्य होता है। आज हजार-दो हजार लोग आप जैसे 13 लाख लोगों पर अपनी सत्ता चला रहे हैं। इसका मूल कारण अपनी घोर गरीबी है। आप लोग इन मुट्ठीभर अमीरों से उत्पीडित हैं। आप लोगों में इस उत्पीड़ित अवस्था की वजह से प्रतिकार करने की शक्ति रही नहीं है। इसलिए जिन लोगों ने आपकी इस तरह की बेसहारा स्थिति बनाई है उन खोत आदि धनवानों को इसके आगे अब किसी भी प्रकार की मदद मत कीजिए। और इस बात को भी ध्यान में रखिए कि कांग्रेस इन सभी धनवानों को नाराज करके आपकी भलाई करनेवाली नहीं है। उसी प्रकार यहाँ इकट्ठा हुए आप सभी जाति के लोग आज तक अपनी-अपनी जाति के अलग संगठन बनाकर कार्य कर रहे थे। इसलिए मेहनतकशों के नाम पर एक वर्ग का एक संगठन नहीं बना था। परन्तु इस तरह का संगठन बनने की स्थिति अब दिखाई दे रही है; यह बड़ी खुशी की बात है।

धनवान वर्ग को मदद करनेवाली कांग्रेस को मदद करने से हमारी भलाई होनेवाली नहीं है। यह बात आज की स्थिति से ही दिखाई दे रही है। पिछले विधिमंडल के चुनाव में हम लोगों ने स्वतन्त्र मजदूर पार्टी की ओर से कांग्रेस के साथ दो हाथ करके जिस तरह से चुनाव लड़ा और जो कुछ सफलता हासिल की उसी प्रकार का व्यवहार कम्युनिस्ट आदि वामपन्थी दलों के नेताओं ने किया होता तो उन्हें भी चुनाव में कुछ सफलता मिली होती और आज विधिमंडल में हमें उनकी मदद मिली होती। किन्तु उन्हें कम-से-कम अब आगे अपनी जिम्मेदारी निभाने में कोई आनाकानी नहीं करनी चाहिए। उसी प्रकार यहाँ मेरे कम्युनिस्ट मित्रों को उनकी भलाई के दो शब्द बताना गलत नहीं होगा, ऐसा मुझे लगता है। मैंने इन कम्युनिस्टों के दर्शन की यहाँ के सभी नेताओं से निश्चित रूप में अधिक किताबें गहराई से पढ़ी हैं। किताबों के आधार पर देखें तो कम्युनिस्टों के दर्शन का यहाँ उपयोग किया जा सकता है, इस बात को देखना चाहिए। और उस दृष्टि से कार्य करने पर रूसी लोगों को जिस सफलता को हासिल करने के लिए काफी मेहनत और समय खर्च करना पड़ा उतना समय हिन्दुस्तान की स्थिति में नहीं लगेगा, ऐसा मुझे लगता है। और इसीलिए मुझे मेहनतकश वर्ग के आन्दोलन में कम्युनिस्ट दर्शन ज्यादा कारगर लगता है। आज हमारी स्थिति ऐसी है कि हमारे पास धन नहीं है। अपने आन्दोलन के प्रचार के लिए कोई प्रभावी दैनिक अखबार नहीं है। सरकार से किसी भी प्रकार की मदद प्राप्त होने की उम्मीद नहीं है। इसलिए आप अपना स्वतन्त्र संगठन बनाइए। और सभी प्रकार के मतभेदों को भूलकर अपनी लड़ाई लड़ने के लिए हिम्मत के साथ आगे आइए, इतनी ही मैं आपसे उम्मीद करता हूँ।

बुनियादी माँग

(मुम्बई सरकार को पेश किया गया माँग-पत्र)

1. किसान वर्ग को स्वतन्त्र रूप से और सुख-समाधान के साथ अपनी जिन्दगी बसर करने का मौका मिले इसलिए जमीन में खुद मेहनत करनेवालों को ही उसकी मेहनत का फल मिलना चाहिए।

2. जमीन पर खुद मेहनत करके उसी पर निर्भर किसानों को न्याय देना हो, और उनके आर्थिक हितों की रक्षा करनी हो तो खोत-जमींदार, मालगुजार जैसे बिचौलिए लोग नहीं होने चाहिए।

3. जमीन बोनेवाले किसान पर कर या लगान लगाने के पहले उसे अपने गुजारे के लिए उचित व्यवस्था करके देना सरकार की बुनियादी जिम्मेदारी समझी जानी चाहिए।

4. उसी प्रकार किसानों को कानूनन न्यूनतम मजदूरी देने की व्यवस्था करके उसके हितों की रक्षा करना, यह भी जनमतवादी सरकार की जिम्मेदारी है।

तुरन्त हल की जानेवाली माँग

1. जिस तरह थगित लगान का शेष भाग माफ किया गया उसी प्रकार आज तक थगित बँटाई का शेष भाग भी तुरन्त माफ किया जाए।

2. जमीन की न्यूनतम उपज तय कर उससे कम उपज पर लगान को पूरी तरह से माफ किया जाए और न्यूनतम उपज से ज्यादा उपजवाली जमीन पर बढ़ती मात्रा में लगान तय करने की दृष्टि से जमीन महसूल कानून में परिवर्तन होना चाहिए। उसी प्रकार बाजारभाव घटने की वजह से उसमें दुरुस्ती होने तक जिन्हें सालाना 75 रु. या उससे कम लगान देना पड़ता है, उनका लगान तुरन्त 50 प्रतिशत कम किया जाना चाहिए।

3. खोत पद्धति और मालगुजारी पद्धति आर्थिक दृष्टि से नुकसान पहुँचानेवाली और सामाजिक दृष्टि से जुल्मी होने की वजह से इस व्यवस्था को नुकसान के साथ या नुकसान के बगैर समाप्त करने के लिए कानून बनाने की व्यवस्था तुरन्त की जानी चाहिए। इसी प्रकार किसानों की ओर से बटाई वसूल करने के लिए और उन्हें सताने के लिए जमींदार जो मुद्दती दावे जैसे जुल्मी उपायों का इस्तेमाल करेंगे या इस्तेमाल करने का इरादा करेंगे वे सभी तुरन्त बन्द कर दिए जाने चाहिए। और सरकार को इसके लिए उचित व्यवस्था करनी चाहिए।

4. तीन साल तक जमीन जोतनेवाले किसान को स्थायी किसान समझा जाना चाहिए, इस तरह का कानून सभी जमींदारों के किसानों के लिए अमल में लाना चाहिए।

इस कानून की अनदेखी करने की कार्यवाही जमींदार न कर सके इसलिए एक लैंड कमीशन का गठन किया जाए। और उस कमीशन की इजाजत के बगैर किसान जिस जमीन को जोतता है उस जमीन को उससे छीना न जाए। किसान जब तक बटाई दे रहा है, तब तक उससे तीन साल तक बोई जमीन किसी भी कारण से वापस न ली जाए।

(अ) लगान के हिसाब से सिर्फ एक-तिहाई हिस्सा अधिक बटाई देनी चाहिए। इससे ज्यादा बटाई किसान से न ली जाए।

5. छोटे किसानों का पानी-कर 50 प्रतिशत कम किया जाना चाहिए। अधिकांश छोटे किसानों और बटाईदारों के लिए लाभ की दृष्टि से सिंचाई विभाग द्वारा सिंचाई कानून में परिवर्तन करना चाहिए।

6. सभी गाँवखेड़ों में मुफ्त चरागाह होने चाहिए।

7. कर्ज-मुक्ति का उचित कानून सभी जगह अमल में आने तक कर्ज स्थगित करने की घोषणा की जाए।

8. किसानों से साहूकारों के हाथों में जमीन न जाए इस दृष्टि से साहूकारी पर रोक लगाई जाए।

9. किसानों के निर्वाह की न्यूनतम जमीन और जीवन निर्वाह की अन्य चीजों पर साहूकारी जफ्ती पर रोक लगानी चाहिए।

10. युवा नर-नारियों को वोट का हक़ मिलना चाहिए।

11. बँधुआ मजदूरी और गैरकानूनी ढंग से पैसा वसूल करना आदि को फौजदारी गुनाह मानना चाहिए।

12. जमीन महसूल विभाग के सभी मजिस्ट्रेटी अधिकार वापस लेने चाहिए।

13. बोने लायक सारी खाली जमीन किसान मजदूरों को मुफ्त में बाँट देनी चाहिए।

साप्ताहिक 'जनता' के 15 जनवरी, 1938 के अंक में प्रकाशित।

राष्ट्रीय एकता के लिए सामाजिक बन्धनों को समाप्त कीजिए

*मुम्बई राज्य एसेम्बली का सत्र **18 जनवरी 1938** से शुरू हुआ था। ना. पाटिल ने लोकल बोर्ड कानून संशोधन बिल को एसेम्बली में पेश किया था। इस बिल में विशेष तौर पर नॉमिनेशन प्रणाली को समाप्त करके उसकी जगह अछूतों के लिए और महिलाओं के लिए संयुक्त मतदाता संघ में आरक्षित सीटें रखी गई थीं। इस बिल का समर्थन करते हुए सरकार ने अपने तर्क दिए। मुस्लिम समाज की ओर से सर अली मुहम्मद देहलवी का भाषण हुआ। उसके बाद स्वतन्त्र मजदूर पार्टी के नेता डॉ. बाबासाहेब अम्बेडकर का जबर्दस्त भाषण हुआ। उन्होंने अपने भाषण में कहा–*

इस दुरुस्ती बिल में मामूली एकदम अल्प प्रगति की सम्भावना के अलावा बिल का कोई विशेष अर्थ है, ऐसा मुझे नहीं लग रहा है। मुझे इस बिल में वर्णित संयुक्त मतदान-पद्धति के बारे में नहीं बोलना है। क्योंकि मैं पूना पैक्ट के कारण संयुक्त मतदान-पद्धति के लिए वचनबद्ध हूँ। फिर भी इस पद्धति के बारे में मेरी राय क्या है, इस सम्बन्ध में मैं अपना निवेदन कर रहा हूँ। इस संयुक्त मतदान-पद्धति से विशेष क्या हासिल हुआ है, इस बात की ओर ध्यान देने से इस बात का पता चलेगा कि सिर्फ मतदान के दिन हिन्दू और मुस्लिम जातियाँ इकट्ठा आ सकेंगी और मतदान कर सकेंगी। किन्तु उससे दोनों समाजों की मानसिकता में कौन-सा परिवर्तन होगा? जिस भावना के लिए, जिस राष्ट्रीय एकता की भावना के लिए इस संयुक्त मतदान-पद्धति को अमल में लाया जा रहा है, उस दृष्टि से इसमें कौन-सा परिवर्तन होनेवाला है? चुनाव के बाद इन दोनों समाजों की विभाजन प्रक्रिया तो शुरू होगी ही। व्यवहार की दृष्टि से देखा जाए तो ये दोनों अलग-अलग धर्म के समाजभाई एक ही चाल में कभी इकट्ठा नहीं रह पाएँगे। इकट्ठा सहभोज भी नहीं कर पाएँगे। इनमें आपस में बेटीव्यवहार तो एकदम असम्भव है। फिर सिर्फ संयुक्त मतदाता संघ से इन दोनों समाजों में एकता कायम होना कैसे सम्भव है? इसके लिए आज के सभी सामाजिक बन्धन बहुत जल्दी तोड़ देने चाहिए और उसके लिए सबसे पहले हिन्दू समाज को अगुवाई करनी चाहिए।

इसके बगैर इस तरह के बिल में इस तरह की राष्ट्रीय भावनाएँ जगाने की योजनाएँ बनाकर कुछ भी लाभ होनेवाला नहीं है। इस आम दुरुस्ती बिल के बारे में साफ़-साफ़ कुछ कहने की स्थिति में मैं नहीं हूँ। इस बिल से उत्पन्न शंकाओं के समाधान की दृष्टि से यदि कोई उपाय खोज लिया गया तो वह दरिया में खसखस की तरह होगा, इसमें कोई सन्देह नहीं।

साप्ताहिक 'जनता' के 22 जनवरी, 1938 के अंक में प्रकाशित।

भारतीय मजदूर वर्ग के दो दुश्मन : ब्राह्मणशाही तथा पूँजीवाद

*दि. **12 और 13 फरवरी 1938** को मनभाड में अखिल जी. आई. पी. रेलवे अछूत मजदूर परिषद् का सम्मेलन सम्पन्न हुआ। यह परिषद् डॉ. बाबासाहेब अम्बेडकर की अध्यक्षता में हुई थी। इस परिषद् को* **दि. 13 फरवरी** *को सम्बोधित करते हुए डॉ. अम्बेडकर ने कहा–*

मित्रो तथा साथियो,

यह जी. आई. पी. रेलवे में काम करनेवाले कर्मचारियों की सभा है। इससे पहले इस इलाके में और अन्य जगहों पर भी दलित वर्ग की कई सभाएँ आयोजित की गईं और उस खास अर्थ में यह पहली सभा नहीं है। किन्तु दूसरे अर्थ में पहली और इस प्रकार से अपने ढंग की पहली ही सभा है। इससे पहले दलित वर्ग ने सामाजिक अन्याय को समाप्त करने के लिए सैद्धान्तिक लड़ाई लड़ी है। किन्तु अपने आर्थिक सवालों पर दलित वर्ग पहली बार इस सभा के माध्यम से इकट्ठा हो रहा है। आज तक वे 'परिया' (अछूत जाति) की सभा के नाम पर इकट्ठा होते थे। किन्तु आज आप लोग मजदूरों के नाम पर इकट्ठा हुए हैं। सामाजिक सवालों को हल करने के लिए हम लोगों ने आज तक अपने प्रयास किए हैं और उस पर अपना सारा लक्ष्य केन्द्रित किया था, उसमें हमसे कुछ गलती हुई, यह कहने का मेरा उद्देश्य नहीं है। अन्य लोग कुछ भी कहें किन्तु जो सामाजिक अन्याय हमारी इनसानियत के हक़ों को नष्ट करनेवाले हैं, उनके खिलाफ हमारी जंग थी। और अपने इस आन्दोलन से हमने कुछ हासिल नहीं किया ऐसी बात नहीं है। हम लोग अछूतपन को पूरी तरह से समाप्त करने में पूरी तरह कामयाब नहीं हुए, यह बात सच है। हर आदमी के जो बुनियादी हक़ हैं हम उन्हें हासिल करने में अभी सफल नहीं हुए हैं, यह बात सच है। किन्तु राजनीतिक सत्ता प्राप्त करने में हमने सफलता पाई है, यह बात भी उतनी ही सच है। जिनके पास सत्ता होती है उन्हीं के पास स्वतन्त्रता होती है, इस सिद्धान्त को कोई भी अस्वीकार नहीं कर सकता। स्वतन्त्रता पाने का और सभी कठिनाइयों से मुक्त होने का एकमात्र रास्ता है सत्ता। और धार्मिक तथा आर्थिक शक्ति अधिक न होने के बावजूद राजनीतिक शक्ति ही वास्तविक शक्ति है। वही प्रभावी

शक्ति है। यह कहने में मुझे दुख हो रहा है कि दलित वर्ग को नए संविधान (1935) के अनुसार जो राजनीतिक अधिकार प्राप्त हुए हैं वे हमारे दुश्मनों ने अपने शासनतन्त्र के द्वारा और अपने वर्ग के स्वार्थी, कंगाल और दुष्ट लोगों की सहायता से बेअसर कर दिए हैं। जिस सत्ता के पीछे संगठन की शक्ति नहीं होती, जिस सत्ता के पीछे समझदारी नहीं होती वह सत्ता ही नहीं है। एक दिन ऐसा आएगा और वह दिन अब बहुत दूर नहीं है, जब दलित वर्ग संगठित होगा। उन्हें जो राजनीतिक सत्ता प्राप्त हुई है उसका महत्त्व सबकी समझ में आएगा। मुझे इस बात पर भी यकीन है कि अपनी सामाजिक मुक्ति के लिए उसका प्रभावी ढंग से हम उपयोग कर सकेंगे।

मुझे यह नहीं कहना है कि हमारे प्रयास गलत दिशा में हुए हैं फिर भी हम लोगों ने काफी लम्बे अर्से तक अपनी सामाजिक समस्याओं की तरह ही भयंकर आर्थिक सवालों की ओर ध्यान नहीं दिया है। आज हम लोग अछूत के नाम पर नहीं बल्कि मजदूर के नाम पर इकट्ठा हो रहे हैं, और इस बात से मुझे बड़ी खुशी हो रही है। यह नया रास्ता है और उस पर बात करने का मौका जिन लोगों ने मुझे उपलब्ध करवाया है, उन सभी को मैं धन्यवाद देता हूँ।

फिर भी कुछ लोग ऐसे हैं कि आपके इस प्रयास की सफलता नहीं चाहते और इस सभा में मेरे आने की बात उन्हें अच्छी नहीं लगी। उन्होंने मेरी आलोचना भी की है। यदि मजदूर नेताओं की ओर से मेरे यहाँ आने की आलोचना नहीं हुई होती तो मैंने उसकी परवाह भी नहीं की होती। उनकी मेरे बारे में यह शिकायत है कि दलित वर्ग कर्मचारियों की इस परिषद् का अलग से आयोजन करके मैं मजदूरों में भेद पैदा कर रहा हूँ। मेरी राय में इस देश के मजदूरों को अपने दो दुश्मनों से मुकाबला करना होगा। वे दो दुश्मन हैं–(1) ब्राह्मणशाही और (2) पूँजीवाद। मजदूर वर्ग को जिनसे लड़ना है ऐसी ब्राह्मणशाही को दुश्मन के तौर पर पहचानने में गलती हुई है, इसलिए यह आलोचना भी उभरकर सामने आई है। मैं जो कह रहा हूँ कि ब्राह्मणशाही के साथ दुश्मन के नाते दो-दो हाथ करने पड़ेंगे इसका गलत अर्थ किसी को नहीं लेना चाहिए; ऐसा मुझे लगता है। ब्राह्मणशाही इस शब्द से ब्राह्मण जाति की सत्ता, हक़ और उसके हित-सम्बन्धों का मुझे निर्देश नहीं करना है। उस अर्थ में मैं इस शब्द का प्रयोग नहीं कर रहा हूँ। मैं ब्राह्मणवादी शब्द का अर्थ इस प्रकार से करता हूँ कि जिसमें स्वतन्त्रता, समानता और भाईचारे के सिद्धान्तों का अभाव है। इसी अर्थ में उसने सभी क्षेत्रों में विषमता पैदा की है और ब्राह्मण लोग ही उसके जन्मदाता हैं। अब यह बात सिर्फ ब्राह्मणों में ही है, ऐसी बात नहीं। बल्कि यह ब्राह्मणशाही सभी ओर दूर-दूर तक फैल गई है और उसने सभी वर्गों के विचार तथा आचार को भी नियन्त्रित कर लिया है, यह बात एकदम साफ है। इसके अलावा ब्राह्मणशाही कुछ खास वर्गों को विशेष अधिकार देती है, इसमें भी कोई दो राय नहीं है। ब्राह्मणशाही अन्य वर्गों को किसी भी प्रकार के अवसरों की समानता को भी नकारती है। ब्राह्मणशाही के दुष्परिणाम सिर्फ सहभोज और जातिबाह्य विवाह जैसे सामाजिक हक़ों तक ही सीमित नहीं है।

यदि इतनी ही बात होती तो उसकी ओर ध्यान देने की आवश्यकता ही नहीं थी। किन्तु बात सिर्फ इतनी ही नहीं है। सामाजिक हक़ों से भी अलग जो नागरी हक़ हैं वहाँ तक उसकी जहरीली जड़ें फैल चुकी हैं। सार्वजनिक शालाओं, सार्वजनिक कुँओं, सार्वजनिक परिवहनों और सार्वजनिक आरामगृहों का उपयोग नागरी हक़ों के अन्तर्गत हैं। सार्वजनिक पैसों से बनाई गई या सार्वजनिक पैसों से चलाई जा रही हर चीज हर नागरिक के उपभोग के लिए खुली होनी चाहिए। किन्तु ऐसे करोड़ों लोग हैं कि जिन्हें यह नागरी हक़ उपलब्ध नहीं हो पाते हैं। इस देश में हजारों साल से ब्राह्मणशाही का जो मदमस्त प्रसार है वह बिजली के सनसनाते प्रवाह की तरह आज भी अपना नंगा नाच कर रहा है, उसी का यह दुष्प्रभाव है। क्या इस बारे में किसी के मन में किसी भी प्रकार का सन्देह है? आज ब्राह्मणशाही इतनी दूर तक फैल चुकी है कि आर्थिक उत्थान के क्षेत्र में भी उसका अमल चलता है। आप दलितवर्गीय मजदूरों की ही बात ले लीजिए और अन्य वर्गों के मजदूरों के साथ उनकी तुलना कीजिए, उसे रोजगार पाने के कौन-से अवसर उपलब्ध हैं? नौकरी की सुरक्षा और उसमें पदोन्नति की दृष्टि से उनका भविष्य क्या है? अछूत होने की वजह से कई उद्योगों के दरवाजे उसके लिए बन्द हैं, यह कुख्यात तथ्य है। इस बारे में सम्बन्धित कपड़ा मिल में घटी एक घटना प्रसिद्ध है। भारत के अन्य भागों में क्या हो रहा है इस बात की मुझे कोई जानकारी नहीं है। किन्तु मुम्बई प्रदेश और अहमदाबाद के कपड़ा मिलों में बुनाई विभाग के दरवाजे दलित समाज के लिए बन्द हैं, यह बात मुझे निश्चित तौर पर मालूम है। वे सिर्फ सूतकताई विभाग में काम कर सकते हैं। इस सूतकताई विभाग में सबसे कम तनख्वाह मिलती है। उनको बुनाई विभाग में नकारा गया है, इसकी वजह है कि वे अछूत हैं। और अन्य हिन्दू मजदूर मुस्लिम मजदूरों के साथ काम करने के लिए तैयार होने के बावजूद अछूत मजदूरों के साथ काम करने के लिए तैयार नहीं हैं।

रेलवे का उदाहरण ले लीजिए। कैसी है रेलवे के दलित मजदूरों की स्थिति? उनके माथे पर गैंगमैन के रूप में काम करना ही लिखा हुआ है, इस बात से कोई इनकार नहीं कर सकता। वह जिन्दगी भर गैंगमैन के रूप में ही काम करता है और पदोन्नति की उसे कोई उम्मीद नहीं होती है। उसके लिए ऊँचे पद का कोई स्थान रिक्त नहीं है। कभी-कभार ही उसको पोर्टर के पद पर नियुक्त किया जाता है। उसकी वजह यह है कि पोर्टर होने की वजह से उसे स्टेशन मास्टर के घरेलू काम भी अपनी नौकरी के एक हिस्से के रूप में ही करने पड़ते हैं। स्टेशन मास्टर भी शायद ऊँची जाति का हिन्दू होता है और यदि पोर्टर अछूत हो तो इस उच्च वर्ण के स्टेशन मास्टर के घरेलू काम करने के लिए वह उपयोगी न होने की वजह से किसी काम का नहीं रहता, यही उसका कारण है। इसीलिए यह स्टेशन मास्टर दलित वर्ग के किसी आदमी को पोर्टर नियुक्त करने में कतराता है। रेलवे में बाबूगीरी की योग्यता तय करने के लिए किसी भी प्रकार की परीक्षा नहीं ली जाती बल्कि जो मैट्रिक पास नहीं होते ऐसे लोगों को शायद उस पद पर नियुक्त किया जाता है। भारतीय ईसाई, एंग्लो इंडियन और उच्च वर्ग के हिन्दुओं

में से ही सैकड़ों नॉन मैट्रिक बाबू रेलवे में नियुक्त किए गए हैं। किन्तु दलित वर्ग में से सैकड़ों बच्चों को इन स्थानों के लिए जानबूझकर टाला गया है। शायद ही किसी बच्चे को इस तरह का अवसर मिलता हो। ऐसी ही स्थिति रेलवे वर्कशॉप की भी है। मैकेनिक के पद पर दलित वर्ग के आदमी को शायद ही नियुक्ति मिलती है। दलित वर्ग के किसी आदमी को मिस्त्री की जगह दी गई ऐसे उदाहरण शायद ही मिलेंगे। जिसे वर्कशॉप में फोरमन या चार्जमैन नियुक्त किया गया हो ऐसा शायद ही कोई दलित मिलेगा। वह सिर्फ हमाल है और हमाल ही रहता है। दलित वर्ग की रेलवे में ऐसी स्थिति है। जिस उद्योग में उसकी योग्यता के अनुसार काम मिलने की उम्मीद होती है उसमें उसे निम्न पद पर नियुक्त तो किया जाता है किन्तु रिटायर होने तक उसे उसी पद पर रखा जाता है। उसके लिए विकास नाम की कोई चीज नहीं है। उसे अपने विकास की कोई उम्मीद नहीं रहती, और सम्भवतः उसके लिए पदोन्नति भी नहीं है। मजदूरों की माँग घटने के बजाय बढ़ती रहती है। किन्तु मजदूरों की माँग यदि कम हुई तो सबसे पहले उसे फटकारा जाता है जिसका नौकरी पाने में आखिरी नम्बर रहता है।

जिन आलोचकों ने आप पर और मुझ पर दुष्ट हेतु होने का दोषारोपण किया है उनसे मैं मामूली ढंग के दो सवाल पूछना चाहता हूँ। हमारी यह शिकायत सही है या गलत? हमारा दूसरा सवाल यह है कि यदि हमारी शिकायत सही हो तो उससे जिन्हें दुख भोगना पड़ रहा है उन्हें उससे मुक्त होने के लिए संगठित क्यों नहीं होना चाहिए ? इन दो सवालों का जवाब यदि हाँ में हो तो कोई भी नेक आदमी इसका दूसरा जवाब कैसे दे सकेगा, यही मेरा सवाल है। हमारा यह प्रयास पर्याप्त न्यायसंगत है। हम लोगों को दोष देनेवाले मजदूर नेताओं में एक खास प्रकार का भ्रम पैदा हुआ है। कार्ल मार्क्स को पढ़ने की वजह से उन्हें इतना ही मालूम है कि समाज में सिर्फ मालिक और मजदूर ऐसे दो ही वर्ग होते हैं। मार्क्स को पढ़कर वे ऐसी धारणा बना लेते हैं कि भारत में मालिक और मजदूर–दो ही वर्ग हैं। और इसीलिए वे पूँजीवाद को समाप्त करने का अपना आन्दोलन शुरू कर देते हैं। इस मान्यता में सीधे-सीधे दो गलतियाँ हैं। जो बात सम्भावित है, और आदर्श है उसे वास्तव में न समझने की वे पहली गलती करते हैं। मार्क्स ने यह कहीं नहीं कहा है कि किसी भी समाज में नौकर और मालिक ऐसे सिर्फ दो ही स्पष्ट वर्ग होते हैं। सभी समाजों के लोग धन के लालची, बुद्धिवादी या न्यायप्रिय होते हैं ऐसा कहना जैसे गलत है, उसी प्रकार सभी समाजों में सिर्फ दो ही वर्ग होते हैं ऐसा कहना भी गलत है। मनुष्य की धनलालसा को बुनियादी बात मानकर निष्कर्ष निकालते समय अर्थशास्त्री हमेशा एक समझदारी का तर्क देते हैं कि यदि सभी तरह की स्थितियाँ समान रहीं तो मनुष्य की धनलालसा आम तौर पर अस्तित्व में रहती है। किन्तु मजदूर नेता इस मूल बात को भूल गए हैं। मार्क्स ने जो बताया वह यूरोप के बारे में सच था, यह कहना भी गलत है। ''क्या जर्मनी में गरीब और उत्पीड़ित लोग हैं? वे एक ही वंश के, एक ही देश के हैं जिनका समान अतीत और समान वर्तमान है वे ऐसे लोग हैं और उनका भविष्य भी एक जैसा ही रहनेवाला है, तो उन्हें संगठित

होना ही चाहिए।'' इस तरह का उपदेश मार्क्स के समय से अब तक भाषणों में दिया जा रहा है। फिर जर्मनी का गरीब उत्पीड़ित आदमी और फ्रांस का बर्बाद किसान क्या संगठित हुआ है? सौ साल बीत गए फिर भी वे संगठित होने की बात नहीं समझ पाए। और वे पिछले महायुद्ध में एक-दूसरे के विरोध में खुलेआम शत्रु की तरह लड़ते रहे। भारत के सन्दर्भ में तो यह सोच एकदम गलत है। भारत में इस तरह के दो निश्चित वर्ग अस्तित्व में ही नहीं हैं। सभी मजदूर एक हैं और उनका एक वर्ग है, इस तरह की घोषणा आदर्श रूप में है और वह प्रत्यक्ष है इसलिए वह सच्चाई है ऐसा समझ लेना एक बहुत बड़ी गलती है। मजदूरों के संगठन को और ज्यादा मजबूत कैसे बनाया जा सकता है? हम मजदूरों में एकता कैसे स्थापित कर सकते हैं? मजदूरों के एक समूह का दूसरे समूह पर अन्याय करके तो निश्चित तौर पर नहीं, अन्याय बर्दाश्त करते समूह के संगठित होने में रुकावटें पैदा करने से नहीं, या जिन पर अन्याय हुआ उनके द्वारा उस अन्याय के विरोध में आन्दोलन में रुकावटें पैदा करके भी नहीं। वंश और धर्म के नाम पर एक मजदूर दूसरे मजदूर का शत्रु बन जाता है, इसलिए मजदूरों की एकता में खतरा बननेवाली ये रुकावटें नष्ट करना ही एकता का सही मार्ग है। एक मजदूर दूसरे मजदूर को हक़ नहीं दे सकता तो फिर उसे खुद माँगने का आपको अधिकार नहीं, यह बात उन्हें बताना ही वास्तव में मजदूरों की एकता का रास्ता है। सामाजिक दृष्टि से ऊँच और नीच का भेदभाव मानना और उस पर आचरण करना यह बात सिद्धान्तों के आधार पर गलत है और वह बात मजदूरों की एकता के लिए खतरनाक है, यह बात उन्हें बताना ही मजदूरों की एकता का सही मार्ग है। दूसरे शब्दों में कहें तो हम लोगों को ब्राह्मणशाही-असमानता की संकल्पना को ही मजदूर वर्ग से समूल नष्ट कर देना चाहिए। किन्तु मजदूर वर्ग में इस तरह की चेतना पैदा करनेवाले मजदूर नेता कहाँ हैं? मैंने मजदूर नेताओं को पूँजीवाद के खिलाफ जोरदार भाषण देते हुए सुना है। किन्तु मजदूरों में जो ब्राह्मणवाद अपनी जड़ें मजबूत कर चुका है उसके विरोध में मैंने किसी भी मजदूर नेता को बोलते हुए नहीं देखा है। बल्कि इस बात पर वे चुप्पी साध लेते हैं, ऐसा मैंने देखा है। उनकी ब्राह्मणशाही पर श्रद्धा होने की वजह से चाहे मजदूरों की एकता से उनका कुछ वास्ता हो या न हो। ब्राह्मणशाही का मजदूरों से कोई सम्बन्ध है या नहीं यह न समझ पाने से वे चुप हों या सिर्फ मजदूरों की रहनुमाई के शौक की वजह से वे मजदूरों की भावनाओं को ठेस न पहुँचाना चाहते हों, इस बारे में तहकीकात करने में अपना समय व्यर्थ बर्बाद नहीं करूँगा। फिर भी मुझे यह बताना ही होगा कि यदि ब्राह्मणशाही मजदूर वर्ग में भेद पैदा करने का मूल कारण हो तो उसे मजदूर वर्ग से समाप्त करने के लिए जबर्दस्त प्रयास होना चाहिए। यह छूत का रोग सिर्फ नजरअंदाज करने से नष्ट नहीं होगा या उसके बारे में चुप्पी साध लेने से काम नहीं चलेगा। बल्कि उसका पीछा करना पड़ेगा और उसे समूल उखाड़ फेंकना होगा तब कहीं मजदूर वर्ग में एकता का रास्ता आसान हो सकता है।

जब तक ब्राह्मणशाही की ताकत जीवित है और जब तक लोग उससे अपने-अपने

अधिकारों के स्वार्थ के कारण चिपके हुए हैं और दूसरों पर बन्धन लादते जा रहे हैं, तब तक इससे जिन्हें पीड़ा होती है उन्हें इसके विरोध में संगठित होना पड़ेगा, ऐसा मुझे लग रहा है। और यदि वे संगठित हुए तो उससे किस तरह का नुकसान हो सकता है ? यह विचारणीय है।

इस संगठन पर यदि मालिक वर्ग का नियन्त्रण होता तो इस संगठन के विरोध में चिल्लाने में कुछ अर्थ है, ऐसा मुझे लगता। हम मालिक वर्ग के हाथ के खिलौने हैं या हम उसके इशारे पर नाच रहे हैं या मजदूर वर्ग में दरारें पैदा करने के लिए हम जानबूझकर इस संगठन को खड़ा कर रहे हैं, ऐसा यदि साबित कर दिया गया होता तो इस परिषद् की आलोचना का कोई अर्थ होता। निश्चित तौर पर ऐसे व्यवहार को एक तरह से विश्वासघात कहा गया होता। किन्तु हमारे इस आन्दोलन पर मालिक वर्ग का नियन्त्रण है और वह मालिक वर्ग को मदद करने के लिए है या वह मजदूर वर्गों के हितों का विनाश करने के लिए है, ऐसा क्या कोई कह सकता है? मैं अपने किसी भी आलोचक को यह सिद्ध करने का आह्वान करता हूँ।

इसलिए इस सभा के आयोजन के लिए खेद व्यक्त करने या किसी से माफी माँगने का कोई कारण नहीं है। अपना हेतु और उसके पीछे के कारण पर्याप्त न्यायोचित हैं। यह परिषद् जिन्हें पसन्द नहीं ऐसे दलितों में भी एक-दो आदमी हैं। किन्तु इसमें नया कुछ नहीं है। उनमें से कुछ तो दूसरों के हाथ के खिलौने हैं और पैसे खिलाकर विरोध करने के लिए उन्हें जानबूझकर तैयार किया गया है। कुछ लोगों को पथभ्रष्ट कर दिया गया है। दलित वर्ग अपने आपमें दुर्बल है और मजदूरों की एकता यह शब्द इतना आकर्षक है कि हमारे लोग इसे प्रभावशाली प्रचारकों के मुँह से सुनते हैं तो उन पर इस शब्द का नशा चढ़ जाता है इसमें कोई आश्चर्य की बात नहीं है। किन्तु ऐसे लोग इस बात को भूल जाते हैं कि जिस समूह में इतनी आपसी विरोधी भावनाएँ और प्रवृत्तियाँ हैं और उसमें से एक गुट दूसरों के हितों के विरोध में है और अपने अधिकारों का दावा कर रहा है वहाँ मजदूरों में सचमुच एकता हो ही नहीं सकती। ऐसी एकता का मतलब है दुर्बल और उत्पीड़ित लोगों को फँसाने के लिए किया गया पाखंड। ऐसे लोगों की अज्ञानी लोगों में भेद पैदा करनेवाले कहकर आलोचना की जाती है। यह भेद पैदा करना ही नहीं, ऐसी दरारें डालना है जहाँ वास्तव में मतभेद और विरोध के अलावा कुछ नहीं है। इस विरोध के पैदा होने का मामूली कारण यह है कि मजदूरों का एक समूह दलित वर्ग के मजदूरों के दूसरे समूह के विरोध में अपने विशेष अधिकारों का दावा करता है। किसी को भी सिर्फ मतभेदों के लिए मतभेद पैदा करने में खुशी नहीं होनी चाहिए। हम सिर्फ पहले से जो दरारें हैं उनकी ओर आपका ध्यान आकर्षित कर रहे हैं और इस पर जो ज़ुल्म हो रहा है उसे खत्म करने का प्रयास करते हुए उन दरारों को समाप्त करने की हमारी कोशिश है।

यदि आप लोगों को आप पर हो रही जुल्म-ज्यादतियों को खत्म करना है तो उसके लिए आप लोगों को अपना संगठन नहीं बनाना चाहिए, यह सवाल ही पैदा नहीं होता।

अगला सवाल यह है कि आपके संगठन के लक्ष्य क्या हैं? अपने आर्थिक सवालों को हल करने के लिए आपको अपना संगठन बनाना चाहिए, इस बारे में अधिक न कहते हुए यह बात आपको समझ लेनी चाहिए। किन्तु सवाल यह है कि इस उद्‌देश्य के लिए आपको अलग से संगठन बनाना है या पहले से चले आ रहे संगठन में ही शामिल हो जाना चाहिए? आदि बातों पर इस सभा की कार्यवाही शुरू होने से पहले ही आप लोगों को इस सवाल पर गम्भीर रूप से विचार करना चाहिए।

'भारत का मजदूर संगठन' यह एक अधूरा नाम है। इसमें मजदूर संगठन का हेतु पूरी तरह से ओझल हो गया है। मजदूर वर्ग का जीवनस्तर बदतर होने से बचाना ही मजदूर संगठन का मुख्य उद्‌देश्य होता है। जन्म से और प्रशिक्षण की वजह से जो समझ पैदा होती है उससे यूरोप का हर आदमी अपना जीवनस्तर बेहतर बनाने का लगातार प्रयास करता है। उसे बदतर बनाने का कैसा भी षड्यन्त्र किया गया तब भी वह उसका विरोध करता है। भारतीय मजदूरों में यह मजबूत इरादा नहीं दिखाई देता, इस बात को सभी लोग जानते हैं। वह सिर्फ जिन्दा रहने के लिए ही दौड़धूप करता रहता है। मिल के कथन के अनुसार, "जहाँ भी इस निकृष्टता की ओर ले जाने के प्रयासों का तीव्र विरोध करने की और जीवनस्तर को बेहतर बनाए रखने की लोगों की चाहत नहीं है वहाँ बड़े-बड़े प्रगतिशील राष्ट्रों में भी गरीब लोगों की स्थिति सिर्फ जीवन बचाए रखने तक ही सीमित रहती है।" मेरी राय में, यदि मजदूर संगठनों की जरूरत महसूस करनेवाला कोई एक देश है तो वह भारत ही है। किन्तु जैसा मैंने कहा है कि भारत का आज का मजदूर संगठन एक गन्दे पानी के गड्ढे की तरह है। उसका मूल कारण यह है कि मजदूरों का नेतृत्व डरपोक, स्वार्थी और पथभ्रष्ट है। उसमें कुछ ऐसे भी नेता हैं, जो सिर्फ आरामकुर्सी पर बैठनेवाले दार्शनिक हैं या अखबारों में अपना वक्तव्य छपवानेवाले और उसी में खुश रहनेवाले राजनीतिक नेता हैं। मजदूरों को संगठित करना, उन्हें शिक्षित करना और उन्हें उनके संघर्ष में मदद करना यह उनके कार्य का हिस्सा नहीं है। वे सिर्फ मजदूरों का प्रतिनिधित्व करने के लिए और उनकी ओर से बोलने के लिए बेचैन रहते हैं किन्तु मजदूरों के साथ सीधा सम्पर्क बनाए रखने की बात को नजरअंदाज कर देते हैं। दूसरे प्रकार के मजदूर नेता वे हैं, जो सिर्फ सेक्रेटरी, अध्यक्ष या इसी तरह का कोई पद हासिल करने के उद्‌देश्य से मजदूरों की संस्थाएँ स्थापित करने में व्यस्त रहते हैं। अपने पदों को बरकरार रखने के लिए वे अपनी संस्थाएँ हमेशा अलग और परस्पर-विरोधी बनाए रखने का प्रयास करते हैं। कभी-कभी तो ऐसे शर्मिंदा करनेवाले और आश्चर्यजनक अवसर देखने में आते हैं जब इन संस्थाओं की आपसी लड़ाई मजदूर और मालिक के बीच की लड़ाई से भी भयंकर होती है। यह सब कुछ लोगों का मजदूरों का नेता कहलाने और मजदूरों पर अपनी सत्ता बनाए रखने के शौक के तहत होता है। तीसरे प्रकार का नेतृत्व कम्युनिज्म के सिद्धान्तों पर विश्वास करनेवालों का है। उनका उद्‌देश्य अच्छा हो सकता है किन्तु वे गलत रास्ते पर चल रहे हैं। उन्होंने मजदूरों का जितना नुकसान किया है उतना शायद ही किसी ने किया होगा, ऐसा कहने में मुझे कोई संकोच नहीं हो रहा

है। आज यदि किसी वजह से मजदूर संगठनों की रीढ़ पूरी तरह से टूटी है, यदि आज मालिक किसी कारण से निरंकुश हुए हों, यदि आज मजदूर संगठन ही दुर्भाग्यपूर्ण बनकर रह गए हों तो इसका एकमात्र कारण किसी समय मजदूर संगठनों पर कम्युनिस्टों का पूरी तरह नियन्त्रण रहा है और उसका उन्होंने गलत फायदा उठाया है। मजदूरों में किसी प्रकार का असन्तोष नहीं है, ऐसा कहकर उनमें असन्तोष पैदा करना, यही उनका लक्ष्य है, ऐसा दिखाई देता है। क्योंकि असन्तुष्ट मजदूर वर्ग के संगठन के द्वारा क्रान्ति की जा सकती है और मजदूरों की सत्ता कायम की जा सकती है ऐसा उनका विश्वास है। इसलिए मजदूरों में असन्तोष पैदा करने की और उसके द्वारा मजदूरों में संगठन बनाने की उन्होंने मुहिम चलाई है। क्रान्ति सफल होने के लिए सिर्फ असन्तोष पर्याप्त नहीं है। उसके लिए यदि किसी चीज की जरूरत है तो वह है न्यायप्रियता की और सामाजिक तथा राजनीतिक हक़ों की गम्भीर तथा सम्पूर्ण समझ की। क्रान्तिकारी मार्क्सवादी भी सम्पूर्ण हड़ताल की जितनी हिमायत नहीं करता उतनी हिमायत सिंडिक्यॉलिस्ट (सिर्फ कार्यकारी मंडल जिनका होता है) कम्युनिस्टों ने पिछले कुछ सालों में की है। क्रान्तिवादी मार्क्सवादियों ने सम्पूर्ण हड़ताल को कभी 'क्रान्ति का पहला पाठ' नहीं माना है बल्कि उसे सभी प्रयास असफल होने के बाद इस्तेमाल किया जानेवाला एक गम्भीर और अन्तिम साधन के रूप में ही देखा है। किन्तु कम्युनिस्टों ने इन सभी बातों को हवा में उड़ाकर मजदूरों में असन्तोष पैदा करने के एक अलौकिक साधन के रूप में स्वयं को देखा है। उन्होंने ज्यादा से ज्यादा असन्तोष पैदा किया हो या न किया हो किन्तु उनकी शक्ति का और सत्ता का मूल आधार जो मजदूर संगठन हैं उनका उन्होंने सर्वनाश किया है। फिलहाल वे पूँजीवादी संगठनों का आधार खोजने के काम में लगे हुए हैं। इस तरह के निरर्थक आन्दोलन से इससे ज्यादा क्या उम्मीद की जा सकती है? आग को भड़का देने के प्रयास में अपने खुद के मकान की भी चिन्ता न करनेवाले विनाशकारी आदमी की तरह ही कम्युनिस्टों का हाल हुआ है।

इसका परिणाम यह हुआ है कि मजदूरों को जिस पर भरोसा करना चाहिए ऐसा कोई संगठन नहीं बचा है। मुम्बई के कपड़ा मिलों में जो अस्वस्थता फैली है उसके बारे में मैं बात नहीं कर रहा हूँ। उसके सम्बन्ध में जितना कम बोला जाए उतना ही अच्छा है। किन्तु जी.आई.पी. रेलवे मजदूरों के संगठन की स्थापना 1920 में हुई थी। यह संगठन 1922 से 1924 तक मृत अवस्था में ही था। उसे नया जीवन 1925 में मिला। 1927 में एक दूसरा संगठन 'जी.आई.पी. रेलवे मेन्स यूनियन' के नाम से शुरू किया गया। 1931 में इन दोनों संगठनों में एकता कायम की गई और 'रेलवे वर्कर्स यूनियन' नाम की संस्था स्थापित की गई। 1932 में इस संस्था में दरार आ गई; और 'रेलवे लेबर यूनियन' नाम से एक अन्य संस्था बनाई गई। 1935 में पुराने 'जी.आई.पी. स्टॉफ यूनियन' को पुनः जीवित किया गया और नई संस्था के रूप में उसने कार्य करना शुरू किया। यह अब मान्यता प्राप्त संस्था है और रेलवे मजदूरों की भलाई के लिए काम करनेवाली इस संस्था में जबर्दस्त विरोध और दुश्मनी शुरू है। कम्युनिस्ट नेता और

गैरकम्युनिस्ट रेलवे मजदूर नेताओं में नेतृत्व के लिए चल रही स्पर्धा का यह सारा परिणाम है। इस तरह की दुश्मनी की वजह से केन्द्रीय संगठन में भी दरार पड़ गई है। 'ऑल इंडिया ट्रेड यूनियन कांग्रेस' नाम का मजदूरों का केन्द्रीय संगठन 1919 में स्थापित किया गया। मजदूरों के सभी संगठन इस कांग्रेस से 1929 तक जोड़ दिए गए थे। 1929 में इस संगठन में नागपुर में दरार पड़ गई और कम्युनिस्ट नेताओं का नेतृत्व नामंजूर करनेवाले उससे अलग हो गए। उन्होंने 'नेशनल ट्रेड यूनियन फेडरेशन' नाम के संगठन की स्थापना की। इन दो संगठनों में आपस में भयंकर शत्रुता पैदा हो गई है। 1931 और 1932 में इन दो विरोधी संगठनों में एकता स्थापित करने का प्रयास किया गया। किन्तु वह प्रयास सफल नहीं हो सका। इस सम्बन्ध में अब भी प्रयास हो रहे हैं। उसमें सफलता हासिल होगी, इस बारे में कुछ नहीं कहा जा सकता। ऐसी स्थिति में आप लोगों को कोई उपदेश देना मेरे लिए मुश्किल काम है। यदि आप लोगों के पास इस तरह की संस्था सँभालने के लिए लोग होते तो आपने अपना स्वतन्त्र संगठन बनाया होता तब भी इसमें कुछ गलत नहीं होता। मतलब यह एक बड़ी कठिनाई है। किसी संगठन की शक्ति बढ़ रही हो तो उसे कार्य करना चाहिए और कोई भी संगठन यदि समर्थ व्यक्ति की सेवा लेने में असफल रहा तो वह संगठन कार्य नहीं कर सकता। आप अपना संगठन चलाने के लिए क्या ऐसे लोगों को इकट्ठा कर पाएँगे? यदि आप लोगों को यह करना सम्भव हो तो आप अपना संगठन बनाइए। वास्तव में आप लोगों ने यदि ऐसा किया तो यह बहुत अच्छा कार्य होगा। क्योंकि अलग-अलग संगठनों का परिणाम विभाजन की भावना में या दुर्बलता में ही होता हो, ऐसी बात नहीं है। आप इस संगठन को मजदूरों के किसी समान उद्देश्योंवाले और समान कार्योंवाले केन्द्रीय संगठन से जोड़ सकते हैं। यदि आप स्वतन्त्र संगठन खड़ा नहीं कर सके तो आज जो भी संगठन अस्तित्व में है उससे आप जुड़ सकते हैं। किन्तु ऐसा संगठन अपने स्वार्थ के लिए आपका गलत इस्तेमाल न कर पाए, इस बात पर नजर रखनी होगी। ऐसा होने का खतरा बहुत ज्यादा है। मुम्बई के कपड़ा मिलों में ऐसी ही घटना घटी थी। वहाँ बुनकरों के हितों के लिए एक के बाद एक संघ बनता था और उस संघ को कताईवाले समर्थन देते रहे। यह टालने के लिए आपको दो शर्तों का आग्रह रखना चाहिए। सबसे पहले आप लोगों को कार्यकारी मंडल में अपने खास प्रतिनिधित्व का आग्रह करना चाहिए। मतलब आपसे सम्बन्धित खास सवालों की ओर संगठन का ध्यान आकर्षित करवाना तब आसान होगा और समर्थन भी मिलेगा। दूसरी शर्त यह कि आपके चन्दे का कुछ हिस्सा आवश्यकता पड़ने पर सिर्फ आपकी समस्याओं के निवारण के लिए सुरक्षित रखा जाए, ऐसा आग्रह आप लोगों को करना चाहिए। यदि आप लोगों ने अपना संगठन बनाने का फैसला नहीं किया और अन्य किसी संगठन में सम्मिलित होने का निश्चय किया तो इन दो शर्तों को आप लोगों को मंजूर करवा लेना चाहिए।

मजदूरों की भलाई के लिए आप लोगों को संगठन खड़ा करना चाहिए इसमें कोई बड़ी बात नहीं है। यह उतना पर्याप्त भी नहीं है। आप लोगों को राजनीतिक उद्देश्यों

की प्राप्ति के लिए भी संगठित होना चाहिए। सिर्फ मजदूर संगठनों के बल पर मालिकों के विरोध में मजदूर वर्ग जीत नहीं सकता, यह बात अनुभवसिद्ध है। मजदूर संगठनों को राजनीति में आना चाहिए या नहीं, इसके बारे में आज दो राय नहीं हो सकती। मजदूर संगठनों को राजनीति में आना ही चाहिए। क्योंकि शासन पर सत्ता कायम किए बगैर मजदूरों के हितों का रक्षण करना असम्भव है। इतना ही नहीं, कम-से-कम मजदूरी में वृद्धि, काम के घंटे, अन्य नियम आदि मामूली प्रकार के सुधार सिर्फ संगठन के द्वारा करवा लेना असम्भव है। संगठन की शक्ति को कानून की शक्ति के साथ मिलना जरूरी है। आप लोगों द्वारा संगठन स्थापित करने के साथ ही यदि आप लोग देश की राजनीति में हिस्सा नहीं लेते तब तक यह सम्भव नहीं है।

किन्तु सिर्फ मजदूर संगठन के उद्देश्यों का रक्षण करना राजनीति में आने का एक उद्देश्य नहीं होना चाहिए। आप लोगों का अपना उद्देश्य सिर्फ मजदूर संगठन के उद्देश्यों तक सीमित रखने का मतलब अपने कर्त्तव्य को ही ध्येय समझनेवाली बात है। गुलामी भाग्य का खेल है और मजदूर वर्ग उससे मुक्त नहीं हो सकता, ऐसा मानकर चलनेवाली बात है। बल्कि इस मजदूर व्यवस्था को बदलकर उसकी जगह पर स्वतन्त्रता, समानता और भाईचारा आदि सिद्धान्तों पर आधारित नई व्यवस्था की स्थापना करना ही आपका उद्देश्य होना चाहिए। इसका मतलब समाज की पुनर्रचना होगा। सामाजिक पुनर्रचना का काम मजदूर वर्ग का बुनियादी कर्त्तव्य है। किन्तु मजदूर वर्ग इस लक्ष्य को कैसे प्राप्त कर सकेगा? राजनीतिक शक्ति का प्रभावी ढंग से उपयोग होने पर इस सम्बन्ध में वह निश्चित तौर पर एक प्रभावी साधन बन जाता है। इसलिए मजदूर वर्ग को राजनीतिक शक्ति प्राप्त करनी चाहिए। मजदूर संगठन का राजनीति से दूर रहने का मतलब मजदूरों को स्वयं राजनीति में हिस्सा नहीं लेना चाहिए, ऐसा नहीं है। बल्कि वे कई राजनीतिक सभाओं में मौजूद रहेंगे, किसी उम्मीदवार के पक्ष में अपना मतदान करेंगे। कोई हमेशा के लिए किसी राजनीतिक दल में सम्मिलित हो जाएगा। मजदूर संगठनों को 'राजनीति नहीं करनी चाहिए' इसका मतलब उस संगठन के मजदूर सदस्यों को राजनीति नहीं करनी चाहिए ऐसा नहीं है। 'राजनीति नहीं करनी चाहिए' यह बात सिर्फ दलबद्ध राजनीति के लिए है। ऐसी स्थिति में हर व्यक्ति अपनी इच्छा के अनुसार, चाहत के अनुसार स्वतन्त्र रूप से राजनीति में हिस्सा ले सकता है। यदि उसने मजदूर भाइयों की मदद से उनका स्वतन्त्र संगठन स्थापित किया हो तो उसी क्षण उसे अन्य राजनीति से हटना पड़ेगा। इस तरह अपने वर्गीय हितों के लिए उसकी निजी शक्ति को नियन्त्रित करके राजनीति से हटना होगा। पर इससे मजदूरों का संगठन निश्चित तौर पर पूँजीवादी राजनीतिक दलों के लिए चरागाह भी बन सकता है। आप लोगों को शायद पता होगा कि मजदूरों के हितों के संरक्षण की बात करनेवाली ट्रेड यूनियन कांग्रेस और ट्रेड यूनियन फेडरेशन–दोनों संगठन अब एक संगठन में विलीन होने की राह पर हैं। दोनों संगठनों ने अपनी नीति में किंचित परिवर्तन करके एकता कायम करने की पहल की है। ट्रेड यूनियन कांग्रेस ने ट्रेड यूनियन फेडरेशन के संविधान को स्वीकार कर

लिया है और ट्रेड यूनियन फेडरेशन ने अपने नाम का त्याग करना तय कर लिया है। मुझे ऐसा पता चला है कि इस एकता की एक शर्त है कि यह संगठन शुद्ध रूप में मजदूर संगठन के रूप में ही रहे। उसका राजनीति से कोई लेना-देना नहीं रहेगा। जब मैंने यह सुना तब मुझे इस बात पर आश्चर्य हुआ कि उन लोगों को एक-दूसरे की बात का अर्थ वास्तव में समझ में आया या नहीं। हमारे हाथों में जो राजनीतिक शक्ति है उसका उपयोग हम पर होनेवाले अन्याय को समाप्त करने के लिए इस्तेमाल करने पर बंदिश लगाने का यह सीधा-सरल तरीका है, जो बड़ा खतरनाक है। यदि इस एकीकृत मजदूर संगठन को अपनी इकट्ठा राजनीतिक शक्ति का इस्तेमाल नहीं करना है तो वह किस काम के लिए इकट्ठा हुए हैं यह मेरी समझ में नहीं आ रहा है। मामूली मतभेद हों और वे यदि अन्य किसी बड़े उद्देश्य की प्राप्ति के लिए समाप्त कर दिए गए तो 'समझौता' शब्द कुछ सार्थक हो जाता है। किन्तु यदि किसी बड़े सवाल के लिए लोगों में मतभेद हो तो उसका त्याग करके सिर्फ मामूली बात को पाने के लिए एक होने में ऐसी 'एकता' का कोई अर्थ नहीं रहता। अन्य लोगों की इस सम्बन्ध में चाहे जो भी राय हो किन्तु मैं यही कह सकता हूँ कि मजदूरों ने राजनीति से दूर रहने की यदि सामूहिक रूप से शपथ ली हो तो उनके लिए यह एक शर्म की बात होगी।

आप लोगों को आगे भी अपने प्रयास सामाजिक सुधार की एक ही दिशा में जारी रखने हैं, इस बात को समझ लेना चाहिए। अब हम लोगों को अपने आर्थिक उत्थान के लिए भी प्रयास करना चाहिए। हम इस बात को भूल गए कि आज तक इस बारे में बेहद मामूली प्रयास हुए हैं। हम लोगों को जो अन्याय बर्दाश्त करना पड़ रहा है उसकी बुनियाद एक ही है और वह है जिनके हाथ में सामाजिक और आर्थिक शक्ति है, उन्होंने मजदूरों के राजनीतिक हक़ भी छीन लिए हैं।

राजनीति में आना इसका मतलब अपना दल स्थापित करना होता है। दल का समर्थन न हो इस प्रकार की राजनीति यह एक तरह से वायवीय चीज है। स्वतन्त्र रूप से राजनीति करने और अपनी रोटी खुद सेंकने का प्रयास करनेवाले कई राजनीतिक लोग हैं। राजनीतिक व्यक्ति किसी भी दल में सहभागी न हो, स्वतन्त्र हो तो वह किन्हीं राजनीतिक उद्देश्यों के लिए बेमतलब है। वह कुछ भी हासिल नहीं कर सकता। अपने एकाकी प्रयासों से वह घास की फसल भी नहीं उगा सकता। किन्तु स्वतन्त्रता की चाहत रखनेवाले राजनीतिक लोग अपनी बौद्धिक प्रामाणिकता की वजह से स्वतन्त्र नहीं रहते, बल्कि ज्यादा-से-ज्यादा माँग करने के लिए वे स्वतन्त्र रह सकते हैं। इसी वजह से उनको पार्टी अनुशासन के जाल से मुक्त रहना होता है। कुछ भी हो, किन्तु राजनीति में स्वतन्त्र रहनेवाले कई राजनीतिक खिलाड़ियों के बारे में मेरा ऐसा ही अनुभव है। दल के बगैर वास्तव में कोई प्रभावी राजनीति हो ही नहीं सकती।

अब सवाल यह है कि आप लोगों को किस दल में जाना चाहिए। कई विकल्प हैं। कांग्रेस पार्टी है। क्या आप लोग कांग्रेस में जाना पसन्द करेंगे? क्या वह मजदूरों के उद्देश्यों का समर्थन करेगी? कांग्रेस से अलग इस प्रकार का अपना स्वतन्त्र

राजनीतिक दल मजदूरों को स्थापित करना चाहिए, इस तरह की सलाह देने में मुझे बिल्कुल संकोच नहीं हो रहा है। मेरी इस सलाह से मजदूर नेताओं का विरोध है, यह मुझे अच्छी तरह मालूम है। कांग्रेस सोशलिस्टों का प्रतिनिधित्व करनेवाला एक समूह है और समाजवाद के लक्ष्य को पाने के लिए उन्हें मजदूर संगठन की आवश्यकता है। किन्तु यह संगठन कांग्रेस के नियन्त्रण में ही रहना चाहिए, ऐसा उन्हें लगता है। एम.एन. राय के नेतृत्व में कार्यरत और खुद को कम्युनिस्ट कहलवा लेनेवाला एक ग्रुप है। उनका मजदूरों के किसी भी अन्य संगठन से जबर्दस्त विरोध है, फिर वह संगठन कांग्रेस के भीतर हो या कांग्रेस के बाहर। इन दोनों ग्रुपों के विचारों से मैं पूरी तरह असहमत हूँ। श्री राय मुझे एक रहस्यपूर्ण व्यक्ति लगते हैं, वैसे वे अन्य लोगों को भी लगते होंगे। एक कम्युनिस्ट और स्वतन्त्र मजदूर संगठन का विरोधी! ये दोनों परस्पर-विरोधी बातें हैं। इस अद्भुत सोच का विश्लेषण यही हो सकता है कि भारतीय राजनीति का सबसे बड़ा लक्ष्य साम्राज्यवाद का नाश करना है, ऐसा राय को लग रहा होगा। श्री राय की जो विचारधारा है उसका दूसरा अन्य अर्थ नहीं निकलता। यदि साम्राज्यशाही समाप्त होते ही भारत के सभी पूँजीपतियों के स्वार्थ समाप्त होनेवाले हों तो यह सोच सही साबित हो सकती है। किन्तु अंग्रेजों के यहाँ से चले जाने के बाद भी इस देश में जमींदार, मिल-मालिक और साहूकारों की जमात बनी रहेगी और लोगों का उत्पीड़न होता ही रहेगा। साम्राज्यशाही के समाप्त होने के बाद भी आज की तरह मजदूरों को इन पूँजीपतियों से संघर्ष करना पड़ेगा, इस बात को समझने के लिए बड़ी बौद्धिक चतुराई की आवश्यकता है, ऐसी बात नहीं है। जब यह हकीकत है तो फिर मजदूरों को आज से ही क्यों संगठित नहीं होना चाहिए। संगठन की शक्ति बढ़ाने में उन्हें क्यों देर करनी चाहिए? मुझे इसका कोई उत्तर नहीं दिखाई दे रहा है। कांग्रेस समाजवादियों को यह बात अच्छी तरह मालूम है कि मजदूरों को साम्राज्यशाही की तरह ही पूँजीवाद से भी संघर्ष करना पड़ेगा। इसलिए मजदूरों को संगठित होने की जरूरत है, यह बात उन्हें मंजूर है, किन्तु उनकी यह शर्त है कि कोई भी मजदूर संगठन कांग्रेस के नियन्त्रण में ही होना चाहिए। कांग्रेस और मजदूर में इस प्रकार के जबरन समझौते की आवश्यकता या उसका कोई मूल्य मुझे नहीं दिखाई दे रहा है। कांग्रेस सोशलिस्ट लोगों के कहने के मुताबिक देश में समाजवाद की स्थापना करना यही उनका लक्ष्य है। वे समाजवाद की स्थापना किस प्रकार से करेंगे ? कांग्रेस का अभिन्न अंग बनकर! कांग्रेस के जाल से बाहर न निकलने का वे एक कारण देते हैं। उनकी मानवीय स्वभाव के बारे में जो समझ है वह इतनी बचकानी है कि उसकी कल्पना करना भी कठिन है। यदि उनका उद्देश्य समाजवाद की स्थापना करना है तो उसका उपदेश देकर लोगों को अपेक्षित कार्य के लिए संगठित करना चाहिए। उच्चवर्णियों की तारीफ करके समाजवाद की स्थापना होनेवाली नहीं है। कांग्रेस की प्रतिक्रियावादी नीतियों को पहचाननेवाले लोगों को ऐसा समाजवाद थोड़ा-सा भी बर्दाश्त नहीं होगा, यह हकीकत है। यह बात दिन-ब-दिन और स्पष्ट हो रही है। पंडित जवाहरलाल नेहरू ने पिछले साल समाजवाद

का तूफानी आन्दोलन खड़ा किया था। किन्तु इस बेचारे गरीब आदमी को तुरन्त ही काबू कर लिया गया। जैसे किसी अधेड़ बच्चे को लड्डू-पेड़ों पर ताव मारने के लिए घर भेज दिया जाता है उसी तरह सिर्फ अच्छे सम्बन्ध बनाए रखने का समझौता कर लिया गया। अब पंडित पूरी तरह से बदल गए हैं और अब वह इतने गरीब हो गए हैं कि वे कांग्रेस का दाहिना हाथ के नाम से बदनाम लाल निशान का भी विरोध करते हैं। बिहार के इस दाहिने हिस्से ने अपने असली दाँत दिखा दिए हैं। किसान नेता स्वामी सहजानन्द ने कांग्रेस छोड़ दी है और उसका सहयोगी जयप्रकाश नारायण भी उसे छोड़ने की राह पर है। मुझे पता चला कि ऑल इंडिया कांग्रेस कमेटी की मुम्बई की सभा में कांग्रेस के इन प्रतिक्रियावादी पक्ष के लोगों ने समाजवादियों के बेढंगे आचरण के लिए उनकी आलोचना की और कांग्रेस के मंच से समाजवाद के प्रचार का आरोप लगाते हुए इंडियन पैनल कोड की तरह पहले गुनाह करनेवाले की जिस तरह से ताकीद दी जाती है उसी तरह ताकीद की गई। कांग्रेस के समाजवादियों की ऐसी बुरी हालत है।

साम्राज्यवाद की प्रतिक्रिया की वजह से भारतीय राजनीति धूमिल-सी हो गई है। मजदूरों को उनके सही दुश्मन और उनके अधिकारों को जबरन दबाए रखनेवालों की पहचान नहीं हुई है। रायवादी और कांग्रेसवादी ये दोनों तरह के समाजवादी लोग विचारों की उलझन की वजह से दलदल में फँस गए हैं। एक साधारण दुश्मन के नाते इस साम्राज्यवादी के विरोध में संघर्ष करने के लिए सभी वर्ग के लोगों को अपने-अपने वर्ग के लाभ को नजरअंदाज करना चाहिए और किसी एक संगठन में सम्मिलित हो जाना चाहिए, यह उसका अर्थ नहीं होता। अलग-अलग वर्ग के संगठनों का एक मोर्चा बनाकर भी इस साम्राज्यवादी के विरोध में संघर्ष करना सम्भव था। इस उद्देश्य के लिए सभी संगठनों को बर्खास्त करने की कोई आवश्यकता ही नहीं। सभी संगठनों का मिलाप करनेवाली संस्था की भी कोई आवश्यकता नहीं। उसके लिए सबने मिलकर एक ही मोर्चा बनाया तब भी पर्याप्त है। कांग्रेस का प्रतिक्रियावादी पक्ष साम्राज्यवाद के नाम से कोई भी स्वतन्त्र या अलग संगठन बनाने के रास्ते में पत्थर बन जाता है, इस बात को कई लोग आज तक नहीं जान पाए हैं, इस बात को कहते हुए मुझे बड़ा खेद हो रहा है। यह गलती आप लोग न करें इसलिए खतरे की सूचना मैं आप लोगों को दे रहा हूँ। राजनीति वर्गहित की समझ पर खड़ी करना जरूरी है। जो राजनीति वर्गहित की नींव पर खड़ी न हो वह एक पाखंड है।

इसलिए जो दल वर्गहित की वर्गीय समझ की नींव पर आधारित हों ऐसे किसी दल में ही आप सम्मिलित हो जाइए। मुझे मालूम है कि जो दल आपके हितों के विरुद्ध न हो वह दल है–'स्वतन्त्र मजदूर पार्टी' जिसके पास सही कार्यक्रम हैं वह एक ही पार्टी है और वह पार्टी मजदूरों के हितों को सबसे पहले महत्त्व देती है। उसकी नीति और कार्यक्रम सुनिश्चित हैं। वह सामान्य स्थितियों में कभी भी गैरकानूनी रास्ता नहीं अपनाएगी किन्तु जब समय आएगा तो किसी बात की परवाह भी नहीं करेगी। वर्गयुद्ध टालने की इच्छा होने के बावजूद भी वर्गसंगठन के सिद्धान्तों का त्याग करने के लिए

वह बिल्कुल तैयार नहीं है। आज यह 'स्वतन्त्र मजदूर पार्टी' (इंडेपेंडेन्ट लेबर पार्टी) अपनी बाल-उम्र में है। और वह केवल मुम्बई इलाके तक सीमित है, यह भी सच है। किन्तु उसके विरोधी दलित नहीं हैं। हर पार्टी प्रारम्भ में अपनी बाल-उम्र में ही होती है। कौन-सी पार्टी कितनी उम्र की है, यह महत्त्वपूर्ण सवाल नहीं है। बल्कि उसके सिद्धान्त क्या हैं, वह क्या हासिल करना चाहती है और उसकी अप्रकट शक्ति कितनी बड़ी है, यह सवाल महत्त्वपूर्ण है। स्वतन्त्र मजदूर पार्टी के घोषणापत्र को जो पढ़ेगा उसे उसके सिद्धान्त क्या हैं और वह क्या हासिल करना चाहती है, इस बात का पता चलेगा। इस पार्टी में बहुत बड़ी अप्रकट शक्ति है, यह बात साफ है। यह पार्टी सीमित नहीं है। जाति और पन्थ की बात का इसमें कोई महत्त्व नहीं है, यह सभी के लिए खुली है। उस पार्टी का कार्यक्रम कुछ हद तक दलित वर्ग की आवश्यकताओं को ज्यादा महत्त्व देता है फिर भी सम्पूर्ण मजदूर वर्ग की आवश्यकताओं को महत्त्व दिया जा सके वह इतना व्यापक है। इस स्वतन्त्र मजदूर पार्टी के फैलाव में रुकावट बननेवाली कठिनाई राजनीतिक नहीं बल्कि सामाजिक है। इस पार्टी के केन्द्र स्थल पर फिलहाल दलित वर्ग के लोग हैं। यह हक़ीकत खास तौर पर इस पार्टी के फैलाव और विकास में रुकावट है। दलित वर्ग जैसे निचले दर्जे के लोगों के साथ सहयोग करना ही नहीं है यह एक आम भावना है, उसी ने उच्च वर्ग के हिन्दुओं को स्वतन्त्र मजदूर पार्टी में सम्मिलित होने से रोका है। और जो लोग इस पार्टी के विरोध में हैं वे इस भावना का दुरुपयोग करके अनपढ़ और धार्मिक दृष्टि से भोले-भाले लोगों को इस पार्टी में शामिल होने से रोकते हैं। किन्तु स्वतन्त्र मजदूर पार्टी की साफ-सुथरी और प्रामाणिक राजनीति तमाम मजदूर वर्ग को अपने झंडे के नीचे लाने में चुम्बक की तरह साबित होगी तथा हिन्दू समाज-संरचना की वजह से उत्पन्न प्रतिक्रियावादी विरोधी शक्ति के लिए प्रतिकारी शक्ति बनेगी इस बात पर मेरा पूरा यकीन है। अभी तक ठाणे, कुलाबा और रत्नागिरी आदि तीन जिलों में इस पार्टी का अच्छा विस्तार हो चुका है और उसने किसान तथा मजदूरों में अपनी नींव मजबूत कर ली है। इस प्रदेश के अन्य इलाकों में भी उसका धुआँधार प्रचार हो रहा है। मध्य प्रान्त और वरहाड (विदर्भ) में भी यह पार्टी अपना कार्य कर रही है और भारत के अन्य प्रदेशों में भी वह अपना स्थान बनाएगी, इसमें कोई सन्देह नहीं है। इसलिए मजदूर वर्ग का उचित समर्थन प्राप्त हुआ तो स्वतन्त्र मजदूर पार्टी ही एकमात्र सही राजनीतिक दल रहेगा।

मजदूरों के संगठनों में दलित वर्ग के लोग भारत के सम्पूर्ण मजदूर वर्ग को बहुत बड़ी प्रेरणा दे सकते हैं। इंग्लैंड के चार्टिस्ट आन्दोलन का अध्ययन करनेवाले गैमेज ने कहा है, "सामाजिक सवालों के बगैर कोई राजनीतिक आन्दोलन अब तक कभी हुआ है या नहीं इसमें सन्देह है। मानव जाति का बुनियादी उद्देश्य सामाजिक सुख के उपभोग के साधनों को पाना है। उन साधनों का स्वामित्व उसे प्राप्त हो गया तो राजनीतिक झंझटों में रस लेने का उनका स्वभाव एकदम कम हो जाता है। आम जनता को राजनीतिक हक़ों का सैद्धान्तिक महत्त्व समझाने का कार्य यदि कोई करते हैं तो वे

समाज में पहले से मौजूद दोष ही हैं।" आपके सामाजिक दोष बड़े भी हैं और हक़ीकत भी हैं। इसलिए आपकी राजनीति भी असली और सही रह सकती है। यदि इस बात को आपने समझ लिया तो असली राजनीतिक पार्टी की दृष्टि से आप भारत के तमाम मजदूर वर्ग के लिए दीपस्तम्भ की तरह मार्गदर्शक साबित होंगे। सम्पूर्ण मजदूर वर्ग की आप अन्य दूसरे ढंग से भी सेवा कर सकते हैं। विधानसभा में आप लोगों को प्रतिनिधित्व का एक निश्चित हिस्सा मिला है। उन सुनिश्चित स्थानों का उपयोग मजदूर वर्ग के लिए कितना महत्त्वपूर्ण है, इस बात की समझ कुछ मजदूर नेताओं को है, ऐसा दिखाई नहीं दे रहा है। चुनाव एक प्रकार को जुआ है। किसी भी पार्टी को विधानसभा में इतने स्थान मिलेंगे ही इस तरह का भरोसा किसी भी प्रकार की चुनाव व्यवस्था में नहीं दिया जा सकता। इतना ही नहीं, मतदाताओं के किसी गुट को किसी भी चुनाव-प्रणाली से उसकी जनसंख्या के अनुपात में स्थान मिलेंगे, ऐसा भी नहीं है। चुनाव के परिणाम कुछ दलों को कभी-कभी कितने अचरज में डालनेवाले और विनाशकारी सिद्ध हुए, यह बात इंग्लैंड के चुनावी इतिहास से समझ में आएगी। कई बार अल्पसंख्यकों को ही बहुसंख्यक स्थान मिल जाते हैं। अपने यहाँ निश्चित स्थान सुरक्षित होने की वजह से उस तरह का डर मन में रखने की कोई आवश्यकता नहीं। और दलित वर्ग के आरक्षित स्थानों के बारे में सोचा जाए तो वह सिर्फ दलित वर्ग के ही उपयोग के लिए हैं, ऐसी बात नहीं है। बल्कि वह सभी मजदूर वर्ग के लिए फायदेमंद हैं। दलित वर्ग को निश्चित प्रतिनिधित्व मिलने की उम्मीद होने की वजह से अन्य मजदूर वर्गों की मदद की जरूरत महसूस हुई तो उनके संगठन को बनाने में वह बहुत मददगार हो सकता है। मजदूर वर्ग को राजनीतिक प्रतिनिधित्व हासिल करने के लिए दलित वर्ग का कितना उपयोग हो सकता है यह बात पिछले चुनाव में सिद्ध हो चुकी है। स्वतन्त्र मजदूर पार्टी के टिकट पर खड़े तीन हिन्दुओं को दलित वर्ग ने मुम्बई विधानसभा के लिए चुना है और स्वतन्त्र मजदूर पार्टी के टिकट पर चुनाव न लड़नेवाले किन्तु दलित वर्ग का जिनको समर्थन था, ऐसे कई उम्मीदवारों को जिताने में उन्होंने मदद की। जिनको हमारे प्रयासों से अपना हित हासिल करना हो उन्हें करना चाहिए। किन्तु इस देश की राजनीति में दलित वर्ग महत्त्वपूर्ण भूमिका अदा कर सकता है, यह हक़ीकत बाकी रह जाती है। और यह भूमिका उनके खुद के लिए और मजदूर वर्ग के लिए भी बहुत उपयोगी है।

फिर भी आप लोग कितनी जल्दी और कितने सही ढंग से संगठित होंगे, उस पर यह सब निर्भर करता है। आप लोगों को क्यों संगठित होना चाहिए और संगठन के द्वारा आप क्या हासिल कर पाएँगे यह सब मैंने आप लोगों को बता दिया है। अब आप लोगों से इतना ही कहकर मैं अपनी बात समाप्त करना चाहता हूँ कि आप अपना स्वयं का संगठन खड़ा करने के काम में किसी भी प्रकार की देर मत कीजिए। इस परिषद् की अध्यक्षता करने के लिए मुझे निमन्त्रित करके आपने मेरा जो सम्मान किया है, उसके लिए मैं आपका आभारी हूँ। मैं आपके कार्य की सफलता की कामना करता हूँ।

सा. जनता : दि. 5 फरवरी 1938।

मैं देव, धर्म में विश्वास नहीं करता

*दि. **19 मार्च 1938** को मुम्बई के 'सोमवंशीय हितकारी समाज' तथा 'तायवाडी के अछूत समाज' के संयुक्त तत्वावधान में डॉ. बाबासाहेब अम्बेडकर और डॉ. सोलंकी के सम्मान में एक सभा का आयोजन किया गया था। इस सभा में दलित समाज के कई नेता भी उपस्थित थे। इस सभा में हजारों की संख्या में दलित समाज की महिलाएँ, पुरुष, बच्चे और बुजुर्ग लोग उपस्थित थे। इस सभा में डॉ. अम्बेडकर और डॉ. सोलंकी का जबर्दस्त स्वागत किया गया था और उन्हें सम्मान पत्र तथा सामाजिक कार्य के लिए कुछ रुपया भी भेंट किया गया था। इस अवसर पर अपनी जनता को सम्बोधित करते हुए डॉ. अम्बेडकर ने कहा–*

प्यारे भाइयो तथा बहनो,

आप लोग मेरी बात को सुनने के लिए बड़े उत्सुक हैं किन्तु मैं आज ज्यादा बोल नहीं पाऊँगा क्योंकि अपने स्वास्थ्य की बेहतरी के लिए आज मेरा उपवास है। मैं किसी भी रूप में देवधर्म पर भरोसा नहीं रखता। देवधर्म की काल्पनिक बातों के बारे में एक बार मैंने अपने हिन्दू मित्रों को शंकर की पिंडी के बारे में पूछा। उसके बारे में वे कुछ नहीं बता पाए। क्या है शंकर की पिंडी? यहाँ उसकी ज्यादा चर्चा करना उचित नहीं है। सार रूप में कहें तो वह सिर्फ सम्भोग दृश्य के अलावा और कुछ नहीं है। उसकी धर्म श्रद्धालु लोगों को षोडशोपचार से पूजा करनी चाहिए। उस बात से हमें कुछ लेना-देना नहीं है। कहने का मतलब यही है कि मेरा उपवास उस प्रकार का नहीं है। मेरा उपवास आज दोपहर शुरू हुआ है, पूरे दो दिन दो रात तक चलता है। और सोमवार की दोपहर में मैं भोजन करता हूँ। इन दो दिनों में मैं पानी भी नहीं पीता हूँ। यह इतना कठिन उपवास है। कुछ लोग मन्नत मनवाने के लिए उपवास करते हैं। डॉक्टर ने मुझे बदहज़मी की वजह से सप्ताह में दो बार उपवास करने के लिए या भूखे रहने के लिए कहा है। मुझे शरीर स्वास्थ्य लाभ के लिए यह उपवास करना पड़ रहा है। ऐसी स्थिति में मैं ज्यादा देर तक बोल नहीं पाऊँगा। यहाँ मुझे यह जो सम्मान-पत्र और धनराशि दी गई है उसके लिए मैं यहाँ के लोगों का शुक्रगुजार हूँ। दूसरी बात यह कि आज का सम्मान-पत्र भी खाली नहीं है। उसके साथ कुछ धनराशि भी दी गई है। मैं आप लोगों

के द्वारा दिए गए सम्मान-पत्र को खुशी के साथ स्वीकार करता हूँ और धनराशि को स्वतन्त्र मजदूर पार्टी को भेंटस्वरूप देने की घोषणा करता हूँ।

इस सम्मान-पत्र में अछूत वर्ग के आज तक के सभी आन्दोलनों का विवरण दिया गया है इसलिए मुझे खुशी हो रही है। आप लोगों ने सम्मान-पत्र में कार्यों का जो आलंकारिक वर्णन किया है, वह मेरे अकेले की मेहनत का फल नहीं है बल्कि उसके लिए आप सभी का अथक प्रयास महत्त्वपूर्ण है। उसके अलावा जिन दो महत्त्वपूर्ण बातों से हमारा आन्दोलन दुनिया की नजरों में आया और सफलता की ऊँचाई को छू सका उसमें दो बातें हैं, 'महाड का चवदार तालाब' का सत्याग्रह और दूसरा 'नासिक के कालाराम मन्दिर-प्रवेश का सत्याग्रह'। इन दोनों अवसरों पर मेरे मित्र भाई चित्रे और भाऊराव गायकवाड की हिम्मत और कई खतरों को मुँहतोड़ जवाब देकर उनकी काम करने की जिद्द में ही इस कामयाबी का रहस्य छिपा हुआ है।

साप्ताहिक 'जनता' 9 अप्रैल, 1938 के अंक में प्रकाशित।

गरीबों की पार्टी को गरीबों को ही चलाना चाहिए

*दि. **27 मार्च 1938** को नायगाँव, मुम्बई में स्वतन्त्र मजदूर पार्टी की सालाना आमसभा का आयोजन किया गया था। इस सभा में मुम्बई राज्य से चुनकर आए हुए 'स्वतन्त्र मजदूर पार्टी' के सभी विधायक और दलित समाज के सभी गणमान्य नेता, कार्यकर्त्ता उपस्थित थे। इस सभा का आयोजन स्वतन्त्र मजदूर पार्टी के अध्यक्ष और नेता डॉ. बाबासाहेब अम्बेडकर की अध्यक्षता में किया गया था। इस सभा को सम्बोधित करते हुए डॉ. अम्बेडकर ने कहा–*

आज की इस स्वतन्त्र मजदूर पार्टी की मुम्बई शाखा की सालाना आमसभा में उपस्थित रहने में मुझे खुशी हो रही है। स्वतन्त्र मजदूर पार्टी का कार्य अनुशासन में और नियमबद्धता से चलने देने की ओर हमारा ध्यान देना जरूरी है। आज की यह सभा बहुत ही महत्त्वपूर्ण है। मैं आज सुबह स्वतन्त्र मजदूर पार्टी के मुम्बई शाखा के कार्यालय गया। वहाँ दो-ढाई घंटे रुककर चल रहे काम का मैंने निरीक्षण किया। उसमें मुझे वहाँ जो कुछ देखने को मिला उसे देखकर मुझे आनन्द और आश्चर्य हुआ। आश्चर्य होने की वजह यह है कि स्वतन्त्र मजदूर पार्टी का वहाँ का कार्य बहुत ही सही ढंग से और अच्छी तरह चल रहा है। और दूसरा कोई भी आदमी वहाँ ऑफिस में जाकर देखेगा तो उसकी शंकाओं का समाधान होगा, इसमें कोई सन्देह नहीं। जिन्हें पार्टी के ऑफिस में जाकर पार्टी का काम देखना सम्भव न हो उन्हें मैं यकीन दिलाना चाहता हूँ कि कुल मिलाकर काम की व्यवस्था सही ढंग से चल रही है। वहाँ ऑफिस में काम करनेवाले जो स्वयंसेवक या साधारण वेतन पर काम करनेवाले 10 कार्यकर्त्ता हैं वे भी इस काम की सफलता के हक़दार हैं। अपनी पार्टी गरीबों की पार्टी है इसलिए हम अपने कार्यकर्त्ताओं को पर्याप्त वेतन नहीं दे सकते। फिर भी वे लोग उचित ढंग से काम करते हैं, यह बड़े गर्व की बात है।

अभी आपके सामने जमाखर्च का जो विवरण पढ़कर सुनाया गया उससे आपको पता चल गया होगा कि अब तक हजार-बारह सौ रुपए का खर्च हो गया है और हजार-बारह सौ रुपया बचा हुआ है। इस जमाखर्च की कांग्रेस के जमाखर्च से तुलना की गई तो अपनी रक़म कांग्रेस के नमक-मिर्च के खर्चे के बराबर भी नहीं है, इतनी कम है। अब तक कार्यकारी मंडल के 40-45 लोगों ने और बाहर के 25-30 प्रचारकों ने ही इस

काम को किया है। आप सभी लोगों ने यदि निश्चय किया तो इससे भी अधिक कार्य होगा इसमें कोई सन्देह नहीं। मुम्बई शहर में अछूत वर्ग की जनसंख्या ही एक लाख से ज्यादा है। उनमें से अब तक सिर्फ चार हजार लोग ही स्वतन्त्र मजदूर पार्टी के सदस्य बने हैं, यह बड़े शर्म की बात है। यहाँ लोगों के बैठने की जो व्यवस्था की गई है उससे मुझे दिखाई दिया कि यहाँ महिलाओं के दो गुट और पुरुषों के भी दो गुट हैं। पूछताछ से पता चला कि एक गुट की सभी महिलाएँ स्वतन्त्र मजदूर पार्टी की सदस्या बन गई हैं और उस पार की महिलाओं का गुट गैरसदस्यीय महिलाओं का है। इन दोनों गुटों में सदस्य न बनीं महिलाओं का गुट बड़ा दिखाई देता है। जिन पुरुषों को और महिलाओं को यहाँ सभा में आकर क्या कार्य हो रहा है यह जानने की इच्छा होती हो उन्हें अठन्नी देकर सदस्य बनने की अक्ल क्यों नहीं आई, इस बात पर मुझे आश्चर्य हो रहा है। क्या आपने कभी यह सोचा है कि इस स्वतन्त्र मजदूर पार्टी का सारा कार्य किसके लिए और किसलिए है? यह सारा कार्य इसलिए है कि आज हम पर दूसरे लोगों का जो जुल्म हो रहा है उसे समाप्त करना है। इसलिए क्या आपकी यह जिम्मेदारी नहीं है कि इस कार्य में मदद करें? यहाँ इकट्ठा हुई महिलाओं में से कइयों को पान-सुपारी खाने की आदत होगी। उसके लिए उनके हर माह रुपया-दो रुपया खर्च होते होंगे। फिर स्वतन्त्र मजदूर पार्टी को हर साल आठ आना देने में उनको मुश्किल क्यों हो रही है? मेरी सारी ताकत महार महिलाओं पर ही निर्भर है। आप सामने आकर स्वतन्त्र मजदूर पार्टी की सदस्य बन गईं तो पुरुषों को भी मजबूर होकर आपके पीछे-पीछे चलना पड़ेगा। आप लोग आज तक अठन्नी देकर स्वतन्त्र मजदूर पार्टी के सदस्य नहीं बने इस बात का मुझे दुख हो रहा है। किन्तु अब मुझे उम्मीद है कि चन्द ही दिनों में आप सभी लोग स्वतन्त्र मजदूर पार्टी के सदस्य बन जाएँगे।

मुझे पुरुषों से भी यही कहना है कि आप सभी के कल्याण के लिए स्वतन्त्र मजदूर पार्टी की स्थापना की गई है, लेकिन उस पार्टी के अब तक सिर्फ चार हजार सदस्य होना बड़े शर्म की बात है। आप सभी लोग इस पार्टी के सदस्य क्यों नहीं बन रहे हैं, यह मेरी समझ में नहीं आ रहा है। यह पार्टी धनवानों की रखवाली पार्टी कांग्रेस के विरोध में मेहनतकशों, गरीबों की भलाई का कार्य कर रही है। आज मुम्बई विधिमंडल में कांग्रेस के बालों को नोचनेवाली और गरीबों के पक्ष में खड़ी रहनेवाली यदि कोई पार्टी है तो वह है स्वतन्त्र मजदूर पार्टी। मुझे इस पार्टी के काम के लिए कांग्रेस की तरह धनवानों से पैसे मिलनेवाले नहीं हैं; ऐसी बात नहीं, यदि मैंने प्रयास किया तो धनवानों से भी इस पार्टी के लिए काफी पैसा माँग सकता हूँ। किन्तु इस तरह से यदि धनवानों के पैसे पर इस पार्टी का कार्य होने लगा तो इस पार्टी की विशेषता खत्म हो जाएगी। और इस पार्टी को धनवानों ने खरीद लिया, ऐसी बात हो जाएगी। फिर यह पार्टी गरीबों की भलाई के लिए किस दम पर लड़ पाएगी? इसलिए गरीबों की भलाई के लिए स्थापित इस पार्टी को गरीबों को ही सहयोग देना चाहिए। और ऐसा करने से ही आपकी स्वतन्त्रता बरकरार रह सकती है। यदि यह बात आपकी समझ में आती है कि गरीबों

का संसार गरीबों को ही चलाना चाहिए, तो मुझे यह पूरी उम्मीद है कि मुम्बई शाखा के स्वतन्त्र मजदूर पार्टी के सदस्यों की संख्या चार हजार से चालीस हजार होने में देर नहीं लगेगी।

साप्ताहिक 'जनता' के 2 अप्रैल, 1938 के अंक में प्रकाशित।

स्वाभिमान और स्वावलम्बन के आन्दोलन का परिणाम

*दि. **1 अप्रैल 1938** को मुम्बई के डेविड चाल मैदान में दलित समाज की ओर से एक जनसभा का आयोजन किया गया था। इस सभा में दलित समाज के हजारों लोग अपने प्रिय नेता डॉ. बाबासाहेब अम्बेडकर का व्याख्यान सुनने के लिए इकट्ठा हुए थे। उसी प्रकार दलित समाज के सभी स्थानीय नेता और कार्यकर्ता भी उपस्थित थे। इस सभा के प्रारम्भ में डॉ. अम्बेडकर का और अन्य नेताओं का जोरदार स्वागत किया गया था। डॉ. अम्बेडकर इस सभा के अध्यक्ष थे। इस सभा को सम्बोधित करते हुए डॉ. अम्बेडकर ने अपने अध्यक्षीय भाषण में कहा–*

मेरा यहाँ सभा के लिए आने का यह दूसरा मौका है। सात-आठ साल पहले मैं जब यहाँ एक सभा के लिए आया था उस समय की और आज की स्थिति में जमीन-आसमान का अन्तर है। आज की सभा से उस समय की स्थिति में अकल्पनीय परिवर्तन दिखाई दे रहा है। मैं जब पहली बार यहाँ सभा के लिए आया था उस समय यहाँ सालु नामक गोस्वामी का कीर्तन सप्ताह चल रहा था। उस समय यहाँ के लोगों को मेरे भाषण से भी उस कीर्तन के प्रति अधिक उत्सुकता थी। मैं सिर्फ आठ-दस मिनट बोला और फिर चला गया। और आज उसी स्थान पर यहाँ हजारों की तादाद में लोग इकट्ठा होकर मेरा भाषण सुनने के लिए इतने लालायित हैं यह देखकर मुझे आश्चर्य हो रहा है। आठ-दस सालों में लोगों के दिलो-दिमाग पर कितना असर पड़ा है, इसका यह प्रमाण है। इस तरह से अपने पिछले दस साल के स्वाभिमान और स्वावलंबन के आन्दोलन का अपने अछूत समाज पर कितना असर पड़ा है, इस बात को पुनः बताने की कोई आवश्यकता नहीं है। यहाँ के लोग मेरे भाषण के अलावा अन्य किसी वक्ता का भाषण सुनने के लिए तैयार नहीं हैं। आज जो परिस्थिति बदली हुई है उसके बुनियादी कारण अपने समाज में सामाजिक, धार्मिक और आर्थिक उत्थान की दिशा में जो सफल प्रयास हुए हैं, उसी में हैं।

भाषण का संक्षिप्त रूप साप्ताहिक 'जनता' के 9 अप्रैल, 1938 के अंक में प्रकाशित।

कर्नाटक का विभाजन और अछूत समाज

दि. 4 अप्रैल 1938 को मुम्बई राज्य विधिमंडल में कर्नाटक के विभाजन का प्रस्ताव पेश किया गया था। डॉ. बाबासाहेब अम्बेडकर की स्वतन्त्र मजदूर पार्टी मुम्बई विधिमंडल में एक प्रमुख विरोधी पार्टी थी। डॉ. अम्बेडकर स्वतन्त्र मजदूर पार्टी के नेता और अध्यक्ष थे। इस प्रस्ताव पर अपने विचार व्यक्त करते हुए डॉ. अम्बेडकर ने कहा–

इस प्रस्ताव का मसौदा मेरी दृष्टि में बहुत ही गम्भीर किस्म का है। यह प्रस्ताव भावनावश किया जानेवाला कार्य नहीं है। कर्नाटक के विभाजन का सवाल आसानी से हल नहीं किया जा सकता। अलग-अलग प्रदेशों के होने के बावजूद हम जैसे अछूत वर्ग के लोगों की यह गुजारिश थी, महाराष्ट्रीयन या कन्नड़ी इस तरह का कोई भेदभाव हममें नहीं रहा है और हम लोग उस तरह का कोई भेदभाव रखते भी नहीं हैं। मैं इस सवाल की ओर निष्पक्ष दृष्टि से देख रहा हूँ। अपने मुम्बई इलाके के संयुक्त परिवारों में इन तीनों प्रमुख प्रदेशों के लोग पिछले 115 साल से बड़े प्यार-मोहब्बत से साथ मिलकर रह रहे हैं। करीब-करीब 90 साल तक सिन्ध प्रदेश हमारे साथ था। उसका विभाजन हुआ है। किन्तु उससे सिन्ध की आर्थिक स्थिति कितनी जटिल हुई होगी, इस बात की कल्पना आप लोग कर सकते हैं। कर्नाटक के विभाजन के पीछे कन्नड़भाषियों का एक अलग प्रदेश होना चाहिए, यह है। किन्तु उनकी यह एकता कैसे हो पाएगी, इस बारे में मुझे सन्देह है। क्योंकि इस कर्नाटक प्रदेश का बहुत बड़ा हिस्सा संस्थान के पास है। कन्नड़ संस्थानी इलाका कर्नाटक में मिलाने का मतलब उसके मुआवजे का दूसरा भाग संस्थानों को देना पड़ेगा। किन्तु खालसा प्रान्त के लोग इस मुआवजे के लिए संस्थान में जाने के लिए कभी तैयार नहीं होंगे। क्या इस बारे में आप लोगों ने कभी सोचा है? उसी प्रकार आज की परिस्थिति में कर्नाटक पर अन्याय हो रहा है, यह कहने का कुछ मतलब है? इस बात पर यदि आप लोगों ने गम्भीरता से विचार किया तो आप लोगों की समझ में आएगा कि नए संविधान के अनुसार इस प्रदेश को जो प्रतिनिधित्व मिला है, क्या वह कम है?

यदि हम लोगों ने भाषा के अनुसार जनसंख्या के सम्बन्ध में सोचा तो मराठी भाषा बोलनेवालों की संख्या 98 लाख के आसपास है, गुजराती 34 लाख के करीब हैं, और

कन्नड़ी 32 लाख के करीब हैं। और इस जनसंख्या की मात्रा के अनुसार गुजराती लोगों को 27 और कर्नाटकी लोगों को 21 सीटें मिलनी जरूरी हैं। किन्तु प्रत्यक्ष विभाजन में गुजरात को 31 और कर्नाटक को 28 सीटें प्राप्त होने की वजह से महाराष्ट्रीय लोगों पर अन्याय हुआ है। मैं प्रदेश भेद की बात नहीं करता किन्तु कर्नाटक प्रदेश के विभाजन का सवाल खड़ा हुआ है इसलिए इस हक़ीकत को आगे रखना जरूरी है। वही बात अधिकारों के स्थानों के सम्बन्ध में भी है। इन स्थानों के विभाजन में भी मराठी प्रतिनिधियों पर अन्याय हुआ है। उनके प्रतिशत के हिसाब से 3.9 प्रतिनिधि गुजरातियों के और कन्नड़ियों के, 3.4 प्रतिनिधि हैं, किन्तु अधिकार के पदों का बँटवारा क्रम के हिसाब से 6, 6 और 4 ऐसा किया गया है। इससे यह बात सिद्ध होती है कि कर्नाटक पर अन्याय नहीं हुआ है। उसी प्रकार इस प्रदेश की आर्थिक स्थिति की ओर देखा जाए तो उसे ढाई करोड़ से ज्यादा की हानि की उम्मीद नहीं है। हमारे मुम्बई शहर की सालाना आमदनी 4 करोड़ होने के बाद भी इस शहर की आवश्यकताओं की पूर्ति अभी भी नहीं होती और आधुनिक दृष्टि से प्रदेश की व्यवस्था करने की दृष्टि से कर्नाटक सिर्फ ढाई करोड़ में क्या कर पाएगा?

जहाँ हमेशा अकाल पड़ता है, उससे वहाँ अनाज और कपड़ों के लिए लोग परेशान रहते हैं। इस अल्प आमदनी पर स्वतन्त्र होने की बात करनेवाले प्रदेश का खर्च कैसे चलेगा? जिन लोगों को अधिकार पाने की जल्दबाजी है यह उन्हीं की समस्या का समाधान होगा। इसलिए इस प्रदेश के विभाजन के समर्थन के लिए मैं तैयार नहीं हूँ। उसी प्रकार वीजापुर और वल्लाटी जैसे अकालग्रस्त जिले चीखते-चिल्लाते रहते हैं, ऐसी स्थिति में आप लोग प्रदेश के जमा-खर्च के हिसाब को किस तरह से कर पाएँगे? इस प्रदेश में हमारे समाज की सिर्फ दो ही सीटें हैं। यहाँ की विधिसभा में हमारे अन्य प्रतिनिधियों का उन्हें समर्थन है। किन्तु इस विभाजन से ऊँची जाति के लोग उनकी उपेक्षा करेंगे, इसमें कोई सन्देह नहीं है।

मैं किसी भी प्रकार के प्रदेश-भेद का समर्थक नहीं हूँ। इतना ही नहीं, मैं अपने आपको महाराष्ट्रियन कहने में भी किसी प्रकार का गर्व महसूस नहीं कर रहा हूँ। उसी प्रकार भाषा, प्रदेश-भेद, संस्कृति आदि भेदभाव का मैं समर्थक नहीं हूँ, मैं इनमें से किसी बात को नहीं मानता। इसी तरह मैं पहले हिन्दी हूँ बाद में हिन्दू या मुस्लिम, मैं इस बात के खिलाफ हूँ। मैं इस बात को मानता हूँ कि मैं पहले हिन्दी और बाद में भी हिन्दी हूँ। और यही बात हिन्दी स्वतन्त्रता के आन्दोलन के लिए फायदेमन्द है। इसलिए मैं इस प्रस्ताव का सख्त विरोध कर रहा हूँ।

साप्ताहिक 'जनता' के 9 अप्रैल, 1938 के अंक में प्रकाशित।

आज की राजनीति को देखते हुए अपने पवित्र वोटों को मत बेचिए

__दि. 20 अप्रैल 1938__ को सतारा जिले के इस्लामपुर औंड गाँव में डॉ. बाबासाहेब अम्बेडकर की एक जनसभा आयोजित की गई थी। इस सभा का आयोजन वहाँ के दलितों ने किया था। इस सभा में स्थानीय दलित समाज बहुत बड़ी संख्या में उपस्थित था। सभी लोग अपने नेता और मार्गदर्शक को सुनने के लिए बड़े बेचैन थे। इस सभा में डॉ. अम्बेडकर का बड़ा भाषण बड़ा प्रभावी रहा। उन्होंने अपने भाषण में कहा–

इस जिले में अगले माह की 24 तारीख को जिला लोकल बोर्ड के चुनाव होने जा रहे हैं। इस चुनाव में स्वतन्त्र मजदूर पार्टी की ओर से जो उम्मीदवार खड़े हैं उन्हीं को अपना वोट देकर चुनना है, यही बताने के लिए मैं आपके सामने खड़ा हूँ। इस सभा में मराठा और अछूत इकट्ठा हुए हैं। इसलिए मुझे मराठाओं को कुछ अलग से कहना यहाँ अब सम्भव नहीं, खैर। इस देश के हिन्दू समाज की संरचना इस प्रकार की है कि सभी लोगों पर ब्राह्मणों का वर्चस्व रहना ही है। कोई भी विधि बगैर ब्राह्मणों के होती ही नहीं, उसी प्रकार अन्य व्यवहार भी उनके बगैर नहीं होते।

हाई कोर्ट के जज से लेकर गाँव-देहातों के पटवारी तक ब्राह्मणों के अलावा अन्य दूसरा कोई है ही नहीं। 1919 से 1938 तक विधिसभा में सिर्फ चार-पाँच ब्राह्मण दिखाई देते थे। किन्तु अब इन ब्राह्मण सदस्यों की संख्या करीब-करीब 27 है। मेरी जानकारी के अनुसार विधिसभा में जो 11 पद अधिकारियों के हैं उनमें से 6 पर ब्राह्मणों का अधिकार हो गया है। उनमें पाटिल (चौधरी) किस खेत की मूली हैं? 175 सदस्यों में उन्हें कोई नहीं पूछता। वास्तव में इस देश की राजनीति बगैर ब्राह्मणों के चलनी चाहिए। आज की राजनीति में ब्राह्मण-बनिया (भटजी-सेठजी) और गुजर, साहूकारों का मिलाप हो गया है। उसमें गरीब किसान, मेहनतकश वर्ग को कोई मौका नहीं दिया जाता। आज की इस स्थिति पर सोचने के बाद ऐसा लगता है कि गांधीजी के बाद राजनीति में पूरी शैतानियत आ जाएगी। आज हम लोग राजनीति में घुसकर जबरन अपनी जो बात कह रहे हैं उसको गांधीजी के बाद क्या कोई महत्त्व देगा, इस बात पर आज तक किसी

ने सोचा नहीं है। इसलिए अपनी भलाई के लिए, देश की आजादी के लिए स्वतन्त्र आन्दोलन खड़ा कीजिए। मैं आप लोगों से यह नहीं कह रहा हूँ कि आप लोग मेरी पार्टी में चले आइए। किन्तु अपने सही हक़ों का संरक्षण हो इसलिए आन्दोलन होना चाहिए। आप मराठा लोगों को मैं इतना ही कहना चाहता हूँ कि आपकी भलाई के लिए हमारे मित्र मान्यवर विचारे मास्टर साहब ने एक शेतकरी पक्ष (किसान पार्टी) की स्थापना की है। उन्हें आप मराठा लोगों को मदद करनी चाहिए।

उसी प्रकार जहाँ आरक्षित सीटें नहीं हैं वहाँ के अछूतों को इस नई किसान पार्टी के जो उम्मीदवार खड़े हैं उन्हें जरूर मदद करनी चाहिए। इस लोकल बोर्ड के चुनाव के समय कोई गलत प्रचार करे या प्रलोभन दे तब भी आप किसी के बहकावे में मत आइए। आप अपने कीमती पवित्र वोटों को मत बेचिए, उन्हें अच्छे काम में लगाइए।

साप्ताहिक 'जनता' के 30 अप्रैल, 1938 के अंक में प्रकाशित।

जनप्रतिनिधियों पर कड़ी नजर रखिए

__दि. 10 मई 1938__ को सुबह डॉ. बाबासाहेब अम्बेडकर नागपुर पहुँचे। वे एक क्रिमिनल केस के सन्दर्भ में नागपुर आए थे। उस समय स्वतन्त्र मजदूर पार्टी नागपुर नगर की ओर से और समता सैनिक दल तथा अन्य संस्थाओं की ओर से इन्दोरा में एक सत्कार सभा का आयोजन किया गया था। इस सभा में बीस हजार से भी ज्यादा संख्या में लोग उपस्थित थे। इस सभा में डॉ. अम्बेडकर को समता सैनिक दल की ओर से बैंड की सलामी और गार्ड ऑफ ऑनर दिया गया। इस सभा में दलित समाज के सभी स्थानीय नेता उपस्थित थे। इस सभा में कुछ स्थानीय नेताओं के भी भाषण हुए। उसके बाद इस सभा को सम्बोधित करते हुए डॉ. अम्बेडकर ने कहा–

भाइयो तथा बहनो,

इतने अल्प समय में आँधी-तूफान, बारिश, बिजलियों की गर्जन के बावजूद उम्मीद से भी अधिक आप लोगों की मौजूदगी को देखकर मैं बहुत प्रसन्न हूँ और आप सभी का अभिनन्दन करता हूँ। दूसरी बात यह है कि मैं जिस काम के लिए यहाँ आया हूँ उस काम के लिए लोग मेरे मुक़ाम मेरा इन्तजार कर रहे हैं। ऐसे समय में उन्हें वहाँ ज्यादा देर तक इन्तजार करवाना मेरे लिए उचित नहीं है। इसलिए आपका ज्यादा समय लेने के बजाय एक-दो बातों की चर्चा करते हुए मैं अपनी बात को समाप्त करना चाहूँगा। आपके प्रदेश में जो टूटन आई है उस पर बात करने के लिए अब मेरे पास वक्त नहीं है। इसलिए उस सम्बन्ध में मैं फिर कभी अपनी बात रखूँगा। आप लोगों को पता होगा कि आपके प्रदेश को जो 20 सीटें मिली हैं, उन्हें हासिल करने के लिए हमें कितनी कठिनाइयाँ बर्दाश्त करनी पड़ीं। इसलिए उनकी देखभाल करना आपकी जिम्मेदारी है।

अछूत समाज गरीब और दरिद्र है। उसके लिए राजनीतिक सत्ता हाथ में रखना मुश्किल है। और उसमें भी कांग्रेस जैसे बड़े संगठन से टकराना और भी मुश्किल है। इसलिए ऐसी आपात अवस्था में आपको यह जो राजनीतिक सत्ता मिली है उसे बचाना बड़ा मुश्किल काम है। आप लोग जिन लोगों को चुनते हैं वे लोग आपकी भलाई का काम करते हैं या नहीं, इस बात की पहरेदारी करना अब आपकी जिम्मेदारी है। उनके

काम पर नजर रखिए। उसी प्रकार विधिमंडल में जो काम होता है उसमें अपनी भलाई के सवाल पूछे जाते हैं या नहीं, इस काम को देखना आपकी जिम्मेदारी है।

हर सत्र के बाद इन लोगों ने जो भी काम किया होगा उसके सम्बन्ध में आज की सभा की तरह सभा का आयोजन करके उस सभा में उनसे आप पूछ सकते हैं। जो लोग आपकी भलाई के काम नहीं करते उनके विरोध में वे जिस मतदाता क्षेत्र से चुनकर आए हैं वहाँ जाकर उनके खिलाफ प्रचार करना आपकी जिम्मेदारी है। जिस प्रकार अपने प्रतिनिधियों को चुनकर भेजना आपकी जिम्मेदारी है, उसी प्रकार उन पर नजर रखना भी आपकी जिम्मेदारी है। इस प्रकार उन पर नजर रखेंगे तो वे आपके डर से विधिसभा में कार्य करेंगे। इस तरह वे आप लोगों के लिए कार्य करेंगे। इस तरह आपका कार्य चलता रहा तो आपकी भलाई का बहुत बड़ा काम हो जाएगा। आज मेरे पास समय न होने की वजह से मैं अपना भाषण यहीं समाप्त करना चाहता हूँ।

साप्ताहिक, 'जनता' के 21 मई, 1938 के अंक में प्रकाशित।

अपने हक़ों के लिए जान कुर्बान करने की भी तैयारी होनी चाहिए

*दि. **10 जनवरी 1938** को स्वतन्त्र मजदूर पार्टी के तत्त्वावधान में और डॉ. बाबासाहेब अम्बेडकर के नेतृत्व में कोंकण के किसानों ने अपनी माँगों के लिए जबर्दस्त मार्च किया था। उसके बाद डॉ. अम्बेडकर कोंकण के दौरे पर गए। कोंकण में खोत अर्थात ब्राह्मण जमींदारों का जबर्दस्त आतंक था। कोंकण के महार आदि अछूतों की पहली विराट सभा* **दि. 14 मई 1938** *को कणकवली में आयोजित की गई थी। इस सभा को सम्बोधित करते हुए डॉ. अम्बेडकर ने कहा–*

यहाँ मुझे अलग ढंग से भाषण करना पड़ेगा। वह इस प्रकार कि जिस दिन से मुम्बई में अंग्रेजों ने कदम रखा उस दिन से अपने महार समाज को अपनी तकदीर को बदलने का मौका मिला। अंग्रेजों की सत्ता के कारण हमें अपनी स्थिति में परिवर्तन लाने का मौका मिला। अंग्रेज विदेश से आए हैं। उनके पास सैनिक-सिपाही नहीं थे। और बगैर सैनिकों के उन्हें सत्ता हासिल करने की उम्मीद नहीं थी। पेशवाओं के राज में ऊँचे वर्ग के लोगों को बड़प्पन और सुख-सम्पत्ति आसानी से मिल सकती थी इसलिए ऊँची जाति के लोग अंग्रेजों की फौज में नहीं जाते थे। अछूत आदि वर्ग के लोगों को पेशवाई में एकदम अमानवीय ढंग से रखा जाता था। उन्हें मनुष्य के रूप में जीने का हक़ नहीं था। महार जाति वीरों की जाति होने के बावजूद दलितपन की वजह से पेशवाई ने उसे मटियामेट कर दिया था। ऐसी स्थिति में महार, चमार और मातंगों के पास अंग्रेजों की फौज में घुसने के अलावा और कोई रास्ता नहीं था।

अंग्रेजों ने हिन्दुस्तान में जो राजसत्ता पाई वह महार, मातंग, चमार आदि अछूत वर्गीय शूर सैनिकों की मदद से। इसके लिए इतिहास का प्रमाण देना हो तो कोरेगाँव (पूना) में जो स्तम्भ बनाया गया है वह उसका जीता-जागता उदाहरण है। अन्यथा अंग्रेज लोग इस देश पर कभी अपनी सत्ता कायम नहीं कर सकते थे। उसका परिणाम अच्छा या बुरा होता इस बात को आप जानते ही हैं। पेशवाई के बारे में कहा जाता है कि महारों को खुले तौर पर रास्ते में आने-जाने की बिलकुल इजाजत नहीं थी। उनकी यह मान्यता थी कि एक बार महार ने रास्ते पर थूक दिया और उस पर किसी ब्राह्मण का

पाँव पड़ गया तो वह ब्राह्मण अपवित्र हो जाता है और उसे दोबारा नहाना पड़ता है। इसलिए इस बात से बचने के लिए महारों को गले में हंडी बाँधने के लिए मजबूर किया गया। महार की पहचान के लिए उसे अपनी कलाई पर या गले में काला धागा बाँधने के लिए मजबूर किया गया। पेशवाई में महारों की कुत्ते-बिल्लियों से ज्यादा कीमत नहीं थी। किन्तु अंग्रेजों की सैनिक भर्ती के कारण महारों की स्थिति में बदलाव आया। उन्हें इस बात का अनुभव हुआ कि उनके साथ इनसानियत का व्यवहार किया जाता है। ऐसे अंग्रेजों की सत्ता में प्रारम्भिक काल में सौ-सवा सौ सूबेदार, इससे कई गुना जमादार-हवालदार हुए। पहले गाँव का मराठा जिसकी छाँव भी बर्दाश्त नहीं करता था, फौज में भर्ती होने के बाद उसे गाँव के महार सूबेदार को सलाम करना पड़ता था। यह सारा इतिहास मैं अपना बड़प्पन दिखाने के लिए बयान नहीं कर रहा हूँ। 1896 में अंग्रेज सरकार ने महारों की फौज में भर्ती बंद कर दी जिसकी वजह से उन्हें ओहदों पर पहुँचने पर रोक लगी। जिस अंग्रेज सरकार के लिए चावल हमने पकाए और चावल का पानी पीकर उन्होंने अपनी भूख मिटाई, जिनके लिए महारों ने अपना खून बहाया उन्हीं लोगों ने हम पर क्यों रोक लगा दी, इस तरह का सवाल उठता है। किन्तु इसमें अंग्रेजों का कोई दोष नहीं है, बल्कि जो है वह हमारा और आपका है। महार जाति बहुत दलित है। इस जाति को किसी भी प्रकार का अभिमान नहीं है, कोई मान-सम्मान नहीं है। इस तरह का आदमी अंग्रेज सरकार की सत्ता में अधिकार-पद पर गया तो मराठा, क्षत्रिय आदि ऊँची जाति के लोगों को उसे सलाम करना पड़ेगा, जिससे विद्रोह-असंतोष पैदा होगा। इसलिए महारों की फौज में भर्ती पर रोक लगाई गई। तब से महारों को हाथ में कटोरा लेकर भीख माँगने का धन्धा करना पड़ रहा है।

आज यहाँ इकट्ठा हुए सभी युवाओं को यह प्रतिज्ञा करनी चाहिए कि अब इससे आगे हम मरे हुए जानवरों को नहीं छुएँगे और झूठन नहीं खाएँगे। बुजुर्गों, औरतों और युवाओं को इन बातों को अमल में लाने के लिए जान कुर्बान करनी पड़ी तब भी कोई बात नहीं। इस बात का संकल्प करना चाहिए। अब आगे आप लोगों को ऊँची जाति के लोगों के सामने गिड़गिड़ाने की आदत छोड़ देनी चाहिए। और इसके आगे हमें कानून से जो हक़ दिए गए हैं उन्हें अमल में लाने के लिए अपनी जान तक कुर्बान करने के लिए तैयार रहना चाहिए। आज महारों की बीस लाख की जनसख्ंया है। और अधिकार पाने के लिए इनमें से एक लाख लोग भी मर गए तो कौन-सी बड़ी बात होगी। मैं बुजुर्गों की बजाय युवाओं को यह कहना चाहूँगा कि तुम लोग आज अपने मानवीय हक़ों के लिए मौत के दरवाजे पर (भी) जाने के लिए तैयार रहो।

अब अन्त में मैं एक बात कहना चाहता हूँ। इस देश में नई राजनीति शुरू हुई है। इस देश में अंग्रेजों की सत्ता रहे यह बात ठीक नहीं है। 1935 तक अंग्रेजों की सत्ता थी। किन्तु 1935 के कानून के मुताबिक सत्ता को लोगों के हाथों सौंप दिया गया है। इस सत्ता का फायदा किसे होगा यह बात राजनीतिक होशियारी पर निर्भर करेगी। कुछ समय पहले आप लोग किसी काम के लिए कलेक्टर, तहसीलदार आदि को अर्जी देते

थे तो वे उस पर विचार करते थे किन्तु आज आप अर्जी देंगे तो वे कहेंगे कि आज सत्ता हमारे हाथ में नहीं है, विधिसभा के हाथ में है, और यह बात सही है। विधिसभा के कामकाज पर अपनी पैनी नजर रखिए। कौन-सा प्रस्ताव स्वीकृत हुआ और कौन-सा नहीं हुआ, इस बात की गहरी पूछताछ करते रहिए। अछूतों के लिए 15 सीटें आरक्षित हैं। ये लोग वहाँ क्या करते हैं इस बात पर ध्यान रखिए और उनके साथ ज्यादा लोग कैसे जुड़ सकते हैं और अपना बहुमत कैसे हो, इस बात की ओर ध्यान देना चाहिए। ज्यादा लोग संगठित करने के लिए ही मैंने स्वतन्त्र मजदूर पार्टी की स्थापना की है। हमारी पार्टी भले ही आज छोटी हो, उसमें लोगों की संख्या आज भले ही कम हो तब भी उसका जनाधार बढ़ाने के लिए प्रयास करना चाहिए। इस इलाके में सबसे बड़ी संस्था कांग्रेस है। भले ही कांग्रेस कितनी ही बड़ी पार्टी हो फिर भी वह गरीबों का कल्याण नहीं कर सकती, इस बात को ध्यान में रखिए। आपका कल्याण किस वर्ग से होता है इस बात को ध्यान में रखना चाहिए। जिन्होंने (अपनी) इनसानियत को छीना है वे हैं ब्राह्मण और बनिया (सेठजी और भटजी) वर्ग के लोग और आज हमें अनाज के दाने-दाने के लिए मोहताज होना पड़ रहा है, इन्हीं लोगों की वजह से। और इसी वर्ग के कारण हम लोग आज इस अवस्था में आ पहुँचे हैं।

मैं तमाम बहुजन कुनबी वर्ग के लोगों को बताना चाहता हूँ कि आप लोग कांग्रेस में मत जाइए। आप-हम सभी सताए हुए लोग एक हैं। हमें एक होकर रहना चाहिए। कुछ लोग ऐसा कहते हैं कि, 'मैं साम्राज्यशाही के विरोध में नहीं हूँ, मुझे अंग्रेजों को भगाने में कोई दिलचस्पी नहीं है।' लेकिन ऐसा कहना सही नहीं है। ब्राह्मण-बनिया (सेठजी-भटजी) लोग घर के चोर हैं। उनकी धूर्तता को रोकना चाहिए। यदि हम लोग अपने पाँव पर खड़े हो गए तो इसे रोकना मुश्किल बात नहीं है। अंग्रेज लोग अपनी नाव पर बैठकर चले जाएँगे। फिर सवाल खड़ा होता है कि उन्हें भगाना आवश्यक है या खोत-साहूकारों को भगाना। सबसे पहले इस मकान के चोरों से लड़ना चाहिए। अंग्रेज सरकार आपको नहीं चाहिए तो वह मुझे भी नहीं चाहिए।

आज बहुजन समाज (ब्राह्मणेतर) जो कांग्रेस में जा रहा है उनके नेताओं को मेरी बात पसन्द नहीं आ रही है। उन्हें आज हमारी बात पसन्द नहीं आ रही है, फिर भी आनेवाले पाँच सालों में हमारी बात उन्हें पसन्द आएगी और वे हमारी पार्टी में आकर मिल जाएँगे, इस बात को ध्यान में रखिए। खोती पद्धति एक तरह की गुलामी व्यवस्था है। इसमें कितना अन्याय होता है, कितना दुख भोगना पड़ता है, इस बात को आप अच्छी तरह से जानते हैं। आज तक कांग्रेस ने खोती पद्धति (मालगुजारी) नष्ट करने के लिए कोई अगुवाई नहीं की है। इससे आप लोग समझ सकते हैं कि कांग्रेस किस वर्ग की पार्टी है। कांग्रेस का जनाधार नहीं बढ़ेगा। आज स्वतन्त्र मजदूर पार्टी एक छोटा-सा पेड़ है, लेकिन अब वह तेजी से बढ़ने लगा है। आप लोग उसी की छाँव में अपना आधार पाएँगे और बहुजन समाज की मेहनतकश जनता भी उसी का आधार पाएगी।

साप्ताहिक 'जनता' के 28 मई और 4 जून, 1938 के अंक में प्रकाशित।

ईंट का जवाब पत्थर से दो

डॉ. बाबासाहेब अम्बेडकर जनजाग्रति अभियान पर थे। वे **दि. 14 मई 1938** *को कणकवली की महार परिषद् में उपस्थित रहने के बाद वे* **दि. 15 मई 1938** *को देवरूख की किसान सभा में उपस्थित रहे। उसी दिन रात को आठ बजे दापोली में भी उनकी सभा हुई। लेकिन उनका गला इतना बैठ गया था कि वे उस सभा में बोल नहीं सके। उसके बाद वे* ***दि. 16 मई 1938*** *को चिपलूण पहुँचे। वहाँ उन्होंने एक जनसभा को सम्बोधित करते हुए कहा–*

सचमुच यहाँ आप जैसे किसानों के साथ रहकर आप लोगों की सेवा करने में मुझे बड़ी खुशी हुई होती। किन्तु अफसोस की बात यह है कि आप लोगों की तरह मुझे भी मेरे काम हैं। और उन कामों को किए बगैर मेरे पेटपानी का सवाल हल नहीं हो सकता। मेरे काम कुछ अलग प्रकार के हैं। मैं उनसे जकड़ा हुआ हूँ। मेरा जन्म गरीब परिवार में हुआ। मुझ पर पिताजी के 3-4 हजार रुपयों के कर्ज का बोझ था। कहने का मतलब यह है कि मैं धनवान नहीं हूँ। इसलिए मेरा अपनी इच्छा के विरुद्ध आप लोगों को छोड़कर मुम्बई लौटना जरूरी है।

अभी कुछ लोगों ने रिंगल करने के बहाने रत्नाबाई के भाषण के बाद तालियाँ बजाईं। मैं उनकी तालियों का यही अर्थ समझ रहा हूँ कि उनकी दृष्टि से हमारी पार्टी की बाहर ही बाहर हालत खराब हो गई। किन्तु मैं पूछना चाहता हूँ कि इन लोगों को तालियाँ बजाने का क्या अधिकार है? हम मुम्बई में रहते हैं और ये लोग सालभर यहीं रहते हैं? क्या उन्हें आपके दुख दिखाई नहीं दे रहे हैं? लेकिन वे आपके लिए कुछ नहीं करना चाहते। कुछ खोत बटाईदारों को कहते हैं कि, 'तेरा अम्बेडकर क्या करता है, देख लूँगा।' ये खोत लोग क्या अपनी और मेरी हैसियत एक ही समझते हैं? किसी भी खोत की मेरे सामने आने की हिम्मत नहीं है, उसके पास मेरे सवालों का कोई जवाब नहीं है। यदि वे मेरी और अपनी तुलना करते हैं तो मैं कह सकता हूँ कि कहाँ मेरे जैसा हिमालय और कहाँ ये दरिया में खसखस। मैं धनवान नहीं हूँ फिर भी आज तक का मेरा सारा जीवन निर्मल है। और मेरी दृष्टि से आपके कल्याण के लिए जो जरूरी है वह मैं कर रहा हूँ। और आगे भी करता रहूँगा।

कांग्रेस ने चुनाव के समय जो अधिवचन दिए थे क्या उन्हें कांग्रेस अमल में ला रही है?

कांग्रेस ने जो बिल मंजूर किए उसमें किसानों के कल्याण के बारे में क्या है ? बल्कि खोती पद्धति के विरोध के महत्त्वपूर्ण बिल को पिछले 10 माह से कांग्रेस टाल रही है और चुनाव के समय जो वायदे उसने किए थे उनसे मुकर रही है। यदि आज मैं कांग्रेस में चला गया तो वहाँ मुझे उचित स्थान नहीं मिलेगा या वहाँ मेरी इज्जत बरकरार नहीं रहेगी, ऐसा आपको लगता है? मैं कांग्रेस में चला गया तो मेरी योग्यता का प्रभाव वहाँ भी पड़ेगा और वहाँ भी मुझे सम्मान का स्थान मिल जाएगा इसमें कोई सन्देह नहीं। गांधीजी की जान किसने बचाई? मैंने बचाई है। किन्तु गांधी की यह कांग्रेस गरीबों के लिए नहीं है, यह मेरा मानना है इसलिए मैं कभी भी कांग्रेस में नहीं जाऊँगा। गांधी व्यक्तित्व के सामने पं. जवाहरलाल नेहरू, सुभाषचन्द्र बोस आदि लोगों ने अपनी गर्दन झुका दी है, लेकिन गांधीजी कभी मुझ पर अपना प्रभाव नहीं डाल सके। कांग्रेस आज तक ब्राह्मण-बनियों के पैसों पर चलनेवाला संगठन है इसलिए वह उनका पिछलग्गू संगठन बनकर रह गया है। जो जिसका अनाज खाता है वह उसका कायल बनकर रह जाता है। फिर आप लोग ही बताइए कि सेठ-साहूकारों के पैसे पर पलनेवाली कांग्रेस उनके विरोध में कैसे काम कर सकती है। आज तक ब्राह्मण-पंडितों ने आपके लिए क्या किया है? आप लोगों ने उनके घर के बर्तन माँजने और साड़ियाँ धोने के अलावा और क्या काम किया है? आज सरकारी नौकरियों में कौन-से लोग हैं? आज आप कहीं भी जाइए, तहसीलदार, मुनीम, कलेक्टर आदि सभी इस सफेदपोश वर्ग के ही हैं। आज आपकी तादाद 80 प्रतिशत से भी ज्यादा है फिर भी सरकारी नौकरियों में आपके सबसे कम लोग हैं, यह किस बात का सूचक है? मैं आपमें से ही किसी को प्रधानमन्त्री बना हुआ देखना चाहता हूँ। मुझे इन मुट्ठीभर सेठों और ब्राह्मणों की सल्तनत नहीं चाहिए। मुझे 80 फीसदी लोगों का राज चाहिए।

आज आप लोग खोत (मालगुजार) के जुल्म से, डरपोक और कायर बन गए हैं। खोत ने सिर्फ आपकी ओर नजर उठाकर देख लिया तो आप थरथराने लगते हैं। किन्तु अब आप लोग इस डर से मुक्त हो जाइए। और उसने 'अरे' कहा तो आपकी 'क्यों बे' कहने की तैयारी होनी चाहिए। उसने लकड़ी से मारा तो आपकी डंडा उठाने की हिम्मत होनी चाहिए। हर आदमी को अपनी रक्षा करने का कानूनी अधिकार होता है। और यह मैं आपको एक बैरिस्टर की हैसियत से कह रहा हूँ। ये सभी बातें आप लोगों को सीखनी चाहिए। क्योंकि हर किसी की मदद के लिए हम हर किसी को पुलिस-सिपाही नहीं दे सकते। आज आप सभी लोगों को जाति-भेद, धर्म-भेद को भूलकर खोतशाही को जमींदोज कर देना चाहिए। सभी बटाईदारों की अपनी एक जाति है, ऐसा मानना चाहिए। उसी प्रकार यदि खोत ने महार बटाईदार से जमीन छीन ली तो उसे अन्य बटाईदारों या मुस्लिमों को नहीं जोतना चाहिए। उसी प्रकार कुनबी बटाईदार के पास से जमीन छीन ली गई तो महार या मुस्लिम बटाईदार को नहीं जोतना चाहिए। उसी प्रकार मुस्लिम बटाईदार से जमीन छीन ली गई तो महार या कुनबी बटाईदारों को नहीं जोतना चाहिए। आज खोत लोग आप लोगों पर जुल्म कर रहे हैं फिर भी यह उनकी जिन्दगी की आखिरी दौड़-धूप है, इस बात को मत भूलिए। मरते समय आदमी अपने हाथ-पाँव ज्यादा हिलाने लगता है।

स्वतन्त्र मजदूर पार्टी ने आप लोगों के लिए खोती-विरोधी बिल को विधिसभा में रखा है, इस बात को आप अच्छी तरह से जानते हैं। किन्तु आज विधिमंडल में कांग्रेस पार्टी का बहुमत होने से खोती-विरोधी बिल पास होगा ही, ऐसा कहना मुश्किल है। लेकिन यदि यह बिल मंजूर नहीं हुआ तो मेरा आदेश आते ही सभी बटाईदारों को खोत को 'बटाई' देना बन्द कर देना चाहिए। आप लोगों को अच्छी तरह मालूम है कि आप लोगों ने खोत को बटाई नहीं दी तो वह तुम पर 'मदद दावा' करके जफ्ती वारंट निकलवाता है और तुम्हारा अनाज आदि बैलिफ द्वारा जफ्त कर लिया जाता है। लेकिन रत्नागिरि जिले के सभी किसानों ने खोत को 'बटाई' देना बन्द किया तो सरकार की अक्ल ठिकाने आ जाएगी, इसमें कोई शक नहीं। क्योंकि आम तौर पर हर तहसील में 50-60 हजार किसान हैं। उस हिसाब से खोत को उतने ही 'मदद दावे' करने पड़ेंगे। और हर तहसील में दो-तीन बैलिफ होने की वजह से इतने किसानों से उसे अनाज वसूलना मुश्किल हो जाएगा। इस तरह इस खोतशाही को धक्का पहुँचेगा इसमें कोई सन्देह नहीं। इस काम के लिए आप लोगों को जेल जाने की जरूरत पड़ी तो उसके लिए भी आपको तैयार रहना चाहिए। मैं यहाँ घोषणा करना चाहता हूँ कि आप लोगों के लिए सबसे पहले मैं जेल जाने के लिए तैयार हूँ। उसी प्रकार स्वतन्त्र मजदूर पार्टी के कार्यकर्त्ता समय आने पर आपकी भलाई के लिए जेल जाने के लिए तैयार हैं। किन्तु आपकी भी कुर्बानी होनी चाहिए। जेल जाने में कोई संकोच की बात नहीं है। क्योंकि आज के अधिकारियों पर विराजमान कांग्रेस के सभी मन्त्री जेल हो आए हैं। आप लोग चोरी के कारण जेल नहीं जानेवाले हैं, बल्कि सिद्धान्तों की लड़ाई में आप जेल जाएँगे, इस बात को ध्यान में रखिए।

कांग्रेस के कुछ प्रचारक स्वतन्त्र मजदूर पार्टी के बारे में कुछ गलत प्रचार कर रहे हैं। वे ऐसा दिखाने की कोशिश कर रहे हैं कि स्वतन्त्र मजदूर पार्टी का आन्दोलन सिर्फ पाखंडी और अज्ञानी किसानों को फँसाने का आन्दोलन है। और इस आन्दोलन को डॉ. अम्बेडकर ने महारों के हाथों अन्य जाति के लोगों को भ्रष्ट करने तथा रोटी-बेटी व्यवहार की गलती करने के लिए शुरू किया है। आप इनके बहकावे में मत आइए, गलत बातों का शिकार मत होइए यही मेरा आपसे निवेदन है। क्या हमारे महारों में अच्छी लड़कियाँ नहीं हैं? महार जाति पर मेरा पूरा भरोसा है और वे हमेशा मेरा साथ देंगे इसमें मुझे किसी भी प्रकार का सन्देह नहीं है। लेकिन आप और अन्य कुनबी लोग खोति-विरोधी बिल मंजूर होने के बाद स्वतन्त्र मजदूर पार्टी के साथ आपका जो सम्बन्ध है वह 'काम हुआ हमारा और मामा जोदू तुम्हारा' ऐसा नहीं होना चाहिए, यही मुझे उम्मीद है। आप लोग हमेशा के लिए स्वतन्त्र मजदूर पार्टी के साथ अपना सम्बन्ध बनाकर रखिए क्योंकि स्वतन्त्र मजदूर पार्टी खोती-विरोधी बिल के बाद इस तरह के कई बिल सदन में रखनेवाली है। क्योंकि स्वतन्त्र मजदूर पार्टी का अन्तिम लक्ष्य है किसान और मेहनतकश वर्ग के हाथ में सत्ता आए और उनकी सरकार बने।

साप्ताहिक 'जनता' के 28 मई, 1938 के अंक में प्रकाशित।

खोती-प्रथा को समाप्त करना होगा

रत्नागिरि जिले का दौरा समाप्त करने के बाद डॉ. बाबासाहेब अम्बेडकर आराम के लिए **दि. 18 मई 1938** *को महाड पहुँचे।* ***दि. 20 मई 1938*** *को वहाँ प्रसिद्ध गाडीतल में शाम को उनकी सभा आयोजित की गई थी। उस सभा में दलितों के अलावा किसान वर्ग के लोग भी भारी मात्रा में उपस्थित थे। उस सभा को सम्बोधित करते हुए डॉ. अम्बेडकर ने कहा–*

चुनाव से पहले कांग्रेस ने किसानों से कई लुभावने वायदे किए और उनके वोटों को बटोरा। उसके बाद अधिकार प्राप्त हुए कांग्रेस को ग्यारह माह हो गए। फिर भी आज तक उसकी ओर से एक भी जनहित का कार्य नहीं हुआ है। उपाधिदान विरोध, लोकल बोर्ड जैसे फालतू और बेकार के बिलों को पास करने में कांग्रेस मन्त्रिमंडल ने जैसे-तैसे समय गुजारकर लोगों को उलझाकर रखा है। कांग्रेस ने बड़ी मुश्किल से किसानों के जुलूस से घबराकर किसानों की जमीन बेचने पर पाबन्दी लगानेवाले बिल को मंजूर कर लिया। स्वतन्त्र मजदूर पार्टी द्वारा किसानों के कल्याण के लिए पेश की हुई कई उपसूचनाएँ सरकार ने कूड़े की टोकरी में फेंक दी थीं, बड़ी कोशिश के बाद उन्होंने खेती के उपयोग के दो बैल जप्त न करने की उपसूचना स्वीकार कर ली। इस तरह से कांग्रेस ने किसानों को फँसाया है। आप लोग ध्यान में रखिए कि सेठ-साहूकारों के पैसे के बल पर चुनी गई कांग्रेस सरकार अपने अन्नदाता के विरोध में कानून बनाती है। किसानों के कल्याण की बात वह कभी कर ही नहीं सकती।

मैंने खोती-पद्धति को नष्ट करने का बीड़ा उठाया है। कांग्रेस सरकार इस बिल का समर्थन करेगी या नहीं, इसके बारे में कुछ नहीं कहा जा सकता। किन्तु हवा विरोधी की दिशा में बह रही है। यदि खोती-विरोधी बिल मंजूर नहीं हुआ तो मैंने और मेरे साथियों ने जेल जाने का फैसला कर लिया है। आप लोगों को हमारे साथ आना चाहिए। यदि इतनी तैयारी है तो खोती-पद्धति को समाप्त करने में कोई देर नहीं लगेगी।

साप्ताहिक 'जनता' के 4 जून, 1938 के अंक में प्रकाशित।

ऐसे लोगों से बच के रहिए

*दि. **22 मई 1938** को घोडे गाँव में पूना जिला वतनदार महार परिषद् का दूसरा सम्मेलन आयोजित किया गया था। यह डॉ. बाबासाहेब अम्बेडकर की अध्यक्षता में सम्पन्न हुआ। डॉ. अम्बेडकर अपने अन्य सहकारियों के साथ 1000 मील की यात्रा करके पहुँचे थे। इस परिषद् को सम्बोधित करते हुए डॉ. अम्बेडकर ने कहा–*

मैं एक हजार मील का सफर तय करते हुए इस परिषद् में उपस्थित हुआ हूँ। पूना जिले के महार लोग अन्य सभी जिलों के महारों से गएबीते हैं। वे लोग मरे हुए जानवरों का मांस और जूठन खाते हैं, ऐसा मैं सुन रहा हूँ। इनमें आपस में स्थायी अलगाव है। अलगाव की वजह से ही उनका कोई काम सफल नहीं हो रहा है। ये लोग धर्मान्ध हैं। और (तथाकथित) देशाभिमानी हैं। मैं देवधर्म पर बिल्कुल विश्वास नहीं करता। देवधर्म के फालतू और पागलपन के बारे में एक बार मैंने मेरे हिन्दू मित्रों को शंकर के लिंगपिंड के बारे में पूछा था। वे लोग उसके बारे में कुछ सही-सही बातें नहीं बता पाए। शंकर का लिंगपिंड क्या है उसके बारे में यहाँ उसका ज्यादा विश्लेषण करना उचित नहीं है। वह सिर्फ एक सम्भोग दृश्य है। यहाँ धर्म-श्रद्धालु लोगों द्वारा चन्दा इकट्ठा करके एक दिन की यात्रा के लिए धर्मशाला बनाना यह सिर्फ स्वार्थ साधने का बहाना है। धर्मशाला के लिए 150 रुपए दिए गए। आप लोग दो सौ देंगे तो ही हम (आपको) अपना वोट देंगे, ऐसा वाडे गुट के लोगों का कहना था। मतलब वाडे गुट के लोग कितने नीच किस्म के हैं, इससे पता चलता है। जिला बोर्ड में किसी पत्थर को खड़ा करके नाम-प्रतिष्ठा के लिए मुआवज़ा माँगनेवाला आदमी समाज के नुकसान के लिए कितना जिम्मेदार होता है, इस बात की कल्पना आप लोग कर सकते हैं। इसलिए समाज के ऐसे लोगों से किसी भी प्रकार के सम्बन्ध नहीं रखने चाहिए। यदि उन्होंने किसी पत्थर को वोट देकर चुना तब भी उन्हें मुझसे ही काम है। इसलिए स्वतन्त्र मजदूर पार्टी की ओर से मैंने जो उम्मीदवार खड़े किए हैं–केशव राणूजी शिशुपाल और महादेव बालाजी कोंकणे को ही अपने वोट देकर सफल बनाइए। मैं आपका बड़ा एहसानमन्द रहूँगा।

साप्ताहिक 'जनता' के 4 जून, 1938 के अंक में प्रकाशित।

राजनीति में हमारे उत्थान को ब्रह्मदेव भी नहीं रोक सकता

कोर्ट के काम के लिए डॉ. बाबासाहेब अम्बेडकर ***दि. 17 जून 1938*** *को सुबह रेलगाड़ी से धुलिया पहुँचे। उनके स्वागत के लिए स्थानीय प्रमुख कार्यकर्ता और लोग रेलवे स्टेशन पर थे। स्काउट पथक ने उन्हें सलामी दी। शाम के समय एक जनसभा का आयोजन किया गया था। सभा में हजारों लोग उपस्थित थे। इस सभा को सम्बोधित करते हुए डॉ. अम्बेडकर ने कहा–*

प्यारे भाइयो तथा बहनो,

मैं बहुत दिनों से इस इलाके में नहीं आया। मुझे अलग-अलग जिलों से पत्र मिले हैं। मध्य प्रान्त, संयुक्त प्रान्त, पंजाब आदि प्रदेशों से कई लोगों के पत्र आए हैं। मतलब हिन्दुस्तान के कोने-कोने से मुझे निमन्त्रण पत्र मिले हैं। यह देश कितना विशाल है। फिर अकेला आदमी काम का कितना बोझ ढो सकता है। दूसरी बात यह है कि फिलहाल मेरी तबियत ठीक नहीं है। पिछले दो माह में मेरा 38 पौंड वजन कम हुआ है। फिर भी अन्य इलाकों की तुलना में इस इलाके की अधिक उपेक्षा हुई है। मैं इसकी पूर्ति कभी न कभी करूँगा, आज इतना ही अभिवचन दे सकता हूँ।

पिछले दस साल से जो राजनीति और समाजनीति चल रही है, उस आन्दोलन की धारा किस किनारे पहुँचेगी इस बात से आज मुझे डर लग रहा है। एक बात सही है कि राजनीतिक क्षेत्र में डरने की कोई बात नहीं है। दूर से भी जिनकी छाया को बर्दाश्त नहीं किया जाता था उन्हीं के पन्द्रह प्रतिनिधि एसेम्बली में बैठकर अधिकार और हक़ से अपनी शिकायतें रख सकते हैं। आज मुम्बई के विधिमंडल में कांग्रेस जैसी प्रबल संस्था है। इतनी बड़ी संस्था को स्वतन्त्र मजदूर पार्टी से डर लगता है। यह बात अछूत समाज की दृष्टि में कुछ कम महत्त्वपूर्ण नहीं है। आज कांग्रेस में लाखों रुपए खर्च करनेवाले साहूकार हैं। शिक्षा के क्षेत्र में माहिर ब्राह्मणों की रेल-पेल है। और कुछ भी क्यों न हो उसके पीछे 40 साल का इतिहास है। स्वतन्त्र मजदूर पार्टी की स्थापना को सिर्फ एक साल हुआ है। फिर भी एक साल में इतना काम हुआ है कि स्वतन्त्र मजदूर पार्टी का नाम किसी को मालूम न हो, ऐसा एक भी आदमी नहीं मिलेगा। किन्तु उस

पार्टी से सभी पार्टी के लोगों को डर लगता है, यह राजनीति के क्षेत्र में बड़ी अजीब बात है। मराठा और कुनबी समाज के लोगों को हमारे पास आने में शर्म आती थी, वे ही लोग सरेआम हमारी पार्टी के टिकट पर खड़े हैं। स्वतन्त्र मजदूर पार्टी में कायस्थ, मराठा आदि लोग हैं, यह बात भारत के इतिहास में बड़ी महत्त्वपूर्ण है। राजनीति में अपना उत्थान अब रुक नहीं सकता, यदि ब्रह्मदेव भी चट्टान की तरह खड़ा हो गया तब भी। यह कोई नदी या नाला नहीं है। यह सिन्धु नदी है। बाँध बाँधा गया तब भी फूट जाएगा। राजनीतिक हक़ हासिल करने में कठिनाई नहीं आएगी। 15 लोगों ने क्या किया? कुछ भी हो लेकिन इस बारे में आज कुछ कहना कठिन है। आज दो हजार सालों की रूढ़ियाँ हमारे सिर पर हैं। उन्हें उतार फेंकने के लिए 10-20 साल का समय पर्याप्त नहीं है। राजनीति में एकता और संगठन जितना मजबूत होगा, उत्थान उतना ही जल्दी होगा। इस बारे में मुझे अपने समाज पर अभिमान है। चुनाव के समय आप लोगों ने जो ईमानदारी, हिम्मत और संगठन दिखाया ऐसी ईमानदारी, हिम्मत और संगठन इस प्रदेश में किसी भी जाति ने नहीं दिखाया है। उस समय आप लोगों ने यह कभी नहीं सोचा कि हम दरिद्रता से त्रस्त, दुख से पीड़ित हैं। जो भूखा है, उसे खाना मारवाड़ी देगा तो वह खाएगा, ऐसी जिनकी स्थिति है, ऐसे लोगों ने जो काम कर दिखाया वह बहुत ही प्रशंसनीय है। आप हम गाँव-देहातों में बिखरे हुए लोग हैं। गाँव-देहात में हमारे पाँच-दस मकान हैं, और दूसरों के सौ से ज्यादा मकान हैं। यदि उन्होंने कहा कि फलाँ लोगों को यह काम करना ही पड़ेगा अन्यथा उन लोगों को भगा दिया जाएगा, तो वे लोग वह काम आसानी से करेंगे। आपकी ऐसी स्थिति है।

हम लोगों को स्वतन्त्र मजदूर पार्टी को मजबूत करना चाहिए। दूसरों के गलत प्रचार के शिकार बनने की कोई आवश्यकता नहीं। उसमें समाज के कल्याण की दृष्टि से आप लोगों का ही भला है। मुझे यह कहने में खुशी होती है कि कांग्रेस के आधार-स्तम्भ वल्लभ भाई पटेल ने हमारे अनुशासन की तारीफ करते हुए कहा था कि, "संगठन हो तो वह डॉ. अम्बेडकर के संगठन की तरह होना चाहिए।" (तालियाँ) आप इस संगठन को टूटने न दें। दूध से भरा हुआ हंडा नमक के एक टुकड़े से खराब हो जाता है। ढेर सारा अमृत जहर की एक बूँद से दूषित हो जाता है।

उसी प्रकार स्वार्थी, दुष्ट लोग अपने स्वार्थ से पीछे पड़े रहते हैं। उनका झुकाव अपने स्वार्थ की ओर होता है। संगठन में ऐसे लोग भी पैदा होंगे। हमेशा ऐसी ही स्थिति बनी रहेगी, ऐसा नहीं दिखाई देता। अनाज को साफ करते समय कंकड़ फेंक देते हैं उसी प्रकार दुष्ट-स्वार्थी आदमी को कंकड़ की तरह निकालकर फेंक देना चाहिए। (तालियाँ) कम-से-कम महार जाति में कोई भी आदमी स्वतन्त्र मजदूर पार्टी के विरोध में न हो। राजनीति में संगठन और संघ-शक्ति पैदा किए बगैर कुछ भी हासिल नहीं किया जा सकता। संघ-शक्ति पैदा करने के लिए पैसा चाहिए। घर-संसार चलाने के लिए पैसा लगता है। नमक-रोटी के लिए भी पैसा लगता है। बगैर पैसे के कुछ भी नहीं होता। उसी प्रकार सार्वजनिक काम के लिए भी पैसा चाहिए। कांग्रेस के पास राजनीति

करने के लिए पैसा है। मुझे ऐसा पता चला है कि अभी-अभी हुए जिला लोकल चुनाव में कांग्रेस के एक उम्मीदवार ने 3,000 रुपए खर्च करके चुनाव जीत लिया है। बगैर पैसे के राजनीति की गाड़ी नहीं चल सकती। दूसरों का गुलाम रहने की बजाय हम लोगों को अपने पाँव पर खड़ा होना सीखना चाहिए। इस मौके पर मैं आप लोगों को एक बात की याद दिलाना चाहता हूँ। भीष्म और द्रोण कौरवों के पक्ष में खड़े थे। कौरवों का पक्ष गलत और पांडवों का पक्ष सही है, इस बात को वे जानते थे। कौरवों ने पांडवों को बता दिया था कि 'राज्य तो क्या, सूई की नोंक भर जमीन भी उन्हें नहीं मिलेगी।' सही-गलत बात को बगैर समझे भीष्म और द्रोण कौरवों के पक्ष में लड़े। और जब उनसे पूछा गया कि आप सत्यवादी पांडवों के पक्ष से क्यों नहीं लड़े, तो उनका जवाब था कि हमने कौरवों का अन्न खाया है, इसलिए।

जो दूसरों की मदद पर जीता है उसका दूसरों का गुलाम या दास होना निश्चित है। मैंने कांग्रेस के हरिजन सेवक संघ का फंड इस्तेमाल नहीं किया है। यदि मैंने उनसे आठ-दस लाख रुपए लिए होते तो मैं उनका गुलाम बन गया होता। तब मैं आप लोगों के लिए कुछ नहीं कर सकता था। उनके हजारों रुपयों से भी मेरे लिए आपकी चवन्नी ज्यादा कीमती है। (तालियाँ) आप खुद अपने संसार की जिम्मेदारी का निर्वाह कीजिए। उसी में आपकी भलाई है। हम लोगों को कांग्रेस की फूटी कौड़ी नहीं चाहिए। कांग्रेस के प्रचारक हर माह 30-40 रुपए लेकर काम करते हैं। अपने कार्यकर्त्ता हर माह सिर्फ 10 रुपए लेकर काम करने के लिए राजी होंगे। स्वतन्त्र मजदूर पार्टी आपकी है। उसे आप मजबूत बनाइए।

जब मैं बीस साल का था तब मैंने बी.ए. पास कर लिया था। मुझे प्रति माह 2,000 रु. की नौकरी के लिए बुलावा आता था। मेरी बराबरी के लड़के आज जिला मजिस्ट्रेट हैं। इसमें मुझे क्या लाभ है? बस मैं घूमता हूँ। बैरिस्टर होने से कौन-सा लाभ है ? आप लोग गरीब हैं, क्या आप लोगों के मुकदमे मेरे पास आनेवाले हैं? मुकदमे लड़ना धनवानों के लिए आसान है। पैसा उन्हीं के पास है। मुकदमों में मुझे पैसा उन्हीं लोगों से मिलने की सम्भावना है। किन्तु मैं आप लोगों के कल्याण के लिए उनसे लड़ता हूँ। इसलिए उन्हें मुझसे डर लगता है।

मेरे बाद कौन लोग हैं जो जिम्मेदारी से काम कर सकते हैं? और मेरी जिम्मेदारी को कौन सँभालेगा? मुझे उम्मीद है कि कुछ जिम्मेदार युवा आगे आएँगे और वे लोग इस जिम्मेदारी को अपने सिर पर उठाएँगे। वरना चढ़ाई पर चढ़ी गाड़ी पहाड़ चढ़ते हुए बैलों की कमजोरी से फिसल भी सकती है, ऐसी हमारी हालत होगी। इसलिए मुझे डर लगता है। आज हम लोग पहाड़ की ढलान पर हैं। चढ़ाई चढ़ रहे हैं। अपना अन्तिम लक्ष्य अभी हासिल नहीं हुआ है। सफर के लिए चल पड़े हैं। लेकिन अब तक भगवान को नहीं देख पाए। सफर पूरा होने तक हम सभी को अपना आटा, नमक साथ लेकर चलना चाहिए। आज राजनीति का डर नहीं है। किन्तु राजनीति के इस होहल्ले में हमें जो सवाल उठाने चाहिए थे वे सवाल पीछे छूट गए हैं। अपनी खुद की बेवकूफी की वजह से हम लोगों

की जानवरों की जितनी कीमत नहीं है। क्योंकि आप लोग गाँव में जूठन माँगकर खाते हैं और मरे हुए जानवरों का मांस भी खाते हैं। आज हमने राजनीति की लड़ाई लड़ी तब भी उसका क्या फायदा है? मन्दिर को बाहर से सजाएँ तो उसका क्या फायदा है? आप लोगों ने मरा हुआ मांस खाना छोड़ दिया तो उसे कौन खाएगा ? उस मरे हुए जानवर को कुत्ता या गीदड़ खाएँगे। यदि आप लोग ऐसा करेंगे तो आपकी क्या कीमत रह जाएगी? इस बात की आप लोगों को शर्म क्यों नहीं है? मान लीजिए कल जाधव मुख्यमन्त्री हो गया और यह कोई असम्भव बात नहीं है। लेकिन क्या सवर्ण लोग उसकी इज्जत करेंगे? आज के हिसाब से वे उसे सम्मान देंगे? आज आप लोग जिस तरह का जीवन जी रहे हैं उसे आपको छोड़ देना चाहिए। और साफ-सुथरा रहना सीखना चाहिए।

कुछ लोग सवाल पूछते हैं, 'यदि आपने हमारे मरे हुए जानवरों का मांस और जूठन खाना बन्द कर दिया तो फिर हम क्या खाएँगे?' मैं उनसे यह कहना चाहता हूँ कि मान लीजिए, नजदीक के चित्तौड़ गाँव की दो लड़कियाँ उस गाँव को छोड़कर मुम्बई चली गईं। उसमें से एक ने अपनी जिन्दगी की राह बदल दी और वेश्या का धन्धा करने लगी। अब उसके पास घड़ी लगा हुआ पलंग, तकिया, गद्दियाँ, कुर्सी, टेबल आदि सभी चीजें हैं। उसके पास नौकर है। और वह ईरानी की दुकान से मस्का स्लाइस, कीमा, रोटी आदि मँगवाती है। दिन में चार बार साड़ी बदलती है, पाउडर लगाती है, क्या यह जीवन ठीक नहीं है? दूसरी लड़की सात रुपए वेतन पर मेहनत का काम करती है। पति को जो रुपया-डेढ़ रुपया मिलता है उस पर अपना गुजारा करती है। उसके पास काँच की माला के अलावा और कोई गहना नहीं है। वह नमक के साथ रोटी खाकर कई बार भूखी भी रहती है। अब आप लोग ही बताइए कि आप इनमें से किस लड़की का सम्मान करेंगे ? जो शरीर बेचकर साड़ियाँ बदलती है उसका या जो गरीबी में दुख से त्रस्त है उसका ? मुझे लगता है सभी समझदार लोग चरित्रवान लड़की को ही सम्मान देंगे।

इसलिए तुम्हारे पेट की भूख शान्त हो या न हो, तुम लोगों को इज्जत की जिन्दगी ही बसर करनी चाहिए। समाज में स्वाभिमान, हिम्मत, नीति, आदि बातों का महत्त्व है या नहीं? हम लोग जो करते हैं वह उचित, न्याय, इज्जत आदि बातों की ओर ध्यान देकर करते हैं या नहीं, इस बात की ओर ध्यान देना चाहिए। आप यहाँ से अपने-अपने घर जाने के बाद नए कार्यक्रम को शुरू करें। (महिलाओं को सम्बोधित करते हुए) अन्य वर्गों की महिलाओं की तरह आप भी हैं। हम लोग आपका दूध पीकर पले हैं। अन्य वर्ग की महिलाओं के बच्चे तहसीलदार, हाईकोर्ट के जज हैं, और आपके बच्चे भैंस चराते हैं। इस कारण आप नर्क में हैं। नर्क में पड़े रहना पाप है। आपका आचार इसी तरह अशुद्ध रहा तो आपके बच्चे भी ऐसे ही रहेंगे। 'नर करनी करे सो नर का नारायण बने', अन्य वर्ग की महिलाएँ कोई भगवान का अवतार नहीं हैं। वे भी महिलाएँ हैं। उनके लिए स्थिति अनुकूल है, आपके लिए अनुकूल नहीं है। इसलिए आप सभी लोगों को स्वाभिमान और हिम्मत से जीना चाहिए। अपना अन्तिम लक्ष्य पाने के लिए जरूरी प्रयास कीजिए।

साप्ताहिक 'जनता' के 23 जुलाई, 1938 के अंक में प्रकाशित।

फेडरेशन के विरोध में जबर्दस्त आन्दोलन कीजिए

सन् 1935 के इंडिया एक्ट के अनुसार भारत एक फेडरेशन बननेवाला था। जो भारत के भविष्य की दृष्टि से खतरनाक था। इसलिए डॉ. बाबासाहेब अम्बेडकर ने अपने स्वतन्त्र मजदूर पार्टी की ओर से इसका विरोध किया था। इस सम्बन्ध में उन्होंने अपना एक निवेदन जो सभी अखबारों को भेजा था वह इस प्रकार था–

अगला फेडरेशन हिन्दी राष्ट्र के भविष्य के लिए खतरनाक है और वह हिन्दुस्तान पर आया हुआ एक बड़ा खतरा है। इसलिए आपस में मतभेदों को भूलकर फेडरेशन के खतरे से मुकाबला करने के लिए सभी परिवर्तनवादी संगठनों को अपनी शक्ति संगठित करनी चाहिए। हिन्दी स्वतन्त्रता आन्दोलन के आपात्काल में सबसे ज्यादा स्वार्थ त्याग की जरूरत है।

स्वतन्त्र मजदूर पार्टी की घोषणा

1935 के कानून के अनुसार सम्मिलित फेडरेशन का प्रस्ताव स्वीकार करना चाहिए या नहीं, यह आज की हिन्दी राजनीति का राष्ट्रीय दृष्टि से बहुत महत्त्वपूर्ण सवाल है। अंग्रेज और साम्राज्यशाही के प्रतिनिधि इस फेडरेशन को यथासम्भव थोपने का पूरा प्रयास कर रहे हैं। आम तौर पर अखिल हिन्दी राष्ट्र का फेडरेशन के प्रति विरोध ही है। किन्तु हर पार्टी का विरोध करने का दृष्टिकोण अलग-अलग है। फेडरेशन का विरोध करने की कसम खानेवाली कांग्रेस पार्टी में भी फेडरेशन के सम्बन्ध में किस तरह की रणनीति तय करनी चाहिए इसके बारे में कई विचारधाराएँ हैं, मतभेद हैं। कांग्रेस ने फेडरेशन के विरोध में जो प्रस्ताव मंजूर किया उसमें जो विरोध दिखाई देता है उतना विरोध कांग्रेस के पुराने और प्रतिक्रियावादी नेताओं का नहीं है, इस बात को समझने के लिए पर्याप्त प्रमाण मौजूद हैं। उसी प्रकार वे लोग फेडरेशन का खुश होकर स्वागत करने में आगे-पीछे नहीं देखेंगे, ऐसा मानने में भी कोई दिक्कत नहीं है।

फेडरेशन से जितना सम्भव हो उतना फायदा ले लेने या फेडरेशन को बदनाम करने

के लिए ही फेडरेशन को स्वीकार कर लेना उचित होगा, इस तरह अहंकार से ग्रस्त कांग्रेस के प्रतिक्रियावादी नेता कांग्रेस के युवा और गरम गुटों को शान्त कर देंगे इस तरह का डर व्यक्त करना गलत नहीं होगा। कुल मिलाकर स्थिति को देखने से पता चलता है कि फेडरेशन के विरोध में कितनी भी आवाजें क्यों न उठती हैं तब भी इंग्लैंड में और उसी प्रकार हिन्दुस्तान में हिन्दुस्तान पर फेडरेशन थोपने का गुप्त षड्यन्त्र चल रहा है। इस समझौते से ऐसा लग रहा है कि फेडरल संविधान में मामूली परिवर्तन करके उसे स्वीकार किया जाएगा।

स्वतन्त्र मजदूर पार्टी की नीति

स्वतन्त्र मजदूर पार्टी का यह मानना है कि हिन्दी राष्ट्रीय आन्दोलन में यह आपात्कालीन स्थिति है। और इसीलिए हर पार्टी की यह जिम्मेदारी है कि इस सवाल की ओर हर पार्टी को अपने पार्टी स्वार्थ की नासमझ दृष्टि से सोचने के बजाय सम्पूर्ण हिन्दी राष्ट्र की भलाई की दृष्टि से सोचना चाहिए। इस संविधान से स्वराज्य के पूरे हक़ के लिए रुकावट पैदा होती है। इसीलिए अधिकांश हिन्दी राजनीतिक नेताओं का इस संविधान से विरोध है, ऐसा दिखाई दे रहा है। इस संविधान की असली कमियाँ और दोष इनमें से किसी को पता हों, ऐसा नहीं दिखाई दे रहा है। इसलिए इन नेताओं के बारे में यह कहा जा सकता है कि उन्होंने फेडरेशन के विरोध में जो आवाज उठाई है वह केवल एक धमकी मात्र है। कांग्रेस के अधिकांश नेता इसी प्रकार के नेताओं में से हैं, ऐसा कहते हुए मुझे अच्छा नहीं लगता।

हिन्दी राष्ट्र की स्वतन्त्रता के रास्ते पर दिन-ब-दिन विकास हो रहा है, ऐसे समय अपने मामूली और चन्द स्वार्थों के लिए स्वतन्त्र मजदूर पार्टी हिन्दुस्तान को पीछे खींचने का कभी कोई प्रयास नहीं करेगी। हिन्दुस्तान विकास के रास्ते पर होगा तब कभी-न-कभी उसे फेडरेशन को स्वीकार करना पड़ेगा। किन्तु वह फेडरेशन 1935 के कानून द्वारा स्थापित फेडरेशन से एकदम अलग प्रकार का होगा।

फेडरेशन में दोष

फेडरेशन के दोषों को दो भागों में बाँटा जा सकता है : (1) संविधान की अपर्याप्तता, (2) संविधान के स्वाभाविक दोष। संस्थाओं को अवास्तव महत्त्व दिया जाना, संस्थाओं द्वारा प्रतिनिधि चुनने की नॉमिनेशन पद्धति ब्रिटिश हिन्दुस्तान और संस्थान के बीच आर्थिक जिम्मेदारी का असमान विभाजन, फेडरल एसेम्बली के प्रत्यक्ष चुनाव और गवर्नर को दिए गए ज्यादा अधिकार आदि सभी बातें संविधान की अपर्याप्तता में आती हैं।

दूसरी निम्न अन्य बातें हैं : (1) सार्वभौमिकता के आरक्षित अधिकार, (2) फौज पर पूरा नियन्त्रण हासिल करने की आवश्यकता, (3) खजाने का पूरा नियन्त्रण स्थापित करने की आवश्यकता।

इस संविधान में जो अपर्याप्तता है वह गम्भीर है फिर भी कुछ समय बीत जाने के बाद उसे समाप्त किया जा सकता है। किन्तु यह बात संविधान के स्वाभाविक दोषों के बारे में असम्भव है। जब तक सम्पूर्ण संविधान को बदला नहीं जाता तब तक ये दोष समाप्त नहीं किए जा सकते। कोई संविधान अधूरा है इसलिए शिकायत करने की कोई जरूरत ही नहीं है। क्योंकि आपसी सहमति से यह अछूतपन दूर किया जा सकता है, यह बात असम्भव नहीं यह अनुभव से सिद्ध है। संविधान के अधूरेपन को अभी समाप्त नहीं किया जा सका तब भी कानून के पुनर्परीक्षण के समय उसे दूर किया जा सकता है, इसमें कोई सन्देह नहीं। किन्तु यदि संविधान दोषपूर्ण हो और संविधान विकास में रुकावट पैदा करनेवाले सिद्धान्तों पर आधारित हो तो उसे बिल्कुल स्वीकार नहीं किया जा सकता।

जालिम जहर

स्वतन्त्र मजदूर पार्टी की यह मान्यता है कि 1935 के कानून से प्रस्थापित किए जा रहे फेडरेशन का चारों ओर से और हर तरह से विरोध किया जाना चाहिए। नए संविधान में फेडरेशन का जो जालिम जहर है उसे फेंक देना चाहिए।

कांग्रेस के गरम दल को समर्थन

यदि कांग्रेस ने बहुमत के आधार पर फेडरेशन विरोधी आन्दोलन शुरू किया तो उसे स्वतन्त्र मजदूर पार्टी का पूरा समर्थन प्राप्त होगा। लेकिन यदि कांग्रेस का बहुमत प्रतिक्रियावादी नेताओं के पक्ष में हुआ और यदि सुभाष बोस ने अपना फेडरेशन विरोध कायम रखा तो स्वतन्त्र मजदूर पार्टी सुभाष बाबू के दल से सहयोग करेगी। नए संविधान के फेडरल स्वरूप को समाप्त करने के लिए जो पार्टियाँ आन्दोलन करेंगी उनसे हमारी पार्टी पूरा सहयोग करेगी।

फेडरेशन को समाप्त कर दो !

साप्ताहिक 'जनता' के 23 जुलाई, 1938 के अंक में प्रकाशित।

मध्यप्रान्त और विदर्भ शाखा के मेहनतकश वर्ग से नम्र निवेदन

डॉ. बाबासाहेब अम्बेडकर ने मध्यप्रान्त और विदर्भ में स्वतन्त्र मजदूर पार्टी को आम जनता की राजनीतिक पार्टी बनाने के लिए हर तरह का प्रयास किया। उन्होंने स्वतन्त्र मजदूर पार्टी की ओर से ***दि. 1 जुलाई 1938*** *को एक निवेदन प्रकाशित किया था। उस निवेदन पत्र में उन्होंने कहा–*

हिन्दुस्तान के बहुसंख्यक लोगों को मतलब करीब 80 प्रतिशत लोगों को रात और दिन कड़ी मेहनत करके अपना जीवन व्यतीत करना पड़ रहा है। करोड़ों लोगों को अपने खून का पानी करके भी जीना मुश्किल है, वे अपना पेट भी नहीं पाल सकते। उन्हें तन ढकने के लिए कपड़ा नसीब नहीं होता। हमारे देश में जमींदारी, मालगुजारी, खोती, तहसीलदारी, साहूकारी, ईनामदारी आदि अन्य पूँजीवादी जुल्मी व्यवस्थाएँ प्रचलित होने से किसानों-मेहनतकशों को उनके काम का पूरा मेहनताना नहीं मिलता। इसीलिए देश के 80 फीसदी लोगों पर होनेवाले अन्याय को समाप्त करके उनके जीवन को सुखी बनाना ही सही राजनीति है। और जिस राजसत्ता में किसान, किसान मजदूर, मेहनतकश आदि का शोषण करनेवालों का ही वर्चस्व होता है वह राजसत्ता कभी भी देश का कल्याण नहीं कर सकती। सेठों-साहूकारों की स्वतन्त्रता का मतलब देश की स्वतन्त्रता नहीं है। जिस समय किसान या मजदूर स्वतन्त्र होंगे उसी समय देश सही रूप में स्वतन्त्र होगा। जो राजनीतिक पार्टी सेठों-साहूकारों, मालगुजारों, खोतों और पूँजीपतियों की भलाई की बात सोचती है वह पार्टी किसानों की और मजदूरों की भलाई नहीं कर सकती। उस राजनीतिक पार्टी ने कितना भी कहा कि हम किसानों और मजदूरों की भलाई करेंगे, तब भी उन बातों में कोई दम नहीं है और उत्पीड़ित-शोषित वर्ग को उस पार्टी से बचकर रहना चाहिए। आज कांग्रेस पार्टी में सेठ, साहूकार, मालगुजारों का ही बोलबाला है। उन्हीं की सलाह से सत्ताधारी कांग्रेस की सत्ता चल रही है। और ये सेठ-साहूकार लोग कांग्रेस को किसान, मजदूरों की भलाई का काम नहीं करने देते। ऐसे समय किसान, मजदूर वर्ग का एक ही काम है कि अपने वर्ग की भलाई करनेवाले संगठन को मजबूत करे और अपने वर्ग के हाथों में राजनीतिक सत्ता लाने का प्रयास करे।

मुम्बई प्रदेश के किसानों, मजदूरों को यह बात अच्छी तरह समझ में आ गई है और वे आपस के मतभेदों को भूलकर एक होने लगे हैं और स्वतन्त्र मजदूर पार्टी में शामिल हो रहे हैं। कोंकण में छूत-अछूतपन को भूलकर, जातिभेद, धर्मभेद को दूर रखकर मराठा, कुनबी, महार, चमार, मुस्लिम आदि सभी किसान स्वतन्त्र मजदूर पार्टी के झंडे तले इकट्ठा हो रहे हैं।

मुम्बई विधिमंडल में स्वतन्त्र मजदूर पार्टी ने खोती पद्धति समाप्त करनेवाले बिल, महार वतन सुधार बिल, साहूकारी पर रोक लगानेवाले बिल आदि उत्पीड़ित वर्ग की भलाई के बिल पेश किए हैं और अपनी पार्टी की नीति, विचारधारा को जनता के सामने रखा है।

पिछले जनवरी माह में मुम्बई विधिमंडल का सत्र चल रहा था उस समय स्वतन्त्र मजदूर पार्टी ने किसानों का एक विशाल जनप्रदर्शन करके सरकार की नींद हराम कर दी थी और दुनिया को अपनी बढ़ती हुई शक्ति का एहसास करा दिया था। स्वतन्त्र मजदूर पार्टी का खोती विरोधी बिल मुम्बई विधिमंडल में जल्दी ही बहस के लिए आएगा। उस समय कांग्रेस और स्वतन्त्र मजदूर पार्टी में असली मुकाबला होगा।

स्वतन्त्र मजदूर पार्टी एक ही जाति और धर्म के लिए नहीं है। यह पार्टी हिन्दुस्तान के सभी मेहनतकश अवाम के सामाजिक, आर्थिक और राजनीतिक अधिकारों की लड़ाई के लिए स्थापित की गई है। इसमें अछूत, छूत, ब्राह्मण, बहुजन, हिन्दू, मुस्लिम इस प्रकार का कोई भेद नहीं है। इस पार्टी में हर कोई शामिल हो सकता है। मुम्बई प्रदेश के सभी जिलों में इस पार्टी की शाखाएँ हैं और सभी जगह पार्टी का काम चल रहा है।

मध्यप्रान्त और वरहाड (विदर्भ) से इससे पहले ही कुछ काम शुरू हुआ है फिर भी यहाँ सही ढंग से काम शुरू नहीं हुआ था। इसलिए नागपुर में स्वतन्त्र मजदूर पार्टी का सही ढंग से गठन किया जा रहा है। और खुशी की बात यह है कि यहाँ के स्थायी कार्यकर्त्ता इस काम को करने के लिए आगे आ रहे हैं।

नागपुर प्रदेश के प्रसिद्ध कार्यकर्त्ता भाईजी जयवन्त, दशरथ पाटिल और चन्द्रभान चौहान आदि लोग स्वतन्त्र मजदूर पार्टी के संगठन की जिम्मेदारी अपने सिर ले रहे हैं। और उन्हें इस शाखा का संयोजक नियुक्त किया जा रहा है।

मध्यप्रान्त और विदर्भ (वरहाड) में पार्टी का फिलहाल का कार्यक्रम इस प्रकार है :

1. मालगुजारी को समाप्त करना।
2. पुराने कर्ज समाप्त करना।
3. किसानों के लगान को कम करना।
4. फिलहाल किसानों के लिए जो कानून खतरनाक हैं उन्हें समाप्त करना और उनकी भलाई के लिए नए कानून बनाने के लिए आन्दोलन शुरू करना।
5. खेत मजदूरों (भूमिहीनों) का न्यूनतम वेतन तय करना।
6. औद्योगिक मजदूरों को पर्याप्त वेतन, वैतनिक छुट्टी, मालिकों की ओर से मजदूर संगठनों को मान्यता, स्थायी नौकरी, आठ घंटे का काम, नौकरी और

दुर्घटना का मालिक की ओर से बीमा, नुकसान का मुआवजा और अन्य कानूनों की कानूनन व्यवस्था करवाने के लिए आन्दोलन करना। बीमारी और बेरोजगारी भत्ता आदि के लिए आन्दोलन करना।

7. प्रस्तावित जुल्मी नए संविधान (फेडरेशन) का विरोध करना।

इस कार्यक्रम को सफल बनाने के लिए सभी किसान, मजदूर, सरकारी कर्मचारी और मेहनतकश वर्ग को इस पार्टी का सदस्य बनकर प्रबल आन्दोलन चलाने के लिए मदद करनी चाहिए। पार्टी के प्रचारकों के पास मुख्य कचहरी के अध्यक्ष के हस्ताक्षर-युक्त सिफारिशी पत्र दिए गए हैं। सभी से सदस्य बनने का आग्रह किया जा रहा है।

भीमराव रामजी अम्बेडकर
अध्यक्ष
स्वतन्त्र मजदूर पार्टी, मुम्बई

बाहेदिना मेन्शन
पोयबावडी पारले
मुम्बई नं. 12
1 जुलाई, 1938

साप्ताहिक 'जनता' के 30 जुलाई, 1938 के अंक में प्रकाशित।

जिम्मेदार शासन-प्रणाली के साथ कांग्रेस का खिलवाड़

दि. 4 अगस्त 1938 को मध्यप्रान्त के पूर्व मुख्यमन्त्री डॉ. खरे का अभिनन्दन करने के लिए उनके मित्रों ने भारत सेवक समाज के सभागृह में एक भोज का कार्यक्रम आयोजित किया था। डॉ. बाबासाहेब अम्बेडकर इस सभारम्भ के अध्यक्ष थे। इस सभारम्भ में ना.म. जोशी, डॉ. गोपालराव देशमुख, डॉ. वाडे, डॉ. बालिया आदि लोग उपस्थित थे। इस अवसर पर डॉ. अम्बेडकर ने अपने अध्यक्षीय भाषण में कहा–

आज हम लोग यहाँ डॉ. खरे का स्वागत करने के लिए इकट्ठा हुए हैं, इस बात को आप सभी लोग जानते हैं। इस तरह का स्वागत करने के पीछे हमारा उद्देश्य क्या है इसका थोड़ा-सा विश्लेषण करना जरूरी है। आज की इस सभा में इकट्ठा हुए लोगों की ओर नजर दौड़ाने से पता चलेगा कि हम सभी लोग एक ही उद्देश्य से यहाँ इकट्ठा नहीं हुए हैं, ऐसा मुझे लगता है। कुछ लोगों ने तो विशेष पार्टी की कांग्रेस की राजनीतिक विचारधारा के प्रतीकस्वरूप कपड़े पहने हैं। हिन्दुस्तान के कुछ हिन्दू लोगों को यही एक जगमान्य पन्थ लग रहा है। अन्य कुछ लोग जो यहाँ इकट्ठा हुए हैं वे मेरी तरह देश में आज की इस सबसे बड़ी पार्टी के सदस्य नहीं हैं। बल्कि इस पार्टी से उनका विरोध ही है। इसके अलावा यहाँ जो लोग इकट्ठा हुए हैं उनकी राजनीति में कोई दिलचस्पी नहीं है। ये लोग जातिप्रेम की वजह से या अन्य अज्ञात कारणों से यहाँ इकट्ठा हुए होंगे। जो भी हो, डॉ. खरे आज हमारे सामने तीन अलग-अलग रूपों में खड़े हैं, इसमें कोई सन्देह नहीं। पहली बात यह कि वे महाराष्ट्रियन हैं। दूसरी बात यह कि वे कांग्रेसवाले हैं। और उनका तीसरा स्वरूप यह है कि वे मध्यप्रान्त के सत्ता से हटाए गए मुख्यमन्त्री हैं। आप लोगों को ऐसा लगता होगा कि मैं इस सभा की अध्यक्षता करने में क्यों इच्छुक हूँ। इससे पहले डॉ. खरे और मेरी कभी मुलाकात नहीं हुई है। कल हमारी किसी मित्र के कार्यालय में भेंट हुई और वहीं मेरी डॉ. खरे के साथ पहली मुलाकात हुई। मतलब उनकी राजनीति से प्रभावित होकर मैं यहाँ नहीं आया हूँ, यह बात साफ है। राजनीति के सम्बन्ध में वे मुझसे भिन्न विचारधारा के और विरोधी विचार-समूह

के अनुयायी हैं। डॉ. खरे महाराष्ट्रियन हैं यही बात महत्त्वपूर्ण है। उनके साथ जो अन्याय हुआ उससे कई महाराष्ट्रियन लोगों के दिलों को चोट पहुँची है, इसमें कोई सन्देह नहीं। और ऐसा होना स्वाभाविक भी है। हिन्दी राजनीति में महाराष्ट्र के लोगों के इतिहास को देखा जाए तो दिखाई देगा कि महाराष्ट्रियन लोग पीछे जा रहे हैं, इसके बारे में कम-से-कम मुझे कोई सन्देह नहीं है। महाराष्ट्र के लोग आज तक व्यापार में कभी नहीं आए। इसलिए उनके पास बेहिसाब पैसा या दौलत कभी नहीं आई। जिस समय अन्य प्रदेशों के हिन्दी लोग विदेशियों के जुल्म सह रहे थे उस समय महाराष्ट्र के लोगों के पुरखों ने अपनी सारी उम्र स्वराज्य के लिए अर्पित कर दी थी। उसके लिए उनका लहू गिरा। महाराष्ट्रियन लोग क्यों पिछड़ गए, इस बात की चर्चा परसों ही किसी कांग्रेस नेता ने मुम्बई के अपने एक भाषण में की थी। उनका कहना था कि महाराष्ट्रियन लोगों को व्यावहारिक ज्ञान कम है इसलिए वे पीछे हट रहे हैं। किन्तु मुझे यह तर्क बिल्कुल पसन्द नहीं है। मेरी राय में महाराष्ट्रियनों-जैसा व्यावहारिक ज्ञान हिन्दुस्तान के अन्य किसी प्रदेश के आदमी में नहीं दिखाई देता। अन्य किन्हीं कारणों से महाराष्ट्रियनों का पतन हुआ हो किन्तु व्यवहार-बुद्धि के अभाव में नहीं हुआ है, यह बात सही है। महाराष्ट्रियन लोगों को क्यों पिछड़ जाना पड़ा इसका कारण यह है कि उनका जीवन महाराष्ट्र की स्वतन्त्रता के काम आया। राजनीति करने में, राजसत्ता चलाने में उनका सारा समय निकल गया। इतिहास इस बात की गवाही दे रहा है। धनवान सेठों के नाम आपको महाराष्ट्र के इतिहास में देखने को नहीं मिलेंगे। यहाँ आपको सेनापति और राजनेताओं के नाम ही अधिक सुनने को मिलेंगे। ऐसे नामों पर दुनिया के किसी भी देश को गर्व हो सकता है।

महाराष्ट्र पीछे क्यों?

महाराष्ट्र के लोगों के पिछड़ जाने का कारण यही है कि उन्होंने दूसरों की तरह व्यापार का रास्ता नहीं अपनाया। उन्होंने लक्ष्मी की पूजा करने का प्रयास नहीं किया। वे उसके पीछे कभी नहीं लगे। आज अगर किसी चीज का महत्त्व है तो वह पैसे का है। पैसे ने बुद्धि पर अपना अधिकार कायम कर लिया है। सदाचार को पीछे धकेल दिया गया है। कम-से-कम उसने बुद्धि और सदाचार पर अपना वर्चस्व कायम कर लिया है, इसमें कोई सन्देह नहीं।

एक समय था जब हम राजनीति के शिखर पर थे। तिलक, गोखले और रानडे जैसे तीन महाबुद्धिमान और राजनीति में कुशल लोग हमारे पास थे। इन लोगों की राजनीति आज की तरह हलचल मचानेवाली न भी हो या आज की तरह उत्सुकता लाभ पूर्ति करनेवाली न भी हो लेकिन वे आज की तुलना में ज्यादा प्रामाणिक और ज्यादा विचारशील थे, इसमें कोई सन्देह नहीं। किन्तु इस तरह की राजनीति का नेतृत्व भी आज

हमारे पास नहीं है। आज की स्थिति को देखने से पता चलता है कि बाबूगीरी और मजदूरी के काम के अलावा कोई अन्य योग्यता हमारे लोगों में नहीं है। आज महाराष्ट्रियन लोगों की यह स्थिति है, यही अधिक दिखाई दे रहा है। इस पतन को देखते हुए महाराष्ट्र के जिन कुछ लोगों ने पतन की इस अवस्था से भी राजनीति में अपना स्थान कायम रखने में सफलता हासिल की, ऐसे लोगों का भी अब यहाँ अभाव है। इससे महाराष्ट्र के लोगों को दुख होना स्वाभाविक है।

किन्तु मुझे मेरे महाराष्ट्रियन होने का बहुत अभिमान है, इस बात को मैं यहाँ जोर देकर कह रहा हूँ। महाराष्ट्रियन लोगों में कुछ ऐसी विशेषताएँ हैं जो आपको अन्य प्रदेशों के लोगों में नहीं दिखाई देंगी। इंग्लैंड जैसे देश की जमीन पर जब सभी प्रदेशों के लोग इकट्ठा होते हैं उस समय यह फर्क आसानी से देखा जा सकता है। उस समय किसमें क्या गुण और दोष है यह आसानी से पहचाना जा सकता है।

जिम्मेदार राज्य-पद्धति के तत्त्व

डॉ. खरे महाराष्ट्रियन हैं, इसकी वजह से मैं यहाँ नहीं आया। वे कांग्रेसी हैं इसलिए भी मैं यहाँ नहीं आया। डॉ. खरे ने कांग्रेस का अनुयायित्व स्वीकार कर लिया है। उस संस्था के जो नियम होंगे या जो अनुशासन होगा उसका पालन करने के लिए वे बाध्य हैं, यह सीधी-सी बात है। इस अनुशासन का पालन करने में उनका संस्था के साथ कुछ विवाद हो गया हो तो उसमें हमारे जैसे जो कांग्रेस के बाहर हैं उनकी ओर से उन्हें कुछ मदद मिलनी सम्भव नहीं है। मैं यहाँ आया हूँ उसकी वजह यह है कि मुख्यमन्त्री के हक़ की लड़ाई वे आज लड़ रहे हैं। मुख्यमन्त्री जी के ये हक़ मुझे जनता, मतदाताओं और जिम्मेदार शासन-प्रणाली की दृष्टि से बहुत महत्त्वपूर्ण लग रहे हैं। इसीलिए डॉ. खरे का स्वागत करने के लिए मैं यहाँ उपस्थित हुआ हूँ।

मैंने कहा था कि मुख्यमन्त्री जिम्मेदार शासन-प्रणाली की कमान की नींव का पत्थर है। उसी बात को मैं पुनः यहाँ दोहराना चाहता हूँ। मेरी राय में जिम्मेदार शासन-प्रणाली को दो बातों की खास जरूरत होती है। पहली बात यह है कि अपने प्रतिनिधियों के कार्य पर कड़ी नजर रखनेवाली जनता और दूसरी बात यह कि जो जनता के मतों से चुने गए हैं उनके प्रति भी मुख्यमन्त्री जिम्मेदार होता है। मुख्यमन्त्री के कार्य की सार्थकता, निरर्थकता की पहचान करने के लिए जनता के पास उसका अन्तिम निर्णायक हक़ है। वह हक़ उसी का है। कांग्रेस वर्किंग कमेटी ने अपना जो हक़ जताया है उससे मेरी राय में जिम्मेदार शासन-प्रणाली का खुल्लमखुल्ला उल्लंघन किया जा रहा है।

कांग्रेस वर्किंग कमेटी दो तत्त्वों को अमल में लाई है। ये दोनों तत्त्व मेरी राय में बहुत खतरनाक और किसी भी लोकतान्त्रिक राष्ट्र को नामंजूर हो सकते हैं। वर्किंग कमेटी ने जो पहला तत्त्व बताया उससे यह समझ में आ रहा है कि मुख्यमन्त्री को अपने

सहयोगियों का चुनाव करने का हक़ नहीं है बल्कि उसके सहयोगी मन्त्री मतदाताओं या विधिमंडल को या बाहरी संगठन को चुनने चाहिए! दोस्तो! शायद आप लोगों को इस बात की कल्पना नहीं होगी कि मन्त्रिमंडल की सामूहिक जिम्मेदारी के तत्त्व प्रस्थापित करने के लिए हम लोग गोलमेज परिषद् में कितने झगड़ते रहे। इस सम्बन्ध में साइमन कमीशन ने अपनी रिपोर्ट में इस तरह की सिफारिश की थी कि प्रदेशों की शासन-प्रणाली पूर्ण जिम्मेदार होनी चाहिए। इस तरह का निर्णय लिया गया था और कानून तथा सुव्यवस्था का विभाग आरक्षित न रखा जाए ऐसा स्वीकार किया गया था, तब भी वह विभाग गवर्नर की ओर से नियुक्त किए गए मन्त्री के हाथ में होना चाहिए और उस मन्त्री को जननियुक्त मन्त्री की बराबरी में मन्त्रिमंडल में सम्मिलित किया जाना चाहिए। इस सिफारिश को नजरअंदाज करने के लिए सभी हिन्दी प्रतिनिधियों ने अपनी एकता के बल पर किस तरह से लड़ाई की इसकी गवाही वहाँ उपस्थित रहे डॉ. मुंजे भी दे सकते हैं। हमारा कहना था कि प्रस्तुत सिफारिश से सामूहिक जिम्मेदारी का तत्त्व समाप्त हो जाएगा। सामूहिक जिम्मेदारी का तत्त्व मुख्यमन्त्री का संविधान में क्या स्थान है, उस पर निर्भर है। और इसी में मुख्यमन्त्री के स्थान का महत्त्व है। इस तत्त्व को अमल में लाने के लिए दो बातों की आवश्यकता होती है। इस सम्बन्ध में मैंने कुछ ज्यादा अध्ययन किया है। इसलिए मेरा अधिकार से बोलने का हक़ बन जाता है। सामूहिक जिम्मेदारी के तत्त्व के लिए जो पहली बात आवश्यक है वह यह कि मुख्यमन्त्री को अपने सहयोगी मन्त्री चुनने की पूरी स्वतन्त्रता मिलनी चाहिए। सामूहिक जिम्मेदारी का तत्त्व बरकरार रखना हो तो यह अधिकार अन्य किसी को नहीं मिलना चाहिए। दूसरी जरूरी बात यह है कि किसी अयोग्य मन्त्री को मन्त्रिमंडल से निकालने का अधिकार मुख्यमन्त्री को होना चाहिए। मुख्यमन्त्री की वजह से जो मन्त्री अधिकारपद पर पहुँचे हैं, अधिकारपद से हटाने का अधिकार भी मुख्यमन्त्री का है आदि बातें मन्त्रियों को अच्छी तरह मालूम नहीं होतीं तब तक सामूहिक जिम्मेदारी का तत्त्व बरकरार रहना कदापि सम्भव नहीं है। हर मन्त्री को इस बात का पता होगा तब कहीं वह महत्त्वपूर्ण तत्त्व प्रभावी बन सकता है।

मतदाताओं को किसने लताड़ा?

कांग्रेस वर्किंग कमेटी ने जिस तत्त्व को स्थापित किया है कि मन्त्रिमंडल के मन्त्रियों का चुनाव करने का अधिकार और काम मुख्यमन्त्री का नहीं है बल्कि वह हमारा है, यह तत्त्व पूरी तरह से सामूहिक जिम्मेदारी के तत्त्व के विरोध में है। उसी प्रकार कांग्रेस वर्किंग कमेटी ने जो दूसरा हक़ स्थापित किया है वह है मन्त्रियों के विभागों के सम्बन्ध में। कांग्रेस वर्किंग कमेटी का कहना है कि किसी मन्त्री को विभाग देना न देना यह तय करने का अधिकार वर्किंग कमेटी जैसी बाहरी संस्था को है।

भाइयो! आप सभी को मालूम है कि जिम्मेदार शासन-प्रणाली का मुख्य तत्त्व यही है कि जिन्होंने मन्त्री को चुना है उनके अलावा मन्त्री को अन्य किसी के प्रति जिम्मेदार रहने की कोई आवश्यकता नहीं है। लेकिन कांग्रेस वर्किंग कमेटी ने तो इन मतदाताओं के महत्त्व को ही अस्वीकार कर दिया है।

कांग्रेस वर्किंग कमेटी की नजरों में मतदाताओं का कोई महत्त्व ही नहीं है। सार रूप में कहना हो तो कांग्रेस वर्किंग कमेटी ने किसी क्षुद्र चूहे की तरह ही मतदाताओं की कीमत आँकी है। एक निश्चित दिन पर वोट देना और फिर पिंजड़े में जाकर पड़े रहना, इतना ही उनका काम है। मेरी राय में वर्किंग कमेटी ने जो रुख अपनाया है उसका अर्थ यही हो सकता है।

डॉ. खरे मुख्यमन्त्री के बुनियादी अधिकारों के लिए लड़ रहे हैं इसलिए मैं उनका स्वागत कर रहा हूँ। और उनके इस संघर्ष में सभी को समर्थन देना उनकी जिम्मेदारी है। और अब अन्त में एक-दो सामान्य बातों की चर्चा करके मैं अपना भाषण समाप्त करना चाहूँगा। इन बातों की चर्चा करते हुए मुझे डॉ. खरे के लिए कुछ विधानों का उल्लेख करना होगा। उसके लिए वे मुझे माफ़ करेंगे, यही उम्मीद करता हूँ। डॉ. खरे कहते हुए घूम रहे हैं कि, ''मैं कांग्रेस में ही रहूँगा, कांग्रेस में रहकर ही जिस गिरोह ने अपने साथ इस तरह का घटिया बर्ताव किया उस गिरोह के साथ मैं दो-दो हाथ करूँगा।' मतलब उन्होंने वैसा किया तो हमें कुछ भी कहना नहीं है, ऐसी बात बिल्कुल नहीं है। लेकिन इस काम में उन्हें कितनी सफलता मिलेगी, इस पर मुझे सन्देह है। जब डॉ. खरे मुख्यमन्त्री थे उस समय उनके हाथ में अधिकार था। मध्यप्रान्त के मुख्यमन्त्री के रूप में उन्हें जनता का सम्मान प्राप्त था। जब उन्हें अधिकार प्राप्त थे तब भी वे वर्किंग कमेटी के विरुद्ध कुछ नहीं कर सके। अब तो वे कांग्रेस पार्टी के सामान्य सदस्य हैं फिर वे ऐसा कैसे कर लेंगे, यह मेरी समझ में नहीं आ रहा है। किन्तु कुछ लोग ऐसे होते हैं कि वे अधिकार के पद की बजाय जब अधिकारहीन होते हैं तभी उनकी हिम्मत बढ़ती है। डॉ. खरे भी शायद उन्हीं लोगों में हो सकते हैं।

यदि लोकतन्त्र चाहते हो तो

मैं यहाँ राजनीतिक प्रचार के लिए नहीं आया हूँ। मैं अपनी स्वतन्त्र मजदूर पार्टी के सदस्य बनवाने के प्रचार-कार्य के लिए भी नहीं आया हूँ। फिर भी मैं एक बात साफ तौर पर कहने का इच्छुक हूँ। यदि आप लोगों को जनतन्त्र चाहिए तो आप लोगों को दो बातें जरूर ध्यान में रखनी चाहिए। लोकतन्त्र की सबसे पहली महत्त्वपूर्ण जरूरत है दलप्रणाली। इसमें एक दल सत्तारूढ़ हो तो दूसरा विरोधी होना चाहिए। विरोध करनेवाला दल अस्तित्व में न हो तो देश के कामकाज पर जनता अपना ध्यान नहीं रख सकती। हर बात के दो पहलू होते हैं। इतना ही नहीं, परसों की बात है 'स्टेट्समैन'

नामक अंग्रेजी मासिक पत्रिका में किसी अंग्रेज राजनीतिज्ञ ने कहा कि एक सवाल के दो पहलू हैं यह दिखाना ही राजनेता का काम है, मतलब उसकी जिम्मेदारी यही है। फिर उस सवाल के वास्तव में दो पहलू हों या न हों। हर सवाल का दूसरा पहलू भी होता है इस बात को समझना चाहिए। कांग्रेस जो कह रही है वह सवाल का एक पहलू है, उसका दूसरा पहलू नहीं है, ऐसा मानने की जरूरत नहीं है।

मेरी मुख्य भूमिका

हमें दूसरी एक बात और सीखनी चाहिए वह यह कि सरकार को हमेशा कसौटी पर कसे बगैर लोकतन्त्र सुरक्षित नहीं रह सकता। तानाशाही, लोकतन्त्र और जनसत्ता के बीच क्या फर्क है? राजनीतिशास्त्र के विद्वान इसकी क्या परिभाषा देंगे इसके बारे में मुझे कोई जानकारी नहीं है किन्तु एक राजनीति करनेवाले व्यक्ति के रूप में मुझे यही फर्क दिखाई देता है कि तानाशाही में सरकार के काम की जाँच-पड़ताल कभी नहीं हो सकती। उस तरह की सत्ता एक बार स्थापित हुई तो वह हमेशा चलती रहती है। फिर वह हिन्दी संस्थान की तरह वंशपरम्परा से चले या कुछ यूरोपियन राष्ट्रों की डिक्टेटरशिप की तरह चले। वह कैसे भी चले किन्तु एक बात साफ है कि वह लोकतन्त्र की कसौटी पर खरी नहीं उतर सकती। उसे हमारी हर बात का जवाब देना होता है। लेकिन उस तरह की स्थिति तानाशाही में नहीं है। यदि आप लोगों को सुरक्षा चाहिए, विकास चाहिए, तो सभी लोग एक ही संगठन से मत चिपके रहिए। फिर दूसरे लोगों को जो भी कहना हो, कहने दीजिए। उनकी परवाह मत कीजिए। मैं कांग्रेस में शामिल नहीं हो रहा हूँ इसका कारण मेरी हैसियत और बुद्धि के योग्य पद मुझे नहीं देंगे, ऐसी बात नहीं है। मुझे वहाँ रोककर रखना किसी के लिए भी सम्भव नहीं होगा। मैं कांग्रेस में शामिल नहीं हो रहा हूँ इसका कारण यह है कि संगठन के बाहर रहना ही मेरे लिए ज्यादा जरूरी है। आलोचकों की भूमिका अपनाकर हर सवाल के दूसरे पहलू को लोगों के सामने रखना यही मेरे लिए उचित है। और कोई जनता के साथ धोखेबाजी न करे इसीलिए मैं इस भूमिका को अपनाना ही उचित समझता हूँ।

अपने लोगों के खून की विशेषता अब व्यक्त हो रही है, ऐसा मुझे दिखाई दे रहा है। हम लोग इंग्लैंड की तरह जिम्मेदार राजसत्ता जैसी सत्ता कायम हो इसके लिए झगड़ते रहे। और अपने संविधान में उसका प्रावधान करने के लिए हमने उन्हें मजबूर किया लेकिन इस राजसत्ता को कुछ अलग ही स्वरूप प्राप्त होता दिखाई दे रहा है। आज जिम्मेदार शासन-प्रणाली को हम सालों से भूल चुके हैं। हम पर सुलतानों की ही सत्ता चलती थी। अपना भविष्य दूसरों के हाथों में सौंपकर खुद बेफिक्र हो जाना ही हमारी आज तक की विशेषता रही है। अपना मालिक अपना भाग्य, और उसकी पूजा करते रहना यही अपना धर्म! आज भी यही विशेषता स्थापित करने की कोशिश की जा रही

है। मालिक का कहना ही सही है, उसकी आलोचना करना हमारा काम नहीं है। मालदारों की ऐसी दृष्टि इसी कारण बनी है। किन्तु ऐसी अन्धभक्ति से जिम्मेदार शासन-प्रणाली के अच्छे नतीजे आने की कोई सम्भावना नहीं है। किन्तु जिम्मेदार शासन-प्रणाली को कायम रखने के लिए तो सरकार को कसौटी पर परखने के लिए स्थिति के एक सिरे से दूसरे सिरे तक पहुँचनेवाले जनसमूह की जरूरत होती है। इस तरह का जनसमूह तैयार नहीं हुआ तो यह स्थिति पैदा होगी कि हम लोग अंग्रेजों से जो सत्ता हासिल करेंगे वह बहुजन समाज के हाथ में जाने के बजाय किसी गिरोह के हाथ में चली जाएगी और पहले से भी खतरनाक स्थिति पैदा हो जाएगी।

साप्ताहिक 'जनता' के 10 अगस्त, 1938 के अंक में प्रकाशित।

लोकतन्त्र में अन्तिम सत्ता जनता के हाथ में

मध्यप्रान्त के पूर्व मुख्यमन्त्री डॉ. खरे के समर्थन में ***दि. 4 अगस्त 1938*** *को मुम्बई में डॉ. बाबासाहेब अम्बेडकर की अध्यक्षता में एक सभा हुई थी। उसी प्रकार* **दि. 5 अगस्त 1938** *को परल में जमनादास मेहता की अध्यक्षता में भ ी एक विशाल सभा का आयोजन किया गया था। इस सभा में डॉ. अम्बेडकर ने कहा–*

अध्यक्ष महोदय, बहनो तथा भाइयो,

आज के इस अवसर पर मेरे बोलने का कोई प्रयोजन है, ऐसा मुझे नहीं लगता। कल ही सर्वेंट्स ऑफ इंडिया सोसायटी के दीवानखाने में मेरी अध्यक्षता में एक सभा हुई थी। उसमें मुझे जो कुछ कहना था, मैंने कह दिया है। लेकिन कल का भाषण अंग्रेजी में था और मुझे लगता है, मराठी अखबारों के जासूस उस समय वहाँ मौजूद थे। उन्होंने मेरे भाषण का तर्जुमा उचित ही दिया होगा।

मैं कांग्रेस का सदस्य नहीं हूँ, इस बात को आप अच्छी तरह जानते हैं। डॉ. खरे ने जो कहानी सुनाई वह उनके आपसी विवादों में से एक है। मैं बाहर का आदमी हूँ और उनका पड़ोसी भी। मुझे इस विवाद में पड़ने की क्या जरूरत है, मुझसे इस तरह का सवाल आसानी से पूछ सकते हैं। कोई कहेगा अपने घर की रोटियाँ खाकर मैं इन झंझटों में क्यों पड़ना चाहता हूँ। इसीलिए आज मेरा भाषण करने का अधिकार नहीं है। किन्तु पड़ोसी के मकान में आग लगी और मेरा घर सुरक्षित है, उसे आग नहीं लगी, इस पर कोई शान्त नहीं बैठा रहता। क्योंकि जब तक बाहर आग लगी है, उसकी आँच कहाँ तक पहुँचेगी इसके बारे में कोई नहीं बता सकता। इसके अलावा आप जानते ही हैं कि मुम्बई विधिमंडल में मेरी हालत उस मुर्गी की तरह है जो अपने पंखों के तले अपने दस-बारह अंडे देकर जागती रहती है। आप सभी लोग जानते हैं कि दस-बारह बच्चों को लेकर मैं एसेम्बली में विरोधी बेंच पर बैठता हूँ। ये बच्चे धीरे-धीरे बड़े होंगे और उनकी संख्या भी बढ़ सकती है। कौन जाने मुझे ही प्रधानमन्त्री बनने का मौका मिले। ऐसे समय में डॉ. खरे पर आई हुई विपत्ति के बारे में मैं क्या कर पाऊँगा, यह भी सवाल है। इसलिए चुपचाप बैठने की बजाय मेरा कहना क्या है यह आप लोगों के सामने रखना ही उचित है। फिर भी इस नाटक के मुख्य कलाकार डॉ. खरे जैसे आदमी

के रंगमंच पर आने के बाद मेरे जैसे अन्य कलाकार के बोलने का कोई मतलब नहीं, इस बात को भी मैं अच्छी तरह जानता हूँ।

डॉ. खरे पर बीत जाने के बाद वे हमारी भूमिका में आए हैं। उन्होंने जो भाषण दिए हैं उन सभी को मैंने पूरा मन लगाकर पढ़ा है। दुश्मनों के आपस के झगड़ों को पढ़ना या सुनना अच्छा तो रहता ही है, किन्तु मैंने उनका भाषण उस दृष्टि से नहीं पढ़ा है। इस विवाद में जो मुद्दे आए हैं उनमें कुछ बहुत ही महत्त्वपूर्ण हैं और उनकी ओर हमें ध्यान देना चाहिए। इस विवाद का मुख्य सवाल लेंडलॉर्ड और टेनेन्ट (जमींदार और मजदूर) के आपसी सम्बन्धों की तरह है। यदि सभी मजदूरों ने एक होकर अपने मकान को आग लगा दी और जला दिया तो कानूनी दृष्टि से बुनियादी सवाल यह पैदा होता है कि इस आग को किसने लगाया? या आग नासमझी से लगी, जिसे हम कोर्ट में अर्सन (Arson) कहते हैं उस तरह से लगी है?

इस विवाद से पैदा हुए बुनियादी तथ्य इस प्रकार हैं। फिलहाल के संविधान में प्रधानमन्त्री के अधिकार क्या हैं? डॉ. खरे का कहना है कि मन्त्रिमंडल के सभी सदस्य मुख्यमन्त्री के द्वारा चुने जाने चाहिए और बाहर के किसी भी आदमी को उसमें दखलंदाजी करने की जरूरत नहीं है। यदि मन्त्रिमंडल का कोई मन्त्री नालायक, लुच्चा, या झगड़ालू रहा तो उसे निकाल बाहर करने का अधिकार मुख्यमन्त्री का है। यह विवाद शासन-प्रणाली से सम्बन्धित है। और मुझे लगता है कि संविधान पर बोलनेवाला मैं एक जानकार आदमी हूँ। मुम्बई के चीफ़ जस्टिस ने भी एक अवसर पर मुम्बई के लॉ कॉलेज के व्हिजिटिंग बुक पर साफ शब्दों में लिखा था कि कॉस्टीट्यूशन डॉ. अम्बेडकर से पढ़ना चाहिए! सच्चाई यह है कि मैंने कई संविधानों का अध्ययन किया है। यही नहीं, मैंने संविधानों का तुलनात्मक अध्ययन भी किया है।

अब बुनियादी सवाल यह उठता है कि मन्त्रिमंडल का कामकाज सही ढंग से न चल रहा हो तो फिर क्या रास्ता है? मुझे ऐसा लगता है कि मन्त्रिमंडल को चुननेवाले हजारों मतदाता हैं। कांग्रेस वर्किंग कमेटी का कहना है कि इस पर मन्त्रिमंडल का वास्ता मतदाताओं से नहीं बल्कि कांग्रेस वर्किंग कमेटी से है। सरदार वल्लभभाई ने पिछले विधिमंडल के चुनाव में हजारों रोड़े अटकाए थे किन्तु न तो महात्मा गांधी चुनाव में खड़े हुए और न वल्लभभाई पटेल ने इस चुनाव में शिरकत की। कानूनी दृष्टि से देखा जाए तो इसमें महात्मा गांधी, वल्लभभाई या वर्किंग कमेटी के सभी लोग बेमतलब हैं। सभी जिम्मेदार शासन-प्रणालियों का यही मतलब है कि न्याय देनेवाली अन्तिम संस्था मन्त्रिमंडल को चुननेवाले मतदाता ही हैं। इस दृष्टि से न्याय और सत्य दोनों डॉ. खरे के पक्ष में हैं और कांग्रेस वर्किंग कमेटी के पास न न्याय है और न सत्य है। डॉ. खरे के कहने से ही मेरी यह राय बनी है।

इस पर मुझे अपने बचपन की एक घटना याद आती है। बचपन में मुझे मेरी बुआ ने सँभाला था। जिस गाँव में हम रह रहे थे वहाँ पड़ोस में एक लड़की रहती थी। उसकी दस-बारह साल की उम्र में उसके माँ-बाप ने एक अच्छा-सा लड़का देखकर उसकी शादी

कर दी। बाद में लड़की ससुराल रहने के लिए चली गई। और वह अपने ससुराल में मजे में है ऐसा मानकर उसके माँ-बाप अपने गाँव में बेफिक्र हो गए। एक साल बीत गया। फिर बिना कोई चिट्ठी भेजे एक दिन अपने एक पड़ोसी के साथ वह लड़की अपने माँ-बाप के दरवाजे पर आकर खड़ी हो गई और जोर-जोर से सिसकते हुए रोने लगी। माँ-बाप की समझ में नहीं आ रहा था कि आखिर बच्ची को क्या हुआ है? अच्छा पढ़ा-लिखा लड़का देखकर उसकी शादी की है। लेकिन यकायक यह सब क्या हुआ। बच्ची की माँ ने उसे समझाया। उसकी पीठ पर हाथ फिराते हुए माँ की समझ में आया कि बच्ची का शरीर मार से काफी सूजा हुआ है। मार की वजह से उसकी पीठ पर बड़े घाव हो गए हैं। बेचारी ने बच्ची की पीठ पर तेल की मालिश की। उसके माँ-बाप ने उसे कहा कि ऐसे कमीने ससुराल में तू अपने पति के पास अब मत जाना। उस लड़की ने कहा कि आप लोगों ने मेरा विवाह उस घर में किया है। मेरा भला-बुरा जो कुछ होगा उसी घर में होगा। आप मुझे मेरे ससुराल भेज दीजिए। ऐसा कहकर वह लड़की फिर अपनी ससुराल चली गई। पति की ओर के लोग कहने लगे कि लड़की कितनी भली है, वह हमारे यहाँ रहने के लिए तैयार है किन्तु उसे उसके माँ-बाप कुछ गलत फुसलाते हैं और इस तरह से वह लड़की ससुरालवालों की प्रिय हो गई। मुसीबत में सहायता करनेवाले माँ-बाप उसके दुश्मन हो गए। किन्तु लड़की की सास खतरनाक थी। वह अपनी आदत से लाचार थी। उसने एक दिन अपने लड़के से कहा कि तू दूसरी शादी कर ले। लड़की के माँ-बाप के सामने फिर सवाल खड़ा हुआ। वे लड़की को पुनः अपने पास बुलाते हैं तो वह इतनी बेवकूफ है कि फिर कहेगी मैं ससुराल जाऊँगी। ऐसे में माँ-बाप को क्या करना चाहिए? यह समस्या थी। डॉ. खरे की स्थिति कुछ हद तक इसी लड़की की तरह है। उन्हें कांग्रेस में सताया गया, उन पर अन्याय हुआ इसलिए वे महाराष्ट्र में अपने लोगों के पास शिकायत लेकर आए। और इतने अन्याय के बाद भी जैसे वह लड़की ससुराल में ही रहने लगी, उसी प्रकार डॉ. खरे कहते हैं कि मैं अब कांग्रेस में ही रहूँगा।

डॉ. खरे पर जो अन्याय हुआ है उसे भूला नहीं जा सकता। लोकतान्त्रिक तत्त्व इस तरह से रद्दी की टोकरी में न फेंके जाएँ ऐसे समय में इस बात पर सोचने की आवश्यकता है। जिन पत्थरों ने या देवताओं ने डॉ. खरे की बलि चढ़ा दी वे पत्थर आगे भी बलि नहीं लेंगे इसका क्या प्रमाण है? डॉ. खरे का कहना है कि सभी को कांग्रेस में आना चाहिए। कुछ लोगों का कहना है कि गन्दगी करनेवाले तुम हो! मतलब तुम्हारे द्वारा फैलाई गई गन्दगी को तुम्हीं लोगों को साफ करना चाहिए। मेरे कपड़े साफ-सुथरे हैं, मुझे इस गन्दगी को क्यों साफ करना चाहिए? आप अपनी गन्दगी को आप ही साफ कीजिए। मतलब मुझे अपने साफ-सुथरे कपड़ों के साथ कांग्रेस में जाना चाहिए या नहीं, इस पर मैं सोचूँगा। अब यहाँ एक सवाल खड़ा होता है कि एक अलग से स्वतन्त्र राजनीतिक पार्टी की स्थापना की जाए या सभी लोगों को कांग्रेस में शामिल हो जाना चाहिए। इसमें मेरी ईमानदार सोच यह है कि देश में एक ही बैलवाली गाड़ी होना देश

के उत्थान के लिए उचित नहीं है। जिस देश में एक से ज्यादा राजनीतिक पार्टियाँ नहीं हैं वहाँ बुद्धि का विकास होना सम्भव नहीं है। और जहाँ बुद्धि का विकास नहीं वहाँ स्वतन्त्रता मिलना भी मुश्किल है।

अब अन्त में एक बात का उल्लेख करना मेरे लिए जरूरी है। किसी ने मुझे बताया कि मुम्बई के 'प्रभात' अखबार में मध्यप्रान्त मन्त्रिमंडल के बारे में लिखा गया कि डॉ. खरे की बलि चढ़ा दी गई है और बालासाहब खेर बलिबेदी पर लाकर खड़े कर दिए गए हैं। मैं बस इतना ही कहना चाहता हूँ कि हमारे बालासाहब खरे बलिबेदी पर खड़े नहीं हैं। फिर बलि चढ़ने की बात तो बहुत दूर है। कोई अच्छी बहू हो तो उसे हम आदर्श (Ideal) बहू कहते हैं, बालासाहब खरे तो कांग्रेस की आदर्श बहू हैं। जिस प्रकार आदर्श बहू देवर से स्नेह करती है, सास-ससुर, ननद, जेठानी का आदर करती है, सभी के साथ मीठी-मीठी बातें करती है, चलते-फिरते पाँव की पिंडलियाँ दिखाई न दें इसका ध्यान रखती है, सिर का घूँघट गिरने पर बार-बार साड़ी के पल्लू को हाथ से ठीक करती है, ऐसा ही हमारे बालासाहब खेर कर रहे हैं। इसलिए मुझे ऐसा लगता है कि बारह माह तो क्या, बारह साल या बारह कल्प भी हमारे बालासाहब यदि कांग्रेस सत्ता में रही तो मुख्यमन्त्री ही रहेंगे। मतलब बलि चढ़ने या बलिबेदी पर जाने का उन्हें मौका नहीं मिलेगा।

साप्ताहिक 'जनता' के 13 अगस्त, 1938 के अंक में प्रकाशित।

हजारों सालों से हो रही जुल्म-ज्यादतियों के खिलाफ लड़ने की जिम्मेदारी अपने कन्धों पर उठाइए

दि. 11 सितम्बर 1938 को पूना में डी.सी. मिशन के सभागृह में पूना के अछूत वर्गीय छात्रों का 11वाँ सम्मेलन आयोजित किया गया था। डॉ. अम्बेडकर इस सम्मेलन के अध्यक्ष थे। उन्होंने अपने भाषण में कहा–

आज का यह सम्मेलन विद्यार्थियों का है। फिर भी यहाँ इकट्ठा हुए समूह की ओर देखने से पता चलता है कि यहाँ विद्यार्थियों से भी अधिक अन्य लोग हैं। जैसे खिचड़ी में चावलों से भी अधिक अनुपात दाल का हो, यही स्थिति इस सम्मेलन की है। यह विद्यार्थियों का सम्मेलन है इसलिए विद्यार्थियों को उपदेश के तौर पर दो शब्द कहना मैं अपना फर्ज समझता हूँ। क्योंकि मैं आज यहाँ विद्यार्थियों के सम्मेलन के लिए आया हूँ। मैंने आज के सम्मेलन की अध्यक्षता स्वीकार करते समय कार्यकारी मंडल के सामने कुछ शर्तें रखी थीं। उन सभी शर्तों को मंडल ने स्वीकार किया था। इससे आज के इस सम्मेलन की शोभा कुछ कम हुई होगी। मेरा व्याख्यान खास तौर पर विद्यार्थियों को मद्दे नजर रखते हुए है इसलिए अन्य लोग उससे निराश हो सकते हैं। मेरा भाषण विद्यार्थियों को पसन्द आएगा, ऐसी मुझे उम्मीद है। और विद्यार्थियों ने मुझे यहाँ बोलने का मौका दिया इसके लिए उन्हें धन्यवाद देना भी मैं अपना फर्ज समझता हूँ।

फिलहाल मेरा जीवन गाँव-देहातों के अनपढ़, अज्ञानी, जुल्म से त्रस्त लोगों की शिकायतें सुनकर उन्हें दूर करने की कोशिशों में और उनकी पीड़ाओं को समझने में व्यतीत हो रहा है। इसलिए मुझे विद्यार्थियों की ओर जितना ध्यान देना चाहिए था उतना नहीं दे पा रहा हूँ। इस वजह से कुछ लोगों की यह शिकायत हो सकती है कि मैं विद्यार्थियों को नजरअंदाज कर रहा हूँ और मुझे ऐसी बातें सुनने को भी मिलती हैं। लेकिन मैं सबसे पहले एक बात आप लोगों के सामने स्पष्ट कर देना चाहता हूँ कि अकेला आदमी अपने जीवन में कई प्रकार के काम एक साथ अच्छी तरह से नहीं कर सकता। इस सम्बन्ध में एक लेखक की बात मुझे याद आती है, 'If you want success you must be narrow minded.' इस कथन में बहुत बड़ा मतलब समाया हुआ है। क्योंकि अकेले आदमी ने चाहा कि सभी बातें करूँगा तो वह उसके लिए असम्भव होगा।

इसलिए कोई भी एक काम ठीक ढंग से न करने की बजाय कई कामों को हाथ में लेना उचित नहीं है। यदि हम अपने समाज की दृष्टि से सोचें तो हमारे पास उपलब्ध साधन बहुत कम हैं। इसलिए आदमी को छोटे-छोटे काम हाथ में लेकर उन्हें पूरा करने का प्रयास करना ही अच्छा है। और इसलिए मैंने दीनदलितों, शोषितों, जो सवर्ण हिन्दू समाज के जुल्म से त्रस्त रहे और अज्ञानी रहे, उनकी मुक्ति का बोझ अपने सिर पर लिया है। इस कार्य की वजह से मुझे विद्यार्थियों की ओर जितना ध्यान देना चाहिए उतना देना सम्भव नहीं है। मतलब यह नहीं कि मैं विद्यार्थियों के खिलाफ हूँ। बल्कि मैं आज राजनीति में हूँ, समाजकार्य में हूँ फिर भी मैं आजीवन विद्यार्थी हूँ। फिर विद्यार्थी विद्यार्थियों के खिलाफ कैसे हो सकता है? मुझे अध्ययन के लिए बार-बार जरूरी किताबें खरीदनी पड़ती हैं। आज मुझे किताबों की खरीद का एक हजार रुपया देना है। फिर भी मुझे इसकी कोई चिन्ता नहीं है क्योंकि मेरी प्रतिष्ठा बड़ी है। वह अभी खत्म नहीं हुई है। आज भी मैं मुम्बई की किसी भी दुकान से किताबें खरीदकर ला सकता हूँ। किन्तु मैं अपनी अध्ययन की आदत को छोड़ना नहीं चाहता। क्योंकि ज्ञान हासिल करना मेरा शौक बन चुका है। फिर मैं विद्यार्थियों के खिलाफ कैसे जा सकता हूँ।

विद्यार्थियों को शिक्षा-प्राप्ति के बाद गृहस्थ जीवन अपनाकर कैसे रहना चाहिए, इस सम्बन्ध में मैं उपदेश देने लायक नहीं हूँ। मैं छात्रों को किस प्रकार का उपदेश दूँ यह बात मेरी समझ में नहीं आ रही है। क्योंकि मेरा गृहस्थ जीवन व्यर्थ हो चला है। फिर भी उन्हें विद्यार्थी जीवन में किस तरह रहना चाहिए इस सम्बन्ध में मैं अपने अनुभव के मुताबिक ही कुछ जरूर बता पाऊँगा। जिस समाज में हजारों साल तक किसी भी प्रकार की शिक्षा नहीं थी उस समाज के कई लोग आज विश्वविद्यालयों की बी.ए. और एम.ए. आदि उपाधियाँ ले रहे हैं। उन्हें देखकर किसे प्रसन्नता नहीं होगी? कुछ दिनों पहले अपने समाज में बी.ए. उपाधिधारी खोजने पर नहीं मिलता था। कुछ ही दिनों पहले कृष्णा जिले में अपने समाज का एक आदमी पहला बी.ए. हुआ था जिसकी वजह से उसे इतनी प्रसिद्धि मिली कि केवल उसके नाम के साथ बी.ए. लिख देने से पोस्टमैन उसके पत्रों को उसके पास पहुँचा देते थे। वह बी.ए. होने की वजह से इतना प्रसिद्ध हो गया था। लेकिन आज की स्थिति कुछ भिन्न है। आज अपने समाज में कई बी.ए. हैं। इतना ही नहीं, मजाक में कहें तो यहाँ बैठे हुए लोगों के बीच कंकड़ फेंका जाए तो बी.ए. आदमी को लगेगा। आज बी.ए. कई लोग हैं फिर भी उन्हें एक बात ध्यान में रखनी चाहिए कि हम लोगों को जिनसे मुकाबला करना है वे ज्यादा होशियार हैं। आज के जीवन-संघर्ष में प्रगत लोगों से हम यदि कमजोर सिद्ध हुए तो फिर हमारी खैर नहीं। क्योंकि आज सारे सत्ताधारी लोग प्रगत वर्ग के ही हैं। नौकरी माँगने के लिए किसी भी ऑफिस में जाने पर वहाँ जो बड़े-बड़े अफसर हैं, वे अपने ही जात-भाइयों का चुनाव करते हैं, यह एक नग्न सच्चाई है। सिर्फ बी.ए. हो जाने से आपको नौकरी नहीं मिलेगी। बल्कि प्रगत समाज के लोगों से प्रतियोगिता करके वहाँ अपनी बुद्धि की चमक दिखाए बगैर सिर्फ शिक्षा काम नहीं देगी या प्रगत जातियाँ आपसे घबराएँगी नहीं।

बल्कि हजारों साल से आज तक जैसे उन्होंने हमारे पुरखों को दबाया उसी प्रकार वे तुम्हें दबाए बगैर नहीं रहेंगे। इसलिए आप लोग जो शिक्षा हासिल कर रहे हैं वह ऐसी हासिल कीजिए जिससे अपने तमाम विद्यार्थी प्रभावी हो सकें। आप अनपढ़ माँ-बाप के पेट से पैदा होकर बी.ए. हुए, इस बात का संकोच मत कीजिए। बल्कि अपनी जिम्मेदारी को जानते हुए लगन से पढ़ाई कीजिए। मैं जब बैरिस्टर होकर पहली बार आया तो सवर्ण जाति के बैरिस्टर मुझे 'महरा बैरिस्टर' कहा करते थे। लेकिन मैंने अपनी मेहनत और लगन से उनका मुँह बन्द किया है।

हम लोग जब तक कड़ी मेहनत नहीं करते तब तक हमारे अच्छे दिन आनेवाले नहीं हैं। अन्य समाजों के लिए यह जरूरी नहीं है। जिस समय हम सोने का काम करेंगे उस समय अन्य जातियों के लोग उसे शीशे का कार्य समझेंगे। और उन्होंने शीशे का काम किया तो वे उसे स्वर्ण के कार्य का महत्त्व देंगे। यही आज का व्यवहार है। आप यह देखिए कि यदि किसी महार, मातंग या चमार महिला ने सोने के गहने पहने हैं तो उच्चवर्णीय लोग उन्हें नकली कहेंगे। यह उच्चवर्णीय लोगों की आम समझ है। लेकिन सवर्ण समाज की महिलाओं ने अगर पीतल के गहने पहने हों तो वे सोने के समझे जाएँगे। इस प्रकार की समझ बनी हुई है। इस तरह अन्य बातों में भी अपनी यही स्थिति है। हम लोग कोई भी काम उनसे सौ गुना अच्छा करेंगे तब कहीं हम उनकी बराबरी के समझे जाएँगे। इन सारी बातें को करने के लिए हम लोगों में आत्मविश्वास होना चाहिए।

आत्मविश्वास से बढ़कर दूसरी कोई दैवी शक्ति नहीं है। हमें अपना आत्मविश्वास (Self-confidence) नहीं खोना चाहिए। उदाहरण के लिए कुश्ती के लिए अखाड़े में उतारा हुआ पहलवान दूसरे पहलवान की मजबूत बाँहों को देखकर घबरा गया तो वह उससे कैसे जीत पाएगा? मैं तो अक्सर यह कहता हूँ कि मैं जो करूँगा वही होगा। मतलब मैं यह सब आत्मविश्वास पर निर्भर होकर कहता हूँ। मेरे इस तरह कहने से कुछ लोग मुझे घमंडी और शेखी बघारनेवाला कह सकते हैं। लेकिन यह न तो घमंड की बात है और न ही शेखी मारने की। बल्कि मैं यह आत्मविश्वास से कह सकता हूँ। मैंने अगर मन से चाहा तो लाखों की बात आसानी से कर सकता हूँ। मैं भी आपकी तरह ही एक महार महिला के पेट से पैदा हुआ हूँ। गरीबी की दृष्टि से देखें तो आज के आम गरीब विद्यार्थियों से हमारी माली हालत अच्छी नहीं थी। मुम्बई के डेवलपमेंट डिपार्टमेंट की चाल में दस फीट लम्बे और दस फीट चौड़े कमरे में माँ-बाप, भाई-बहनों के साथ रहकर एक पैसे के कैरोसिन तेल की रोशनी में हमने पढ़ाई की है। यही नहीं, हमने उस समय कई कठिनाइयों तथा खतरों का मुकाबला करके अध्ययन जारी रखा। तुम लोगों के पास आज सारे साधन उपलब्ध हैं, फिर तुम्हारे लिए क्या असम्भव है? कोई भी आदमी लगातार प्रयासरत रहने से ही अक्लमन्द हो सकता है। कोई भी आदमी जन्म से ही अक्लमंद या वीर पैदा नहीं होता। जब मैं विद्यार्थी के रूप में लंदन में था तब उस समय जिस पढ़ाई में आठ साल लगते थे वह अध्ययन मैंने दो साल तीन माह

में अच्छी तरह पूरा कर लिया था। और उसे पूरा करने के लिए मुझे चौबीस घंटों में से इक्कीस घंटे मेहनत करनी पड़ी। आज मैंने चालीस साल पूरे कर लिए हैं फिर भी मैं चौबीस घंटे में से लगातार अट्ठारह घंटे कुर्सी पर बैठकर काम करता हूँ। लेकिन आज का हमारा नौजवान यदि आधा घंटा बैठा तो उसे असुविधा होने लगती है। वह सिगरेट पीने के लिए बाहर जाएगा। हाथ-पाँव फैलाकर, या सोने के बाद ही फिर से काम की ताजगी महसूस करेगा। मुझे इस उम्र में भी इन बातों में से किसी भी बात की जरूरत महसूस नहीं होती।

लगातार मेहनत और प्रयास करने से ही सफलता हासिल होती है। सिर्फ उपाधियाँ हासिल करने से कुछ नहीं होगा। क्योंकि उपाधियों का मतलब ज्ञान नहीं है। विश्वविद्यालयों की उपाधियों से ज्ञान का कोई सम्बन्ध नहीं है। इस बारे में मैं एक विचार योग्य उदाहरण आपके सामने रखना चाहूँगा। मरहूम 7वाँ एडवर्ड के बाद जब जार्ज पंचम 1911 में सत्ता में आया उसके बाद वह हिन्दुस्तान आया और उसने हिन्दुस्तान के विश्वविद्यालयों को लाखों रुपए का अनुदान दिया। मतलब उस अनुदान की रकम से गणितशास्त्र में होशियार प्रोफेसरों को नियन्त्रित करके उनकी होशियारी का लाभ अपने देश को पहुँचाने की बात थी। उसी तरह उस योजना को नियन्त्रित किया गया।

उस समय मद्रास में रामानुजम नाम का रेलवे के दफ्तर में 20 रुपए माहवारी वेतन पर काम करनेवाला एक क्लर्क था। उसे अपना काम करते हुए एक गणितज्ञ का व्याख्यान सुनने की इच्छा हुई। उसने उस गणितज्ञ से विनती की कि मुझे व्याख्यान सुनने की इजाजत दी जाए। लेकिन रामानुजम केवल मैट्रिक पास था। गणितज्ञ को लगा कि यदि रामानुजम व्याख्यान सुनने के लिए आया तो उसकी समझ में उसका व्याख्यान नहीं आएगा। व्याख्यान सुनने के लिए केवल एम.ए. पास लोगों को बुलाया गया था। फिर भी रामानुजम को व्याख्यान कक्ष में आने की अनुमति दी गई। रामानुजम ने उस प्रोफेसर के पाँच-छह व्याख्यान सुने। लेकिन हर व्याख्यान के समय वह उस गणितज्ञ प्रोफेसर के व्याख्यान सुनने के बजाय अपनी कापी पर कुछ लिख रहा था। इसलिए उस प्रोफेसर को गुस्सा आ गया और उसने उसे भला-बुरा कहा। उसने कहा कि रामानुजम अवसर का गलत लाभ उठा रहा है। इस पर रामानुजम ने कहा कि महोदय, आप आज जो बता रहे हैं गणित की उन सारी रीतियों को मैंने अपने विद्यार्थी जीवन में ही हल कर लिया था। मुझे उनमें कुछ भी नया नहीं दिखाई दे रहा है। इतना ही नहीं, जो रीतियाँ आप आगे बतानेवाले हैं उन्हें मैंने पहले ही हल कर रखा है। वे सब मेरे पास हैं। बाद में प्रोफेसर ने रामानुजम की कॉपी देखी। उसने गणितशास्त्र के बड़े-बड़े पेचीदा सवाल हल किए हुए थे। यह देखकर प्रोफेसर मजकूर ने गवर्नमेंट ऑफ इंडिया को पत्र लिखकर सूचित किया कि जो आदमी गणित में इतना होशियार है उसे सफेद कागज काले करने के लिए 20 रुपए मासिक वेतन पर सरकारी नौकर बनाकर रखा गया है यह बड़े दुख की बात है। इतना ही नहीं, प्रोफेसर ने उसे इंग्लैंड बुलाकर उसके ज्ञान का लाभ उठाया।

उसे अच्छे वेतन पर वहाँ के लोगों को पढ़ाने के लिए रखा गया और प्रोफेसर रामानुजम का विद्यार्थी बन गया। लेकिन रामानुजम ब्राह्मण था। उसका ब्राह्मण उसके मार्ग में रुकावट बन गया। यूरोप जाते समय वह अपने साथ देशी भोजन बनाने से सम्बन्धित सारा साहित्य ले गया। उसने वहाँ ईंटों का चूल्हा बनाया और स्वयं उस पर भोजन बनाकर खाता था। यूरोपियन लोगों के छू जाने से उसे सुबह-शाम ठंडे पानी से नहाना पड़ता था। इंग्लैंड में बेहद सर्दी के दिनों में जहाँ यूरोपियन लोग शुक्रवार के अलावा नहीं नहाते थे वहाँ यह बहादुर आदमी हर दिन सुबह-शाम ठंडे पानी से नहाता था। रोज नहाने से उसे टाइफाइड हो गया और उसी में उसकी मौत हो गई। इसी तरह लिबरल पार्टी के श्री चिन्तामणि की बात भी है। उनकी एक बुद्धिमान, होशियार आदमी के रूप में ख्याति है। इतना ही नहीं, सारे हिन्दुस्तान में पहले दर्जे का सम्पादक और लेखक के रूप में उसकी ख्याति थी। आज के विद्यार्थी आम तौर पर यह समझते हैं कि बी.ए. की उपाधि हासिल करने के बाद अब आगे पढ़ने के लिए कुछ बचा ही नहीं है। सचमुच में देखा जाए तो बी.ए. की पढ़ाई के बाद वे बगैर शिक्षक के भी पढ़ाई कर सकते हैं। मतलब पढ़ाई बाद में भी हो सकती है। अगर आदमी ने आजीवन पढ़ने का संकल्प भी लिया तब भी ज्ञान के अथाह सागर में वह ज्ञान की चन्द बूँदें ही प्राप्त कर सकता है।

शील का महत्त्व

हमारे जीवन में ज्ञान के साथ शील भी होना चाहिए। शील के बगैर ज्ञान व्यर्थ है। क्योंकि ज्ञान एक हथियार है। किसी के पास ज्ञान का हथियार हो और वह आदमी शीलवान हो तो इससे परस्पर दोनों गुणों का संरक्षण होगा। लेकिन यदि आदमी शीलवान न हो तो ज्ञान के हथियार से वह शीलता का विनाश करेगा। ज्ञान तलवार की तरह है। लेकिन उसका महत्त्व उसे पानेवाले पर निर्भर करता है। अनपढ़ आदमी किसी को कठिनाई में नहीं डाल सकता। क्योंकि किसी को कैसे मुसीबत में डाला जाए यह वह नहीं जानता। लेकिन पढ़े-लिखे लोगों के पास तर्कबुद्धि होती है कि किसे कैसे फँसाया जाए इसलिए वे सच का झूठ और झूठ का सच बना सकते हैं। जहाँ गाँव-देहात में जो ब्राह्मण, बनिया और अन्य पढ़े-लिखे चालाक लोग हैं वे छलकपट से किस प्रकार गाँव के भोले-भाले लोगों को फँसाते हैं, इस बात को आपने देखा ही होगा। चालाकी के लिए अक्ल की जरूरत होती है। लेकिन चतुराई और अक्ल में शील का सम्मिश्रण हो तो आदमी छलकपट नहीं कर पाएगा। इसलिए पढ़े-लिखे लोगों को शील की बड़ी जरूरत है। यदि पढ़े-लिखे लोग बगैर शील के रहे तो उनकी पढ़ाई में ही समाज और राष्ट्र का विनाश है। मनुष्य के जीवन में शील की कितनी जरूरत है यह बात आपकी समझ में आई होगी। इसलिए हर आदमी में सबसे पहले शील होना चाहिए।

छात्र और राजनीति

अपना भाषण समाप्त करने से पहले राजनीति के बारे में मैं यहाँ दो शब्द कहना अपना फर्ज समझता हूँ। आम तौर पर हमारे लोग गरीबी की वजह से ज्ञान का उपयोग पेट भरने के अलावा नहीं करते। इसके लिए मैं उन्हें दोषी नहीं मानता। पढ़े-लिखे लोगों के सामने जो कठिनाइयाँ हैं उन्हें आप नजरअंदाज नहीं कर सकते। आज सवर्ण समाज सत्ता में है। इस वजह से सवर्ण समाज की माली हालत अच्छी है। सभी तरह से उनका रास्ता आसान है। लेकिन आपका रास्ता काँटों-भरा है। किस तरह से हम अपना रास्ता आसान और साफ-सुथरा बना सकते हैं इस बारे में आप सभी लोगों को गम्भीरता से सोचना चाहिए। अपने समाज का चारों ओर से उत्पीड़न हो रहा है। यहाँ इस लम्बी दास्तान को दोहराना सम्भव नहीं है। हम लोग अल्पसंख्यक हैं। सवर्ण समाज फिलहाल संख्या के बल पर हम पर जुल्म और सितम ढाए जा रहा है। यदि आज हम कोर्ट-कचहरियों में जाएँ तो हमें क्या दिखाई देगा? मजिस्ट्रेट ब्राह्मण है, क्लर्क ब्राह्मण है, सर्कल इन्स्पेक्टर ब्राह्मण है, पटवारी ब्राह्मण है, मुन्सिफ ब्राह्मण है, फौजदार भी ब्राह्मण है। ऐसी स्थिति में यदि अपने मुकदमे ऐसी कोर्ट-कचहरियों में न्याय के लिए गए तो भी क्या आप न्याय की उम्मीद कर सकते हैं? बिल्कुल नहीं। कई मुकदमों के फैसलों में मजिस्ट्रेट लोगों ने कहा है कि महारों के पक्ष में महार गवाह हैं इसलिए उन पर भरोसा नहीं किया जा सकता। लेकिन सवर्ण जाति के पक्ष में सवर्ण जाति के गवाह होने के बावजूद भी उस पर मजिस्ट्रेट को कोई आपत्ति नहीं होती। बहुत दूर की बात छोड़ दीजिए, कांग्रेस का दीवान भी कांग्रेसी की मदद करता है। ऐसी स्थिति में हम पर होनेवाला जुल्म तब तक नहीं रुक पाएगा जब तक हमारे हाथों में महत्त्वपूर्ण पद नहीं आते। लेकिन हम इन पदों को कैसे हासिल कर सकते हैं, यह एक गम्भीर सवाल है। आज तो चोर और चालाक लोगों की दोस्ती की तरह सवर्ण और कांग्रेसी लोगों की दोस्ती है। उनकी दोस्ती में जो सम्मिलित होंगे उन्हीं की ओर वे कुछ हमदर्दी से देखेंगे। जो लोग उनमें सम्मिलित नहीं हो रहे उनकी ओर वे खूनी आँखों से देख रहे हैं, इस बात का हमें अच्छा तजुर्बा है। इसलिए मैं आपसे दो बातें कहना चाहता हूँ। पहली बात यह है कि हम लोगों को अपना संगठन बनाना चाहिए। यदि हम सभी अछूत कहे जानेवाले लोग इकट्ठा हुए तो इस भेदभावों की नगरी के किले में कहीं न कहीं से दरार आए बगैर नहीं रहेगी। लोग अनपढ़ हैं। वे न पढ़ सकते हैं और न लिख सकते हैं। वे गाँव के बदमाश लोगों के कहने के मुताबिक या उनकी इच्छा के अनुसार रहने के लिए मजबूर हैं। इस वजह से लोगों के बिखर जाने की ज्यादा सम्भावना रहती है। फिर इस संगठन के लिए विद्यार्थी वर्ग क्या कर सकता है? विद्यार्थी वर्ग इस एकता को कैसे सँभालेगा यह एक विचारणीय विषय है। विद्यार्थियों को ज्ञान प्राप्त करने के लिए कड़ी मेहनत करनी चाहिए। यही सबसे अच्छी और सन्तोष की बात होगी। लेकिन साथ ही उन्हें संगठन के कार्य की कुछ न कुछ जिम्मेदारी भी वहन करनी चाहिए। अपने सभी

लोगों की समस्याओं के समाधान की ताकत हममें से किसी में भी नहीं है। और इसलिए अपनी निजी समस्या या उम्मीदों के पूरा न होने पर हम तुरन्त पीछे हट जाते हैं। इससे हम अपना ही सत्यानाश करते हैं। इसलिए इन बातों को नजरों के सामने रखते हुए स्वार्थ का त्याग करते हुए हम सभी लोगों को संगठन बनाने के काम में जुट जाना चाहिए। हम लोगों को निजी स्वार्थ की बजाय समाज की भलाई की ओर ज्यादा ध्यान देना चाहिए।

दूसरी बात यह है कि हमारा उद्धार करने के लिए हरिजन सेवक संघ जैसी हजारों संस्थाएँ स्थापित की गई हैं। लेकिन उनका अन्तिम लक्ष्य क्या है, यह हमारी समझ में नहीं आ रहा है। उनका कार्य फर्ज अदा करने की दृष्टि से शुरू होता है या मुर्गी को दाना खिलाकर पकड़ने की स्वार्थ बुद्धि से? इन संस्थाओं के काम का क्या परिणाम होगा, यह विचार करने योग्य सवाल है। अपने विद्यार्थियों ने इस ब्राह्मणी संस्था से लाभ उठाया तो 'जिसका नमक खाना उसी की बुराई करना' इस तरह की पारम्परिक शिक्षा से हम लोग अपना अस्तित्व ही भूल न जाएँ इस बात से डर लगता है। इस सम्बन्ध में द्रोण और भीष्माचार्य के उदाहरण आपके सामने हैं। पांडवों का सवाल न्याय का होने के बावजूद जब भीष्म से पूछा गया कि आप उनके खिलाफ क्यों लड़ रहे हैं, तब उन्होंने जवाब दिया कि, 'आदमी पैसे का गुलाम है।'

मैं जिनका अनाज खाता हूँ मुझे उनके पक्ष में लड़ना चाहिए। इस जवाब में मनुष्य का सामान्य स्वभाव व्यक्त होता है। और इसलिए सवर्ण लोगों द्वारा स्थापित इस संस्था का लाभ उठाने से पहले इस बात पर सोचना जरूरी है कि हम उसका लाभ लें या नहीं। मतलब इस सम्बन्ध में मुझे एक बात बतानी जरूरी है और वह यह कि पौराणिक कथाओं में कहा गया है प्राचीनकाल में देव और राक्षसों में युद्ध चल रहा था। इसमें राक्षसों के गुरु शुक्राचार्य को संजीवनी विद्या प्राप्त थी इसलिए वह युद्ध में मरे हुए राक्षसों को जिन्दा कर देता था। लेकिन देवताओं के पक्ष में युद्ध में मरे हुए को जिन्दा करनेवाला कोई नहीं था जिसकी वजह से दिन-ब-दिन देवताओं की फौज कम होने लगी। उस समय सभी देवताओं ने इकट्ठा बैठकर गहराई से सोचने के बाद तय किया कि देवताओं के गुरु के पुत्र कच को राक्षसों के गुरु के पास संजीवनी विद्या सीखने के लिए भेजा जाए। उसके मुताबिक कच शुक्राचार्य के पास संजीवनी विद्या सीखने के लिए गया। लेकिन जब राक्षसों ने देवताओं के इस षड्यन्त्र को जाना तो उन्होंने कच को ही खत्म कर दिया। और उसे जलाकर उसकी राख को शराब में मिलाया और वह शराब शुक्राचार्य को पिला दी। उद्देश्य यही था कि कच ने शुक्राचार्य की देवयानी नामक कन्या से प्रेम-सम्बन्ध स्थापित करके उसे अपने जाल में फँसाया था। और देवयानी ने अपने पिता से यह आग्रह किया था कि उन्हें कच को संजीवनी विद्या पढ़ानी चाहिए। इस आग्रह से यदि शुक्राचार्य ने कच को संजीवनी विद्या पढ़ाई तो वे स्वयं असुरक्षित हो जाएँगे। और शुक्राचार्य के पेट में शराब के साथ कच की राख को जिन्दा करने के लिए शुक्राचार्य को मरना पड़ेगा। ऐसी स्थिति में देवयानी ज्यादा आग्रह नहीं करेगी ऐसा

राक्षसों को लगा। लेकिन यह बात जब देवयानी को मालूम हुई तो उसने शुक्राचार्य के पेट में समाए कच को सबसे पहले संजीवनी विद्या पढ़ाने का आग्रह किया। इसलिए शुक्राचार्य ने अपने पेट में समाए कच को संजीवनी विद्या पढ़ाई। बाद में मन्त्रोच्चार करते ही शुक्राचार्य का पेट फाड़कर कच बाहर निकला और उसे प्राप्त संजीवनी विद्या के बल पर उसने पुनः शुक्राचार्य को जिन्दा कर दिया। लेकिन उसने देवयानी से ही शादी करने का वायदा किया था, पर अपना कार्य पूरा करने के बाद वह यह बात भूल गया और देवयानी से शादी करने के बजाय वह अपने वर्ग के लोगों से जा मिला। कच के इस व्यवहार को कई लोग बेवफादारी कहते हैं। लेकिन मैं इसे बेवफादारी का व्यवहार नहीं मानता। हमारे विद्यार्थियों ने अगर इस तरह का अनुकरण किया तो मुझे उसमें अफसोस भी नहीं होगा। इस सम्बन्ध में अंग्रेजी का एक कथन मुझे याद आ रहा है–'No wowan can be grateful at the cost of her chastity. Or no nation can be grateful at the cost of its liberty.'

गांधी के आज के सत्य और अहिंसा का मुझे आज तक मतलब समझ में नहीं आया। गांधीजी ने सत्य किससे और कब कहना चाहिए इसका जवाब आज तक नहीं दिया है। आप मान लीजिए कि मेरा पड़ोसी एक धनवान आदमी है, वह मेरा दोस्त है, इस वजह से अपना गल्ला वह मेरे पास रखता है। इसका मुझे पता है। उसी समय यदि चोर आएँ और कहें कि आपके पड़ोसी का गल्ला कहाँ है, हमें बताइए, तो ऐसे समय में मुझे सच बोलकर अपने दोस्त से धोखेबाजी करनी चाहिए या झूठ बोलकर उसे बचाना चाहिए? ऐसे एक-दो नहीं, हजारों उदाहरण दिए जा सकते हैं, खैर।

अन्त में मुझे आपसे इतना ही कहना है कि यदि आप एक होकर रहें तो आप कुछ कर पाएँगे। अपने समाज पर हजारों सालों से हो रहीं जुल्म-ज्यादतियों और अन्याय को समाप्त करने की जिम्मेदारी हमारी आज की पीढ़ी को स्वेच्छा से अपने ऊपर लेनी चाहिए। अपने समाज में एकता की बड़ी जरूरत है। और एकता के बल पर ही हम इस काम को अंजाम दे सकते हैं, इस बात का मुझे पूरा यकीन है।

इसके लिए अनुशासन का पालन यदि पूरी तरह से किया गया तो कुछ हो सकता है अन्यथा चारों ओर अराजकता पैदा होगी, इससे समाज की बड़ी हानि होगी, समाज संगठनहीन बन जाएगा। इसलिए ऐसे उचित समय पर सभी लोगों को बड़ी सावधानी बरतने की जरूरत है। अन्त में अपने में संगठन, शील और अनुशासन को बढ़ाइए और समाज के उत्थान में अपना हाथ बटाइए, इतना कहते हुए मैं अपनी बात को समाप्त करना चाहता हूँ।

सा. जनता : दि. 1 अक्तूबर 1938

ट्रेड डिस्प्यूट बिल को नाकाम बनाइए

*कांग्रेस सरकार ने मुम्बई विधिमंडल में मजदूरों की नागरिक स्वतन्त्रता को समाप्त करनेवाला ट्रेड डिस्प्यूट बिल पेश किया था। उस बिल का डॉ. अम्बेडकर ने जोरदार विरोध किया था। उस बिल का विरोध करते हुए डॉ. अम्बेडकर ने **15 सितम्बर 1938** को विधिमंडल में तीन घंटे तक भाषण दिया। उस समय अपने भाषण में उन्होंने कहा–*

मजदूर और मालिक के बीच सख्ती का समझौता

इस बिल के अलग-अलग अनुच्छेदों पर नुक्ताचीनी करते समय पूर्वसम्मत ऐसे कानूनों पर भी विचार-विमर्श करना जरूरी है। क्योंकि इस बिल के अनुच्छेदों की तुलना पहले के कानूनों के अनुच्छेदों के साथ किए बगैर इस बिल के अनुच्छेद जितने स्पष्ट समझ में आने चाहिए उतने समझ में नहीं आएँगे। इस बिल के अन्तिम परिच्छेद से इस बात का पता चलता है कि यह बिल 1934 के हड़तालबन्दी कानून की तरह ही है। सुलह करनेवाली किसी संस्था को गठित करने के लिए ही उसे मंजूर किया गया था। 1934 के कानून के द्वारा सुलह को वैकल्पिक कर दिया गया था। किन्तु आज के बिल से यह समझौता सख्ती से होगा। लेकिन सवाल यह है कि 1934 के कानून द्वारा कायम किया गया वैकल्पिक समझौता आज लागू करने की जरूरत क्यों महसूस होनी चाहिए?

वैकल्पिक समझौता लागू करने की जरूरत आज सचमुच है या नहीं, इस बात पर सोचने से पहले हम लोगों ने यदि 1934 की स्थिति को ध्यान में रखा तो हमें कुछ महत्त्वपूर्ण बातें दिखाई देंगी। सर रॉबर्ट वेल के बिल में प्रारम्भ में सख्ती से सुलह के ही (Compulsary Conciliation) तत्त्व थे। किन्तु 1934 की स्थिति को ध्यान में रखने के बाद सर रॉबर्ट वेल को ऐसा लगा कि सख्ती से सुलह की कोई जरूरत नहीं तब उन्होंने बिल के पठन के समय यह स्पष्ट कर बताया कि 'मैं सख्ती की सुलह के बजाय वैकल्पिक सुलह की ही योजना बनानेवाला हूँ।' इससे पता चलता है कि सर रॉबर्ट वेल को भी 1934 में सख्ती के सुलह की कोई जरूरत महसूस नहीं हुई। उस समय

श्री सकलातवाला मौजूद थे और उन्हें भी उस समय सख्ती से सुलह की जरूरत महसूस नहीं हुई। यही नहीं, उन्होंने साफ तौर पर कहा था कि इस प्रकार के कानून की कोई जरूरत नहीं है।

1934 में यदि सख्ती से सुलह की जरूरत महसूस नहीं हुई तो आज ऐसी कौन-सी स्थिति है जिससे सरकार को उस कानून को बदलकर लागू कानून के साथ सुलह प्रस्थापित करने की जरूरत पड़ी है? लागू कानून के साथ सुलह का समर्थन करते हुए मुख्यमन्त्री ने कुछ हड़तालों के आँकड़े देकर यह बताया है कि फिलहाल हिन्दुस्तान में बार-बार और भयंकर किस्म की हड़तालें होने के कारण वैकल्पिक सुलह की योजना बनाने की जरूरत पैदा हुई है। किन्तु मैंने हड़तालों के आँकड़े, उनमें हिस्सा लेनेवालों की संख्या और व्यर्थ हुए काम के दिनों की संख्या आदि का अध्ययन बड़ी जिम्मेदारी के साथ किया है। मुझे मुख्यमन्त्री की बात स्वीकार नहीं है। लेबर ऑफिस द्वारा प्रकाशित लेबर गजट में मुम्बई प्रदेश में हुई हड़तालों के आँकड़े दिए गए हैं। उसमें 1921 से 1927 तक हुई हड़तालें, उनमें शामिल हुए मजदूरों की संख्या और बेकार गए दिनों की संख्या आदि बातें विस्तार से दी गई हैं। इन आँकड़ों पर नजर दौड़ाने से किसी को भी यह बात समझ में आएगी कि हड़तालों की संख्या हर साल घटती रही है। मुम्बई प्रदेश में 1921 में कुल 103 हड़तालें हुईं। 1922 में हड़तालों की संख्या 143 थी। और 1923 में 109 थी। उसके बाद 1924 और 1927 के दरमियान हड़तालों की संख्या 50 तक घट गई। मतलब संख्या की दृष्टि से हड़तालों की संख्या 50 प्रतिशत से कम हुई। 1928 में हड़तालों की संख्या 114 तक पहुँची और 1929 से 1927 के दरमियान हड़तालों की संख्या 88 से 55 के दरमियान थी। उद्योगधन्धों में पैदा हुई अशान्ति को हड़तालों की संख्या के आधार पर नहीं आँका जा सकता। यद्यपि हड़तालों की संख्या कम दिखाई दे रही है फिर भी हड़ताल करनेवाले मजदूरों की संख्या और व्यर्थ गए दिनों की संख्या तुलनात्मक दृष्टि से अधिक है, यह बात इस तालिका में दिए आँकड़ों से दिखाई देती है। हड़ताल के दिनों और मजदूरों की संख्या के आधार पर उद्योग-धन्धों में अशान्ति की स्थिति को आँकना चाहिए। इस दृष्टि से 1928 का साल सबसे बुरा था। क्योंकि उस साल व्यर्थ गए दिनों की संख्या 24,000,000 थी। और दूसरा बुरा साल है 1925। इस साल 11,000,000 दिन व्यर्थ हुए। तीसरा बुरा साल है 1929। इसमें 8,000,000 दिन व्यर्थ हुए। उसके बाद 1934 के अलावा अन्य साल जिसमें व्यर्थ हुए काम के दिनों की संख्या और हड़ताल में हिस्सा लेनेवाले मजदूरों की संख्या बिल्कुल मामूली है। हड़ताल-विरोधी कानून 1934 में मंजूर हुआ। 1934 के बाद के वर्ष जिसमें व्यर्थ हुए दिनों की संख्या और हड़ताल में हिस्सा लेनेवाले मजदूरों की संख्या की ओर ध्यान दिया जाए तो किसी भी राजनीतिक को या किसी सरकारी अधिकारी को इसमें सन्देह करने की कोई गुंजाइश नहीं रहती कि उद्योग-धन्धों की हालत खराब थी। इसमें 1937 का साल ही बुरा था, यह बात साफ तौर पर दिखाई देगी। और उस वर्ष व्यर्थ गए काम के दिनों की संख्या कुल 897 है। पिछले साल जो काम के व्यर्थ हुए दिनों

की उनसे तुलना की जाए तो कहना पड़ेगा कि यह संख्या बहुत ही मामूली है। इन दिनों के व्यर्थ जाने की वजह यह है कि अहमदाबाद जिले में आम हड़ताल 15 दिन तक चली।

इससे मैं यह स्पष्ट करना चाहता हूँ कि सरकार ने या मुख्यमन्त्री ने इस प्रकार के कोई मुद्दे नहीं रखे जिनसे सरकार को वैकल्पिक सुलह की बजाय कानून लागू करने की सुलह या 1934 के कानून को पूरी तरह से परिवर्तित करने की जरूरत महसूस की गई हो, जिससे इस बात पर इस सदन को पूरा यकीन हो सके।

गैरकानूनी हड़ताल

(प्रथम बिल के 62वें प्रकरण का पाठ)

इस प्रकार की धाराएँ न्यायोचित हैं इस बात को सिद्ध करने के लिए यह बताया गया है कि किसी को भी हड़ताल करने का हक़ नहीं हो सकता। मजदूरों को हड़ताल करने का हक़ न होने की वजह से उस पर मजदूरों को दंडित करने की बात नैतिकता या कानून के खिलाफ नहीं है।

हम लोगों को सबसे पहले यह बात समझ लेनी चाहिए कि हड़ताल का मतलब क्या है। आम तौर पर यह माना जाता है कि हड़ताल का मतलब नौकरी के कान्ट्रैक्ट को तोड़ना है। जब मजदूर वर्ग हड़ताल करता है उस समय वह नौकरी के कान्ट्रैक्ट को तोड़ने से अधिक कुछ नहीं करता। नौकरी के कान्ट्रैक्ट को तोड़ने के गुनाह के लिए हिन्दुस्तानी कानून ने किस प्रकार की सजा का प्रावधान किया है, इस बात को समझ लेना जरूरी है। क्या हिन्दी कानून इस तत्त्व को स्वीकार करता है कि मजदूरों को हड़ताल करने का हक़ है? और यदि स्वीकार करता है तो उस बात को किस तरह से करता है? और यदि वह मजदूरों के हड़ताल करने पर सजा देता हो तो वह कानून किस तरह से सजा सुनाता है? मैं आपके सामने एकदम बुनियादी तथ्य रख रहा हूँ। कोई हरकत दीवानी अपराध हो सकती है या फौजदारी अपराध हो सकती है। अब सवाल यह है कि क्या नौकरी का कान्ट्रैक्ट तोड़ना फौजदारी अपराध हो सकता है ? निश्चित तौर पर नहीं। नौकरी के कान्ट्रैक्ट को तोड़ना दीवानी अपराध हो सकता है। इसलिए यदि नौकरी के कान्ट्रैक्ट को तोड़ना दीवानी अपराध हो तो जिस आदमी का इस अपराध की वजह से नुकसान होता है उसे कानून के मुताबिक मुआवजा मिलेगा। इससे ज्यादा उसे और कुछ नहीं मिलेगा।

यदि यह स्वीकार किया जाए कि नौकरी के कान्ट्रैक्ट को तोड़ना फौजदारी अपराध है तो इस बात को भी देखना होगा कि इस अपराध के लिए हिन्दी कानून में किस प्रकार की सजा का प्रावधान है। हमारे हिन्दी कानून ने इस अपराध को क्या समझा है, इस बात को अच्छी तरह से समझ लेने के लिए हमें इतिहास पर नजर डालनी पड़ेगी। नौकरी का कान्ट्रैक्ट तोड़ने के सम्बन्ध में सबसे पहले 1857 में कानून बनाया गया।

उसे 'ब्रीच ऑफ कान्ट्रैक्ट एक्ट' (Breach of Contract Act) के नाम से जाना गया। इंडियन पैनल कोड की धारा 490, 491 और 492 नौकरी का कान्ट्रैक्ट तोड़ने के सम्बन्ध में हैं। 1859 में मंजूर किया गया कानून सिर्फ कारीगरों पर ही लागू था। उस समय की स्थिति में ब्रिटिश सरकार को उस कानून की जरूरत महसूस हुई। उस समय ब्रिटिश साम्राज्यवादी सत्ता के सामने विद्रोह का बहुत बड़ा खतरा था। कारीगरों को फौज के लिए जरूरी चीजों की आपूर्ति के लिए पहले ही पैसे दे दिए गए थे। किन्तु डर की वजह से या अन्य किसी कारण से वे कारीगर अपने-अपने गाँव चले गए, जबकि उन्होंने पहले ही पैसे ले लिए थे। इस स्थिति में यह कानून बनाया गया था। इस कानून के द्वारा नौकरी का कान्ट्रैक्ट तोड़ना अपराध माना गया था। फिर भी इस कानून को कभी-कभार ही उपयोग में लाया जाता था। जिस कानून के द्वारा लोगों को सजा मिले उस तरह का वह कानून नहीं था। इस कानून का बाद का इतिहास भी बड़ा रोचक है। यह कानून कभी इस्तेमाल नहीं किया जाता था। इसमें 1950 में परिवर्तन किया गया। उस परिवर्तन में दो तत्त्व सम्मिलित किए गए। एक तत्त्व यह तय किया गया कि नौकरी का कान्ट्रेक्ट तोड़ने के लिए किसी मजदूर को सजा सुनाने से पहले मजिस्ट्रेट को इस बात पर सोचना चाहिए कि वह कान्ट्रैक्ट सही था या नहीं। यदि मजिस्ट्रेट की यह राय बनी कि वह कान्ट्रैक्ट सही नहीं था तो कारीगर को सजा नहीं मिलनी चाहिए, यदि उसने अपने मालिक से पहले पैसे लिए हों तब भी। और दूसरे तत्त्व में मजिस्ट्रेट को यह अधिकार मिला कि जो मालिक अपने कारीगर के विरोध में झूठी शिकायतें करे, उसे सजा दी जाए।

इंडियन पैनल कोड की धारा 400, साहब के साथ दौरे पर होते हुए नौकरी के कान्ट्रैक्ट को तोड़ने के जुर्म के बारे में है। हर तरह की नौकरी के कान्ट्रैक्ट पर यह कानून लागू नहीं होता। इस कानून के मुताबिक सिर्फ मालिक के साथ दौरे पर होने के बाद किसी नौकर ने नौकरी के कान्ट्रैक्ट को तोड़ा तो उस नौकर को सजा दी जा सकती है। इंडियन पैनल कोड के 491वीं धारा के मुताबिक बेसहारा आदमी को मदद करने के लिए नियुक्त किए गए नौकर ने नौकरी के कान्ट्रैक्ट को तोड़ा तो उस नौकर को उसके उस गुनाह के लिए इंडियन पैनल कोड की धारा 492 के मुताबिक सजा दी जा सकती है। किन्तु केन्द्रीय विधिमंडल ने 1925 में धारा 490 और 492 को रद्द कर दिया। फिलहाल इस तरह की धाराएँ अमल में नहीं लाई जा रही हैं। और जो हरकतें इन धाराओं के द्वारा जुर्म समझी जाती थीं उन्हें आजकल जुर्म नहीं समझा जाता। इस तरह से नौकरी का कान्ट्रैक्ट तोड़ देना एक तरह से फौजदारी जुर्म है। उस जुर्म के लिए जिस धारा के तहत सजा दी जा सकती है ऐसी एक धारा हिन्दी कानून में है और वह इंडियन पैनल कोड की धारा 491 है। यह धारा सिर्फ बेसहारा आदमी को कोई असुविधा न हो इसके लिए सुरक्षित रखी गई है। इसका और अन्य कोई उद्देश्य नहीं है।

उक्त स्पष्टीकरण से यह बात स्पष्ट होगी कि नौकरी के कान्ट्रैक्ट को तोड़ना कोई फौजदारी जुर्म नहीं है। और उसके लिए हिन्दी कानून की 491वीं धारा के अलावा अन्य

किसी धारा से सजा नहीं दी जा सकती। वह सिर्फ दीवानी अपराध है, फौजदारी अपराध नहीं। और उसके लिए मालिकों को सिर्फ नुकसान का मुआवजा मिलेगा, इससे अधिक और कुछ नहीं मिलेगा। हिन्दी कानून के मुताबिक नौकरी के कान्ट्रैक्ट को तोड़ने को फौजदारी जुर्म नहीं समझा गया हैं बल्कि उसे दीवानी जुर्म माना गया है। इसकी वजह यह कि नौकरी का कान्ट्रेक्ट तोड़ने को फौजदारी जुर्म मानने का मतलब किसी आदमी को उसकी इच्छा के खिलाफ नौकरी करने के लिए मजबूर करना है। किसी आदमी को उसकी इच्छा के खिलाफ नौकरी करने के लिए मजबूर करने का मतलब उसे गुलाम बनाना है, यही हिन्दी विधिमंडल की राय है, यह बात बिल्कुल सच है। 'गुलामी' क्या है? यूनाइटेड स्टेट्स के संविधान में गुलामी की परिभाषा है कि 'गुलामी अपनी इच्छा के खिलाफ जोरजबर्दस्ती नौकरी करने के लिए मजबूर होना है।' इसलिए मेरी यह मान्यता है कि हड़ताल के लिए मजदूरों को सजा देने का मतलब उन्हें गुलाम बनाना है। हड़ताल को गैरकानूनी घोषित करने का मतलब उनकी इच्छा के खिलाफ उन्हें काम करने के लिए मजबूर करना। किसी आदमी को उसकी इच्छा के खिलाफ काम करने के लिए मजबूर करने का मतलब ही उसे गुलाम बनाना है, और इस तरह की बात नैतिक तत्त्वों के खिलाफ है। जब इंडियन पैनल कोड की धाराएँ 490, 491 और 492 बनाई गईं उस समय श्रमिकों की आजादी पर इस तरह के बन्धन मामूली थे फिर भी उन बन्धनों को अमल में लानेवालों को इस बात का सन्देह था कि हम जो कर रहे हैं वह सही है या नहीं।

यह कहा जा रहा है कि 'मजदूरों को हड़ताल करने का हक़ है ही नहीं।' किन्तु इस पर मेरा जवाब यह है कि जो आदमी ऐसा कह सकता है उसे हड़ताल का मतलब क्या है, इस बात की बिल्कुल जानकारी नहीं है। हड़ताल का मतलब नौकरी के कान्ट्रैक्ट को तोड़ देना अगर यह अर्थ लिया जाए तो आजादी के हक़ का ही दूसरा नाम हड़ताल है, इस बात को स्वीकार करना होगा। यदि आप लोग इस बात को स्वीकार करते हैं कि हर आदमी को स्वतन्त्रता का हक़ है तो हर मजदूर को हड़ताल करने का हक़ है, इस बात को भी आप लोगों को स्वीकार करना होगा। यदि आप इस बात को स्वीकार करते हैं कि स्वतन्त्रता का हक़ ईश्वरीय हक़ है तो फिर हड़ताल करने का हर मजदूर का हक़ ईश्वरीय है, इस बात को आपको कबूल करना पड़ेगा।

किसी भी कानून के द्वारा मजदूरों की हड़ताल गैरकानूनी सिद्ध नहीं हो सकती। ऐसे समय में इंडियन पैनल कोड की धारा 120(अ) को याद किया जा सकता है। यह 120(अ) षड्यन्त्र करनेवाले को सजा देनेवाली धारा है। हड़ताल का मतलब मजदूरों के संघ द्वारा किया गया षड्यन्त्र है, ऐसा मानकर इस धारा के आधार पर विरोधी गुट के कुछ लोगों के द्वारा यह बताने का प्रयास किया जाता है कि मजदूरों को हड़ताल करने का हक़ नहीं है। इस बात के लिए पहले उन्हें यह साबित करना पड़ेगा कि 'हड़ताल करने' का मतलब 'षड्यन्त्र करना' है। किन्तु 'हड़ताल' को 'षड्यन्त्र' साबित करना असम्भव है।

धारा 120(अ) के तहत हड़ताल को जुर्म सिद्ध करने की घटना हिन्दुस्तान में कभी नहीं घटी। किन्तु मेरे इस वक्तव्य को ब्रिटिश संविधान से आधार मिलता है। (डॉ. बाबासाहेब अम्बेडकर ने 'द लीगल पोजीशन ऑफ ट्रेड यूनियन्स' किताब के एक परिच्छेद को पढ़कर सुनाया। उसमें ऐसा फैसला दिया गया था कि हड़ताल गैरकानूनी सिद्ध नहीं हो सकती और हड़ताल करने का मतलब षड्यन्त्र करना भी नहीं है।) धारा 120(अ) के द्वारा भी किसी का नुकसान करने के उद्देश्य से 'षड्यन्त्र' किया गया है, यह साबित होना जरूरी है, किन्तु बगैर उसके 'षड्यन्त्र करना' जुर्म साबित नहीं हो सकता। हड़ताल की वजह से नुकसान होने की सम्भावना है। किन्तु नुकसान करना हड़ताल का उद्देश्य ही नहीं है। मजदूरों की माँगें पूरी करने के उद्देश्य से ही हड़ताल की जाती है। किन्तु कांग्रेस सरकार ने इस बिल के द्वारा 'हड़ताल करना' जुर्म मानकर मजदूरों पर गुलामी थोप दी है। मेरी राय में इस बिल के बारे में यही कहना पड़ेगा कि 'मजदूरों की नागरिक स्वतन्त्रता को हड़पनेवाला कानून', और उसका यही नाम उचित होगा।

इस बिल के बारे में कुछ लोगों के मन में इस प्रकार की गलत धारणाएँ हो सकती हैं कि सुलह के सभी प्रयास समाप्त होने पर सिर्फ दो माह के लिए ही इस बिल के द्वारा मजदूरों की हड़ताल पर पाबन्दी लगाई गई है और उसके बाद उन्हें हड़ताल करने की पूरी आजादी हो गई है। किन्तु इस बिल में कुछ ऐसी धाराएँ हैं कि उन्हें अमल में लाने से मजदूर वर्ग पर हमेशा के लिए गुलामी थोप दी जाएगी। और मजदूर वर्ग का हड़ताल करना कभी सम्भव नहीं होगा। क्योंकि इस बिल में समय व्यर्थ गँवाकर हड़ताल को आगे धकेलने की पूरी व्यवस्था रखी है।

सबसे पहली बात तो यह है कि इस बिल के अमल में आने के बाद एक साल तक किसी भी प्रकार की हड़ताल करने पर पूरी पाबन्दी लगाई गई है। इन धाराओं को मजदूर वर्ग की ओर से मंजूरी प्राप्त होने की स्थिति हो या न हो किन्तु मजदूर वर्ग पर एक साल के लिए पूरी तरह से गुलामी लाद दी जाएगी, इसमें कोई सन्देह नहीं है। मजदूर वर्ग को इससे किसी भी प्रकार की मुक्ति मिलने की कोई उम्मीद नहीं है। फिर एक साल की गुलामी के समाप्त होने के बाद क्या होगा? उसके बाद यदि मजदूर वर्ग को हड़ताल करनी हो तो उन्हें पहले हड़ताल का नोटिस देना पड़ेगा। पहले नोटिस देने में ही कुछ समय बीत जाएगा! उसके बाद हड़ताल के नोटिस का जवाब मिलने में कुछ समय बीत जाएगा। नोटिस देने और नोटिस के जवाब आने के दरमियान मजदूर वर्ग के हड़ताल करने पर पूरी पाबन्दी है। उसके बाद सुलह के प्रयास होंगे। सुलह की बातचीत दो माह तक चलेगी। इस तरह की बातचीत दो माह के बीच पूरी हो जानी चाहिए, ऐसी कोई पाबन्दी नहीं है। मजदूर वर्ग की दलीलें और मालिकों की दलीलें दोनों गुटों को मंजूर हों तभी मजदूर वर्ग का सौभाग्य है। इस बिल में सुलह के प्रयासों की सीमा चार माह तक करने की व्यवस्था है। मतलब मजदूर और मालिक में जब से विवाद होगा तब से चार माह और उसके बाद भी 25 दिनों बाद तक की व्यवस्था है। इस दरमियान मजदूर वर्ग को किसी भी प्रकार की कोई हलचल नहीं करनी चाहिए।

हड़ताल की तैयारी पर रोक

इस दरमियान मजदूरों को कोई प्रचार नहीं करना चाहिए, संगठन नहीं बनाना चाहिए, सभा नहीं, जुलूस नहीं, भाषणबाजी नहीं। इस बिल ने मजदूरों को कानूनी तौर पर इस दरमियान किसी भी तरह की तैयारी करने पर रोक लगाई है। कानूनी तौर पर सजा रखी है। और मान लीजिए इन चार माह पच्चीस दिनों के लम्बे समय में (Period of Gestation) किसी भी प्रकार की सुलह नहीं हुई तो मजदूरों को क्या करना चाहिए? सुलह का समय समाप्त होने के बाद मजदूरों को हड़ताल का ऐलान करने के लिए सिर्फ दो माह का समय दिया गया है। सुलह का लम्बा-चौड़ा समय फिजूल जाने के बाद असंगठित और बिखरे हुए मजदूरों को पुनः प्रतिकार की तैयारी करने के लिए दो माह का समय अपर्याप्त है। क्यों ऐसी सरकार की राय नहीं बनी? यह मेरी समझ में नहीं आ रहा है।

मैंने मजदूर आन्दोलनों में कोई विशेष हिस्सा नहीं लिया इसलिए मुझे इस बात की कोई विशेष जानकारी नहीं है कि हड़ताल के लिए मजदूरों का संगठन बनाने में मजदूर नेताओं को वास्तव में किन कठिनाइयों का सामना करना पड़ता है। किन्तु मुम्बई शहर के मजदूर आन्दोलनों के अपने अध्ययन के आधार पर मैं खास तौर पर यह बता सकता हूँ कि चार माह से भी अधिक समय तक मजदूरों को रोकने के बाद हड़ताल की तैयारी के लिए पुनः संगठन बनाने के लिए दो माह का समय एकदम अपर्याप्त है। इसलिए दो माह के बीच मजदूरों ने हड़ताल का ऐलान न किया तो उनकी हालत बिल्कुल ख़स्ता हो जाएगी। क्योंकि हड़ताल न करने से नामंजूर सुलह की शर्तें वैकल्पिक रूप से उन्हें स्वीकार होने जैसी स्थिति हो जाएगी। इसके बाद यदि मजदूरों ने अपना आन्दोलन शुरू किया और अपनी माँगें पुनः पेश कीं तो उन्हें फिर चार माह पच्चीस दिनों तक सुलह की प्रतीक्षा करनी पड़ेगी। यदि उसके बाद भी हल नहीं निकला तो दो माह के भीतर उन्हें फिर हड़ताल करनी पड़ेगी। इससे समस्याएँ बढ़ेंगी और हर चार माह पच्चीस दिनों तक सुलह का चक्र चलता रहेगा। इस तरह सुलह का यह कालचक्र मजदूरों को हमेशा की गुलामी में जकड़कर रखेगा। इसमें किसी को कोई सन्देह नहीं है। यदि यह बिल मजदूरों पर लादने के लिए पर्याप्त न हो तो अन्य कौन-सा काला कानून मजदूरों की गुलामी की जंजीरें मजबूत करेगा, इस बारे में कुछ कहना काफी कठिन है। मुझे ऐसा लगता है कि इस बिल की हड़ताल से सम्बन्धित धारा पर यह स्पष्टीकरण पर्याप्त है।

अब मुझे ऐसा लगता है कि इस बिल के और 1929 के ट्रेड डिस्प्यूट एक्ट की हड़ताल से सम्बन्धित धाराओं की तुलना करनी जरूरी और उपयोगी होगी। 1929 के कानून ने भी मजदूरों के हड़ताल के हक़ पर कुछ प्रतिबन्ध लगाए हैं। इसलिए इन दो कानूनों की धाराओं की तुलना इस बात को जानने के लिए उपयुक्त सिद्ध होगी कि हम आजादी के रास्ते पर हैं या गुलामी के। हम किस तरह दासता के रास्ते पर घिसटते जा रहे हैं। और विधिमंडल के सदस्यों को भी इस बात का पता चल जाएगा कि हम कहाँ खड़े हैं।

प्रतिक्रियावादी कानून

राजनीतिक कारणों से की गईं आम हड़तालें 1929 के कानून की एक धारा से गैरकानूनी घोषित कर दी गई हैं। और दूसरी एक धारा से नोटिस दिए बगैर की गई हड़ताल को भी गैरकानूनी घोषित कर दिया गया है। 1929 के कानून की इस दूसरी धारा से आज के बिल की नोटिस के बगैर की गई हड़ताल को गैरकानूनी घोषित करने की दृष्टि से समानता दिखाई देती है। किन्तु इस बात को छोड़ दिया जाए तो ये दोनों बिल एक-दूसरे से एकदम भिन्न हैं। आज का बिल पूरी तरह से प्रतिक्रियावादी है। और इस बिल का निर्माता 1929 के कानून निर्माता से भी अधिक प्रतिक्रियावादी दिमाग का आदमी है; ऐसा कहने में कोई आपत्ति नहीं होनी चाहिए, मुझे ऐसा लगता है। 1929 के कानून की धारा सिर्फ जनउपयोगी (Public Utilities) धन्धों के सन्दर्भ में लागू की गई थी। उस कानून के द्वारा सिर्फ जनोपयोगी क्षेत्रों की हड़तालें ही गैरकानूनी घोषित की गई थीं। किन्तु आज का कानून सभी धन्धों में हड़तालों को गैरकानूनी घोषित करना चाहता है। मेरी राय में यह दोनों कानूनों में बहुत महत्त्वपूर्ण फर्क है। क्या आज इस तरह का फर्क करना उचित होगा?

ऐसी स्थिति में 1929 में कांग्रेस पार्टी ने सेंट्रल एसेम्बली में इस कानून के सम्बन्ध में किस तरह की नीति अपनाई थी, इस बात की ओर ध्यान देना जरूरी है। उस समय की सलेक्शन कमेटी की रिपोर्ट जो कांग्रेस पार्टी के सदस्यों ने तैयार की थी उसका एक अंश डॉ. बाबासाहब अम्बेडकर ने पढ़कर सुनाया और यह स्पष्ट किया कि उस समय कांग्रेस ने 1929 के कानून की उस धारा को जिसमें 'हड़ताल गैरकानूनी घोषित करने का प्रावधान था' उसका विरोध किया था। और जनउपयोगी सेवाओं (Public Utilities Servises) की परिभाषा करने का आग्रह किया गया था। उस समय कांग्रेस पार्टी का यह कहना था कि यह कानून सिर्फ 'सोशियल सेक्यूरिटी सर्विसेज' तक ही लागू किया जाए।

उस समय कांग्रेस पार्टी का यही कहना था कि जिन उद्योग-धन्धों पर समाज का जीवन निर्भर है, उन उद्योग-धन्धों में ही बगैर नोटिस दिए की गई हड़तालें गैरकानूनी मानी जाएँ। किन्तु इस कानून के द्वारा हर उद्योग-धन्धों में हड़ताल को गैरकानूनी माना जा रहा है। मान लीजिए कल हिन्दी औरतों में होंठ रँगने का फ़ैशन जोरों पर शुरू हुआ और किसी कारखानेदार ने लिपस्टिक का कारखाना लगाया और उस कारखाने के मजदूर अगर बगैर नोटिस दिए हड़ताल पर चले गए, तो वह हड़ताल कानूनी तौर पर गैरकानूनी हो जाएगी! इस हड़ताल की वजह से औरतों के होंठ रँगने के कार्य में रुकावट पैदा होगी। इसलिए लिपस्टिक बनाने का कारखाना जनता के जीवन के लिए उपयोगी घोषित करके हड़ताल करनेवाले मजदूरों के हक़ों पर पाबन्दी लगाई जाए, इस तरह की बात कोई कह सकता है?

आज कांग्रेस ने अपनी 1929 की नीति को छोड़ दिया है, जिसमें यह नीति अपनाई

गई थी कि 'सोशियल सर्विसेज सेक्यूरिटी' तक ही मजदूरों की हड़ताल के हक़ पर पाबन्दी लगाई जानी चाहिए। यही नहीं, 1929 के कानून की धाराओं के आगे जाकर कांग्रेस ने आज नौकरशाही को भी पीछे छोड़ दिया है। पहले की नौकरशाही ने बुद्धिमानी से और जिम्मेदारी को समझकर, हड़ताल करना मजदूरों का महत्त्वपूर्ण हक़ है यह मानकर सिर्फ जनउपयोगी धन्धों में हड़ताल को गैरकानूनी घोषित किया था। किन्तु आज की सरकार उतनी जिम्मेदारी भी पहचान नहीं सकी। कांग्रेस के इस बिल से लिपस्टिक के कारखाने में हुई हड़ताल को भी गैरकानूनी घोषित किया जाएगा।

और यह सब किसलिए? इस जाँच का और सुलह का मजदूर वर्ग को वास्तव में क्या लाभ होनेवाला है? मुझे इसमें बस इतना ही नजर आ रहा है कि मजदूरों को इस बिल के द्वारा सुलह के लिए नियुक्त किए गए चार महानुभावों के मुँह की ओर देखते हुए चार माह पच्चीस दिनों तक आराम से बैठने के अलावा कुछ मिलनेवाला नहीं है। इससे तो कांग्रेस सरकार को यह सीधे और साफ तौर पर कह देना चाहिए था कि 'आपको स्वीकार हो या न हो किन्तु हम आप लोगों को जबरन सुलह स्वीकार करने के लिए मजबूर कर देंगे!' मतलब कम-से-कम सुलह के बाद कुछ-न-कुछ फैसला होगा, इस बात को समझने में कोई दिक्कत नहीं रही होती। किन्तु इस बिल की वजह से मजदूरों को पहले रजिस्टर, कन्सिलिएटर, कन्सिलिएशन बोर्ड आदि प्रक्रिया से गुजरना पड़ेगा। इन सभी चरणों से अलग-अलग लोगों को और भूख से त्रस्त मजदूरों को गुमराह करनेवाले, सुलह करनेवाले आदमी के सामने केवल अपनी माँगों के लिए प्रदर्शन करने के अलावा कोई सफलता हासिल होगी, इस बात का हमें बिल्कुल यकीन नहीं है। इन अलग-अलग चरणों में कोई भी निश्चित निर्णय सम्भव नहीं है। यह हड़ताल करनेवाले मजदूरों को सिर्फ 'शान्त' करने का एक रास्ता है। इससे मजदूरों की दृष्टि से इतना ही परिणाम होगा कि चार माह पच्चीस दिनों की देरी से मजदूरों के संगठन में बिखराव आएगा और मजदूर लोग हड़ताल करने में असमर्थ होंगे।

इसलिए मैं 1934 के कानून में और आज के बिल में जो महत्त्वपूर्ण फर्क है उसकी ओर आपका ध्यान आकर्षित करना चाहता हूँ। 1934 के कानून पर जब बहस चल रही थी तब इस प्रकार का सुझाव आया था कि सुलह के समय हड़ताल पर पाबन्दी होनी चाहिए। यदि हड़ताल पर पाबन्दी नहीं लगाई गई तो कम-से-कम पिकेटिंग पर पाबन्दी होनी चाहिए। ऐसा सुझाव दिया गया था। किन्तु इन दोनों सुझावों को ऑनरेबल सर रॉबर्ट वेल ने मंजूरी नहीं दी थी। (इस समय एक सदस्य ने डॉ. बाबासाहेब अम्बेडकर के उक्त कथन पर आपत्ति की थी इसलिए उन्होंने रॉबर्ट वेल के उस समय के भाषण का एक अंश पढ़कर सुनाया।)

मेरी यह स्पष्ट मान्यता है कि मजदूरों को सुलह के दरमियान हड़ताल करने पर पाबन्दी न हो तो ही सुलह सफल होनी सम्भव है। मालिकों को अपना बल बटोरने के लिए चार माह पच्चीस दिन मिल जाते हैं। किन्तु इन चार माह पच्चीस दिनों में मजदूरों को हड़ताल के लिए किसी भी प्रकार का संगठन बनाना और तैयारी करना सम्भव नहीं

है। सुलह का समय बीत जाने के बाद दो माह के भीतर हड़ताल करने का नियन्त्रण मजदूरों पर लगा दिया है। इन सभी बातों की जानकारी होते हुए भी मालिकों को उचित सुलह के लिए क्यों तैयार होना चाहिए? मजदूरों की सुलह की शर्तें स्वीकार करने के लिए मालिकों को मजबूर किया जाए, ऐसा किसी भी प्रकार का दबाव मालिकों पर नहीं है। जब तक हड़ताल का दबाव मालिकों पर नहीं रहेगा तब तक मालिक सुलह के लिए तैयार नहीं होंगे।

आपने जो व्यवस्था बनाई है उससे मालिकों के साथ-साथ मजदूरों को भी लाभ मिले ऐसी यदि इस बिल को पेश करनेवालों की इच्छा होती तो वे रॉबर्ट बेल की नीति को ही स्वीकार करते। उन्हें सुलह के समय मजदूरों की हड़ताल पर पाबन्दी नहीं लगानी चाहिए थी। किन्तु पहले की नौकरशाही ने जिस तत्त्व को स्वीकार किया था उसी को आज की कांग्रेस के 'जनप्रिय' और स्वयं को 'मजदूरों के प्रतिनिधि' होने का दावा करनेवाली सरकार ठुकरा रही है। क्या कांग्रेस सरकार इसी प्रकार के जनतन्त्र को कायम करनेवाली है? शायद आप लोग इसे जनतन्त्र समझते होंगे किन्तु मुझे ऐसा नहीं लग रहा है। जहाँ मजदूरों के जनतान्त्रिक मौलिक हक़ों को कुचल दिया जाता है वहाँ जनतन्त्र नहीं है। जिस जनतन्त्र में जीवन को साधनहीन बनाने और संगठन की दृष्टि से बिखरे हुए, अनपढ़, अज्ञानी और नासमझ मजदूर वर्ग पर ऐसी गुलामी के बन्धन लादे जाते हैं वह जनतन्त्र ही नहीं है, वह तो एक तरह से जनतन्त्र का मज़ाक है।

मजदूरों के संगठन में बिखराव

सख्ती से सुलह और बातचीत के दरमियान हड़ताल पर पाबन्दी का इस बिल की मुख्य धारा से क्या सम्बन्ध है, यह बात मेरी समझ में नहीं आ रही है। मुझे ऐसा लगता है कि इस तरह की धाराएँ जानबूझकर इस बिल में शामिल की गई हैं। इस बिल के नाम पर इस बिल का यह उद्देश्य बताया गया है कि 'उद्योगधन्धों में पैदा हुए विवादों को शान्ति और सुलह से हल करने और अन्य कुछ कारणों के लिए पेश किया गया बिल।' कौन से हैं वे अन्य कारण? इन दूसरे कारणों का निर्देश बिल में नहीं दिया गया है, आखिर क्यों? उसमें कुछ शर्मिन्दा होनेवाली बातें कौन-सी हैं? बिल के इन दो हिस्सों के सम्बन्धों को स्पष्ट करके दिखाना चाहिए। और उस तरह का सम्बन्ध न हो तो दूसरे हिस्से से सम्बन्धित धाराएँ सीधे हटा देनी चाहिए।

गम्भीर विचार-विमर्श के बाद मेरी समझ में आया है कि इन दो हिस्सों में काफी गहरा सम्बन्ध है। यह सम्बन्ध बिल की 75वीं धारा से स्पष्ट हो सकता है। इस धारा के मुताबिक मजदूरों के प्रतिनिधियों के अलावा अन्य किसी को भी इस कानून के मुताबिक सुलह में हिस्सा लेने का अधिकार नहीं होगा। पर धारा बहुत महत्त्वपूर्ण है। क्योंकि यह धारा हिन्दी ट्रेड यूनियन आन्दोलन के लिए बहुत खतरनाक साबित हो सकती है।

अब मजदूरों के प्रतिनिधि कौन और सुलह में मजदूरों के प्रतिनिधि के रूप में सम्मिलित होने का अधिकार किसे हो, इन बातों को इन धाराओं ने तय किया है। इस बिल के द्वारा मजदूर प्रतिनिधियों की जो परिभाषा की गई है उसमें जो व्यक्ति नहीं आता ऐसे किसी भी व्यक्ति को सुलह के लिए चल रही बातचीत में मजदूरों की ओर से सम्मिलित होने का हक़ नहीं है। फिर उस व्यक्ति के मजदूरों का सही, लायक और मजदूर आन्दोलनों में अनुभवी नेता होने पर भी इस परिभाषा से वह मजदूरों का प्रतिनिधि नहीं हो सकता। जो स्वयं को मजदूरों का प्रतिनिधि कहला सकती है ऐसी यूनियन्स के दो प्रकार बताए गए हैं। पहले में 'मजदूरों में से जिनमें 20 प्रतिशत सदस्य हों और उन यूनियनों को मालिकों की मान्यता प्राप्त हो।' इस प्रकार की यूनियन्स आती हैं। दूसरे प्रकार की यूनियन्स में '50 प्रतिशत सदस्योंवाली' यूनियन्स हैं। इन दोनों प्रकार की यूनियन्स को प्रातिनिधिक (Representative) यूनियन्स के रूप में पहचाना जाएगा। किन्तु दोनों एक-दूसरे की विरोधी यूनियन्स को एक ही नाम से कैसे सम्बोधित किया जाएगा? मेरी राय में इन दोनों तरह की यूनियन्स में एक को 'गुलाम यूनियन' और दूसरी को 'स्वतन्त्र यूनियन' नाम से सम्बोधित करना उचित होगा। जिन यूनियन्स का कानूनी अस्तित्व, प्रातिनिधित्व का अधिकार और मताधिकार आदि सभी मालिक की मर्जी पर निर्भर हैं उन यूनियन्स को 'गुलाम यूनियन' कहना गलत होगा, ऐसा मुझे बिल्कुल नहीं लग रहा है। इन यूनियन्स के बारे में 'मालिकों की मान्यता' इसके बजाय 'मालिकों की पसन्द' इन शब्दों का इस्तेमाल किया गया होता तो बहुत अच्छा होता। मतलब इन यूनियन्स का गुलामी चेहरा स्पष्ट हो गया होता।

यह बात मेरी समझ में नहीं आ रही है कि यूनियन्स को प्रातिनिधित्व देने के पहले उसका रजिस्टर्ड होना जरूरी है, इस प्रकार की शर्त रखने का उद्‌देश्य क्या है? इस बिल ने 1926 में मंजूर हुए केन्द्रीय सरकार के ट्रेड यूनियन्स एक्ट को रद्‌द नहीं किया है। इस बिल के मुताबिक यह कानून बरकरार है। कोई भी यूनियन इस बिल के मुताबिक रजिस्टर्ड होने से पहले पुराने कानून के तहत रजिस्टर्ड होनी चाहिए। इस तरह की बात तय करने का उद्‌देश्य क्या है? जिसकी वजह से हर यूनियन को दो बार रजिस्टर्ड करना पड़ेगा। पहले 1926 के कानून के मुताबिक और बाद में इस नए बिल के तहत। 1926 के कानून के मुताबिक रजिस्टर्ड यूनियन्स को क्या लाभ मिलते हैं, इस बात को पहले देख लिया गया होता तो अच्छा होता। क्योंकि उसकी वजह से यह बिल ट्रेड यूनियन्स को कुछ नई सहूलियतें दे रहा है या पहले की सहूलियतें छीन रहा है इस बात का पता चलता। 1926 के कानून के तहत रजिस्टर्ड यूनियन एक संस्था बनती है। वह संस्था होने के कारण उसके सदस्यों के प्रातिनिधित्व का उसे अधिकार है। 1926 के कानून के तहत रजिस्टर्ड यूनियन को राजनीतिक प्रतिनिधित्व का अधिकार मिलता है। इसलिए उस यूनियन को राज्य विधिमंडल के सदस्य चुनने का अधिकार है। 1926 के कानून के तहत रजिस्टर्ड यूनियन को मुम्बई कार्पोरेशन के सदस्य चुनने का अधिकार है। इस तरह मजदूरों के प्रतिनिधि कहलाने का अधिकार 1926 के कानून के तहत रजिस्टर्ड

यूनियन को यदि मिलता है तो इस बिल के तहत उस यूनियन को पुनः एक बार रजिस्टर्ड करने की जरूरत क्या है? दूसरी एक अजीब बात इस बिल की वजह से यह हो सकती है कि 1926 के कानून के तहत रजिस्टर्ड यूनियन इस बिल के मुताबिक प्रबन्धक मंडल के सामने मजदूरों के प्रतिनिधि के रूप में नहीं जा सकेगी। मैं नियम- विरोधी एक दूसरी बात आपके सामने रखना चाहता हूँ कि 1926 के कानून के तहत रजिस्टर्ड यूनियन्स विधिमंडल मजदूरों के प्रतिनिधि के रूप में जा सकेंगी, किन्तु उन्हें प्रबन्धक मंडल के सामने मजदूरों के प्रतिनिधि के रूप में जाने का हक़ नहीं होगा। ऐसी नियमबाह्यता क्यों होनी चाहिए? मुझे ऐसा लगता है कि 1926 के कानून के तहत रजिस्टर्ड यूनियन्स से यह एक महत्त्वपूर्ण अधिकार छीन लिया गया है।

1934 के कानून के तहत सुलह की बातचीत में मजदूरों के प्रतिनिधियों को सम्मिलित होना चाहिए, यह तय है और मजदूरों के प्रतिनिधित्व का अधिकार 1926 के कानून के तहत रजिस्टर्ड यूनियन्स को दिया गया। 1926 के कानून के तहत रजिस्टर्ड यूनियन्स एक संगठित संस्था होने की वजह से उसका मजदूरों के प्रतिनिधित्व का अधिकार 1934 के कानून के तहत स्वीकार कर लिया गया था। 1935 के कानून के तहत ट्रेड यूनियन्स को विधिमंडल में अपने सदस्य भेजने का अधिकार मिला। मुम्बई विधिमंडल के मंजूर किए 1934 के कानून के द्वारा प्रबन्धक मंडल के सामने अपने प्रतिनिधि भेजने के ट्रेड यूनियन्स के अधिकार को स्वीकृति दी गई। फिलहाल यूनियन्स को यह जो महत्त्वपूर्ण अधिकार प्राप्त हुआ है उसे यूनियन्स से छीनकर। यह बिल उस अधिकार को केवल गुलाम यूनियन्स को देनेवाला है, इस बात को मैं आपके सामने स्पष्ट करना चाहूँगा। मुझे ऐसा लगता है कि इस बिल के द्वारा रजिस्टर्ड यूनियन्स 1926 के कानून के तहत रजिस्टर्ड होनी चाहिए यह तय करने में प्रबन्धक मंडल के सामने प्रतिनिधि भेजने के यूनियन्स के अधिकार के साथ ही उन्हें विधिमंडल में भी सदस्य भेजने का अधिकार मिलना चाहिए, यह उद्देश्य होना चाहिए। वरना यह नीति ट्रेड यूनियन्स के लिए बेहद खतरनाक सिद्ध हो सकती है। इसलिए मेरी यह स्पष्ट राय है कि ये सारी शर्तें सिर्फ गुलाम यूनियन्स की भलाई के लिए हैं।

यदि कांग्रेस के मन्त्रियों की यह स्पष्ट राय हो कि ट्रेड यूनियन्स मालिकों की मर्जी पर निर्भर होनी चाहिए तो उनके साथ विवाद करने में मुझे कोई दिलचस्पी नहीं है। यदि कांग्रेस के लोगों को ऐसा लगता हो कि 'गुलाम आदमी ही स्वतन्त्र आदमी है' तो यह उनकी मर्जी है। जिस तरह से यह बिल मजदूरों को हड़ताल की पाबन्दी से जकड़नेवाला है, उसी तरह मालिकों को गुलाम यूनियन के द्वारा अपने जाल में कैद करनेवाला भी है। यही यदि कांग्रेस के मन्त्रियों की इच्छा हो तो उनके साथ विचार-विमर्श कौन कर सकता है? मैं इस तरह की विचारधारा का समर्थक नहीं हूँ। जिस प्रकार की शान्ति के समर्थन में इस बिल को पेश किया गया उस तरह की शान्ति हमें नहीं चाहिए। जो शान्ति मेहनतकश वर्ग का नुकसान करती हो, उस शान्ति का मैं निषेध करता हूँ।

जिन लोगों का पेट अच्छी तरह भरा है, उनके लिए ऐसी शान्ति ठीक है। किन्तु

यह शान्ति भूखे कंगाल मेहनतकश वर्ग के कल्याण के लिए नहीं हो सकती। शायद यह बात सच हो कि हिन्दुस्तान में ट्रेड यूनियन आन्दोलन जितना प्रभावी होना चाहिए उतना नहीं है। कुछ लोग ट्रेड यूनियन्स के लिए खतरनाक साबित होते हों, किन्तु ये लोग तो कांग्रेस के सदस्य हैं जिन्हें कांग्रेस के अहिंसा आदि सिद्धान्त मान्य हैं। इस तरह से कम्युनिस्ट नेता भी मजदूरों के हितों के खिलाफ होंगे इस बात की उम्मीद कांग्रेस के मन्त्रियों को नहीं होनी चाहिए।

यदि सरकार ने इस बात को सिद्ध कर दिखाया कि गुलाम यूनियन्स का कुछ समय के बाद स्वतन्त्र होना सम्भव है, तो मैं अपने विचारों में परिवर्तन करूँगा। किन्तु मुझे ऐसा लगता है कि गुलाम यूनियन्स कभी स्वतन्त्र नहीं होंगी। क्योंकि स्वतन्त्र यूनियन के लिए जो शर्तें रखी गई हैं वे बहुत कठोर हैं। यदि किसी यूनियन को स्वतन्त्र होना हो तो उस यूनियन में कुल मजदूरों में से 50.1 प्रतिशत मजदूर उसके सदस्य होने चाहिए। क्या इस शर्त को उचित कहा जाएगा? यदि मजदूर मालिकों की मान्यता की गुलामी को नकारते हुए स्वतन्त्र हों तो उनमें से 50 प्रतिशत मजदूर ट्रेड यूनियन के सदस्य होने चाहिए। क्या इस शर्त को आसान कहा जा सकता है?

कांग्रेस के मन्त्रियों ने हम लोगों से अहमदाबाद की मिसाल योग्य स्थिति की ओर ध्यान देने के लिए कहा है। सरकार ने हमें यह उपदेश दिया है कि अहमदाबाद की स्थिति को आदर्श मानकर हम लोगों को भी वैसा ही बर्ताव रखना चाहिए। मुझे ये सारी बातें मंजूर हैं। किन्तु मैं यह पूछना चाहता हूँ कि इस बिल के तहत क्या 'अहमदाबाद मजदूर यूनियन' संस्था भी स्वतन्त्र यूनियन हो सकती है? मुझे इस बात पर कतई यकीन नहीं है कि वह यूनियन स्वतन्त्र मजदूरों की यूनियन हो सकेगी। अहमदाबाद के कुछ मुस्लिमों को छोड़कर सभी मिल-मालिक और मिल-मजदूर एक ही धर्म के हैं और वे एक ही भाषा बोलते हैं। इसलिए मालिक और मजदूरों में मनमुटाव के कारण कुछ कम हो जाते हैं। इसके अलावा गुजरात गांधी का निवास स्थान होने के कारण उनके सामने मालिकों और मजदूरों को अपनी शिकायतें रखने का मौका मिलता रहता है और उनके द्वारा दिए गए फैसले दोनों को ही आँख मूँदकर स्वीकार करने पड़ते हैं। ऐसी स्थिति में 'मजदूर महाजन' यूनियन का विस्तार हुआ है। वह कम-से-कम बीस साल से मजबूत है, ऐसा मुझे बताया गया है। इस समय मेरे पास 1938 का लेबर गजट है। उससे इस बात का पता चलता है कि अहमदाबाद में कपास मिलों में कुल 90,000 मजदूरों में से कितने मजदूर यूनियन के सदस्य हैं। 'मजदूर महाजन संस्था' का निर्माण अलग-अलग यूनियन्स को मिलाकर किया गया है और इस संयुक्त यूनियन में कुल 22,000 मजदूर हैं। यानी कुल मजदूरों में से सिर्फ 24 प्रतिशत मजदूर ही इस यूनियन के सदस्य हैं। इस स्थिति में क्या 'अहमदाबाद मजदूर महाजन संस्था' मालिकों के समर्थन के बगैर इस बिल के तहत रजिस्टर्ड होने योग्य समझी जाएगी?

अहमदाबाद जैसे प्रदेश में खुशहाल स्थिति में रहनेवाली 'मजदूर महाजन' यूनियन का भी स्वतन्त्र यूनियन बनना सम्भव नहीं है। क्योंकि उसे रजिस्टर्ड बनने के लिए

मालिकों की मान्यता पर ही निर्भर रहना पड़ेगा। इसलिए इस बिल द्वारा लगाई गई शर्तें अस्वाभाविक हैं। औद्योगिक रूप से विकसित इंग्लैंड जैसे देश में भी इस तरह की शर्तें नहीं लगाई जाती होंगी, ऐसा मुझे लगता है। श्री वाल्टर की किताब से पता लगता है कि इंग्लैंड में कुल 18000,000 मजदूर हैं। उनमें से 5,531000 मजदूर यूनियन के सदस्य हैं। इंग्लैंड में लगभग 30 प्रतिशत मजदूर यूनियन के सदस्य हैं। जिस देश के मजदूर संगठित हैं और जहाँ उद्योग-धन्धों का अधिक विकास हुआ है ऐसे इंग्लैंड देश की यह स्थिति है तो फिर अपने पिछड़े हुए भारत में ट्रेड यूनियनों की स्थिति क्या हो सकती है? कोई भी यूनियन कुल मजदूरों में से 50.1 प्रतिशत मजदूरों को अपना सदस्य नहीं बना पाएगी। इसका परिणाम यह होगा कि मालिक की मर्जी पर निर्भर सिर्फ यूनियन्स गुलाम मजदूर वर्ग की ओर से बातचीत में हिस्सा ले सकेंगी।

इस बिल के द्वारा यह तय किया जाएगा कि एक उद्योग में या किसी महत्त्वपूर्ण स्थान पर स्थित धन्धे में एक ही यूनियन होनी चाहिए। क्या ऐसे तत्त्व को अन्य किसी देश में अमल में लाया गया है? मैंने इंग्लैंड की ट्रेड यूनियनों का अध्ययन किया है। और मैं पूरे यकीन के साथ कह सकता हूँ कि ऐसे किसी तत्त्व को इंग्लैंड में कभी अमल में नहीं लाया गया। किसी भी तत्त्व अथवा नीति के आधार पर मजदूर वर्ग को अपना संगठन बनाना चाहिए ऐसी इजाजत इंग्लिश कानून देता है। एक उद्योग में या एक धन्धे में एक यूनियन होनी चाहिए ऐसा तत्त्व इंग्लैंड में व्यवहार में नहीं लाया गया है। (अपने इस मुद्दे के समर्थन में डॉ. बाबासाहेब अम्बेडकर ने 'द इम्प्लायमेंट एक्सचेंज ऑफ ग्रेट ब्रिटेन' नामक किताब के एक परिच्छेद को पढ़कर सुनाया।)

इंग्लैंड में सामान्य यूनियन को पूरी तरह से मान्यता प्राप्त है। जो मजदूर लोग अलग-अलग उद्योग-धन्धों में हैं उन्हें संगठित होकर एक यूनियन बनाने का अधिकार है। सामान्य यूनियन (General Union) के सदस्य एक ही उद्योग की अलग-अलग शाखाओं में नौकरी करते हैं। यानी अलग-अलग उद्योग-धन्धों के मजदूरों को एक यूनियन के सदस्य होने का हक़ है। मजदूरों को अपना संगठन कैसा बनाना चाहिए इस बात को इंग्लैंड में मजदूरों के जिम्मे ही छोड़ दिया गया है। जब यह स्थिति इंग्लैंड जैसे विकसित देश में है तो फिर भारत जैसे पिछड़े देश की सरकार को ऐसे कानूनों की क्या जरूरत है, यही बात मेरी समझ में नहीं आ रही है। [अपूर्ण]

कांग्रेस का समर्थन बेबुनियाद

'सेन्टिनल' के संवाददाता से मुलाकात, सा. जनता, दि. 24 सितम्बर, 1938

कांग्रेस मन्त्रिमंडल ने ट्रेड्स डिस्प्यूट्स बिल का जो समर्थन किया है वह बहुत घिनौने और बचकाने ढंग से किया है। इस बारे में कांग्रेस मन्त्रिमंडल के साथ विचार-विमर्श करने के लिए हम तैयार हैं। यदि हम लोगों में विचार-विमर्श हुआ होता तो इस बिल में जो बहुत घटिया बातें हैं उन्हें हटाना सम्भव हुआ होता। कम-से-कम उसमें सुधार करना सम्भव होता। किन्तु इस बारे में कांग्रेस सरकार एक कदम भी पीछे हटने के लिए तैयार नहीं दिखाई दे रही है।

कुछ कांग्रेसवालों ने भी ऐसा ही सुझाव दिया था कि बिल के प्रथम पाठ के बाद विरोधी दल के नेता और कांग्रेस के कुछ प्रतिनिधियों की एक अस्थायी समिति नियुक्त की जाए। उस समिति को यह काम सौंप दिया जाए कि इस बिल में ऐसे सुधार किए जाएँ जो दोनों पक्षों को स्वीकार हों। एसेम्बली के पिछले अधिवेशन में मुम्बई के दंगों के समय गुंडा विरोधी बिल के लिए ऐसा ही सहयोगं किया गया था। किन्तु अब कांग्रेस मन्त्रिमंडल का तेजी से पतन हो रहा है। इसका अब हमारे पास एक ही इलाज है और वह यह कि हमें प्रतिनिधि चुननेवाले मतदाताओं के पास जाना पड़ेगा और कांग्रेस का जो पतन हो रहा है उसे रोकने के लिए उनके सामने कांग्रेस के इस बदलते हुए स्वरूप को स्पष्ट करना होगा।

इस बिल का जबर्दस्त विरोध करने के लिए प्रभावी आन्दोलन करके एक दिन की हड़ताल का ऐलान करने का फैसला स्वतन्त्र मजदूर पार्टी ने लिया है। ट्रेड्स डिस्प्यूट्स बिल का विरोध करने के लिए मजदूरों के सभी संगठनों, दलों को स्वतन्त्र मजदूर पार्टी के साथ सहयोग करके इस हड़ताल को सफल करना चाहिए।

मैं सोशलिस्ट हूँ

*डॉ. बाबासाहेब अम्बेडकर अहमदाबाद गए थे। अहमदाबाद के 'महाराष्ट्र समाज' की ओर से समाज के अध्यक्ष डॉ. वि.मा. आपटे ने **दि. 23 अक्तूबर 1938** को डॉ. अम्बेडकर से मुलाकात की थी। उसमें उन्होंने कहा–*

सवाल : फेडरेशन में कौन-से दोष हैं?

जवाब : फेडरेशन के सम्बन्ध में दो बातें ध्यान में रखनी चाहिए। उसमें अपर्याप्तता का दोष (अभाव) और आन्तरिक (अंगभूत) दोष, इस तरह दो प्रकार के दोष हैं। 1857 में अमेरिका के हॅमिल्टन आदि लोगों का यह कहना था कि उनका संविधान हमेशा-हमेशा के लिए है किन्तु उन्हें एक साल में अपने संविधान में 14 संशोधन करने पड़े। इस बुनियादी दोष की वजह से अपने देश के राजनीतिक उत्थान के लिए रुकावट पैदा होगी। यदि हिन्दुस्तान के कुछ बड़े लोगों ने इस सम्बन्ध में आगे कदम रखा तो मैं भी फेडरेशन विरोधी आन्दोलन में उतरने के लिए तैयार हूँ। फेडरेशन में फौज और अर्थ सुरक्षित विभाग हैं। और हिन्दुस्तान के कब्जे में फौज तथा अर्थ विभाग लेने के लिए फेडरेशन को ही बर्खास्त करना पड़ेगा।

सवाल : फौज और अर्थ को क्यों आरक्षित रखा गया है?

जवाब : अंग्रेज लोगों ने राजा-महाराजाओं की भलाई के लिए संस्थानिकों के साथ समझौते किए हैं। संस्थानिक राजा-महाराजा कहते हैं कि ब्रिटिश सार्वभौम राजा से हमारे समझौते हुए हैं। यदि हम पर विदेशी हमले हुए तो उन्होंने हमारी सुरक्षा करने का आश्वासन किया है। इसके अलावा हमारे राज्य में विद्रोह हुआ तो उसे दबाने की ताकत भी इस समझौते से हममें शेष नहीं रहेगी।

इसी वजह से फौज पर हिन्दुस्तान के लोगों का कब्जा नहीं है और फौज अपने आप वायसराय के हाथ में आ जाती है। फौज और अर्थ एक-दूसरे पर इस तरह से निर्भर हैं कि उन्हें अलग करना असम्भव है। अर्थ के बल पर ही फौज चल सकती है। ये दोनों विभाग कब्जे में लेने के लिए या तो संस्थानिकों को हटा देना पड़ेगा या फेडरेशन को समाप्त कर देना पड़ेगा। और जब भी दूसरी

गोलमेज परिषद् बुलाई गई तो शायद ब्रिटिश लोग महारानी की ओर उँगली उठाएँगे। पर इस सम्बन्ध में महारानी और अन्य स्वराज्यवादी लोगों में एकता होना असम्भव है।

सवाल : **आप यह अनुमान कैसे करते हैं कि कांग्रेस फेडरेशन को स्वीकार करेगी?**

जवाब : कांग्रेस बहुसंख्यक लोगों के लिए दौड़धूप करती हुई दिखाई दे रही है। बैरिस्टर जिन्ना के साथ समझौते की बात चल रही है। इसी समय ऐसा सलूक करने की क्या वजह है? दोनों समुदायों में एकता स्थापित करने का कारण बहुमत हासिल करने के लिए होना चाहिए, ऐसा अंदाज लगाया जा सकता है। इसके अलावा संस्थानिकों के साथ कांग्रेस की आज की जो नीति है वह उसी के लिए तैयार की गई है, ऐसा दिखाई देता है। महारानी की 123 सीटों में से 80 सीटें मुस्लिमों के लिए, और 50 सीटें अन्यों के लिए मान लीं, तब भी कांग्रेस को बहुमत नहीं मिल सकता। बहुमत के लिए या तो मुस्लिम या महारानी से समझौता करना पड़ेगा। कांग्रेस अब उस तरह का प्रयास करती हुई दिखाई दे रही है, तब वह फेडरेशन को स्वीकार करेगी, ऐसा लगता है। और यदि उन्होंने फेडरेशन को स्वीकार नहीं किया तो मुझे खुशी होगी।

सवाल : **आप कांग्रेस में क्यों सम्मिलित नहीं होते?**

जवाब : मैं सोशलिस्ट हूँ।

सवाल : **क्या कांग्रेस में सोशलिस्ट नहीं हैं?**

जवाब : वे भीतर हैं, मैं बाहर हूँ। मुझे खुली हवा चाहिए। वहाँ मुझे घुट-घुटकर मरना नहीं है।

सवाल : **कांग्रेस को गाली देने के अलावा आप कौन-सा रचनात्मक काम करते हैं?**

जवाब : कांग्रेस के लोग भी क्या करते हैं? वे कैबिनेट को पकड़कर बैठ गए हैं। जैसे मिठाई पर चींटियाँ लपकती हैं, वैसी ही उनकी स्थिति हो गई है। आप यदि महाराष्ट्र में रहते तो मेरा रचनात्मक कार्य आपको दिखाई देता। मैं यदि कुबेर होता तो हजारों आश्रम मैंने तैयार करवाए होते। उस तरह मेरे पीछे किसी कुबेर की ताकत नहीं है।

सवाल : **पिछले 25 साल से दलित वर्ग में परिवर्तन दिखाई देता है या नहीं?**

जवाब : मुझे ऐसा नहीं लग रहा है। हममें चेतना आई है, इतना मुझे दिखाई दे रहा है।

साप्ताहिक 'जनता' के 7 नवम्बर, 1938 के अंक में प्रकाशित।

क्या गांधी महात्मा हैं?

*डॉ. बाबासाहेब अम्बेडकर की **अक्तूबर 1938** से पहले गांधीजी के बारे में दी हुई अपनी प्रतिक्रिया।*

इस सवाल से मुझे बड़ी नफरत हो रही है। इसके दो कारण हैं। मैं सभी महात्माओं से नफरत करता हूँ। और मेरी यह मान्यता है कि सभी महात्माओं से मुक्ति पा लेनी चाहिए। उनका अस्तित्व किसी भी राष्ट्र के लिए कलंक है। क्योंकि वे लोग बुद्धि और बुद्धिवाद की जगह अन्धश्रद्धा को प्रतिष्ठित करना चाहते हैं। दूसरी बात यह है कि लोग महात्मा शब्द का अर्थ क्या लेते हैं, इस बात को मैं नहीं जानता। इसलिए इस सवाल का जवाब देना मेरे लिए असम्भव है। फिर भी 'चित्रा' के सम्पादक इस सवाल के जवाब के लिए अधिक आग्रह कर रहे हैं इसलिए मैं उनका जवाब देने की पूरी कोशिश कर रहा हूँ।

आम हिन्दू आदमी की दृष्टि में किसी भी महात्मा में तीन बातें होनी आवश्यक हैं। उसके कपड़े, उसका शील और उसकी शिक्षा। इसमें कपड़े ही यदि महात्मा की कसौटी मान ली जाए तो स्वयं के मोक्ष के लिए दूसरे के मुँह की ओर ताकनेवाली अनपढ़ आदमी की राय में शायद मोहनदास गांधी महात्मा हो सकते हैं। भेष बदलकर महात्मा बन जाना भारत में बड़ा आसान है। सामान्य ढंग से जीवन जीनेवाले सामान्य आदमी ने कितना भी अच्छा काम किया तब भी उसके बारे में हिन्दू समाज में किसी प्रकार के आदर की भावना पैदा नहीं होती। किन्तु कोई सामान्य आदमी भला काम करने की बजाय यदि असामान्य मतलब गैरजिम्मेदाराना ढंग से बर्ताव करने लगा तो उसकी वजह से वह संत बन जाता है, महात्मा बन जाता है, द्रष्टा बन जाता है। आप शूट-बूट या कोट-धोती आदि मामूली कपड़े पहनिए, आपकी ओर लोग आँख उठाकर नहीं देखेंगे। लेकिन आप दिगम्बर बन जाइए, बाल बढ़ाइए, गन्दा पानी पी लीजिए, लोग आपके कदमों में झुक जाएँगे। फिर भारत में गांधी 'महात्मा' बन गए इसमें कौन-सा आश्चर्य है? अन्य किसी देश में इस तरह के महात्माओं को दीवाना कहकर लोगों ने उनका मखौल उड़ाया होता।

गांधी की शिक्षा के बारे में सोचा जाए तो वह दिखने में लुभावनी लगती है। सत्य और अहिंसा ये बड़े महान सिद्धान्त हैं। और गांधी उनका जयघोष आधुनिक दुनिया

में बेहद जोर-शोर से कर रहे हैं। वे इन सिद्धान्तों का उच्चारण कर रहे हैं इस बात के लिए हिन्दू समाज उनके पीछे क्यों दौड़ रहा है, इसका रहस्य मैं अभी तक समझ नहीं पाया हूँ। अभिजात अज्ञानी आदमी के अलावा अन्य कोई भी गांधी की महानता को स्वीकार नहीं करेगा। मानवीय संस्कृति की रक्षा के लिए सत्य और अहिंसा के सिद्धान्तों की आवश्यकता है, इस बात को अब किसी को पुनः पढ़ाने की कोई वजह नहीं है। जैसाकि मैंने पहले कहा है, इस बात को सदियों पहले बुद्ध ने अच्छी तरह समझाया है। उसमें गांधी का नया कुछ भी नहीं है। उन्होंने सत्य और अहिंसा के प्रयोग के सम्बन्ध में बार-बार खड़े होनेवाले रहस्यमय सवालों पर यदि रोशनी डाली होती तो वे महात्मा की उपाधि के लायक सिद्ध हुए होते। और दुनिया भी उनकी हमेशा शुक्रगुजार होती। कब सत्य बोलना चाहिए, कब हिंसा को समर्थनीय मानना चाहिए, इन दो रहस्यों के जवाब की दुनिया बड़ी बेसब्री के साथ इन्तजार कर रही है।

बुद्ध की शिक्षा के मुताबिक सत्य और अहिंसा सिद्धान्तों का प्रयोग साध्य की दृष्टि से किया जाना चाहिए। (Attitude to truth and nonviolence should be pragmatic) इस सवाल का जवाब येशू ख्रिस्त ने किस ढंग से दिया होता इस बात को जानने के लिए दुर्भाग्य से हमारे पास कोई रास्ता नहीं है। शायद पायलट (Pilate) ने उसे जवाब देने के लिए पर्याप्त समय नहीं दिया होगा। क्या गांधी ने इस सवाल का कोई जवाब दिया है? मुझे तो कुछ नहीं दिखाई दे रहा है। और उनकी शिक्षा को मद्देनजर रखते हुए सोचा जाए तो वे दूसरों की पूँजी से अपना धन्धा चला रहे हैं, ऐसा मैं बेहिचक कह सकता हूँ। सत्य और अहिंसा के सिद्धान्त गांधी की कोई अपनी खोज नहीं है।

गांधी के शील के बारे में सोचकर मेरी यह राय बनी है कि इस आदमी में पाखंड अधिक है। मेरी राय में उनके हर काम का शोर नकली सिक्के का है। और उनकी विनम्रता डेविड कॉपर फील्ड के उराया हीप की विनम्रता की तरह है। उन्होंने स्वयं को सबसे आगे रखकर स्थापित करवाने का काम बड़ी कुशलता के साथ किया है। जिस व्यक्ति का अपने काम पर, लगन पर, अपने सन्देश की सत्यता पर अतुल भरोसा होता है वह आदमी सामने से हमला कर अपना स्थान कायम कर लेता है। पीछे से छापा मारने की उसे कोई जरूरत महसूस नहीं होती। नेपोलियन सामने हमला करता था। पीछे से हमला करने का काम कमजोर सेनापति ने खोज निकाला है। गांधी हमेशा इसी युक्ति का इस्तेमाल करते रहे हैं। वे कई सालों तक स्वयं को गोखले का विनम्र अनुयायी मानते रहे हैं। उन्होंने कई सालों तक तिलक की प्रशंसा करने का क्रम जारी रखा था। वे तिलक से नफरत करते थे इस बात को कई लोग जानते हैं। फिर भी तिलक के नाम का उपयोग किए बगैर हम एक करोड़ की स्वराज्य निधि इकट्ठा नहीं कर सकते, इस बात को वे अच्छी तरह जान गए थे। इसलिए उन्होंने अपनी निजी भावनाओं को दूर रखा और किसी मँजे हुए खिलाड़ी की चाल चलकर उस निधि से तिलक का नाम जोड़ दिया।

सचमुच देखा जाए तो वे भारत में ईसाई धर्म के सख्त विरोधी हैं। किन्तु पश्चिमी

देशों को खुश करने के लिए हम मुसीबत के समय हमेशा बाइबिल की ओर दौड़ते हैं, इस तरह की बयानबाजी वे हमेशा करते रहते हैं। उनकी मनमानी के और दो उदाहरण मेरे पास हैं। गोलमेज परिषद् के समय अल्पसंख्यक कमेटी की बैठक में उन्होंने यह कबूल किया था कि अन्य प्रतिनिधियों ने दलित वर्ग (Depressed Classes) के प्रतिनिधियों की माँग को मंजूरी दे दी तो उस पर हम किसी प्रकार की आपत्ति नहीं करेंगे। और अन्य सभी प्रतिनिधियों ने जब यह मंजूरी दे दी उस समय उन्होंने जो बर्ताव किया उसे मैं विश्वासघात की संज्ञा दे सकता हूँ। वे मुस्लिमों के पास जाकर उनके कान में कहने लगे कि 'यदि आप लोग दलित वर्ग की माँगों का विरोध करने की बात कबूल करते हैं तो मैं आप लोगों की चौदह माँगें मंजूर करने के लिए तैयार हूँ।' किसी पेशेवर बदमाश ने भी इस तरह की नीच हरकत न की होती। आज हिन्दू-मुस्लिमों में जो अनबन है यह भी उनके इसी प्रकार के एक षड्यन्त्रकारी बर्ताव की औरस सन्तान है। नेहरू कमेटी की रिपोर्ट कांग्रेस के खुले अधिवेशन में जब चर्चा के लिए आई उस समय उसमें कुछ सुधार करने के लिए सुझाव दिए गए थे, इस बात को बहुत से लोग जानते होंगे। उन सुझावों का जयकर ने विरोध किया था इस बात को भी लोग जानते हैं। इसमें सुधार के लिए सुझाव क्यों दिए गए और उनका जयकर ने क्यों और किस तरह से विरोध किया था, इस बात की जानकारी लोगों को जितनी होनी चाहिए उतनी नहीं है। इस सम्बन्ध में जो सच्चाई मुझे मालूम है वह सही है और उस सच्चाई के बारे में सन्देह करने की कोई गुंजाइश नहीं है। इस खेद योग्य घटना में मुख्य रूप से शरीक होनेवाले व्यक्ति के द्वारा ही मुझे इस बात की जानकारी हासिल हुई है। यह सारी घटना गांधी ने अपने सहयोगी पंडित मोतीलाल नेहरू और एक अन्य व्यक्ति के साथ जो विश्वासघात किया उस वजह से घटित हुई है। नेहरू कमेटी की रिपोर्ट में कुछ संशोधन सुझाए गए थे। वह रिपोर्ट मुस्लिमों के अनुकूल हो, रिपोर्ट पंडित मोतीलाल नेहरू और जिन्ना को मंजूर हो इस तरह से संशोधित की गई थी। किन्तु गांधी को जब इस बात का पता चला कि मुस्लिमों को जो सहूलियतें मिलनेवाली थीं उनसे ज्यादा पंडित मोतीलाल नेहरू को दी जा रही हैं तब पंडित मोतीलाल नेहरू को नीचा दिखाने के लिए उन्होंने उन संशोधनों का विरोध करने के लिए जयकर का इस्तेमाल किया। (Mr. Jayakar was hired by Mr. Gandhi to oppose them) जो आदमी दलित वर्ग और मुस्लिम वर्ग का दोस्त होने का दावा करता है, वही आदमी अपना वादा पूरा करने की जिम्मेदारी से हटने के लिए गलत तरीका अपनाए, यह बात सचमुच बड़ी खतरनाक है। 'मुँह में राम बगल में छुरी' रखनेवाले आदमी को यदि महात्मा कहा जाए तो मोहनदास गांधी वास्तव में महात्मा हैं।

'चित्रा' के सम्पादक की जो इच्छा थी उससे ज्यादा ब्यौरा मैंने उन्हें दिया है। और 'चित्रा' के पाठक जितना पढ़कर हजम कर सकते हैं शायद उससे ज्यादा जानकारी मैंने उन्हें दी है। लेकिन अन्य दो बातों का उल्लेख करके मैं इस लेख को समाप्त कर रहा हूँ। रानडे, गोखले, आगरकर और तिलक का युग शायद गांधी युग की तरह आन्दोलनमय

नहीं रहा होगा किन्तु वह ज्ञानयुग था, इस बारे में मेरे मन में बिल्कुल सन्देह नहीं है। गांधीयुग भारत का अन्धकार युग है। उस समय की राजनीति झकझोरनेवाली नहीं रही होगी लेकिन ईमानदार थी। किन्तु गांधी की राजनीति झकझोरनेवाली होने पर भी हिन्दुस्तान की आज तक की किसी भी राजनीति से ज्यादा गैरजिम्मेदार है। उन्होंने राजनीति के आध्यात्मीकरण का पुण्य पठन कर उसकी परिसमाप्ति व्यापारीकरण से की है। किन्तु इसमें आश्चर्य किस बात का? "यदि नमक की अपना गुण छोड़ दे तो उसे नमकीन कौन बना सकता है?" इस तरह की बात क्या येशू ख्रिस्त ने फैरिसिस (Pharisees) को नहीं कही थी?

आज राजनीति में आए गांधी के इस पाखंड को कैसे समाप्त किया जाए यही इस समय का दूसरा महत्त्वपूर्ण सवाल है। हिन्दी जनता को सही मार्ग पर आकर इस महात्मा के मनचाहे ताल पर नाचने की बजाय स्वतन्त्र रूप से अपने विचार बनाने में शायद काफी समय लग सकता है। बहुसंख्यक लोग आज भी अज्ञानी और जानवरों की तरह जी रहे हैं। इसके लिए वे ही लोग जिम्मेदार नहीं हैं बल्कि ऊँची जाति और वर्ग के लोगों ने उन्हें जानबूझकर अज्ञान के अँधेरे में कैद कर रखा है। वजह कुछ भी हो, किन्तु सच्चाई यही है। केवल बुद्धि के बल पर इस महात्मा के खिलाफ आन्दोलन चलाना सम्भव नहीं है। एक तरह से यह आन्दोलन दैवी चमत्कार के विरोध में सूखा तर्कवाद है। सिर्फ तर्कवाद ही चमत्कार की निन्दा को समाप्त नहीं कर सकता। ऐसी स्थिति में मैं यह सुझाव देना चाहता हूँ कि इस महात्मा के जाल से मुक्त होने के लिए देश के अन्य महात्माओं को राजनीति में आकर अपने-अपने राजनीतिक दल स्थापित करने चाहिए, इसके लिए प्रयास होना चाहिए। हिन्दुस्तान में ऐसे महात्माओं की कोई कमी नहीं है। हिन्दुस्तान में उपासनी बाबा, दादा महाराज, मेहर बाबा, नारायण बाबा केडगांवकर आदि और इनके जैसे कई बाबा लोग हैं। कई लोगों को मूर्ख बनाकर उन्हें अपने जाल में फँसाने की कला में वे महात्मा लोग माहिर हैं। यह बात सही है कि गांधी के अनुयायियों से उनके अनुयायियों की संख्या कम है। किन्तु उनकी नालायकी उसकी वजह नहीं है। हिन्दू जनता को मोक्ष के साथ-साथ राजनीतिक आजादी भी दिलाने की औकात हमारे पास है, इस बात की समझ कुछ कारणों से उन्हें अब तक नहीं आई है, यही वह कारण है। गांधी का प्रभाव उनकी इस दोहरी नीति के कारण सम्भव हुआ है। वे लोगों को दोनों आध्यात्मिक और राजनीतिक मोक्ष दिलाने का आश्वासन देते हैं। मुझे यह यकीन है कि उपासनी महाराज, दादा महाराज, मेहर बाबा, नारायण महाराज आदि बाबाओं ने यदि गांधी की नीति को अपनाया तो गांधी के नाम का तिलक लगानेवाले दलों के साथ मुकाबला करनेवाले दलों की स्थापना वे निश्चित तौर पर कर सकते हैं। कई राजनीतिक दल अस्तित्व में होने से ही फिलहाल देश की भलाई है। इन भिन्न-भिन्न नेताओं के द्वारा अलग-अलग पार्टियाँ स्थापित करने से जो कशमकश होगी उससे गांधी और उपासनी आदि बाबा लोग जिस तरह से पुराणों के नायक एक अप्सरा के लिए एक-दूसरे का विनाश करने पर तुल जाते हैं उसी प्रकार वे एक-दूसरे को बर्बाद

कर देंगे। और अगर उस तरह से न हुआ और वे एक-दूसरे के सिर्फ विरोधी रहे तब भी वही बात होगी। उसकी वजह से कम-से-कम आज जो फासिज़्म रोग की तरह फैल रहा है उस पर रोक लगेगी। कुल मिलाकर यह दिखाई दे रहा है कि अन्य किसी महात्मा के आगे आकर अपने खास लक्ष्य का ध्वज फहराने में ही हिन्दुस्तान का बौद्धिक मोक्ष है। मैं यहाँ मजाक नहीं कर रहा हूँ। मैं यहाँ इस बात को बड़ी गम्भीरता से लिख रहा हूँ। उपासनी महाराज, दादा महाराज, मेहर बाबा या नारायण बाबा आदि बाबाओं का कोई शिष्य अपने महाराजाओं को इस तरह की सलाह देकर उनके मन को इस काम को करने के लिए तैयार करता है तो वह क्या हिन्दी लोगों पर मेहरबानी होगी? अन्य लोग उन्हें धन्यवाद देंगे या नहीं इस बात को मैं नहीं जानता। किन्तु यदि मैं सिर्फ अपने बारे में कहूँ तो मैं इन बाबाओं को यह भरोसा दिला सकता हूँ कि इस मेहरबानी के लिए अहसानमन्द होकर मैं उनका हमेशा के लिए शुक्रगुजार रहूँगा।

साप्ताहिक 'चित्रा' के अक्तूबर, 1938 के किसी अंक में प्रकाशित।

गांधी विश्वासघात करनेवाले हैं

*अहमदाबाद में डॉ. बाबासाहेब अम्बेडकर आनेवाले हैं इस प्रकार का समाचार चारों ओर फैल गया था। इस समाचार को सुनकर कांग्रेस के लोग बड़े बेचैन हो गए थे। उन्होंने डॉ. अम्बेडकर अहमदाबाद न आएँ इस बात का पूरा प्रयास किया। लेकिन डॉ. अम्बेडकर **22,23 अक्तूबर 1938** को अहमदाबाद के दौरे पर आए। अहमदाबाद में गुजरात व्हर्नाकुलर सोसायटी के प्रेमाभाई हॉल में दलित युवक मंडल की ओर से उनको सम्मान-पत्र दिया गया था। इस सभा को सम्बोधित करते हुए डॉ. अम्बेडकर ने कहा–*

मेरे ऊपर यह आरोप लगाया जाता है कि मैं गांधी का विरोधी हूँ, मैं उन्हें नहीं मानता। यह बात बिल्कुल सही है। और इस बात को मैं गुजरात के इस मैदान में गांधीवाद के किले में आप सभी के सामने खुलेआम कह रहा हूँ। यह कहते हुए मुझे कोई कठिनाई महसूस नहीं हो रही है। मैं इस बात को अच्छी तरह जानता हूँ कि गांधी के विरोध में बोलना आसान नहीं है। आज करोड़ों लोग उन्हें अवतारी पुरुष मानते हैं। दुनिया के सामने वे हिन्दुस्तान के एकमात्र प्रतिनिधि के रूप में विदेश जाते हैं। वे साधु, महात्मा समझे जा रहे हैं। क्या मुझे यह नहीं मालूम कि गांधी के चरणों में नाक रगड़कर 'जी हुजूर' करने से कितनी भलाई है ? सुभाषचन्द्र बोस को ही लीजिए। 1932 में विट्ठलभाई पटेल के कान में उन्होंने गांधी के बारे में कहा था?

''महात्मा गांधी की कानून तोड़ो आन्दोलन को वापस लेने की बात सुनकर बड़ा आश्चर्य हुआ। महात्मा गांधी ने आज तक राष्ट्र की ओर से जो महत्त्वपूर्ण काम हुआ था उस पर कलम के एक झटके में कालिख पोत दी है। पिछले 13 सालों में विलक्षण स्वार्थ त्याग और बलिदान करके हिन्दी राष्ट्र ने अपने आन्दोलन की जो सफलता हासिल की और इज्जत कमाई वह महात्मा जी के आन्दोलन वापस लेने की घोषणा से पूरी तरह समाप्त हो गई है। मुझे अभी भी यह बात समझ में नहीं आई कि इस तरह के आन्दोलन बीच में ही वापस लेने का उन्हें क्या अधिकार है? एक समय नेपोलियन ने कहा था, 'I am the State.' (मैं ही राज्य हूँ), आज गांधी लोगों को परोक्ष रूप से यही बनना चाहते हैं, 'I am the Congress' (मैं ही कांग्रेस हूँ)...सविनय अवज्ञा आन्दोलन वापस लेने का मतलब कांग्रेस का वर्तमान कार्यक्रम असफल हुआ, इस बात को कबूल करना है। महात्मा गांधी राजनीतिक नेता की दृष्टि से असफल हुए हैं, ऐसी मेरी अपनी राय है।''

गांधी के लिए ऐसी बात कहनेवाले सुभाषचन्द्र बोस कांग्रेस के सभापति हैं। यह परिवर्तन इसलिए हुआ कि उन्होंने बाद में गांधी-भक्ति का नकाब पहन लिया। चन्दे के चार आने और सफेद टोपी के दो आने खर्च कर मैं कांग्रेस में गया तो वह सम्मान मुझे भी मिलेगा, यह बात मुझे अच्छी तरह मालूम है। किन्तु ऐसे सम्मान को मैं ठोकर मारता हूँ। मैं महात्मा गांधी का विरोध क्यों करता हूँ? मैं गांधी का जो विरोध कर रहा हूँ वह मेरे अपने स्वार्थ के लिए नहीं है। यह महात्मा विश्वासघात करनेवाला है, इसलिए मैं उसका विरोध करता हूँ। उसके विश्वासघात के मेरे पास पर्याप्त प्रमाण हैं। इस बात का मुझे अपने कार्य में प्रत्यक्ष अनुभव भी है इसलिए मैं उनका विरोध करता हूँ और करता रहूँगा।

मैं आपको यह बताना चाहता हूँ कि मैं गांधी को विश्वासघात करनेवाला क्यों कहता हूँ, राउंड टेबिल कॉन्फ्रेन्स के लिए हिन्दुस्तान के दलित वर्ग के प्रतिनिधि के रूप में इंग्लैंड जाने से पहले मैं गांधी से मिला था। उस समय उन्होंने कहा था कि मैं अछूतों को स्वतन्त्र निर्वाचन क्षेत्र देने के विरोध में हूँ। किन्तु विस्तार से बात होने के बाद उन्होंने यह कबूल किया था कि अन्य अल्पसंख्यक समुदायों के प्रतिनिधियों ने अछूतों की माँगें मान लीं तो मैं उनके खिलाफ नहीं जाऊँगा। हम इंग्लैंड गए। दूसरी गोलमेज परिषद् में गांधी भी थे। मैं जिस काम के लिए गया था उसके सम्बन्ध में उनसे अच्छी बातचीत हुई। एक दिन सरोजिनी नायडू मुझे गांधी के पास ले गईं। उन्हें यह बात समझ लेनी थी कि अछूतों का कहना क्या है। रात के 10 बजे थे। हम पहुँचे। उस समय गांधी चरखा कात रहे थे। मुझे जो कुछ कहना था मैंने कहा। मैं कह रहा था और गांधी का चरखा घूम रहा था। मैं उनके पास डेढ़ घंटा रहा। इतने समय गांधी मुझसे एक लफ्ज भी नहीं बोले। अन्त में उनके चरखे का चक्र रुका और हम खड़े हुए। उस समय गांधी ने मुझसे इतना ही कहा, "मैंने आपकी बात सुन ली हैं। मैं उस पर जरूर सोचूँगा।" मैं वहाँ से चला आया।

बाद में अल्पसंख्यक प्रतिनिधियों की (मॉयनॉरिटिज कमेटी) तीसरी बैठक हुई। रैम्स मैक्डोनॉल्ड अध्यक्ष थे। कार्यवाही शुरू होने के पहले ही मुस्लिमों ने स्थगन प्रस्ताव रखा। बात यह थी कि उन्हें गांधी के साथ कुछ निजी बातें करनी थीं। मुझे आश्चर्य हुआ। मुझे इस बात का अर्थ समझ में नहीं आ रहा था। मैं खड़ा हुआ और स्थगन प्रस्ताव का विरोध करने लगा। मैंने कहा, "यदि यह बातचीत अल्पसंख्यक लोगों के अधिकारों के सम्बन्ध में है तो वह अकेले गांधी के साथ क्यों की जाए? उसमें बोलने का अधिकार हमें क्यों नहीं? निजी बातें, इससे पहले हो चुकी हैं। यदि यह बातचीत अछूतों की माँगों के सम्बन्ध में है तो हमें गफलत में रखकर क्यों? इस सम्बन्ध में गांधी को अपनी बात स्पष्ट करनी चाहिए।" इस पर अध्यक्ष ने गांधी को इस सम्बन्ध में उनका क्या कहना है, यह स्पष्ट रूप से पूछा तब गांधी ने कहा, "मैं अकेले अछूतों को कुछ नहीं देना चाहता, किन्तु अन्य अल्पसंख्यक प्रतिनिधियों ने यदि अछूतों की माँगें मान लीं तो मैं उनका विरोध नहीं करूँगा।" ये बातें मैं अपने मन से नहीं कह रहा हूँ, ये बातें गोलमेज परिषद् की कार्यवाही में लिखी गई हैं। जो चाहे उसे देखने को मिल सकती हैं। अन्त में मेरे विरोध का कोई फायदा नहीं हुआ। सभा स्थगित कर दी गई।

उसके बाद जो कुछ घटनाएँ घटीं, उसके बाद गांधी ने जो कुछ दाँवपेंच खेले, वह सारी बातें मेरे मन पर दर्ज हैं। और उनसे मुझे पूरा यकीन हो गया कि गांधी विश्वासघात करनेवाला आदमी है।

अल्पसंख्यक समिति की सभा में उक्त प्रकार का भाषण करने के बाद इस महात्मा ने क्या किया? अपना आग्रह कामयाब करने के लिए उन्होंने अपने सोच के अनुसार एक नई तरकीब खोज निकाली। उन्होंने कुरान की एक प्रति मँगवाई। उसके पन्ने पलटे और मन में तय करके रिट्ज (Ritz) होटल में जहाँ आगाखान का मुकाम था, जहाँ मुस्लिमों की बैठक चल रही थी, गांधी वहाँ गए। और कुरान को उनके सामने रखते हुए कहने लगे, "यह देखिए, आपका धर्मग्रन्थ क्या कह रहा है, क्या किसी भी समाज में फूट डालना पवित्र इस्लाम धर्म को मंजूर है?" उन्होंने कहा, "नहीं," फिर गांधी ने कहा, "तो फिर क्या आप लोग एक भयंकर अधर्म नहीं करने जा रहे हैं? अछूतों की माँगों का समर्थन करके आप लोग हिन्दू समाज में फूट डालने का काम कर रहे हैं। आपका यह व्यवहार इस्लाम धर्म के खिलाफ है।" उस पर उन्होंने कहा, "लेकिन गांधीजी, इसमें धर्म का क्या सम्बन्ध है? यह तो राजनीतिक हक़ों का सवाल है। हम लोग अछूतों की अपेक्षा अधिक सम्पन्न, अधिक सुव्यवस्थित, अधिक उन्नत होने के बावजूद भी उनके राजनीतिक हक़ों के लिए लड़ रहे हैं। हम लोग और अन्य अल्पसंख्यक समाजों को जो हक़ माँगने का और हासिल करने का हक़ है वे हक़ अछूतों को देने उचित हैं। इसमें अधर्म की बात कहाँ है?"

कुरान की ओट में छिपकर किया गया यह वार बेकार चला गया, यह देखकर गांधी ने दूसरा और ज्यादा बेशर्मी का प्रयोग किया। उन्होंने कहा, "खैर, कोई बात नहीं। आपको अपनी चौदह माँगें चाहिए या नहीं?"

"जरूर! वे हमें चाहिए।"

"फिर मैं उन्हें पूरी करवा सकता हूँ। किन्तु आप लोगों को मेरा काम करना होगा। यदि आप लोगों ने समिति की बैठक में अछूतों की माँगों को नकारा तो मैं आपकी चौदह की चौदह माँगें स्वीकार करवाने का प्रयास करूँगा।"

अछूतों को कुछ भी न दिया जाए, इस बात के लिए हर तरह की कोशिश करनेवाला यह महात्मा किस तरह के खेल खेल सकता है यह देखने के बाद उस पर कौन यकीन कर सकता है? मुस्लिमों के साथ उन्होंने जो समझौता किया था उसका ड्राफ्ट मेरे पास है, उसे मैं अपनी किताब में छपवानेवाला हूँ। मैं हवा में बातें नहीं कर रहा हूँ।

मेरे ऊपर एक और आरोप यह है कि मैं कांग्रेस का समर्थन नहीं कर रहा हूँ। और बात भी सही है। कांग्रेस में जाने से क्या-क्या फायदे हैं, यह मुझे मालूम है। मैं कांग्रेस में जाऊँ इसके लिए भी प्रयास किए गए हैं। उनमें से एक प्रयास के बारे में मैं बताना चाहूँगा। इससे आपको यह बात समझ में आएगी कि कांग्रेस में जाने का मतलब क्या होता है। 1935 में एक बार मेरा एक मित्र मुझे आग्रह के साथ गांधी से मिलवाने वर्धा ले गया। मैं जानता था कि मुलाकात का कोई उपयोग नहीं है। किन्तु मित्र के आग्रह

पर मैं वर्धा गया। शेगाँव में गांधी से भेंट हुई और मेरा अंदाज सही निकला। पुनः हम लोग वर्धा में सेठ जमनालाल के यहाँ गए। वहाँ फिर कुछ लोग मेरा मन अपने अनुकूल बनाने का प्रयास करने लगे। जमनालाल ने कहा, "देखो डॉक्टर साहब, आप बड़ी भूल कर रहे हैं।"

मैंने कहा, "वह कैसे?"

उन्होंने कहा, "देखिए, कांग्रेस में आने से आपकी कितनी भलाई होगी! अछूतोद्धार का आन्दोलन हम लोग आपके हाथों में सौंप देंगे। क्या आप यह जानते हैं कि हमारे मारवाड़ी समाज के बारे में लोग क्या कहते थे? ये लोग समाज का खून चूसनेवाले हैं, किसानों को बर्बाद करनेवाले, बेरहम, बदमाश हैं, लेकिन आज मारवाड़ी राष्ट्रपुरुष हैं। चारों ओर उन्हीं की हवा है, इसकी वजह क्या है? इसकी वजह है कि आज हम लोग कांग्रेस में हैं। आप कांग्रेस में आइए, आप भी राष्ट्रपुरुष होंगे।"

मैंने कहा, "यह कैसे सम्भव है? मेरा गांधी पर यकीन नहीं है। उनके काम पर मुझे भरोसा नहीं है। मेरे उनसे मतभेद हैं। मैं कांग्रेस में आकर क्या करूँगा?"

"कोई बात नहीं, मतभेद हैं, तो क्या हुआ? जवाहरलाल नेहरू को देखिए। उनके भी गांधी से मतभेद हैं। कई बातों पर उनमें अनबन होती है। फिर भी वे कहते हैं कि 'गांधी मेरे गुरु हैं' वही बात आपको भी करनी चाहिए। बस हो गया। फिर सब बातें ठीकठाक हो जाएँगी।"

मैंने हँसकर कहा, "यदि किसी पर अपना विश्वास हो तो मतभेदों के बावजूद भी उसके साथ काम करने में कोई दिक्कत नहीं होती। किन्तु मेरा तो गांधी पर विश्वास ही नहीं है। फिर मैं उन्हें गुरु कैसे कहूँगा? और उनके साथ काम कैसे कर पाऊँगा?"

यहीं पर बात रुक गई। पुनः हम लोग गांधी से विदा लेने शेगाँव गए। वहाँ पहुँचने के बाद मैंने पाया कि मुझसे पहले ही वर्धा में हुई बातचीत शेगाँव पहुँच गई। मेरे वहाँ पहुँचकर गांधीजी के सामने जाते ही महादेव देसाई ने गांधी से कहा, "खबर छे बाबूजी, डॉक्टर साहेब सूँ कहे छे।"

"क्या? क्या कहते हैं?" गांधी ने पूछा।

गांधीजी के बारे में मेरे विचार क्या हैं उनके सामने कहने की मैं हिम्मत नहीं जुटा पा रहा हूँ। कुछ इस तरह के भाव व्यक्त करते हुए महादेव देसाई ने कहा, "वे कहते हैं कि आप पर उनका विश्वास नहीं है। इसलिए वे आपके साथ काम करने के लिए तैयार नहीं हैं।"

गांधी ने मेरी ओर सवालिया नजरों से देखा। मैंने कहा, "बिल्कुल सही बात है। मेरा आप पर बिल्कुल विश्वास नहीं है।"

कांग्रेस में जाकर समाज-परिवर्तन का कोई कार्यक्रम हाथ में लेना सम्भव नहीं है इसलिए मैं कांग्रेस में शामिल नहीं हो रहा हूँ।

साप्ताहिक 'जनता' के 26 नवम्बर, 1938 के अंक में प्रकाशित।

झूठे कौन, कांग्रेस या मजदूरों के नेता?

साप्ताहिक 'जनता', **5 नवम्बर, 1938**

हड़ताल के सम्बन्ध में कांग्रेस सरकार और मजदूरों के नेताओं में जो घमासान चल रहा है, उसके बारे में सभी लोग अच्छी तरह से जानते हैं। इस संघर्ष में मजदूर वर्ग के लोग मजदूर नेताओं के पीछे हैं। और इस बात से सभी लोग परिचित हैं कि उन्हें हड़ताल विरोधी यह कानून नापसन्द है। फिर भी कांग्रेस के लोग इस बात को सारी दुनिया को बताते हुए घूम रहे हैं कि, "इस बिल को मजदूरों ने स्वीकार किया है।"

सभा में मौजूद जनसमुदाय के आधार पर इस बात का फैसला किया जा सकता है कि मजदूर वर्ग के लोग इस कानून को नापसन्द करते हैं या नहीं। यह बात सूरज की रोशनी की तरह साफ है। आज तक मजदूर वर्ग की जितनी सभाएँ हुई हैं उनमें बीस-बीस, तीस-तीस हजार लोग मौजूद थे। किन्तु कांग्रेस द्वारा आयोजित सभाओं में पचास लोग भी नहीं पहुँच सके, इसका मतलब क्या है? कांग्रेस के पक्ष में सरकार, पुलिस, पैसा, मुम्बई के दादा लोग आदि सारी चीजें होने के बावजूद वे मुट्ठीभर मजदूर नेताओं का मुकाबला नहीं कर सकते, इसका मतलब क्या है?

इस बिल के सम्बन्ध में कांग्रेस का पक्ष सही होता, मजबूत होता तो कांग्रेस के लोगों की हालत इस तरह से मटियामेट नहीं हुई होती। उन्हें इस तरह से धूल न चाटनी पड़ती। इसी एक बात की वजह से मजदूर लोग समझ गए हैं कि यह कानून कितना बुरा है और मजदूर वर्ग के हितों के कितने खिलाफ है। किन्तु इस बिल का जो विरोध है उसे जनता के सामने प्रदर्शित करने के लिए जैसाकि मजदूरों की सभा में तय हुआ है, उसके मुताबिक 7 तारीख को हर जगह मजदूर हड़ताल पर जानेवाले हैं, इसमें अब कोई सन्देह नहीं रहा है। इस बात को जब कांग्रेस के नेताओं ने अच्छी तरह समझ लिया तब उन्होंने मजदूरों को गुमराह करने के उद्देश्य से पचास-साठ मजदूरों को साथ में लेकर उनके नाम से एक पर्चा छपवाया। इस पर्चे से मजदूरों में भ्रम पैदा होना स्वाभाविक था इसलिए इस बारे में स्पष्टीकरण के रूप में कुछ शब्द लिखने जरूरी हैं।

इस पर्चे के द्वारा यह आरोप लगाया गया है कि 'आज मजदूरों के नेता जिस बिल का इतना विरोध कर रहे हैं उस बिल के मुख्य सिद्धान्तों को उन्होंने प्रारम्भ में समर्थन दिया था और इसीलिए उनका यह विरोध ईमानदारी से किया गया विरोध नहीं है।'

इस आरोप से सम्बन्धित कुछ बातों की ओर मजदूरों का ध्यान आकर्षित करना जरूरी है। सबसे पहले मजदूरों को गम्भीरता से इस बात की खोज करनी जरूरी है कि यह आरोप किस पर लागू होता है। हड़ताल-विरोधी कानून के सम्बन्ध में मजदूरों की ओर से जो नेता लड़ रहे हैं, उनमें आज दो गुट हैं, इस बात को सभी मजदूरों को अच्छी तरह समझ लेना चाहिए। इसमें एक गुट ट्रेड यूनियन कांग्रेस में सम्मिलित हुए मजदूर नेताओं का है और दूसरा गुट स्वतन्त्र मजदूर पार्टी से जुड़े मजदूर नेताओं का है। चंचल और गैरजिम्मेदाराना ढंग का यह आरोप अन्य किसी मजदूर नेता पर लगाना उचित हो या अनुचित हो किन्तु यह आरोप मजदूरों के आन्दोलन का बुनियादी आधार बन रही स्वतन्त्र मजदूर पार्टी पर या उसके किसी कार्यकर्त्ता पर नहीं किया जा सकता, इस बात को हम साफ शब्दों में कहना चाहते हैं। इस सम्बन्ध में स्वतन्त्र मजदूर पार्टी की भूमिका एकदम साफ है। उस पर कोई भी अपना पक्ष बदलने का आरोप नहीं लगा सकता। इस तरह के बिल को स्वतन्त्र मजदूर पार्टी ने कभी स्वीकार नहीं किया। और इसलिए उस पार्टी का विरोध ईमानदारी का विरोध नहीं है, यह बात कोई नहीं कह सकता।

मजदूरों के अन्य नेताओं को जो कुछ कहना हो, उसके लिए वे स्वतन्त्र हैं। हमें उनकी वकालत करने में कोई दिलचस्पी नहीं है। किन्तु किसी के पाप से सार्वजनिक कार्य का नुकसान होना उचित नहीं है, इसलिए उस बात का स्पष्टीकरण होना जरूरी है। जिन लोगों ने इस तरह का पर्चा छपवाकर मजदूर नेताओं के सम्बन्ध में भ्रम पैदा करने की कोशिश की है, उन लोगों से एक सवाल पूछना जरूरी है।

यह जो कहा जा रहा है कि ट्रेड यूनियन कांग्रेस में सम्मिलित मजदूर नेताओं ने इस बारे में अपना समर्थन दिया है, उन्होंने अपना समर्थन किन सिद्धान्तों को दिया है इस बात का स्पष्टीकरण करना जरूरी है।

इस तरह की बेबुनियाद कपोल-कल्पनाएँ करके अपने को भ्रमित करने तथा लोगों को गुमराह करने का कोई मतलब नहीं है। इस बिल के मूल में कुल पाँच सिद्धान्त हैं : (1) जबरन सुलह, (2) जबरन पंचायत, (3) हड़ताल करना जुर्म है और उसके लिए सजा, (4) मजदूर संघ स्थापित करने के लिए मालिकों की मान्यता, (5) जिन्हें सरकार चाहेगी उन्हीं यूनियन्स को मजदूरों के प्रतिनिधि होने का हक़। इन पाँच सिद्धान्तों में किन सिद्धान्तों को ट्रेड यूनियन कांग्रेस में सम्मिलित मजदूर नेताओं ने अपना समर्थन दिया है, इस बात का स्पष्टीकरण जब तक नहीं होता तब तक उनका आज का विरोध गैरजिम्मेदाराना ढंग का है, यह कहना क्या बेबुनियाद सिद्ध नहीं होगा? हमारी राय में सच्चाई क्या है, इस बात का स्पष्टीकरण ट्रेड यूनियन कांग्रेस में सम्मिलित मजदूर नेताओं को करना जरूरी है। लोगों में इस तरह भ्रम नहीं रहना चाहिए, इससे बड़ा नुकसान होगा। कांग्रेस सरकार कहती है कि 'इन नेताओं ने बिल को पूरा समर्थन दिया था। बिल के किसी सिद्धान्त पर कोई आपत्ति या सन्देह नहीं किया गया था।' किन्तु ट्रेड यूनियन कांग्रेस के नेता कहते हैं, 'इस प्रकार का आरोप झूठा है। हमने ऐसा कोई समर्थन नहीं किया है। हमने जो समर्थन किया है वह बिल का नहीं, कांग्रेस के चुनावी

घोषणा-पत्र का किया है।' इसलिए दोनों के बीच जो पत्राचार हुआ है उसे प्रकाशित किए बगैर इस विवाद का फैसला होना मुश्किल है।

अगर इस बात को स्वीकार कर भी लिया जाए कि कांग्रेस सरकार का कहना सच है फिर भी मजदूरों के कुछ नेताओं ने एक समय बिल का समर्थन किया और आज वे उसका विरोध कर रहे हैं तो इसमें ईमानदारी नहीं दिखाई देती, इसलिए यह बिल अच्छा है यह कैसे साबित होता है, यह बात मेरी समझ में नहीं आ रही है। मजदूरों के कुछ नेता झूठे होंगे, किन्तु कांग्रेस के हजारों नेता मजदूरों के नेताओं से भी हजार गुना झूठे हैं। कांग्रेस में झूठे लोग हैं इसलिए कांग्रेस की सम्पूर्ण नीति झूठी है, इस बात को क्या कांग्रेस के लोग स्वीकार करने के लिए तैयार हैं? केवल यह असंगति ही बेईमानी सिद्ध करने के लिए पर्याप्त है, इस बात को यदि कांग्रेस भक्त स्वीकार करते हों तो कांग्रेस की नीतियों में असंगतियाँ खोजना असम्भव नहीं है। इस बिल के पीछे आज कांग्रेस की जो नीति है और असहयोग का आन्दोलन शुरू करते समय मजदूरों के आन्दोलन के सम्बन्ध में कांग्रेस की क्या नीति थी, इस बात की ओर ध्यान देना जरूरी है। 1920 में नागपुर में आयोजित कांग्रेस के सम्मेलन में स्वराज्य की माँग का प्रस्ताव मंजूर हुआ। और उसी के साथ स्वराज्य हासिल करने के लिए असहयोग और सविनय अवज्ञा जैसे दो शस्त्रों का इस्तेमाल किया जाए, यह प्रस्ताव भी मंजूर किया गया था। कांग्रेस के इसी सम्मेलन में मजदूरों के सम्बन्ध में निम्न प्रस्ताव पारित किए गए थे। उन प्रस्तावों के अंग्रेजी और हिन्दी प्रारूप दिए जा रहे हैं–

(1920) Nagpur Congress, Resolution No. VII

"The Congress express its fullest sympathy with the workers of India in their struggle for securing their legetimate rights through the organization of Trade Unions and places on record its condemnation of the brutal policy of treating the lives of Indian workers of on account under the false protest of preserving law and order.

Resolution No. VIII

"The Congress in of openion that Indian labour should be organised with a view to improve and promote their well being and secure to them their just rights and also to prevent exploitation (1) of Indian labour (2) of Indian resourcesly foreign agencies; and that the All India Congress Committee should appoint a committee to take effective steps in that behalf."

नागपुर कांग्रेस (1920), प्रस्ताव 7 और 8

"अपने न्यायोजित हक़ हासिल करने के लिए अपने ट्रेड यूनियन्स की ओर से हिन्दी मजदूरों ने जो आन्दोलन शुरू किया है उसके प्रति कांग्रेस अपनी पूरी हमदर्दी व्यक्त करती है। झूठी शान्ति और सुव्यवस्था के नाम पर हिन्दी मजदूरों के जीवन का कोई महत्त्व नहीं है। इसलिए इस प्रकार की अमानवीय नीति का कांग्रेस निषेध करती है।"

"इस कांग्रेस की यह राय है कि उनकी स्थिति में बदलाव लाने के लिए, उन्हें उनके न्यायोचित हक़ हासिल करने के लिए और उनका शोषण समाप्त करने के लिए मजदूरों का संगठन बनाना जरूरी है। और इस ऑल इंडिया कांग्रेस कमेटी को इस कार्य को प्रभावी ढंग से पूरा करने के लिए एक कमेटी नियुक्त करनी चाहिए।"

इस प्रस्ताव को अमल में लाने के लिए 1922 में गया में कांग्रेस का जो अधिवेशन हुआ था उसमें निम्न प्रस्ताव मंजूर किया गया था। प्रस्ताव के हिन्दी और अंग्रेजी प्रारूप निम्न हैं–

(1922) Gaya Congress, Resolution No. XIII

"Where as this Congress is of openion that Indian labour should be organised with a view to improve and promote their well being and secure to them their just rights and also to prevent exploitation of Indian labour and Indian resources, it is resolved that this Congress while welcoming the move made by All India Trade Union Congress and various Kisan Sabhas in organising the workers of India, here by appoints the following committee with power to co-opt, to assist the Executive Council of the All India Trade Union Congress for the organization of Indian labour, both agricultural and industrial."

(1) C.F. Andrews (2) J.N. Sen Gupta (3) S.N. Haldhar (4) Swami Dinanath (5) Dr. D.D. Sathaye (6) S. Singravelu Chethiar.

गया कांग्रेस (1922), प्रस्ताव 13वाँ

"जब इस कांग्रेस की यह राय है कि मजदूरों की स्थिति में परिवर्तन लाने के लिए, उन्हें उनके न्यायोचित हक़ दिलवाने के लिए, उनका और हिन्दी साधनों का शोषण रोकने के लिए हिन्दी मजदूर वर्ग का संगठन बनाना जरूरी है, तब उस दृष्टि से कांग्रेस इस प्रकार का प्रस्ताव मंजूर करती है कि "यह कांग्रेस 'आल इंडिया ट्रेड यूनियन कांग्रेस'

और कई किसान सभाओं ने हिन्दी मेहनतकश वर्ग को संगठित करने के लिए जो आन्दोलन शुरू किया है, कांग्रेस उसका स्वागत करती है। और आल इंडिया ट्रेड यूनियन कांग्रेस के कार्यकारी मंडल को खेत मजदूर और औद्योगिक मजदूरों का संगठन बनाने की दृष्टि से मदद करने के लिए निम्न लोगों की कमेटी नियुक्त करती है। इस कमेटी में और अधिक सदस्य लेने का अधिकार इस कमेटी को है।''

(1) सी.एफ. एण्ड्रूज (2) जे.एन. सेन गुप्ता (3) एस.एन. हलधर (4) स्वामी दीनानाथ (4) डॉ. डी.डी. साठये (5) एस. सिंगारवेलू चेटियार।

कांग्रेस ने इन प्रस्तावों में मजदूरों के आन्दोलनों के सम्बन्ध में जो भूमिका अपनाई है और इस बिल में जो तत्त्व सम्मिलित किए गए हैं उनमें जमीन और आसमान का अन्तर है, इस बात को कोई भी सामान्य पढ़ा-लिखा आदमी अच्छी तरह से समझ सकता है। इन प्रस्तावों में प्रस्तावित बिल में जो खतरनाक तत्त्व हैं उनकी छाया तक नहीं दिखाई देती है। कांग्रेस के प्रस्तावों में साफ तौर पर कहा गया है कि मजदूरों का आन्दोलन स्वतन्त्र होना चाहिए, किसी को भी उनका शोषण नहीं करना चाहिए। किन्तु वही कांग्रेस आज के इस बिल के द्वारा मजदूरों को गुलाम बनाने का घटिया काम कर रही है। कांग्रेस के लोग सिर्फ प्रस्ताव मंजूर करने तक ही नहीं रुके, उन्होंने मजदूरों की हड़ताल में भी हिस्सा लिया था। यही नहीं, उनके द्वारा मजदूरों को हड़ताल करने के लिए प्रेरित करने के कई प्रमाण दिए जा सकते हैं। स्वयं गांधी ने मजदूरों को हड़ताल करने के लिए प्रेरित करने, हड़ताल में सहयोग करने और हड़ताल चलाने के उपदेश कई बार दिए हैं, इस बात को सिद्ध किया जा सकता है, जहाँ ऐसी स्थिति है वहाँ झूठा कौन है, यह सवाल स्वाभाविक तौर पर उठता है। कांग्रेस झूठ है या ट्रेड यूनियन कांग्रेस के नेता झूठे हैं? और यदि केवल असंगत बातों के कारण ट्रेड यूनियन कांग्रेस के नेताओं को धूर्त कहा जाए तो कांग्रेस के कार्यकर्ताओं को क्यों न धूर्त कहा जाए? ट्रेड यूनियन कांग्रेस के मजदूर नेताओं की तुलना में कांग्रेस के लोग अधिक धूर्त हैं। उन्होंने मजदूरों को गुमराह किया है, कम-से-कम यही हमारी मान्यता है।

स्वराज हासिल करने के लिए उन्हें मजदूरों के समर्थन की जरूरत थी। इसलिए उन्होंने 1920-22 में कांग्रेस के अधिवेशनों में उक्त प्रस्ताव पारित किए। और सत्ता हाथ में आते ही उन्हीं मजदूरों को गुलामी में धकेल दिया। फिर ऐसे लोगों को धोखेबाज न कहा जाए तो क्या कहना चाहिए, यह हमारी समझ में नहीं आ रहा है। हम मजदूरों से बस इतना ही कहना चाहते हैं कि उन्हें ईमानदार कौन और बेईमान कौन है इसकी खोज करने के बजाय यह बिल उनके पक्ष में है या नहीं, इस बात पर विशेष रूप से सोचना चाहिए। और वे इसी दृष्टि से यदि इस बिल को देखेंगे और उसकी जाँच-पड़ताल करेंगे तो हमें पूरा यकीन है कि वे निश्चित तौर पर इस बिल का विरोध करने के लिए आगे आएँगे। उन्हें ऐसा महसूस होगा कि इस बिल का निषेध करने के लिए निर्धारित 7 नवम्बर को एक दिन की हड़ताल करनी ही भलाई और स्वाभिमान का रास्ता है। इसमें कोई सन्देह नहीं है।

कौन है देशद्रोही ?

*दि. **6 नवम्बर 1938** को शाम के समय मुम्बई के परल के कामगार मैदान पर एक लाख से भी ज्यादा मजदूरों की एक विराट सभा दि. **7 नवम्बर 1938** के एकदिवसीय आम हड़ताल को सफल बनाने के लिए आयोजित की गई थी। इस सभा के अध्यक्ष थे ब. जमनादास मेहता और इस सभा में डॉ. अम्बेडकर, शामराव परूलेकर, भाई याग्यिक, कॉ. एस.ए. डांगे, मिरजकर आदि नेताओं के भाषण हुए। इस मजदूर वर्गीय सभा को सम्बोधित करते हुए डॉ. अम्बेडकर ने कहा–*

मेरे पूर्व वक्ताओं ने अभी आप लोगों को यह बताया है कि हम लोग आज यहाँ उस बिल का निषेध करने के लिए इकट्ठा हुए हैं जिसे मुम्बई सरकार ने लेजिस्लेटिव एसेम्बली में 'ट्रेड डिस्प्यूट बिल' के नाम से पेश किया है। इस बिल को 'ट्रेड डिस्प्यूट बिल' या 'मालिक मजदूर विवाद निवारण कानून' के नाम से पुकारा जा रहा है। इस बिल से मजदूर वर्ग की गर्दन कितनी सफाई से काट दी गई है, इस बात की चर्चा मैं अभी नहीं कर रहा हूँ। क्योंकि इस तरह की चर्चा मेरे पूर्व वक्ताओं ने और एसेम्बली में हमारे सदस्यों ने पिछले दो-तीन माह में लगातार उत्साह तथा जिम्मेदारी की भावना से की है। इस बारे में हम लोगों ने अखबारों में पढ़ा है। आज यहाँ मुझे आप लोगों से यही कहना है कि कांग्रेस ने सत्ता में आने के बाद मजदूरों के सम्बन्ध में यह जुल्मी कानून अपने संख्या बल के आधार पर पास करवा लिया है। और उस अन्याय का विरोध करनेवालों के खिलाफ गलत, घिनौना और बेशर्मी का प्रचार करने में कांग्रेस ने कोई कसर बाकी नहीं छोड़ी है। इस तरह कांग्रेस की सत्य-अहिंसा नीति का आज पूरी तरह पतन हो गया है, इस बात को हमें आज भूलना नहीं चाहिए।

बिकाऊ, दलाली करनेवाले खादीवालों से लेकर असली कांग्रेसी लोग आराम से यह बकवास करते रहे कि मजदूरों के नेता स्वार्थी और धूर्त हैं लेकिन इससे कोई बड़ा फर्क पड़नेवाला नहीं है। मैं आज आप लोगों के सामने एक स्पष्ट सवाल रखना चाहता हूँ कि पहले 1930-34 में कांग्रेस ने मजदूरों की भलाई के लिए जिस नीति की स्पष्ट घोषणा की थी उसकी धज्जियाँ उड़ाते हुए मजदूरों की गर्दनें छाँटनेवाला कानून बनानेवाले कांग्रेसी नेता धूर्त हैं या कांग्रेस पार्टी की ओर से होनेवाला अपमान बर्दाश्त करते हुए

एसेम्बली में निर्भयता के साथ मजदूरों का पक्ष रखनेवाले मजदूर नेता धूर्त हैं? इस बात का फैसला अब आप लोगों को करना है। क्या देश-हित और देशभक्ति का ठेका वंशपरम्परा से कांग्रेसवालों के पास है? डॉ. अम्बेडकर जातिवादी हैं? डॉ. अम्बेडकर देशद्रोही हैं? क्योंकि डॉ. अम्बेडकर जेल नहीं गए। यह बात आज भी मेरी समझ में नहीं आ रही है कि सिर्फ जेल जाने से आदमी देशभक्त कैसे होता है? मैं जेल नहीं गया हूँ यह बात सही है। मेरे जेल जाने का उपयोग क्या है? यदि मैं जेल गया होता तो मुझे बड़े इत्मीनान से 'ए' क्लास जेल मिली होती। और 'ए' क्लास में आराम से जेल भोगकर अपने अनुयायियों को गुमराह करने की पाखंडी सोच मेरी नहीं है यह बात मैं विनम्रता के साथ कहना चाहता हूँ। आज के कांग्रेसवालों ने नाममात्र के लिए जेल भोगी है। असली जेल भोगी है तिलक ने और अन्य महाराष्ट्रियन नेताओं ने।

एकतरफा और बेबुनियाद प्रचार से कुछ लोगों को गुमराह किया गया तब भी इस प्रचार का खोखलापन समझदार लोगों की समझ में निश्चित तौर पर आ जाएगा। जब कांग्रेसवालों के गुरु महात्मा गांधी दूसरी गोलमेज परिषद् में गए थे, उस समय वहाँ हमने उनकी हिन्दुस्तान के एकमात्र प्रतिनिधि के रूप में बड़ी जयजयकार की। मेरा गांधी के भक्तों से और गांधी पर गर्व करनेवालों से यह साफ और खुला आवाहन है कि उन्हें मेरे और गांधी के सभी भाषणों को जो गोलमेज परिषद् में हुए थे, इकट्ठा करके किताब के रूप में छपवाना चाहिए। हम लोगों के सभी भाषण गोलमेज परिषद् में प्रोसिडिंग्ज में सुरक्षित हैं। आप लोगों को 'डॉ. अम्बेडकर के भाषण', (भाग : एक) और 'महात्मा गांधी के भाषण' (भाग : दो) इस तरह से उन भाषणों को एकत्रित करके छपवाना चाहिए और उन्हें पढ़कर देशद्रोही कौन है, इस बात का फैसला करना चाहिए। मैं इस आम सभा में इस बात को साफ तौर पर कहना चाहता हूँ कि किसी भी निर्भय और निःस्वार्थ न्यायाधीश को इस बात का फैसला करना चाहिए, वे जो फैसला करेंगे उसे स्वीकार करने के लिए मैं तैयार हूँ।

कल की हड़ताल वास्तव में हड़ताल ही नहीं है। आज अपनी लड़ाई मालिक के साथ नहीं है। मुम्बई सरकार ने बदनीयती से और मालिकों को खुश करने के लिए मजदूरों को कत्ल करनेवाला बिल मंजूर किया है। वह बिल एसेम्बली में मंजूर हो चुका है। कौन्सिल में मंजूर होने में उसे देर नहीं लगेगी। इसके लिए सभी मजदूरों और कर्मचारी वर्ग का विरोध प्रदर्शित करने के लिए हम लोग कल एक दिन की आम हड़ताल करनेवाले हैं। इस एक दिन की शान्तिपूर्ण हड़ताल से हम लोग कर्मचारी और मजदूर वर्ग की विशाल शक्ति का प्रदर्शन करेंगे।

मेरा आप सभी लोगों से निवेदन है कि आप लोगों को हड़ताल में हिस्सा लेना चाहिए और उसे सफल बनाना चाहिए। लेकिन सिर्फ मेरे कहने से या अन्य मजदूर नेताओं के कहने पर आप लोगों को हड़ताल में उतरना चाहिए, ऐसा मेरा कहना नहीं है। बल्कि मैं कहना यह चाहता हूँ कि जिस बिल का निषेध करने के लिए इस हड़ताल का आवाहन किया गया उस बिल का घिनौना स्वरूप और उसके प्रति

अपनी जिम्मेदारी को अच्छी तरह से जानते हुए यदि आप लोगों को लगता हो कि इस बिल का निषेध होना चाहिए तो आपको इस हड़ताल में अवश्य शामिल होना चाहिए।

आप लोग ऐसा मत समझिए कि कल का कार्यक्रम पूरी तरह सफल हो गया तो आपका काम पूरा हो गया। आपको आगे जो लड़ाई लड़नी है उस लड़ाई की यह शुरुआत है, इस बात को आप अच्छी तरह से समझ लीजिए। आप लोग हजारों की संख्या में इस सभा में आए, इसके लिए मैं आपको धन्यवाद देता हूँ और अपनी बात यहीं समाप्त करता हूँ।

साप्ताहिक 'जनता' के 12 नवम्बर, 1938 के अंक में प्रकाशित।

इस गोलीकांड की घोर निन्दा होगी

डॉ. बाबासाहेब अम्बेडकर की एक मुलाकात। इसमें उन्होंने अपने विचारों को बड़ी निर्भीकता के साथ व्यक्त किया है। वे कहते हैं–

मुम्बई के मजदूरों को उचित न्याय मिलना चाहिए इसलिए कानून और व्यवस्था के लिए और कम-से-कम उस राज्य की शासन-व्यवस्था पर जो कलंक लगा है उसे धोने के लिए उस 'काले कानून' का निषेध करने के लिए जो हड़ताल की गई उसे दबाने के लिए के. एम. मुंशी के पुलिस विभाग ने जिस प्रकार से घिनौनी हरकतें कीं, बेमतलब गोलियाँ चलाईं और बार-बार लाठीचार्ज करवाया उसकी जाँच होनी चाहिए, यही मेरी माँग है।

एक दिन की हड़ताल को इतने घिनौने ढंग से दबाने के अलावा सरकार के पास और कोई रास्ता न होना, ऐसी सरकार को क्या कहा जाए? इससे पहले भी हड़ताल कई दिनों तक, सप्ताह और महीनों तक चली। एक हड़ताल तो साढ़े तीन माह तक रही। उन दिनों भी रोज सभाएँ होती थीं, जुलूस निकलते थे, लेकिन उस सरकार ने कभी लाठीचार्ज या गोलियाँ नहीं चलवाईं। किन्तु कांग्रेस के राज में एक दिन की हड़ताल को दबाने के लिए जुल्म-ज्यादतियाँ और लाठीचार्ज का निर्णय लिया गया। जब तक कांग्रेस को मजदूरों की गरज थी तब तक हमारे अखबार उनके हक़ों के बारे में लम्बी-चौड़ी बातें छाप रहे थे। लेकिन आज स्थिति बदल गई है। वे ही अखबार एंग्लो-इंडियन अखबारों को शर्मिन्दा करें इस तरह की झूठी, गलत खबरें छाप रहे हैं।

अखबारवालों की ओर से इस हड़ताल के बारे में 'हड़ताल की बुरी हालत', 'हड़ताल का वार खोखला,' 'मजदूरों ने नेताओं को उनकी औकात दिखा दी' इस तरह बचकाने ढंग से समाचार छप रहे हैं। यह दिखाने की कोशिश की जा रही है कि जो लोग हड़ताल में शामिल थे वे महज धमकी की वजह से या मारपीट के डर से गए थे, लेकिन इस बात में कोई दम नहीं है।

इस तरह के घटिया किस्म के समाचारों से लोग अच्छी तरह परिचित हैं। आज भी अंतर्राष्ट्रीय अखबारों में ऐसी भाषा का इस्तेमाल हो रहा है। समय बदल गया है। लेकिन यह भाषा कांग्रेस और उनके बगलबच्चों की जुबान पर है। यह बड़े अफसोस की बात है लेकिन इस सच्चाई से कोई इनकार नहीं कर सकता। इसलिए इन

अखबारवालों से मेरा सवाल है कि अब आप लोगों के सत्य और अहिंसा के सिद्धान्त कहाँ हैं? अब आपका शिष्टाचार कहाँ चला गया है?

ऐसे झूठे प्रचार से मजदूर वर्ग के लोग फँसनेवाले नहीं हैं। उन्होंने 'काले कानून के निषेध' में हुई घटनाओं को देखा है। और उन्हें यह बात अच्छी तरह मालूम है कि हड़ताल कितनी सफल रही है।

मैं कांग्रेस और कांग्रेस सरकार से साफ शब्दों में कहना चाहता हूँ कि आगे कई दिनों, कई सप्ताह और महीनों तक मजदूरों पर चलाई गई लाठियों और गोलियों की प्रतिक्रिया इस शहर तथा इलाके में होती रहेगी, इसमें कोई सन्देह नहीं। अगले म्यूनिसिपल चुनाव में हजारों सभाओं से इसकी प्रतिक्रियाएँ आएँगी। जो घटनाएँ घटीं उसकी उन्हें कितनी कीमत चुकानी पड़ेगी इस बात को कांग्रेसी नेता अब तक नहीं समझ पाए हैं।

हमारे हक़ों को कुचलनेवाली घमंडी शक्ति के विरोध में इस इलाके के गाँव-देहात के लोग भी आगे आएँगे। जो सत्ता मिली है, उससे कांग्रेस सरकार मदहोश हो गई है। कांग्रेस सरकार विधिमंडल में प्राप्त स्पष्ट बहुमत की वजह से निरंकुश बर्ताव कर रही है। किन्तु शायद उनको लोकतन्त्र के बारे में मालूम नहीं होगा कि यदि कदम डगमगाए तो गिरने में पल भी नहीं लगता। आनेवाले म्यूनिसिपल चुनाव में इन्हें निश्चित तौर पर सबक सिखाया जाएगा। जब कांग्रेस लोगों से वोटों की भीख माँगने जाएगी तब उसे इस बात का पता चल जाएगा। मुझे इस बात पर पूरा यकीन है कि इस तरह की हरकतों की वजह से कांग्रेस को भविष्य में मुश्किलों का सामना करना पड़ेगा।

साप्ताहिक 'जनता' के 12 नवम्बर, 1938 के अंक में प्रकाशित।

सरदार पटेल झूठ बोल रहे हैं

*दि. **7 नवम्बर 1938** को मुम्बई मिल मजदूरों की एकदिवसीय हड़ताल पर मुम्बई सरकार की ओर से गोलियाँ चलीं, लाठीचार्ज हुआ और यह काम किसी विदेशी नहीं बल्कि स्वदेशी सरकार का था। इस पर सरदार वल्लभभाई पटेल का वक्तव्य प्रकाशित हुआ था। सरदार पटेल को जवाब देते हुए डॉ. बाबासाहेब अम्बेडकर ने कहा–*

जिनके पास देखने के लिए आँखें हैं और सुनने के लिए कान हैं उन लोगों ने यदि किसी स्थिति की सच्चाई की ओर आँख मूँद करके उसके बारे में कुछ न सुनने का निर्णय कर लिया हो या सच्चाई की ओर मलिन आँखों से देखकर सरेआम असत्य बातों के निवेदन प्रकाशित करने लगें तो वे अपने ख्याली पुलाव में शौक से रहें, इसका हमें कोई अफसोस नहीं है।

लेकिन सरदार (वल्लभभाई पटेल) का यह निवेदन शुरू से आखिर तक पूरी तरह से झूठी बातों पर आधारित है। कांग्रेस प्रचार-कार्य के इस महापुजारी ने इस निवेदन में बेहद गलत बातें कहीं हैं। उनका यह कहना कि हड़तालवालों ने डरा-धमकाकर आतंक और अत्याचार किया है, इस तरह की बातें एकदम गलत हैं। वल्लभभाई का यह निवेदन एक तरह से कांग्रेसी सच्चाई का जीता-जागता उदाहरण है।

मुझे उनके इस तरह के कथन पर बड़ी हँसी आ रही है कि सिर्फ 25 प्रतिशत मिल-मजदूरों ने हड़ताल में हिस्सा लिया है। यह तो गैरजिम्मेदारानापन की हद है, ऐसा कहा जा सकता है। 'इस हड़ताल की वजह से कुछ नेताओं के हाथ से नेतृत्व की बागडोर निकल जाएगी' इस तरह से वल्लभभाई ने जो धमकी भरा वक्तव्य दिया है, उसका जवाब इस तरह दिया जा सकता है कि मजदूरों के नेता कहलानेवाले आरामकुर्सी में बैठनेवाले कांग्रेसियों को खुले मैदान में उतरना चाहिए। फिर उनकी समझ में आ जाएगा कि वास्तव में मजदूरों के असली नेता कौन हैं। हड़ताल करनेवाले संगठित ज्यादतियाँ कर रहे थे, यह आरोप तो पूरी तरह गलत है ही, साथ ही पुलिसवालों का व्यवहार ज्यादतियों से भरा और उत्तेजित करनेवाला था।

मुझे जो जानकारी मिली है उसके आधार पर मैं यह कह रहा हूँ कि फर्ग्यूसन रोड पर जो गोलियाँ चलाई गईं वह जानबूझकर चलाई गईं। मजदूरों का जमघट चौकी के

पास मिल के सामने खड़ा था। ऐसे समय उन पर गैस के गोले फेंके गए जिससे कई लोग जल गए। और फिर कुछ लोगों ने पथराव किया। बगैर किसी चेतावनी के पुलिसवालों ने गोलियाँ चलाईं।

हमारी स्वतन्त्रता पर और हमारे हक़ों पर यह हमला है, इसकी प्रतिक्रियाएँ मुम्बई प्रदेश के कई इलाकों में, गाँव-देहातों में निश्चित तौर पर दिखाई देंगी, इसमें कोई सन्देह नहीं है।

साप्ताहिक 'जनता' के 12 नवम्बर, 1938 के अंक में प्रकाशित।

कांग्रेस के विरूद्ध मतदान करें और मजदूरों के प्रतिनिधि चुनें

*दि. **7 नवम्बर 1938** को मुम्बई के मजदूरों की हड़ताल पूरी तरह से सफल रही और उसी दिन शाम को डेढ़ लाख से भी ज्यादा मजदूरों की सभा कामगार मैदान पर हुई। इस सभा में अन्य मजदूर नेताओं के अलावा डॉ. बाबासाहेब अम्बेडकर ने भी लोगों को सम्बोधित किया। डॉ. अम्बेडकर ने अपने भाषण में कहा–*

आज शाम के अखबारों में क्या छपा है, उसे देखिए। आपको बड़ी अजीब बात पढ़ने को मिलेगी। उन अखबारों में जो सच्चाईयाँ छपी हैं वह बड़ी आश्चर्यजनक हैं। एक अखबार कहता है कि मजदूरों की हड़ताल सफल नहीं रही और सभी मजदूर काम पर हैं। यह बात सही है या गलत, इसके बारे में मैं कुछ नहीं कह रहा हूँ। किन्तु ऐसा दिखाई दे रहा है कि मुम्बई के अखबारों को मन्त्रिमंडल ने और पूँजीपतियों ने खरीद लिया है। हड़ताल पूरी तरह से सफल रही है फिर भी इस तरह की झूठी और गलत जानकारी लोगों तक पहुँचाना बड़ी गलत बात है। आप लोग इस बात की चिन्ता मत कीजिए कि अखबारों में क्या छपा है। आगे क्या करना है, इस बात की ओर ध्यान दीजिए और सब्र रखिए।

आज आप सवा लाख मजदूरों ने इकट्ठा होकर अपनी रोजी-रोटी की परवाह न करते हुए इस बिल पर अपना विरोध प्रदर्शित किया है। कांग्रेस ने जो कानून पास किया है, आप लोगों ने उसका विरोध किया है। मेरे मित्र डॉ. जोशी इस बिल का विरोध अपर कौन्सिल में करनेवाले हैं लेकिन कौन्सिल में उनकी मदद करनेवाला कोई नहीं है। इसलिए यह कानून हम पर थोप दिया जाएगा। कांग्रेस ऐसे कानून बनाती रहे और हम उसका विरोध करते रहें, क्या हम लोग यही करते रहेंगे। यदि आप सिर्फ झंडे फहराते रहेंगे, नारेबाजी करते रहेंगे, और फिर शान्त बैठ जाएँगे तो मैं कहूँगा कि आपके जैसे महामूर्ख दूसरे नहीं हैं। जिस कांग्रेस सरकार ने घोड़े पर बैठकर हमारे मुँह पर लगाम लगाई उस कांग्रेस सरकार को मटियामेट कर देना ही समझदारी है। दुश्मन के हाथ में कानून बनाने का मामूली मौका भी नहीं देना चाहिए। यदि हम लोगों ने पहले ही समझदारी दिखाई होती, ज्यादा से ज्यादा मजदूर नेताओं को चुना होता तो इस प्रकार

का कानून बिल्कुल मंजूर नहीं हुआ होता। आज कांग्रेस की सदस्य-संख्या ज्यादा है। इसीलिए कांग्रेस इस कानून को पास करवा सकी। अब सत्ता पर आपका अपना कब्जा होने पर ही आपका बचाव हो सकेगा।

म्यूनिसपैलिटी, लोकल बोर्ड, विधिसभा आदि जहाँ राजनीतिक सत्ता है उन सभी स्थानों पर यदि मजदूरों ने अपना कब्जा कायम किया तब आज का कार्यक्रम सफल हुआ माना जाएगा।

अगले म्यूनिसिपल चुनाव में स्वतन्त्र मजदूर पार्टी के लोग खड़े होनेवाले हैं। आप लोग उन्हीं को अपना मत दीजिए। कांग्रेस ने पिछले 50 सालों में जो इज्जत कमाई थी वह 15 महीनों में खो दी है।

कांग्रेस ने आज यदि साम्राज्यशाही के विरोध में निर्णायक लड़ाई शुरू की तो मैं आजादी के लिए अपनी सारी ताकत कांग्रेस के समर्थन में झोंक दूँगा। लेकिन कांग्रेस की आज की साम्राज्यशाही विरोध की भाषा पूरी तरह से जनता को गुमराह करने के लिए इस्तेमाल की जा रही है। मैं आज भी यह कहना चाहता हूँ कि यदि मुझे सचमुच में इस तरह से दिखाई दिया कि कांग्रेस ईमानदारी के साथ स्वतन्त्रता के लिए लड़ाई लड़ रही है तो मैं अपनी आज की भूमिका को छोड़कर कांग्रेस को स्वतन्त्रता के आन्दोलन में समर्थन देने के लिए तैयार हूँ।

और इसीलिए मैं आपको पुनः यह बताना चाहता हूँ कि आप लोगों को किसी भी चुनाव में मजदूरों के प्रतिनिधियों को चुनना है। सरकार कानून बनाती रहे और आप लोग सिर्फ उसका विरोध करते रहें यह कोई सही लड़ाई नहीं है। आपकी भलाई के विरोध में कानून बनानेवाले कांग्रेसवालों को आप लोग क्यों चुनते हैं? मुम्बई म्यूनिसिपैलिटी के चुनाव करीब आ पहुँचे हैं। इस चुनाव में आप लोग चाहे किसी को भी अपना मत दीजिए किन्तु कांग्रेस को मत न दीजिए। यदि आप लोगों ने ऐसा नहीं किया तो आप लोगों का आन्दोलन उचित राह पर आगे नहीं बढ़ेगा, यह बात ध्यान में रहनी चाहिए।

साप्ताहिक 'जनता' के 12 नवम्बर, 1938 के अंक में प्रकाशित।

अपने आपको बदलिए

दि. 10, 11 और 12 दिसम्बर 1938 *को 'मुम्बई अछूत छात्र सम्मेलन' मुम्बई में बहुत ही अच्छी तरह सफल हुआ था। डॉ. बाबासाहेब अम्बेडकर ने इस सम्मेलन के अध्यक्ष के रूप में* ***दि. 12 दिसम्बर 1938*** *को दलित छात्रों को सम्बोधित करते हुए कहा–*

आज आप लोगों ने मुम्बई में अछूत समाज के छात्रों का सम्मेलन आयोजित किया है और यह सम्मेलन पूरी तरह से सफल हुआ है। इस सम्मेलन के लिए मैं आप लोगों का और जिन छात्रों ने इस सम्मेलन को सफल बनाने में सहयोग दिया है उन सभी का अभिनन्दन करता हूँ। मैं शनिवार और रविवार को नासिक में था। यात्रा की दौड़-धूप की वजह से मेरी तबियत खराब हो गई है। मुझमें शक्ति नहीं बची है और भाषण करने की भी मुझमें ताकत नहीं रही है। मैं इतना ही कहना चाहता हूँ कि आज के इस अवसर पर मैं यहाँ उपस्थित हुआ हूँ इस बात की मुझे खुशी है। मैं गर्व महसूस कर रहा हूँ।

इस प्रकार के सम्मेलन आए दिन होते हैं। ऐसे समय में अध्यक्ष द्वारा अपने भाषण में छात्रों पर कुछ-न-कुछ छींटाकशी जरूर की जाती है। जैसे वह कहेगा कि आप लोग पढ़कर क्या करेंगे? सरकारी नौकरी? छात्रों को देशसेवा करने का भी उपदेश किया जाता है। लेकिन इन बातों में कोई दम नहीं। छात्रों के बारे में मैंने जो कुछ सोचा है उसके आधार पर मैं यह कह सकता हूँ कि इस तरह के उपदेश झूठे हैं। और मैं उस तरह का उपदेश नहीं करना चाहता। छात्रों ने पढ़ने के बाद नौकरियाँ कीं तो उसमें गलत क्या है? उनकी जिन्दगी है। उनकी भावनाएँ हैं। हर आदमी का अन्तिम लक्ष्य क्या है? हर आदमी का यही लक्ष्य होता है कि हममें जो अच्छे गुण हैं उनका विकास हो और उसे अच्छे फल मिलें। इसलिए मैं आप लोगों को उस तरह का उपदेश देनेवाला नहीं हूँ। आप लोगों को सरकारी नौकरियाँ हासिल करने की पूरी कोशिश करनी चाहिए। मैंने यह अनुभव किया है कि सरकारी नौकरियाँ फिलहाल एक जाति की बपौती बन गई हैं। कलेक्टर का कार्यालय हो या अन्य कार्यालय हों, सभी जगह एक ही जाति के लोग हैं। कई लोग यह कहते हैं कि आप लोग नौकरी के लिए क्यों झगड़ते हो? योग्यता हो तो नौकरी मिल जाती है, वहाँ जाति का सवाल किसलिए? लेकिन अपनी सामाजिक व्यवस्था के बारे में सोचने के बाद यह पूछना कि नौकरी करने से क्या फायदा, इस

तरह का सवाल मूर्खतापूर्ण है। इस देश में जातिवाद काफी गहराई तक पहुँच चुका है। आज जिसके पास पैसा है उसी के पास असली सत्ता है। और वह आदमी उसका सद्भावना से उपयोग करने के बजाय अपना ही स्वार्थ देखता है। नौकरी से वेतन हाथ में आता है। जिस समाज के पास सरकारी नौकरियाँ नहीं हैं, जो समाज अधिकारों के पदों पर नहीं, उस समाज का कभी विकास नहीं होगा। ब्राह्मण समाज सरकारी नौकरियों में उलझा हुआ है इसलिए उसमें बल है। वह अपनी सत्ता स्थापित कर सकता है। अपना प्रभाव बनाए रख सकता है। इसलिए आप लोग सरकारी नौकरियाँ हासिल करने का प्रयास करें जिससे समाज का उत्थान हो सके। उसके लिए आप लगन से प्रयास कीजिए।

पढ़े-लिखे आदमी में कुछ खराबियाँ होती हैं। पढ़ने-लिखने के बाद नौकरी की तलाश करना कोई गलत बात नहीं है। जो वास्तव में बुराइयाँ हैं वे तुम लोगों में न आएँ इस बात की कोशिश कीजिए। पहली बात पढ़ने-लिखने के बाद आदमी स्वार्थी बन जाता है। मनुष्य का स्वार्थी होना भी स्वाभाविक है। पढ़ा-लिखा आदमी अपनी ही भलाई देखता है, समाज के बारे में कुछ नहीं सोचता। वह अपने बीवी-बच्चों और अपनी ही फिक्र करता है। मैगिनी का कहना है कि, ''लोगों में गुलाम होने पर कर्त्तव्य की बजाय हक़ की इच्छा ज्यादा होती है।'' अपना कर्त्तव्य क्या है, यदि इस तरह की भावना पैदा नहीं होती तो यह एक पढ़े-लिखे आदमी का दोष है।

मुझे इस बात का खेद है कि पढ़े-लिखे आदमी को उपाधि मिली और उसे नौकरी मिल गई, फिर उसका पढ़ाई-लिखाई से सम्बन्ध खत्म हो जाता है। शिक्षा का महत्त्व खत्म हो गया है। जब मैं सफर में रहता हूँ तो उस समय मेरे पास चार किताबें और अखबार रहते हैं। किन्तु मुझे सफर में जो पढ़े-लिखे लोग दिखाई देते हैं, उनके हाथ में किताबों और अखबारों की बजाय सिगरेट के पैकेट और माचिस दिखाई देती है। एक बार आदमी बी.ए. हो गया तो क्या उसको आगे शिक्षा की जरूरत नहीं है? उसने बी.ए., एम.ए. कर लिया इसका मतलब उसने सभी तरह का ज्ञान हासिल कर लिया, इस तरह की भावना गलत है। जिस प्रकार अगस्त्य मुनि ने सागर को पी लिया उसी प्रकार पढ़-लिखकर किसी उपाधि को हासिल कर लिया मतलब हमने सारा ज्ञान हासिल कर लिया ऐसा पढ़े-लिखे लोगों को लगता है। बड़ौदा संस्थान में एक आदमी था, वह बी.ए. पास था। महाराजा ने उसकी नियुक्ति किसी गाँव-देहात में कर दी। उस समय बड़ौदा संस्थान का कामकाज गुजराती में होता था। वह आदमी बड़ा आलसी था। वह गलती से अखबार भी नहीं पढ़ता था। उसका परिणाम यह हुआ कि कुछ साल के बाद उसे ए, बी, सी, डी की भी पहचान नहीं रही। यह बात एकदम सच है। मेरा भी यही अनुभव है। पी-एच.डी. की डिग्री हासिल करने के लिए फ्रेंच और जर्मन भाषाएँ सीखना जरूरी था। उस समय मैं दोनों भाषाएँ जानता था लेकिन अब उन भाषाओं का अभ्यास न होने की वजह से उन भाषाओं में बोलना मेरे लिए मुश्किल है। कुछ दिनों पहले जब मैं फ्रांस और जर्मनी गया तब मुझे उन भाषाओं में बोलने में परेशानी होने लगी। इसलिए

हमेशा पढ़ाई-लिखाई जारी रखनी चाहिए। जिस प्रकार आदमी ने एक बार शराब पीना शुरू किया तो वह उसे जिन्दगीभर पीता रहता है उसी प्रकार ज्ञान-प्राप्ति के बारे में भी होना चाहिए। ज्ञान से सही मोहब्बत किसे होती है? जो परीक्षा के बाद अपनी किताबें बाजार में बेचता है उसे? मैं इस सम्बन्ध में यह कह सकता हूँ कि जो अपने बीवी-बच्चों से ज्यादा प्यार किताबों से करता है उसे ज्ञान से मोहब्बत होती है। यदि मेरे मकान पर साहूकारी के लिए जफ्ती आई और बैलिफ ने यदि मेरी किताबों को हाथ लगाया तो मैं उसे गोलियों से खत्म कर दूँगा। मैं देखता हूँ पढ़े-लिखे लड़कों में सौन्दर्य के प्रति आकर्षण होता है। आप लोग शादी के समय यह देखते हैं कि क्या लड़की सुन्दर है? क्या हमें पसन्द होगी? आदि। लेकिन वही हक़ लड़कियों को भी दीजिए। कई सुन्दर लड़कियाँ बदसूरत आदमी के हवाले होते हुए मैंने देखी हैं।

मुझे इस देश से परेशानी होने लगी है लेकिन मुझे अपनी जिम्मेदारी की समझ है इसलिए मैं यहाँ रहने के लिए मजबूर हूँ। यहाँ का धर्म, सामाजिक संरचना, सुधार और संस्कृति आदि बातों से मैं तंग आ चुका हूँ। I am at the war of civilization. यहाँ के करोड़पति मारवाड़ियों के घरों में आपको क्या दिखाई देगा? उनके घर में स्टैच्यू, फर्नीचर, पेंटिंग और किताबें आदि में से कोई भी चीज नहीं मिलेगी। यही स्थिति ब्राह्मणों के घरों में है। जब ब्राह्मण कर्मचारी को तनख्वाह मिलती है तो वह अपनी बीवी के लिए सोने का गहना बनाने की दौड़-धूप में रहता है। क्योंकि सोना मुसीबत के समय काम आता है, ऐसा उन्हें लगता है। दुनिया में जीने का यही अगर लक्ष्य हो तो आदमी और पशु में क्या फर्क है? मनुष्य सौन्दर्य का संग्रह कर सकता है, पशु के लिए वह सम्भव नहीं है। केवल कॉलर खड़े करने से और नेकटॉइ लगाने से सौन्दर्य नहीं बढ़ सकता। मैं अब तक सत्रह-अट्ठारह बार यूरोप जा चुका हूँ। मेरे साथ कई लोग यूरोप से आए थे। अब जब मैं उन्हें देखता हूँ तो वे वर्णाश्रम धर्म का समर्थन करते हैं। उनमें किसी भी तरह का बदलाव नहीं दिखाई दे रहा है। क्या मतलब है ऐसे लोगों के पैदा होने का? हिन्दू धर्म की सारी गन्दगी को वे पसन्द करते हैं। आप लोग इस गन्दगी में गिरे हुए रत्न हैं। गन्दे पानी में स्वच्छ पानी की बूँद की तरह आपकी स्थिति है। तुम्हारे माँ-बाप पढ़े-लिखे नहीं हैं। बेहद गरीब हैं। इसलिए इस गन्दगी को धोना आपकी जिम्मेदारी है। बाइबिल में एक जगह लिखा है कि यदि नमक ही बेमजा हो गया तो बाकी चीजों में स्वाद कैसे आएगा? किसी भी प्रकार का कार्य करना हो तो उस तरह के गुण अपने में होने चाहिए, उसके लिए कम-से-कम एक पीढ़ी गुजरनी चाहिए। जब तक आप सुधरेंगे नहीं तो आप दूसरों को क्या सिखाएँगे? सुधार की जड़ें हर पीढ़ी में मजबूत होती रहनी चाहिए। यदि आप लोगों में इन गुणों का अभाव हो तो उन्हें हासिल करने की पूरी कोशिश कीजिए।

आपमें से कई लोग अविवाहित होंगे। कुछ लोग शादीशुदा भी होंगे। लेकिन शादी के बाद आप लोग क्या करेंगे? इस बात की आप लोगों पर बड़ी जिम्मेदारी है। मैं आप लोगों के पिताओं का उदाहरण देने की बजाय अपने ही पिता का उदाहरण दे रहा हूँ।

उनके कुल चौदह बच्चे हुए। और उनमें से मैं चौदहवाँ हूँ। लेकिन मैं जब एलफिस्टन कॉलेज में पढ़ रहा था उस समय मेरी हालत क्या थी? मेरे पाँव में चप्पलें नहीं थीं। बदन पर मादरपाट (लट्ठे का कपड़ा) की कमीज और पिता का फटा हुआ कोट था। यदि आप एलफिस्टन कॉलेज में गए तो आपको वहाँ मुल्लर साहब की तस्वीर दिखाई देगी। उन्होंने मेरी आखिरी दो साल कमीजें देकर मदद की। मैं सोचता हूँ, यदि मेरे पिता के चौदह की बजाय चार बच्चे होते तो मुझे कितना सुख मिलता। मेरी इस पीड़ा के लिए मेरे पिता जिम्मेदार हैं। एक समय की बात है। मैं कॉलेज जा रहा था। मेरा रेलवे का पास घर पर ही रह गया। उसी दिन पास की चेकिंग थी। टिकट कलेक्टर ने मुझे रोका। मेरी जेब में दो पैसे भी नहीं थे। उस समय मैं चार बजे तक चर्च गेट पर बैठा रहा। बाद में कैकिणी नाम का मेरी क्लास का एक छात्र वहाँ आया। उसने पूछा कि, "क्यों रे, यहाँ क्यों बैठा है?" मैंने उसे सारी हकीकत बताई। उसने चार आने देकर मुझे वहाँ से मुक्त किया। और उसी ने अपने पैसे से मुझे टिकट खरीदकर दिया। इसलिए मैं इसके लिए अपने पिता को जिम्मेदार मानता हूँ। क्योंकि उन्होंने अपनी जिम्मेदारी को नहीं पहचाना। यदि पिता की गलती हो तो उन्हें उसके बारे में एहसास करा देना गलत है, ऐसा मैं नहीं मानता। अब इस प्रकार की जिम्मेदारी आप लोगों पर है। उसी प्रकार महिलाओं पर भी है। मैं जो कुछ कह रहा हूँ वह केवल पुरुषों के लिए ही नहीं है। महिलाओं को भी इस जिम्मेदारी को समझना चाहिए। इस बात पर आप लोगों को सोचना चाहिए। तुम लोग नौकरियों में जाओगे। मुझे लगता है तुममें से कई लोग आबू-बाबू होंगे। तुम लोगों को शायद 50-60 रुपए तनख्वाह मिल जाएगी। और ऐसी स्थिति में यदि तुम्हारे चौदह बच्चे हो जाएँ तो उन बच्चों का क्या होगा? क्या उनकी जिम्मेदारी को समाज पर डाल दोगे? तुम लोगों को इस बात पर गहराई से सोचना चाहिए। तुम लोग संन्यास लेने के लिए तैयार नहीं होगे, लेकिन उनमें से किसी ने लिया तो अच्छा ही होगा! (हँसी) हँसिए मत, यह बड़ी महत्त्वपूर्ण बात है। मेरे पाँच बच्चे हुए, उनमें से चार मर गए। उसके लिए अब मुझे अफसोस नहीं हो रहा, बल्कि खुशी ही हो रही है। ये बच्चे जिन्दा रहते तो उनकी पढ़ाई, खाना-रहना, आदि बातों का बोझ मुझ पर पड़ा होता। और उसे निभाना मेरे लिए परेशानी की बात होती। मेरा एक ही बच्चा है। उसकी सारी जिम्मेदारी मुझ पर है। आप लोगों के अपने बच्चों के बारे में कम-से-कम बच्चे हो तो यह अच्छी बात है। यह समाज के कल्याण की बात है। यदि आप लोगों के पाँच-पाँच, छह-छह बच्चे हुए तो आप उनकी पढ़ाई की व्यवस्था कैसे कर पाएँगे और उनकी बाकी जिम्मेदारी कैसे निभाएँगे? मुझे लगता है कि यह बढ़ते विभाजन की बजाय कम होता हुआ विभाजन है। इसलिए माँ-बाप का पशुओं की तरह जीवन व्यतीत करना इनसानियत के उसूलों के खिलाफ है। इस बात पर आप लोगों को गम्भीरता से सोचना चाहिए।

साप्ताहिक 'जनता' के 17 दिसम्बर, 1938 के अंक में प्रकाशित।

महाराष्ट्र पर गुजरात राज कर रहा है

दि. 6 जनवरी 1939 को महाड में किसानों का एक बहुत बड़ा सम्मेलन हुआ था। डॉ. बाबासाहेब अम्बेडकर ने इस सम्मेलन में किसानों को सम्बोधित करते हुए कहा–

प्यारे भाइयो तथा बहनो,

मैं अहमदनगर, खानदेश, और निजाम राज्य के दौरे पर गया था। दौरे से आज ही लौटा हूँ। इस दौरे की वजह से मैं काफी थका हूँ। इसलिए मैं दो-चार दिनों तक आराम करने की बात सोच रहा था। फिर भी मुझे इस सभा में बोलने के लिए मजबूर होना पड़ रहा है। मैं बहुत लम्बा भाषण करनेवाला नहीं हूँ। सिर्फ दस-बारह मिनटों में अपनी बात को समाप्त कर दूँगा। सात प्रान्तों में कांग्रेस की सरकारें हैं, और बंगाल, पंजाब आदि प्रान्तों में अन्य दलों को तोड़ करके कांग्रेस की सत्ता कायम करने का प्रयास चल रहा है। तीन-चौथाई हिस्से पर कांग्रेस की सत्ता है।

मेरे एक दोस्त ने मजाक में कहा, "कांग्रेस को सत्ता सँभाले आज 18 माह बीत चुके हैं। कोई नारी 18 माह में दो बार प्रसूत हो गई होती। लेकिन इस महिला ने अभी तक गर्भ भी धारण नहीं किया है।" यह बात बिल्कुल सही है। इस दरमियान जनता को जो कुछ भोगना पड़ा उसकी जानकारी देना गलत नहीं होगा।

सबसे पहला महत्त्वपूर्ण सवाल है, हिन्दू-मुस्लिम एकता का। स्वतन्त्र मजदूर पार्टी की सभा में इस सवाल पर बात नहीं होती। हम लोग सिर्फ रोजी-रोटी के सवाल पर बात करते हैं। हम लोग कहते हैं कि पहले पेट का सवाल फिर भगवान। किन्तु जब अन्य सवाल सामने खड़े हो जाते हैं तो पेट का सवाल भी किनारे करना पड़ता है।

इस देश में आठ-नौ करोड़ की मुस्लिम आबादी है। ये लोग मेहनत-मजदूरी करनेवाले गुलाम नहीं थे। महाराष्ट्र को छोड़कर हिन्दुस्तान के अन्य प्रान्तों पर औरंगजेब, अकबर आदि मुस्लिम राजाओं का राजा था। हिन्दुस्तान के तीन-चौथाई हिस्से पर मुस्लिमों की सत्ता थी। मुस्लिमों की महत्त्वाकांक्षा है राजसत्ता हासिल करना। किसी को गलती से भी ऐसा नहीं समझना चाहिए कि सिर्फ हिन्दुस्तान के मुस्लिमों से ही हमारा सम्बन्ध है। हिन्दुस्तान के बाहर अफगानिस्तान, इराक, फारस, तुर्की, मिस्र आदि देशों में मुस्लिम सत्ता है और समय आने पर वे उनके पक्ष में खड़ी हो सकती है। इसलिए

मुस्लिम कहते हैं कि, 'फिर एक बार मुकाबला होने दीजिए।' इसलिए हिन्दू-मुस्लिमों में एकता होनी जरूरी है। राजसत्ता जिस कांग्रेस के हाथ में है, उसी पर इसकी सारी जिम्मेदारी है, हम पर नहीं। मुस्लिम हिन्दू झगड़े पर कांग्रेस ने अब तक क्या किया है? कांग्रेस ने जानबूझकर कुछ नहीं किया है।

पिछले पाँच-छह दिनों तक पटना में मुस्लिम लीग की बैठकें हुईं। उसमें भाषणों की ध्वनि पर ध्यान दीजिए। मुस्लिम समाज की घोषणा हिन्दुओं के विरोध में सत्याग्रह करने की है। किन्तु मुस्लिमों का यह सत्याग्रह गांधी का सत्याग्रह नहीं है। 'हिन्दुस्तान बाँट दीजिए' यह मुस्लिम बहुजन समाज की माँग नहीं है। उनका कहना है कि मुस्लिम का दीवान (मन्त्री) लीग का आदमी होना चाहिए। कांग्रेस ने कुछ प्रदेशों में मुस्लिम दीवान (मन्त्री) बनाए हैं। फिर मुम्बई में लीग का आदमी मन्त्री क्यों नहीं होना चाहिए? नूरी के बजाय किसी दिल्लीवाले को मन्त्री क्यों नहीं बनना चाहिए? आज नामदार नूरी 500 रुपए ले रहे हैं, यह राशि सर देहलवी ने ली तो इससे क्या फर्क पड़ जाएगा, यह बात मेरी समझ में नहीं आ रही है। क्या फिर लड़ाई होनेवाली है?

दूसरा सवाल है साम्राज्यशाही को यहाँ से भगाने का। यदि यहाँ से अंग्रेजों की सत्ता गई तब भी यहाँ के गूजर, साहूकार, जमींदार, खोत, मिल-मालिक अर्थात पूँजीपति यहाँ से जानेवाले नहीं हैं। वे लोग तो आपका खून चूसेंगे ही। मैं भी यही चाहता हूँ कि साम्राज्यशाही का खात्मा होना चाहिए। किन्तु यहाँ कांग्रेस क्या कर रही है? केन्द्रीय सरकार (फेडरेशन) बहुत घिनौनी है। वहाँ हमारी गर्दन लुटेरों, राजा-रजवाड़ों के हाथों में देने का ब्रिटिश सरकार का प्रयास चल रहा है। कांग्रेस के हाथ में सत्ता है। इसलिए इस प्रकार का नया खतरा टल सकता है। लेकिन कांग्रेस इस सवाल को किस तरह हल करना चाहती है? अंग्रेज सरकार फेडरेशन को हमारे माथे पर थोपने का प्रयास करेगी। अब सवाल यह है कि इसके लिए कांग्रेस के नेता इस समस्या का कैसा हल खोजना चाहते हैं?

मुझे इस बात का बिल्कुल यकीन नहीं है कि साम्राज्य के कट्टर दुश्मन कांग्रेसवाले फेडरेशन के विरोध में हैं। एक बड़े कांग्रेस भक्त हवाखाने के लिए यूरोप गए थे। उनको क्या बीमारी थी इसकी मुझे कोई जानकारी नहीं है। कांग्रेस की राजनीति के इस बड़े झब्बू ने अंग्रेजों को यह यकीन दिलाया कि हम लोग फेडरेशन के विरोध में कितनी भी घोषणाएँ करते रहें फिर भी हम उसी को स्वीकार करेंगे। देशभक्त सुभाष बाबू की फेडरेशन विरोधी घोषणा कांग्रेस पार्टी के अखबार के जरिए घोषित हो चुकी थी। दूसरी ओर सत्यमूर्ति ने एक निवेदन प्रकाशित किया कि, "इस विषय पर सुभाष बाबू को बोलने का अधिकार नहीं है।" सत्यमूर्ति के इस निवेदन का कांग्रेसी नेताओं में से किसी ने मामूली विरोध भी नहीं किया। इससे पता चलता है कि कहीं न कहीं गड़बड़ है। वायसराय के साथ एक सज्जन की इस सम्बन्ध में जो बातचीत थी, वह इस प्रकार है :

एक सज्जन : कांग्रेस फेडरेशन को स्वीकार नहीं करेगी।

वायसराय : फिर क्या करेगी? आप यह किस आधार पर कह रहे हैं?

एक सज्जन : सुभाष बाबू की नीतिगत घोषणा के आधार पर।

वायसराय : सुभाष बाबू की घोषणा को हमने सुना है। किन्तु आपके गांधी तो कुछ नहीं कह रहे हैं। गांधी ने क्यों मौन साध रखा है?

महात्मा गांधी के मौन में कहीं न कहीं गड़बड़ है। गांधी हिन्दुस्तान को साम्राज्यशाही का गुलाम बनानेवाले हैं।

तीसरा सवाल हमें स्वराज्य चाहिए। वह हमारी स्वतन्त्रता के लिए चाहिए। सुख के लिए चाहिए। हम लोगों को इस देश में पेटभर भोजन नहीं मिलता, रहने के लिए मकान नहीं मिलता, जीवन में सुख-साधन नहीं हैं। जिस राज्य में हमें स्वतन्त्रता, इनसानियत आदि समान हक़ मिलेंगे वही स्वराज्य है।

कांग्रेस ने हमारे लिए क्या किया है? चुनाव से पहले उन्होंने यह यकीन दिलाया था कि हम शिक्षा की व्यवस्था करेंगे। लगान माफ करेंगे। लेकिन अब इस बारे में कुछ नहीं हो रहा है। मुम्बई इलाके में एसेम्बली में कांग्रेस का बहुमत है। फिर उसके हाथ में सत्ता नहीं है यह कैसे कहा जा सकता है? लेकिन कांग्रेस आप लोगों के लिए कुछ नहीं करना चाहती। कहाँ है कांग्रेस की स्वतन्त्रता? आपके महाड में मुख्यमन्त्री नामदार खेर अभी-अभी आकर गए हैं किन्तु उन्होंने आप लोगों के बारे में कुछ कहा है? कुछ नहीं। कैसे और क्यों कहेंगे? उन्हें गांधी और वल्लभभाई से डर लगता है। फिलहाल हम लोगों पर गुजरातियों का राज चल रहा है। केन्द्रीय सरकार से जो अतिरिक्त तीन करोड़ रुपए आए हैं, उनमें से 1 करोड़ 93 लाख मतलब करीब 2 करोड़ रुपए गुजरात प्रान्त पर खर्च हुए हैं। मुम्बई के तीन इलाकों में महाराष्ट्र कंगाल है। वास्तव में ये तीन करोड़ रुपए गरीब महाराष्ट्र पर खर्च होने चाहिए थे। लेकिन वे सबसे अमीर गुजरात प्रान्त पर खर्च किए गए हैं। उसका रत्नागिरि नगर आदि अकालग्रस्त जिलों को इसका अच्छा लाभ मिला है। फिलहाल हम पर गुजरात राज कर रहा है। यहाँ तीन गुजराती दीवान गेहूँ पीस रहे हैं और बाकी लोग आटा भर-भरकर रोटियाँ पकाकर गुजरात ले जा रहे हैं। ये सभी दीवान वल्लभभाई पटेल के घर के भौंकनेवाले कुत्ते हैं।

मुख्यमन्त्री खेर को एक सभा में गुजरात बुलाया गया और वहाँ उनका जबर्दस्त अपमान किया गया। सरदार वल्लभभाई पटेल ने कहा, "हम लोगों ने आपको मुख्यमन्त्री की हैसियत से नहीं बुलाया है बल्कि आप गांधी के भक्त हैं इसलिए यहाँ बुलाया है। वरना आपको यहाँ से भगा दिया गया होता।" इस तरह से उन्होंने एक महाराष्ट्रीय आदमी का अपमान किया है। हमारे नामदार खेर के अपमान का बदला कौन लेगा? मैं उसका बदला लूँगा। मेरे बारे में इस तरह से कहेंगे तो मैं वल्लभभाई को करारा जवाब दूँगा। मैं उनकी सभा में जाता हूँ, हिम्मत हो तो वे मेरी सभा में आएँ।

एक-दो माह में खोती बिल (जमींदारी विरोधी) चर्चा के लिए सदन में आएगा। किन्तु उसका मंजूर होना मुश्किल है। कांग्रेस की सत्ता को खत्म किए बगैर यह होगा ही नहीं। जब तक 'स्वतन्त्र मजदूर पार्टी, शेतकारी मजदूर पार्टी' सत्ता में नहीं आती तब तक यह नहीं होगा। खोत (जमींदार) गैरकानूनी ढंग से किसानों को लूटते हैं। आप

लोगों को उनसे मुकाबला करना चाहिए। स्वतन्त्र मजदूर पार्टी कबूलियत का मसौदा तैयार करनेवाली है। उसके तैयार होने के बाद आप लोगों को उसके मुताबिक चलना होगा। अन्याय से लोहा लेना होगा। सभी अधिकारी वर्ग खोत (ब्राह्मण) की जाति के हैं, इसीलिए वे हमारे विरोध में हैं। आप लोग जेल जाने का डर मन से निकाल दीजिए। वहाँ घर से अलग ऐसा कुछ भी नहीं है। हम आप लोगों के साथ जेल जाएँगे। लेकिन आप लोगों की जेलयात्रा गांधी की जेलयात्रा नहीं है। कौन कहेगा उसे जेलयात्रा? जेल में तो उन्हें रोज उनकी प्रिय बकरी का दूध, फल, अंजीर, मौसमियां आदि की टोकरियाँ पहुँचाई जाती थीं। लेकिन आप लोगों की जेल इससे अलग होगी।

डिस्ट्रिक्ट लोकल बोर्ड के चुनाव लड़िए, लड़ाइए और अपने लोगों को विजयी बनाइए। सत्ता के सभी स्थानों पर अपना कब्जा कीजिए।

साप्ताहिक 'जनता' के 21 जनवरी, 1939 के अंक में प्रकाशित।

अनुशासन, संगठन और स्वार्थ-त्याग ही हमारी पहचान बने

*मुम्बई के समता सैनिक दल की सालाना परेड और सलामी सभारम्भ **दि. 8 जनवरी 1939** को परल के कामगार मैदान पर आयोजित किया गया था। समता सैनिक दल के सैनिकों ने डॉ. बाबासाहेब अम्बेडकर को सलामी दी। बाद में इस सभारम्भ को सम्बोधित करते हुए डॉ. अम्बेडकर ने कहा–*

समता सैनिक दल की आज की वार्षिक जनरल परेड में मुम्बई में सभी समता सैनिक इतनी बड़ी संख्या में इकट्ठा हुए हैं, इस बात की मुझे बड़ी खुशी है। उसी प्रकार आपने आज यहाँ इकट्ठा होकर अपने संगठन, अनुशासन और स्वार्थत्याग का जो प्रदर्शन किया है, वह बहुजन समाज को निश्चित रूप से एक नई प्रेरणा देगा। आप लोगों ने अपने पैसे से अपनी यूनिफार्म बनवाकर अपने संगठन के कार्य में जो तत्परता दिखाई है वह निश्चित तौर पर अभिनन्दन करने योग्य है। कुछ लोग यह समझते हैं कि यह दल मेरे और मेरे सहयोगी मित्रों के बड़प्पन को प्रदर्शित करने के लिए है। किन्तु जिन लोगों को इस दल का पूर्व इतिहास मालूम है उन्हें इस बात का यकीन होगा कि दल की स्थापना के पीछे कितना उदार और विशाल लक्ष्य है।

1926-27 के दौरान इस दल की स्थापना महाड के चवदार तालाब के सत्याग्रह से की गई थी। उस समय महाड के चवदार तालाब का सत्याग्रह बगैर किसी रुकावट के सफलता के साथ पूरा करने के लिए ऐसे संगठित दल की बड़ी जरूरत थी। हम लोगों ने जिस समता सैनिक दल की स्थापना की उस दल के पूर्व इतिहास को देखा जाए और पूरी स्थिति पर विचार किया जाए तो इस बात का पता चल जाएगा कि मैंने दल की स्थापना अपने नाम के लिए, जयजयकार के लिए या अपना महत्त्व बढ़ाने के लिए नहीं की है। इसका सीधा और करारा जवाब महाड के तालाब की लड़ाई से आसानी से मिल जाएगा। हिन्दुस्तान में जो कई धर्मों के लोग रहते हैं उनमें हिन्दू समाज में अछूतों की गिनती होती है इसलिए और इस हिन्दू समाज के सवर्ण भाइयों की ओर से दलित समाज पर जो अन्याय हो रहा है, सवर्ण समाज की ओर से जुल्म, असमानता आदि घातक बातों को रोकने के लिए ही इस दल की स्थापना की गई। जिस समाज में इनसानियत

से जीना मुश्किल है, जहाँ प्राकृतिक हक़ों का समानता के सिद्धान्त के आधार पर इस्तेमाल नहीं किया जा सकता, जिस धर्म पर असमानता की जंग लगी हो उस धर्म को नकारते हुए सही इनसानियत को समझनेवाले धर्म की स्थापना करने के लिए जो कार्य करना है उस पवित्र और महान कार्य के लिए ही इस दल की स्थापना की गई। इस कार्य की शुरुआत महाड के चवदार तालाब के सत्याग्रह से की गई और सत्याग्रह का यह आन्दोलन सफल हुआ है। इसी प्रकार जहाँ-जहाँ सार्वजनिक कुएँ, तालाब, नल आदि हैं वहाँ-वहाँ इसी प्रकार के समान हक़ के आन्दोलन खड़े करके हमें अपना कार्य करना है। महाड के चवदार तालाब का सत्याग्रह हमने इसलिए नहीं किया कि हमें पीने के लिए पानी नहीं मिल रहा था, इस तालाब के पानी के बगैर हमारा कुछ नुकसान हो रहा था या हम बगैर पानी के मर रहे थे। यह लड़ाई पीने के पानी के लिए नहीं थी बल्कि इस तालाब का पानी सभी जाति, धर्म और पन्थ के लोगों को समानता के आधार पर पीने के लिए मिले इसी हक़ के लिए यह लड़ाई लड़ी गई। यही बात नासिक के कालाराम मन्दिर सत्याग्रह की है। हम लोग केवल ईश्वर के दर्शन के भूखे नहीं थे। पिछले दो हजार सालों में अछूतों को हिन्दुओं के ईश्वरों के दर्शन नहीं हुए थे। इसके बिना अछूत समाज का कोई काम रुका हुआ नहीं था। नासिक के मन्दिर-प्रवेश की लड़ाई केवल हिन्दू समाज में अपनी समानता के हक़ का संरक्षण करने के लिए थी। इस सत्याग्रह की लड़ाई में लोगों को जो पीड़ा हुई, उन्हें जो परेशानियाँ भोगनी पड़ीं वे केवल इसलिए कि अन्य लोगों की तरह हम भी इनसान हैं और अन्य लोगों की तरह हमें भी मन्दिर में जाने का हक़ है, इस बात को प्रमाणित करने के लिए तमाम परेशानियाँ बर्दाश्त की गई थीं। हम लोगों को यह बात समझ में नहीं आती कि हम अन्य आदमियों की तरह आदमी हैं फिर भी मन्दिर में हमारे प्रवेश से हिन्दू मन्दिर अपवित्र कैसे हो जाते हैं? और सवर्ण हिन्दुओं का हम लोगों पर जबर्दस्ती लादा हुआ यह अछूतपन का जो घिनौना कलंक है उसे धोने और यह दिखाने के लिए कि हम भी इनसान हैं, हम किसी भी दृष्टि से अपवित्र नहीं हैं, कालाराम मन्दिर-प्रवेश की लड़ाई लड़ी गई थी।

ऐसी महान सैद्धान्तिक लड़ाइयाँ लड़ने के लिए ही हमने समता सैनिक दल की स्थापना की। और यही वास्तव में अपने दल का इतिहास है, यही उसकी बुनियाद है। इस बात से यह स्पष्ट होता है कि इस दल का गठन व्यक्तिविशेष के लिए नहीं है। इस देश के हिन्दी समाज में वास्तव में समानता की स्थापना करने के लिए ही इस समता सैनिक दल की स्थापना की गई है।

समता सैनिक दल के सैनिक का मतलब समाज-सेवा के लिए अपनी जान की बाजी लगाकर लड़नेवाला निडर योद्धा है। इसलिए हर सैनिक को इनसानियत के लिए समानता के महान सिद्धान्तों को अपनाकर अपने कार्य के प्रति समर्पित होना चाहिए। सभी लोगों को शपथ लेकर इस प्रकार का संकल्प करना चाहिए कि हम किसी भी प्रकार से जाति-पाँति का भेद नहीं मानेंगे, आपस में महार, मातंग, चमार, भंगी आदि ऊँच-नीच

का भेदभाव नहीं मानेंगे, मैं इनसान हूँ और सभी के साथ इनसानियत का बर्ताव करूँगा और जाति-पाँति के जहरीले बीजों को समाज से समूल नष्ट करूँगा, इस प्रकार की सौगन्ध लेते हुए उस पर अमल करना चाहिए। इस तरह का संकल्प करनेवाला आदमी ही सही अर्थों में समता सैनिक दल का सैनिक होगा। इस प्रतिकूल स्थिति के बारे में सोचने पर आपको इस बात का पता चलेगा कि अपना दल आजादी की लड़ाई में पिछड़े वर्गों के मोर्चे पर लड़नेवाला महत्त्वपूर्ण जुझारू संगठन है। आप लोगों को अपने हर काम में देश का आदर्श सैनिक होना चाहिए। सैनिक दल के एक बेहतरीन नमूने के तौर पर तुम्हारी कीर्ति सारी दुनिया में फैलनी चाहिए। अपना दल सदाचार, अनुशासन और संगठन की दृष्टि से मजबूत होना चाहिए। जैसे हम लोगों में एक कहावत है कि जब तवे का मैल निकल जाता है तब वह आईने की तरह दिखाई देता है उसी प्रकार साफ-सुथरा बर्ताव और समानता के भाव के साथ ऐसी स्थिति पैदा होनी चाहिए। कई प्रकार की स्थितियों के कारण तवे पर मैल चढ़ा हुआ है। उसी की वजह से तवा काला और गन्दा दिखाई दे रहा है। लेकिन उसको मेहनत से साफ किया जाए और उस पर लगी हुई मैल हमेशा-हमेशा के लिए हटा दी जाए तो निश्चित तौर पर हमें उसमें सफलता मिलेगी। और वह अन्त में आईने की तरह साफ होगा। हमारे समाज में कुछ घिनौनी परम्पराएँ स्थापित हैं। जैसे शराब का शौक लग गया, पान-तम्बाकू खाने पर जैसे हमारे शरीर पर बुरा प्रभाव पड़ता है तो हम लोगों को समय से पहले सचेत होकर हर तरह के नशीले पदार्थों से मुक्त हो जाना चाहिए। इस प्रकार हर गलत रिवाजों, मान्यताओं पर यदि काबू पा लिया गया तो हम पर किसी भी प्रकार का आरोप नहीं लग सकता। कोई आदमी हमें सताने की कोशिश नहीं कर सकता। इस प्रकार के महान लक्ष्य से प्रेरित होकर हम यदि कार्य करेंगे तो कोई भी हमारी बेमतलब आलोचना नहीं करेगा। और तब यदि किसी ने आलोचना करने का प्रयास किया तो 'हाथी चलता है और कुत्ते भौंकते हैं' यही कहावत चरितार्थ होगी। ईमानदारी के साथ काम करने पर यदि किसी ने बेमतलब आलोचना करने की कोशिश की तो ऐसे आदमी की परवाह करने की कोई जरूरत नहीं है।

इस तरह से समता सैनिक दल का कार्य दिन-ब-दिन बढ़ता देखकर मुझे बड़ा गर्व हो रहा है। लेकिन अपने दल का इस प्रकार का जनवादी कार्य देखकर हमारे विरोधियों के और आलोचकों के पेट में दर्द शुरू हो गया है। फिलहाल मुम्बई में कांग्रेस सरकार की ओर से 7 नवम्बर, 1938 को एक दिन की जो आम हड़ताल हुई थी उसमें पुलिस की ओर से जो गोलियाँ चलीं और उससे जो लोग घायल हुए थे, उस घटना की जाँच चल रही है। जब जाँच का कार्य हो रहा है तब उसमें किसी तरह के आरोप-प्रत्यारोप का मेरा कोई इरादा नहीं है। किन्तु जिन समता सैनिकों ने आज तक समाजसेवा का महान कार्य किया है उनकी प्रशंसा करनेवाले बड़े नेताओं में मुम्बई के प्रधानमन्त्री बालासाहब खरे, और कांग्रेस के एक बड़े नेता वल्लभभाई पटेल आदि हैं।

मैंने मुम्बई के मुख्यमन्त्री के मन्त्रिमंडल के वेतन के बारे में जो भाषण दिया था

उसका जवाब देते हुए खरे ने कहा कि स्वतन्त्र मजदूर पार्टी के कार्य में मदद करनेवाले समता सैनिक दल के स्वयंसेवकों ने स्वार्थ-त्याग, स्वाभिमान और अनुशासन से बगैर मुआवजा लिए जो काम किया है उसे मैं जानता हूँ। और ये स्वयंसेवक इतना महान त्याग कर सकते हैं तो हमारे जैसे एसेम्बली के मन्त्रियों को सिर्फ स्वार्थ त्याग से 500 रुपए का मासिक वेतन लेने में कोई दिक्कत नहीं है। यही बात सरदार वल्लभभाई पटेल के वक्तव्य से सिद्ध होती है।

पिछली बार प्रदेश एसेम्बली के चुनाव समाप्त होने के बाद पूना के शनिवारवाड़ा के सामने समता सैनिक दल के स्वयंसेवकों के कार्य के बारे में अपने भाषण में वल्लभभाई पटेल ने कहा था कि, "संगठन, अनुशासन, कार्य की लगन और उसे सफल करके दिखाने की ललक की दृष्टि से सोचा जाए तो स्वतन्त्र मजदूर पार्टी के स्वयंसेवक कांग्रेस के स्वयंसेवकों से बेहतर हैं। उनमें यह जो विशेषता है उसे अन्य स्वयंसेवकों को निश्चित तौर पर अपनाने का प्रयास करना चाहिए।" आदि। अपने समता सैनिक दल के सैनिकों में 90 प्रतिशत महार युवा हैं। इस देश में जब से ब्रिटिश सत्ता है तब से उनका इतिहास देखा जाए तो आपको पता चलेगा कि वे प्रजा का पैसा तहसील के खजाने में जमा करनेवाले महार लोग हैं। पिछले डेढ़-दो सौ सालों में इस सम्बन्ध में किसी महार की बेईमानी का कोई प्रमाण नहीं है। महारों ने प्रजा के हजारों रुपए रात-बेरात और धूप में पैदल चलकर सरकारी खजाने में जमा करके अपनी ईमानदारी दुनिया को दिखा दी है। इस तरह की तमाम बातों पर सोचने के बाद यह कहा जा सकता है कि मुम्बई में मजदूर हड़ताल गोलीबार जाँच कमेटी के सामने महारों पर अप्रामाणिकता और अनुशासनहीनता का जो आरोप लगाया जा रहा है वह कहाँ तक सही है, इस बात की जाँच-पड़ताल का समय आएगा इसमें कोई सन्देह नहीं। गरीबी से त्रस्त इस समाज का आदमी पास में हजारों रुपया होने के बाद भी किसी प्रकार की हेराफेरी नहीं कर सकता। उस महार समाज का चरित्र कितना साफ-सुथरा है इस बात की तारीफ मुझे करनी ही चाहिए, यह जरूरी नहीं है। जनता इन तमाम बातों पर सोचने में समर्थ है। इसके अलावा समता सैनिक दल में काम करनेवाले कुछ स्वयंसेवक फौज में भी काम करनेवाले हैं। उन्हें कानून, अनुशासन की अच्छी समझ है। ऐसे समय दल के स्वयंसेवकों पर इस तरह का आरोप लगाना शरारतपूर्ण काम है, इसमें कोई सन्देह नहीं है।

अन्त में मैं हर सैनिक से यही कहना चाहता हूँ कि समता सैनिक शब्द बड़ा महत्त्वपूर्ण है। हम लोग निश्चित तौर पर कोई ऐरे-गैरे लोग नहीं हैं। इस बात को सिद्ध करने के लिए ही इस शब्द का प्रयोजन है। अपना कार्य करते समय आप लोगों को एक बात ध्यान में रखनी चाहिए कि आप लोग वास्तव में एक फौज में हैं। सभा के समय जो विशाल जनसागर इकट्ठा होता है उसकी उचित व्यवस्था करने के लिए आप लोगों को यह बात ध्यान में रखनी चाहिए कि हम सैनिक हैं। जनसमुदाय तो अनुशासन हीनता का बर्ताव करेगा ही, उनके बर्ताव में और आपके कार्य में जमीन-आसमान का

फर्क है। इसलिए सैनिक का मतलब है अनुशासन का पहरेदार। किसी अधिकारी का हुक्म गलत समझकर उसके विरोध में कानाफूसी या प्रतिकार करने से काम नहीं चलेगा। इस अवसर पर मैं आपको यही कहना चाहता हूँ कि समय आने पर अनुशासन के लिए सभी प्रकार की कठिनाइयों का मुकाबला करते हुए आप अपना कार्य आगे भी समाज-सेवा की भावना से जारी रहेंगे।

साप्ताहिक 'जनता' के 14 जनवरी 1939 के अंक में प्रकाशित।

हिन्दी फेडरेशन भारत के अन्तिम राजनीतिक लक्ष्य के खिलाफ

*दि. **30 जनवरी 1939** को पूना में गोखले राजनीति-अर्थशास्त्र संस्थान का संस्थापक दिन सम्पन्न हुआ था। इसके लिए डॉ. बाबासाहेब अम्बेडकर को विशेष निमन्त्रण देकर बुलाया गया था। इस सभारम्भ के अध्यक्ष थे नारायणराव म. जोशी। इस सभारम्भ में डॉ. अम्बेडकर अपने विषय का प्रतिपादन करते हुए कहते हैं–*

भाइयो तथा बहनो,

मुझे आज तक विद्यार्थियों की ओर से व्याख्यान के लिए कई निमन्त्रण आए, लेकिन उनमें से कइयों को मुझे अस्वीकार करना पड़ा। ऐसी स्थिति में मैंने इस संस्था के निमन्त्रण को स्वीकार किया है यह बात एक तरह से पक्षपात पर आधारित और दुराव प्रदर्शित करनेवाली है, इससे ऐसा सन्देह पैदा होने की सम्भावना है। लेकिन सच्चाई कुछ अलग है। मुझे एक वकील और सामाजिक कार्यकर्त्ता की हैसियत से काम करते हुए इस तरह के निमन्त्रणों को स्वीकार करना मुश्किल होता है। मैं राजनीतिक आदमी भी हूँ, केवल अध्यापक नहीं। अध्यापक एक तरह से विद्यार्थी होता है। राजनीतिक लोग सिर्फ आन्दोलन करनेवाले होते हैं। मैं आन्दोलन करनेवाला भी हूँ और विद्यार्थी भी हूँ। अध्यापक अखबार की तरह होता है और राजनीतिक आदमी मतपत्र के समान होता है। मुझे यहाँ एक तरह से मत-प्रचार का मौका मिला है और वह भी मैं जिस विषय को पसन्द करता हूँ उस विषय पर बोलने का मौका मिला है इसलिए मैंने बड़ी खुशी के साथ इस विषय पर बोलने के लिए निमन्त्रण स्वीकार किया है।

हिन्दुस्तान पर 1935 का संयुक्त संविधान थोप दिया जाएगा। उसका स्वरूप बहुत अजीब है। इससे हिन्दी फेडरेशन बहुत अमानवीय ढंग का हो जाएगा। अमेरिका के संयुक्त संस्थान, जर्मनी, स्विट्जरलैंड, कनाडा और आस्ट्रेलिया आदि देशों के फेडरेशनों से हिन्दुस्तान के संयुक्त संगठन की तुलना की जाए तो पता चलेगा कि हिन्दुस्तान का यह संविधान वास्तव में खतरनाक किस्म का है। विधिमंडल के गठन को देखिए, मन्त्रिमंडल का स्वरूप देखिए, या उच्चतम न्यायालय के अधिकारों की परीक्षा कीजिए,

आपको पता चलेगा कि हिन्दुस्तान के इस संयुक्त संविधान का सम्पूर्ण स्वरूप अजीब है। (1) संयुक्त संगठन की इकाइयाँ (2) इकाइयों का केन्द्रीय सरकार से सम्बन्ध और (3) राष्ट्र के बहुजन समाज का संयुक्त संविधान में नागरिकता का सम्बन्ध। इस आधार पर किसी भी दृष्टि से इस भावी संविधान की समीक्षा की जाए तो वह पूरी तरह सदोष और अर्थहीन दिखाई देगा। इस संयुक्त संगठन को संयुक्त संगठन या फेडरेशन नाम देने के पहले स्वतन्त्र संस्थानों का गुट या कन्फेडरेशन यह नाम दिया गया तो वही अच्छा होगा। इस संविधान में संयुक्त की बजाय स्वतन्त्र होने के ही लक्षण ज्यादा हैं। इस संविधान ने पूरे देश के सभी नागरिकों को आम नागरिकता के हक़ नहीं दिए हैं। इस प्रकार से यह संविधान अपने मूल में ही सदोष है, उसमें कुछ संशोधन करने से वह स्वीकार करने योग्य हो जाएगा, इस तरह की बात करनेवाला एक वर्ग है। इन लोगों का यह कहना है कि इस संविधान को स्वीकार करने के बाद धीरे-धीरे (1) हिन्दी संस्थानों में लोकतान्त्रिक राज्यप्रणाली शुरू होगी, (2) हिन्दुस्तान को जिम्मेदार राज्यप्रणाली का लाभ होगा और (3) हिन्दुस्तान एक केन्द्रीय राज्य हो सकेगा। लेकिन ऐसा लगता है कि ऐसा कहनेवाले लोगों ने 1935 के कानून को ढंग से नहीं पढ़ा है। इस कानून की धारा 6-(1) को पढ़ा पर उसके पहले परिशिष्ट पर नजर दौड़ाई होती तो दिखाई देता कि इस संविधान से सम्पूर्ण देश केन्द्रीय नहीं हो सकता या उसमें एकता पैदा नहीं हो सकती। हिन्दुस्तान के 650 संस्थानों में से 418 संस्थानों को फेडरेशन में मिलने की अनुमति नहीं दी गई। मेरा सवाल है कि इन छोटे संस्थानों को अलग कर देने से क्या हिन्दुस्तान की एकता सम्भव है? इन संस्थानों का भविष्य क्या होगा, इस बात पर भी खुली बहस होनी चाहिए। इस नए संविधान से संस्थान की एकतन्त्री राज्यप्रणाली खत्म होगी, इस तरह की उम्मीद करना गलत होगा। क्योंकि कानूनन संस्थानिकों को इस तरह का यकीन दिलाया गया है कि उनके संस्थान की भीतरी राजनीति में फेडरेशन की किसी भी प्रकार की दखलंदाजी करने का अधिकार नहीं है। यही नहीं, इस संविधान ने संस्थान की एकतन्त्री राज्यव्यवस्था को अधीनस्थ प्रदेशों की जनसत्ता पर बेमतलब अधिकार चलाने की नई सत्ता का निर्माण कर दिया है। उसी प्रकार हिन्दुस्तान को इस संविधान से सम्पूर्ण जिम्मेदार राज्यव्यवस्था का किसी भी प्रकार का लाभ नहीं होगा।

सरकार ने सैनिकी संरक्षण और विदेश जैसे विभागों को अपने पास रखा है। मतलब यह केन्द्रीय सरकार में द्विदलीय राज्यप्रणाली शुरू करने का प्रयास है। लेकिन द्विदलीय राज्यप्रणाली के द्वारा जिम्मेदार राज्यप्रणाली को किस तरह से बेअसर किया जाता है, इस बात का अच्छा खासा अनुभव हम हिन्दी लोगों को है। फिर भी इस तरह की उम्मीद करना कि केन्द्रीय सरकार में उसके अच्छे फल आएँगे, क्या यह सीधा पागलपन नहीं है? आप लोगों ने किसी भी दृष्टि से इस संविधान की समीक्षा की तब भी उसमें आपको सही जनवादी दायित्व का पूरी तरह से अभाव दिखाई देगा। श्री सत्यमूर्ति कहते हैं कि कुछ संशोधन करने के बाद इस संविधान को स्वीकार किया

जा सकता है। किन्तु मैं कहना चाहता हूँ कि मान्यवर सत्यमूर्ति ने जो संशोधन सुझाए वे संविधान में किए गए तब भी उसे अस्वीकार करने के अलावा और कोई विकल्प नहीं है। क्योंकि जिस योजना में बुनियादी दोष हैं, उस योजना से हिन्दुस्तान अपने स्वराज्य के लक्ष्य को नहीं पा सकता।

हिन्दुस्तान का अन्तिम राजनीतिक लक्ष्य क्या है? कांग्रेस अब पूर्ण स्वतन्त्रता की माँग से हटकर धीरे-धीरे डोमिनियन स्टेट्स का समर्थन कर रही है। लेकिन मेरी राय में फेडरेशन की इस योजना से डोमिनियन स्टेट्स का भी रास्ता बन्द हो जाएगा। और इसीलिए आपको यह दिखाई देगा कि इस संविधान विधि में 'डोमिनियन स्टेट्स' शब्द का पूरी तरह बहिष्कार किया गया है। फेडरेशन का यह संविधान अपरिवर्तनीय ढंग का है। स्वयं ब्रिटिश पार्लियामेंट को भी संस्थानिकों की इजाजत के बगैर उसमें संशोधन करना सम्भव नहीं होगा। या उसमें परिवर्तन करना हो तो फेडरेशन को ही समाप्त करना होगा। जिम्मेदार राज्यप्रणाली डोमिनियन स्टेट्स की राह का पहला लक्ष्य है। लेकिन इस योजना से आरक्षित विभाग का निर्माण करके इस रास्ते को बन्द कर दिया गया है। इसके बाद भी संरक्षण और विदेश राजनीति जैसे विभागों को आपके सुपुर्द करने की सम्भावना नहीं दिखाई दे रही है। संस्थानिक उसे मंजूरी नहीं देंगे। ऐसी स्थिति में आगे यह मुख्य सवाल है कि इन हिन्दी संस्थानों का क्या किया जाए? संस्थान में जो स्वच्छन्दता चल रही है उसका एक कारण यहाँ का एकतन्त्री राज्यशासन तो है ही, लेकिन कई संस्थानों के पास राज्यशासन चलाने के लिए जो साधन उपलब्ध होने चाहिए वे नहीं हैं। किसी भी संस्थान को अच्छी तरह चलाने के लिए उसे निश्चित क्षेत्र और कम-से-कम आमदनी चाहिए। जिन संस्थानों के लिए यह बात सम्भव न हो उन्हें पूरी तरह से समाप्त करके उनका पुनर्गठन करना चाहिए। राज्यशासन की दृष्टि से ही यह जरूरी होगा। यदि ये संस्थान एक बार फेडरेशन में सम्मिलित किए गए और फेडरेशन की इकाई बन गए तो फिर उन्हें समाप्त करना मुश्किल होगा या उनका पुनर्गठन करना भी असम्भव होगा। क्योंकि अभी तक उनके सार्वभौमत्व के रक्षण का आश्वासन संविधान में ही दिया गया है।

इसके लिए सबसे पहले संस्थानों का पुनर्गठन करके और सम्पूर्ण हिन्दुस्तान पर लागू हो सके इस तरह की नागरिकता का निर्माण करने के बाद ही फेडरेशन के बारे में सोचा जाए तो अच्छा है। संस्थानों को अलग रखकर ब्रिटिश प्रदेशों का फेडरेशन बनाया जा सकता है। अकेले ब्रिटिश प्रदेशों के संयुक्त गठन में भी सम्पूर्ण जिम्मेदार राज्यप्रणाली की स्थापना करना असम्भव नहीं है। 1935 के कानून ने दो फेडरेशन निर्माण किए हैं। एक ब्रिटिश प्रदेशों का और दूसरा अखिल भारत का। इसमें पहले को जिम्मेदार राज्यपद्धति नहीं दी गई। और दूसरे को वह दी गई है। इसका सही कारण यही है कि अधीनस्थ इलाकों की जनतान्त्रिक व्यवस्था के पाँव में बेड़ियाँ डालने के लिए संस्थानिकों का उपयोग हो।

संस्थानिकों को सिर्फ दो बातों के लिए फेडरेशन चाहिए। उन्हें ब्रिटिशों का

सार्वभौमत्व नहीं चाहिए। और फेडरेशन का दबाव नहीं चाहिए। मुस्लिमों को ऐसा लग रहा है कि हिन्दुस्तान में मुस्लिम बहुसंख्यक प्रदेशों का निर्माण किया जाए और हिन्दुओं को कमजोर किया जाए। हिन्दू महासभा इसके विरोध में सोचती है। हिन्दू महासभा की विचारधारा यह है कि संस्थानिकों को सम्मिलित करके संयुक्त संगठन स्थापित किया गया तो हिन्दुओं की ताकत बढ़ेगी और मुस्लिमों पर नियन्त्रण किया जा सकता है। इसके अलावा व्यापारी वर्ग का भी एक सोच है। यह वर्ग कांग्रेस को पैसा खिलाता रहता है। उन्हें यूरोपियनों के खिलाफ व्यापारिक संरक्षण मिल जाए, बस। ये सभी वर्ग आज नहीं तो कल संयुक्त गठन का स्वागत करेंगे। लेकिन इसके अलावा गरीब और स्वतन्त्र लोगों का एक बड़ा वर्ग है। फेडरेशन ने उसके बारे में कुछ नहीं सोचा है। इस तरह के फेडरेशन की स्थापना हुई तो गरीबों की स्वतन्त्रता की बड़ी हानि होगी।

मेरा भाषण काफी लम्बा हो गया है। भाषण समाप्त करने से पहले मैं एक बात का जिक्र करना चाहता हूँ। पहले हिन्दुस्तान की राजनीति का नेतृत्व रानडे, तिलक, आगरकर, गोखले, दादाभाई, फिरोजशाह मेहता, सुरेन्द्रनाथ बनर्जी आदि जैसे ख्यातनामा नेताओं के हाथ में था। पुराने नेता सोच-समझकर बोलते थे। आज उस तरह की स्थिति नहीं है। आज नेताओं को तो अर्द्धनग्न रहने में गर्व महसूस होता है। और वे लोग राजनीतिक घटनाओं का बगैर अध्ययन किए उन पर अपने विचार व्यक्त करने में आगे-पीछे नहीं देखते। उनकी बातों का आधार ग्रन्थों की बजाय 'भीतरी आवाज' पर होता है। मुझे इस प्रकार की प्रसाद दीक्षा नहीं मिली। मुझे 'भीतरी आवाज' का अनुभव नहीं है। इसलिए मैंने रानडे, तिलक, गोखले की परम्परा के नक्शेकदम पर चलनेवाले रा.ब. काले की स्मृति दिवस सभा में आज यहाँ अपने विचार आप लोगों के सामने रखे हैं। इनमें जो बातें आपको पसन्द आएँ उन्हें स्वीकार कीजिए यह प्रार्थना करते हुए मैं अपना भाषण समाप्त कर रहा हूँ।

साप्ताहिक 'जनता' के 4 फरवरी, 1939 के अंक में प्रकाशित।

जाहिर निवेदन

डॉ. बाबासाहेब अम्बेडकर ने जी.टी. मेश्राम के चुनाव समर्थन में इस निवेदन पत्र को ***दि. 11 फरवरी 1939*** *को मुम्बई से प्रकाशित किया था। इस निवेदन-पत्र में डॉ. अम्बेडकर कहते हैं—*

मान्यवर जी.टी. मेश्राम को ही निर्वाचित करें

मध्यप्रान्त और वरहाड के अछूत भाइयों से अनुरोध किया जाता है कि मान्यवर हरदास एल.एन. के असमय देहान्त की वजह से नागपुर प्रदेश की स्वतन्त्र मजदूर पार्टी का एक संघर्षशील और जुझारू कार्यकर्त्ता नहीं रहा है और उनकी मध्यप्रान्त विधिमंडल की एक जगह खाली हुई है। अछूतों के लिए आरक्षित इस जगह का चुनाव जल्दी ही होने जा रहा है।

इस चुनाव में योग्य आदमी को चुनने की जिम्मेदारी आप पर है। इस जिम्मेदारी के बारे में आपको किस बात पर सोचना चाहिए, इस बात की जानकारी आप लोगों तक पहुँचाना भी मैं जरूरी समझता हूँ। मध्यप्रान्त-वरहाड में अछूत वर्ग के लिए कुल 20 स्थान आरक्षित रखे गए हैं। मुम्बई इलाके की तुलना में ये स्थान कई गुना ज्यादा हैं। लेकिन यह सब होते हुए भी सी.पी. मध्यप्रान्त से चुने गए लोगों ने अब तक जनहित की दृष्टि से किसी भी प्रकार का प्रभावशाली कार्यक्रम नहीं रखा, इस बात से कोई भी इनकार नहीं कर सकता। मेरी दृष्टि से यह बहुत खेद की ही नहीं बल्कि शर्म की बात भी है, इस बात को आप सभी लोगों को अच्छी तरह से समझना जरूरी है। अब तक मध्यप्रान्त और वरहाड में स्वतन्त्र मजदूर पार्टी का कार्य सफल क्यों नहीं हुआ इसके कारणों को आप सभी लोगों को गहराई से देखना चाहिए। राजनीति में किसी भी पार्टी की सफलता होने के लिए तीन बातों की आवश्यकता होती है। वे तीन बातें हैं : (1) निश्चित कार्यक्रम, (2) सही नेता और (3) लोकप्रियता। स्वतन्त्र मजदूर पार्टी का कार्यक्रम निश्चित नहीं है या वह जनहित की दृष्टि से प्रतिगामी है, ऐसा कोई नहीं कह सकता, बल्कि वह कार्यक्रम बहुत प्रभावी है। कांग्रेस का कार्यक्रम उसके सामने घटिया है, ऐसा सभी को कुबूल करना पड़ेगा।

मध्यप्रान्त और वरहाड में स्वतन्त्र मजदूर पार्टी को असफलता मिलने की वजह यह

है कि यहाँ लोकप्रिय और लायक नेताओं का अभाव है। वरहाड और मध्यप्रान्त में अपने लोगों में इतने नेता पैदा हुए हैं कि नेता कौन है और कौन नहीं है यह खोज पाना मुश्किल हो गया है। योग्यता हो या न हो, 'हम नेता हैं' इस प्रकार का अहंकार रखकर हर कोई आदमी समाज के कार्यक्रम में गलत-सलत काम कर रहा है। उसी प्रकार राजनीति में कहीं न कहीं से अपना स्वार्थ सफल हो इसलिए हर कोई मनचाहे ढंग से कार्य करने के लिए प्रवृत्त हुआ है। इस बात को रोकना अब जरूरी हो गया है। इस बात को यदि रोका नहीं गया तो चारों ओर तनाव पैदा होगा और समाज के कार्य का नुकसान होने की सम्भावना बनेगी।

इन सभी बातों के लिए मान्यवर हरदास के देहान्त की वजह से रिक्त स्थान के लिए जो चुनाव होनेवाला है, यह एक अच्छा अवसर है, ऐसा आप लोगों को समझना चाहिए। और आप सभी लोगों को बड़ी सावधानी के साथ योग्य व्यक्ति को निर्वाचित करने की पूरी कोशिश करनी चाहिए।

इस चुनाव में मान्यवर जी.टी. मेश्राम को स्वतन्त्र मजदूर पार्टी के उम्मीदवार के रूप में खड़ा किया गया है। उनकी उम्मीदवारी को मेरा पूरा समर्थन है और मेरा आप लोगों से अनुरोध है कि आप सभी लोगों को अपने सारे वोट उन्हीं को देने चाहिए। कई लोग गलतफहमियाँ पैदा करने की कोशिश करेंगे। कुछ विरोधी लोग आपके सामने इस तरह का सवाल भी खड़ा कर सकते हैं कि मान्यवर मेश्राम ने अब तक लोगों का कौन-सा काम किया है। लेकिन इस तरह के सवाल को आप लोगों को किसी तरह का महत्त्व नहीं देना है। म्यूनिसपैलिटी में नौकरी करनेवाले आदमी को सार्वजनिक कार्य में हिस्सा लेना सम्भव नहीं है। इसलिए मान्यवर मेश्राम का सार्वजनिक कार्य में खुल्लमखुल्ला सहभाग नहीं रहा है। लेकिन अब यह सवाल महत्त्वपूर्ण नहीं है कि किसने क्या किया है। बल्कि इसके आगे विधिमंडल के काम कौन कर सकेगा इस सवाल पर आप लोगों को सोचना चाहिए। विधिमंडल के काम सभी लोग कर सकते हैं, ऐसा आपको नहीं समझना चाहिए। बाहर सभा में भाषणबाजी करनेवाला आदमी विधिमंडल में सफल होगा, ऐसा समझना केवल भ्रम है। विधिमंडल में काम करने के लिए आदमी को सरकारी कामकाज का अनुभव होना चाहिए। उसी प्रकार अंग्रेजी का भी अभ्यास होना चाहिए। उस आदमी में दूसरों पर अपना प्रभाव कायम करने की जिद भी होनी चाहिए। इन तमाम बातों को देखते हुए मान्यवर मेश्राम बहुत लायक उम्मीदवार हैं, इस बारे में मेरे मन में किसी भी प्रकार का सन्देह नहीं है।

मान्यवर मेश्राम के विरोध में कौन-कौन उम्मीदवार खड़े हैं और वे किस सिद्धान्त के आधार पर अपना प्रचार कर रहे हैं, इस बात की मुझे कोई जानकारी नहीं है। लेकिन वरहाड-मध्यप्रान्त में ही महार जाति में कई उपजातियाँ हैं, इस बात को मैं अच्छी तरह जानता हूँ और ऐसे चुनाव के समय कुछ लोग कहते फिरते हैं कि मैं कोसरा हूँ इसलिए (मुझे) कोसरे लोगों को वोट देना चाहिए, मैं बावन्या हूँ इसलिए बावने लोगों को मुझे वोट देना चाहिए, मैं सोमवंशी हूँ इसलिए मुझे सोमवंशी लोगों को वोट देना चाहिए, इस

तरह लोग जातिनिष्ठता के आधार पर समाज में भेदभाव पैदा करते रहते हैं। मेरी दृष्टि से यह बात बहुत मूर्खतापूर्ण है। ऐसे भेदभाव को आप लोगों को किसी भी प्रकार से महत्त्व नहीं देना चाहिए। इस तरह के जातिनिष्ठता के चुनावी प्रचार से आप सभी लोगों का पूरी तरह से विनाश होगा। और यदि आप इसी तरह बँटते गए तो आपका कोई भी कार्य सफल नहीं होगा। इसलिए आप सभी लोगों को इकट्ठा होकर मान्यवर जी.टी. मेश्राम को निर्वाचित करना चाहिए, इस तरह से मैं आप सभी लोगों से स्वतन्त्र मजदूर पार्टी की ओर से अनुरोध कर रहा हूँ।

आपका

भीमराव रामजी अम्बेडकर

राजगृह,

दादर, मुम्बई

11.2.39

दि. 11 फरवरी, 1939 के साप्ताहिक 'जनता' में प्रकाशित हुआ था।

सामाजिक परिवर्तन के आन्दोलन के नेता चल बसे

डॉ. बाबासाहेब अम्बेडकर के मन में शाहू छत्रपति के प्रति असीम सम्मान की भावना थी। उनके शाहू छत्रपति के साथ व्यक्तिगत सम्बन्ध भी थे। एक अखबार के प्रतिनिधि के सामने शाहू छत्रपति के मानवतावादी कार्यों का गौरव करते हुए डॉ. अम्बेडकर ने कहा–

मान्यवर सयाजीराव महाराजा का देहान्त मेरी व्यक्तिगत और बहुत बड़ी हानि है। मैं उनका एहसानमन्द हूँ, उन्हें मैं कभी भूल नहीं सकता। उन्होंने मुझे जो शिक्षा दी उसी की वजह से मुझे आज यह योग्यता प्राप्त हुई है। अछूत समाज पर उनकी बहुत बड़ी मेहरबानी थी। अछूत समाज के लिए उनकी तरह किसी ने काम नहीं किया है।

वे बहुत बड़े समाज-सुधारक थे। बड़ौदा संस्थान में समाज-सुधार के सम्बन्ध में जो कानून बनाए गए थे वे यूरोप के और अमेरिका जैसे उन्नत राष्ट्रों के कानूनों से भी आधुनिक थे। उन्होंने सभी सामाजिक रूढ़ियों का अध्ययन करके सामाजिक कुरीतियों को दूर करने के लिए नेतृत्व प्रदान किया था।

अपनी प्रजा के कल्याण के लिए उन्होंने जितने प्रयास किए उतने प्रयास शायद ही किसी संस्थानिक ने किए होंगे। वे राष्ट्रीय भावना से परिपूरित देशभक्त थे। इस तरह के सद्गुण संस्थानिकों में शायद ही कहीं दिखाई देते हों। कई मामलों में अंग्रेज उनका लोहा मानते थे। वे कभी अंग्रेजों के दबाव में नहीं रहे। उनके जीवन के अन्तिम समय में जाति-भावनाओं को भड़काकर उनके प्रजाजनों और उनमें अलगाव पैदा करने की कोशिश की गई। यह बड़े अफसोस की बात है। वे महाराष्ट्र के थे तब भी उन्होंने अपने गुजराती प्रजाजनों के प्रति किसी तरह का भेदभाव नहीं किया। जो लोग उन्हें जानते हैं वे इस बात को निश्चित तौर पर स्वीकार करेंगे। मेरी जानकारी के मुताबिक इस तरह के गलत विचार उनके मन में पैदा होना सम्भव ही नहीं था।

सयाजीराव महाराजा के देहान्त से हिन्दुस्तान का एक बहुत बड़ा आदमी चल बसा है। बड़ौदा संस्थान ने अपना एक बहुत बड़ा राज्यकर्त्ता खो दिया है। महाराष्ट्र का एक महान सपूत चल बसा है। सामाजिक परिवर्तन के आन्दोलन का नेता नहीं रहा। अछूतों का एक हमदर्द और संस्थान का एक द्रष्टा चला गया है।

साप्ताहिक 'जनता' के 11 फरवरी, 1939 के अंक में प्रकाशित।

शराबबन्दी की बजाय जमीन पर लगान माफी की जरूरत

*दि. **21 फरवरी 1939** को मुम्बई राज्य एसेम्बली के बजट पर एसेम्बली में डॉ. बाबासाहेब अम्बेडकर ने 'स्वतन्त्र मजदूर पार्टी' के नेता के रूप में एक बहुत ही महत्त्वपूर्ण भाषण दिया था। डॉ. अम्बेडकर ने अपने भाषण में कहा–*

यह कांग्रेस सरकार का तीसरा सालाना बजट है फिर भी मेरी राय में यह बजट पहला है। क्योंकि पहले दो बजट तैयार करते समय कांग्रेस को प्रान्तों की स्थिति के बारे में सही अंदाजा नहीं था। उस समय की स्थिति भी कुछ अनोखी थी। लेकिन इस साल का बजट तैयार करने के लिए उन्हें पर्याप्त समय मिला है। इसी तरह उन्हें बजट तैयार करने के लिए हर तरह के साधन और विचार-विमर्श का अवसर भी मिला है। इन तमाम बातों पर जब मैं सोचता हूँ तब यह मानता हूँ कि आज का बजट ही असल में कांग्रेस का पहला बजट है। भले ही यह बजट आपकी दृष्टि से गैरजिम्मेदार और खर्च के हिसाब से बचकानेपन का परिचायक है।

कांग्रेस सरकार ने जिन चीजों पर कर लगाया उनकी तफसील इस प्रकार है :

1. कोर्ट फीस और स्टैम्प ड्यूटी पर कर।
2. बिजली-कर में बढ़ोत्तरी।
3. शहर के मकान किराए पर कर।
4. जायदाद की लीज पर कर।
5. मुम्बई और अहमदाबाद की अचल जायदाद के किराए पर 10 प्रतिशत कर।
6. बिक्री-कर।

सरकार ने कोर्ट फीस और स्टैम्प ड्यूटी बढ़ाने के लिए करों में जो बढ़ोत्तरी की है उसे देखकर पिछले विधिमंडल का इतिहास आँखों के सामने आ जाता है। उस समय ये कांग्रेसवाले इस कर के विरोध में थे। उस समय की उनकी नीति को देखने से पता लगता है कि सिर्फ प्रतिपक्ष पर हमला करने के लिए उन्होंने अपनी शक्ति का उपयोग किया। यह कहना निरर्थक नहीं होगा। हाथ में सत्ता आते ही जो बातें उन्हें पहले गलत लग रही थीं वे बातें आज जनता की भलाई के लिए सरकार को अच्छी लगने लगी हैं।

मैं इस बात को बेहद ईमानदारी के साथ कह रहा हूँ कि बिजली पर कर बढ़ाना गलत बात है। इस कर बढ़ोत्तरी की वजह से जनता का तो आर्थिक नुकसान है ही, जन-स्वास्थ्य की दृष्टि से भी यह कर हानिकारक है। खर्चे के डर से लोगों ने मिट्टी के तेल के दीये जलाना शुरू किए तो उसका मनुष्य के स्वास्थ्य पर बुरा प्रभाव पड़ेगा, इस बात को कांग्रेसवाले नहीं जानते ऐसा नहीं है। सिद्धान्त की दृष्टि से सोचा जाए तो सरकार को बिजली-कर कम करने का पूरा प्रयास करना चाहिए। पहले 12 यूनिट से कम बिजली इस्तेमाल करनेवालों को यह कर नहीं देना पड़ता था। किन्तु आज के बजट में उन पर भी कर का बोझ लादा गया है। बिजली-कर का बोझ गरीब और मध्य वर्ग पर लादने की बजाय सिनेमा और नाट्य-गृहों पर इस तरह का कर बढ़ाया गया होता तो वह गरीब जनता की बजाय सुखी लोगों के मनोरंजन के साधनों पर बढ़ा होता। इस बात पर गम्भीरता से विचार करने पर लगता है कि सरकार गरीबों को इस तरह के करों के बोझ से मुक्त करने की बात पर शायद ही विचार करे।

शहरी अचल जायदाद पर कर लगाया गया है। कांग्रेस सरकार को यह नया कर लगाने की जरूरत क्यों महसूस हुई? सोचा जाए तो मुम्बई उपनगर और अहमदाबाद में जायदाद पर लगाया गया कर गलत है। इस कर की वजह से सरकार ने स्थानीय संस्थाओं को मुसीबत में डाल दिया है। उनकी आमदनी पर गैरजिम्मेदाराना ढंग से हमला किया है। इस सम्बन्ध में सरकार ने जो नीति अपनाई है वह स्थानीय स्वराज्य संस्थाओं के विकास पर रोक लगानेवाली है। मकानों का किराया कम हो इसके लिए मुम्बई के किराएदार कई दिनों से आन्दोलन कर रहे हैं। इस तरह मकान-मालिकों पर नया अतिरिक्त कर लगाने की वजह से किराएदार निराश हो गए हैं। मकानवालों को फिलहाल साढ़े अट्ठारह प्रतिशत कर म्यूनिसपैलिटी को देना पड़ रहा है। यदि जमीन को लीज पर खरीदा गया है तो उसका किराया अलग से सरकार को देना पड़ता है। उसी प्रकार किराए की आमदनी में से हिन्दुस्तान की सरकार को इनकम टैक्स तो देना ही पड़ता है। इन सभी करों का सामान्य सूचकांक 50 है। इस स्थिति में मकान-मालिकों पर 10 प्रतिशत ज्यादा कर लगा देना मूर्खता है। हम लोग म्यूनिसपैलिटी को जो कर देते हैं उसके बदले म्यूनिसपैलिटी की ओर से हमें पानी मिलेगा, सड़कें दुरुस्त होंगी, दीया-रोशनी की सुविधा होगी, किन्तु सरकार के इस नए कर से हमें किस तरह का लाभ मिलनेवाला है?

कर मालिकों को देना पड़ता है। उसे खाली मकानों से वसूल नहीं किया जा सकता। इसलिए यह नया कर लोगों की आमदनी पर ही लगेगा। इस कर को छोटे-बड़े सभी मकान-मालिकों से वसूल किया जाएगा। ऐसे में छोटे मकानों में अपनी जिन्दगी बसर करनेवाले लोगों पर कर का बोझ लादना उचित है या बड़े-बड़े भवनों से लाखों रुपए कमानेवाले मालिकों पर कर लगाना उचित है? उसी तरह मुम्बई के 'सोशियल सर्विस लीग,' 'सर्वेंटस् ऑफ इंडिया सोसायटी' जैसे सार्वजनिक और जनोपयोगी संस्थाओं की इमारतों पर भी इस दुख दर्शन चक्र को घुमाया गया है। उन पर भी कर

लगाया गया है। अब कांग्रेस सरकार को कुछ चीजों की बिक्री पर कर लगाने की क्या जरूरत थी? इस कर की वजह से उन चीजों को खरीदनेवाले लोगों पर बुरा असर होगा और उससे उनके जीवन-स्तर में निश्चित तौर पर फर्क पड़ेगा। सरकार इस प्रकार के करों से क्या हासिल करना चाहती है? इस कर के बारे में सोचते समय इस कर का पिछला इतिहास देखना होगा। 1800 से 1894 तक एक्साइज टैक्स लगाया जाता था। आज के बजट में कांग्रेज सरकार ने उसी को रूपान्तरित किया है। इस नए कर से लोगों का जीवन-स्तर निश्चित रूप से प्रभावित होगा। इसके अलावा यह कर प्रत्यक्ष कारखानेदारों और मिल-मालिकों को देना पड़ा तो देश के औद्योगिक व्यापार पर भी इसका गलत असर पड़ेगा, इसमें कोई सन्देह नहीं।

जरूरी कर वसूल करने का मैं कभी विरोध नहीं करूँगा। किन्तु कांग्रेस सरकार ने एक विशेष लक्ष्य की प्राप्ति के लिए यह 169 लाख के कर वसूल करने का जो प्रावधान किया है उससे जनता का सीधे क्या लाभ होनेवाला है? बजट में खर्च की तफसील देखने से पता चलता है कि उसमें (1) शिक्षा के लिए 1.50 लाख रुपए, (2) सार्वजनिक स्वास्थ्य, जलवितरण आदि के लिए 5 लाख रुपए, (3) सहकारी आन्दोलन के लिए 7 लाख रुपए और (4) कर्ज के भुगतान के लिए 2 लाख रुपए का प्रावधान है। इस कार्य के लिए केवल 40 लाख रुपए खर्च करके शेष 125 लाख रुपए शराबबन्दी के लिए सुरक्षित रखे गए हैं। लेकिन उक्त निर्दिष्ट जनकल्याण की बातों के बजाय शराबबन्दी आदि बातों के लिए खर्च करना क्या उचित होगा?

क्या सरकार का शराबबन्दी के लिए 125 लाख रुपए फूँक देने का कार्य महत्त्वपूर्ण है? आप लोगों ने इस बात पर सोचने का प्रयास किया तो पता चल जाएगा कि सरकार की यह नीति गैरजिम्मेदाराना और बर्बादी की ओर ले जानेवाली नीति है।

इसी तरह अपने देश में शराब की बिक्री के प्रतिशत को विदेश के शराब बिक्री के प्रतिशत के अनुपात में देखा जाए तो हर आदमी के हिस्से तीन ड्रम शराब आएगी। इस इलाके में कुल शराब पीने के प्रमाण को देखा जाए तो 10 लाख लोग शराब पीनेवाले मिल जाएँगे। अपने देश की महिलाएँ शराब नहीं पीतीं। इस पर भी घनघोर शराबी को भी अपनी औरत का शराब पीना पसन्द नहीं आएगा।

हमारे राज्य की सरकार अमेरिका में शराबबन्दी का उदाहरण देकर यहाँ के सवाल हल करना चाहती है। लेकिन क्या हमारी सरकार ने वहाँ शराबबन्दी से पहले की स्थिति का अध्ययन किया है? वहाँ उस समय शराब की खपत इतनी बढ़ गई थी कि बेहिसाब शराब पीने से कई लोग मौत के घाट उतर गए थे। किन्तु उस प्रकार की स्थिति अपने राज्य में दिखाई दे रही है या नहीं यह बात सरकार को क्यों नहीं दिखाई दी? उससे भी ज्यादा महत्त्वपूर्ण सवाल शिक्षा का है। आज इस सवाल की ओर सबसे पहले ध्यान देना चाहिए। अपने राज्य में साक्षरता का अनुपात कितना कम है यह बात निम्न आँकड़ों से स्पष्ट हो जाएगी। इसमें पुरुषों का प्रतिशत 14.3 और महिलाएँ सिर्फ 2.4 प्रतिशत हैं। साफ शब्दों में कहें तो (निरक्षरता का अनुपात) पुरुषों में 86 प्रतिशत और महिलाओं

में 98 प्रतिशत है। कांग्रेस सरकार ने प्रौढ़ शिक्षा के बारे में विचार करने के लिए एक कमेटी नियुक्त की थी। उसने इस सम्बन्ध में अपनी रिपोर्ट दी है। किन्तु इस बजट में इस बारे में किसी प्रकार की व्यवस्था नहीं दी गई। कांग्रेस सरकार ने शराबबन्दी के लिए 169 लाख रुपए फूँक देने के बजाय उन्हें शिक्षा के प्रसार पर खर्च किया तो यह बड़ा जनवादी कार्य होगा। इस राज्य के शहरों में 184 प्राथमिक पाठशालाएँ हैं और अलग-अलग गाँव-देहातों में सिर्फ 8599 पाठशालाएँ हैं। 12885 गाँव-देहातों में पाठशालाएँ हैं ही नहीं। राज्य की प्राथमिक शिक्षा को अनिवार्य किया गया तो 1 करोड़ 30 लाख रुपए खर्च होंगे। इसलिए शराबबन्दी के लिए खर्च होनेवाली रकम शिक्षा-प्रसार के कार्य के लिए पर्याप्त होगी। फिर सरकार शराबबन्दी के बजाय इस रकम का उपयोग शिक्षा के प्रचार के लिए क्यों नहीं कर रही है? इस सरकार को शिक्षा की योजना पर पैसा खर्च करने में दिलचस्पी क्यों नहीं है? इस तरह का सवाल मैं यहाँ नाना फड़नवीस से पूछना चाहता हूँ।

शिक्षा-प्रसार की तरह ही सार्वजनिक स्वास्थ्य का सवाल भी महत्त्वपूर्ण है। फिलहाल सरकार सार्वजनिक स्वास्थ्य के लिए जितनी रकम खर्च कर रही है, वह इतनी अपर्याप्त है कि गाँव-देहातों में लोग पीने के पानी के अभाव में दुखी और परेशान हैं। गाँव-देहातों के अपने गरीब भाइयों का जीवन सुखमय बनाने के लिए शहर के लोगों पर कर लगाकर उसका उपयोग शराबबन्दी की बजाय गाँव-देहातों के लोगों के स्वास्थ्य-रक्षण के लिए क्यों नहीं किया जा रहा है?

जमीन लगान का भी एक सवाल है। इस राज्य की जमीन लगान से प्राप्ति 3 करोड़ 18 लाख 63 हजार रुपए है। पिछले साल कांग्रेस सरकार ने इस मद में 10 लाख रुपयों की व्यवस्था की थी और इस साल जमीन लगान में 40 लाख प्राप्त करने का विचार है। अन्य कर लगाकर यदि सरकार सम्पूर्ण जमीन लगान पूरी तरह से माफ करती है तो मैं बजट पर अपने विरोध को वापस ले सकता हूँ। इस देश में मद्रास, बिहार, उड़ीसा आदि राज्यों के क्षेत्रफल के आँकड़े देखे जाएँ तो मुम्बई राज्य छोटा है। अपने राज्य की जमीन अधिक उपजाऊ है। इस स्थिति में खेती से भी उद्योग-धन्धों का तेजी से विकास होना बहुत जरूरी है।

चरखे के सवाल को महत्त्व देकर बाजार की प्रतियोगिता में न टिकनेवाली खादी ग्राम विकास के सवाल को आसानी से हल नहीं कर सकती। इस बात पर गम्भीरता से सोचने के बाद इस देश के औद्योगीकरण का विरोध करनेवाला आदमी भले ही देश का दोस्त दिखाई देता हो तब भी वह किसी दुश्मन से कम नहीं है, ऐसा कहने में मुझे कोई संकोच नहीं होगा। सरकार का ऐसा बजट तैयार करने का मतलब है हाथी की मूरत बनाने का संकल्प और अन्त में कुम्हार के हाथों से बन्दर की मूरत बनना। इस तरह की हालत दिखाई दे रही है।

साप्ताहिक 'जनता' के 25 फरवरी, 1939 के अंक में प्रकाशित।

जिला आधारित संगठन बनाने से संगठन शक्ति कमजोर होगी

*दि. **26 फरवरी 1939** को चेम्बूर में मुम्बई के 'अछूत समाज संगठन' की ओर से एक सभा का आयोजन किया गया था। स्वतन्त्र मजदूर पार्टी के सेक्रेटरी भाई डी.व्ही. प्रधान इस सभा के अध्यक्ष थे। इस सभा में डॉ. बाबासाहेब अम्बेडकर विशेष रूप से उपस्थित थे। इस सभा में स्वतन्त्र मजदूर पार्टी के राज्य एसेम्बली के विधायक, मुम्बई म्युनिसपैलिटी के सदस्य, विविधवृत्त के सम्पादक रामभाऊ तटणीस आदि मान्यवर उपस्थित थे। इस सभा में मान्यवरों के समयोचित भाषण होने के बाद डॉ. अम्बेडकर ने अपने भाषण में कहा–*

इस इमारत निधि का कितना महत्त्व है, इस बारे में मेरे पूर्व वक्ताओं ने बता दिया है। इस निधि में कम-से-कम दो लाख रुपए इकट्ठे करना जरूरी है। आज तक जितनी रकम इकट्ठा हुई है वह नहीं के बराबर है। जब निधि इकट्ठा करने की कल्पना मेरे दिमाग में आई उस समय मुझे अन्तिम बाजीराव (पेशवा) के दानशूर स्वभाव की याद आई। उन्होंने एक भिक्षुक को (ब्राह्मण) उसकी सन्तुष्टि होने तक उसे रुपयों से लादकर दानधर्म किया था। यह कहानी पढ़कर मुझे ऐसा लगा कि यदि किसी ने मुझे इस काम के लिए इस तरह से दान देने की उदारता दिखाई तो मैं भी परेशानी बर्दाश्त करके भी रुपयों से लद जाऊँगा। भिक्षुकी स्वभाव अपनाए बगैर इस इमारत निधि को पूरा करना सम्भव भी नहीं है।

1926 की बात है। चेम्बूर में अछूत मजदूरों की बस्ती में मनुष्य और कचरे में कोई फर्क नहीं दिखाई देता था। उस समय की तुलना में आज दस साल बाद स्थिति में काफी अन्तर दिखाई दे रहा है। आज अपने समाज में शिक्षा, सुधार आदि की वजह से काफी परिवर्तन हुआ है, यह बड़े गर्व की बात है। बच्चों को अधिक से अधिक शिक्षा-सुविधाएँ उपलब्ध करवाने के लिए प्रयास करना जरूरी है। दस साल पहले आपकी स्थिति में परिवर्तन के लिए मजदूरों का अपना संगठन नहीं था। म्यूनिसपैलिटी में हमारे अपने प्रतिनिधि नहीं थे। किन्तु पिछले चुनाव में म्यूनिसपैलिटी के लिए अपनी स्वतन्त्र मजदूर पार्टी के पाँच-छह प्रतिनिधि चुने गए हैं। इस चुनाव में मैंने गणपत बाबा जाधव को खड़ा

किया था। लेकिन वे चुनाव नहीं जीत सके। मुझे यकीन है कि यदि वे चुने गए होते तो उन्होंने अपने मजदूर भाइयों के लिए बेहतरीन काम किया होता। लेकिन अपने ही कुछ लोगों की दगाबाजी की वजह से वे असफल रहे। इस बात को मैं कभी नहीं भूल सकता। यहाँ के मजदूरों ने पिछले चुनाव में हुए खर्च के लिए और गणपत बाबा के उनके आज तक के कार्य के महत्त्व को देखते हुए सौ रुपए की मदद देने का वादा किया है। इसलिए मैं उन सभी लोगों को धन्यवाद देता हूँ।

साप्ताहिक 'जनता' के 4 मार्च, 1939 के अंक में प्रकाशित।

जो गांधी का दास बनने की घोषणा करेगा वही देशभक्त

दि. 2 अप्रैल 1939 को विलेपार्ले, मुम्बई में 'लोकशाही स्वराज्य पार्टी' की ओर से मुम्बई म्युनिसिपल कॉर्पोरेशन में चुनकर आए कुछ हिन्दू निगम पार्षदों का अभिनन्दन किया गया था। उस समय रामभाऊ तटणीस अंड. तळपदे, प्रि. दोंदे, भगवंतराव परडकर, डी.व्ही. प्रधान आदि लोग उपस्थित थे। इस सभारम्भ में डॉ. अम्बेडकर को विशेष रूप से निमन्त्रित किया गया था। इस सभारम्भ को सम्बोधित करते हुए डॉ. अम्बेडकर ने कहा–

गांधी-युग शुरू होने से पहले हिन्दुस्तान में नरम और गरमदल इस प्रकार की मुख्य दो राजनीतिक धाराएँ थीं। नरम विचारधारा के लोग बुद्धि और अध्ययनशीलता पर ज्यादा ध्यान देते थे। किन्तु गरम विचारधारा के लोगों का रुझान देश के लिए अलौकिक बलिदान देने का मौका आने पर अपने प्राणों की बाजी लगाने के लिए तैयार रहना था। किन्तु गांधी-युग की वजह से सभी समीकरण बदल गए। राजनीति में पाखंडी लोग घुस गए। दो आने की गांधी टोपी पहनकर गांधी का दास होने की घोषणा जिसने की वह देशभक्त हो गया। इसी वजह से हिन्दी राजनीति में स्वार्थी साधुओं की बाढ़ आ गई। अब वे गांधीजी जिस शुद्धता की जरूरत का समर्थन चिल्ला-चिल्लाकर कर रहे हैं उस अशुद्धता के लिए वे स्वयं जिम्मेदार हैं। जो गन्दगी गन्दे ढंग से बढ़ती गई है उस गन्दगी के नाले को मुख्य प्रवाह से तो मिलना ही है।

कांग्रेस ने असहयोग आन्दोलन किया इसलिए हजारों लोग जेल गए। अपनी जेलयात्रा की ये लोग दिल खोलकर तारीफ करते हैं। किन्तु उस जेलयात्रा में इन लोगों को स्त्री-भोगादि सुख मिलने के उदाहरण भी लोगों के सामने आए हैं, तब वे जेलयात्राएँ कठिन थीं ऐसा कोई कह सकता है? असली पीड़ा, और भयंकर दुख तिलक ने भोगा है। उनकी जेलयात्रा की तुलना कांग्रेस के इन नेताओं की जेलयात्रा से करना व्यर्थ है। तिलक की जेलयात्रा अत्यधिक यातनापूर्ण थी।

कांग्रेस की सत्ता का मतलब तानाशाही की राजनीति है। और इस राजनीति के लिए वास्तव में मतदाता संघ ही जिम्मेदार हैं। अब कांग्रेस की इस छद्मी नीति को दोष

देने का कोई मतलब नहीं है। उसका अब एक ही इलाज है और वह यह कि कांग्रेस की इस पाखंडी राजनीति को नष्ट करने के लिए सभी राजनीतिक दलों को एक संगठन बनाना चाहिए। किसी भी मुसीबत की बगैर परवाह किए हिन्दी राजनीति की जिम्मेदारी अपने हाथ में लेने का प्रयास करना चाहिए। आप लोग आज मुम्बई एसेम्बली के सदस्यों पर गौर कीजिए। एसेम्बली के नजारे को देखने से लगता है कि यह कोई किंग एडवर्ड हॉस्पिटल का, अन्धे, लूले-लँगड़े और बूढ़े रोगियों का सुरक्षित वार्ड तो नहीं है।

साप्ताहिक 'जनता' के 8 अप्रैल, 1939 के अंक में प्रकाशित।

गो-ब्राह्मण प्रतिपालन की स्थिति आज भी है

डॉ. बाबासाहेब अम्बेडकर अपने सहयोगी मेसर्स गडकरी, सावंत, देवरूखकर, गायकवाड, के.बी. जाधव, शामराव भोले आदि के साथ फलटण जा रहे थे। रास्ते में वे लोणंद में रुके। वहाँ बाबासाहेब खरात ने उनका बड़े आदर के साथ सम्मान किया। उसके बाद डॉ. अम्बेडकर अपने सहयोगियों के साथ ***दि. 23 अप्रैल 1939*** *को फलटण पहुँचे। फलटण रियासत के मुखिया ने अपने राजवाडे में डॉ. अम्बेडकर की ससम्मान अगुवाई की। उसके बाद राजवाडे से एक विराट जुलूस में डॉ. अम्बेडकर सभा स्थल पर पहुँचे। इस सभा का आयोजन उन्हीं की अध्यक्षता में किया गया था। इस सभा को सम्बोधित करते हुए डॉ. अम्बेडकर ने कहा–*

सच्चाई तो यह है कि मैं फलटण संस्थान में रहनेवाले अछूत लोगों की बैठक के लिए यहाँ आया हूँ। इस सभा में मैं आम जनता की जिम्मेदारी क्या है, इस सम्बन्ध में बोलना चाहता हूँ। आज दुनिया में क्या चल रहा है, इस बात को नजरअंदाज करने से काम नहीं चलेगा। आम जनता लोकतन्त्र की भाषा बोल रही है और संस्थान में तथा संस्थान के बाहर लोकतन्त्र के सिद्धान्तों से परिवर्तन का प्रयास कर रही है। इस स्थिति में संस्थानिकों को भी अपनी सोच में परिवर्तन करके जनता को जितने ज्यादा अधिकार दिए जा सकते हैं, उतने देने का प्रयास करना चाहिए।

आज के संस्थान पिछले राज्यों के अवशेष हैं। पहले जमाने में राजाओं को यदि कोई शिक्षा मिलती थी तो वह थी 'गो-ब्राह्मण प्रतिपालक' बनने की। गो-ब्राह्मण प्रतिपालन उस समय के राजाओं का मुख्य कर्त्तव्य समझा जाता था। गो-ब्राह्मण प्रतिपालन का मतलब गाय को घास खिलाना और ब्राह्मण जाति का रक्षण करने के बाद राजा की राजा की हैसियत से कोई जिम्मेदारी बाकी नहीं रहती, ऐसा समझा जाता था। राजा ने गो-ब्राह्मण प्रतिपालन के अलावा और कुछ नहीं किया, तब भी कोई बात नहीं थी। आज सभी संस्थानों में रहनेवाले लोगों के हालात देखे जाएँ तो ऐसा लगता है कि उनकी स्थिति गोंठ के जानवरों से अच्छी नहीं है। इस बात के लिए यदि कोई जिम्मेदार है तो वह जिम्मेदारी हिन्दू धर्म की उक्त शिक्षा की ही है। आप लोगों ने चाणक्य नीति, मनुस्मृति आदि ग्रन्थों का अध्ययन किया हो तो आपको पता होगा कि उन्होंने इस बात

का कहीं जिक्र नहीं किया है कि गाँव-देहातों में पाठशालाएँ शुरू करके लोगों को ज्ञान देना और जनहित की बातें करना राजा का कर्त्तव्य है। इस तरह की बातें हम लोगों ने अंग्रेजों से सीखी हैं। इस बात को कबूल करने में किसी को शर्मिन्दा होने की जरूरत नहीं है। प्राचीन युग के राम, कृष्ण (पौराणिक) जैसे ख्यातनामा राजाओं को लीजिए, क्या उन्होंने आम लोगों में शिक्षा का प्रसार हो इसके लिए कोई योजना बनाई थी? इस फलटण संस्थान में रहनेवाले हमारे लोग अनपढ़ और अधिकारहीन हैं। अपने लोगों की इस स्थिति के लिए यदि कोई जिम्मेदार है तो वह अपना (हिन्दू) धर्म ही है। देश के 90 प्रतिशत लोग आज अज्ञान और गुलामी में अपना जीवन व्यतीत कर रहे हैं। इसके लिए यदि कोई जिम्मेदार है तो वह हिन्दू धर्म ही है। इतना ही नहीं, हिन्दुस्तान की आजादी को हड़पने के लिए विदेशी राजा यहाँ आए, उन्हें सहयोग देकर बाद में उनकी शरण में रहने का मुख्य कारण हमारा हिन्दू धर्म ही है।

इस स्थिति को समाप्त करने के लिए आज हम लोगों को क्या करना चाहिए यही आज हमारे लिए सबसे महत्त्वपूर्ण सवाल है। इसका सही उपाय अथवा विकल्प यदि कुछ है तो वह है राज्य की सत्ता को संस्थानिकों के हाथ से निकालकर उसे जनता के हाथों में सौंप देना है। इस सम्बन्ध में मेरे विचार आपको शायद अजीब लग सकते हैं। लेकिन मैं उन विचारों को छिपाना नहीं चाहता। अंग्रेजों की सत्ता यहाँ स्थापित हुए बहुत दिन हो गए हैं। अब ऐसा महसूस होने लगा है कि जनकल्याण के लिए राजनीतिक सत्ता जनता के प्रतिनिधियों के हाथ में होनी चाहिए। उसके लिए लोगों में नई चेतना, नई उम्मीदें जाग रही हैं। इसके लिए जो परिवर्तन हुआ है, उसकी शुरुआत अपने देश में 1937 के अप्रैल से हुई है। हमें यह जो जनतान्त्रिक राज्य मिला है उससे इस देश की कौन-सी भलाई हुई है? हकीकत में देखा जाए तो अपने देश में जनतान्त्रिक शासनप्रणाली से रत्तीभर भी परिवर्तन नहीं दिखाई दे रहा है। अंग्रेजों की सत्ता में जो बातें अंग्रेजों ने नहीं कीं, वे बातें ये लोग कर रहे हैं। जिन बातों के लिए उन्हें लज्जा नहीं आती थी उस तरह की बातें चुने हुए प्रतिनिधियों ने आज लोगों की इच्छाओं के विरोध में की हैं। निहत्थे मजदूरों पर गोलियाँ चलवाकर उनकी जान लेने का काम इन्होंने किया है। उसी प्रकार अपने पेट की भूख मिटाने के लिए लड़नेवाले मजदूरों का अधिकार है हड़ताल करना लेकिन उनका हड़ताल करना गैरकानूनी है। ऐसे कानून पिछली सरकार भी नहीं बना सकी जो कानून कांग्रेस सरकारें खुलेआम बना रही हैं।

सनातन काल से चली आ रही गो-ब्राह्मण प्रतिपालन की शिक्षा क्या आज जनजीवन में नहीं है? आज सात राज्यों में कांग्रेस की सरकारें हैं। इन सभी राज्यों के मुख्यमन्त्री ब्राह्मण हैं। मतलब इन सभी राज्यों की सत्ता ब्राह्मणों के हाथ में है। ऐसे राज्यों में सभी का कल्याण होगा यह कहना महज गप्प है। उनके हाथ से सभी का कल्याण होना सम्भव नहीं है। क्योंकि इस देश में जब तक गरीबों के हितसम्बन्ध धनवानों से भिन्न हैं तब तक एक वर्ग की भलाई में दूसरे वर्ग का नुकसान है। और जहाँ धनवानों के कल्याण की कद्र करने में आज की कांग्रेस सरकारें तैयार हैं ऐसी

स्थिति में इस कांग्रेस सरकार के द्वारा किसान-मजदूर वर्ग की अपने कल्याण की बात सोचना ही उनका पतन है। आज जहाँ खरीदने-बेचने की चीजों की तरह मतों की खरीदफरोख्त होती है और मतदाता लोग पैसे के लालच में धनवानों को अपना मत देते हैं और जहाँ उसे खरीदनेवाले धनी मारवाड़ी और गूर्जर हैं ऐसे लोगों के हाथ में सत्ता देने से यह वर्ग अपना नुकसान करके गरीब जनता का कल्याण करेगा यह बिल्कुल सम्भव नहीं है। आज तो यह भी कहा जा सकता है कि इस तरह के जनतन्त्र में और निरकुंश सत्ता भोगनेवाले राजा में कोई फर्क नहीं है। यूरोप में जिन राष्ट्रों का विकास हुआ है उसमें जर्मनी, टर्की, इटली आदि हैं। 'राजा काल का कारण है' इस कहावत के मुताबिक देश के उत्थान और विकास के लिए राजा ही कारण होता है। आज की स्थिति में जर्मनी का हिटलर, तुर्की का कमालपाशा और इटली के मुसोलिनी जैसे शासक अपने देश के उत्थान का कारण बने हैं। इस तरह के राजाओं के हाथ में एकतन्त्री सत्ता होने की वजह से वे प्रजा का जितना कल्याण कर सकते हैं उतना कल्याण ये मारवाड़ी और गूजर लोग धन के बल पर लोगों के मतों को खरीदकर लोकतन्त्र के नाम पर नहीं कर पाएँगे।

यहाँ के राजा बड़े समझदार हैं। वे पेंशन लेकर संस्थान की सत्ता को छोड़ देने में कोई देर नहीं लगाएँगे, ऐसा मुझे नहीं लगता। बल्कि उन्हें मेरे इस सुझाव को स्वीकार करने में किसी प्रकार की कठिनाई महसूस नहीं होगी। इस संस्थान की जनसंख्या 58,000 है और वसूली सिर्फ 5.50 लाख रु. की है। जिस मुम्बई राज्य की जनसंख्या दो करोड़ और वसूली 12.50 करोड़ रु. है, ऐसे राज्य में भी 75 प्रतिशत गाँवों में पाठशालाएँ नहीं हैं। इसलिए ऐसे साधारण वसूलीवाले संस्थानों की सत्ता अपने हाथ में रखकर क्या वे आत्महत्या करना चाहेंगे? इस फलटण संस्थान का 5.50 लाख रु. से कुछ होनेवाला नहीं है। उन्हें यह संस्थान ब्रिटिशों को सौंप देना चाहिए।

इस संस्थान में अछूत लोगों को अपने सवाल राजा के सामने रखने की स्वतन्त्रता होनी चाहिए। प्रजा का रक्षण करके उनके पेटपानी की देखभाल की जानी चाहिए। जिन लोगों को अपने अछूतपन की वजह से किसी भी प्रकार का रोजगार करना सम्भव नहीं, स्वयं को सवर्ण समझनेवाले लोग जिन्हें बर्तन माँजने या कपड़े धोने आदि कामों के लिए भी नौकर नहीं रखते इस तरह की प्रजा को अपने राज्य में जो बेकार पड़ी जमीन है वह खेती के लिए बाँट देनी चाहिए।

इस वर्ग के पास शिक्षा जैसे जरूरी कार्य में लगनेवाला रुपया-पैसा न होने की वजह से सरकार को इस वर्ग के लोगों को पटिया, किताबें, छात्रवृत्तियाँ आदि देकर मदद करनी चाहिए।

इस संस्थान के विधिमंडल में 19 सदस्य हैं। उसमें हमारा एक प्रतिनिधि लिया जाना चाहिए। पहले मान्यवर आयवले नाम का एक व्यक्ति विधिमंडल में 1933 तक था। उसके देहान्त के बाद दूसरे आदमी की नियुक्ति क्यों नहीं की गई, यह बात मेरी समझ में नहीं आ रही है। एक बार मिला हुआ हक़ यदि वापस ले लिया गया हो तो

उसे पुनः हासिल करना चाहिए। उसी प्रकार म्यूनिसपैलिटी, जिला बोर्ड आदि में हमारे प्रतिनिधि नियुक्त किए जाने चाहिए।

अन्त में एक कड़वा सच आप लोगों को बता देना मैं अपना कर्त्तव्य समझता हूँ। अपने समाज में मरे हुए जानवरों का मांस खाने की घिनौनी परम्परा थी। उस तरह की परम्परा हमारे समाज के पतन का कारण बनी है। वह परम्परा हम लोगों को तुरन्त बन्द कर देनी चाहिए। इस तरह की गन्दगी को हम लोग जब तक खत्म नहीं करते तब तक हम समानता की लड़ाई लड़ने के लायक नहीं हो सकते। इसलिए इस परम्परा को तुरन्त समाप्त कर देना चाहिए।

आप सभी लोगों ने यहाँ इकट्ठा होकर मेरी बातें बड़े इत्मीनान से सुनीं इसके लिए मैं आपको धन्यवाद देता हूँ।

साप्ताहिक 'जनता' के 6 मई, 1939 के अंक में प्रकाशित।

दलितों की मुक्ति से बढ़कर किसी की जान ज्यादा कीमती नहीं

दि. 12 दिसम्बर 1939 को मुम्बई की एक जनसभा में डॉ. बाबासाहेब अम्बेडकर का भाषण–

मुस्लिमों की शिकायतों के बारे में मुझे लगता है कि आज यहाँ उन पर चर्चा करने की जरूरत नहीं है। मेरे पूर्व वक्ताओं ने इस बारे में अच्छे स्पष्टीकरण दिए हैं। इसलिए, मैं जिस अल्पसंख्यक समाज में पैदा हुआ हूँ उस अछूत समाज की शिकायतों के बारे में अगर कुछ कहूँ तो अच्छा होगा। उसमें भी अछूत समाज पर हो रहे अन्याय की गैरजरूरी बातों की चर्चा मैं नहीं करूँगा। यदि वही मुझे करना हो तो आप लोगों को आज की ही रात नहीं बल्कि कई दिनों तक यहीं बैठे रहना पड़ेगा। इसलिए मैं यहाँ कुछ ही बातों की चर्चा करूँगा। सभी अल्पसंख्यक लोग एक ही नाव में सफर करने वाले हैं। इसके बावजूद भी उसमें कुछ लोग पहले दर्जे के, कुछ दूसरे दर्जे के, और कुछ तीसरे दर्जे के हैं। लेकिन हम अछूत लोग नाव में सामान रखने के तलमंजिल से यात्रा करनेवाले यात्री हैं, इसमें कोई सन्देह नहीं। इस यात्रा में हमारी हालत क्या हो रही है इस बात को शायद ही कोई जानता हो।

गोलमेज परिषद् के बाद ब्रिटिश सरकार का कम्युनल अवार्ड (जाति फैसला) अछूत समाज के लिए एक महत्त्वपूर्ण देन थी, जिसमें हर प्रदेश में उन्हें स्वतन्त्र मतदाता संघ दिया गया था और उनके लिए कुछ निश्चित स्थान तय कर दिए गए थे। इसके अलावा उन्हें अन्य सामान्य मतदाताओं के साथ मतदान करने का अधिकार भी दिया गया था। इस योजना के द्वारा अछूत समाज को अपने सच्चे विश्वास के खास प्रतिनिधि चुनने का मौका मिला था। अपनत्व की भावना से काम करनेवाले उम्मीदवारों को चुनकर भेजने का उन्हें खास अधिकार मिला था। इस योजना से अछूतों की समस्या का समाधान हो गया था। लेकिन गांधी की समस्या का समाधान नहीं हुआ। उनमें अछूतों पर उपकार (?) करने का उफान आया और उन्होंने फैसला किया कि इस योजना को वापस न लिया गया तो मैं अपनी जान कुर्बान कर दूँगा। मैं यह नहीं मानता कि अछूतों की भलाई से भी किसी की जान ज्यादा कीमती है। लेकिन कुछ ऐसे लोग

थे जिनका आग्रह था कि गांधी के बगैर जीना व्यर्थ है, और मुझे पूना पैक्ट स्वीकार करना पड़ा।

जेंटिलमैन्स एग्रीमेंट और समवेत निराशा

उस समय मेरी यह समझ थी कि 'पूना पैक्ट' एक 'जेंटिलमैन्स एग्रीमेंट' है और कांग्रेस आदि सभी हिन्दू लोगों में सवर्ण और अछूत का भेदभाव खत्म हो गया है, ऐसा समझकर वे लोग व्यवहार करेंगे। आनेवाला स्वराज्य हम सभी का राज्य होगा ऐसा अछूतों को लगेगा, इस तरह की स्थिति पैदा होगी। लेकिन यह सब बकवास साबित हुआ। जब चुनाव का समय आया तब कांग्रेस ने अपना असली रूप प्रकट करना शुरू किया। हमें 'पूना पैक्ट' से मुम्बई प्रदेश में 15 स्थान मिले थे। उसमें हमारे प्रति हमदर्दी के खातिर एक स्थान अधिक देने की बात को दरकिनार तो किया ही गया। 15 स्थानों को भी बेअसर कैसे किया जाए इसके लिए उन्होंने पूरी कोशिश की। इन सभी स्थानों के लिए उन्होंने अनपढ़ और स्वार्थी किराए के गुलाम खड़े किए और उसका उद्देश्य यही था कि वे चुनकर आने के बाद हमारी थाली के नीचे की बिल्लियाँ बनकर रहें। कहीं किसी कांग्रेसी नेता का बुटलेर, तो कहीं अपना ही चपरासी। इस तरह अपने प्यादों को खड़ा करके उन्होंने स्वतन्त्र रूप से खड़े स्वाभिमानी और पढ़े-लिखे उम्मीदवारों को हराने की कसम खाई। और अपने धन के बल पर अपना उद्देश्य पूरा किया। हमें यह बात अच्छी तरह समझ में आती है कि मिस्टर जिन्ना स्वतन्त्र मतदाता संघ की इतनी वकालत क्यों कर रहे हैं (अब तो वे पाकिस्तान की वकालत कर रहे हैं।) विरोधी उम्मीदवार खड़ा करने से मुझे पीड़ा नहीं हुई होती। लेकिन वे नालायक लोगों को साथ लेकर उन्हें हमारे सिर पर नचाने का प्रयास करते रहे हैं, इस बात से हमें नफरत है।

क्या यही हमारी स्वतन्त्रता और स्वराज है?

चुनाव के बाद जिस समय सरकार बनाने का मौका आया उस समय इन लोगों ने हिन्दुस्तान का सम्मिलित स्वराज्य हमारा है, इस भावना से कोई कार्य किया है?

हमने मुम्बई प्रदेश में 15 स्थानों में से 11 स्थान हासिल किए थे। मतलब अल्पसंख्यक अछूत समाज का बहुसंख्यक समाज हमारे पक्ष में था। जब कांग्रेस ने अपना मन्त्रिमंडल बनाया उस समय एक महत्त्वपूर्ण अल्पसंख्यक के रूप में उन्हें हमारे दल को पूछना चाहिए था। मैंने कपूर मन्त्रिमंडल में प्रधान पद स्वीकार करके अपने आपको नापाक नहीं किया था। मैं पूरी तरह वफादार रहा, लेकिन नहीं।

प्रतिज्ञापत्र का ढोल

उस समय कांग्रेस ने प्रतिज्ञापत्र का ढोल पीटा। प्रतिज्ञापत्र पर हस्ताक्षर किए बगैर मन्त्रिमंडल में न लेने का कारण यह बताया गया कि जब तक मन्त्रिमंडल एकजुट, एक लक्ष्यवाला नहीं होगा तब तक राजसत्ता सही ढंग से नहीं चलाई जा सकती। लेकिन क्या कांग्रेस ने इस बात का पालन किया है? असम प्रदेश में कांग्रेस का बहुमत नहीं था। वहाँ सत्ता के लालच की वजह से कांग्रेस ने इस शर्त को रद्दी की टोकरी में डाल दिया और प्रतिज्ञा की शर्त को हटाकर संयुक्त मन्त्रिमंडल बनाया। इसका मतलब भी यही है कि एकजुट मन्त्रिमंडल होना चाहिए। यह कांग्रेस का स्थायी सिद्धान्त नहीं है बल्कि अवसरवादी सिद्धान्त है। उसी तरह प्रतिज्ञापत्र पर हस्ताक्षर करने के लिए कांग्रेस के प्रति प्रतिबद्धता होनी एक कसौटी थी, ऐसा कहा गया और कुछ लोग रातोंरात कागज पर हस्ताक्षर करके कांग्रेसी बन गए और अपना स्वार्थ साधने लगे। क्या यह कांग्रेस के प्रति प्रतिबद्धता है या पाखंड? कोई भी ईमानदार आदमी ऐसी बचकानी हरकत नहीं करेगा। और आज भी अछूतों ने यह तरीका नहीं अपनाया इसमें हमें कोई आश्चर्य नहीं है।

सत्ता को स्वीकार कर लेने के बाद भी कांग्रेस का कार्य गर्व करने योग्य है ऐसी भी बात नहीं है। संक्षेप में कहा जाए तो बन्दर जैसी हरकतें करते हैं, उससे ज्यादा उन्होंने कुछ किया, ऐसा कहने की कोई जरूरत नहीं। उनका सत्ता-संचालन का मतलब एक तरह से 'Monkey and Melon' की हरकतें जैसी थीं। उन्होंने कानून एक तरह का, घोषणापत्र दूसरी तरह का और हुकूमत तीसरे प्रकार की, कायम की। इस तरह लोकल बोर्ड के चुनाव में पूरा नंगा नाच किया गया। उसमें भी उसका उद्देश्य हमारे उम्मीदवारों को मटियामेट करना था।

दलितों का अपमान, दलितों के दुख उनके हाथों से दूर तो हो नहीं रहे हैं, 'नयाकाल' अखबार में छपी एक घटना है। कल्याण (मुम्बई) के पास टिटवाल गाँव में दो कुएँ हैं। उनमें से एक कुएँ का पानी अछूतों ने भरना शुरू किया। इस तरह से अछूतों को स्वतन्त्र रूप से पानी भरने की बात गाँव के हिन्दुओं को बर्दाश्त नहीं हुई। अछूतों को पानी न मिले इसके लिए उन्होंने एक तरकीब सोची। उन्होंने दूसरे गाँव से एक भंगी को बुलाया और उसके हाथों उस कुएँ में दो टोकरी मैला डलवा दिया। यह हद है नीचता की। कांग्रेस राज में दिनदहाड़े ऐसा जुल्म हो रहा है। कांग्रेस सरकार उसे रोक नहीं पा रही है। दूसरी घटना गुजरात की है। एक गाँव के अछूतों ने दीवाली का उत्सव मनाया इसलिए गाँव के सवर्ण हिन्दुओं ने उन्हें मरने तक पीटा। मैं इस तरह के कई उदाहरण दे सकता हूँ। लेकिन मैं यहाँ उन सभी बातों को बार-बार दोहराना नहीं चाहता। खैर!

हिन्दू समाज को जनतन्त्र प्रणाली से नफरत

कांग्रेस हिन्दुस्तान के लिए स्वराज्य माँग रही है। उनकी माँग है कि वह लोकतन्त्रात्मक प्रणाली का स्वराज्य होना चाहिए। इस प्रणाली में कभी भी बहुसंख्यक लोगों की ही सत्ता चलेगी इसमें कोई सन्देह नहीं। हिन्दुस्तान में हिन्दू बहुसंख्यक हैं। इसलिए भविष्य में हिन्दू ही अल्पसंख्यक लोगों पर राज करेंगे, इस बात को स्वीकार करना ही पड़ेगा। इन हिन्दुओं के जनसत्तावादियों से मैं एक सवाल पूछना चाहता हूँ, वह यह कि क्या हिन्दू जनसत्तात्मक शासन-प्रणाली के लिए लायक हैं? चातुर्वर्ण्य तथा जाति-व्यवस्था के कारण बुनियादी तौर पर हिन्दू समाज इतना बिखरा हुआ है कि एक वर्ग की जनता को दूसरे वर्ग की जनता पर बिल्कुल भरोसा नहीं है। एक को दूसरे की सत्ता बिल्कुल बर्दाश्त नहीं होती। ऐसी सामाजिक व्यवस्था में कुछ योजनाएँ बनाने की माँग किए बगैर कोई विकल्प नहीं है। और अल्पसंख्यक लोग आज उसी माँग को आगे रख रहे हैं। यहाँ अल्पसंख्यक लोगों ने आज तक आयरलैंड के इतिहास को नहीं दोहराया है।

अल्स्टर के नेता सर एडवर्ड कर्जन को दक्षिण आयरलैंड के नेता रेडमंड चाहे वह संरक्षण देने के लिए तैयार था लेकिन सर एडवर्ड कर्जन ने सीधे शब्दों में जवाब दिया कि, "तुम्हारे संरक्षण को आग लगे! हमें तुम्हारी सत्ता नहीं चाहिए।" हिन्दुस्तान में आज तक अल्पसंख्यक लोगों ने अपना स्वभाव इस तरह का नहीं बनाया है। यह इस देश की खुशकिस्मती है।

मुझे इस बात का पूरा यकीन है कि यदि कांग्रेस सद्भावना से प्रेरित हो तो अल्पसंख्यक लोगों का सवाल 48 घंटों में हल हो सकता है। लेकिन फिलहाल जिनके हाथों में कांग्रेस की सत्ता है वे लोग इस सवाल को सीधे ढंग से हल करेंगे, इस बात की मुझे बिल्कुल उम्मीद नहीं है। उन्होंने बार-बार इस सवाल को उलझन में डाल दिया है। इस समय मुझे तिलक महोदय की याद आती है। आपको मालूम होगा कि मुस्लिमों में और तिलक में कोई खास लगाव नहीं था। बल्कि उन्होंने हिन्दू-मुस्लिमों में विवाद को बढ़ाया, ऐसा उन पर आरोप भी लगाया जाता है। लेकिन जिस समय मांटेग्यू हिन्दुस्तान के भावी संविधान के बारे में चर्चा करने के लिए हिन्दुस्तान आनेवाले थे उस समय हिन्दू-मुस्लिमों की संयुक्त माँग मांटेग्यू के सामने रखी जाए इसलिए तिलक ने 'लखनऊ पैक्ट' करवाया था।

मेल-मिलाप में गांधी की दिलचस्पी नहीं है

आज की स्थिति एकदम उसके विरोध में है। अल्पसंख्यक समाज का सवाल मेलमिलाप से हल करने में गांधी को कोई दिलचस्पी नहीं है। ब्रिटिश सरकार ने अपनी माँग पूरी नहीं की तो गांधी उन्हें आन्दोलन करने की धमकी देते हैं। लेकिन मैं उनकी ओर इशारा

करना चाहता हूँ कि आमदनी के बारे में विवाद चल रहा हो तो कोर्ट स्टेट की व्यवस्था सही ढंग से चलाने के लिए रिसीवर की नियुक्ति की जाती है। हिन्दुस्तान के स्वराज्य के बारे में ब्रिटिश सरकार स्वयं रिसीवर है। इस रिसीवर के हाथों सारी संयुक्त आमदनी अपने हिस्से में लेने के लिए रिसीवर को सताने की कोई कोशिश अल्पसंख्यक लोगों के न्यायोचित हक़ों के विरोध में उठाई गई समझी जाएगी और उसका नतीजा यह होगा कि अल्पसंख्यक लोगों को न्याय हासिल करने के लिए रिसीवर के पक्ष में अपनी सारी ताकत लगानी पड़ेगी। इसके लिए सिर्फ कांग्रेस ही जिम्मेदार है।

ठोकर मारना सीखो

*दि. **16-17 दिसम्बर 1939** को हरेगाँव, जि. अहमदनगर में मुम्बई राज्य वतनदार (इनाम) महार, मातंग, वेठिया (बंधुवाँ) परिषद् आयोजित की गई थी। डॉ. बाबासाहेब अम्बेडकर इस परिषद् के अध्यक्ष थे। इस परिषद् को सम्बोधित करते हुए डॉ. अम्बेडकर ने कहा–*

आज की यह सभा महार, मातंग और बँधुआ मजदूरों के हक़ों के बारे में सोच-विचार के लिए बुलाई गई है। इस परिषद् का आयोजन किसलिए किया गया, इस बारे में इस परिषद् के स्वागताध्यक्ष मेरे मित्र मान्यवर भाऊराव गायकवाड ने विस्तार से चर्चा की है। उनके भाषण के बाद ही मेरा भाषण है इस वजह से सबसे पहले मैं भाऊराव गायकवाड के भाषण की ओर आपका ध्यान आकर्षित करना चाहता हूँ। उन्होंने खास तौर पर महार, मातंग, बँधुआ मजदूर आदि की शिकायतें आपके सामने रखी हैं। इन अछूतों (हक़दार) की पहली शिकायत यह है कि सरकार ने जबरन उसकी ईनामी जमीन पर (जुडीवाठ) लगान बढ़ाया है। उन्हें बिना मुआवजा दिए उनकी जमीन जफ्त की है। सरकार ने उन्हें जफ्त की हुई जमीन की कीमत पर ब्याज देना भी अब बन्द कर दिया है।

इस हक़दारी ने उन पर जो काम लाद दिया है उस काम का मुआवजा अधूरा है और उन्हें जो नकद पैसा दिया जाता है उसे भी अब बन्द कर दिया है। इस तरह से उन पर अन्याय का बोझ बढ़ गया है। दरिद्रता में सड़ रहे लोगों का हर तरफ से शोषण हो रहा है। उनकी दरिद्रता और बढ़ाई जा रही है।

कांग्रेस मन्त्रिमंडल ने इन हक़दारों (वतनदार) को 19 प्रकार के काम करने का एक घोषणापत्र हाल में प्रकाशित किया है। इस घोषणापत्र में जो काम गिनाए गए हैं, उनमें से कुछ काम बहुत भयानक किस्म के हैं जो गाँव के कामगारों द्वारा किए जाने असम्भव हैं।

यह रही हक़दार गाँव कामगारों की दुखद दास्तान। इसके अलावा गाँव-देहातों में इस तरह के कई कामगार हैं, जिन्हें सरकारी काम करने पड़ते हैं। लेकिन उन्हें जमीन नहीं दी गई है और न सरकारी वेतन दिया जाता है। उन्हें गाँव में भीख माँगकर अपना पेट पालना पड़ता है।

अब हम ईनामी जमीन लगान बढ़ोतरी के इन हक़दारों की पहली शिकायत पर विचार करें। इन शिकायतों के स्वरूप को समझने के लिए 'लगान (जुडी)' क्या बला है इसे हमें पहले समझ लेना चाहिए। सरकारी नौकरों को ईनाम (वतन) जमीन देने की बहुत पुरानी परम्परा है। और वह पेशवाई तथा मुस्लिम राजाओं के राज्य में भी थी। उस समय की स्थिति आज से कुछ अलग थी। आज आम तौर पर आदमी की योग्यता देखकर उसे नौकरी देने का रिवाज है। लेकिन पुराने जमाने में नौकरी हक़दार (वतनदार) पद्धति से वंशपरम्परा से प्राप्त होती थी। पहले के जमाने में नौकरी का मुआवजा ईनामी जमीन के रूप में दिया जाता था। आज नौकरों को वेतन दिया जाता है। पहले के जमाने में हर गाँव में कारहगीर (नारूकारू, कारूनारू) और बारह हक़दार (बारा बलुते)[1] कारहगीर होते थे। उन्हीं में महारों की भी गिनती होती थी। इन हक़दारों के लिए लगान माफ होता था। पेशवाई के अन्तिम काल में इन लोगों की ओर से पैसे के अभाव में अल्प मात्रा में जो लगान लिया जाता था उसे कर (जुडी) कहा जाता था। इस तरह का कर या लगान पैसे के रूप में लेने के बजाय अनाज के रूप में लिया जाता था। लेकिन अंग्रेजी राज शुरू होने के बाद पहले की हक़दारियों में से कुछ हक़दारियाँ समाप्त कर दी गईं और कुछ को पहले की तरह ही रहने दिया गया। इस समय साधारण लगान में बढ़ोतरी न करने का आश्वासन दिया गया था। 1827 से 1875 तक कोई लगान नहीं बढ़ाया गया और उक्त आश्वासन का पालन किया गया। लेकिन 1875 में लगान सम्बन्धी कानून में कामगार महारों का वेतन बढ़ाने के लिए ही लगान बढ़ाया जाएगा, इस तरह का एक कॉलम है। इस तरह का कॉलम होने पर भी लगान क्यों बढ़ाया जा रहा है, यह समझ में नहीं आ रहा है। यह लगान की बढ़ोतरी महारों का वेतन बढ़ाने के लिए नहीं की जा रही है, इसलिए यह बढ़ोतरी पूरी तरह गैरकानूनी है। आज सरकार ही लगान बढ़ोतरी करके कानून तोड़ रही है, यह कहना गलत नहीं होगा। सरकार का कहना है कि रामोशियों[2] का वेतन बढ़ाने के लिए ही महारों के लगान में बढ़ोतरी की जा रही है। लेकिन हक़दारी (वतन) यह एक ऐसी चमत्कारिक चीज है जो एक खानदान से दूसरे खानदान में नहीं जा सकती। एक महार की हक़दारी दूसरे महान खानदान में नहीं जा सकती। यह होने पर भी रामोशी के लिए सरकार महारों का लगान बढ़ा रही है, यह कितना बड़ा अन्याय है? महार लोग गरीब हैं, गरीबों का रखवाला कोई नहीं है, इसी बात को सरकार ने अपने व्यवहार से सिद्ध कर दिया है। महार लोग आन्दोलन करते हैं, तो वे मस्ती में आ गए हैं, ऐसा सवर्ण हिन्दुओं की जो समझ बन गई है, वही सरकार की भी समझ हो सकती है। अन्यथा महारों को सता

1. गाँव के बारह हक़दार या कारहगीर या मजदूर या दलित (अछूत) जातियाँ हैं–1. बढ़ई, 2. लुहार, 3. महार, 4. मातंग, 5. कुम्भार, 6. धोबी, 7. नाई, 8. चमार, 9. भट, 10. मुलाणा, 11. गुरव, 12. ढिमर आदि बारह जातियाँ जिन्हें मराठी में 'बारा बलुतेदार' कहा जाता है।

2. रामोशी नाम की एक अछूत जाति, जो महाराष्ट्र के रत्नागिरि, कोंकण, सतारा आदि इलाकों में रहती है। यह एक बड़ी योद्धा जाति है।

करके रामोशियों की वेतन बढ़ोतरी करने की जरूरत ही क्या है? रामोशियों को अच्छाखासा वेतन तो देना ही चाहिए, यह मेरा भी विचार है। लेकिन महारों का उत्पीड़न करके रामोशियों की वेतन बढ़ोतरी करना सीधा-सीधा अन्याय है, यही मुझे साफ शब्दों में कहना है।

सरकार का फूटी-कौड़ी का भी काम न करते हुए वेतन पानेवाले कई मुफ्तखोर हक़दार आज इस हिन्दुस्तान में हैं। मुझे यह समझ में नहीं आ रहा है कि सरकार को उनके पैसे में से रामोशियों का वेतन बढ़ाने में क्या एतराज है?

पेशवाई में देसाई, देशपांडे, देशमुख, कुलकर्णी, पोलदार, पटेल आदि कई हक़दार थे। सिफारिशखोरी से उनकी काफी संख्या बढ़ गई थी।

अंग्रेजी राज में अब उनके लिए कहीं कोई काम नहीं बचा है। उनकी नौकरियाँ गईं–फिर भी उन्हें नौकरी के लिए दी गई जमीन उन्हीं के नाम पर लिख दी गई है। उनकी आय में से एक रुपए में से पाँच आना काटकर ग्यारह आना उन्हीं को दे दिया गया है। इस तरह इन पुराने जमाने के नौकरों को वंशपरम्परा से सरकार ने प्रजा के पैसे से पेंशन दी हुई है, ऐसा कहना कुछ गलत नहीं है।

अब सरकार को रामोशियों की वेतन वृद्धि के लिए महारों का लगान बढ़ाने के बजाय इन हरामखोर पेंशन पानेवालों की पेंशन पर कर लगाना चाहिए, लेकिन सरकार ने ऐसा नहीं किया, इसका एक ही कारण है और वह यह कि भगवान भी दुर्बलों को ही खत्म करता है; इसमें कोई सन्देह नहीं। इन वंशपरम्परा से पेंशन पानेवाले लोगों पर कर लगाकर सरकार के लिए महार और रामोशी जैसे गरीब लोगों को सुखी रखना कोई मुश्किल बात नहीं थी। लेकिन पूँजीवादी सरकार के लिए यह करना कैसे सम्भव है?

पहले के जमाने में सरंजामदारों का एक वर्ग था। ये लोग अपने पास फौजफाटा रखकर समय आने पर सरकार को मदद करते थे। ऐसे लोगों को भी उस समय की सरकारों ने जमीनें दी हैं। आज इन वर्गों पर फौजफाटा रखने की जिम्मेदारी नहीं है। फिर भी उनकी जमीन उसी वर्ग के हाथों में है। इस जमीन से उन्हें आज रु. 2,67,501 की आमदनी होती है। इस आमदनी में से आसानी से रामोशियों के वेतन में बढ़ोतरी की जा सकती थी। लेकिन फिर सरकार को बेशर्मी से महारों के बेहाल करने का मौका कहाँ मिलता? उपर्युक्त विश्लेषण से क्या यह बात सिद्ध नहीं होती कि हमारी माँ-बाप सरकार पूरी तरह से हराम का खानेवालों की समर्थक है?

अब गाँव कामगारों के सालाना वजीफे के सवाल पर सोचना जरूरी है। गाँव-देहातों में पाटिल, कुलकर्णी (पटवारी), महार आदि सरकारी कर्मचारी हैं। उनके साथ सरकार किस तरह का भेदभाव रखती है, इन बातों का निम्न उदाहरणों से पता चलता है।

सरकार हर गाँव के मुखिया (पाटिल या पटेल) को इनामी खेत (पासोडी), जमीन, लगान के अनुपात में पेशगी और अन्य सामान्य खर्चे के लिए बेहिसाबी पैसा देती है। लेकिन गाँव कामगार महारों को कुछ जगह पर ही जमीन दी गई है। कोंकण के महारों के पास जमीन नहीं थी और कोंकण से बाहर के इलाके में रहनेवाले (देशस्थ) महारों

के पास तो जमीन है ही नहीं। जमीन के अभाव में इन सरकारी नौकरों को पूरी तरह से गाँव के लोगों द्वारा साल में एक बार हंगाम के समय दिए जानेवाले अनाज (बलुते) पर निर्भर रहना पड़ता था, यह बताने की जरूरत नहीं है। क्या गाँव कामगारों को सरकारी काम के लिए वेतन देने की जिम्मेदारी नहीं है? यह जिम्मेदारी न निभानेवाली सरकार अन्यायी है। और ऐसी अन्यायी सरकार की सेवा करनेवाले महार लोग कंगाल हैं, यह कहना कुछ गलत नहीं है। सरकार महारों की समधिन या दामाद नहीं है कि महारों को बगैर वेतन के सेवा-नौकरी करनी चाहिए, मालिक वेतन नहीं देता तो उसे ठोकर मारना नौकरों को सीखना चाहिए। हम लोग इस सभा के द्वारा सरकार को छह माह का नोटिस देंगे। इस दरमियान सरकार को महार कामगारों को उचित वेतन देने की व्यवस्था करनी चाहिए। अन्यथा बगैर वेतन काम करनेवाले पूरे इलाके के लोगों को हड़ताल करनी चाहिए, ऐसा मुझे लगता है।

इन गाँव कामगारों के 19 कामों की सूची सरकार ने अभी-अभी प्रकाशित की है। जब सूची प्रकाशित हुई थी उसी समय से स्वतन्त्र मजदूर पार्टी की ओर से मान्यवर रणखाँबे बार-बार कह रहे हैं कि इन कामों को जबर्दस्ती महारों पर लादा गया है। इस सम्बन्ध में कोई यह कहे कि स्वतन्त्र मजदूर पार्टी मूर्खता कर रही है, पार्टी गलती कर रही है, तो इस बारे में बातचीत करके स्वतन्त्र मजदूर पार्टी के सामने अपनी बात सही साबित करने का उसके लिए रास्ता खुला है। स्वार्थ के लालच में यदि कोई यह कहे कि स्वतन्त्र मजदूर पार्टी अप्रामाणिक है, तो ऐसे आदमी को हरामखोर कहने के अलावा और क्या कहा जा सकता है?

स्वतन्त्र मजदूर पार्टी अप्रामाणिक होती तो राजनीति में बहुसंख्यक कांग्रेस पार्टी का उसने खुल्लमखुल्ला विरोध नहीं किया होता। दूसरी पार्टी में जाना और उस पार्टी की खुशामद करने में कोई खास प्रामाणिकता की जरूरत है ऐसी बात नहीं। उस पार्टी में जाना, उस पार्टी से सौदेबाजी करना आदि बातें आसान हैं। दो कौड़ी की गांधी टोपी पहनकर जिस पार्टी के नालायक आदमी को भी मन्त्री पद मिल जाता है, उसकी जय-जयकार करना कोई मुश्किल काम नहीं है, यह बात हमारे आलोचकों को ध्यान में रखनी चाहिए।

अब जो सरकार ने घोषित किया है उसके मुताबिक गाँव कामगारों के काम के बारे में सोचना जरूरी है। इस सम्बन्ध में गाँव के कामगारों को एक बात ध्यान में रखनी चाहिए कि कांग्रेस राज शुरू होने के बाद कांग्रेस ने मेरे महारवतन (हक़) बिल को समर्थन देने की बात कही थी। लेकिन बाद में कांग्रेस अपने इस वायदे से मुकर गई। कांग्रेस ने धोखा दिया तब भी मुझे उसकी कोई परवाह नहीं है। मेरे हाथों से अभी मौका गया नहीं है। पूना पैक्ट से पहले गांधीजी ने अनशन किया था। उसके बाद गांधी और कांग्रेस में बदलाव आएगा ऐसा मुझे लग रहा था। मुझे यह भी उम्मीद थी कि हम एक-दूसरे का सहयोग करेंगे। लेकिन अन्त में चोरों से सहयोग असम्भव जैसी ही बात हुई है। आज कांग्रेस को पूरी आजादी चाहिए, इस तरह की आजादी मिलने से पहले

हमें एक चौथाई आजादी मिलनी ही चाहिए। हमें भूखा रखकर कोई मेहमाननवाजी करने लगा तो हम उसका खाना खराब करेंगे, इसमें कोई शक नहीं है। इस आपात स्थिति में आप सभी लोगों को एक होकर पूरी तरह से आक्रामक बन जाना चाहिए, आप इस बात को मत भूलिए।

नौजवानों! निर्भय होकर अपने स्वाभिमान की रक्षा कीजिए

दि. 24 दिसम्बर 1939 को सतारा जिले के अंकलखोप में 'सतारा जिला अछूत युवक परिषद' का आयोजन किया गया था। डॉ. बाबासाहेब अम्बेडकर इस परिषद् के अध्यक्ष थे। इस परिषद् में दलित समाज के लोग बहुत बड़ी संख्या में उपस्थित थे। डॉ. अम्बेडकर बहुत बड़े जुलूस के साथ परिषद् के स्थल पर पहुँचे। वहाँ उनका गर्मजोशी के साथ स्वागत किया गया था। इस परिषद् के स्वागताध्यक्ष के स्वागत पर भाषण के बाद डॉ. अम्बेडकर ने विशाल जनसमुदाय को सम्बोधित करते हुए कहा–

बहनो, युवा मित्रो और भाइयो,

आज की यह सभा खास तौर पर युवाओं की सभा है। आज की सभा के स्वागताध्यक्ष मेरे मित्र मधाले भी युवा ही हैं। इस सभा में शायद आप लोगों की यह अपेक्षा हो सकती है कि युवा वर्ग को मद्देनजर रखते हुए ही भाषण होगा, लेकिन इस सभा में युवाओं की तरह ही युवाओं में न आनेवाले अन्य लोग भी उपस्थित हैं। शायद उन्हें भी ऐसा लगता होगा कि मुझे अपने समाज से सम्बन्धित कई महत्त्वपूर्ण सवालों पर बोलना चाहिए। इसलिए मैं सबसे पहले इन लोगों के लिए कुछ बातें कहना चाहता हूँ। बाद में मैं युवा वर्ग के सवालों पर आऊँगा (यहाँ डॉ. अम्बेडकर ने हरेगाँव के महार वतनदार मजदूरों की सभा में किए गए सवालों की चर्चा करके उन सवालों को लोगों को अच्छी तरह समझाया।)

(बाद में युवाओं को सम्बोधित करते हुए उन्होंने कहा) मेरे विचार हर हफ्ते 'जनता' पत्र में प्रकाशित होते हैं। उस अखबार को पढ़ने से आपको अपने महत्त्वपूर्ण सवालों के बारे में जानकारी हासिल होती रहेगी। आप लोगों को स्वाभिमान की सख्त जरूरत है। स्वाभिमान को ताक पर रखकर जो उत्थान होता है उसका अपने आपमें कोई महत्त्व नहीं है। हर युवा को अपने मन में इस भावना को जगाना चाहिए कि दूसरों की तरह हम भी इनसान हैं। जो भगवान यह कहता है कि महारों को महार मोहल्लों में ही रहना चाहिए वह भगवान भी हमें स्वीकार्य नहीं है। हजारों साल से जो जुल्म-ज्यादतियाँ हो

रही हैं उन्हीं से अपने समाज की चेतना को कुचला गया है। हम लोगों पर ब्राह्मणवादी राज्यों में यह आरोप लगाया गया कि हम स्वाभिमान से रहते हैं और अपने सामाजिक स्तर से हट गए हैं, इसलिए हम लोगों को हाथी के पाँवों से कुचलवा दिया गया होता।

हम लोगों को अपने उत्थान का रास्ता तय कर लेना चाहिए और अपने समाज में जो गलत रिवाज हैं, उन्हें पूरी तरह से छोड़ देना चाहिए। अब 'जूठन खाने और टुकड़ों पर पलने' के दिन रहे नहीं हैं। हमारे लोगों को भी अन्य लोगों की तरह समाज में अधिकार के पद मिलने चाहिए। अब पुलिस में हमारे लोगों की कहीं-कहीं भर्ती हो रही है। आज भी पुलिस विभाग में अपने पढ़े-लिखे लोगों को अधिकार के पद नहीं मिल रहे हैं, यह बड़े दुख की बात है। किसी अछूत को अधिकारी नियुक्त किया गया तो उसके अधीन काम करनेवाले सवर्ण (हिन्दू) नाखुश होंगे, इस बात का डर आज भी सरकार को है। क्या यह देश का दुर्भाग्य नहीं है?

हमारे लोगों को निडर होकर आगे आना चाहिए। यदि हमारे समाज को इस दुनिया में सम्मान के साथ रहना हो तो हम लोगों को हमेशा मरने के लिए तैयार रहना चाहिए। यदि यही हमारा स्वभाव बन जाता है तो हमारा अपमान करने की किसी में हिम्मत नहीं होगी। मैं आप जैसे युवाओं से यही कहना चाहता हूँ कि 'डर से मुक्त हो जाइए और दुनिया की सत्ता हासिल कीजिए?'

अब आप लोगों को मैं अपनी राजनीति के बारे में दो शब्द कहना चाहता हूँ। अपने समाज में जो चेतना आई है उसके लिए मैं आपका अभिनन्दन करता हूँ। हिन्दुस्तान में अपनी राजनीति का सवाल पुनः उठेगा ऐसा दिखाई दे रहा है। कांग्रेस पार्टी और अछूतों के बीच का मतभेद समझौते से हल होगा, इस प्रकार की स्थिति नहीं दिखाई दे रही है।

हम लोगों को जो राजनीतिक हक़ मिले हैं वे पर्याप्त नहीं हैं। कांग्रेस की सत्ता में भी हमारे हक़ों का संरक्षण नहीं हो रहा है। जब कांग्रेस को ज्यादा अधिकार मिल जाते हैं तब हम लोगों पर होनेवाले जुल्म की मात्रा भी बढ़ जाती है।

अल्पसंख्यक लोगों का सबसे बड़ा दोष यह है कि वे अपने बारे में ही सोचते हैं। हम यहाँ ब्राह्मणेतर पार्टी की बात को लें। जो ब्राह्मणेतर (बहुजन) कांग्रेस में गए उन्होंने वहाँ क्या हासिल किया है, यही मेरा सवाल है। निम्न आँकड़ों में हमें यह दिखाई देगा कि बहुजन समाज का कांग्रेस के पीछे जाना, उनकी दुम बनना यह एक तरह से भ्रमजाल है। वास्तव में ब्राह्मणेतर पार्टी का जनाधार 75 प्रतिशत है और अन्य सभी दलों का जनाधार अधिक से अधिक 25 प्रतिशत होगा।

मुम्बई के विधिमंडल में 27 ब्राह्मण सदस्य हैं और मन्त्रिमंडल में तीन ब्राह्मण मन्त्री हैं। राज्य के 75 प्रतिशत ब्राह्मणेतरों का (बहुजन या पिछड़े वर्ग के लोग) एक मन्त्री इस मन्त्रिमंडल में है। इससे इस बात का पता चलता है कि जो ब्राह्मणेतर कांग्रेस में शामिल हुए हैं उन्हें क्या मिला है।

रेवन्यू विभाग की भी यही स्थिति है। इस प्रदेश के उत्तरी भाग में चौबीस

तहसीलदारों में दस तहसीलदार ब्राह्मण हैं और अन्य क्षेत्रों में भी इसी प्रकार की विषमता दिखाई देती है। इससे यह स्पष्ट होता है कि हिन्दी राजनीति को अंग्रेज चला रहे हों या कांग्रेसवाले चला रहे हों, ब्राह्मण प्रदूषण का खतरा पैदा हो गया है। ब्राह्मण एक खतरनाक जहर है। वह हलाहल से भी खतरनाक है। उसे शंकर भी हजम नहीं कर पाएगा। इस जहर को खत्म करने के लिए भगवान बुद्ध का जन्म हुआ। उन्होंने ब्राह्मणवाद की धज्जियाँ उड़ा दी हैं। आज के कांग्रेसवाले बहुजन समाज को गुमराह करने के लिए 'रे मॉर्केट' का नाम फुले मार्केट कर देते हैं। उसी प्रकार बुद्धकालीन ब्राह्मणों ने इन्द्र, अग्नि, वरुण आदि वैदिक देवताओं को छोड़कर उनके स्थान पर राम, कृष्ण आदि क्षत्रिय देवताओं को स्थापित किया। अपने समय के ब्राह्मणवाद विरोधियों को गुमराह करके उन्होंने अपनी सत्ता को बरकरार रखा। खैर! अगले चुनाव में इस इलाके से अपना एक प्रतिनिधि चुना जाना चाहिए। और आप लोगों को राजनीतिक सत्ता हासिल करने के काम में जुट जाना चाहिए। गरीबी की वजह से हमारे छात्रों को कई कठिनाइयों का सामना करना पड़ रहा है। इस कठिनाई में हमारे छात्रों को लालच देकर स्वाभिमान-शून्य बनाने के लिए भाऊराव पाटिल और हरिजन सेवक संघ ने जगह-जगह अपने छात्रावास खड़े किए हैं। आप इस बात पर ध्यान दीजिए कि भीष्माचार्य जैसे वीर को भी कौरवों का अनाज खाने की वजह से पांडवों का आन्योचित पक्ष लेने की हिम्मत नहीं हुई थी। इसलिए आप लोग 'आदमी अर्थ का गुलाम है' ऐसी अपनी स्थिति न होने दें। अपने लोगों ने जो छात्रावास चलाए हैं उनकी मदद कीजिए और उन्हीं का लाभ उठाइए। सतारा जिले में मेरे मित्र श्री सावंत ने एक छात्रावास शुरू किया है। इस संस्था की हमारे लोगों को पर्याप्त मदद करनी चाहिए और गरीब छात्रों को उसका लाभ उठाना चाहिए, यही मेरा आप सभी लोगों से अनुरोध है।

साप्ताहिक 'जनता' के 6 जनवरी, 1940 के अंक में प्रकाशित।

अछूतों के उत्पीड़न के लिए सवर्ण हिन्दू ही जिम्मेदार

दि. 26 दिसम्बर 1939 को बेलगाँव म्युनिसपैलिटी की ओर से डॉ. बाबासाहेब अम्बेडकर को सम्मान-पत्र देने का सभारम्भ आयोजित किया गया था। यह सभारम्भ सुबह 10.00 बजे प्रारम्भ हुआ। इस सभारम्भ में बेलगाँव म्युनिसपैलिटी ने सभी सदस्य, अधिकारी, सभी प्रतिष्ठित लोग और डॉ. अम्बेडकर के हजारों अनुयायी मौजूद थे। नगरपरिषदों के द्वारा डॉ. अम्बेडकर का सम्मान करने का यह पहला सभारम्भ नहीं था। बेलगाँव नगरपरिषद ने डॉ. अम्बेडकर को सम्मान-पत्र देकर उचित सम्मान करने के बाद इस सभारम्भ को सम्बोधित करते हुए उन्होंने कहा–

आज शाम यहाँ होनेवाली स्वतन्त्र मजदूर पार्टी की बैठक के अध्यक्ष के नाते मुझे भाषण करना ही पड़ेगा। मुझे लगता है कि आपमें से जिन्हें मेरी राजनीतिक भूमिका समझने की जिज्ञासा हो वे सभी लोग उस बैठक में जरूर मौजूद रहेंगे। इसलिए यहाँ विस्तार से भाषण करने की कोई जरूरत नहीं है। आप लोगों ने मुझे जो सम्मान-पत्र दिया है, उसके लिए मैं आपका आभारी हूँ। मुझे पता चला है कि आप लोगों ने आज तक जिन राजनीतिक कार्यकर्त्ताओं को सम्मान-पत्र दिए हैं वे सर्वसम्मति से नहीं दिए गए हैं। मुझे इस बात का भी पता चला है कि मुझे दिया गया सम्मान-पत्र सर्वसम्मति से दिया जा रहा है। इससे ऐसा समझने में कोई आपत्ति नहीं कि बेलगाँव म्यूनिसपैलिटी के सभी दलों के सदस्यों का मुझ पर बेहद प्रेम है। इसमें मुझे ऐसा लगता है कि हमने आपका सम्मान किया है तो आप लोगों को हमारा सहयोग करना चाहिए, इसका यही उद्देश्य हो सकता है। मैं जो कुछ काम कर रहा हूँ, वह वास्तव में आप लोगों का ही कार्य है। आप लोगों ने पीढ़ी-दर-पीढ़ी जो पाप किए हैं उन्हें नष्ट करने का काम मुझे करना पड़ रहा है। इस पाप के लिए मैं जिम्मेदार नहीं हूँ। अछूत वर्ग के लोग भी उसके लिए जिम्मेदार नहीं हैं। आप सवर्ण (हिन्दू) लोग ही उसके लिए पूरी तरह जिम्मेदार हैं, इस बात को आप अच्छी तरह ध्यान में रखिए।

मैं आप लोगों को साफ तौर पर यह बताना चाहता हूँ कि आप लोग इस पाप

को जिन्दा रखते हुए स्वराज्य का आन्दोलन कर रहे हैं। आप सम्पूर्ण स्वराज्य की जो माँग कर रहे हैं उसमें सन्देह दिखाई दे रहा है। अछूतों को पीने के लिए पानी नहीं मिल रहा है, उनको अपनी जनसंख्या के अनुपात में नौकरियाँ नहीं मिल रही हैं, हर तरह के अन्याय के लिए आप लोग ही जिम्मेदार हैं। मुझे आज भी इस बात का अर्थ समझ में नहीं आ रहा है कि दूसरों को सतानेवाले आप लोगों को स्वराज्य माँगने का क्या अधिकार है? अपना राजनीतिक कार्य थोड़ी देर के लिए अलग रखकर आप लोगों ने अछूतपन समाप्त करने का कार्य किया तो आप ईमानदार हैं, इस बात को सिद्ध करने में देर नहीं लगेगी।

मैंने अपनी बात आप लोगों के सामने सीधे शब्दों में रखी है। अपने आपको सत्य और अहिंसा का भक्त कहनेवाली कांग्रेस पार्टी मेरे बारे में प्रचार कर रही है कि मैं देशद्रोही हूँ। अंग्रेजों का दलाल हूँ। मैं स्वराज्य के रास्ते का पत्थर हूँ। मैं असुर हूँ, किन्तु आप लोगों ने मुझे सम्मान-पत्र देकर अपने भाइयों को करारा जवाब दिया है। इसलिए मैं आपको धन्यवाद देता हूँ और अपना भाषण समाप्त करता हूँ।

साप्ताहिक 'जनता' के 30 दिसम्बर, 1939 के अंक में प्रकाशित।

मुझे अपने समाज के लिए मरना है

दि. 26 दिसम्बर 1939 को बेलगाँव में बेलगाँव जिला स्वतन्त्र मजदूर पार्टी की एक विशाल परिषद् का आयोजन किया गया था। इस परिषद् में बेलगाँव जिला स्वतन्त्र मजदूर पार्टी के सभी नेता, कार्यकर्ता उपस्थित थे। उसी प्रकार स्वतन्त्र मजदूर पार्टी के विधायक भी मौजूद थे। इस परिषद् को सम्बोधित करने के लिए डॉ. बाबासाहेब अम्बेडकर को विशेष रूप से निमन्त्रित किया गया था। इस परिषद् को सम्बोधित करते हुए डॉ. अम्बेडकर ने कहा–

यहाँ मैं पहली बार आ रहा हूँ। जब से नया स्वराज्य स्थापित हुआ तब से पिछले 27 माह कांग्रेस की सत्ता थी। अब वह नहीं रही। और अल्पसंख्यक लोगों ने कांग्रेस की सत्ता-समाप्ति के लिए प्रार्थनाएँ कीं। किन्तु कुछ लोग यह बकवास कर रहे हैं कि यह कार्यक्रम एक तरह से स्वराज्य के रास्ते का पत्थर है, ऐसा वे मानते हैं। लेकिन मुस्लिम, अछूत, पारसी आदि अल्पसंख्यक लोगों ने संगठित होकर सत्ता के खिलाफ शिकायत की और न्याय की माँग की। हमारा इतना ही कहना है कि शिकायतों की जाँच की जाए, इसलिए हमें देशद्रोही कहा गया है।

व्यापक दृष्टि से राजनीति पर सोचा जाए तो उसमें तीन महत्त्वपूर्ण सवाल दिखाई देंगे। (1) कुछ लोग कहते हैं कि हिन्दू और अछूतों के बीच का झगड़ा स्वार्थ के लिए है। किन्तु ऐसा कहना गलत है। कांग्रेस का कहना है कि राष्ट्र की सत्ता हमारे हाथ में होनी चाहिए। फिर आप लोगों ने मुस्लिमों के बारे में क्या किया है? हिन्दू और मुस्लिमों में दुश्मनी है। और वह अब पहले से अधिक खतरनाक हो गई है। अब मुस्लिमों की भावना यह है कि हम हिन्दुओं की सत्ता में नहीं रहेंगे। उन्हें लगता है कि हिन्दुस्तान दो टुकड़ों में बँट जाना चाहिए। और इसके लिए यदि कोई जिम्मेदार है तो वह कांग्रेस है। तिलक की मुस्लिमों से कोई मोहब्बत नहीं थी। लेकिन मॉन्टेग्यू साहब हिन्दुस्तान में आ रहे हैं, इस बात का पता चलते ही तिलक ने मुस्लिमों से कहा कि आपको जो चाहिए, वह हम आपको देंगे इसके लिए 'लखनऊ पैक्ट' करवाया। लेकिन कांग्रेस के लोग आज क्या कर रहे हैं? अब उनके पास देन-लेन की कोई बात नहीं है।

अब ब्राह्मण-ब्राह्मणेतर (बहुजन) विवाद की बात ले लीजिए। क्या इस विवाद का हल हुआ? सभी को मान-सम्मान के पद मिल रहे हैं, इस बात का यकीन कांग्रेस में

घुसे हुए हमारे मित्र रावबहादुर आँगड़ी जैसे लोग क्या दे पाएँगे? वे आज यहाँ मौजूद हैं। चाहें तो आप उन्हें पूछ सकते हैं। कांग्रेस के सातों राज्यों में मुख्यमन्त्री ब्राह्मण हैं और हमारे राज्य में 7 मन्त्रियों में 3 ब्राह्मण, 1 मराठा और 1 पारसी, 1 मुस्लिम और 1 जैन है। अब हम सरकारी नौकरियों के बारे में बात करें। मुम्बई प्रदेश के रेवन्यू विभाग की बात ले लीजिए। उसमें ब्राह्मणों का दबदबा है। तहसीलदार का ही उदाहरण ले लीजिए। इस इलाके में कुल 188 तहसीलदार हैं। लेकिन जाति के हिसाब से ब्राह्मण 83, बनिया 11, मुस्लिम 23, मराठा 18, लिंगायत 10, ठोर 1 और अन्य जातियों के 43 हैं। महलकरी कुल 35 हैं। उनमें ब्राह्मण 20, बनिए 2, मुस्लिम 5, मराठा 3 और अन्य 5 हैं। हेडक्लर्क कुल 217 हैं। उनमें ब्राह्मण 111, बनिए 12, प्रभु 10, मुस्लिम 14, मराठा 14, लिंगायत 7 और अन्य 49 हैं। (महलकरी और हेडक्लर्क कोई अछूत नहीं हैं।) सारी कैबिनेट ब्राह्मणों के हाथ में है। एसेम्बली के 175 सदस्यों में 52 ब्राह्मण हैं। पहले कितने ब्राह्मण थे? क्या कांग्रेस ने वास्तव में ब्राह्मण-अब्राह्मण विवाद को हल किया है?

अछूतों के बारे में तो पूछने की कोई बात ही नहीं है। केवल धोखेबाजी चल रही है। गांधीजी ने आमरण अनशन किया। महात्मा चला गया होता तो दुनिया बंजर नहीं हुई होती। समझौता करने के लिए मुझ पर दबाव डाला गया और समझौता करने के लिए मुझे मजबूर होना पड़ा। संयुक्त मतदाता संघ बन गया। समझौते में उन्होंने हमारे स्थान 15 की बजाय 16 पास नहीं किए बल्कि उन्होंने चुनाव के समय हमारे कुछ और स्थान हड़प लिए। और वे सवर्णों के लिए छोड़ दिए गए। उन स्थानों पर कोई अछूत नहीं चुना गया। यही कारण है कि मुस्लिमों को कांग्रेस पर कोई भरोसा नहीं है।

यह भी कांग्रेस का ही पाप है। उन्होंने मन्त्रिमंडल में अछूतों को नहीं लिया है। उन्होंने हमारे खिलाफ उम्मीदवार खड़े करके अपने चारों उम्मीदवारों को जिताया है। लेकिन उनमें से किसी भी अछूत को उन्होंने मन्त्रिमंडल में नहीं लिया। क्यों? उन्होंने कहा कि वे नालायक हैं। फिर सवाल उठता है कि आपने उन नालायकों को क्यों जितवाया है? मुझे मन्त्री नहीं बनना है और मुझे उसका कोई लालच भी नहीं है। मुझे अपने समाज के लिए मरना है। अल्पसंख्यक लोगों को मन्त्रिमंडल में लिया जाए यह मैंने गवर्नर को सुझाव दिया था। क्योंकि जिनके हाथ में अधिकार हैं वे सत्ताधारी, कलेक्टर, तहसीलदार आदि लोग मन्त्रिमंडल के कागजी टुकड़ों को कहाँ पूछते हैं? इसलिए हमारी लड़ाई अधिकारों के लिए है। लेकिन जहाँ मुस्लिम सदस्य अधिक हैं वहाँ उन्होंने मिले-जुले मन्त्रिमंडल बनाए हैं और यह खुशी की बात है। बंगाल के मन्त्रिमंडल में 2 अछूत मन्त्री हैं। असम में एक अछूत मन्त्री है और पंजाब में दो पार्लियामेंटरी सेक्रेटरी हैं। क्योंकि मन्त्री पद की जिम्मेदारी लेने के लिए कोई तैयार नहीं था इसलिए उन्होंने 2 पार्लियामेंटरी सेक्रेटरी नियुक्त किए हैं। सिन्ध के बारे में तो पूछिए मत। क्योंकि वहाँ अछूत लोग नहीं के बराबर हैं इसलिए इन कांग्रेसवालों को इस बात की शर्म आनी चाहिए थी। तुम लोगों को नालायक आदमी को इस्तीफा देने के लिए कहना

था और लायक आदमी को चुनना चाहिए था। हमारी ओर से उसमें कोई रुकावट नहीं थी। कांग्रेस के प्रतिज्ञा-पत्र पर हस्ताक्षर किए बगैर किसी को भी मन्त्रिमंडल में न लिया जाए, ऐसा नियम है तो फिर असम में प्रतिज्ञा-पत्र के बगैर क्यों मन्त्री बनाए गए? क्या यह धूर्तता नहीं है? मैं इसलिए झगड़ रहा हूँ कि हमारा आदमी अधिकार के पद पर होना चाहिए। किन्तु अब स्वराज्य तुम्हारा और राज हम पर, इस तरह की बात मुझे बिल्कुल पसन्द नहीं है।

अछूतों की शिकायतों की जाँच करने के लिए एक कमेटी नियुक्त की गई। कमेटी ने पुलिस विभाग में अछूतों की भर्ती और इस समाज के आर्थिक विकास के लिए एक स्वतन्त्र योजना बने और जंगल की बंजर भूमि उन्हें खेती के लिए दी जाए, ऐसे कुछ सुझाव दिए। लेकिन हमारे मोरारजी देसाई ने जाति की बात को नजरअंदाज करते हुए लगान के 20 गुना अधिक कीमत देनेवाले को जंगली जमीन देने की अधिसूचना जारी करवा दी। जिसके पास खाने के लिए अनाज नहीं, रहने के लिए मकान नहीं, ऐसा आदमी इतने पैसे कहाँ से ला सकता है?

ईनाम (वतन) के बारे में तो और भी गजब किया गया। महारकी पर कर (जुड़ी) बढ़ा दिया गया है। नासिक जिले के एक गाँव में तो ढाई हजार रुपए वसूल किए जा रहे हैं। महारकी के लिए हमारे लोगों से बेहिसाब काम करवाए जाते हैं और यदि आप लोग शिकायत करने गए तो 'पढ़ने गए नमाज और मस्जिद पड़ी गले' इस कहावत के मुताबिक हम लोगों के 19 तरह के काम बताए गए हैं। इसलिए हरेगाँव में हुई वतनदार महार सभा में शिकायत दूर करने के लिए 6 माह की नोटिस देने का प्रस्ताव मंजूर किया गया है। इस अरसे में यदि उसे खत्म नहीं किया गया तो हम लोग आन्दोलन छेड़ेंगे।

मजदूरों के सवाल को ले लीजिए। पहले मजदूर बगैर नोटिस के भी हड़ताल कर सकता था। किन्तु कांग्रेस ने यह कानून बनाया है कि हड़ताल करने से पहले नोटिस देना जरूरी है। इस तरह का कानून दुनिया में कहीं नहीं है। और इस काले कानून के विरोध में 7 नवम्बर, 1935 को हड़ताल का ऐलान किया गया था। उस समय इसी कांग्रेस ने हड़ताली लोगों पर गोलियाँ चलवाई थीं और दो लोगों की जान ले ली थी। इस तरह के कानून मजदूरों पर कानूनन लादी गई दासता है।

उन्होंने यह इक़रार किया कि हम 5 प्रतिशत लगान माफ कर देंगे लेकिन उन्होंने उसके लिए क्या कार्यवाही की है? उन्होंने शराबबन्दी के नाम पर मुम्बई के लोगों पर 1.50 रु. करोड़ का कर लगाया। मैं शराबबन्दी विरोध इसलिए कर रहा हूँ कि अमीरों पर लगाया गया कर गरीबों पर खर्च किया जाना चाहिए। मुम्बई के लोग शराब पीते हैं इस बात से उन पर दया आती है। लेकिन आज मुम्बई इलाके के 14,000 गाँवों में पाठशालाएँ नहीं हैं। समझ लीजिए कोई महिला नग्न स्थिति में है और हमारे पास दो रुपए हैं तो इस पैसे से चोली खरीदेंगे या लुंगी? बदन को कैसे ढका जा सकता है इस बात को पहले देखना चाहिए। इन्हें चिन्ता है मुम्बई के लोगों की, लेकिन लाखों किसानों

की क्या स्थिति है? इसलिए कांग्रेसी राजनीति किसी के कल्याण के लिए नहीं है। हमारी स्वतन्त्र मजदूर पार्टी न्याय और सच्चाई के पक्ष में खड़ी है।

चूहा और बिल्ली एक जगह नहीं रह सकते। एक ही टोकरी में बिल्ली और चूहे को ढककर रखा गया तो अंजाम क्या होगा? अब गांधी और कम्पनी की बात बहुत दिनों तक चलनेवाली नहीं है। उनके पास बेहद पैसा है, वे बार-बार शेगाँव जाते हैं। कोई प्रस्ताव मंजूर करना हो तो वह 'टाइम्स ऑफ इंडिया' में छपवा लिया जाता है, बस।

लेकिन हमारे पास पैसा न होने की वजह से हमारा कहीं जाना सम्भव नहीं है। लकड़बग्घे के हमले से बचने के लिए यदि बकरियाँ भेड़िया के घेरे में जाकर बैठने लगीं तो क्या यह उनके हित में होगा? तुम लोग अंग्रेजों से सचमुच लड़ना चाहते हो तो कौरव-पांडवों की तरह 105 होकर लड़िए। हम आपके कन्धे से कन्धा मिलाकर लड़ेंगे। लेकिन गांधी नाम का व्यक्ति अंग्रेजों को गुप्तचर मिला है, ऐसा मुझे लगता है।

सफेद टोपी देखने के बाद दिल धड़कने लगता है। लेकिन सूर्योदय के बाद तो सूर्यास्त होना ही है। इसके लिए आप अपना संगठन मजबूत बनाइए।

साप्ताहिक 'जनता' के 6 जनवरी, 1940 के अंक में प्रकाशित।

मुक्ति दिन को अछूतों का पूरा समर्थन

*बॅ. जिन्ना ने मुम्बई में 'मुक्ति दिन' मनाने का निर्णय किया। उनका मुक्ति दिन मनाने का उद्‌देश्य था सभी अल्पसंख्यक लोगों को इकट्‌ठा करना। इसके लिए उन्होंने इस सम्मेलन में कई अल्पसंख्यक समाज के नेताओं को, प्रतिनिधियों को निमन्त्रित किया था। बॅ. जिन्ना ने डॉ. बाबासाहेब अम्बेडकर को भी विशेष रूप से निमन्त्रित किया था। इसलिए डॉ. अम्बेडकर भी इस सम्मेलन में उपस्थित थे। यह सम्मेलन मुम्बई के महमद अली रोड के विशाल मैदान पर **दिसम्बर 1939** में आयोजित की गई थी। इस सम्मेलन को सम्बोधित करते हुए डॉ. अम्बेडकर ने कहा–*

आज यह जो आयोजन किया गया है, इसके लिए मैं मिस्टर जिन्ना का अभिनन्दन करता हूँ और इस अवसर पर मैं अपनी खुशी जाहिर कर रहा हूँ। फिर भी एक बात के लिए मुझे खेद हो रहा है कि इस प्रस्ताव में जिस एक अल्पसंख्यक समाज को अग्रिमता दी गई है उसके बजाय उसमें अन्य अल्पसंख्यक समाजों के सम्बन्ध में भी बात होती तो बहुत ही अच्छा रहता। इस प्रस्ताव को सबको मिलकर तैयार करना चाहिए था। लेकिन उस तरह से हुआ नहीं, यह बड़े दुख की बात है। फिर भी सर करीमभाई इब्राहिम ने कांग्रेस के अन्यायपूर्ण व्यवहार के सम्बन्ध में प्रस्ताव पेश करके रॉयल कमीशन की जो माँग की है उसका मैं पूरा समर्थन कर रहा हूँ क्योंकि प्रस्ताव में लिखी गई सारी बातें सही और न्यायोचित हैं।

आप सभी लोग अच्छी तरह से जानते हैं कि कांग्रेस ने मुस्लिमों पर जो अन्याय किया उसकी जाँच करने के लिए मिस्टर जिन्ना ने जब से रॉयल कमीशन की माँग की है तब से कांग्रेस के दलालों और नेताओं ने एक गजब का तर्क देना शुरू कर दिया है। उन्होंने एकदम सीधा और सरल किन्तु छद्‌मनीति से भरा एक सूत्र प्रस्तुत किया है। गुनाह की जाँच ही नहीं हुई तो इसका मतलब गुनाह हुआ ही नहीं, कत्ल की जाँच हुई नहीं क्योंकि हकीकत में कत्ल हुआ ही नहीं, यह उनका कहना है। 1935 के संशोधित कानून में इसकी व्यवस्था की गई है कि किसी भी राज्य में अल्पसंख्यक समाज पर यदि अन्याय हुआ तो उसके लिए गवर्नर को अधिकार दिए गए हैं। कांग्रेस सरकार की सत्ता में गवर्नरों ने एक बार भी उस खास अधिकार का उपयोग नहीं किया है।

इसके लिए कांग्रेसवालों का मीठा सिद्धान्त यह है कि, "यदि कांग्रेस की सरकारों की ओर से मुस्लिमों पर जुल्म-ज्यादतियाँ हुई होतीं तो गवर्नरों ने अपने खास अधिकार का इस्तेमाल किया होता। लेकिन उस प्रकार के खास अधिकार का इस्तेमाल जब गवर्नर नहीं कर रहे या उस तरह का कोई मौका ही नहीं आया तो इसका मतलब है कांग्रेस सरकारों ने मुस्लिमों पर अन्याय नहीं किया है।" यह बात सिर्फ कांग्रेस के नेता ही करते तो बात समझ में आ सकती थी। किन्तु जो अभी-अभी हिन्दुस्तान में पधारे हैं और जो फिलहाल कांग्रेस की मेहमाननवाजी में सारे हिन्दुस्तान में घूम रहे हैं वे सर स्टैफर्ड क्रिप्स जैसे लोग भी इसी बात का समर्थन कर रहे हैं। इसलिए इस विनाशकारी तर्क की धज्जियाँ उड़ाना बहुत जरूरी है।

आप सभी लोग जानते हैं कि कांग्रेस ने अधिकार ग्रहण करने से पहले ब्रिटिश सरकार के साथ जो हुज्जत शुरू की थी उसकी यादें अभी ताजा हैं। ठीक इसी सवाल पर मतलब गवर्नरों के खास अधिकारों के बारे में कांग्रेस ने छूट माँगी थी। कांग्रेस का यह आग्रह था कि अधिकार ग्रहण करने से पहले राज्य के गवर्नर अपने अधिकारों का उपयोग नहीं करेंगे, इस प्रकार का आश्वासन मिले बगैर हम रकाब में अपना कदम नहीं रखेंगे, इस बात को किसी को भूलना नहीं चाहिए। और इस प्रकार का आश्वासन मिलना चाहिए इसीलिए हम लोगों ने अधिकार ग्रहण किया है, इस तरह का लगातार समर्थन करनेवाली कांग्रेस आज ऊँची आवाज में कह रही है कि गवर्नरों ने अपने खास अधिकारों का इस्तेमाल नहीं किया है, यही हमारे न्यायोचित व्यवहार का प्रमाण है। यही हमारी निर्दोषता का प्रमाण है। इसे किस नीति का तर्क कहना चाहिए?

जिन प्रान्तों में कांग्रेस को अधिकार प्राप्त हुए थे उन प्रान्तों में कांग्रेस पार्टी के पास इतनी सदस्य-संख्या थी कि गैरकांग्रेसी दलों को उन प्रान्तों में अपनी सरकार बनाना असम्भव था। मुम्बई प्रान्त में कांग्रेस के पास उतना बहुमत नहीं था फिर भी गैरकांग्रेसी दल आपस में इतने विरोधी थे कि उनकी संयुक्त सरकार बननी ही मुश्किल थी। इस तरह सरकार बनने की सम्भावना में कोई भी गवर्नर जनतान्त्रिक शासन-प्रणाली में बहुसंख्यक दल को सत्ता से दूर कैसे रख सकता है। बहुसंख्यक लोगों की दया पर निर्भर रहने के अलावा गवर्नर के पास कोई विकल्प ही नहीं है। ऐसी स्थिति में गवर्नर बहुसंख्यक लोगों के हाथ का खिलौना बन जाता है। इसीलिए यह कहने में कोई आपत्ति नहीं कि कांग्रेसी राज्यों के गवर्नर कांग्रेस के रबर स्टैम्प थे। यह बात अनुभव के आधार पर कही जा सकती है।

कांग्रेस सरकार ने बार्डोली तहसील की जफ्त की हुई जमीन सरकारी खर्च से पहले के मालिकों को वापस लौटाने का बिल विधिमंडल में मंजूर कर लिया। जफ्त जमीन निजी सम्पत्ति थी। उसे लौटाने में कुछ महत्त्वपूर्ण लोगों का फायदा था। वे महत्त्वपूर्ण लोग एक महत्त्वपूर्ण राजनीतिक पार्टी के थे। उन्हें वापस लौटाने में सार्वजनिक हित की दृष्टि से कोई बात नहीं थी। इस प्रकार की सच्चाई होते हुए भी गवर्नर ने उस बिल को मंजूरी देकर उसे कानूनी रूप में स्वीकार किया और इससे कांग्रेस पार्टी की झोलियाँ

भर गईं। जिन राष्ट्रों में जनसत्ता की नींव रखी जा रही है ऐसे किसी भी राष्ट्र में इस प्रकार का कानून बनना असम्भव है। वहाँ इस तरह के प्रयास को कभी सफल नहीं होने दिया गया होता। उसे गवर्नर ने कभी मंजूरी नहीं दी होती। किन्तु कांग्रेस के राज्य में यह सब हो सका, और इसका कारण गवर्नर का अपाहिज होना है। इसीलिए जो गवर्नर इस तरह की प्रतिकूल स्थिति में सुविधा के बावजूद भी स्वयं की रक्षा नहीं कर सका, उस आदमी से अल्पसंख्यक लोगों की सुरक्षा होती, इस तरह की उम्मीद करना मूर्खता होगी।

मुस्लिमों की समस्याओं के बारे में मुझे ऐसा लगता है कि आज यहाँ इस बारे में मुझे बोलने की खास जरूरत नहीं है। मेरे पूर्व वक्ताओं ने इस बात का बेहतरीन विश्लेषण किया है। इसलिए मैं जिस अल्पसंख्यक समाज में पैदा हुआ हूँ उस अछूत समाज के सवालों के बारे में बोलना मेरे लिए ज्यादा उचित होगा। इसमें मैं अछूतों पर होनेवाले अन्याय के बारे में ज्यादा विस्तार से अपनी बात रखने का प्रयास भी नहीं करूँगा। यदि मैं उस तरह से करना चाहूँ तो आप लोगों को आज की सभा में कई दिनों तक यहीं बैठे रहना पड़ेगा। इसलिए मैं यहाँ चन्द बातों की ही चर्चा करना चाहता हूँ। सभी अल्पसंख्यक लोग एक ही नाव में सफर कर रहे हैं फिर भी उनमें कुछ लोग पहले दर्जे के, कुछ दूसरे दर्जे के और कुछ तीसरे दर्जे के हैं लेकिन हम अछूत लोग नाव की तलमंजिल से यात्रा करनेवाले यात्री हैं, इसमें कोई सन्देह नहीं। इस सफर में किस प्रकार से हम बेहाल हो रहे हैं, इस बात को हम ही जानते हैं।

गोलमेज परिषद् के बाद ब्रिटिश सरकार ने अछूत समाज को अपने कम्युनल अवार्ड (जातीय फैसला) के द्वारा एक अनमोल हथियार दिया था कि हर प्रान्त में उसे स्वतन्त्र मतदाता संघ दिया गया था, उनके लिए कुछ निश्चित स्थान तय किए गए थे। इसके अलावा उन्हें अन्य आम मतदाताओं के साथ मतदान का अधिकार भी दिया गया था। इस योजना के द्वारा अछूत समाज को अपने असली विश्वास के खास प्रतिनिधि चुनने का अधिकार मिला था और अपनेपन की भावना से काम करनेवाले अन्य उम्मीदवारों को चुनने का भी उसे अधिकार दिया गया था। इस योजना से अछूतों को तसल्ली हुई थी। किन्तु गांधीजी को तसल्ली नहीं हुई। उनमें अछूतों पर मेहरबानी करने का उफान उमड़ आया और उन्होंने यह फैसला किया कि यदि इस योजना को वापस न लिया गया तो वे आत्महत्या करने में भी नहीं हिचकिचाएँगे। मैं यह कतई नहीं मानता कि अछूतों की भलाई के सामने किसी की जान ज्यादा महत्त्वपूर्ण है। लेकिन हमारे ही कुछ लोग ऐसे थे कि उन्होंने गांधी के बिना इस दुनिया में जीना बेकार है ऐसी जिद ठान ली और मुझे पूना पैक्ट स्वीकार करने के लिए मजबूर होना पड़ा।

उस समय मुझे ऐसा लगा कि पूना पैक्ट एक 'जेटिलमैन्स एग्रीमेंट' है। और कांग्रेस आदि सभी हिन्दू लोगों में छूतअछूत का विवाद समाप्त हुआ, ऐसा समझकर उस पैक्ट के मुताबिक बर्ताव किया जाएगा। फिर आगामी स्वराज्य अपना राज्य है इस प्रकार से अछूत लोग महसूस कर सकें इस प्रकार की स्थिति पैदा होगी। किन्तु सब बेकार। जब

चुनाव का वक्त आया उस समय कांग्रेस ने अपना असली रूप दिखाना शुरू किया। पूना पैक्ट से हम लोगों को जो 15 स्थान मिले थे उसमें हम लोगों की खातिर एक स्थान बढ़ाने की बजाय इन 15 स्थानों को बेअसर कैसे किया जाए, यह खेल उन लोगों की ओर से खेला जाने लगा था। इन सभी स्थानों के लिए उन्होंने अनपढ़ और स्वार्थी, किराए के गुलाम खड़े किए थे। इसमें उनका उद्देश्य यही था कि चुने जाने के बाद ये लोग उनके सामने भेड़ बनकर रहेंगे। उन्होंने कहीं अपने आश्रम का झाड़ूवाला, तो कहीं किसी कांग्रेसवाले का बुटलेर, तो कहीं अपना चपरासी बनाकर अपनी सूची तैयार की। उन्होंने स्वतन्त्र रूप से खड़े स्वाभिमानी और पढ़े-लिखे उम्मीदवारों को हटाने का संकल्प किया और पैसे के बल पर अपना लक्ष्य हासिल भी किया। इस बात से यह अच्छी तरह साबित होता है कि मिस्टर जिन्ना स्वतन्त्र मतदाता संघ के इतने जबर्दस्त समर्थक क्यों हैं। मुझे इस बात का गम नहीं था कि उन्होंने विरोधी उम्मीदवार खड़े किए। लेकिन नफरत इस बात की है कि उन्होंने हमारे खिलाफ नालायक लोगों को इस्तेमाल किया है।

चुनाव के बाद जब सरकार बनाने का मौका मिला उस समय भी क्या उन्होंने यह प्रयास किया कि हिन्दुस्तान को मिला हुआ स्वराज्य हमारा है, इस तरह की हमारी भावना हो?

हमने 15 स्थानों में से 11 स्थान जीत लिए थे। मतलब अल्पसंख्यक अछूतों का बहुसंख्यक वर्ग हमारी ओर था। जब कांग्रेस ने मन्त्रिमंडल बनाया उस समय एक महत्त्वपूर्ण अल्पसंख्यक दल होने के नाते उन्हें हमारे दल को पूछना चाहिए था। कपूर मन्त्रिमंडल के प्रधान पद को स्वीकार कर मैं नापाक नहीं हुआ था। मैं पूरी तरह से प्रतिबद्ध था। लेकिन नहीं।

उस समय कांग्रेस ने प्रतिज्ञा-पत्र का बहाना बनाया। प्रतिज्ञा-पत्र पर हस्ताक्षर किए बगैर किसी को भी मन्त्रिमंडल में न लेने का कारण यह बताया गया कि मन्त्रिमंडल एकजान, एक लक्ष्यवादी रहे बिना सरकार चलाना सम्भव नहीं है। मैं सिद्धान्त रूप में इस बात को स्वीकार करता हूँ लेकिन क्या कांग्रेस ने इस सिद्धान्त का पालन किया है? असम प्रान्त में कांग्रेस का बहुमत नहीं था। वहाँ सत्ता के लालच के कारण कांग्रेस ने इस सिद्धान्त की धज्जियाँ उड़ा दीं। और प्रतिज्ञा की शर्त को हटाकर उन्होंने संयुक्त मन्त्रिमंडल का गठन किया। इसका मतलब यह है कि एकजुट मन्त्रिमंडल होना चाहिए यह कांग्रेस का अटल सिद्धान्त नहीं बल्कि अवसरवाद का सिद्धान्त है। उसी प्रकार प्रतिज्ञा-पत्र पर हस्ताक्षर करना ही कांग्रेस प्रतिबद्धता की कसौटी थी। ऐसे में कुछ लोग कागज पर हस्ताक्षर करके रातोंरात कांग्रेसमैन बन जाते थे और अपना स्वार्थ साध लेते थे। क्या इसे कांग्रेस की प्रतिबद्धता कहा जाएगा या पाखंड? कोई भी ईमानदार आदमी इस तरह की बचकानी हरकतें नहीं करेगा। हमारे अछूतों ने भी उस पन्थ को स्वीकार नहीं किया है, ऐसी बात नहीं है।

अधिकार स्वीकार करने के बाद कांग्रेस का कार्य गर्व करने योग्य है, ऐसा मैं नहीं

मानता। संक्षेप में कहें तो हाथ में कलींद लिए बन्दर जिस तरह की हरकतें करता है उससे ज्यादा कुछ इन्होंने किया है, ऐसा समझने की कोई जरूरत नहीं है। सत्ता चलाने का उनका ढंग एक तरह से Monkey and Melon की हरकतें थीं। उन्होंने कानून एक, घोषणापत्र दूसरा और हुक्म तीसरा इस तरह लोकल बोर्ड के चुनाव के बारे में तमाशा खड़ा कर दिया था। उसमें उनका उद्देश्य एक ही था, हमारे उम्मीदवारों को पराजित करना।

दलितों के दुख, दलितों की पीड़ा उनसे दूर नहीं हो सकती। मैं पुराने उदाहरण नहीं दे रहा हूँ। कांग्रेस का एक अखबार 'नयाकाल' में पिछले मई माह में छपी घटना का विवरण है। कल्याण के पास टिटवाला गाँव में दो कुएँ हैं। वहाँ के अछूतों ने एक कुएँ से पानी भरना शुरू किया। इस तरह अछूतों को स्वतन्त्र रूप से पानी मिलने की बात गाँव के हिन्दुओं को बर्दाश्त नहीं हुई। उन्होंने अछूतों को पानी न मिले इसके लिए एक तरकीब खोज निकाली। उन्होंने दूसरे गाँव से एक भंगी को बुलाया और उसके हाथ से 2 टोकरी मैला उस कुएँ में डलवा दिया। कितनी गन्दी हरकतें हैं ये! कांग्रेस के राज्य में दिनदहाड़े ऐसा अन्याय हो रहा है। कांग्रेस सरकार उसे रोक नहीं रही है। दूसरी गुजरात राज्य की घटना है। एक गाँव के अछूतों ने दीवाली का उत्सव मनाया। इसलिए गाँव के सवर्ण हिन्दुओं ने उन्हें मरने तक मारा। इस तरह के कई उदाहरण मैं दे सकता हूँ। उसका रोना मैं आज यहाँ रोना नहीं चाहता, खैर।

कांग्रेस हिन्दुस्तान के लिए स्वराज्य की माँग कर रही है। उसकी माँग यह है कि स्वराज्य जनतान्त्रिक प्रणाली पर आधारित होना चाहिए। इस प्रणाली में कभी भी बहुसंख्यक लोगों की ही सत्ता चलेगी इसमें कोई सन्देह नहीं है। हिन्दुस्तान में हिन्दू बहुसंख्यक हैं। इसलिए जनतान्त्रिक राज्य में हिन्दू ही अल्पसंख्यक लोगों पर राज करेंगे, इसमें कोई सन्देह नहीं है। लेकिन इन हिन्दुओं को मैं जनसत्ता की माँग के बारे में एक सवाल पूछना चाहता हूँ। वह यह कि क्या हिन्दू लोग जनसत्ता शासन-प्रणाली के लायक हैं? यह समाज चातुर्वर्ण्य व्यवस्था के कारण मूलरूप में ही इतना बँट चुका है कि एक प्रदेश की जनता का दूसरे प्रदेश की जनता पर बिल्कुल भरोसा नहीं है। एक को दूसरे की बात बर्दाश्त नहीं होती। इस तरह की सामाजिक संरचना में अल्पसंख्यक लोगों को अपनी सुरक्षा के लिए संविधान में कुछ व्यवस्था करने की माँग करने के अलावा कोई विकल्प नहीं है। अल्पसंख्यक समाज आज वही माँग कर रहा है। अल्पसंख्यक लोगों ने अभी तक आयरलैंड के इतिहास को नहीं दोहराया है। अल्स्टर के नेता सर एडवर्ड कर्जन को दक्षिण आयरलैंड के नेता रेडमंड अधिक अधिकार देने के लिए तैयार थे। लेकिन कार्सन ने सीधा जवाब दिया कि "आप अपने संरक्षण को भाड़ में फेंक दीजिए! हमें तुम्हारी सत्ता नहीं चाहिए!" हिन्दुस्तान का यह सौभाग्य है कि अल्पसंख्यक लोगों ने आज तक यह रास्ता नहीं अपनाया है।

मुझे पूरा यकीन है यदि कांग्रेस सदेच्छा से प्रेरित हो तो अल्पसंख्यक लोगों का सवाल 48 घंटों में हल किया जा सकता है। लेकिन फिलहाल जिनके हाथ में कांग्रेस

की सत्ता है वे लोग इस सवाल को सीधे ढंग से हल करेंगे, ऐसा हमें नहीं लगता। उन्होंने बार-बार इस सवाल को उलझाया है। इस समय मुझे तिलक की याद आ रही है। आप लोगों को मालूम होगा कि तिलक और मुस्लिमों में कोई खास निकटता नहीं थी। बल्कि तिलक पर यह आरोप था कि उन्होंने हिन्दू और मुस्लिमों के बीच की दरार को बढ़ाया है। जिस समय मान्टेग्यू हिन्दुस्तान के भावी संविधान के बारे में चर्चा करने के लिए हिन्दुस्तान आ रहे थे उस समय हिन्दू-मुस्लिमों की माँगें साथ ही मान्टेग्यू के सामने रखी जाएँ इसके लिए तिलक ने सारे मनमुटाव को अलग रखकर लखनऊ पैक्ट किया।

फिलहाल स्थिति उसके विरोध में है। अल्पसंख्यक लोगों का सवाल समझौते के द्वारा हल करने के लिए गांधी में कोई दिलचस्पी नहीं है। वे इस तरह की भाषा का इस्तेमाल कर रहे हैं कि ब्रिटिश सरकार ने यदि हमारी माँग मंजूर नहीं की तो हम सत्याग्रह शुरू करेंगे। किन्तु मैं समय से पहले ही उन्हें संकेत देना चाहता हूँ, जब आमदनी के बारे में विवाद चल रहा हो तो जायदाद की देखभाल के लिए कोर्ट रिसीवर नियुक्त करता है। हिन्दुस्तानी स्वराज्य के बारे में ब्रिटिश सरकार इसी प्रकार की रिसीवर है। इस रिसीवर के द्वारा संयुक्त आमदनी हमारे हिस्से में आनी चाहिए इसलिए रिसीवर को सताने की कोई भी बात अल्पसंख्यक लोगों के उचित हक़ों के विरोध में उठी समझी जाएगी। और उसका परिणाम यह होगा कि न्याय हासिल करने के लिए अल्पसंख्यक लोगों को रिसीवर के पक्ष में अपना बल आजमाना पड़ेगा। इसके लिए कांग्रेस ही जिम्मेदार रहेगी।

साप्ताहिक 'जनता' के 30 दिसम्बर, 1939 के अंक में प्रकाशित।

हरामखोरी करनेवालों को कुछ नहीं मिलता

दि. 31 दिसम्बर 1939 को डॉ. बाबासाहेब अम्बेडकर कोल्हापुर से सतारा की ओर आ रहे थे। उस इलाके के लोगों को इस बात का पता चल गया था कि बाबासाहेब अम्बेडकर कोल्हापुर से होकर सतारा के रास्ते मुम्बई जा रहे हैं। कोल्हापुर और सतारा के बीच नेरे नाम का गाँव है। वहाँ के लोगों ने डॉ. अम्बेडकर के जोरदार स्वागत की योजना बनाई। यह स्वागत सभारम्भ एक स्कूल की इमारत में किया गया। स्वागत सभारम्भ के बाद दलित जनता को सम्बोधित करते हुए डॉ. अम्बेडकर ने कहा–

मैं आपके स्वागत और सम्मान-पत्र आदि का भूखा नहीं हूँ। उसे किसी ने भी गाली-गलौच की तब भी मुझे उसकी कोई परवाह नहीं है। इस बात को आप सभी लोग अच्छी तरह जानते हैं कि सार्वजनिक कार्य में आर्थिक बल की जरूरत होती है। गांधीजी ने एक करोड़ रुपए की निधि इकट्ठा की और उसका पूरी तरह से सफाया कर दिया, यह बात आप लोगों ने सुनी होगी। जनाब जिन्ना को भी सार्वजनिक कार्य के लिए पैसों का सहयोग कहीं न कहीं से मिलता ही होगा। किन्तु आप लोगों को यह बात ध्यान में रखनी चाहिए कि मेरे कार्य के लिए मेरे समाज की ओर से 5,000 रुपए से अधिक सहयोग नहीं मिला है।

यह बात साफ है कि अपनी गरीबी की वजह से हमें निश्चित तौर पर आर्थिक कठिनाइयों में ही कार्य करते रहना होगा। हम लोगों को आपसी एकता बनाए रखनी चाहिए। आपसी टकराव उचित नहीं है। आज देश में इस तरह की स्थिति पैदा हो गई है कि गांधी, जिन्ना और मुझे पूछे बगैर हिन्दुस्तान के राजनीतिक सवाल का हल नहीं निकल सकता। इस बारे में डॉ. थॉमसन जैसे अंग्रेज ने गांधीजी से और मुझसे यह कहा था। कांग्रेस ने मुझे राक्षस, राष्ट्रद्रोही, आस्तीन का साँप आदि कितनी ही गालियाँ दीं तब भी इस बात को दुनिया जानती है कि वे मुझे मिटा नहीं सकते। ऐसा कहने की वजह क्या है? मैं गांधीजी की तरह महात्मा नहीं हूँ। मेरे पीछे आप लोगों की फौलादी एकता की दीवार खड़ी है। उसी की वजह से मुझे बल प्राप्त हुआ है। इसलिए आप आपस में किसी भी प्रकार का मनमुटाव पैदा न होने दें। मान-सम्मान के लिए आपस में खींचतान करके मतभेदों को पैदा न होने दीजिए। और इस बात को भी मत भूलिए कि दुनिया में हरामखोरी करनेवालों

को कुछ नहीं मिलता।

मैं इस बात को अच्छी तरह जानता हूँ कि लोग समाज-कार्य के नाम पर पैसा इकट्ठा करते हैं। लोग कभी-कभी उसे खा भी लेते हैं। लेकिन इस वजह से समाज-कार्य को रोका नहीं जा सकता। तालाब की रखवाली करनेवाला आदमी ही पानी पीता है, इस बात पर नजर रखनी होगी, पहरेदारी करनी पड़ेगी। किन्तु हम लोगों को इस सम्बन्ध में व्यावहारिक दृष्टिकोण रखना चाहिए। कांग्रेस की एक करोड़ की निधि का क्या हुआ इस बात को सारी दुनिया जानती है। फिर भी कांग्रेस का काम चल रहा है। आपस की छोटी-मोटी बातों को महत्त्व देकर समाज में अब आगे मतभेद न बढ़ाइए। मैं अन्त में यही बात आप लोगों से कहना चाहता हूँ।

साप्ताहिक 'जनता' के 20 जनवरी, 1940 के अंक में प्रकाशित।

एक का स्वराज दूसरे की गुलामी का फंदा न बने

*दि. **2 जनवरी 1940** को शाम को 4.00 बजे करहाड म्युनिसपैलिटी द्वारा डॉ. बाबासाहेब अम्बेडकर को सम्मान-पत्र देने का सभारम्भ आयोजित किया गया था। इस सभारम्भ के लिए डॉ. अम्बेडकर सतारा से दिन में तीन बजे के करीब गाड़ी से निकले लेकिन सतारा से तेरह मील की दूरी पर अन्य लोगों से बिछड़ गए। कुछ देर बाद वे उसी रास्ते से गुजरनेवाले एक तम्बाकू व्यापारी लक्ष्मण शेटे के निजी गाड़ी में बैठकर करहाड जाने के लिए निकले। लेकिन उस गाड़ी से करहाड के पास दुर्घटना हुई। उसमें डॉ. अम्बेडकर को सिर, हाथ, पाँव में मामूली चोट आईं। गाड़ी में सवार सभी लोगों को सरकारी अस्पताल में पहुँचाया गया। प्राथमिक उपचार के बाद और कुछ समय आराम करने के बाद डॉ. अम्बेडकर नगर परिषद् के सभारम्भ में गए। नगर परिषद् के अध्यक्ष मि. कदम ने डॉ. अम्बेडकर को सम्मान-पत्र अर्पण करने के बाद उन्होंने अपने भाषण में कहा–*

अध्यक्ष महोदय, सदस्यगण, बहनो तथा भाइयो,

आज आप लोगों ने मुझे जो सम्मान-पत्र दिया है उसके लिए मैं आपका बड़ा एहसानमन्द हूँ। मैंने स्थानीय जनता के लिए कोई काम नहीं किया है। मैं करहाड का निवासी भी नहीं हूँ। मेरा कार्य राजनीतिक रूप में है। फिर भी आप लोगों ने मुझे सम्मान-पत्र दिया है और मेरा आदर किया है इसमें आप लोगों की महानता दिखाई देती है। मैं आज इस सभा के लिए आप लोगों के बीच आया हूँ यह आप लोगों की ही मेहरबानी है।

हिन्दुस्तान को आज की स्थिति में जाग्रति और जिम्मेदारी की जरूरत है। युद्धोत्तर हिन्दुस्तान के सामने बड़े-बड़े सवाल खड़े होनेवाले हैं। सभी को स्वराज्य चाहिए, इसमें कोई सन्देह नहीं। किन्तु एक का स्वराज्य दूसरों की गुलामी का कारण न बने, इस बात की कोशिश सभी लोगों को करनी चाहिए। अल्पसंख्यक लोगों की माँगें इस डर को दर्शाती रहती हैं। इसलिए मैं आप लोगों से यह कहना चाहता हूँ कि इस डर को समाप्त करने और सामने जो सवाल हैं उन्हें हल करने के लिए हम लोगों को अल्पसंख्यक और बहुसंख्यक दोनों समाजों में जाग्रति तथा जिम्मेदारी की समझ पैदा करनी है।

आज हिन्दी राजनीति में बड़ी खतरनाक स्थिति पैदा हो गई है। इस खतरनाक स्थिति को समझने के लिए हम लोगों को पिछली पीढ़ी की राजनीति और आज की पीढ़ी की राजनीति को अच्छी तरह से समझने का प्रयास करना चाहिए।

पिछली पीढ़ी के गोखले, तिलक की राजनीति और आज की गांधी राजनीति में बहुत बड़ा फर्क है। पिछली पीढ़ी की राजनीति में ज्ञान और विवेक की जरूरत होती थी। लेकिन आज की राजनीति में सच को झूठ और झूठ को सच साबित करने की जरूरत दिखाई देती है। आज की राजनीति से विद्वानों को कंकड़ की तरह अलग किया जा रहा है। आज की राजनीति अन्धे माली के हाथों में चली गई है। यह बहुत भयंकर स्थिति है। देश के विकास के लिए अलग-अलग विचारों और विचार-विमर्शों की अलग-अलग धाराएँ जरूरी हैं। भिन्न विचारों के प्रवाह से ही समाज का विकास होता है। अन्धों की कतार की तरह एक ही रास्ते से देश आगे बढ़ता रहा तो उसका खाई में गिरना सुनिश्चित है, उसका पतन सुनिश्चित है, आज की राजनीति का उद्देश्य एक ही है कि राजनीति में एक ही पंथ का प्रसार करना। इस राजनीतिक पंथ को अलग-अलग विचारों से नफरत है। उसी बात को बार-बार दोहराते रहने से कुछ लाभ नहीं है। आज लोग गांधीभक्त बन गए हैं। और गांधीवाक्य को ब्रह्म-वाक्य का स्वरूप प्राप्त हो रहा है। इस गांधी-भक्ति के साथ-साथ पाखंड भी बढ़ रहा है। आज सिर्फ अपने स्वार्थ के लिए कांग्रेस को चार आना देकर व्यभिचार करनेवाले हरि के लाल पैदा हो रहे हैं। जहाँ जाग्रति और जिम्मेदारी नहीं, वहाँ इस तरह की खतरनाक स्थिति पैदा होना एकदम स्वाभाविक है। आपकी म्यूनिसपैलिटी में भिन्न-भिन्न विचारों के और भिन्न-भिन्न राजनीतिक दलों के सदस्य हैं। इससे मैं यह कह सकता हूँ कि स्थानीय मतदाता वर्ग समझदार है। आप लोगों में वैचारिक जाग्रति है इसलिए मैं आपका अभिनन्दन करता हूँ। आप लोगों ने मुझे सम्मान-पत्र दिया है और मेरा सम्मान किया है इसके लिए मैं पुनः आप लोगों को धन्यवाद देता हूँ और अपना भाषण समाप्त करता हूँ।

साप्ताहिक 'जनता' के 20 जनवरी, 1940 के अंक में प्रकाशित।

गाँवों की महार बस्तियाँ हम लोगों को ही समाप्त कर देनी चाहिए

दि. 3 जनवरी 1940 को दोपहर के समय सतारा जिले के मेढे गाँव में स्वतन्त्र मजदूर पार्टी की दूसरी परिषद् का आयोजन किया गया था। डॉ. बाबासाहेब अम्बेडकर की अध्यक्षता में इस परिषद् का आयोजन किया गया था। परिषद् के स्थल पर डॉ. अम्बेडकर के एक भव्य जुलूस के साथ लाया गया था। इस परिषद् में भाऊराव गायकवाड (नासिक), अनन्तराव चित्रे आदि लोग उपस्थित थे। और उन्होंने इस परिषद् को सम्बोधित भी किया था। उसके बाद इस परिषद् को सम्बोधित करते हुए डॉ. अम्बेडकर ने कहा–

भाइयो, बहनो और अतिथियो,

आज की स्थिति में मुक्त मन से भाषण करना, मेरे लिए सम्भव नहीं है। आज की सभा में बाधा उत्पन्न होने की वजह से गतिरोध आ गया था, लेकिन सौभाग्य से वह गतिरोध टल गया है। गतिरोध टल गया फिर भी मैं अधिक नहीं बोल पाऊँगा। ऐसे समय में भाऊराव गायकवाड और मान्यवर चित्रे जैसे देवदूत मुझे मिले। ये लोग मुश्किल समय में दौड़कर आए और उन्होंने भाषण करने की मेरी जिम्मेदारी का बोझ हलका कर दिया। इसके लिए मैं इन दोनों देवदूतों का आभारी हूँ। अब मैं महार वतन (हक़) सतारा के सवर्ण-अछूत विद्यार्थियों के छात्रावास के बारे में दो बातें कहना चाहूँगा। किन्तु इससे पहले मान्यवर उबाले ने इस परिषद् में जो भाषण दिया है उसके सम्बन्ध में मैं कुछ कहना चाहूँगा। आज की सभा के स्वागताध्यक्ष श्री सावन्त की मान्यवर उबाले ने कुछ अप्रत्यक्ष आलोचना की है। मान्यवर सावन्त के कार्य के बारे में मैं अच्छी तरह जानता हूँ। उनका कार्य बेशकीमती है, ऐसी मेरी मान्यता है। यहाँ उनके बारे में यह कहा गया है कि श्री सावन्त का नाम कभी अखबारों में पढ़ने को नहीं मिलता इसलिए उनके कार्य का कोई महत्त्व नहीं है। इस सम्बन्ध में मैं अपना ही उदाहरण आप लोगों को देना चाहता हूँ। मैंने पिछले सवा दो साल में विधिमंडल में सिर्फ चार भाषण दिए हैं। मैंने वहाँ कभी सवाल भी नहीं पूछा है। वहाँ अनुपस्थित रहनेवाले सदस्यों में मेरी गिनती होती है। फिर श्री उबाले की दृष्टि से तो मैं श्री सावन्त से भी ज्यादा नालायक हूँ।

विधिमंडल में 175 सदस्य हैं। वे अलग-अलग दलों के हैं। वहाँ सभी दलों के सभी सदस्य भाषण नहीं करते। वहाँ गिनती के लोग गिनती के भाषण करते हैं। विधिमंडल में कांग्रेस के 12 सदस्य हैं। उनमें से कितने लोग विधिमंडल में भाषण करते हैं इस बात की जानकारी यदि मान्यवर उबाले को होती तो उन्होंने सावन्त की आलोचना नहीं की होती। मान्यवर सावन्त ने पिछले सवा दो साल में 1 क्लर्क, 6 पटवारी, 11 पट्टेवाले, 21 शिक्षक, 367 पुलिसकर्मी, 6 शिक्षिकाएँ और 19 पोस्टमैन के पदों पर लोगों की नियुक्तियाँ करवाई हैं। क्या इस कार्य का कोई महत्त्व नहीं है। श्री उबाले की शिकायत है कि महारों से अन्य अछूत नाराज हैं। उनके बारे में कहा जाता है कि महार शिकायतखोर लोग हैं। इस स्थिति में 131 महारों को नौकरी पर लगवाना कोई मामूली काम नहीं है। लेकिन उन्होंने सतारा के अस्पृश्य छात्रावास को मदद करने का अभिवचन दिया था क्या उस अभिवचन का उन्होंने पालन किया है, यही मेरी उनसे शिकायत है। जो लोग मन्दिर में कलश चढ़ाने की इच्छा रखते हैं उन्हें तो कम-से-कम उसकी नींव उखाड़ने की कोशिश नहीं करनी चाहिए। विखंडनवादी आलोचना करके केवल कमियाँ बताने से क्या फायदा?

अब हम महार वतन (हक़) के सवाल की चर्चा करना चाहेंगे। जब तक हम लोग हमारे पाँवों में फँसी महार वतनों (हक़ों) की बेड़ियों को तोड़ते नहीं तब तक हम लोग गुलाम ही रहेंगे। महार वतनों की गुलामी से मुक्त होकर हमें अपनी स्वतन्त्रता हासिल करनी है। हम लोगों को गाँव-गाँव में बसी हुई स्वतन्त्र महार बस्तियों को समाप्त कर देना चाहिए। क्योंकि हर महार बस्ती एक तरह से लोगों का काँजी हाउस और गुलाम बस्ती होती है। महार वतन और महार बस्ती जैसी दो चीजें सनातन गुलामी की दिग्दर्शक हैं इसलिए उन्हें नष्ट कर देना जरूरी है। इन बातों को समाप्त करने में सवर्णों ने कितनी भी रुकावटें पैदा कीं तब भी मैं उन बातों को नए स्वराज्य में समाप्त कर दूँगा, इसमें कोई सन्देह नहीं है। किन्तु इस बात को भूलिए मत कि वतन समाप्त होने तक हम लोगों को वतन की कसी हुई जंजीरों को ढीला करने का प्रयास करना चाहिए। हम लोगों को आन्दोलन करके लगान (जुड़ी) बढ़ोत्तरी को रोक देना चाहिए। गाँव कर्मचारियों को वैतनिक नौकरियाँ देनी चाहिए। गाँव के बाहर के काम के लिए उन्हें आठ आने रोजी मिलनी चाहिए। गाँव कर्मचारियों को पूरे इलाके में हड़ताल करनी चाहिए। चाहे जो स्थिति हो लेकिन आप लोगों को जमीन का हक़ छोड़ना नहीं चाहिए।

अब हमें सतारा के अछूत विद्यार्थी छात्रावास के बारे में सोचना चाहिए, जिसका संचालन मान्यवर सावन्त कर रहे हैं। आन्दोलन करते समय हम जैसे अछूत नेताओं की स्थिति बहुत खराब हो जाती है। किन्तु अन्य वर्ग के राजनीतिक नेताओं की स्थिति कभी खराब नहीं होती। मिस्टर जिन्ना जैसे लोग छात्रावास चलाने की दिक्कतों में कभी नहीं फसेंगे लेकिन हमारे जैसे अछूतों को आन्दोलन चलाते समय बहुरूपिया बनना पड़ता है। हम लोगों को छात्रावास चलाने पड़ते हैं, अखबार प्रकाशित करने पड़ते हैं। गाँव-गाँव, घर-घर घूमना पड़ता है। किसी औरत ने छोटे कदवाले व्यक्ति से शादी की तो उस

औरत को अपने पति को नहलाना भी पड़ता है। वही हमारी हालत है। इस सम्बन्ध में अपने शिक्षकों से मेरी शिकायत है। वे पढ़े-लिखे होते हैं। अपने आन्दोलन की वजह से उन्हें नौकरियाँ मिलती हैं, फिर भी वे लापरवाह होते हैं, यही मेरी उनसे शिकायत है।

कुछ लोगों के मन में इस तरह का सन्देह पैदा हो सकता है कि सतारा में भाऊराव पाटिल का एक छात्रावास है, फिर सावन्त के छात्रावास की क्या जरूरत है? किन्तु इसका बड़ा आसान जवाब है। भाऊराव पाटिल के छात्रावास से बाहर निकलनेवाले विद्यार्थी या तो भीष्म-द्रोण की तरह 'मनुष्य पैसे का गुलाम' के मुताबिक गुलामी मानसिकता के होंगे या वे कच की तरह होंगे, इसमें कोई सन्देह नहीं। हमारे विद्यार्थी पैसे के गुलाम होने के लिए मजबूर न हों इसलिए मान्यवर सावन्त के छात्रावास जैसी संस्थाओं की बहुत जरूरत है, यह कहने की जरूरत नहीं है।

साप्ताहिक 'जनता' के 20 जनवरी, 1920 के अंक में प्रकाशित।

शाहू छत्रपति ने ब्राह्मणवाद के किले को मटियामेट करा दिया

स्वागताध्यक्ष, बहनो, भाइयो और निमन्त्रित मेहमानो,

आप लोगों ने मुझे इस सभा का अध्यक्ष बनाया, इसके लिए मैं आपका आभारी हूँ। आज की यह सभा अन्य सभाओं की तुलना में एकदम अलग तरह की है। इस सभा में जो भाषण होंगे वे अपनी जिम्मेदारी को पहचानते हुए होने चाहिए। इस बात को आप मत भूलिए कि आज के हमारे हालात बेहद खतरनाक हैं। इस बात को भी भूल जाने से काम नहीं चलेगा कि हम बाहर से आए हुए अंग्रेजी राज्य के प्रजाजन और स्थानीय कोल्हापुर रियासत के प्रजाजनों की स्थिति में अधिक अन्तर है। मैं आप लोगों को शुरू में ही इस बात से सचेत कर देना चाहता हूँ कि इस सभा में भाषण करनेवालों को अपने भाषण अपनी जिम्मेदारी को समझते हुए ही करने चाहिए।

1939 का वर्ष समाप्त हो रहा है और नया साल शुरू होनेवाला है। कोल्हापुर के इतिहास में यह साल बेहद कठिनाइयों से गुजर रहा है। इस साल इस रियासत की लगातार बैठकें हो रही हैं, यह तीसरी बैठक है। पहली सभा प्रजा परिषद् की हुई। इस सभा की अध्यक्षता डॉ. पट्टाभिसीतारामैय्या ने की थी। दूसरी सभा का आयोजन रैयत सभा ने किया था। यह सभा माननीय मोरे की अध्यक्षता में हुई थी। शायद आप लोग उस सभा में हाजिर रहे होंगे, ऐसा मुझे लगता है। आज की यह सभा दलित प्रजा परिषद् की है। इस सभा का आयोजन अलग से करने की जरूरत क्या थी, यह सवाल उठाया जा सकता है। प्रजा परिषद् और रैयत सभा के एकजुट होने की बजाय इस तरह का स्वतन्त्र आयोजन क्यों किया जा रहा है, यह सवाल पैदा होना स्वाभाविक है। इस तरह की यह तीसरी सभा है और इसका अध्यक्ष मैं हूँ, इस वजह से हमारे आलोचक अधिक सक्रिय हो जाएँगे। पिछली मई में जब मैं परहाड़ा में था उस समय रैयत सभा के संचालक मुझे मिलने आए, उनका आग्रह था कि उनकी सभा की अध्यक्षता मैं करूँ।

मैंने इस बारे में सोचने के लिए उनसे दो घंटे का समय माँगा। उन दो घंटों में मैंने कोल्हापुरी राजनीति की जानकारी हासिल की। अच्छी तरह से सोचने के बाद मैंने फैसला किया कि रैयत सभा की अध्यक्षता करना उचित नहीं है।

कोल्हापुर के सम्बन्ध में एक बात एकदम साफ है और उसके लिए अछूतों को

और मुझे भी कोल्हापुर पर गर्व है। क्योंकि शाहू महाराजा ने वास्तव में कोल्हापुर में ही असली लोकतन्त्र की नींव रखी है। हम लोग गो-ब्राह्मण प्रतिपालक छत्रपति शिवाजी महाराजा की जयन्ती मनाते हैं। शिव छत्रपति ब्राह्मणवाद को समाप्त नहीं कर सके। उन्हें अपने राज्याभिषेक के लिए सोना देकर काशी से गागाभट को बुलाना पड़ा। ब्राह्मणवाद के डंक को छाँट देने की दृष्टि से छत्रपति शाहू छत्रपति शिवाजी से भी महान हैं, ऐसा कहने में मुझे कोई हिचकिचाहट नहीं है। हम लोग इस बात को कतई भूल नहीं सकते कि शाहू छत्रपति को वेदोक्त का अधिकार नहीं ऐसा कहनेवाले ब्राह्मणों को पूना के तिलक का और वहाँ की ब्राह्मणशाही का समर्थन होने के बावजूद शाहू छत्रपति ने उन्हें ठोकर मार दी थी। शाहू छत्रपति में कुछ कमियाँ रही होंगी। लेकिन मैं यह पूछना चाहता हूँ कि कौन-सा राजा बेदाग है? सिर्फ दोषों की ओर देखने का कोई मतलब नहीं है। ब्राह्मणशाही जब तक समाप्त नहीं होती तब तक समाज का उत्थान सम्भव नहीं है। उन्होंने ब्राह्मणशाही को समाप्त करने का प्रयास किया इसी में उनकी महानता है। शाहू छत्रपति ने समाज में व्याप्त विषमता को समाप्त करने का अथक प्रयास किया और उन्होंने ब्राह्मणशाही के गढ़ को ढेर कर दिया, यह कोई मामूली काम नहीं है। मेरे सामाजिक जीवन की शुरुआत ही उस मानगाँव की बैठक से हुई जिसकी अध्यक्षता छत्रपति शाहू महाराजा ने की थी, उस सभा का यहाँ उल्लेख करना जरूरी है, ऐसा मैं मानता हूँ। जो उन्हें और मुझे प्रिय है उस समानता के सिद्धान्तों का प्रचार करने के लिए उन्होंने मुझे 2500 रुपए दिए और हमेशा के लिए अपना हमदर्द बना लिया है। दरअसल इसी बात की वजह से मैंने प्रजा परिषद् के साथ अपना किसी भी तरह का सम्बन्ध नहीं रखा है। रैयत सभा की बुनियाद भी साफ-सुथरी नहीं है, इस बात को मैंने जब जाना तब मैंने उनके द्वारा आयोजित सभा का अध्यक्ष बनने से इनकार कर दिया, इस बात को यहाँ कहने की जरूरत नहीं है। प्रजा का कल्याण करना रैयत सभा का लक्ष्य नहीं है बल्कि महाराजा की 'हाँजी-हाँजी' करके अधिकारियों के आपसी झगड़ों को बढ़ावा देना और लाभ उठाना ही उसका काम है। संस्थान में रहनेवाले सभी लोग महाराजा के प्रजाजन हैं। लेकिन ये सभी प्रजानन समान दुख से ग्रस्त नहीं हैं। प्रजा में कुछ लोग दुखी और कुछ लोग सुखी हैं। इन सभी सुखी और दुखी लोगों को एक ही समझने का कोई मतलब नहीं है। इस तरह की सोच के आधार पर एक साथ किसी भी प्रकार की माँग नहीं माँगी जा सकती। बहनो तथा भाइयो, दुखीजन एक साथ अपनी माँगें रख सकें इसके लिए हम लोगों ने इस दलित प्रजा परिषद् का आयोजन किया है। हम सभी राज वफादार प्रजानन यहाँ इकट्ठा हुए हैं। प्रजा परिषद् में ज्यादातर संख्या मराठों की ही थी। उस परिषद् में कोई अछूत नहीं था। और यहाँ इस बात को बताने की कोई जरूरत नहीं कि राज वफादारी की वजह से ही अछूतों का प्रजा-परिषद से विरोध था।

अब हम इस रियासत की प्रजा के बारे में विचार करेंगे। इस रियासत के कुल प्रजाजनों की संख्या 9,97,000 हैं और उसमें 8,66,000 हिन्दू हैं और 1,10,000 अछूत

हैं। इसके अलावा यहाँ मुस्लिमों की संख्या 41,866 है। मोटे तौर पर देखा जाए तो कुल जनसंख्या में 11 प्रतिशत अछूत और 5 प्रतिशत मुस्लिम हैं, ऐसा कहना गलत नहीं होगा। इन ग्यारह प्रतिशत अछूतों में सिर्फ 481 अछूत सरकारी नौकरी में हैं। और उसमें भी अधिकांश झाड़ूवाले, घोड़ेवाले, नालबन्द आदि घटिया दर्जे की नौकरियों में हैं; इसके बारे में कहने की जरूरत नहीं।

अब हमें रियासत की शिक्षा-संस्थाओं के बारे में विचार करना है। रियासत ने जो आँकड़े प्रकाशित किए हैं उनके आधार पर किस-किस छात्रावास में किस समुदाय के छात्रों पर कितनी राशि खर्च की जाती है, इसका विवरण निम्न है :

1.	आर्य समाज छात्रावास	5,012/-
2.	कर्नल बोर्ड हाऊस	3,600/-
3.	वैदिक छात्रावास	3,600/-
4.	मराठा छात्रावास	11,314/-
5.	मुस्लिम छात्रावास	9,460/-
6.	अन्य छात्रावास	5,010/-
7.	मिस क्लार्क छात्रावास	625/-
8.	इन्दुमती छात्रावास	700/-
	कुल	**39,321/-**

इस तरह कोल्हापुर संस्थान में छात्रों के लिए 39321 रुपए खर्च किए जाते हैं। यह बात उक्त आँकड़ों से पता चलती है। किन्तु इसमें से सिर्फ 1325 रुपए ही अछूतों के नम्बर 7 और 8 छात्रावासों पर खर्च होते हैं। इस बात की ओर ध्यान देना बहुत जरूरी है।

इसके अलावा इस संस्थान में सिर्फ 20 अछूत छात्रों को निःशुल्क शिक्षा दी जाती है। उक्त विवेचन से यह सिद्ध होता है कि इस रियासत में अछूतों की शिक्षा पर बिल्कुल ध्यान नहीं दिया जा रहा है।

अब हम खेती के सवाल पर सोचे। इस संस्थान में कुल खेत जमीन बाईस लाख एकड़ है। उसमें खेती के काम में लाई जानेवाली जमीन तेरह लाख और तेरह हजार एकड़ है। बंजर जमीन 371423 एकड़ है और महाराजा की अपनी निजी भूमि 46359 एकड़ है। क्या यह बंजर और निजी भूमि (शेरी) अछूतों में बाँटकर उनकी स्थिति में बदलाव लाना सम्भव नहीं है? संस्थान का काफी पैसा देवस्थान और धर्मदाय के कामों में बेमतलब खर्च होता है, इस बात को बताने की कोई जरूरत ही नहीं है।

कोल्हापुर रियासत के इलाका पंचायत और म्यूनिसपैलिटी में अछूतों के प्रतिनिधि हैं ही नहीं, यह कहने में कोई आपत्ति नहीं होनी चाहिए इस नवयुग में एक बात सभी को स्वीकार करनी चाहिए कि प्रातिनिधिक संस्थाओं में अलग-अलग जातियों के

प्रतिनिधि उनकी संख्या के अनुपात में नियुक्त किए जाने चाहिए। आज यहाँ की स्थिति किस प्रकार है, इस बात को देखिए। यहाँ की इलाका पंचायत में 28 सदस्य हैं जिसमें एक भी अछूत नहीं है। म्यूनिसपैलिटी में अछूतों के सिर्फ दो ही प्रतिनिधि लिए गए हैं। अब नया विधिमंडल बननेवाला है। अब हम उससे यह उम्मीद करें कि इसमें हमारे हक़ों को न दफनाया जाए जैसा आज तक होता रहा है। मुझे कोल्हापुर रियासत से बड़ी उम्मीद थी। किन्तु इस संस्थान ने भी हमें निराश किया है। मुझे इस बात की बड़ी उम्मीद थी कि शाहू छत्रपति के राज्य में हम अछूतों के हितों को नजरअंदाज नहीं किया जाएगा, बल्कि हमारे हितों की पूरी सुरक्षा होगी। लेकिन वह सफल नहीं हुई यह बड़े खेद के साथ कहना पड़ रहा है।

अन्त में मैं महाराजा से बड़ी नम्रता के साथ दो बातें कहना चाहता हूँ। पहली बात तो यह कि उन्हें सत्ता के सभी सूत्र अपने हाथ में लेकर सत्ताशासन को सँभालना चाहिए अन्यथा प्रजा को अधिकार देकर वहाँ लोकतन्त्र की स्थापना करनी चाहिए। उन्हें प्रजा को नौकरशाही के कब्जे में बिल्कुल नहीं रखना चाहिए। लोकतन्त्र हमेशा कल्याणकारी होता है ऐसी बात भी नहीं। क्योंकि इस तरह की बात तुर्किस्तान, इटली और जर्मनी के वर्तमान इतिहास के एकसूत्री राज्यप्रणाली से सिद्ध हो चुकी है।

कोल्हापुर का राज्य मराठों का है। आज की सभा के लिए उन्हें हम लोगों को जितना सहयोग देना चाहिए था उतना उन्होंने नहीं दिया। मुझे रैयत परिषद् की अध्यक्षता स्वीकार करनी चाहिए इसलिए 'मैयत जागते हैं' कहनेवाले और अपने इर्द-गिर्द घूमनेवाले अधिकारियों के लिए आज मैं अपरिचित हो गया हूँ, वे मुझे भूल गए हैं। इससे आप जो अंदाज लगा सकते हैं लगाइए, आज की सभा के लिए म्यूनिसपैलिटी ने 100 रुपए और दरबार ने 100 रुपए दिए हैं इसके अलावा परिषद् को किसी भी प्रकार की मदद नहीं मिली है।

मुझे कोल्हापुर में एक खास बात दिखाई दी। यहाँ अनुयायियों की बजाय नेताओं की संख्या ज्यादा है। इस राज्य की व्यवस्था इस प्रकार है कि यहाँ किसी भी ऐरे-गैरे आदमी के लिए अधिकारी के चुपके-चुपके कान भरना आसान है। मैंने ऐसा सुना है कि आज की सभा की अध्यक्षता मैं न करूँ, इसके लिए कुछ लोगों ने दीवान के पास एक निवेदन भी भेजा है। इस तरह की स्थिति में आप लोगों की यह जिम्मेदारी है कि दलित प्रजामंडल का कार्य हमेशा चलता रहे, इस बात की व्यवस्था करनी होगी। जैसे और जगह का अनुभव है उस प्रकार आप बेमतलब की झंझटों में उलझने की कोशिश न करें तो अच्छा है। आज की सभा में शाहू महाराजा को सम्मान-पत्र देने की हमारी इच्छा थी। किन्तु यह सम्भव नहीं हुआ इसके लिए हमें खेद है। महाराजा इस सभा में एकत्रित जनता के सामने आए हैं, यह हमारे लिए गर्व की बात है। आप लोगों को महाराजा को अपना पूरा सहयोग देना चाहिए। मुझे ऐसा लगता है कि महाराजा को भी बंजर भूमि, देवस्थानों की भूमि और निजी (शेरी) भूमि अछूतों को देकर के उन्हें अपनी रोजी-रोटी पर लगने का मौका देना चाहिए। उसी प्रकार अछूतों में शिक्षा के

प्रचार के लिए ज्यादा पैसा खर्च करना रियासत की जिम्मेदारी है। उन्होंने अछूत लड़कियों के छात्रावास के लिए पर्याप्त पैसा खर्च किया तो उससे निश्चित तौर पर अछूत समाज का कल्याण होगा, इसमें कोई सन्देह नहीं है। अन्त में मैं आप लोगों से अनुरोध करता हूँ कि आप लोगों को दलित प्रजामंडल के संगठन को मजबूत बनाना चाहिए।

साप्ताहिक 'जनता' के 13 जनवरी, 1940 के अंक में प्रकाशित।

अपने बच्चों को पढ़ाने में कोई कसर बाकी न रखें

दि. 15 फरवरी 1940, शनिवार को रात में 10.00 बजे फलटण रोड, मुम्बई के म्युनिसपैलिटी चाल में प्रिं. दोंदे की अध्यक्षता में एक जंगी जाहिर सभा हुई थी। इस दलितों की विराट सभा को सम्बोधित करते हुए डॉ. बाबासाहेब अम्बेडकर ने कहा–

अध्यक्ष महोदय, भाइयो तथा बहनो,

कई सालों के बाद आज मैं यहाँ आया हूँ। बचपन में जब मैं एल्फिस्टन हाई स्कूल में पढ़ता था उस समय यहाँ मेरे कुछ रिश्तेदार रहते थे। उन्होंने मुझे भोजन पर आने का निमन्त्रण दिया था, इसलिए मैं यहाँ आया था। उसके बाद मैं यहाँ कभी नहीं आया। इतने अन्तराल के बाद आज फिर मैं यहाँ आया हूँ।

कुल मिलाकर आज तक जो समाज-कार्य होता आ रहा है उसकी हवा यहाँ तक बहती होगी ऐसा मुझे नहीं लग रहा था। यहाँ आज तक कोई अच्छी सभा हुई है, ऐसा भी मैंने नहीं सुना। फिर भी आज यहाँ के लोगों ने इस सभा का आयोजन किया, इस बात से मैं बहुत खुश हूँ।

मैंने अन्य सभी कार्यों को दूर रखकर 'इमारत निधि' के इस कार्य को हाथ में लिया है। इस इमारत की हम लोगों को कितनी जरूरत है, इस बात की आप लोगों को अच्छी जानकारी होगी ऐसा मुझे नहीं लग रहा है। आपमें से कई लोगों को इस बात की जानकारी होगी कि, अपने समाज का मुक्ति आन्दोलन महाड सत्याग्रह से शुरू हुआ है। आप लोगों को रत्नागिरि और कुलाबा जिले के वासी होने के कारण महाड के बारे में जानकारी होना सम्भव है। महाड के सत्याग्रह का मेरे मन पर काफी प्रभाव पड़ा है। इस सत्याग्रह से मैंने यदि कुछ सीखा है तो वह यह कि यदि हम अपने उत्थान का काम करने लग जाएँ तो सवर्ण (स्पृश्य) लोग हमें बेहद परेशान करेंगे। जब महाड में हमारे लोग भोजन करने के लिए बैठे थे उस समय सवर्ण लोगों ने उनकी अच्छी पिटाई की। मैं उस समय डाक-बँगले में था तब मुझे इन सवर्ण लोगों ने घेर लिया था। लेकिन वहाँ पुलिस तैनात होने के कारण वे मेरा कुछ बुरा नहीं कर सके।

जिस समय सत्याग्रह के लिए आए हुए लोग अपने गाँव लौट रहे थे उस समय कई गाँव-खेड़ों में सवर्ण लोगों ने हमारे मर्दों से तो मारपीट की ही लेकिन हमारी

महिलाओं को भी भाले से मारने में कोई कसर बाकी नहीं छोड़ी, इतना ही नहीं, कई सवर्ण लोगों ने अपने लोगों द्वारा बोए हुए खेत भी छीन लिए और उन्हें बेहद सताया भी। इस तरह की परेशानी कुलाबा जिले के हमारे लोगों ने एक-दो साल बर्दाश्त की। लेकिन खेद की बात यह है कि हम मुम्बई में रहनेवाले लोग उनके लिए कुछ नहीं कर सके। क्या है इसकी वजह? इसका कारण दूसरा-तीसरा कुछ नहीं बल्कि उन लोगों को दुख-मुक्त करने के लिए हमारे पास पैसा नहीं था। और इसी कारण मैं इस निष्कर्ष पर पहुँचा हूँ कि अपनी सामाजिक लड़ाई लड़ने के लिए हमारे पास पैसा होना जरूरी है। और वह पैसा हमें इस इमारत से मिलेगा, ऐसा मुझे लगता है।

आज तक हमारे कई सामाजिक काम हुए हैं और हो रहे हैं। लेकिन मैं जब तक हूँ तब तक तो ठीक है। किन्तु मेरे बाद क्या होगा? हम लोगों में आज तक जितना सुधार होना चाहिए था उतना नहीं हुआ है। हमें आगे अपनी लड़ाई जारी रखनी जरूरी है। उसके लिए यह इमारत हो जाने के बाद मेरे बाद के लोगों को इससे लाभ होगा, इसमें कोई सन्देह नहीं। उनके लिए मैंने कोई योजना तैयार करके नहीं रखी तो वे लोग मुझे दोषी ठहराएँगे, इसमें कोई सन्देह नहीं।

मेरा यह अंदाज है कि इस इमारत के बन जाने के बाद उससे हर साल पाँच-छह हजार रुपए की आमदनी होगी। इस आमदनी का उपयोग हमारे लोगों को सवर्ण (हिन्दू) लोगों की ओर से होनेवाली परेशानियों से मुक्ति दिलाने के लिए होगा।

जिस तरह कोई सेठ अपने बाल-बच्चों के लिए इमारत या कोई चाल बनाकर रखता है, उसी प्रकार इस इमारत को बनाने का मेरा उद्‌देश्य है। मेरे मरने के बाद आप लोगों को इस इमारत से काफी फायदा होगा। लेकिन आप सभी लोगों को एकता से रहना चाहिए। इसलिए सभी लोगों को इस काम में सहयोग करना जरूरी है।

इस अवसर पर मैं आप लोगों को तीन बातें बताना चाहता हूँ। पहली बात यह है कि आप लोग यह जो सफाई का काम कर रहे हैं यह कोई बड़े सम्मान का या प्रतिष्ठा का काम नहीं है। बल्कि यह बेहद गन्दे किस्म का काम है। अपने लोग पहले फौज में थे, आजकल नहीं हैं। क्या है इसकी वजह? वजह यही है कि अपने लोग इस प्रकार का गन्दा काम करते हैं। फिलहाल अंग्रेज सरकार को लोगों की सख्त जरूरत है फिर भी हमारे लोगों को फौज में भर्ती नहीं किया जा रहा है। इसका कारण और कुछ नहीं बल्कि हमारे लोग इस तरह के जो काम कर रहे हैं, वहीं हैं। फौज में सवर्ण लोगों की संख्या ज्यादा होने के कारण ब्रिटिश सरकार इस सम्बन्ध में हमारी बजाय उन्हीं लोगों की ज्यादा परवाह कर रही है। इसलिए आपके बाल-बच्चों को तुम्हारे बाद तुम्हारे जैसा ही गन्दा धन्धा करने की नौबत न आए इसलिए तुम सभी लोगों को सचेत रहना चाहिए। अन्य जिलों को देखा जाए तो कुलाबा, रत्नागिरि जिले के हमारे लोग शिक्षा के क्षेत्र में काफी पिछड़े हुए हैं। तुम लोगों में बहुत ही कम लोग मैट्रिक पास हैं। इसलिए तुम लोगों को अपने बच्चों को पढ़ाने-लिखाने में कोई कसर बाकी नहीं रखनी चाहिए।

दूसरी बात यह है कि तुम लोगों को गन्दे कपड़े पहनने की बड़ी खराब आदत है।

तुम लोग काम पर जाते समय, घूमने जाते समय या शादी-ब्याह में जाते समय एक ही कपड़े पहनते हो। यह ठीक नहीं है। काम पर जाने और घूमने के या शादी-ब्याह में जाने के लिए अच्छे कपड़े सिलवाइए। दो समय का खाना न मिले तब भी कोई बात नहीं। लेकिन अच्छे कपड़े सिलवाइए क्योंकि आज की दुनिया में अच्छे कपड़ों से सम्मान है।

तीसरी बात यह है कि मुम्बई में म्यूनिसपल मजदूर यूनियन काफी प्रभावी है। पिछली बार मडकेबुवा ने इस यूनियन को गठित करने का प्रयास किया था, लेकिन उस समय उन्हें सफलता नहीं मिली थी। लेकिन आज उनके प्रयासों को सफलता मिली है। इसीलिए मैं आप लोगों का और मड़के बाबा का अभिनन्दन करता हूँ। संगठन का कितना महत्त्व है इसके लिए मैं आपको एक अच्छा और ताजा उदाहरण दे रहा हूँ। म्यूनिसपैलिटी में ड्रेनेज डिपार्टमेंट में काम करनेवाले लोगों को काम के हिसाब से बहुत कम तनख्वाह मिलती थी। उन्हें ज्यादा तनख्वाह मिलनी चाहिए इसलिए मजदूर यूनियन की ओर से म्यूनिसपल कमिश्नर को सूचित किया गया और हड़ताल का नोटिस दिया गया। हमारी हड़ताल को तोड़ने का काफी प्रयास किया गया। लेकिन उसमें उन्हें कोई सफलता नहीं मिली। अन्त में म्यूनिसपल कमिश्नर ने हमारी सारी माँगें मंजूर कर लीं और ड्रेनेज डिपार्टमेंट के लोगों की तनख्वाह बढ़ा दी गई। इस मुम्बई शहर में अन्य लोगों ने जो हड़ताल की उसमें उन्हें कोई सफलता नहीं मिली। फिर वह हड़ताल कैसे सफल हुई? इसका कारण दूसरा-तीसरा कुछ नहीं बल्कि हमारा संगठन ही है।

तुम लोग जो काम कर रहे हो उस काम को करने के लिए सवर्ण (स्पृश्य हिन्दू) लोगों को हर माह 100 रुपया भी दिया गया तब भी कोई इस काम को नहीं करेगा। यदि आप लोगों ने हड़ताल की तो मुम्बई में रहनेवाले लोगों को तड़प-तड़पकर मरना पड़ेगा। इसलिए तुम लोगों ने अपनी एकता बरकरार रखी तो मुम्बई में रहनेवाले लोगों की गर्दन तुम्हारे हाथ में रहेगी।

फिलहाल तुम लोगों को महँगाई भत्ता मिलना चाहिए इसलिए म्यूनिसपैलिटी में प्रस्ताव पेश किया गया है। आप लोगों को म्यूनिसपल मजदूर यूनियन का सदस्य बन जाना चाहिए और यूनियन के आन्दोलन में मदद करनी चाहिए, इतना कहते हुए मैं अपना स्थान ग्रहण कर रहा हूँ।

साप्ताहिक 'जनता' के 22 फरवरी, 1941 के अंक में प्रकाशित।

केवल राजनीतिक स्वतन्त्रता से जनता का कल्याण होगा, यह भूल है

*दि. **19 मार्च 1940** को महाड में 'अस्पृश्य स्वतन्त्रता-दिन' सभारम्भ आयोजित किया गया था। इसके लिए एक विस्तृत निवेदन-पत्र भी छपाया गया था। इस परिषद् के लिए डॉ. बाबासाहेब अम्बेडकर अपने सहयोगी स्वतन्त्र मजदूर पार्टी के नेता दौलतराव जाधव, मडकेबुवा, भातनकर, पाटणे, सवादकर और सहस्रबुद्धे आदि के साथ महाड पहुँचे। महाड में दलित स्वतन्त्रता के 14वाँ वर्धापन दिन को सम्बोधित करते हुए डॉ. अम्बेडकर ने कहा–*

इस सभा का उद्देश्य हैंडबिल से आपकी समझ में आ ही गया है। आज महाड में अमन-चैन, शान्ति और एकता का माहौल बना हुआ है। किन्तु चौदह साल पहले, इसी महाड में जो खतरनाक स्थिति पैदा हुई थी उसकी याददाश्त आप लोगों के दिलो-दिमाग में अभी भी ताजा होगी। 1926 में जो लोग मौजूद थे वे आज भी जिन्दा हैं किन्तु शायद वे इस सभा में उपस्थित नहीं हैं।

चौदह साल पहले एक असाधारण सभा इसी सभागार में आयोजित की गई थी। उस सभा में एक प्रस्ताव पारित किया गया था कि अछूतों के लिए सार्वजनिक तालाब खुले किए जाएँ। उस प्रस्ताव को सभी संगठनों और दलों के लोगों का समर्थन मिला था। उस समर्थन से हमारे (मित्र) अनन्तराव चित्रे इतने जोश में आ गए थे कि वे अपना सारा होश खो बैठे थे। हम सभी सभाजन उतावली भेड़ों की तरह सामूहिक रूप में चवदार तालाब पर पानी पीने के लिए गए। हम वहाँ अपनी प्यास बुझाने के बाद सफलता की मुद्रा में अपने-अपने घरों को लौट गए थे। मेरे ठहरने की व्यवस्था उस समय ट्रैवलर्स बैंग्लो में की गई थी। मैं और मेरे साथी अपने बँगले पर गए। उस दिन हमारी भोजन-व्यवस्था सम्भव नहीं हो पाई, किन्तु दूसरे दिन दोपहर में हमें लहूलुहान अछूतों की बदतर हालत देखने को मिली। महाड के सवर्णों (छूतों) ने अछूतों को अकेले बेरहमी से मारा-पीटा था। सवर्ण हमलावरों का मोर्चा हमारे बँगले की ओर दोपहर चार बजे के करीब आया। उस मोर्चे में लगभग दो हजार लोग थे। डॉ. अम्बेडकर विठोबा के मन्दिर में जानेवाले हैं यह अफवाह फैलाकर उन्हें भड़काया गया था। किन्तु उस भीड़

के साथ पुलिस अफसर थे इसलिए उस दिन हमारी मौत टल गई। उस समय तो पुलिस अफसर भी घबराए हुए थे। उन्होंने मुझे साफ तौर पर कहा कि आप मुम्बई से चले जाइए या पुलिस थाने में रहिए। किन्तु जख्मी लोगों को वहीं छोड़कर मुम्बई लौट जाना मेरे लिए नामुमकिन था। इसलिए मैं पुलिस थाने में ही रुक गया। माननीय सुरबा टिपणीस को भी उन लोगों का डर था। तब भी वे मुझे चोरी-छिपे भोजन पहुँचा रहे थे। वीर गाँव का बूढ़ा वीरकर मुझे हर दिन समय पर भोजन पहुँचा दिया करता था। फिर 1927 में हम लोगों ने सत्याग्रह के लिए सभा का आयोजन तय किया। उस समय हम लोगों के लिए मनाही का आदेश जारी किया गया था। लोग उस मनाही आदेश को प्रभावहीन करने के लिए हर समय तैयार थे। किन्तु हमने बैठक में यह तय किया था कि कानून के तहत की आन्दोलन जारी रखा जाए। इस पर हमारे कई साथी नाराज हुए। किन्तु हमारे दुश्मन यह कहने लगे कि हम जेल जाने से घबराते हैं परन्तु हमारी नीति सही थी, इस बात को इतिहास ने सही साबित कर दिया है।

हमारी सभा में सवर्ण, अछूत, हिन्दू, मुस्लिम—सभी कन्धे से कन्धा मिलाकर बैठे थे इससे क्या यह साबित नहीं होता कि हमारी सोच सही थी?

आज हम सभी लोग यहाँ अछूतों की 'स्वतन्त्रता का दिन' मनाने के लिए इकट्ठा हुए हैं। अछूतों (दलितों) की आजादी का सवाल बुनियादी तौर पर सामाजिक सवाल है। इस सवाल पर मैं आज यहाँ चन्द बातें कहूँगा। मैं आज यहाँ सामाजिक परिवर्तन की बात पर विचार करूँगा। मैं राजनीतिक आन्दोलन के बारे में इस सभा में विशेष बात नहीं कहना चाहूँगा।

सिर्फ राजनीतिक आजादी से जनता का कल्याण होगा, यह भ्रम है। अंग्रेज यहाँ से चले गए तो हम लोग खुशहाल हो जाएँगे, इस बात का यकीन नहीं दिला सकता। दुनिया के कई आजाद राष्ट्रों की जनता आज भी दुखी, पीड़ा-ग्रस्त है, यह अनुभव के आधार पर कहा जा सकता है। रूमानिया, अल्बेरिया और यूगोस्लाविया आदि राष्ट्र स्वतन्त्र हैं, लेकिन क्या वे सुखी हैं? फिनलैंड और एशिया की स्थिति आपके सामने है। जिस राष्ट्र में समाज-स्थिति सुव्यवस्थित है। वही राष्ट्र स्वतन्त्रता पाकर उसे बरकरार रख सकता है। सर टी. माधवराव नाम के एक हिन्दी नेता ने एक जगह कहा है कि 'जनसामान्य के दुखदर्दों के लिए सामाजिक अव्यवस्था ही जिम्मेदार होती है।' हमारे देश की सामाजिक व्यवस्था को आर्य संस्कृति ने क्रॉनिक रोग की तरह दुश्वार बनाकर रखा है। उसमें परिवर्तन की कोई गुंजाइश नहीं है। बदलती स्थिति के अनुसार उसमें परिवर्तन की कोई सहज सम्भावना नहीं है। आर्य संस्कृति को महान मानकर उसे सीने से लगाने का कोई मतलब नहीं है। इस संस्कृति की कथित महानता केवल भ्रम के अलावा और कुछ नहीं है। आर्यों की अमानवीय हिंसा की प्रवृत्ति उनकी यज्ञ संस्था से अच्छी तरह उजागर होती है। आर्य लोग यज्ञों में अनगिनत पशुओं का हनन क्रूरता से किया करते थे। धर्म के नाम पर एक-एक यज्ञ में पाँच-सात सौ पशु मारे जाते थे। आर्य लोग बेहद सोमपान करनेवाले थे। उनके जैसे शराबी लोग शायद ही कहीं देखने को मिलेंगे। वे

दूसरों को शूद्र और नीच मानते थे और नारियों को शूद्रों से भी नीच समझते थे। अपनी माँ-बहनों को नीच माननेवाले इन आर्यों की संस्कृति किस दर्जे की थी, यह यहाँ बताने की कोई आवश्यकता ही नहीं है। इन्हीं आर्यों ने चार वर्णों की कल्पना करके समाज को टुकड़ों में बाँट दिया था और शूद्रों को विनाश के कगार पर ढकेल दिया। यही वह आर्य संस्कृति है जो आज की इस स्थिति का कारण बनी हुई है।

भगवान बुद्ध ने इस अमानवीय व्यवस्था को सुधारने का प्रयास किया। उन्होंने इस संस्था का विरोध किया। उन्होंने नारी और शूद्रों की स्थिति में सुधार लाने की कोशिश की और मद्यपान का निषेध किया।

किन्तु ब्राह्मणी धर्म को यह बुद्ध धर्म पसन्द नहीं आया। उस धर्म के विरोध के सामने बुद्ध धर्म टिक नहीं सका।

बुद्ध के बाद भी कई लोगों ने समाज-सुधार के लिए प्रयास किए किन्तु वे सफल नहीं हो पाए।

आज के युग में भी आगरकर और महात्मा ज्योतिबा फुले जैसे लोगों ने समाज-सुधार के अथक प्रयास किए। ये सभी बड़े-बड़े योद्धा थक गए किन्तु इसमें अपने पिछले पन्द्रह साल के आन्दोलन को कुछ हद तक सफलता मिली है, यह खुशी की बात है।

चवदार तालाब की लड़ाई सामाजिक समानता की लड़ाई थी। इस लड़ाई के परिणाम काफी दूर तक फैल गए हैं। उसका अवलोकन करने से ही इस लड़ाई का फैलाव समझ में आता है। यह लड़ाई जब से शुरू हुई तब से आप लोगों ने मरे हुए जानवरों के मांस को खाने और गाँव में बासी रोटी के टुकड़े माँगकर पेट पालने की घिनौनी परम्परा को छोड़ दिया है। अपने इस आन्दोलन के प्रारम्भ में अपने में से ही जो सनातनी परम्परावादी थे वे यह सवाल पूछते थे कि 'क्या अपने पूर्वज मूर्ख थे?' इससे उस समय के जनमानस की सोच क्या थी, इस बात का पता चलता है। आज यह जनमानस बदल गया है। यह बदलाव चवदार तालाब की लड़ाई के बाद आया है। अपने लोगों में कई तरह के देवी-देवताओं की भरमार थी। हम लोगों में खंडोबा और देवदासियों का बड़ा महत्त्व था। अब हम लोगों के घरों से पहले के जमाने के भूत-पिशाचों और देवी-देवताओं को निकाल बाहर किया गया। आज महार समाज की कामिक, मानसिक और आत्मिक त्रिशुद्धि हुई है। हम लोग आज का यह स्वतन्त्रता दिवस मनाने के लिए पूर्णतः लायक हैं। आप 'मन स्वतन्त्र तो मनुष्य स्वतन्त्र' इस बात को ध्यान में रखिए। चवदार तालाब के आन्दोलन से ही 'स्वतन्त्र मजदूर पार्टी' का जन्म हुआ है। यह पार्टी इस आन्दोलन का ही राजनीतिक फल है। चवदार तालाब की लड़ाई से ही अपने समाज में राजनीतिक, सामाजिक, आर्थिक चेतना जाग उठी है। इस बात को किसी को नजरअंदाज नहीं करना चाहिए।

इस लड़ाई का सवर्ण (स्पृश्य) समाज पर भी असर पड़ा है। महाराष्ट्र में महाड-वासियों का नम्बर पहला है, वह इसी लड़ाई की वजह से। यह चेतना और यह उत्थान

लड़ाई से ही पैदा हुआ है। चौदह साल पहले जो सिर फूटे थे उसी ने यह उत्थान किया है। अब यहाँ इकट्ठा हुए कुणबी और मराठा भाइयों से मैं दो बातें कहना चाहूँगा, मेरी बातों को वे गौर से सुनें।

आज महार समाज में प्रशंसा करने योग्य चेतना जाग्रत है। अगर मैं महाराष्ट्र के ही सन्दर्भ में बात करूँ तो महार और ब्राह्मणों ही राजनीति समकक्ष है, ऐसा कहने की स्थिति में हम आ गए हैं।

ऐसी स्थिति क्यों है, इस बात पर आप लोगों को सोचना चाहिए। सवर्णों में यह अहंकार आज भी है कि हम महारों से ऊँचे हैं। किन्तु महारों से ऊँचा होने में कौन-से गौरव की बात है, यही मेरी समझ में नहीं आ रहा है। जो लोग समाज की निचली सतह पर हैं उनके साथ अकड़कर बर्ताव करने में कौन-सा बड़प्पन है?

कुलाबा जिले में सात तहसीलदार हैं। उनमें कुणबी-मराठा कितने हैं? इस बात पर आपको सोचना चाहिए। अफसरों में आप लोगों के कितने अफसर हैं? आपके कितने जिलाधीश हैं ? आपके कितने कमिश्नर हैं? इन महत्त्वपूर्ण बातों पर आपको गौर करना चाहिए। आप लोग 70-80 प्रतिशत हैं। फिर भी क्या आप लोग झाड़ूवालों और पट्टेवालों को देखकर झूठा अहंकार करेंगे?

महार समाज मजबूत बन गया है। अब वह डूबेगा नहीं। और वह आप लोगों के पाँव के तले भी रहेगा नहीं, इस बात को ध्यान में रखिए। अब आप लोगों को जाग्रत होना पड़ेगा। आप लोग 70-80 प्रतिशत हैं फिर भी आप लोगों को केवल हमाली करने में ही जिन्दगी गुजारनी पड़ रही है, कितनी बदहाल है आपकी स्थिति ?

आप लोग कांग्रेस में जा मिले तब भी कांग्रेस आप लोगों को स्वतन्त्रता से नहीं रहने देगी। आप लोगों को कांग्रेस के गुलाम बनकर ही रहना पड़ेगा, इस बात को ध्यान में रखिए। हमारी स्वतन्त्र मजदूर पार्टी का आधार महार लोग ही हैं। धार्मिक, सामाजिक, राजनीतिक और आर्थिक आधार पर उत्पीड़ित समाज की वर्गचेतना पर स्वतन्त्र मजदूर पार्टी की नींव रखी गई है, इसलिए वह पार्टी मजबूत, अटूट रहेगी, इसमें कोई सन्देह नहीं।

हमारी इस सफलता को देखते हुए आप अपने काम में जुट जाइए। किन्तु आप अपना स्वयं का रास्ता बनाना मत भूलिए। हम अछूतों की नापाक पार्टी में न आना चाहते हों तो न आइए। किन्तु हमने जो कछुवे की पीठ तैयार की है उसे आधार बनाते हुए अपने दुखदर्दों के इस महासागर को पार करने के लिए किसी भी प्रकार का संकोच मत कीजिए। यही बात मैं आप लोगों से कहना चाहता हूँ।

साप्ताहिक 'जनता' के 30 मार्च, 1940 के अंक में प्रकाशित।

हिटलरिज़्म का सफाया होना चाहिए

दि. 10 जून 1940 *को मुम्बई में गवर्नर साहब द्वारा एक नागरिक सभा आयोजित की गई थी। इस सभा का उद्देश्य दूसरे विश्वयुद्ध में इंग्लैंड की भूमिका का समर्थन करना था और जर्मनी, इटली के फॅसिझम का विरोध करना था। इस सभा में डॉ. बाबासाहेब अम्बेडकर को भी निमन्त्रित किया गया था। इस नागरिक सभा को सम्बोधित करते हुए उन्होंने कहा–*

वर्तमान युद्ध की वजह से बड़ी भयानक स्थिति पैदा हो गई है। हिटलर का युद्धतन्त्र मजबूत है और वह युद्ध-कार्य में अधिक माहिर है। इस युद्धतन्त्र की मदद के लिए उसने प्रचार-कार्य के लिए एक व्यवस्था बनाई है। उसने इन दो यन्त्रों की मदद से पिछले कुछ सप्ताह में मित्र राष्ट्रों के कुछ लोगों के मन में भावी परिणामों के सम्बन्ध में डर और सन्देह की स्थिति पैदा कर दी है। किन्तु हम लोगों को उस तरह के डर और सन्देह रखने की कोई जरूरत नहीं है।

हिटलर के इन कारनामों से इंग्लैंड और फ्रांस और राष्ट्र निराश नहीं हुए हैं बल्कि उन्होंने इस युद्ध को जीतकर दुनिया के मंच से हिटलरिज़्म को मटियामेट कर देने का फैसला कर लिया है। हिटलर का मुकाबला करनेवाले अंग्रेज और फ्रेंच लोग निराश नहीं हैं। हम लोग तो हिटलर से पाँच हजार मील दूर हैं, फिर उससे हमें डरने की कोई बात नहीं है। हम लोगों को भी मित्र राष्ट्रों की तरह लड़ाई में सफलता पाने तक अपनी जिम्मेदारी निभाने का संकल्प करना चाहिए।

अब हम मुम्बई सरकार द्वारा तैयार की गई युद्ध-योजना पर विचार करेंगे। सभी हिन्दी लोगों ने यह संकल्प कर लिया है कि हिटलर को पराजित किया जाए और इस काम में मदद करने का मौका उन्हें मिलना चाहिए ऐसी उनकी माँग है। इसी मदद के लिए आज की इस सभा का आयोजन किया गया है। और इसमें किस तरह मदद की जा सकती है इसकी रूपरेखा मैं आप लोगों के सामने रख रहा हूँ।

सबसे पहले आप लोगों के सामने मैं दो बातें साफ तौर पर कहना चाहता हूँ। क्या सचमुच आज तुम्हारी मदद की जरूरत है? यह पहली बात है। यह बताने की जरूरत नहीं कि इस प्रकार की मदद हिन्दुस्तान की सुरक्षा के लिए और युद्ध जीतने के लिए जरूरी है। इस तरह की मदद में मतभेद की कोई गुंजाइश नहीं है।

सभी हिन्दी महिलाओं तथा पुरुषों को चाहे वे विचारों से किसी भी पन्थ के हों, इस काम में उन्हें मदद करनी चाहिए। इस तरह की मदद किसी ओर से भी हो, उसे खुशी के साथ स्वीकार किया जाए, इस बात को बताने की भी जरूरत नहीं है।

फिलहाल अपने देश में जनसत्तात्मक स्वराज्य नहीं है इसलिए कुछ लोग बेहद नाराज हैं। इसलिए उन्हें इस काम में मदद करनी मुश्किल हो रही है, इस बात को मैं अच्छी तरह जानता हूँ। लेकिन इस तरह की मदद हमें वर्तमान सरकार का बड़प्पन बढ़ाने के लिए नहीं करनी है। बल्कि यह परम मानव जाति के कल्याण के लिए और अपनी सुरक्षा के लिए करनी है, इस बात को किसी को भूलना नहीं चाहिए।

हम लोगों को युद्ध-सन्दर्भ में इस राज्य में चार बातों की ओर ध्यान देना है।

(1) पूरे राज्य में हमें देशी संरक्षक दल का गठन करना चाहिए।
(2) हमें हिन्दी संरक्षक सैनिकों की मदद करनी चाहिए।
(3) हमें शत्रु के प्रचार-कार्य पर रोक लगानी चाहिए।
(4) और अन्त में हमें मुम्बई युद्ध सहायता कोष स्थापित करना चाहिए।

दरअसल हम लोग युद्ध-क्षेत्र से काफी दूर हैं फिर भी युद्ध की आँच हम तक पहुँचेगी ही नहीं ऐसी बात नहीं है। वर्तमान युद्ध में हवाई हमले और फिफ्थ कॉलम के घरभेदी प्रचार-कार्य इन दो बातों की वजह से युद्ध से सम्बन्धित राष्ट्रों का कोई भी नागरिक सुरक्षित है, ऐसा कहना मुश्किल है। इसीलिए 'देशी संरक्षक दल' का गठन करके इन दो खतरों का मुकाबला करना बहुत जरूरी है।

मुझे इस बात का यकीन है कि यदि देशी संरक्षक दल ने इस काम को अपने जिम्मे लिया तो देश के पुलिस दल को और फौजी दल को इससे मदद मिलेगी। इस बात का मुझे पूरा यकीन है। हिन्दुस्तान की सुरक्षा के लिए फौज की संख्या भी बढ़ाई जानेवाली है। इस संख्या को बढ़ाने के लिए हिन्दी सरकार ने तीन प्रकार के कर्ज लिए हैं। इस कर्ज में हिन्दुस्तान के गरीब आदमी को भी अपना पैसा जमा करके उसे सुरक्षित रखकर ब्याज के रूप में अपना लाभ लेना और देशहित का कार्य करना भी सम्भव है।

इसके लिए मुम्बई में चार अलग-अलग कमेटियाँ बनाकर उक्त चारों कार्य सम्पन्न होंगे। इस तरह की कमेटियाँ पूरी तरह से प्रातिनिधिक तौर पर होंगी। इन चार कमेटियों में और कुछ सदस्य शामिल कर एक राज्य केन्द्रीय युद्ध कमेटी का गठन किया जाएगा। वह कमेटी मेरी अध्यक्षता में कार्य करेगी। इस तरह हर जिले में कलेक्टर की अध्यक्षता में जिला कमेटी गठित की जाएँगी।

अन्त में मैं आप लोगों को एक बात बताना चाहता हूँ कि हिन्दुस्तान में काफी गहरे राजनीतिक मतभेद हैं। और वर्तमान युद्ध की भयंकर टकराहटों में भी हम उन्हें भूल नहीं पा रहे हैं। हम लोगों के आपस में कितने भी मतभेद हों फिर भी हम वर्तमान स्थिति को नजरअंदाज नहीं कर सकते। हमारा विवेक हमें किसी भी रूप में शान्त नहीं

रहने देगा। मतभेद होने के बावजूद हमारे सामने खास तौर पर दो लक्ष्य हैं। उनमें पहला लक्ष्य है, स्वयं का संरक्षण और दूसरा लक्ष्य है हिटलरिज़्म का सफाया करना। ये दो लक्ष्य हमारे सामने हैं। इसलिए मैं आप लोगों से इस कार्य में जुट जाने का आग्रह करूँगा। इसके अलावा हमारे सामने और कोई विकल्प नहीं है। कितनी भी मुसीबतें आएँ फिर भी सफलता हासिल करनी है। इस निराशा का आशा में परिवर्तन सम्भव है। आप लोग इस बात के लिए पूरी तरह निश्चित रहें कि इस युद्ध में ग्रेट ब्रिटेन पीछे हटनेवाला नहीं है।

साप्ताहिक 'जनता' के 15 जून, 1940 के अंक में प्रकाशित।

अब नए कार्यकर्त्ता आगे आने चाहिए

*दि. **14 जुलाई 1940** को परल में आर.एम. भट्ट हाईस्कूल के सभागार में स्वतन्त्र मजदूर पार्टी के मुम्बई शाखा के कार्यकारी मंडल की सभा हुई थी। डॉ. बाबासाहेब अम्बेडकर ने इस सभा की अध्यक्षता की थी। इस कार्यकारी मंडल को सम्बोधित करते हुए डॉ. अम्बेडकर ने कहा–*

मान्यवर बाबूराव भातणकर जैसे लोग यदि स्वयं ठाणे बोर्डिंग की जिम्मेदारी अपने कन्धों पर लेने के लिए तैयार हों तो मुझे कोई ऐतराज नहीं। उसी तरह मान्यवर अनन्तराव चित्रे को यदि ऐसा लगता हो कि वे प्रेस को बगैर किसी नुकसान के चला सकते हैं तो और कुछ दिनों तक प्रेस का काम करते रहने के लिए मैं तैयार हूँ। लेकिन बोर्डिंग और प्रेस की जिम्मेदारी को मैं व्यक्तिगत तौर पर अपने सिर पर लादने के लिए तैयार नहीं हूँ। जब तक मुझसे हो सका तब तक मैंने उस जिम्मेदारी को निभाया है। मैंने आप लोगों को पचास हजार की लागत का प्रेस शुरू करके दिया है। हमारे कई लोग आज तक इस बात को समझ नहीं पाए कि विधिमंडल, म्यूनिसपैलिटी, लोकलबोर्ड आदि के चुनाव, मुम्बई म्यूनिसपल मजदूर संघ आदि संस्थाएँ जो स्वतन्त्र मजदूर पार्टी की छत्रछाया में चलती हैं उसके मूल में प्रेस और साप्ताहिक 'जनता' समाचार-पत्र हैं। मैं प्रेस का ट्रस्ट बनाने के लिए तैयार हूँ। लेकिन अब नए कार्यकर्त्ता आगे आने चाहिए। आज तक के कार्यकर्त्ताओं ने बगैर किसी प्रकार का वेतन लिए तुम लोगों का काम किया है। अब हम लोग बूढ़े हो गए हैं। मैं पचास साल की उम्र में पहुँच गया हूँ। अब आगे आपमें से नए उत्साही लोगों को काम करने के लिए आगे आने की हिम्मत करनी चाहिए। मेरी ओर से जो भी सम्भव हो, मैं मदद देने के लिए हर समय तैयार हूँ।

साप्ताहिक 'जनता' के 20 जुलाई, 1940 के अंक में प्रकाशित।

बगैर प्रसिद्धि की इच्छा से काम करनेवाले लोग चाहिए

__दि. 28 जुलाई 1940__ रविवार को सुबह 10.00 बजे दामोदर ठाकरसी हॉल, परल, मुम्बई में ठाणे अछूत छात्र छात्रावास सहायक मंडल की ओर से अछूत समाज की विशाल जाहीर सभा आयोजित की गई। यह सभा डॉ. बाबासाहेब अम्बेडकर की अध्यक्षता में हुई थी। इस सभा में पी.एल. लोखंडे, प्रि. एम.व्ही. दोंदे, एस. जी. केनी, ए.बी. केनी, सी.एन. मोहिते और वि.का. उपशाम आदि मान्यवर उपस्थित थे। इस सभा को सम्बोधित करते हुए डॉ. अम्बेडकर ने कहा–

आज इस अवसर पर विशेष भाषण करने की कोई खास जरूरत नहीं है। ठाणे बोर्डिंग की स्थापना 1926 में हुई थी। 14-15 सालों तक समाज पर किसी प्रकार का बोझ डाले बिना इसे चलाया गया। इस बोर्डिंग के सन्दर्भ में मैंने मुम्बई सरकार से कुछ शर्तें तय की थीं। उसमें प्रति विद्यार्थी हर माह 10 रुपए छात्रवृत्ति देने की बात तय हुई थी। किन्तु जब कांग्रेस सरकार सत्ता में आई तब उन्होंने इस बारे में मुझसे बिना बातचीत किए हर माह प्रति विद्यार्थी 10 रुपए के बजाय 4 रुपए देने मंजूर किए। प्रति विद्यार्थी के 4 रुपए खर्च से बोर्डिंग चलाना आसान काम नहीं है।

अब ठाणे बोर्डिंग की जिम्मेदारी आप लोगों पर है। हिन्दुओं के दरवाजे पर जाना अपने स्वाभिमान के खिलाफ है। इसलिए हम लोगों को स्वयं जिम्मेदारी लेकर बोर्डिंग चलाना चाहिए। बोर्डिंग बगैर रुकावट के चलाने के लिए आज जो सहायता मिली है वह पर्याप्त नहीं है। कार्यकर्त्ताओं को कार्य करने में उत्साह मिले इतनी तो सहायता मिलनी ही चाहिए। वह सहायता कैसे प्राप्त की जा सकती है, उसका फैसला आप लोगों को करना है। हम लोगों में पढ़े-लिखे शिक्षक, बाबू आदि लोग काफी तादाद में हैं, इसलिए मुझे लगता है कि वे लोग हर माह बोर्डिंग को मदद कर सकते हैं। म्यूनिसपल यूनियन के सदस्यों से भी साल के अन्त में कुछ मदद ली जा सकती है। जब शादी-ब्याह आदि समारोह होते हैं उस समय भी बोर्डिंग को मदद करनी चाहिए। हमारे समाज में सौ से अधिक संस्थाएँ हैं। उन्हें साल के अन्त में 20-25 रुपए की मदद करनी ही चाहिए। इसलिए मुझे लगता है कि पैसे के अभाव में बोर्डिंग बन्द नहीं हो सकता। आज

बीस साल हो गए हैं किन्तु हमारे समाज में लगातार काम करनेवाला एक भी आदमी मुझे नहीं दिखाई दिया। कौन्सिल या म्यूनिसपैलिटी की सदस्यता पाने के लिए हर समय सौ लोग तैयार रहते हैं। किन्तु काम करने के लिए समर्पित अपने लक्ष्य से स्वतःप्रेरित एक भी आदमी आज तक मुझे नहीं मिला है।

शैक्षिक-सामाजिक और आर्थिक आदि सवाल महत्त्वपूर्ण हैं। ऐसे कामों के लिए बगैर किसी प्रसिद्धि के काम करनेवाले लोगों की जरूरत है। हर कोई आदमी प्रसिद्धि के पीछे पड़ा हुआ है। इस वजह से जिस तरह के काम होने चाहिए उस तरह के काम नहीं हो पा रहे हैं। तात्कालिक बातों से महत्त्वपूर्ण सवाल हल नहीं होते। उसके लिए दिन और रात मेहनत करनी पड़ती है। ब्राह्मण समाज ने हमारे लोगों पर अन्याय किया है, उन्होंने हमें सताया है, यह बात सही है। किन्तु उनके काम का ढंग इतना अच्छा है कि वे हासिल की हुई सत्ता को हमेशा बरकरार रख सकते हैं। वे लोग किसी भी प्रकार का होहल्ला किए बगैर अपनी बुनियादी नीति के अनुसार काम करते रहते हैं। उनमें लक्ष्य के प्रति समर्पित कार्यकर्त्ता हैं। हमारे कार्यकर्त्ताओं ने यदि निश्चयात्मक प्रतिबद्धता से, लगन से और निष्ठा से कार्य करना शुरू किया तो हमारा आन्दोलन काफी दूर तक फैलेगा, इसमें कोई सन्देह नहीं।

साप्ताहिक 'जनता' के 3 अगस्त, 1940 के अंक में प्रकाशित।

अधूरे ब्राह्मण धर्म को खतरा, अधूरे राजनेता देश के लिए खतरा

डॉ. बाबासाहेब अम्बेडकर ***दि. 3 अगस्त 1940*** *को सा. जनता के लिए लिखा गया सम्पादकीय–*

पिछले जून-जुलाई माह में कांग्रेस के कार्यकर्त्ताओं ने दो महत्त्वपूर्ण प्रस्ताव मंजूर किए हैं। उनमें पहला प्रस्ताव 22 जून को वर्धा में कांग्रेस वर्किंग कमेटी की जो बैठक हुई थी उसमें मंजूर किया गया है। उस प्रस्ताव के मुताबिक हिन्दुस्तान की राजनीति में अहिंसा को कांग्रेस वर्किंग कमेटी की राय में किस प्रकार का महत्त्व दिया जा सकता है इस बारे में अपनी भूमिका स्पष्ट की गई है। दूसरा प्रस्ताव 7 जुलाई को दिल्ली में वर्किंग कमेटी की जो बैठक हुई थी उसमें मंजूर किया गया था। इस प्रस्ताव के मुताबिक वर्तमान युद्ध और उसके सम्बन्ध में कांग्रेस की नीति किस प्रकार की होनी चाहिए, इस बात की घोषणा की गई है। ये दोनों प्रस्ताव अभी-अभी पिछले सप्ताह पूना में आयोजित कांग्रेस की ऑल इंडिया कमेटी के सामने रखे गए। और ये दोनों प्रस्ताव ऑल इंडिया कांग्रेस कमेटी ने बहुमत से मंजूर करने की घोषणा की। उनमें से पहला प्रस्ताव अहिंसा के बारे में 91 के मुकाबले 63 मतों से मंजूर किया गया और युद्ध के बाबत दूसरा प्रस्ताव 95 के मुकाबले 47 मतों से मंजूर हुआ।

उक्त दोनों प्रस्ताव महत्त्वपूर्ण हैं। इस सम्बन्ध में बताने की जरूरत नहीं है। कांग्रेस के आज तक के इतिहास में इतने महत्त्वपूर्ण प्रस्ताव पहले कभी नहीं थे। यह कहा जाए तो उसमें कुछ गलत होगा ऐसा मुझे बिल्कुल नहीं लगता। इन प्रस्तावों का इतना महत्त्व होने की बात एकदम साफ है। कांग्रेस जैसी संस्था जब से गांधी के नियन्त्रण में गई तब से मतलब 1920 से 1940 तक गांधी का मतलब कांग्रेस और कांग्रेस का मतलब गांधी इस तरह की अभिन्न स्थिति रही है। गांधी का कहना और कांग्रेस का स्वीकार कर लेना। गांधी का कहना और कांग्रेस का उसके मुताबिक चलना इस तरह की गुरु-शिष्य परम्परा आज तक चल रही थी। दास बाबू और पंडित मोतीलाल नेहरू ने गांधी के खिलाफ स्वतन्त्र भूमिका निभाई और उन्होंने स्वराज्य पार्टी का गठन किया। इस एक अवसर को यदि छोड़ दिया जाए तो गांधी और कांग्रेस के बीच का सम्बन्ध

पिता और उसके विनम्र बच्चे का रहा है। किन्तु इन दो प्रस्तावों के बाद गांधी और कांग्रेस में मतभेद पैदा हुआ। एक ओर गांधी तथा दूसरी ओर गांधी के आज तक के सभी कल्याणकारी शिष्य, ऐसी दो धाराएँ बन गई हैं। उपर्युक्त दोनों प्रस्ताव गांधी को नामंजूर हैं। गांधी का कहना है कि कांग्रेस को अहिंसा के सिद्धान्त को छोड़ना नहीं चाहिए, उसी प्रकार मन्त्रिमंडल के गठन की योजना को मान्यता नहीं देनी चाहिए। क्योंकि यदि ऐसा किया गया तो मन्त्रिमंडल को इस युद्ध में अंग्रेजों की मदद करनी पड़ेगी। और यदि उस तरह से किया गया तो कदम-कदम पर अहिंसा के सिद्धान्त की हिंसा होगी। किन्तु इस प्रकार की विचारधारा कांग्रेस वर्किंग कमेटी के सदस्यों को पसन्द नहीं आई। उन्होंने गांधी के विरोध के बावजूद भी इन दो प्रस्तावों को मंजूर कर दिया। इन दोनों प्रस्तावों से जो मतभेद पैदा हुआ है वह किस दिशा में जा पहुँचेगा, उसका अंजाम क्या होगा उसके बारे में आज निश्चित रूप से कुछ नहीं कहा जा सकता। किन्तु इस लड़ाई में किस पक्ष की विचारधारा राष्ट्र के विरोध में है, यह तय करना बहुत जरूरी है। राष्ट्र की भलाई के लिए अहिंसा के सिद्धान्त की जरूरत है या नहीं इस बात की आज चर्चा करने के बजाय बाद में चर्चा करना उचित है क्योंकि युद्ध के सम्बन्ध में कांग्रेस ने जो प्रस्ताव मंजूर किया है जिसे पूना में आयोजित 'ऑल इंडिया कांग्रेस कमेटी' ने मंजूरी दी है, उसके सम्बन्ध में हमने सोचना तय किया है।

इस प्रस्ताव में कांग्रेस ने घोषणा की है कि हम सर्वदलीय केन्द्रीय मन्त्रिमंडल स्थापित करने के लिए तैयार हैं। हमारी राय में हमें यह जरूरी लगता है कि कांग्रेस वर्किंग कमेटी की इस नीति के लिए उसका अभिनन्दन किया जाए। लेकिन उसी के साथ कांग्रेस वर्किंग कमेटी की आलोचना करना भी जरूरी है। दरअसल कांग्रेस ने आज जो सर्वदलीय केन्द्रीय मन्त्रिमंडल स्थापित करने की योजना पेश की है उस योजना को वायसराय लॉर्ड लिनलिथगो ने बनाया था। वायसराय ने युद्ध शुरू होते ही 5 सितम्बर को गांधी को मुलाकात के लिए बुलाया और उनसे यह अनुरोध किया कि हिन्दी लोगों को युद्ध की स्थिति में सरकार की मदद करनी चाहिए। उसके बाद 26 सितम्बर को दोनों की दूसरी मुलाकात हुई। तीसरी मुलाकात 1 अक्तूबर को हुई। चौथी मुलाकात चालू साल के फरवरी माह की 2 तारीख को हुई। उसके बाद पाँचवीं मुलाकात 29 जून को हुई। इन मुलाकातों में दूसरी ही मुलाकात में वायसराय ने गांधी के सामने यह योजना रखी, इस बात का पता उनके पत्र-व्यवहारों से लगता है। उसमें वायसराय ने कहा था कि हम दो बातों के लिए तैयार हैं। उसमें पहली बात यह है कि साम्राज्य में हिन्दुस्तान को उपनिवेश का दर्जा देने की घोषणा करने का आश्वासन होगा। इतना ही नहीं, युद्ध समाप्त होने के बाद कम-से-कम समय में उपनिवेश के स्वराज्य की योजना अमल में लाई जाएगी यह घोषणा करने की बात भी कबूल की गई। उसी प्रकार मौजूदा वायसराय ने यह भी कहा कि अपने कार्यकारी मंडल को 'जनमतानुकूल' स्वरूप देने के लिए हम तैयार हैं। वायसराय ने इस योजना की चर्चा सभी दलों के कुल 52 प्रतिनिधियों के सामने की। उन सभी लोगों ने इस योजना का समर्थन किया। और मुस्लिमों ने भी

उसे स्वीकार किया। यह सब होते हुए भी कांग्रेस ने उस योजना को बेरहमी के साथ ठुकरा दिया। फिर भी 11 जनवरी को पुनः मुम्बई में ओरिएंटल क्लब में भाषण करते हुए वायसराय ने पुनः यह घोषणा की कि यदि कांग्रेस की तैयारी हो तो हम अपनी योजना को अमल में लाने के लिए तैयार हैं। फिर कांग्रेस के कार्यकर्त्ताओं ने उस योजना को स्वीकार नहीं किया। उसके बाद भी हर मुलाकात में वायसराय ने गांधी के सामने उसी योजना को रखा। किन्तु उन्होंने बार-बार उस योजना को अस्वीकार कर दिया। जिस योजना को स्वयं चार-पाँच बार अस्वीकार किया गया उस योजना को नौ-दस माह के बाद स्वीकार कर लेना यह बड़े आश्चर्य की बात है। किन्तु इन सारी बातों के आधार पर कांग्रेस का आज तक का इतिहास देखने से एक बात साफ तौर पर दिखाई देती है कि कांग्रेस के सामने किसी भी प्रकार का सवाल उठा तो देश के गैरकांग्रेसी नेता जो राय जाहिर करेंगे उनसे अनोखी या उनसे भी खतरनाक राय कांग्रेस के लोग जाहिर करेंगे, यह बात तो एकदम तय है। उसी प्रकार कांग्रेस के लोगों ने शुरू में जो बात न करने की घोषणा की वही बात अन्त में उन्होंने की, इस तरह के कई उदाहरण कांग्रेस के इतिहास में देखने को मिलेंगे। शायद यह दाँवपेंच का सवाल होगा। गुलामी में पड़े हुए लोगों के लिए आक्रामक विचार, आक्रामक कार्यक्रम, आक्रामक भाषा आदि बातें सिर्फ मनोरंजन का कारण बनती रही हैं। लोग गुलामी में आक्रामक भाषाओं और आक्रामक कार्यक्रमों को जिस प्रकार और जितनी जल्दी अपना लेते हैं उस तरह और उतनी जल्दी नरम भाषणों और नरम कार्यक्रमों को नहीं अपनाते। इस सिद्धान्त को समझकर ही कांग्रेस के लोग इस प्रकार की लुकाछिपी की राजनीति करते होंगे। कुछ भी क्यों न हो, कांग्रेस वर्किंग कमेटी ने जिस योजना को लताड़ा था उसी योजना को पुनः स्वीकार करने की हिम्मत दिखाई, इसके लिए वे प्रशंसा के पात्र हैं, इसमें कोई सन्देह नहीं।

इस प्रस्ताव की हम एक नई दृष्टि से भी आलोचना कर सकते हैं। कांग्रेस ने सर्वदलीय मन्त्रिमंडल की स्थापना करने की योजना को जो समर्थन दिया यह बात अभिनन्दनीय है फिर भी उससे देश को कुछ तात्कालिक लाभ होंगे, ऐसा नहीं दिखाई दे रहा है। इस तरह की योजना और अंग्रेज सरकार की ओर से स्वतन्त्रता की योजना की घोषणा करने की माँग का जो मेल करवाया गया है उससे ऐसा नहीं लगता कि इस तरह की योजना अमल में आ जाएगी। उसी प्रकार कांग्रेस ने इस योजना के साथ स्वतन्त्रता की घोषणा की माँग की, लेकिन उन्होंने यह बात पूरी सोच-समझ के साथ नहीं की है, ऐसा हमें पूरी प्रामाणिकता से लगता है।

इस तरह सम्पूर्ण स्वतन्त्रता की माँग का इतिहास जितना घिनौना है, उतना ही वह उद्‌बोधक भी है। 1927 में मद्रास में आयोजित कांग्रेस के अधिवेशन में सबसे पहले इस प्रकार की घोषणा की गई थी कि सम्पूर्ण स्वतन्त्रता ही हिन्दुस्तान का लक्ष्य है। इस माँग की पृष्ठभूमि को अधिकांश लोग नहीं जानते। लेकिन वह महत्त्वपूर्ण होने की वजह से आप लोगों को उसकी जानकारी देना जरूरी है, ऐसा हमें लगता है।

कांग्रेस में पंडित मोतीलाल नेहरू और श्रीनिवास आयंगर ये दो महान आदमी समझे जाते थे। उनका दबाव और उनका प्रभाव काफी गहरा था। सभी लोग उनसे घबराते थे। गांधी भी इन दोनों से घबड़ाते थे। कांग्रेस के ये दो स्तम्भ कई दिनों तक भाईचारे के साथ रहे किन्तु कुछ दिनों के बाद उनमें खींचतान बढ़ गई और खींचतान की वजह से उनके सम्बन्ध विच्छेद होने लगे। वे एक-दूसरे से नफरत करने लगे और दोनों एक-दूसरे को नीचा दिखाने के लिए एक-दूसरे के खिलाफ दाँवपेंच करने लगे। इस व्यक्तिवाद में पंडित मोतीलाल नेहरू को गांधी ने सहयोग दिया, मतलब आयंगर की प्रतिष्ठा और दबाव कुछ कम होने लगा। उसका बदला लेने के लिए आयंगर ने जो दाँवपेंच किए उनमें से एक है सम्पूर्ण स्वतन्त्रता की माँग। उन्होंने अपने आपको गांधी और मोतीलाल नेहरू से एक कदम आगे दिखाने के लिए उक्त प्रकार की माँग उठाई। आयंगर को ऐसा लगने लगा कि वे नरम दिल के लोग हैं और मैं उनसे ज्यादा आक्रामक हूँ, इस बात को दिखाए बगैर मैं सफल नहीं हो सकता। इसलिए उन्होंने सोचा कि बाकी लोग सिर्फ स्वराज्य की माँग कर रहे हैं, इसलिए मैंने उनसे एक कदम आगे जाकर सम्पूर्ण स्वतन्त्रता की माँग की तो उनका उद्‌देश्य सफल हो जाएगा। इसी वजह से उन्होंने मद्रास कांग्रेस के समय उस प्रकार की घोषणाएँ करनी शुरू कर दीं। इससे गांधी-मोतीलाल के सामने कठिनाइयाँ पैदा हो गईं और उन्होंने इस बात को अनुभव किया कि आयंगर की तरह हम लोग भी आक्रामक हैं, इस बात को जाहिर किए बगैर वे इन कठिनाइयों से मुक्त नहीं हो सकते। उन्होंने यह भी महसूस किया कि देश के प्रति पाखंडी गर्व से उत्तेजित कांग्रेस मंडल के सामने नरम भाषा का इस्तेमाल करके अपनी इज्जत बचाई नहीं जा सकती। इसीलिए उन्होंने श्रीनिवास आयंगर की भाषा का इस्तेमाल कर उनके द्वारा फेंका गया दाँव बड़ी होशियारी के साथ उन्हीं पर पलटकर फेंक दिया। इस तरह से सम्पूर्ण स्वतन्त्रता के प्रस्ताव की प्रसूति-वेदनाएँ निपुत्रक की प्रसूति वेदना की तरह हैं, यह बात उक्त जानकारी के आधार पर सबकी समझ में आ सकती है।

यह प्रस्ताव सिर्फ खोखला था और उसके मूल में स्वतन्त्रता की कोई पीड़ा नहीं थी। इस बात को प्रमाणित करने के लिए दूसरा प्रमाण दिया जा सकता है। 1927 में इस तरह का प्रस्ताव मंजूर होने के बाद एक ही साल में कांग्रेस पार्टी के द्वारा मोतीलाल नेहरू की अध्यक्षता में एक सर्वदलीय समिति बनाई गई थी।

हिन्दुस्तान के स्टेट सेक्रेटरी लार्ड बर्कन हेड ने 1928 में हिन्दी लोगों की ओर इशारा करते हुए एक बात कही थी कि राजनीतिक संविधान तैयार करने की औकात हिन्दी लोगों में नहीं है। और हम अंग्रेज लोग जिस योजना को बनाने जा रहे हैं उस तरह की योजना यदि हिन्दी लोगों को मंजूर न हो तो उन्हें अपनी इस प्रकार की कोई न कोई योजना बनाकर दिखानी चाहिए। उस चुनौती के जवाब के रूप में एक सर्वदलीय समिति बनाई गई। इस समिति ने अपनी रिपोर्ट 1928 में तैयार की। आश्चर्य की बात यह है कि 1927 में सम्पूर्ण स्वतन्त्रता का प्रस्ताव मंजूर होने के बाद भी उस समिति ने सम्पूर्ण

स्वतन्त्रता की योजना बनाने की बजाय औपनिवेशिक स्वराज्य की योजना तैयार की। यही नहीं, कांग्रेस ने उस योजना को 1929 के अपने लाहौर अधिवेशन में मंजूरी भी दे दी।

जिस कांग्रेस ने 1927 में सम्पूर्ण स्वराज्य का लक्ष्य घोषित किया उसी कांग्रेस ने 1929 में औपनिवेशिक स्वराज्य की योजना का समर्थन किया। इस बात से किसी को भी आसानी से पता चल सकता है कि सम्पूर्ण स्वराज्य का प्रस्ताव मंजूर करते समय कांग्रेस का 'सम्पूर्ण स्वतन्त्रता' में कितना अटल विश्वास था। 1929 में जो प्रस्ताव मंजूर किया गया उसमें यह कहा गया है कि "31 दिसम्बर 1929, के पहले ब्रिटिश सरकार ने यदि नेहरू कमेटी की योजना मंजूर की तो कांग्रेस सम्पूर्ण स्वतन्त्रता की माँग को छोड़कर औपनिवेशिक स्वराज्य में सन्तुष्ट रहेगी।" इस तरह से सम्पूर्ण स्वतन्त्रता के लक्ष्य के बारे में कांग्रेस का बर्ताव कितना बचकाना है, इस बात का यह दूसरा प्रमाण है। यदि कांग्रेस यही चाहती होती कि हमें स्वतन्त्रता चाहिए, उसके अलावा अन्य दूसरा लक्ष्य कांग्रेस को कबूल नहीं तो फलाँ तारीख के पहले औपनिवेशिक स्वराज्य जो कांग्रेस की दृष्टि से कम महत्त्व की चीज है, उसे यदि अंग्रेज सरकार ने स्वीकार करना तय किया होता तो 'उच्चतम' लक्ष्य को छोड़ने के लिए जो कांग्रेस तैयार थी उस कांग्रेस का इस सम्पूर्ण लक्ष्य पर कितना भरोसा होता, इस बात की कल्पना पाठक वर्ग आसानी से कर सकता है।

इस तरह से सम्पूर्ण स्वतन्त्रता के लक्ष्य का इतिहास समझ लेने के बाद इस बात का पता चल जाता है कि कांग्रेस ने इस महत्त्वपूर्ण सवाल के सन्दर्भ में किस तरह से बचकानेपन की सीमा को पार कर लिया है हिन्दुस्तान का लक्ष्य राजनीतिक औपनिवेशिक स्वराज्य का होना चाहिए या स्वतन्त्रता होना चाहिए, इस तरह का सवाल 1927 में कांग्रेस के सामने आया। लेकिन इससे पहले उस पर किसी ने सोचा नहीं था, इस तरह से कहना उचित नहीं होगा। इससे दो साल पहले बाबू चित्तरंजन दास ने इस विषय में चर्चा की थी।

2 मई, 1925 को फरीदपुर में प्रदेश कांग्रेस का अधिवेशन हुआ था। उस अधिवेशन के अध्यक्ष की हैसियत से उन्होंने जो भाषण दिया था उसमें उन्होंने इस सवाल पर चर्चा की थी। लेकिन इसकी जानकारी किसी को होगी ऐसा नहीं दिखाई दे रहा है। इस सम्बन्ध में उनके विचार इतने महत्त्वपूर्ण और समझदारी के हैं कि आज भी जो कोई उन्हें पढ़ेगा उसे यह बात अच्छी तरह से समझ में आएगी कि कांग्रेस ने उस पर बिना सोचे ही अपना लक्ष्य बदल दिया है।

उक्त परिच्छेद से एक बात साफ तौर पर दिखाई दे रही है कि, 'सम्पूर्ण स्वतन्त्रता की बजाय औपनिवेशिक स्वराज्य ही हिन्दुस्तान के लिए फायदेमन्द है' यह मान्यवर दास का कहना था, उसे कांग्रेस ने सम्पूर्ण स्वतन्त्रता का लक्ष्य घोषित करने के दो साल पहले घोषित कर दिया था।

दो साल में इतने बड़े परिवर्तन के लिए हिन्दुस्तान के इतिहास में कुछ विशेष

घटनाएँ घटी थीं, इस तरह की बात कोई नहीं कह सकता। उसी प्रकार कोई यह भी नहीं कह सकता कि बाबू सी.आर. दास अन्य कांग्रेसियों से नरम दिल के थे। इसलिए उनकी बात को प्रमाण मान लिया जाए तो कांग्रेस ने 'सम्पूर्ण स्वतन्त्रता' के लक्ष्य के बारे में जो हेराफेरी की वह हेराफेरी किसी ऊँचे दर्जे के समझदार किन्तु आक्रामक कांग्रेस कार्यकर्त्ता की नजर में एकदम बचकानी है, ऐसा कहना बिल्कुल गलत नहीं है। बाद में कांग्रेस के कार्यकर्त्ताओं ने सम्पूर्ण स्वतन्त्रता का अर्थ समझने में कुछ साल गँवाए और यह समझा गया कि सम्पूर्ण स्वतन्त्रता का मतलब स्वतन्त्रता नहीं किन्तु स्वतन्त्रता में, ग्रेट ब्रिटेन और हिन्दुस्तान की हिस्सेदारी है, अन्त में 1937 में बात बनती नजर आई। यहाँ तक कि गांधी ने अपने सहयोगी मित्र पोलॉक को लिख भेजा कि 'ब्रिटिश सरकार ने यदि हिन्दुस्तान को औपनिवेशिक स्वराज्य दिया तो हम उसे मानने के लिए तैयार हैं।'

सम्पूर्ण स्वतन्त्रता के बारे में गांधी और कांग्रेस के कार्यकर्त्ताओं ने जो छलाँगें लगाईं उनके आधार पर उन पर किसी का विश्वास नहीं हो सकता। उनका सम्पूर्ण स्वतन्त्रता के लक्ष्य पर अटल विश्वास है, उसके अलावा उन्हें अन्य कोई लक्ष्य मंजूर नहीं है। सब लोग यही समझते हैं कि यह सिर्फ लोगों को गुमराह करने का और भुलावे का एक तरीका है। इसी वजह से अंग्रेज सरकार ने अब तक इस माँग को महत्त्व नहीं दिया है। इसीलिए हमारी दृष्टि से कांग्रेस ने सम्पूर्ण स्वतन्त्रता के स्वाँग को छोड़कर औपनिवेशिक स्वराज्य की माँग की होती तो उसमें उन्होंने अधिक समझदारी दिखाई होती, यह कहा जा सकता है।

एक बार सम्पूर्ण स्वतन्त्रता के लक्ष्य की घोषणा करने के बाद लक्ष्य को ही पीछे धकेलना ऐसा काम मनुष्य के स्वभाव के अनुकूल नहीं है, इस बात को हम स्वीकार करते हैं। गलती करना मनुष्य का स्वभाव है। अपनी गलती को जल्दी कबूल करना अधिक मुश्किल है। उसमें खास तौर पर इज्जत का सवाल खड़ा हो जाता है। लेकिन गलती हुई है यह बात पूरी तरह सच है और जो गलती हुई उसे दुरुस्त किए बगैर उसे दोहराते रहना राष्ट्र के लिए खतरनाक है। समय पर उस गलती को कबूल करना जरूरी है, यह हमारा कर्त्तव्य भी है।

उर्दू में एक महत्त्वपूर्ण और व्यावहारिक कहावत है, 'पलभर की बेशर्मी और जन्मभर का आराम' मतलब एक पल के लिए थोड़ी-सी शर्म को बर्दाश्त कर लिया जाए तो कई बार आदमी को पूरे जीवन का सुख मिल सकता है। इस दृष्टि से देखा जाए तो वर्किंग कमेटी ने इस अवसर पर सम्पूर्ण स्वराज्य की माँग करने की बजाय औपनिवेशिक स्वराज्य की माँग की होती और अपनी गलती को सुधार लिया होता तो यह समझदारी की बात होती, ऐसा हमें लगता है।

कांग्रेस को दूसरी दृष्टि से भी इस सवाल पर सोचना जरूरी था। वर्तमान युद्ध की वास्तविकता से परिचित पाठक जानते हैं कि सम्पूर्ण स्वतन्त्रता का उपभोग करनेवाले राष्ट्रों की आज कितनी बुरी हालत है। युद्ध शुरू होने से पहले बेल्जियम, हॉलैंड,

डेनमार्क, नार्वे, पोलैंड, फिनलैंड, चेकोस्लोवाकिया आदि राष्ट्र सम्पूर्ण स्वतन्त्रता का उपभोग कर रहे थे। लेकिन हिटलर ने नौ माह के अन्दर उनकी स्वतन्त्रता खत्म कर दी और उन सभी राष्ट्रों को अपना गुलाम बना लिया है। आज कोई भी यह नहीं कह सकता कि स्वतन्त्र हिन्दुस्तान के पास बेल्जियम, हॉलैंड आदि स्वतन्त्र राष्ट्रों के हमलों से अपना संरक्षण करने की अधिक सामर्थ्य है। और 'सम्पूर्ण स्वतन्त्रता' मिलने के बाद भी हिन्दुस्तान की स्थिति वही होनी हो तो उस सम्पूर्ण स्वतन्त्रता को हासिल करने का क्या फायदा? इस बारे में हर आदमी को सोचना चाहिए। इस स्थिति के बारे में सोचकर कांग्रेस वर्किंग कमेटी ने जिस तरह से अहिंसा के सिद्धान्त को नकारने की हिम्मत दिखाई उसी प्रकार सम्पूर्ण स्वतन्त्रता के बारे में हिम्मत दिखाई होती और फिलहाल औपनिवेशिक स्वराज्य से हम सन्तुष्ट हैं, ऐसी बात यदि कही होती तो उसमें उन्हें किसी ने दोष नहीं दिया होता।

दूसरी बात यह कि सम्पूर्ण स्वतन्त्रता की जो माँग की गई है उस माँग को अंग्रेज सरकार पूरा करेगी ऐसी उम्मीद करने की कुछ गुंजाइश होती। उस तरह की माँग की गई है इसलिए खेद प्रदर्शित करने का कारण ही नहीं बचा होता। लेकिन अंग्रेज सरकार आज की स्थिति में उस तरह की घोषणा करने के लिए मजबूर होगी, इस तरह की उम्मीद का भी कोई आधार नहीं है। अंग्रेज लोग कोई देवदूत नहीं हैं और वे वैष्णव जन हैं। वे सीधे-सरल व्यावहारिक और सांसारिक लोग हैं। और वे व्यावहारिक लोग अपने हाथ की बात पर आसानी से सन्तुष्ट हुए बगैर दूसरों के हाथ नहीं जाने देंगे। उसमें सिर्फ अंग्रेजों को दोष देने में कोई मतलब नहीं है। जो हिन्दू लोग दो हजार साल तक उनके लिए मन्दिर के दरवाजे खोलने की उदारता नहीं दिखाते उन हिन्दुओं को तो कम-से-कम इस सम्बन्ध में अंग्रेजों की आलोचना करने की जिद नहीं करनी चाहिए। जिनमें अंग्रेजों पर दबाव डालने की शक्ति हो उन्हें ही उनकी ओर से स्वतन्त्रता की घोषणा की उम्मीद करनी चाहिए। इस बात को कोई भी स्वीकार कर सकता है। जिस वर्किंग कमेटी के लोगों ने सम्पूर्ण स्वतन्त्रता की माँग की है उन्हें अंग्रेजों पर दबाव डालने के लिए उनके पास क्या साधन हैं, इसकी जानकारी होनी चाहिए। जिससे इस बात का पता लगाया जा सके कि उन्होंने जो माँग की है वह कहाँ तक सफल हो सकती है। आज हमें भी ऐसा नहीं दिखाई दे रहा है कि अंग्रेजों को परेशान करने के लिए कांग्रेस के पास कोई साधन हैं। ले-देकर कांग्रेस का सारा बल सत्याग्रह के शस्त्र पर टिका है। किन्तु आज यह शस्त्र इतना बेकार हो गया है कि उससे अंग्रेजों की तो कुछ हानि नहीं होगी लेकिन जो उसका इस्तेमाल करेगा उसी की हँसी होगी, इसमें कोई सन्देह नहीं है। इसके लिए लोग तैयार नहीं हैं, यह बात पिछली बार सत्याग्रह में हिस्सा लेनेवालों की जो सूची प्रकाशित की गई थी उससे समझ में आती है। शायद इसी बात को देखते हुए सम्भावित सत्याग्रह को अनिश्चित काल के लिए आगे धकेल दिया गया है। आज भी इस सम्बन्ध में कांग्रेस कार्यकर्त्ताओं का कोई निश्चय नहीं दिखाई दे रहा है। परसों की बात है, पूना में 'ऑल इंडिया कांग्रेस कमेटी' की बैठक हुई थी, उसमें

मान्यवर राजगोपालाचारी से कुछ सवाल पूछे गए थे। उसमें एक सवाल यह भी था कि 'यदि अंग्रेज सरकार ने आपकी माँगों के मुताबिक स्वतन्त्रता की घोषणा नहीं की तो उन्हें ऐसी घोषणा के लिए मजबूर करने के वास्ते आप क्या करनेवाले हैं?' यह सवाल मामूली था और वास्तव में देखा जाए तो उसका उचित जवाब दिया जा सकता है। किन्तु इस सवाल का राजगोपालाचारी ने जो जवाब दिया उसे पढ़ने के बाद कांग्रेस कार्यकर्त्ताओं में भी दरार पैदा हुई होगी, इसमें कोई सन्देह नहीं। उन्होंने कहा, 'अंग्रेज लोगों पर आज ही अविश्वास व्यक्त करने का कोई कारण नहीं है।' इससे सवालकर्त्ता आगे कुछ नहीं कह सके। इस जवाब से जिस स्वतन्त्रतावादी को सन्तुष्ट होना हो वह हो सकता है, लेकिन इस जवाब से कोई फँस नहीं सकता। इस जवाब से यदि कोई बात सिद्ध होती है तो वह यह है कि कांग्रेस इसके लिए अंग्रेजों से लड़ाई लड़ने के लिए तैयार नहीं है। और लड़ाई के लिए जिन साधनों की जरूरत होती है वे साधन भी उसके पास नहीं हैं। इस बात को अंग्रेज सरकार अच्छी तरह जानती है। परसों ही पार्लियामेंट में हिन्दुस्तान के बारे में जो सवाल-जवाब हुए, उनमें स्टेट सेक्रेटरी एमरी ने जवाब दिया कि 'हिन्दुस्तान की राजनीतिक स्थिति न तो उत्तेजक है और न चिन्ता करने योग्य है।' इससे इस बात का पता चलता है कि अंग्रेज सरकार को कांग्रेस का कितना डर है। अंग्रेज सरकार को यह बात अच्छी तरह मालूम है कि कांग्रेस की माँग का मतलब कुत्तों का भौंकना है, शेर की दहाड़ नहीं। और उनकी यह समझ गलत है, ऐसा कोई नहीं कह सकता। ऐसी स्थिति में हमें लगता है कि असम्भव बातों को सम्भव बनाने की झंझट में पड़ने के बजाय जो बात सम्भव है उसी को हासिल करके राष्ट्र की शक्ति को बढ़ाने में असली समझदारी है। फारसी में एक कहावत है कि, 'आधा मुल्ला धर्म को खतरा' उसी प्रकार अधकचरे राजनेता भी देश के लिए खतरा हैं, ऐसा कहना गलत नहीं होगा। यदि समझदारी सीखनी हो तो वह चप्पे-चप्पे से नहीं सीखी जाती। समझदारी रटी-रटाई बातों में नहीं है। जो गलत है उसे छोड़ देना चाहिए और जो समझदारी की बातें हों उन्हें ग्रहण कर लेना चाहिए। अधकचरेपन से कोई फायदा नहीं है। इसीलिए वर्किंग कमेटी ने सर्वदलीय मन्त्रिमंडल को समर्थन देने का प्रस्ताव पास करके समझदारी दिखाई है। उसी प्रकार उन्हें सम्पूर्ण स्वतन्त्रता का अपना आग्रह छोड़कर फिलहाल जो बात हासिल करने योग्य है, मतलब औपनिवेशिक स्वराज्य को ही हल मानकर चलना चाहिए। इस देश के सन्दर्भ में जो कठिनाई है उसे हल करने के लिए सत्ता हासिल करने का यह सुनहरा मौका है, उसे नकारना नहीं चाहिए। इस तरह की हमारी उन्हें सलाह है।

हिन्दी राजनीति की बर्बादी : एक

डॉ. बाबासाहेब अम्बेडकर द्वारा सा. जनता के लिए ***दि. 3 अगस्त 1940*** *को लिखा गया सम्पादकीय–*

मूर्ख ब्राह्मण धर्म को खतरा, मूर्ख राजनीतिक देश के लिए खतरा

पिछले जून-जुलाई महीने में कांग्रेस के कार्यकर्त्ताओं ने दो महत्त्वपूर्ण प्रस्ताव मंजूर किए हैं। उनमें पहला प्रस्ताव वर्धा में 22 जून को कांग्रेस कार्यसमिति की बैठक हुई थी उसमें मंजूर किया गया। उस प्रस्ताव के द्वारा 'हिन्दुस्तान के राज्यप्रशासन में कांग्रेस कार्य समिति की राय में अहिंसा को किस तरह महत्त्व दिया जा सकता है' इस सम्बन्ध में अपनी भूमिका स्पष्ट की गई है। दूसरा प्रस्ताव दिल्ली में 7 जुलाई को कांग्रेस कार्य समिति की जो बैठक आयोजित की गई थी उसमें मंजूर किया गया। उस प्रस्ताव के द्वारा 'वर्तमान युद्ध और उसके सम्बन्ध में कांग्रेस की नीति क्या है' यह स्पष्ट किया गया है। उक्त दोनों प्रस्ताव पूना में अभी-अभी पिछले सप्ताह हुई ऑल इंडिया कांग्रेस कमेटी के सामने रखे गए। और वे दोनों प्रस्ताव ऑल इंडिया कांग्रेस कमेटी द्वारा बहुमत से मंजूर किए जाने की खबर प्रकाशित हुई है। उनमें से पहला प्रस्ताव मतलब अहिंसा से सम्बन्धित प्रस्ताव 91 के विरोध में 63 मतों से मंजूर हुआ। और दूसरा युद्ध से सम्बन्धित प्रस्ताव 95 विरोध में 47 मतों से मंजूर हुआ।

उक्त दोनों प्रस्ताव बहुत महत्त्वपूर्ण हैं, यह किसी को भी कहने की जरूरत नहीं है। कांग्रेस के आज तक के इतिहास में इतने महत्त्वपूर्ण अन्य कोई प्रस्ताव पारित नहीं हुए हैं ऐसा यदि कहा जाए तो इसमें कोई अतिशयोक्ति नहीं होगी, ऐसा हमें लग रहा है। इन प्रस्तावों को इतना अधिक महत्त्व प्राप्त होने की भी वजह है। जब से कांग्रेस गांधी के कब्जे में गई उस दिन से यानी 1920 से 1940 तक 'गांधी मतलब कांग्रेस और कांग्रेस मतलब गांधी' उनका ऐसा अमिट सम्बन्ध रहा है। आज तक इसी प्रकार की गुरु-शिष्य-परम्परा चली आ रही है कि गांधी जो कुछ कहते हैं वही कांग्रेस मान लेती है। गांधी जो बताएँगे उसी के मुताबिक कांग्रेस चलेगी। दास बाबू और पंडित मोतीलाल नेहरू ने गांधी के खिलाफ स्वतन्त्र भूमिका अपनाकर 'स्वराज्य पार्टी' की स्थापना की,

इस एक घटना को छोड़ दिया जाए तो गांधी और कांग्रेस के लोग एक तरह से पिता और आज्ञाकारी पुत्र की तरह रहे हैं। किन्तु इन दो प्रस्तावों के सम्बन्ध में गांधी और कांग्रेस के बीच मतभेद पैदा हो गए। और गांधी एक ओर तो गांधी के शिष्य दूसरी ओर इस प्रकार दो पन्थ बन गए हैं। उक्त दोनों प्रस्ताव गांधी को मंजूर नहीं हैं। गांधी का कहना है कि कांग्रेस को अहिंसा के तत्त्व को नहीं त्यागना चाहिए, उसी प्रकार मन्त्रिमंडल गठित करने की योजना को मंजूरी नहीं देनी चाहिए। क्योंकि, यदि उस तरह से किया गया तो युद्ध में इस मन्त्रिमंडल को अंग्रेजों की मदद करनी पड़ेगी और वैसा करने से पग-पग कर अहिंसा की हिंसा होगी। किन्तु इस प्रकार की विचारधारा कांग्रेस की कार्य-समिति के सदस्यों को मंजूर नहीं थी और उन्होंने गांधी की सलाह के विरोध में ये दोनों प्रस्ताव मंजूर कर लिए। इन दोनों प्रस्तावों से जो मतभेद पैदा हुआ है वह किस किनारे जा पहुँचेगा, उसका अन्त कैसे होगा, इसके बारे में आज ही निश्चित तौर पर कुछ नहीं कहा जा सकता। किन्तु इस विवाद में किस दल का मत राष्ट्र के लिए हितकारी है और किस दल का यह मत राष्ट्र के लिए नुकसानदेह है, इस सवाल के सम्बन्ध में अपनी भूमिका तय करना बहुत जरूरी है। राष्ट्र के हितों की रक्षा करने के लिए 'अहिंसा का तत्त्व' फायदेमन्द है या नहीं इस बारे में हमें आज ही सोच-विचार करने की जरूरत नहीं है, इसके बारे में बाद में सोचा जाएगा। क्योंकि युद्ध के सम्बन्ध में कांग्रेस ने जो प्रस्ताव मंजूर किया है और जिसे अभी-अभी पूना में आयोजित ऑल इंडिया कांग्रेस वर्किंग कमेटी से मंजूरी मिली है, उसके बारे में हमने सोचने का निर्णय लिया है।

इस प्रस्ताव में कांग्रेस ने यह घोषणा की है कि हम सर्वदलीय केन्द्रीय मन्त्रिमंडल गठित करने के लिए तैयार हो रहे हैं। हमारी राय में कांग्रेस वर्किंग कमेटी की इस नीति के बारे में उसका अभिनन्दन करना चाहिए, ऐसा हमें लगता है। किन्तु उसी के साथ कांग्रेस वर्किंग कमेटी के कान ऐंठना भी जरूरी है। सच कहा जाए तो कांग्रेस ने आज 'सर्वदलीय केन्द्रीय मन्त्रिमंडल' गठित करने की जो योजना रखी है वह योजना वायसराय लार्ड लिनलिथगो की है। युद्ध शुरू होते ही वायसराय ने 5 सितम्बर को गांधी को मुलाकात के लिए बुलाया और उनसे यह निवेदन किया कि हिन्दी लोगों को युद्ध की स्थिति में पूरी तरह से मदद करनी चाहिए। उसके बाद 26 सितम्बर को दोनों की दूसरी मुलाकात हुई, तीसरी मुलाकात 1 अक्तूबर को हुई, चौथी मुलाकात इसी साल 2 फरवरी को हुई। उसके बाद पाँचवीं मुलाकात 29 जून को हुई। इन मुलाकातों में से दूसरी ही मुलाकात में वायसराय ने इस योजना को गांधी के सामने रखा, यह बात उनके पत्राचार से सिद्ध होगी। इसमें वायसराय ने यह साफ तौर पर बताया था कि हम दो बातें मानने के लिए तैयार हैं। पहली बात यह है कि साम्राज्य में हिन्दुस्तान का दर्जा उपनिवेश का दर्जा रहेगा, इस बात की घोषणा करने का आश्वासन दिया, इतना ही नहीं युद्ध समाप्त होने के बाद कम-से-कम समय में उपनिवेश के स्वराज्य की योजना को अमल में लाएँगे इस बात की भी घोषणा करने का आश्वासन दिया। उसी प्रकार वर्तमान वायसराय के

कार्यकारी मंडल को 'जनमतानुगमन' स्वरूप देने के लिए हम तैयार हैं, यह भी कहा गया है। इस योजना पर वायसराय ने सभी दलों के कुल 52 नेताओं के साथ विचार-विमर्श किया। उन सभी लोगों ने इस योजना को समर्थन दिया और मुस्लिमों ने भी उसे स्वीकार किया। यह सब होते हुए भी कांग्रेस ने उस योजना को गैरजिम्मेदाराना ढंग से ठुकरा दिया। फिर भी 11 जनवरी को वायसराय ने पुनः मुम्बई में ओरिएंटल क्लब में भाषण देते हुए इस प्रकार की घोषणा की है कि यदि आज भी कांग्रेस तैयार हो तो हम अपनी योजना अमल में लाने के लिए तैयार हैं। फिर कांग्रेस के कार्यकर्त्ताओं ने उस योजना को नामंजूर किया। उसके बाद हर मुलाकात में वायसराय ने गांधी के सामने उसी योजना को रखा। किन्तु उन्होंने हर समय उस योजना को नामंजूर किया। चार या पाँच बार स्वयं ठुकरा दी गई योजना को नौ-दस माह के बाद स्वीकार कर लेना यह बड़े आश्चर्य की बात है। किन्तु यह सब कांग्रेस का आज तक का इतिहास देखने पर स्पष्ट हो जाएगा। यदि किसी भी प्रकार का सवाल देश के सामने खड़ा रहा तो देश कांग्रेस के अलावा अन्य नेता जो विचार व्यक्त करेंगे उससे अलग मत या उससे भी खतरनाक विचार कांग्रेस के लोग व्यक्त करेंगे, यह करीब-करीब तय है। उसी प्रकार कांग्रेस के इतिहास में इस तरह की कई बातें देखने को मिलती हैं कि प्रारम्भ में जो हम नहीं करेंगे, ऐसी घोषणा के बावजूद वही बात बाद में की जाती है। यह शायद दाँवपेंच का सवाल होगा। गुलामी में जकड़े हुए लोगों के लिए क्रान्तिकारी विचार, क्रान्तिकारी कार्यक्रम, क्रान्तिकारी भाषा आदि बातें मनोरंजन का कारण बन जाती हैं। गुलामी में जकड़े हुए लोग क्रान्तिकारी भाषण से और क्रान्तिकारी कार्यक्रम से जिस तरह और जितनी जल्दी दीवाने हो जाते हैं उस तरह और उतनी जल्दी नरम भाषणों और नरम कार्यक्रमों से दीवाने नहीं होते। इस तथ्य को अच्छी तरह जानते हुए ही कांग्रेस के लोग ऐसा दाँवपेंच खेल रहे होंगे। कुछ भी क्यों न हो, किन्तु कांग्रेस वर्किंग कमेटी ने देर से ही क्यों न सही अपनी ठुकराई हुई योजना को पुनः स्वीकार करने की हिम्मत तो दिखाई, इसके लिए वे प्रशंसा के योग्य हैं, ऐसा मुझे लगता है।

इस प्रस्ताव की और एक दृष्टि से आलोचना करनी हमें जरूरी लगती है। कांग्रेस ने सर्वदलीय मन्त्रिमंडल बनाने की योजना को समर्थन दिया है इसके लिए उनका अभिनन्दन किया जाना चाहिए किन्तु उससे देश की कुछ भलाई होगी, इस बात पर मेरा बिल्कुल यकीन नहीं है। इस प्रकार की योजना और अंग्रेज सरकार की ओर से स्वतन्त्रता की घोषणा की जो माँग की गई उसे साथ मिलाने का जो प्रयास किया गया उससे इस प्रकार की योजना अमल में आएगी इस बात पर हमें बिल्कुल यकीन नहीं है। इस योजना के साथ कांग्रेस ने स्वतन्त्रता की घोषणा की माँग की है यह बात उन्होंने पूरी तरह सोच-समझकर की है, ऐसा हम यकीन के साथ कह सकते हैं।

इस सम्पूर्ण स्वतन्त्रता की माँग का इतिहास जितना घिनौना है उतना ही उद्बोधक भी है। 1927 में मद्रास में कांग्रेस का जो अधिवेशन हुआ था उसमें सबसे पहले इस प्रकार की घोषणा की गई थी कि 'सम्पूर्ण स्वतत्रन्ता हिन्दुस्तान का लक्ष्य है'। इस माँग

की पृष्ठभूमि अधिकांश लोगों को मालूम नहीं है। किन्तु वह माँग महत्त्वपूर्ण होने की वजह से उसके बारे में जानकारी देना हमें जरूरी लग रहा है।

कांग्रेस में पंडित मोतीलाल नेहरू और श्रीनिवास आयंगर ये दो लोग महान समझे जाते थे। उनका प्रभाव और उनकी धाक सभी ओर थी और सभी उनका लोहा मानते थे। गांधी भी इन दोनों से डरते थे। कांग्रेस के ये दो आधारस्तम्भ कई साल तक भाईचारे से रह रहे थे। किन्तु कुछ समय के बाद उनमें आपस में प्रतिद्वन्द्विता बढ़ी और उस प्रतिद्वन्द्विता से अनबन की स्थिति पैदा हो गई। वे एक-दूसरे से ईर्ष्या करने लगे और दोनों एक-दूसरे को पराजित करने के लिए एक-दूसरे के खिलाफ दाँव फेंकने लगे। इस व्यक्तिवाद में गांधी द्वारा पंडित मोतीलाल नेहरू को सहयोग देने की वजह से आयंगर का प्रभाव और प्रतिष्ठा कुछ कम होने लगी। उसका बदला चुकाने के लिए मान्यवर आयंगर ने जो कई तरह के तौरतरीके अपनाए उनमें सम्पूर्ण स्वतन्त्रता की कल्पना एक है। आयंगर को ऐसा लगने लगा कि गांधी और मोतीलाल नेहरू इन दोनों का प्रभाव कम करना चाहिए। वे दोनों नरमपन्थी हैं और हम उनसे ज्यादा क्रान्तिकारी हैं, इस बात का प्रदर्शन किए बगैर हम सफल नहीं हो सकते। इसलिए आयंगर ने यह सोचा कि अन्य लोग सिर्फ स्वराज्य की माँग करते हैं, इसलिए हमने उनसे एक कदम आगे जाकर सम्पूर्ण स्वतन्त्रता की माँग की तो हमारा कार्य सफल होगा। इसलिए उन्होंने मद्रास कांग्रेस के समय उस प्रकार की घोषणा करनी शुरू कर दी। इससे गांधी-मोतीलाल भी बड़ी मुसीबत में पड़ गए और उन्होंने इस बात को अच्छी तरह से समझ लिया कि आयंगर जितने क्रान्तिकारी हैं उतने ही हम भी हैं इस बात को दिखाए बगैर हमारा इस मुसीबत से सही-सलामत बाहर निकलना सम्भव नहीं। इसलिए ऐसा नहीं लगा कि देश के प्रति बेवजह गर्व से उत्तेजित हुए कांग्रेस मंडल के सामने नरम भाषा का इस्तेमाल करके अपनी इज्जत सही-सलामत बच जाएगी। और इसीलिए दोनों ने श्रीनिवास आयंगर की भाषा का ही इस्तेमाल करते हुए उनके द्वारा फेंका गया दाँव बड़ी होशियारी के साथ उन्हीं पर पलट दिया। इस उक्त जानकारी के आधार पर सभी लोगों की समझ में आ जाएगा कि सम्पूर्ण स्वतन्त्रता के प्रस्ताव की प्रसूति-वेदनाएँ एक तरह से बाँझ औरत की प्रसूति-वेदना की तरह है।

यह सिर्फ एक खोखला प्रस्ताव था और उसके मूल में स्वतन्त्रता की कोई पीड़ा नहीं थी। इस बात का और भी एक प्रमाण है। 1927 में यह प्रस्ताव मंजूर होने के बाद एक ही साल में कांग्रेस के द्वारा पंडित मोतीलाल नेहरू की अध्यक्षता में एक सर्वदलीय समिति का गठन किया गया था।

हिन्दुस्तान के स्टेट सेक्रेटरी लॉर्ड बर्कन हेड ने 1928 में हिन्दी लोगों को सम्बोधित करते हुए कटाक्ष किया था कि हिन्दी लोगों में राजनीतिक संविधान बनाने की योग्यता नहीं है। हम अंग्रेज लोग जो योजना बनानेवाले हैं उसे यदि हिन्दी लोग स्वीकार करने के लिए तैयार नहीं हैं तो उन्हें अपनी कोई योजना तैयार करके दिखानी चाहिए। उस चुनौती को स्वीकार करते हुए एक सर्वदलीय कमेटी का गठन किया गया था। उस

कमेटी ने अपनी रिपोर्ट 1928 में तैयार की। किन्तु आश्चर्य की बात यह कि 1927 में सम्पूर्ण स्वतन्त्रता का प्रस्ताव मंजूर होने के बावजूद भी उस कमेटी ने सम्पूर्ण स्वतन्त्रता की योजना तैयार करने की बजाय उपनिवेश के स्वराज्य की योजना स्वीकार की। इतना ही नहीं, उस योजना को कांग्रेस ने 1929 में लाहौर में हुए अधिवेशन में अपनी स्वीकृति भी प्रदान कर दी।

जिस कांग्रेस ने 1927 में सम्पूर्ण स्वतन्त्रता का लक्ष्य घोषित किया था वही कांग्रेस 1929 में औपनिवेशिक स्वराज्य की योजना को समर्थन देती है, इस एक ही बात के आधार पर स्वाभाविक तौर पर किसी के भी ध्यान में यह आ सकता है कि सम्पूर्ण स्वराज्य का प्रस्ताव पास करते समय कांग्रेस का सम्पूर्ण स्वराज्य की कल्पना पर कितना अटल विश्वास था। 1929 में जो प्रस्ताव मंजूर किया गया उसमें यह कहा गया है कि '31 दिसम्बर, 1929 से पहले ब्रिटिश सरकार ने यदि नेहरू कमेटी की योजना को स्वीकार किया तो कांग्रेस सम्पूर्ण स्वतन्त्रता की माँग को छोड़ देगी और औपनिवेशिक स्वराज्य से सन्तुष्ट होकर रहेगी।' यह सम्पूर्ण स्वतन्त्रता के लक्ष्य के बारे में कांग्रेस का बर्ताव कितना बचकाना है, इस बात का एक दूसरा प्रमाण है। यदि कांग्रेस का मन यह कह रहा था कि स्वतन्त्रता चाहिए, उसके बगैर हिन्दुस्तान का दूसरा लक्ष्य कांग्रेस को मंजूर हो ही नहीं सकता, तो अमुक तारीख से पहले औपनिवेशिक स्वराज्य जो कांग्रेस की दृष्टि से कम महत्त्वपूर्ण लक्ष्य है, अंग्रेज सरकार ने मंजूर करना स्वीकार कर लिया तो 'उच्चतम' लक्ष्य को छोड़ देने के लिए जो कांग्रेस तैयार हो गई थी उस कांग्रेस का इस सम्पूर्ण स्वतन्त्रता के लक्ष्य पर कितना विश्वास था, इस बात को पाठकगण अच्छी तरह समझ सकते हैं।

इस सम्पूर्ण स्वतन्त्रता के लक्ष्य की रचना का इतिहास देखने के बाद इस महत्त्वपूर्ण सवाल के सम्बन्ध में कांग्रेस ने किस प्रकार से मूर्खता की सीमाएँ पार कर ली हैं, यह साफ तौर पर दिखाई देता है। हिन्दुस्तान का लक्ष्य राजनीतिक उपनिवेश का स्वराज्य होना चाहिए या स्वतन्त्रता का होना चाहिए इस तरह का सवाल सबसे पहले 1927 में कांग्रेस के सामने आया। किन्तु यह नहीं कहा जा सकता कि इससे पहले इस बात पर किसी ने सोचा ही नहीं था। दो साल पहले ही बाबू चित्तरंजनदास ने इसकी चर्चा की थी।

2 मई, 1925 को फरीदपुर में प्रादेशिक कांग्रेस का अधिवेशन हुआ था। उस अधिवेशन के अध्यक्ष के नाते उन्होंने जो व्याख्यान दिया उसमें उन्होंने इस सवाल पर गम्भीर रूप से सोचा है। किन्तु इस प्रकार की जानकारी किसी को होगी इसकी बिल्कुल उम्मीद नहीं थी। किन्तु इस सम्बन्ध में उनके विचार इतने महत्त्वपूर्ण और समझदारीपूर्ण हैं कि आज भी जो उन्हें पढ़ेगा उसे इस बात का पूरा यकीन हो जाएगा कि कांग्रेस ने इस सम्बन्ध में गम्भीर रूप से सोचे बगैर लक्ष्य परिवर्तन किया है। और इसीलिए उनके उस समय के भाषण का निम्न परिच्छेद हम यहाँ जानबूझकर दे रहे हैं–

"Mr. C.R. Das in his speech defined what he meant independance for India, and asked whether India should set before herself the ideal of independance within or without British Empire. Answering this question he said that the Indian National Congress had always stated its desire that India should remain within the British Empire of the Empire recognised her rights. Indeed he said, 'the Empire gives us a vivid sense of many advantages. Dominion status today is in no sense serviceable. It is essentially an alliance of concent of those who form part of the Empire for material advantages in the real spirit of co-operation. Free alliance necessarily arrises with its right seperation. Before the war, a seperatist tendency was growing up in several parts of the empire; but after the war, it is generally believed that it is only as great confederation that the Empire or its component parts can live. It is realised that under modern condition no nation can live in isolation, and dominion status, while it offered complete protection to each constituent composing the great common wealth of nations, called the British Empire, secures to each the rights to realise itself, develop itself and fulfil itself, and therefore it expresses and implies all the elements of Swaraj which I have mentioned. To me the idea is specially attractive because of its deep spiritual significance. I believe in world peace, in the ultimate federation of the world; and I think that the great common wealth of Nations called the British Empire—a federation of diverse races, each with its distinct mental out-look—if properly led with statesmen at the helm, is bound to make a lasting contribution to the great problem that awaits the statesman, the problem of knitting the world into the greatest federation the mind can conceive, the federation of the human race. But only if properly led with statesmen at the helm-for the development of the idea involves apparent sacrifice on the part of the constituent nations, and it certainly involves the giving up for good of the Empire, idea with its ugly attribute of domination. I think it is for the good of India, for the good of the world that India should strive for freedom within the common wealth and so serve the cause of humanity."

उक्त परिच्छेद से एक बात साफ तौर पर दिखाई देगा की 'सम्पूर्ण स्वतन्त्रता' की बजाय 'औपनिवेशिक स्वराज्य' ही हिन्दुस्तान की दृष्टि से फायदेमन्द है, यह जो मान्यवर दास की राय थी उसे कांग्रेस ने सम्पूर्ण स्वतन्त्रता का लक्ष्य रखने के दो साल पहले ही घोषित कर दिया था।

दो साल में हिन्दुस्तान के इतिहास में इतना बड़ा परिवर्तन होने के लिए कुछ विशेष घटनाएँ घटी थीं, इस तरह की बात कहने का साहस कोई नहीं कर सकता। उसी तरह

कोई यह भी नहीं कह सकता कि बाबू सी.आर. दास अन्य कांग्रेसियों की तुलना में नरम मानसिकता के थे। मतलब उनकी राय को प्रमाण मान लिया जाए तो कांग्रेस ने 'सम्पूर्ण स्वतन्त्रता' के लक्ष्य के सम्बन्ध में जो हलचल थी वह किसी ऊँचे दर्जे के सुविचारी, समझदार, और उग्रवादी कांग्रेस कार्यकर्त्ता की दृष्टि से एकदम बचकाने ढंग की थी, ऐसा कहने में कोई आपत्ति नहीं है। बाद में कांग्रेस कार्यकर्त्ताओं ने सम्पूर्ण स्वतन्त्रता के कई अर्थ लगाने में कुछ साल लगाए। सम्पूर्ण स्वतन्त्रता का मतलब स्वतन्त्रता नहीं किन्तु 'स्वतन्त्रता का निष्कर्ष' सम्पूर्ण स्वतन्त्रता है मतलब 'ग्रेट ब्रिटेन और हिन्दुस्तान की हिस्सेदारी' इस तरह के अर्थ लगाए गए। अन्त में 1937 में यह बात अपने मुकाम पर जा पहुँची और वह यहाँ तक कि गांधी ने उनके सहयोगी मित्र मिस्टर पोलॉक को लिखकर दिया कि 'ब्रिटिश सरकार ने हिन्दुस्तान को यदि औपनिवेशिक स्वराज्य दिया तो हम उसी से सन्तोष करने के लिए तैयार हैं।'

गांधी और कांग्रेसी कार्यकर्त्ताओं ने सम्पूर्ण स्वतन्त्रता के सन्दर्भ में जो पीछे छलाँग लगाई उससे क्या कोई यह भरोसा कर सकता है कि सम्पूर्ण स्वतन्त्रता के लक्ष्य पर उनका अटल विश्वास था और वे उसके अलावा अन्य किसी लक्ष्य को स्वीकार करने के लिए तैयार नहीं हैं? बल्कि सभी लोगों की यह राय बन गई है कि यह केवल लोगों को गुमराह करने और सबको अपने पीछे घुमाते रहने की एक कला है। इसी की वजह से अंग्रेज सरकार ने इस माँग को अब तक कोई महत्त्व नहीं दिया है। इसलिए हमारी दृष्टि से कांग्रेस ने सम्पूर्ण स्वतन्त्रता के स्वाँग को छोड़कर औपनिवेशिक स्वराज्य की माँग की होती तो उसमें उन्होंने ज्यादा हिम्मत और ज्यादा समझदारी दिखाई, ऐसा कहा गया होता।

हम इस बात को स्वीकार करते हैं कि एक बार सम्पूर्ण स्वतन्त्रता का लक्ष्य घोषित करने के बाद उससे पीछे हटना स्वभावतः काफी मुश्किल काम है। गलती करना मनुष्य का स्वभाव है किन्तु गलती को स्वीकार करना मनुष्य के लिए आसान नहीं है, यह बेहद मुश्किल है। उसमें खास तौर पर इज्जत का सवाल खड़ा हो जाता है। किन्तु जहाँ गलती हुई उसके बारे में कोई दो राय नहीं है, और जो गलती हुई उसे सुधारना जरूरी है, किन्तु गलती को सुधारे बगैर उसे उसी तरह बरकरार रखना राष्ट्र के लिए खतरनाक है। उस गलती को कबूल करना गर्व की बात है। यही नहीं, यह अपनी नैतिक जिम्मेदारी भी है।

उर्दू भाषा में एक बहुत ही व्यावहारिक कहावत है कि पलभर की बेशर्मी से जिन्दगी भर के लिए आराम। एक मिनट के लिए शर्म को दूर रख दिया जाए तो मनुष्य को कई बार जिन्दगीभर के लिए सुख मिल सकता है। इस दृष्टि से देखा जाए तो वर्किंग कमेटी ने इस अवसर पर सम्पूर्ण स्वराज्य की माँग करने की बजाय औपनिवेशिक स्वराज की माँग की होती और इस गलती को दुरुस्त किया होता तो ज्यादा समझदारी की बात होती, ऐसा हमें लगता है।

अन्य एक दृष्टि से भी कांग्रेस को इस सवाल पर सोचना जरूरी था। वर्तमान युद्ध

की असलियत जाननेवाले पाठकों को यह बताने की जरूरत नहीं है कि सम्पूर्ण स्वतन्त्रता का उपभोग करनेवाले राष्ट्रों की आज कैसी बुरी हालत है। युद्ध शुरू होने से पहले बेल्जियम, हॉलैंड, डेनमार्क, नार्वे, पोलैंड, फिनलैंड, चेकोस्लोवाकिया आदि राष्ट्र अपनी सम्पूर्ण स्वतन्त्रता का उपभोग कर रहे थे। किन्तु हिटलर ने नौ माह के भीतर उनकी स्वतन्त्रता को समाप्त कर उन सभी राष्ट्रों को अपनी सत्ता से दबाकर रख दिया। आज कोई भी यह नहीं कह सकता कि स्वतन्त्र हिन्दुस्तान की स्थिति बेल्जियम, हॉलैंड आदि स्वतन्त्र राष्ट्रों की तुलना में अपना स्वरक्षण करने के लिए ज्यादा मजबूत है। और सम्पूर्ण स्वतन्त्रता हासिल होने के बाद हिन्दुस्तान की स्थिति यदि उसी तरह की रहेगी तो उस तरह की स्वतन्त्रता हासिल करने में कौन-सी भलाई होनेवाली है, इस बात पर हर आदमी को सोचना चाहिए। ऐसी स्थिति पर गम्भीर रूप से सोचते हुए कांग्रेस वर्किंग कमेटी ने जिस तरह से अहिंसा के तत्त्व को छोड़ देने की हिम्मत दिखाई उसी प्रकार सम्पूर्ण स्वतन्त्रता के सम्बन्ध में हिम्मत दिखाई होती और यह कहा होता कि फिलहाल औपनिवेशिक स्वराज्य में हमारा समाधान है, तो उन्हें किसी ने भी दोष नहीं दिया होता।

दूसरी बात यह है कि जो सम्पूर्ण स्वतन्त्रता की माँग की गई है, उस माँग को अंग्रेज सरकार मान लेगी, ऐसी उम्मीद करने के लिए कुछ गुंजाइश होती तो वैसी माँग करने पर खेद व्यक्त करने का कोई कारण ही नहीं था। किन्तु आज की स्थिति में अंग्रेज सरकार ऐसी घोषणा करने के लिए तैयार होगी, इस उम्मीद का कोई आधार नहीं है। अंग्रेज लोग न तो देवदूत हैं और न ईश्वर-भक्त हैं। वे तो मामूली व्यावहारिक और संसारी लोग हैं। संसारी और व्यावहारिक आदमी अपने हाथ में आई बात को आसानी से सन्तुष्ट होकर अपने हाथ से नहीं निकलने देगा। इसमें अंग्रेज सरकार को दोष देने लायक कोई विशेष बात नहीं है। यहाँ अछूत समाज के लोगों को पिछले दो हजार साल से अछूत बनाकर रखा गया है। फिर भी हिन्दू लोग उनके लिए मन्दिर के दरवाजे खुले रखने की हिम्मत भी नहीं दिखा रहे हैं, कम-से-कम ऐसे हिन्दू लोगों को इसके लिए अंग्रेजों की आलोचना करने का प्रयास नहीं करना चाहिए। जिनमें अंग्रेजों को नकेल चढ़ाने की हिम्मत है उन्हें ही उनसे स्वतन्त्रता की घोषणा करने की उम्मीद करनी चाहिए, इस बात से कोई भी आदमी इनकार नहीं कर सकता। जिस वर्किंग कमेटी के लोगों ने सम्पूर्ण स्वतन्त्रता की माँग की है उन्हें अंग्रेजों को नकेल चढ़ाने के लिए उनके पास कैसे साधन हैं इस बात को स्पष्ट करना चाहिए जिससे उनकी माँग कहाँ तक सफल हो सकती है, इस बात का अंदाजा लगाया जा सके।

हमारा इस बात पर बिल्कुल भरोसा नहीं कि कांग्रेस के पास अंग्रेजों को नकेल चढ़ाने के लिए कुछ साधन हैं। ले-देकर कांग्रेस का सारा भरोसा सत्याग्रह के शस्त्र पर है। किन्तु सत्याग्रह का शस्त्र इतना भोथरा हो गया है कि उसके वार से अंग्रेजों पर कोई असर पड़ेगा इस बात की बिल्कुल उम्मीद नहीं है। और दूसरी बात यह है कि उस शस्त्र का इस्तेमाल करनेवालों की स्थिति हास्यास्पद हो जाएगी, इसमें कोई सन्देह नहीं है। सत्याग्रह के लिए लोग तैयार नहीं हैं, यह बात पिछली बार सत्याग्रह में हिस्सा

लेनेवालों की जो सूची प्रकाशित हुई थी उससे स्पष्ट होती है। शायद इस बात को देखते हुए ही आगामी सत्याग्रह की तिथि आगे बढ़ा दी गई है। इसके लिए कांग्रेस कार्यकर्त्ताओं का निश्चय है, ऐसा नहीं दिखाई दे रहा है। परसों-नरसों पूना में ऑल इंडिया कांग्रेस कमेटी की जो मीटिंग हुई उसमें मान्यवर राजगोपालाचारी से कुछ सवाल पूछे गए थे। उन सवालों में से एक सवाल यह भी था कि 'यदि अंग्रेज सरकार ने आपकी माँग के मुताबिक स्वतन्त्रता की घोषणा नहीं की तो उन्हें मजबूर करने के लिए आप कुछ नया रास्ता अख्तियार करनेवाले हैं?' यह बहुत ही मामूली सवाल था और सचमुच में देखा जाए तो उसका उचित जवाब दिया जा सकता था। किन्तु मान्यवर राजगोपालाचारी ने इस सवाल का जो जवाब दिया उसे पढ़कर कांग्रेस के कार्यकर्त्ता भी शर्मिन्दा हो गए होंगे, इसमें कोई सन्देह नहीं है। उन्होंने उस सवाल का इस तरह से जवाब दिया कि, 'अंग्रेज लोगों पर आज ही अविश्वास दिखाने की ज़रूरत नहीं है।' और सवालकर्त्ता की जबान को बन्द कर दिया। इस जवाब से जिस स्वतन्त्रतावादी को शान्ति मिलती हो उसे मिले। किन्तु इस प्रकार के जवाब से कोई भी आदमी गुमराह नहीं हो सकता। बल्कि इस जवाब से यदि कोई बात सिद्ध होती हो तो वह एक ही है कि कांग्रेस इसके लिए अंग्रेज लोगों के साथ लड़ाई लड़ने के लिए तैयार नहीं है। और लड़ाई के लिए जिन बातों की जरूरत होती है वे बातें भी उनके पास नहीं हैं। इस बात को अंग्रेज सरकार अच्छी तरह से जानती है। परसों संसद में हिन्दुस्तान के बारे में जो सवाल-जवाब हुए, उनके स्टेट सेक्रेटरी श्री एमरी ने जवाब दिया कि हिन्दुस्तान की राजनीतिक स्थिति खतरनाक और चिन्ताजनक है। इससे इस बात का पता चलता है कि अंग्रेज सरकार कांग्रेस से कहाँ तक डरती है। अंग्रेज सरकार को इस बात की पूरी जानकारी थी कि कांग्रेस की माँग सियार का हूँकना है, शेर का गरजना नहीं है। और यह कहना गलत है, ऐसा कोई नहीं कह सकता। इसलिए हमें ऐसा लगता है कि इस स्थिति में असम्भव बातों को हासिल करने की उलझनों में पड़ने के बजाय जो बात हासिल होनी सम्भव है उसे हासिल करके राष्ट्र की शक्ति को बढ़ाने में असली बुद्धिमानी है।

पर्शियन भाषा में एक कहावत है, 'अधूरा मुल्ला धर्म के लिए खतरा है'। अधूरा राजनीतिक आदमी भी राष्ट्र के लिए खतरा है, इसमें कोई दो राय नहीं है। यदि समझदारी से काम लें तो उसे टुकड़ों-टुकड़ों में जानने से काम नहीं चलेगा। जो बात गलत है उसे पूरी तरह छोड़ देना चाहिए और जो समझदारी की है उसे स्वीकार कर लेना चाहिए। अधूरी अक्ल से कोई फायदा नहीं। इसलिए वर्किंग कमेटी ने सर्वदलीय मन्त्रिमंडल को समर्थन देने का प्रस्ताव मंजूर कर बुद्धिमानी दिखाई उसी प्रकार सम्पूर्ण स्वतन्त्रता के सम्बन्ध में उसे अपना आग्रह छोड़ देना चाहिए। और फिलहाल औपनिवेशिक स्वराज्य प्राप्त होने की जो स्थिति है उससे सन्तुष्ट होकर इस देश को इस भयंकर स्थिति से उबारना चाहिए। उसे सत्ता प्राप्त करने का जो सुनहरा मौका मिला है उसे गँवाना नहीं चाहिए, हमारी उनको यही सलाह है।

कांग्रेसवालों को खुली चेतावनी

*डॉ. बाबासाहेब अम्बेडकर द्वारा देश की वर्तमान स्थिति के बारे में जनता को सचेत करने के लिए एक निवेदन-पत्र प्रकाशित किया गया था। उनका यह निवेदन-पत्र सा. जनता में प्रकाशित हुआ था। मुम्बई, निवेदन पत्र, साप्ताहिक 'जनता', **10 अगस्त, 1940**।*

हमारे साथ आइए : जेल का रास्ता खुला है

ब्रिटिश सरकार ने एक बार निर्णय ले लिया है कि भारत की स्थिति के बारे में निश्चित तौर पर क्या किया जाना चाहिए। और इस बारे में उन्होंने साफ शब्दों में कह दिया है, इसलिए मुझे अधिक सन्तोष हो रहा है।

असहयोग की नीति को त्यागकर देश की राजनीति चलाने की और उनकी सुरक्षा के लिए योजना बनाने की जिम्मेदारी का निर्वाह कांग्रेस को करना चाहिए। इस उद्देश्य से वायसराय और गैरकांग्रेसी दलों ने पिछले दस माह से काफी प्रयास किया। लेकिन इस जिम्मेदारी को स्वीकार करने से पहले कांग्रेसवालों ने दो असम्भव शर्तें रखीं।

उनकी पहली शर्त यह थी कि ब्रिटिश सरकार को भारत की स्वतन्त्रता की घोषणा करनी चाहिए। उनकी दूसरी शर्त यह थी कि अल्पसंख्यक जाति और अन्य राजनीतिक दलों को मन्त्रिमंडल में लिया जाए या नहीं इस बात को तय करने का और उनके प्रतिनिधि चुनने का अधिकार कांग्रेस को होना चाहिए।

इन दोनों शर्तों को स्वीकार करना असम्भव था। स्वतन्त्रता की माँग को और कांग्रेस का यह हक़ कि हम राष्ट्र का प्रतिनिधित्व करते हैं इससे अन्य भारतीय लोगों का भी विरोध था। भारतीय राजनीति के प्रवाह-उपप्रवाहों को देखा जाए तो वायसराय ने आज जो बातें मानने का वादा किया है उनके अलावा अन्य बातें मानना उनके लिए आसान था, इस बात की कल्पना करना मुश्किल है। वायसराय ने स्वतन्त्रता की घोषणा करने से इनकार किया है। इसलिए कांग्रेसवाले असन्तुष्ट हो जाएँगे। क्योंकि इसके आगे स्थापित होनेवाली तात्कालिक योजना में उनकी हालत खराब होनेवाली है।

बुद्धि को अस्वीकार होनेवाली माँग

कांग्रेस की स्वतन्त्रता की माँग बुद्धि की कसौटी पर खरी उतरनेवाली नहीं है। 1927 के कांग्रेस के दो गुटों की लट्ठबाजी से इस माँग का जन्म हुआ है। आज सम्पूर्ण स्वतन्त्रता तो कल डोमिनियन स्टेट्स इस तरह की अलग-अलग विचारधाराएँ कांग्रेस में दिखाई देती हैं, इसका कारण इस माँग की अव्यावहारिकता ही है।

यदि कांग्रेसवाले यह कहते हों कि सम्पूर्ण स्वतन्त्रता के बिना हमारी समस्या का समाधान नहीं होगा, तो यह कहने का बेचारों का हक़ है! लेकिन स्वतन्त्रता का सवाल तुरन्त हल करने और हमें स्वतन्त्रता जैसी चाहिए उस प्रकार की घोषणा करने की बात ब्रिटिश सरकार ने अस्वीकार कर दी है इसलिए उनके साथ सम्बन्ध-विच्छेद करने की उनकी इच्छा हो तो जिसके पास अक्ल है ऐसा कोई भी भारतीय उनसे हाथ नहीं मिलाएगा।

स्वतन्त्रता उचित नहीं

सुरक्षा की दृष्टि से देखा जाए तो सभी राष्ट्रों के लिए स्वतन्त्रता उचित नहीं है। जो राष्ट्र अपनी रक्षा करने में सबल नहीं हैं उनकी स्वतन्त्रता की माँग करना अपने आपको गुलामी में धकेलनेवाली बात है।

अल्पसंख्यक जाति और गैरकांग्रेसी दलों को वायसराय ने अपने पत्र में स्वीकृति दी है इसलिए उनके नाम से रोष व्यक्त किया जाएगा। कांग्रेस पार्टी ब्रिटिशों के साथ झगड़ते समय स्वतन्त्रता के सिद्धान्तों की बात करती है लेकिन देश के अन्य दलों ने अलग मतप्रदर्शन और कार्य किया तो उसे टालना चाहती है। अल्पसंख्यक जातियाँ कांग्रेसवालों की आँखों में चुभती हैं। अल्पसंख्यक जातियाँ अपनी आजादी की लड़ाई लड़ रही हैं। उस प्रकार अल्पसंख्यक जातियाँ अपने देशभाइयों के लिए फॉसिस्ट-विरोधी लड़ाई और देश के राज्यप्रशासन में अपना हिस्सा पाने के लिए लड़ रही हैं।

आज की स्थिति में किसी भी जिम्मेदार व्यक्ति को जितना कुछ करना चाहिए था उतना वायसराय ने किया है। और उनकी यह नीति है कि जितना सम्भव हो कांग्रेस के सहयोग से नहीं तो कांग्रेस के बिना सहयोग के ही कार्य करेंगे। इसमें उन्होंने पहली बात करने का प्रयास दस माह तक किया, लेकिन अब समय गवाँने का कोई मतलब नहीं है। इसलिए वायसराय ने अन्य दलों के सहयोग से जो हो वह करने का निर्णय लिया है, यह बहुत अच्छा हुआ है।

जनता की जिम्मेदारी

मौजूदा कठिन स्थिति में देश का कामकाज हाथ में लेकर यथासम्भव कार्य करने का प्रयास भारत की जनता को करना चाहिए। नई सरकार पर जो निर्बंध लगाए जाएँगे उसका झूठा प्रचार नहीं होना चाहिए। गवर्नर के विशेष अधिकार प्रादेशिक स्वायत्तता पर निर्बन्ध ही हैं। लेकिन वे निर्बन्ध हमें परेशान करनेवाले सिद्ध नहीं हो रहे हैं, ऐसा अनुभव क्या कांग्रेसवालों को नहीं हुआ है?

कांग्रेसवालों को लम्बी-चौड़ी बातें करना छोड़ देना चाहिए। वायसराय ने जो योजना बनाई है उसमें हिस्सा लेना चाहिए; और अपनी जिम्मेदारी का निर्वाह करना चाहिए, ऐसी स्थिति आ गई है। यदि उन्हें उस तरह से नहीं करना है तो उनके सामने एक ही रास्ता है, और वह है जेल जाकर महात्मा बनने का, शहीद होने का, ख्याति प्राप्त करने का और चुनाव में वोट बटोरने का। लेकिन देश की सेवा करने का यह एक सही रास्ता नहीं है, यह बात बिल्कुल निर्विवाद है।

साप्ताहिक 'जनता' के 10 अगस्त, 1940 के अंक में प्रकाशित हुआ था।

हिन्दी राजनीति की बर्बादी : दो

डॉ. बाबासाहेब अम्बेडकर का अग्रलेख, साप्ताहिक 'जनता', दि. 10 अगस्त, 1940

अहिंसा का अतिरेक और देश की बर्बादी

'हिन्दी राजनीति की बर्बादी : अंक एक' में हमने कांग्रेस कमेटी द्वारा प्रसारित-युद्ध सम्बन्धी प्रस्ताव के बारे में अपनी राय के सम्बन्ध में लिखा है। इस लेख में हमने अहिंसा के सम्बन्ध में जो प्रस्ताव कांग्रेस वर्किंग कमेटी ने पारित किया है उस सम्बन्ध में अपनी राय करने का निश्चय किया है। कांग्रेस वर्किंग कमेटी ने पिछली 29 जून को अहिंसा के सम्बन्ध में अपनी राय प्रकाशित की है। कई लोगों को यह लगना स्वाभाविक है कि आज की स्थिति में इस प्रकार का निवेदन प्रकाशित करके अहिंसा के सम्बन्ध में हमारी राय क्या है इस बात को दुनिया के सामने रखने की कोई जरूरत नहीं थी किन्तु इसी समय इस सवाल पर कांग्रेस वर्किंग कमेटी को अपनी राय घोषित करने की जरूरत क्यों महसूस हुई, इस बारे में पूना में आयोजित ऑल इंडिया कांग्रेस कमेटी की बैठक में मौलाना आजाद ने अपने भाषण में यह स्पष्ट किया है। जैसाकि मौलाना आजाद ने कहा है, ''1938 के सितम्बर में गांधी ने सलाह दी थी कि कांग्रेस वर्किंग कमेटी को इस सवाल पर अपनी राय व्यक्त करनी चाहिए।'' जल्दी ही म्यूनिख समझौता हो जाने की वजह से यह सवाल ठंडे बस्ते में पड़ा रहा। युद्ध शुरू होने के बाद पिछले नवम्बर माह में गांधी ने फिर उस सवाल को खड़ा किया, किन्तु मौलाना आजाद ने उसे रोककर रखा। फिर पिछले जून माह में गांधी ने उसी सवाल को उठाया और आग्रह किया कि इस सवाल का जवाब दिया जाना चाहिए। इसलिए इस सवाल पर निर्णय करने के लिए कांग्रेस वर्किंग कमेटी को मजबूर होना पड़ा।

अहिंसा के तत्त्व ने सबसे पहले 1920 में हिन्दी राजनीति में प्रवेश किया। उस समय से कांग्रेस के मंच से अहिंसा के तत्त्व का जगह-जगह समर्थन होने लगा। फिर भी इस पर गांधी और अन्य कांग्रेसी एकमत नहीं थे। गांधी इस बात को अच्छी तरह समझ रहे थे कि हम एक तरफ अहिंसा को लक्ष्य के रूप में स्वीकार करने की बात

कह रहे हैं और अन्य लोग सिर्फ नीति के रूप में अहिंसा की बात कर रहे हैं। यह सच्चाई होते हुए भी वे पिछले 20 साल में इस सवाल को हल करने के लिए ठोस प्रयास नहीं कर पाए। किन्तु उस पर आज अमल होने के कारण उन्होंने एक बड़ी अजब स्थिति पैदा कर दी है। यह बात स्पष्ट रूप से दिखाई देती है कि युद्ध के प्रारम्भ में पूरी ताकत के साथ अंग्रेजों से मुकाबला करने के लिए तैयार हुए कांग्रेसी लोग इस मुख्य सवाल को बाजू में रखकर भले ही एक-दूसरे के दुश्मन न हुए हों फिर भी वे एक-दूसरे के विरोधी हुए हैं। प्रारम्भ में गांधी और वर्किंग कमेटी ने एक होकर अंग्रेजों से लड़ने की जो प्रतिज्ञा की थी उसके अनुरूप कार्य करने के बजाय गांधी और कांग्रेस वर्किंग कमेटी एक-दूसरे की आलोचना करते दिखाई देने लगे। एक दृष्टि से इस विवाद को हल करके केवल असन्तोष पैदा किया गया। इस बारे में उन्हें खेद होना स्वाभाविक है। दूसरी दृष्टि से देखा जाए तो ऐसा लगता है कि जो कुछ हुआ है, ठीक ही हुआ है। कोई भी आदमी यह नहीं कह सकता कि गांधी की राजनीति में हिंसा-अहिंसा का सवाल केवल तात्त्विक विचारों का सवाल है। बल्कि वह स्वराज्य-प्राप्ति और राष्ट्र की सुरक्षा के साधनों का सवाल बन गया है। इस दृष्टि से देखा जाए तो अहिंसा के सवाल के सम्बन्ध में लोगों की सही राय क्या है, इस बात का फैसला करना बहुत जरूरी है। इसलिए हमें ऐसा लगता है कि गांधी ने इस सवाल को पुनः खड़ा किया और अन्त में लोगों की असली राय क्या है इस बात को कसौटी पर परखने का मौका खिंचता गया, यह एक अच्छी बात हुई है।

गांधी की अहिंसा का स्वरूप किस प्रकार का था इस बात को जान लेना जरूरी है। जब जर्मन लोगों ने इंग्लैंड पर हमला बोल दिया था उस समय अपना बचाव कैसे किया जाए इस सम्बन्ध में गांधी ने 6 जुलाई को अंग्रेजों के नाम एक खुला पत्र लिखा था। उस पत्र से इस बात का पता चलता है कि गांधी की अहिंसा किस प्रकार की है। गांधी ने इस पत्र में अंग्रेजी जनता को सलाह दी है कि, ''ब्रिटिश जनता को शस्त्रों के बगैर जर्मन राष्ट्रों का मुकाबला करने का संकल्प करना चाहिए। हिटलर या मुसोलिनी के इंग्लैंड पर हमला करने से पहले ही इस तरह की घोषणा कर दीजिए कि 'आइए और आपको जो चाहिए वह ले जाइए।' हिटलर को हमला करके जो कुछ ले जाना हो उसे वह सब ले जाने दीजिए। यदि हिटलर और उसके फौजियों को तुम्हारे घरों पर कब्जा करना हो तो आप खुशी से अपने घरों को छोड़कर उन्हें सौंप दीजिए और यदि आप लोगों को रहने के लिए कहीं मकान न मिलता हो और हिटलर यदि आप लोगों को देश छोड़कर जाने की इजाजत न देता हो तो उसके हाथों से मरने के लिए आप तैयार रहिए। किन्तु अपनी सुरक्षा के लिए किसी भी प्रकार के हथियारों का इस्तेमाल मत कीजिए।'' गांधी की स्वसुरक्षा की इस योजना को हम स्वीकार नहीं कर सकते। गांधी की इस बात के जवाब में कुछ बातें प्रकाशित भी हुई हैं। कुछ भी हो, किन्तु उन्होंने ब्रिटिश जनता के सामने जो योजना रखी है उससे सभी लोगों को इस बात का पता लग सकता है कि गांधी की अहिंसा का स्वरूप कैसा है।

गांधी अंग्रेजों को अहिंसा का पाठ पढ़ाकर शान्त नहीं रहे। बल्कि इससे आगे जाकर गांधी का कहना है कि इस देश को भी विदेशी हमला होने पर इस रास्ते के अलावा अन्य किसी रास्ते को नहीं अपनाना चाहिए, इतना ही नहीं, आज इस देश को ऐसा संकल्प घोषित करके दुनिया को सही दिशा दिखाने का श्रेय लेना चाहिए। किन्तु जब कांग्रेस कमेटी को यह लगा कि ऐसी अहिंसा-प्रवृत्ति के शस्त्रहीन प्रतिकार की पद्धति से हम इस देश की सुरक्षा नहीं कर सकते तब उन्होंने गांधी की बात को अस्वीकार किया। वर्किंग कमेटी ने अपनी भूमिका स्पष्ट करते हुए इसके खिलाफ समय आने पर हिंसा और उसके खिलाफ अहिंसा इस प्रकार का अमंगल भेदभाव किया है। उन्होंने अंग्रेजों के खिलाफ अहिंसा और अन्य सभी लोगों के साथ मतलब घर के और बाहर के लोगों के साथ हिंसा की जो मानसिकता बनाई है उससे उनकी षड्यन्त्रकारी नीति समझ में आती है। किन्तु इस भेदभाव को दूर रखा जाए और मुख्य सवाल की ओर नजर दौड़ाई जाए तो इसमें बिल्कुल सन्देह नहीं कि गांधी और कांग्रेस वर्किंग कमेटी में इस सम्बन्ध में गहरा विवाद पैदा हो गया है कि विदेशी हमले से किस तरह हिन्दुस्तान की रक्षा की जा सकती है।

इस हिंसा-अहिंसा विवाद में गांधी का समर्थन करनेवाले लोग इस प्रकार का आधार लेते हैं कि गांधी ईमानदार आदमी हैं। किन्तु इस आधार पर गांधी का मत स्वीकार करने योग्य नहीं हो सकता। इस सवाल का हल खोजने के लिए हमें ऐसा नहीं लगता कि ईमानदारी का कोई महत्त्व है। मनुष्य के जीवन के लिए अहिंसा तत्त्व कहाँ तक उपयोगी है, यह महत्त्वपूर्ण सवाल है। गांधी की ईमानदार बेईमान प्रवृत्तियों के सम्बन्ध में विचार करने का कोई प्रयोजन नहीं है। उसी प्रकार किसी भी आदमी को इस बात को नहीं भूलना चाहिए कि ईमानदार आदमी भोला या नादान हो सकता है। इसलिए गांधी ईमानदार हैं या बेईमान हैं यह विवाद का विषय नहीं है, बल्कि गांधी की अहिंसा की शस्त्रहीन प्रतिकार की योजना स्वीकार करने योग्य है या नहीं, यही विवाद का विषय है। इस सवाल की चर्चा करते समय एक-दो महत्त्वपूर्ण बातों को ध्यान में रखना बहुत जरूरी है। इसमें पहली बात यह है कि अहिंसा या शस्त्रहीन प्रतिकार कोई लापरवाही या मजाक का विषय नहीं हो सकता। युद्ध के सम्बन्ध में दो प्रकार के विचार दिखाई दे रहे हैं। कुछ लोगों की विचारधारा लापरवाही की होती है। उनकी राय में सभी राष्ट्रों की राजनीति दोषपूर्ण है। सभी राष्ट्र स्वार्थी हैं। और उनके दोष-दूषित और स्वार्थी राजनीति से बाहर निकलना किसी के लिए भी सम्भव नहीं है। इसलिए युद्ध और शान्ति जैसे सवालों की चर्चा करने का कोई मतलब नहीं है। समझदार आदमी को युद्ध जैसे भयंकर खतरों को प्रकृति के द्वारा उत्पन्न खतरों की तरह मानकर हाथ पर हाथ धरे बैठने के अलावा अन्य कुछ कर पाना सम्भव नहीं है।

दूसरे प्रकार की विचारधारा यह मानती है कि युद्ध अनिवार्य है। इतना ही नहीं, उचित भी है। इन लोगों को ऐसा लगता है कि राष्ट्र कोई महान देवता है और उस राष्ट्र की इज्जत, वैभव और उसका क्षेत्र फैलाने के लिए यदि इस प्रकार का युद्ध करने

का मौका आया तो उसे टालने की बजाय उसे एक सुनहरा मौका समझकर राष्ट्र के उत्थान के लिए सभी लोगों को युद्ध में सम्मिलित होने के लिए तैयार रहना चाहिए। फिर उस युद्ध में हजारों करोड़ की दौलत नष्ट हो, राष्ट्र के सम्पूर्ण प्राकृतिक धन का विनाश हो, तब भी कोई बात नहीं। फिर भी 'युद्धस्य कता रम्यः' इस दृष्टि से यह सब ठीक है। युद्ध में अमानवीय शक्ति का उपयोग किए जाने के कारण युद्ध के भयंकर परिणामों को जिन्होंने देखा है, सुना है या अनुभव किया है उन सभी लोगों को यह बताने की कोई जरूरत नहीं कि युद्ध मनुष्य समाज के लिए कितना घातक है। हिटलर जैसे बेरहम कालपुरुष की मानसिकता या हिन्दुस्तान के आर्य संस्कृति के अभिमानी लोगों की मानसिकता को अलग रखा जाए तो दुनिया में कहीं एक भी ऐसा आदमी नहीं मिलेगा जो कहे कि अमानवीय शक्ति और युद्ध अच्छी बात है। उसी प्रकार इस तरह की लापरवाही की मानसिकता वाले लोग भी कई मिलेंगे जो यह कहेंगे कि युद्ध स्वाभाविक घटना है, इसलिए उसके खिलाफ जाने से क्या फायदा, जो होना होगा होने दीजिए। किन्तु आज ऐसे लोगों की कमी नहीं है जो युद्ध को कैसे टाला जाए इस बारे में गम्भीर रूप से सोच रहे हैं।

अहिंसा या शस्त्रहीन प्रतिकार की योजना लापरवाही या मजाक का विषय नहीं हो सकती। या पूजा पर चढ़े बिच्छू को मारने जैसी छोटी चीज भी नहीं है। उसी प्रकार यह भी नहीं कहा जा सकता कि इस योजना का समर्थन करनेवाले लोग मूर्ख या अज्ञानी हैं। इस विषय पर जो बहस चल रही है उससे ऐसा पता चलता है कि शस्त्रहीन प्रतिकार की योजना अकेले गांधी की है, इस तरह से लोगों की समझ बन गई है। किन्तु इस तरह की समझ एकदम गलत है।

गांधी की तरह सोचनेवाले कई लोग दुनिया में हैं, जो अमानवीय शक्ति के विरोध में हैं। और जिनका शस्त्रहीन प्रतिकार की सफलता पर भरोसा है। उदाहरण के लिए सुप्रसिद्ध प्रोफेसर बर्टेंड रसेल का नाम लिया जा सकता है।

प्रोफेसर बर्टेंड रसेल जैसे विश्वविख्यात विद्वान आदमी ने भी पिछले युद्ध में ब्रिटिश जनता के सामने 'अटलांटिक मंथली' नाम की अमेरिकी मासिक पत्रिका के 1915 के अगस्त अंक में लिखे एक लेख में एकदम गांधी जैसी एक योजना पेश की। उस योजना को रखते हुए उन्होंने तर्क दिया था कि, "यदि अंग्रेज लोगों ने इस तरह की घोषणा की कि हम शस्त्रहीन प्रतिकार करनेवाले हैं, तो जर्मन लोगों को इंग्लैंड पर हमला करने की हिम्मत नहीं होगी। जर्मन लोगों को अंग्रेज प्रजा पर जिनके पास फौज नहीं, हथियार नहीं, ऐसे शस्त्रहीन लोगों पर हमला करने का कोई कारण ही नहीं रहेगा। इसके बावजूद यदि जर्मन लोग आए तो सशस्त्र प्रतिकार का डर न होने की वजह से एकदम कम और मामूली फौज के साथ आएँगे। और आने के बाद यदि उन्होंने सत्ता स्थापित करने का फैसला किया और अंग्रेज लोगों ने उनसे असहयोग किया तो या तो जर्मनों को सत्ता चलाना असम्भव होगा या छोटे-छोटे पदों के लिए भी उन्हें जर्मनी से लोग मँगवाने पड़ेंगे। इसलिए या तो वे शर्म के कारण हमला नहीं करेंगे या बेशर्म होकर उन्होंने शस्त्रहीन

प्रजा पर हमला किया तो असहयोग के संकल्प के कारण उन्हें सत्ता कायम करना असम्भव होगा। और उन्हें वे जैसे आए वैसे ही लौट जाना पड़ेगा। इस तरह शस्त्रहीन प्रतिकार के द्वारा राष्ट्र का सफलता के साथ विदेशी हमले से बचाव किया जा सकता है।''

प्रोफेसर बर्टेंड रसेल की योजना में और गांधी की योजना में कोई फर्क नहीं है। अगर फर्क है तो बस इतना ही है कि प्रो. रसेल ने इस योजना को अमल में लाने के लिए एक पीढ़ी का समय माँगा था। उन्होंने अपनी योजना में व्यावहारिक ढंग का प्रतिबन्ध रखा था कि शस्त्रहीन प्रतिकार के तत्त्वों की शिक्षा एक पीढ़ी तक लोगों को देने के बाद उस योजना को अमल में लाया जाए। गांधी एक पीढ़ी का तो क्या, एक पल का भी अवसर देने के लिए तैयार नहीं हैं। उनका यह विश्वास है कि इस अवसर पर अपनी शस्त्रहीन प्रतिकार की योजना को अमल में लाया जा सकता है। इस फर्क की वजह से गांधी को ज्यादतियों के लिए और अतिरेकी विचारधारा के लिए दोष दिया जा सकता है। उसी प्रकार दुनिया में अन्य कई राष्ट्र होने के बावजूद भारत के लोगों ने दुनिया को पाठ पढ़ाने के लिए अपनी कुर्बानी क्यों देनी चाहिए, इस प्रकार का सवाल भी पूछा जा सकता है। किन्तु जिस योजना को प्रो. रसेल जैसे व्यावहारिक व्यक्ति का समर्थन है उस प्रकार की योजना ही बेकार है, इस प्रकार की बात कोई आदमी आसानी से नहीं कह सकता।

गांधी की शस्त्रहीन प्रतिकार की योजना मनुष्य समाज के लिए कहाँ तक उपयोगी है, इस बात का निर्णय करना आसान नहीं है। किन्तु शस्त्रहीन शक्ति से किस प्रकार का लाभ होता है और अमानवीय शक्ति से किस प्रकार का नुकसान होता है इसका तुलनात्मक ढंग से अध्ययन किया जाए तो इस योजना के बारे में निर्णय देना विशेष मुश्किल काम नहीं होगा।

शस्त्रहीन प्रतिकार के उपायों से किस प्रकार का लाभ हो सकता है यह सवाल पूछे जाने पर जो लोग शस्त्रहीन प्रतिकार की योजना का समर्थन करते हैं उनके द्वारा यह बताया जाता है कि शस्त्रहीन प्रतिकार तो शत्रुताविहीन मानसिकता की जननी है। और इस प्रकार की मानसिकता जिनमें पैदा हो गई उन्हें एक-दूसरे के खिलाफ अमानवीय शक्ति का ही नहीं, किसी भी शक्ति का उपयोग करने का कोई कारण नहीं रहेगा।

यह विचारधारा गांधी की विचारधारा है। और इसी विचारधारा का यहाँ विश्लेषण करना बेहद जरूरी है। हर आदमी ने चित्त शुद्धि करके अहिंसा के सिद्धान्त को जीवन में उतारा तो उससे सबकुछ हल हो जाएगा। इस विचारधारा में मुख्य रूप से दो प्रकार के दोष दिखाई देते हैं। पहला दोष यह कि युद्ध के समय हर आदमी के सामने जो मुख्य सवाल खड़ा होता है वह यह कि मैं इस युद्ध में सम्मिलित होऊँ या नहीं इस प्रकार का नहीं बल्कि मैं दूसरों को उससे कैसे बचा सकता हूँ। स्वार्थ को छोड़कर दूसरों का कल्याण करूँगा इस प्रकार का मन्त्र-जाप करने से शत्रुताविहीन मानसिकता पैदा होगी, किन्तु उससे दूसरों का कल्याण ही होगा इसके बारे में निश्चित तौर पर कुछ नहीं कहा

जा सकता। युद्ध में जनजीवन पर असर पड़ता है। जनजीवन खतरे में पड़ जाता है और उसके अस्तित्व के लिए ही खतरा पैदा हो जाता है। उसके विनाश की सम्भावना रहती है। उस विनाश को इतना कहने मात्र से कि 'मैं विनाश नहीं चाहता' लापरवाह बैठनेवाले आदमी के हाथों से वह टल नहीं सकता। दूसरी बात यह है कि दुनिया में केवल न्याय के सिद्धान्तों की स्थापना करने से काम नहीं चलता। उन सिद्धान्तों को प्रत्यक्ष व्यवहार में लाकर जिस समय उस पर वार होगा उस समय मैदान में उतरकर उसका प्रतिकार किए बगैर काम नहीं चलेगा। सिर्फ न्याय-प्रवृत्ति रखने से उसका स्वयं के अलावा अन्य किसी को कोई लाभ नहीं मिला। और प्रत्यक्ष कार्य करने के समय कोई भी कार्य उसके पीछे शक्ति होने पर ही सफल हो सकता है, अन्यथा नहीं।

इससे पता चलता है कि केवल शत्रुताविहीन मानसिकता होने मात्र से कोई लाभ सम्भव नहीं है। जिस प्रकार की मानसिकता है उस प्रकार का कार्य भी होना चाहिए। और यदि उस प्रकार का कार्य हो तो शक्ति का उपयोग करने के अलावा अन्य कोई रास्ता नहीं है।

शस्त्रहीन प्रतिकार के समर्थक जो यह कहते हैं कि, 'हम लोग शक्ति का उपयोग बिल्कुल नहीं करते' वह उनका केवल भ्रम है। किन्तु उनका यह जो कहना है कि हमारी शक्ति नैतिक है अमानवीय नहीं, उनका यह मुद्दा सही है। किन्तु उस पर पहला सवाल यह है कि अमानवीय शक्ति नैतिक शक्ति से कितनी भिन्न है? और नैतिक शक्ति अमानवीय शक्ति से कम खतरनाक है, इस तरह क्या हमेशा कहा जाएगा?

यह बात साफ तौर पर दिखाई देती है कि अमानवीय शक्ति से भयंकर विनाश हो सकता है। इसलिए कई लोगों को अमानवीय शक्ति से नफरत होती है। किन्तु नैतिक शक्ति भी उतना ही विनाश कर सकती है, उतना ही खतरनाक रूप ले सकती है, इस बात को सभी लोग नहीं जान सकते। किन्तु हमारा यह कहना सही है। इस बात को एक-दो उदाहरणों से समझाया जा सकता है। मान लीजिए एक महिला ने एक बच्चे को जन्म दिया। किन्तु वह उसकी इच्छा के मुताबिक जितना सुन्दर होना चाहिए उतना नहीं हुआ। माँ का उस बच्चे के प्रति ममत्व कम होता गया और माँ ने उसके साथ असहयोग किया। माँ ने उस बच्चे की गर्दन दबाकर उसे जान से मारने की बजाय उसको अपना दूध पिलाना बन्द कर दिया। दूध पिलाना छोड़ देना गर्दन दबाकर जान से मार देने जैसा भयंकर कर्म नहीं दिखाई देता। किन्तु परिणामों की दृष्टि से देखा जाए तो 'गर्दन दबाना' और 'अपना दूध न पिलाना' इन दोनों में क्या फर्क है, यह बताना मुश्किल है। और भी एक उदाहरण से इस बात को समझ लीजिए कि एक गाँव में एक मनुष्य ऐसा निकला कि वह गाँव के अन्य लोगों से अलग प्रकार से और अलग विचारों से अपना जीवन गुजारने लगा। पर गाँव के लोगों ने उसकी हत्या नहीं की, किन्तु उसका पानी बन्द कर दिया। उसका बाजार बन्द कर दिया और उसका हर तरह से बहिष्कार करके उसका जीना मुश्किल कर दिया। बहिष्कार से हत्या नहीं होती शायद कोई ऐसा कह सकता है। बहिष्कार अमानवीय शक्ति नहीं है। किन्तु किसी ने इस तरह का सवाल

पूछा कि प्रत्यक्ष हत्या करने और बहिष्कार करने में कौन-सा फर्क है, तो उसका कोई हाँ में जवाब दे पाएगा, ऐसा बिल्कुल नहीं लगता।

दूसरा सवाल यह है कि नैतिक शक्ति अधूरी साबित हुई, उससे युद्ध का खतरा नहीं टला, फिर भी क्या अमानवीय शक्ति का इस्तेमाल नहीं करना चाहिए? शस्त्रहीन प्रतिकारवादी लोग अपनी सफलता के लिए हमला करनेवाले दुश्मन के भीतर के नैतिक बल पर निर्भर होते हैं और उनकी यह अपेक्षा होती है कि यदि हमने अपना नैतिक बल दिखाया तो दुश्मन शर्मिन्दा हो जाएगा, उसका मन पसीजेगा, वह पीछे हट जाएगा और इस भयंकर मुसीबत को टाल देगा। प्रो. बर्टेंड रसेल की योजना इसी तर्क पर आधारित थी। किन्तु उक्त सवाल का, यह कोई जवाब नहीं है। समझ लीजिए किसी आदमी ने हर तरह की लज्जा-शर्म छोड़कर सभी नैतिक बन्धनों को छोड़ दिया और शस्त्रहीन प्रजा पर अमानवीय शक्ति का इस्तेमाल करने के लिए तैयार हो गया तो शस्त्रहीन प्रतिकार की योजना से उत्पन्न होनेवाला नैतिक बल कहाँ तक बरकरार रह सकता है? और उसका बरकरार रहना सम्भव नहीं, यह दिखाई देते हुए भी अमानवीय शक्ति का इस्तेमाल दूसरों पर हमले के लिए नहीं बल्कि अपनी सुरक्षा के लिए भी न करें यह कैसे सम्भव हो सकता है? और उस तरह से न करना यही यदि उसका सिद्धान्त हो तो अमानवीय शक्ति के वार से मरना और अपने आप ही मर जाने में क्या फर्क है? अब कुछ लोग यह भी कहते हैं कि शस्त्रहीन प्रतिकार की योजना की सफलता शत्रु में जाग्रत होनेवाले नैतिक बल पर ही निर्भर नहीं बल्कि शस्त्रहीन प्रतिकारवादी का स्वबल और दुश्मन से असहयोग इन दो बातों पर निर्भर है। और इसीलिए उन्हें उसकी सफलता के बारे में पूरा यकीन है। कम-से-कम प्रोफेसर रसेल की योजना के मूल में यही तर्क था।

हिन्दुस्तान के लोगों को शस्त्रहीन प्रजा के असहयोग प्रतिकार की दृष्टि से कहाँ तक जा सकता है इसका अनुभव बताने की कोई वजह नहीं है। असहयोग की भाषा बहुत आसान है किन्तु उस पर अमल करना मुश्किल है। और यदि उस पर अमल किया गया तो उसका प्रतिपक्ष पर कोई परिणाम नहीं हो सकता, यह बात इस देश के लोगों को पिछले बीस साल के अनुभव से पता चल चुकी है। यदि वे ईमानदारी पर अटल रहे तो असहयोग का महत्त्व क्या है, इस बात को वे आज सारी दुनिया को बता सकेंगे। नैतिक बल के साथ असहयोग का उपयोग हो रहा है, यह सिद्ध होने पर कोई भी आदमी इस तरह का दुराग्रह नहीं करेगा कि अमानवीय शक्ति का इस्तेमाल कीजिए। किन्तु इस रास्ते से यदि खतरा नहीं टला तो क्या किया जाना चाहिए? क्या फिर भी अमानवीय शक्ति का आधार नहीं लेना चाहिए?

यदि अमानवीय शक्ति को हमेशा के लिए नष्ट कर देना अहिंसा का लक्ष्य है और वह लक्ष्य शस्त्रहीन प्रतिकार के द्वारा हासिल न होता हो तो अमानवीय शक्ति का उपयोग किया जाए या नहीं, यह तीसरा सवाल खड़ा हो जाता है। यह सवाल दिखने के लिए पिछले सवाल की तरह है फिर भी अलग है। पिछला सवाल इस सम्बन्ध में

है कि अमानवीय शक्ति का हमला होने पर क्या करना चाहिए। यह सवाल अमानवीय शक्ति कैसे नष्ट होगी इस सम्बन्ध में है। जब-जब अमानवीय शक्ति का हमला होगा तब-तब शस्त्रहीन प्रतिकार के शस्त्र से उसका मुकाबला किया जाए, इतना ही यदि अहिंसावादियों का कार्यक्रम हो तो यह कहना पड़ेगा कि शस्त्रहीन प्रतिकार एक बड़ी समस्या ही है। इस तरह इस शस्त्रहीन प्रतिकार की पद्धति से दुनिया अमानवीय शक्ति के षड्यन्त्र से कभी भी बाहर नहीं निकल पाएगी। एक पीढ़ी ने शस्त्रहीन प्रतिकार करके जो लाभ हासिल किया है वह दूसरी पीढ़ी को नहीं मिल सका तो अमानवीय शक्ति के षड्यन्त्र से कोई भी आदमी मुक्त नहीं हो पाएगा। और कभी भी यह नहीं कहा जाएगा कि अहिंसा के सिद्धान्त की विजय हुई है। यदि अमानवीय शक्ति का योग हमेशा के लिए समाप्त नहीं हुआ तो समय आने पर शस्त्रहीन प्रतिकार एक बच्चों का खेल बनकर ही रह जाएगा। यहाँ महत्त्वपूर्ण सवाल यह है कि अमानवीय शक्ति को नष्ट करने का लक्ष्य हासिल न हो तो अमानवीय शक्ति का इस्तेमाल क्यों न किया जाए? अब यह कहा जा सकता है कि एक बार अमानवीय शक्ति का इस्तेमाल करने पर फिर अमानवीय शक्ति अपना सिर नहीं उठाएगी इस प्रकार का विश्वास कौन दिला सकता है? इसका जवाब यह है कि जिस ओर भी अमानवीय शक्ति की विजय होगी उस ओर से हमें हासिल हुई विजय को स्वार्थपूर्ण उपयोग करने की बजाय हमने नया वैश्विक संविधान बनाने का प्रयत्न किया तो अमानवीय शक्ति से अमानवीय शक्ति को नष्ट करना सम्भव है। सवाल यह है कि इस तरह के काम में अमानवीय शक्ति का उपयोग करना उचित है या नहीं? उक्त विश्लेषण से निम्न प्रकार का सिद्धान्त स्थापित किया जा सकता है।

पहला सिद्धान्त यह है कि अमानवीय शक्ति का कभी भी उपयोग न किया जाए इस तरह से कहना गैरजिम्मेदारपूर्ण है। इतना ही नहीं, हमें ऐसा लगता है कि 'किसी भी समय किसी को भी अमानवीय शक्ति का इस्तेमाल नहीं करना चाहिए।' इस प्रकार से कहना दुराग्रह है। अमेरिका के काले लोग कई बरसों तक गुलामी में जकड़े हुए रहे। उनकी मुक्ति के लिए अमेरिका में बड़े युद्ध हुए। मतलब वहाँ अमानवीय शक्ति का पूरा इस्तेमाल हुआ। उनकी मुक्ति यदि सिर्फ नैतिक बल पर छोड़ दी गई होती तो काले लोग आज तक उस गुलामी से मुक्त हुए होते या नहीं, इस पर हमारे मन में सन्देह है। उसी प्रकार उन्हें स्वतन्त्रता दिलवाने के लिए जिस अमानवीय शक्ति का इस्तेमाल किया गया उसमें अमेरिकन राष्ट्र की नैतिक गलती हुई इस तरह से कहनेवाला नैतिक प्रवृत्ति का कोई भी आदमी शायद ही मिलेगा, इस बात का हमें पूरा भरोसा है। आज दुनिया में कई राष्ट्र गुलामी में हैं। उन सभी राष्ट्रों को मुक्त होना है। यदि उन राष्ट्रों की मुक्ति नैतिक बल से होनी सम्भव है तो अमानवीय शक्ति का बेवजह इस्तेमाल कीजिए, यह कहनेवाले आदमी को पागल घोषित करने में किसी को कोई आपत्ति नहीं होगी। किन्तु इस प्रकार का कार्य नैतिक बल से न होना हो तो उस कार्य को करने के लिए अमानवीय शक्ति का इस्तेमाल न किया जाए, इस तरह से कहनेवाले आदमी

को भी मूर्ख समझने के अलावा अन्य कोई रास्ता नहीं है। शक्ति एक साधन है। स्वतन्त्रता एक लक्ष्य है। यदि लक्ष्य कलंकरहित और शुद्ध हो तो उस लक्ष्य की प्राप्ति के लिए अतिरेकी साधनों का उपयोग करने में नैतिकता के तत्त्व रुकावट नहीं बन सकते। और यदि बने तो वे नैतिकता के तत्त्व झूठे हैं, इस तरह से कहने में कोई आपत्ति नहीं है।

अहिंसा यह एक साधन है, लक्ष्य नहीं। और लक्ष्य के मुताबिक साधनों को उचित-अनुचित मानना पड़ता है, यह पहला सिद्धान्त है। इस अहिंसा के विवाद में दोषपूर्ण और अतिरेकी विचारों को प्रस्तुत किया जा रहा हो तो उसका मुख्य कारण यह है कि विवाद करनेवाले लोगों द्वारा 'साधन क्या है' और 'लक्ष्य' क्या है इस बात को सही ढंग से न समझने की वजह से इस प्रकार की स्थिति पैदा होती है। कुछ भी क्यों न हो किन्तु 'अहिंसा' लक्ष्य नहीं हो सकता, अहिंसा एक साधन है। यह कहा जा सकता है कि 'लक्ष्य' प्राप्ति के लिए अहिंसा यदि पर्याप्त हो तो किसी को भी अमानवीय शक्ति का इस्तेमाल नहीं करना चाहिए। किन्तु लक्ष्य की प्राप्ति के लिए अहिंसा का साधन अधूरा है और लक्ष्य नष्ट हो रहा है, फिर भी अहिंसा के बगैर अन्य किसी साधन का उपयोग नहीं करना चाहिए, इस प्रकार का आग्रह करनेवाले आदमी को मूर्ख समझना होगा।

दूसरा सिद्धान्त यह है कि 'अमानवीय शक्ति का इस्तेमाल दूसरों पर अन्याय करने के लिए करना पाप है। किन्तु अमानवीय शक्ति को नष्ट करने के लिए उसका उपयोग करने में कोई पाप नहीं है। बल्कि उस तरह से करना नैतिकता के अनुकूल होगा। इस सवाल के बारे में अहिंसावादियों के विचारों में काफी गड़बड़ी पैदा हो गई है। एक ओर वे कहते हैं कि अमानवीय शक्ति के बल से किसी भी बात का फैसला नहीं किया जाना चाहिए। दूसरी ओर वे बताते हैं कि यदि आप पर किसी ने अमानवीय शक्ति का इस्तेमाल किया तो उसका प्रतिकार मत कीजिए। किन्तु इस तरह की बातें किस प्रकार एक-दूसरे के विरोध में हैं, यह उन्हें दिखाई नहीं दे रहा है। अमानवीय शक्ति का प्रतिकार न करने का मतलब अमानवीय शक्ति को निर्णय करने के लिए रास्ता खुला कर देना ही नहीं है, बल्कि मदद करनेवाली बात भी है। सही विचारों की दिशा इस प्रकार की है कि यदि आप पर किसी ने अमानवीय शक्ति का इस्तेमाल किया तो उसका जरूरी हो तो अमानवीय शक्ति से प्रतिकार कीजिए। किन्तु अमानवीय शक्ति से प्रतिपक्ष को पराजित करने के बाद विवाद का फैसला अपने पक्ष में करके पराजित आदमी पर अन्याय करने के लिए अमानवीय शक्ति से प्राप्त विजय का इस्तेमाल मत कीजिए।

अमानवीय शक्ति का इस्तेमाल करके दूसरों पर अपनी सत्ता कायम करने का सवाल अलग है। ये दो सवाल एकदम अलग-अलग हैं। और वे भिन्न हैं इस बात की समझ होने के कारण चारों ओर विचारों की गड़बड़ी दिखाई देती है। हमारी राय में अमानवीय शक्ति का इस्तेमाल अमानवीय शक्ति के खिलाफ करना जरूरी है, इतना ही नहीं, न्यायपूर्ण भी है। क्योंकि अमानवीय शक्ति का विनाश यदि अमानवीय शक्ति

से ही होना हो और उसे नष्ट करना यदि उचित हो तो अमानवीय शक्ति का इस्तेमाल करना कोई गलत बात नहीं है। कई लोग इस बात को भूल जाते हैं कि दुनिया में जो अन्याय पैदा होता है वह अमानवीय शक्ति के खिलाफ अमानवीय शक्ति का उपयोग करने से नहीं होता, बल्कि पराजितों पर विजयी लोगों द्वारा लाद दी गई शर्तों से होता है। शान्तिप्रिय लोगों द्वारा अमानवीय शक्ति के खिलाफ विद्रोह करने की बजाय युद्ध समाप्त होने के बाद अमानवीय शक्ति के द्वारा विजय हासिल किए हुए राष्ट्रों ने पराजित राष्ट्रों पर अन्याय किया और उन्होंने उसका प्रतिकार करने का साहस किया तो दुनिया से अन्याय नाम की चीज खत्म हो जाएगी। अन्याय खत्म हुआ तो युद्ध भी खत्म होगा और युद्ध खत्म हुआ तो अमानवीय शक्ति की पूजा करने का कोई कारण ही नहीं होगा। इसलिए हमें ऐसा लगता है कि अहिंसा की स्थापना करने के लिए यह महत्त्वपूर्ण सिद्धान्त है।

तीसरा सिद्धान्त यह है कि एक राष्ट्र ने शस्त्रहीन प्रतिकार के सिद्धान्त को अपनाया और अन्य राष्ट्रों ने नहीं अपनाया तो उसका कोई उपयोग नहीं होगा। एक राष्ट्र ने शस्त्रहीन प्रतिकार के सिद्धान्त को अपनाया इसलिए अन्य राष्ट्र उसकी राह पर चलेंगे ही ऐसा मान लेने का कोई आधार नहीं है। नया मार्ग आसान हो तो ही लोग उसे अपनाएँगे, लेकिन मार्ग कठिनाई का हो तो लोग उसे नहीं अपनाते। दूसरी बात यह है कि कुछ बातें अकेले के करने से काम नहीं चलता, बल्कि उन्हें सभी को अपनाना चाहिए, अन्यथा उसका कोई उपयोग नहीं होता। जैसे, अकेले समाजवाद अपनाने से समाजवाद की स्थापना नहीं होती। बल्कि उसे सबके अपनाने से ही समाजवाद की स्थापना होगी। यही न्याय शस्त्रहीन प्रतिकार के सिद्धान्त पर लागू होता है। व्यवस्था लागू करना और उपदेश देना इन दोनों में बड़ा फर्क है। कभी-कभी उपदेश देनेवाले की बलि चढ़ जाती है किन्तु मुख्य उद्‌देश्य व्यवस्था निर्माण करने का है, वह सफल नहीं होता। शस्त्रहीन प्रतिकार जैसी जोखिमपूर्ण योजना अमल में लाने की जिम्मेदारी को एक ही राष्ट्र के अपने ऊपर लेने में उदारता हो सकती है किन्तु यह बुद्धिमानी है ऐसा नहीं कहा जा सकता। शस्त्रहीन प्रतिकार की बात को सभी को अनिवार्य तौर पर अपनाना चाहिए। उसके लिए वैश्विक संगठन होना चाहिए और सभी राष्ट्रों को इस सिद्धान्त को स्वीकार करना चाहिए। यह किसी अकेले का काम नहीं है।

हिन्दुस्तान में अहिंसा का तत्त्व आदिकाल से चला आ रहा है। अहिंसा धर्म का जन्म यहीं हुआ है। आर्य लोग लक्ष्य और कर्म से हिंसावादी थे। उनके धर्म की नींव है यज्ञ। उनके धर्म में हिंसा और शराबपान के अलावा और कुछ नहीं है। इस हिंसा का इतना अतिरेक हुआ था कि उस काल के कुछ आर्य लोगों को उनकी हिंसा से नफरत हो गई थी। इस हिंसावादी आर्य धर्म से त्रस्त होकर भगवान महावीर ने अहिंसावादी जैन धर्म की स्थापना की। किन्तु इन दोनों में सिद्धान्तों का अतिरेक रहा। आर्यों की हिंसा एक छोर पर थी और जैनों की अहिंसा दूसरे छोर पर थी। इस प्रकार दोनों ही प्रवृत्तियाँ अव्यावहारिक थीं। इसलिए गौतम बुद्ध ने अपने धर्म की स्थापना की। इसमें

दोनों के बीच के अतिरेक को छोड़कर मध्यम मार्ग अपनाने का प्रयास किया गया। 'यथासम्भव अहिंसा और जरूरी होने पर हिंसा' यही गौतम बुद्ध की भूमिका थी। इस प्रकार का बौद्ध धर्म बरकरार रहा होता तो आज अहिंसा के सम्बन्ध में जो सवाल खड़े होते हैं वे खड़े न हुए होते। किन्तु हमारे ब्राह्मण भाइयों ने हिंसा के विरोध में उठ खड़ी हुई जनता पर अपना वर्चस्व स्थापित किया और उसमें बुद्ध को पराजित करने की भावना उत्पन्न होने के कारण उन्होंने अहिंसा को अपनाया तथा इसके प्रमाण के तौर पर गोमांस खाना छोड़कर शाकाहार करने लगे। इस तरह से बुद्ध की विचारधारा समाप्त कर अतिरेकी अहिंसा का प्रभाव हिन्दू लोगों पर कायम किया गया। इस तरह का प्रभाव आज हजारों साल से बरकरार होने की वजह से लोग डरपोक और दुर्बल हो गए हैं। उनका अपना विश्वास खत्म हो गया है। इसलिए जो किसी को यह कहेगा कि इस अतिरेकी अहिंसा के मार्ग पर ही चलिए वह आदमी उसका मित्र नहीं बल्कि दुश्मन है, ऐसा ही कहना पड़ेगा।

हम इस बात को स्वीकार करते हैं कि मानवीय जीवन के लिए किसी न किसी नैतिक सिद्धान्त की बुनियाद चाहिए। इस बात को भी हम स्वीकार करते हैं कि सांसारिक जीवन में ही नहीं बल्कि राजनीति को भी उसके आधार की आवश्यकता है। पिछली बार 1920 में गांधी और तिलक में इस सवाल पर विवाद हो गया था। उसमें तिलक का यह कहना था कि राजनीति में 'शठं प्रतिशाठयम्' इसी तत्त्व के आधार पर हमें चलना चाहिए। किन्तु एकदम घटिया तत्त्व का प्रतिपादन करने की शर्म महसूस करके या अन्य किसी कारण से तिलक ने उस पर परदा डालने का प्रयास किया। उन्हें ऐसा महसूस हुआ कि 'शठं प्रतिशाठयम्' तत्त्व के द्वारा अपने विचारों का गलत अर्थ लगाया जाता है। और अपनी सही भूमिका प्रदर्शित करने के लिए हमने 'अक्कोधेन जिने क्रोधं असाधुं साधुना जिने। जिने कदरियं दानेन सच्चेन लोकवादिना' (अक्रोध से क्रोध को जीतना चाहिए, असाधु को साधुत्व से जीतना चाहिए, कंजूस को दान से जीतना चाहिए और सच्चाई से असत्य को जीतना चाहिए।) इस प्रकार का गौतम बुद्ध का तत्त्व स्वीकार नहीं किया जा सकता। किन्तु गीता के मुताबिक 'यथा मां प्रपद्यन्ते तांस्तथैव भजाम्यहमूं' (जो लोग मुझे जिस तरह से याद करते हैं उन्हें मैं उस तरह से फल देता हूँ।) इस सिद्धान्त के मुताबिक राजनीति में बर्ताव करना चाहिए और वही हमारी भूमिका है। इस तरह से उन्होंने बाद में खुलासा किया। इस विवाद में गांधी ने कहा कि गीता के सिद्धान्तों की बजाय बुद्ध के सिद्धान्त ही श्रेष्ठ हैं और राजनीति में गीता के सिद्धान्तों की बजाय बुद्ध के सिद्धान्त ही फलदायी होंगे। हम इसमें गांधी के विचारों से सहमत हैं। गीता के सिद्धान्त और नाना फड़नवीस के 'शठं प्रतिशाठयम्' में हमें कोई फर्क नहीं दिखाई दे रहा है। किन्तु गांधी द्वारा बुद्ध के सिद्धान्तों के समर्थन के बावजूद अहिंसा के सम्बन्ध में बुद्ध और गांधी में काफी फर्क है। इस बात को ध्यान में रखना जरूरी है। वह फर्क सिद्धान्त और नियम के बीच का फर्क है। बुद्ध ने अहिंसा को सिद्धान्त के रूप में स्वीकार किया है, नियम के रूप में नहीं। किन्तु गांधी अहिंसा का नियम के

रूप में प्रचार कर रहे हैं। सिद्धान्त और नियम में फर्क है और वह काफी बड़ा फर्क है। सिद्धान्त का अनुकरण किया जाता है। (Principle is to be followed) नियम का पालन किया जाता है (Rule is to be obeyed) मनुष्य नियम का गुलाम होता है। मनुष्य सिद्धान्त का उपासक होता है, गुलाम नहीं। इस प्रकार का फर्क ध्यान में न आने के कारण कई समाज बर्बाद हो गए हैं। सिद्धान्त परिवर्तनशील होते हैं। नियम सख्त होता है, उसे तोड़ा नहीं जा सकता। किन्तु नियम समाज को तबाह कर सकता है। नियम अज्ञानी आदमी के लिए होते हैं। किन्तु सिद्धान्त समझदार आदमी के लिए होते हैं। सिद्धान्त उत्थान में दीवार नहीं बनते। किन्तु नियम उत्थान को रोकते हैं। लगता है इस प्रकार का महत्त्वपूर्ण फर्क गांधी की समझ में नहीं आया।

अहिंसा जैसे गम्भीर विषय के सम्बन्ध में गांधी के विचारों में क्या कुछ परिवर्तन हुआ है इस बात को समझ लेने की जिज्ञासा होनी स्वाभाविक है। गांधी के पहले के विचार किस प्रकार के थे इस बात को उनके लेखों से लिए गए अंशों से आसानी से समझा जा सकता है।

गांधी ने 2 मार्च, 1922 के 'यंग इंडिया' के अंक में इस सम्बन्ध में लिखा है :

'I am sorry that I find a nervous fear among some Hindus and Mohammadan that I am undermining their faith and that I am even doing irreparable harm to India by my uncome promising of non-violence.

I make bold to say that violence is the creed of no religion and that, whereas non-violence in most cases, is obligatory in all, violence is merely permissible in some cases. But I have not put before India the final form of non-violence. The non-violence that I have preached from Congress platforms is non-violence as a policy.

If they do not belive in the expedient of non-violence, they must denounce it; but not claim to believe in the expedient when their heart resists it. How disastrous it would be if, not believing in violence even as an expedient, joined, say a violence party, and approached a gun with a perturbed heart. The reader will believe me when I say that I have the capacity for killing a fly. But I do not believe in killing even flies. Now suppose I joined an expedition for fly-killing as an expedient. Will I not be expected, before being permitted to join the expedition to use all the available engines of destruction whilst I remained in the army of fly-killers? If those who are in the Congress and the Khilafat Committees will perceive this simple truth, shall certainly either finish the struggle this year to a successful end, or be so sick of non-violence as to give up the pretention and set about some other programme.'

"मुझे इस बात का खेद है कि कुछ हिन्दू और मुस्लिम लोगों के मन में इस प्रकार का डर पैदा होने की बात मुझे दिखाई दे रही है कि मेरे अहिंसा तत्त्व की शिक्षा के कारण मैं उनकी धर्मश्रद्धा की मूल नींव को ही उखाड़ रहा हूँ और हिन्दुस्तान का बहुत बड़ा नुकसान कर रहा हूँ।

"मैं निस्सन्देह यह कहता हूँ कि हिंसा किसी भी धर्म की घोषणा नहीं है। बल्कि अधिकांश सभी धर्मों में अहिंसा तत्त्वों का पालन करने के लिए (हर धर्म के) व्यक्ति पर बन्धन डाला गया है। और विशेष अवसर पर सिर्फ आपत्ति कर्म के रूप में ही हिंसा को मान्यता दी गई है। इसके अलावा मैंने अतिरेकी स्वरूप में अहिंसा का मार्ग हिन्दुस्तान के सामने नहीं रखा। मैं कांग्रेस के मंच से अहिंसा का जो पाठ पढ़ाता आ रहा हूँ वह (तत्त्व के रूप में नहीं) बल्कि, सिर्फ नीति (Policy) की दृष्टि से पढ़ाता आ रहा हूँ।

"अहिंसा पालन यह एक प्रासंगिक अनिवार्य कर्त्तव्य है, इस बात पर जिनका भरोसा न हो उन्हें खुले तौर पर उसका निषेध करना चाहिए। इस कर्त्तव्य को निभाने के लिए जिनका मन इजाजत न देता हो उन्हें ऊपरी तौर पर उस पर विश्वास दिखाने का नाटक नहीं करना चाहिए। ऐसा मान लीजिए कि हिंसा समय आने पर जरूरी चीज है; इस बात पर मेरा विश्वास नहीं है फिर भी मैं हिंसा के तत्त्व पर आधारित किसी दल में शामिल हो गया और ऐन लड़ाई के मौके पर बेचैन मन से बन्दूक हाथ में लेकर (सोचते हुए) खड़ा रहा तो उस तरह से रहना कितना खतरनाक होगा? किसी मक्खी को मारने की क्षमता निश्चित तौर पर मेरे पास है। (पाठकों को मेरे इन शब्दों पर ध्यान देना चाहिए) किन्तु मक्खियों की हिंसा करने में कोई आपत्ति नहीं, इस बात पर मेरा विश्वास नहीं। फिर भी मान लीजिए कि मैं मक्खियों का शिकार करने के लिए निकली एक टोली में सिर्फ जरूरी और प्रासंगिक कर्त्तव्य समझकर शामिल हो गया। ऐसे समय में मुझे मुहिम में सम्मिलित होने के लिए इजाजत देने के पहले मक्खियों का शिकार करने के लिए निकले टोली में मैं जब तक हूँ तब तक मक्खियों को नष्ट करने के लिए उपलब्ध सभी साधनों का उपयोग करने की मेरी तैयारी है, इस प्रकार की अपेक्षा क्या नहीं की जा सकती? जो लोग कांग्रेस में और खिलाफत कमेटी में हैं उन्हें यदि इस प्रकार का सामान्य सत्य समझ में आया तो हम अपने आन्दोलन को इसी साल में निश्चित तौर पर सफल अंजाम दे देंगे या हिंसा से हमें इतनी नफरत हो जाएगी कि हम अहिंसावाद के तमाम पाखंडों को नकार करके अन्य कोई कार्यक्रम बनाने की तैयारी में जुट जाएँगे।"

उसके बाद गांधी ने 9 मार्च, 1922 के 'यंग इंडिया' के अंक में इस सम्बन्ध में अपने विचार और ज्यादा स्पष्ट रूप से निम्न शब्दों में व्यक्त किए हैं :

A correspondent from Lahor writes—

"So far as the facts about Bardoli decision have come to light appears the decision was arrived at either under the influence of Pandit

Malviya or under some far-fetched notions of non-violence. In the former case the act is most unworthy and in the later case most unwise. Is not the ideal of the Congress Swaraj and not non-violence ?"

"It is impossible to withhold sympathy from the writer. His letter is typical of the attitude; I saw reflected in Delhi. I have already given the assuarance that Pandit Malviya nothing to do with the Bardoli decision. Nor have any far-fetched notions of non-violence, anything to do with it. Correspondents letter is the best justification for it. To me the Bardoli decision is the logical outcome of the national pledge of limited non-violence. I entirely endorse the openion that Swaraj is the nation's goal, not non-violence. It is true that my goal is as much Swaraj as non-violence, because I hold Swaraj for the masses to be unattainable save through non-violence. But have I not repeatedly said in these columns that it would have India to become free even by violence rather than that she should remain in bondage?"

"लाहौर के एक पत्र लेखक अपने पत्र में लिखते हैं कि, बार्डोली निर्णय के सम्बन्ध में आज तक जो असलियत प्रकाशित हुई उससे इस बात का पता चलता है कि या तो यह निर्णय पंडित मालवीय के प्रभाव से या अनत्याचार के अयथार्थ कल्पनाओं की वजह से लिया गया होगा। पहले कारण के लिए यह बात मालवीय जी को न शोभा देनेवाली दिखाई देती है और दूसरे कारण के लिए समझदारी का अभाव दिखाई देता है। कांग्रेस का लक्ष्य अहिंसा नहीं बल्कि स्वराज्य है, क्या यह सच नहीं है?

पत्र लेखक के बारे में हमदर्दी न होना असम्भव है। उनका पत्र दिल्ली में प्रदर्शित मानसिकता का एक प्रतीक है। मैंने पहले ही स्पष्ट कर दिया है कि पंडित मालवीय का बार्डोली निर्णय के साथ कोई सम्बन्ध नहीं है। पत्र लेखक का पत्र ही उसका बेहतर प्रमाण है। मेरी समझ के मुताबिक तर्कशुद्ध दृष्टि से सोचने पर सीमित अनत्याचार की राष्ट्रीय शपथ में ही बार्डोली निर्णय का जन्म है, इसमें कोई सन्देह नहीं।

राष्ट्र का लक्ष्य स्वराज्य है, अहिंसा नहीं, इस मत से मैं पूरी तरह सहमत हूँ। मेरे सन्दर्भ में भी अहिंसा मेरा लक्ष्य है, किन्तु उसी के साथ स्वराज्य भी मेरा लक्ष्य है, यह बात भी उतनी ही सच है। क्योंकि अहिंसा मार्ग का स्वीकार किए बगैर जनता को स्वराज्य की प्राप्ति होना सम्भव नहीं है। किन्तु हिन्दुस्तान के गुलामी की बेड़ियों में जकड़कर रहने की बजाय अनत्याचार के रास्ते से भी स्वराज्य हासिल करना भी मैं पसन्द करूँगा, इस प्रकार की राय क्या मैंने बार-बार व्यक्त नहीं की है ?"

उन्होंने 29 मई, 1924 के 'यंग इंडिया' के अंक में हिन्दू-मुस्लिमों के दंगे-फसाद के बारे में जो लेख लिखा उसमें भी इस विषय के सम्बन्ध में इस प्रकार के विचार व्यक्त किए हैं :

"What I see around me today is, therefore, a reaction against the creed of non-violence. I feel the wave of violence coming. The Hindu-Muslim tention is on acute cause of this trendness.

I have never presented to India that extreme form of non-violence, if only because I do not find myself fit enough to re-deliver that ancient message. Though my intellect has fully understood and grapsed it, it has not as yet become part of my whole being. My strength lies in my asking people to do nothing that I have not tried repetedly in my own life. I am often asking my countrymen today to adopt non-violence as their creed, only for the purpose of regulating the relations between different races, and for the purpose of attaining Swaraj. Hindu and Musalmans, Chritians, Sikhs and Parsis must not settle their differences by resort to violence and the means for the attainment of Swaraj must by non-violence.

I do not say 'eschew violence in your dealing with robbers of thieves of with nations that may invade India.' But in order that we are better able to do so, we must learn to restrain ourselves. It is a sign not of strength but of weakness to take up the pistol on the slightest pretext. Mutual fisticuffs are a training not in violence but in emaseution. My method of non-violence can never lead to loss of strength, but it alone will make it possible, if the nation wills it, to offer disciplined and concerted violence in time of danger."

"आज मुझे मेरे चारों ओर अहिंसावाद के प्रचार की प्रतिक्रिया दिखाई दे रही है। मुझे ऐसा लगने लगा है कि अत्याचार का तूफान उठेगा। हिन्दू-मुस्लिमों में तनाव इसी प्रतिक्रिया का अतिरेकी लक्षण है।

मैं अहिंसा के इस प्राचीन सन्देश को पुनर्प्रचारित करने के लिए स्वयं को लायक नहीं मानता। इसलिए मैंने हिन्दुस्तान के सामने अनत्याचार का अतिरेकी स्वरूप कभी नहीं रखा है। मेरी बुद्धि ने अहिंसा के तत्त्व को अच्छी तरह समझ लिया है, ग्रहण कर लिया है फिर भी वे मेरे जीवन का अंग नहीं बने। मैंने जो बात अपने स्वयं के जीवन में बार-बार अनुभव नहीं की, उस बात को करने की सलाह भी मैं लोगों को कभी नहीं देता। और इसी में मेरा नैतिक बल समाया हुआ है। इसलिए सिर्फ जाति-जाति के बीच के आपसी सम्बन्धों को मजबूत करने के लिए और स्वराज्य की प्राप्ति के लिए अहिंसा के संकल्प को स्वीकार कीजिए, इस तरह की बात मैं अपने देश-भाइयों को बता रहा हूँ। मेरा यह कहना है कि हिन्दू, मुस्लिम, ईसाई, सिख और पारसी लोगों को आपस के असन्तोष को समाप्त करने के लिए अत्याचार का रास्ता अपनाने की जरूरत नहीं है। उसी प्रकार स्वराज्य-प्राप्ति का रास्ता भी अनत्याचार का रास्ता ही होना चाहिए।

मैं इस तरह की बात बिल्कुल नहीं कहता कि 'चोर, लुटेरे या हिन्दुस्तान पर हमला करनेवाले राष्ट्र की खबर लेते समय अत्याचार टालिए, अहिंसा का पालन कीजिए।' किन्तु अनत्याचारी व्रत को स्वीकार करने के लिए सबल होना जरूरी है, इसलिए हम लोगों को संयम रखना सीखना चाहिए। मामूली बातों के लिए पिस्तौल उठाना शक्ति का लक्षण नहीं है बल्कि कायरता का लक्षण है। आपस की तू-तू मैं-मैं से अनत्याचार की शिक्षा नहीं मिलती बल्कि नामर्दी पैदा होती है। मेरी अनत्याचारी शिक्षा से दुर्बलता पैदा होना बिल्कुल सम्भव नहीं है। बल्कि उसके द्वारा ही समय आने पर खतरे के समय राष्ट्र की इच्छा हो तो उचित अनुशासन से संगठित होकर अत्याचारी रास्ते को अपनाना सम्भव हो सकता है।"

उक्त उद्धरणों के आधार पर यह बात किसी को बताने की कोई जरूरत नहीं कि इन लेखों में व्यक्त हुए उनके पहले के विचार और आज के उनके विचारों में कितना फर्क दिखाई देता है। इतना फर्क क्यों? इस सवाल का जवाब बड़ा उद्‌बोधक होगा, इसमें कोई सन्देह नहीं। हमारी राय में गांधी के विचारों में इस तरह का परिवर्तन होने के जो कारण हो सकते हैं उनमें से महत्त्वपूर्ण कारण उन्हें 'हिन्दुस्तान का नेता' होना हल्के दर्जे की बात लग रही है इसलिए उनमें 'दुनिया का उद्‌धारकर्त्ता' के रूप में जीवित रहने की अहंभावना पैदा हो गई है। गांधी को प्रसिद्धि और बड़प्पन का कितना लालच है, इस बात को उनके भक्तगणों में से कई लोग स्वीकार नहीं करते फिर भी यह सभी लोग जानते हैं। उन्हें ऐसा लगता है कि हमने शस्त्रहीन प्रतिकार की एक 'अनमोल चीज' या 'अमृतलता' को खोज निकाला है। और उनकी यह उच्चाकांक्षा है कि यह तत्त्व हिन्दुस्तान के उद्धार के लिए ही नहीं बल्कि दुनिया के उद्धार के लिए उपयोग में लाया जा सकता है। उनकी यह इच्छा है कि हिन्दुस्तान पर उसका प्रयोग कर दिखाकर दुनिया को इसकी सिद्धता दिखला देनी चाहिए। क्योंकि उस तरह से किया गया तो मुझे स्वाभाविक तौर पर दुनिया के सर्वश्रेष्ठ पुरुष के रूप में ख्याति प्राप्त करने का मौका मिलेगा, यही उनकी इच्छा है।

'हिन्दुस्तान का नेता या दुनिया का उद्‌धारकर्त्ता?' इस प्रकार के उनके इस विवाद में दुनिया का उद्‌धारकर्त्ता होने की तृष्णा प्रभावी होने के कारण ही अहिंसा के सम्बन्ध में गांधी के विचारों में परिवर्तन हुआ है, ऐसा हमें लगता है।

इस बात का प्रमाण 23 फरवरी, 1922 के 'यंग इंडिया' के अंक में 'No end to my sorrow' (मेरे खेद की सीमाएँ नहीं रहीं) इस लेख में मिल सकता है। बार्डोली का सविनय अवज्ञा आन्दोलन आगे बढ़ाया गया इस सम्बन्ध में गांधी की मिस्टर पॉल रिचर्ड नाम के व्यक्ति के साथ चर्चा हुई थी, उसमें गांधी ने कहा–

"I do not work for freedom of India, I work for non-violence in the world and that is the difference between me and Mr. Tilak. Mr. Tilak was telling me, 'I would sacrifice even turth for freedom of my country' but I am ready to sacrifice even freedom for the sake of truth."

"मेरा कार्य हिन्दुस्तान को स्वतन्त्रता दिलवाना नहीं है बल्कि दुनिया में अहिंसा तत्त्व की स्थापना करना है। यही मेरे और तिलक के बीच का फर्क है। तिलक मुझे कहते थे कि, 'अपने देश की स्वतन्त्रता के लिए मैं सत्य की भी बलि चढ़ा दूँगा।' किन्तु मैं कहता हूँ कि, 'सत्य के लिए देश की स्वतन्त्रता की बलि चढ़ाने के लिए भी मैं तैयार हूँ।' "

इस बातचीत का भंडाफोड़ मिस्टर रिचर्ड ने उस समय के 'लोकमान्य' अखबार के प्रतिनिधि के सामने किया और कहा कि गांधी की प्यास हिन्दुस्तान के नेता होने से बुझनेवाली नहीं है बल्कि उनकी दुनिया का महात्मा बनने की इच्छा है। क्या यह सच है, इस तरह का सवाल 'लोकमान्य' के सम्पादक ने गांधी को पूछा। उसे जवाब देने के लिए गांधी को उक्त लेख लिखना पड़ा। उसमें गांधी को मजबूरी में यह लिखना पड़ा कि मिस्टर रिचर्ड ने मेरे मुँह से जो शब्द कहलवाएँ हैं उसमें जो सत्य छिपा हुआ है, उससे इनकार करना मेरे लिए सम्भव नहीं है। (It is not possible to deny the substance of it.)

गांधी ने इस देश को बर्बाद करने के जो कई प्रयास किए उसमें अतिरेकी अहिंसा भी एक प्रयास है। शराबखोरी में अपनी औरतों को बेहाल करनेवाले पति चारों ओर दिखाई देते हैं। किन्तु देश को बेहाल करनेवाला ऐसा नेता हिन्दुस्तान के बाहर और कहीं देखने को नहीं मिलेगा। यह बड़प्पन के नशे का परिणाम है। नशा सिर्फ शराब पीने से ही चढ़ता है, अन्य किसी चीज से नहीं, यह कहना सही नहीं है। गांधी ने इस बात को सिद्ध करके दिखाया है कि महात्मा होने की प्यास शराब की तरह ही नशा पैदा करती है।

हिन्दी राजनीति की बर्बादी : तीन

अग्रलेख, साप्ताहिक 'जनता', 24 अगस्त, 1940

युद्ध में सहयोग करनेवालों की तीन धाराएँ

हिन्दुस्तान और अंग्रेज लोगों का सम्बन्ध इतना घनिष्ट है कि युद्ध शुरू होते ही इस युद्ध में अंग्रेजों की मदद की जाए या नहीं, इस तरह का सवाल इस देश के लोगों के सामने खड़ा होना एकदम लाजिमी था। किन्तु इस महत्त्वपूर्ण सवाल के सम्बन्ध में अब तक इस देश में एक राय नहीं बनी, इस बात को सभी लोग जानते हैं। जब से युद्ध शुरू हुआ तब से पिछले जून माह तक इस सम्बन्ध में इस देश में दो तरह की विचारधाराएँ थीं, एक के अनुसार मदद की जाए और दूसरी विचारधारा थी कि मदद न की जाए।

पहला मत यह था कि इस युद्ध में ब्रिटिश लोगों को बगैर शर्त मदद की जाए। उसमें 'स्वतन्त्र मजदूर पार्टी' और 'लिबरल पार्टी' आदि दो दल भी शामिल हैं। स्वतन्त्र मजदूर पार्टी की ओर से हमने (डॉ. अम्बेडकर) 13 सितम्बर, 1939 को एक खुला पत्र प्रकाशित करवाकर यह खुलासा किया था कि अंग्रेज सरकार ने हिन्दुस्तान के कल्याण के सम्बन्ध में काफी नाइन्साफी की है और देश की सुरक्षा की दृष्टि से तो बहुत बड़ी लापरवाही की है। फिर भी इस देश को अंग्रेजों के साथ जो लड़ाई लड़नी है उसका फैसला युद्ध के बाद करना चाहिए। किन्तु कम-से-कम युद्ध में मदद के बारे में देश के लोगों को हठीला रुख नहीं अपनाना चाहिए। इसी प्रकार का एक निवेदन लिबरल पार्टी की ओर से सर चिमनलाल सेटलवाड ने 11 सितम्बर, 1939 को प्रसारित किया था। उसमें कहा गया था कि ब्रिटिश लोगों के खिलाफ इस देश के लोगों की कई शिकायतें हैं और उनमें कुछ शिकायतें तो एकदम उचित हैं। फिर भी इस देश के लोगों का यह कहने के बजाय कि हमारी शिकायतों पर सही निर्णय लिए जाने पर ही हम अंग्रेजों की मदद करेंगे, इसके बजाय इस युद्ध में खुले दिल से हमें अंग्रेजों को मदद करनी चाहिए।

जिस प्रकार एक मत बगैर शर्त मदद करनेवालों का है उसी प्रकार सशर्त मदद

करनेवालों का दूसरा मत है। इस मत में मुस्लिम लीग और कांग्रेस दोनों सम्मिलित हो सकते हैं। मुस्लिम लीग ने अपने कार्यकारी मंडल की बैठक आयोजित करके 19 सितम्बर, 1939 को अपनी भूमिका स्पष्ट की थी। उसमें इस प्रकार का प्रस्ताव मंजूर किया गया था कि अभी-अभी गठित किया गया किन्तु अमल में न लाया गया फेडरेशन बर्खास्त किया जाए और संविधान किस प्रकार का हो इस पर पुनः विचार-विमर्श किया जाए और जो नया संविधान बननेवाला है वह मुस्लिमों की सहमति के बगैर न बने। इन शर्तों को अंग्रेज सरकार ने मंजूर कर लिया तो ही मुस्लिम लीग इस युद्ध में अंग्रेजों की मदद करने के लिए तैयार होगी। जिस प्रकार मुस्लिम लीग की शर्तें हैं उसी प्रकार कांग्रेस की शर्तें क्या हैं इस बात को वर्किंग कमेटी ने 15 सितम्बर, 1939 को पारित किए प्रस्ताव में घोषित कर दिया है। उस प्रस्ताव में यह कहा गया है कि अंग्रेजों को इस बात का खुलासा करना चाहिए कि इस युद्ध में उनका लक्ष्य क्या है और उस लक्ष्य को वे हिन्दुस्तान में कहाँ तक लागू करेंगे। उसी प्रकार हिन्दुस्तान एक स्वतन्त्र राष्ट्र है, हिन्दुस्तान का संविधान बनाने का अधिकार सिर्फ इस देश के लोगों का ही है, संविधान इस देश के चुने हुए निर्णायक मंडल की ओर से बनाया जाएगा, इस प्रकार की घोषणा अंग्रेजों को करनी चाहिए। और उन्होंने यदि उस तरह से नहीं किया तो कांग्रेस इस युद्ध में ब्रिटिश लोगों को मदद करने के लिए तैयार नहीं है।

बहुजन समाज का झुकाव बगैर शर्त मदद मत कीजिए, इस तरह से कहनेवालों की ओर है, इस बात से इनकार नहीं किया जा सकता। इसलिए इस भूमिका को अच्छी तरह समझ लेना जरूरी है। कांग्रेस और मुस्लिम लीग दोनों की भूमिका एक जैसी होने के बावजूद मुस्लिम लीग की भूमिका पर सोचने की कोई जरूरत नहीं है। किसी को 'फेडरेशन' नहीं चाहिए। और जिस प्रकार मुस्लिम लीग को 'फेडरेशन' नहीं चाहिए उसी प्रकार कांग्रेस को भी नहीं चाहिए। इसलिए इस सन्दर्भ में मुस्लिम लीग ने कुछ अलग तरह की शर्त रखी है, ऐसा कहने का कोई कारण नहीं है। मुस्लिम लीग की सहमति के बगैर नए संविधान को अमल में न लाया जाए, इस शर्त में भी कोई बहुत बड़ा रहस्य छिपा हुआ है, ऐसा हमें नहीं लगता। कांग्रेस ने अंग्रेज सरकार से इस प्रकार का आश्वासन माँगने से पहले ही, सभी प्रकार के अल्पसंख्यकों को आश्वासन दिया है कि जिसमें अल्पसंख्यकों की सुरक्षा की शर्तें सम्मिलित नहीं की गई हैं उस प्रकार का संविधान स्वयं कांग्रेस मंजूर नहीं करेगी। इसके अलावा हिन्दू बहुजन समाज का जो झुकाव है वह कांग्रेस की ओर है। किन्तु मुस्लिम लीग की शर्तों पर हिन्दुओं का विरोध ही है क्योंकि ये शर्तें ब्रिटिश सरकार के खिलाफ नहीं बल्कि हिन्दुओं के विरोध में हैं। इसलिए सिर्फ कांग्रेस की ही भूमिका पर विचार करना पर्याप्त है और प्रासंगिक भी है। कांग्रेस की सभी प्रकार की शर्तों पर विचार करने की भी कोई जरूरत नहीं। क्योंकि कांग्रेस ने सबसे पहले जो शर्तें रखी थीं उनमें से कई शर्तें कांग्रेस ने ही चुपचाप हजम कर ली हैं, ऐसा कहने में कोई आपत्ति नहीं है। लोगों द्वारा चुने गए निर्णायक मंडल को संविधान का निर्माण करना चाहिए यह शर्त हिन्दुस्तान में कांग्रेस के अलावा अन्य

किसी दल को मंजूर नहीं है। इस योजना पर चारों ओर से जो हमला हुआ उसके कारण बेचैन होकर कांग्रेस में इस सवाल की पुनः चर्चा करने की बात कहीं दिखाई नहीं दे रही है। और लगता है कांग्रेस ने उस शर्त को शायद छोड़ भी दिया है। स्वतन्त्रता के बारे में भी करीब-करीब वही बात हुई है, इस तरह से कहने में कोई आपत्ति नहीं है।

हाल ही में कांग्रेस के डिप्युटी महात्मा राजगोपालाचारी ने जो भाषण दिया है उसमें उन्होंने इस तरह का खुलासा किया है कि "हिन्दुस्तान आज से स्वतन्त्र है, इस तरह की माँग हमने ब्रिटिशों से आज से नहीं की है। हम जो माँग कर रहे हैं वह यह है कि हिन्दुस्तान को जब कभी यह लगेगा कि हमें स्वतन्त्र होने का हक़ है तो अंग्रेजों को इस बात को स्वीकार कर लेना चाहिए। आज कांग्रेस इससे ज्यादा कुछ नहीं माँग रही है।"

जिस तरह शेरनी जन्म देने के बाद खुद ही अपने बच्चे को खा जाती है उसी प्रकार कांग्रेस ने अपनी शर्तें स्वयं ही खा ली हैं। फिर हिन्दू बहुजन समाज यह कहने के लिए तैयार नहीं है कि अंग्रेजों को बगैर शर्त मदद की जाए, यह एकदम साफ है। हिन्दू समाज की यह जो भावना बनी है उसके लिए किसी को भी आश्चर्य करने का कोई कारण नहीं है। ब्रिटिश साम्राज्य के जो कई हिस्से जिस तरह आज अंग्रेजों की मदद के लिए दौड़े आ रहे हैं उस तरह की उम्मीद करना कि इस देश के लोग उनकी मदद करने दौड़कर जाएँगे, गलत है। सन्त तुकाराम ने कहा है कि, 'कळवळयाची याति आणि लाभावीन प्रीती' मतलब 'पीड़ा के बगैर हमदर्दी नहीं और लाभ के बगैर प्रेम नहीं' यह एकदम यथार्थ है। हिन्दुस्तान के लोगों में और अंग्रेज लोगों में एक-दूसरे के बारे में हमदर्दी के लिए कोई कारण ही नहीं है। उनका आपस में रक्त और मांस का कोई रिश्ता नहीं है। उनमें आपस में शासक शासित का रिश्ता होने की वजह से दोनों में कोई अपनापन नहीं है। ऐसी स्थिति में विदेशी और आहूत भावनाओं की वजह से हिन्दुस्तान के लोगों को अंग्रेजों की मदद करने की इच्छा नहीं हुई तो उसमें कोई बड़ा आश्चर्य नहीं है।

इस प्रकार की भावना उत्पन्न होने के पीछे खास तौर पर एक ही बात रही। अंग्रेजों का राज्य एक तरह से साम्राज्य है। इस साम्राज्य के विस्तार पर कई लोगों को आपत्ति है। कुल मिलाकर धरती की सूखी भूमि का रकबा 5 करोड़ 55 लाख वर्ग मील है। उसमें 1 करोड़ 40 लाख वर्ग मील रकबा अंग्रेजों के कब्जे में है, 82 लाख 50 हजार वर्ग मील रकबा सोवियत रूस के कब्जे में है, 43 लाख 30 हजार वर्ग मील रकबा फ्रांस के कब्जे में है, 42 लाख 50 हजार वर्ग मील रकबा चीन के कब्जे में है और 37 लाख 50 हजार वर्ग मील रकबा अमेरिका के कब्जे में है। शेष बचे राष्ट्रों का रकबा एकदम कम है। इन आँकड़ों को देखने के बाद कई लोगों में ईर्ष्या पैदा होती है, नफरत भी पैदा होती है। अंग्रेजों के कब्जे में साढ़े पाँच करोड़ रकबे में से करीब-करीब अपना डेढ़ करोड़ वर्ग मील क्षेत्र है। इस बात को देखकर किसी के भी मन में आश्चर्य और ईर्ष्या पैदा होना स्वाभाविक है। उसी प्रकार इन अंग्रेजों के साम्राज्य के लिए हम लोगों के लड़ने का

मतलब इस साम्राज्य को बरकरार रखने के लिए मदद करना है, इस तरह का सन्देह हिन्दू लोगों के मन में पैदा होता है तो उसमें भी कोई बड़े आश्चर्य की बात नहीं है। इस प्रकार की समझ को पंडित जवाहरलाल नेहरू के साम्राज्य-विरोधी भाषणों ने एकदम मजबूत ही किया है।

हिन्दू लोगों की इस तरह से जो समझ बनी है वह एकदम गलत है। और इसलिए हमें ऐसा लगता है कि उसकी वजह से उनके हाथों जो कर्म हो रहा है वही उनके लिए अन्त में खतरनाक साबित होगा। इसलिए उन्हें निम्न सवालों पर जरूर सोचना चाहिए और बाद में अपनी जो कुछ राय हो उसे तय करना चाहिए, इस प्रकार की हम उन्हें सलाह देना चाहते हैं। कनाडा ब्रिटिश साम्राज्य का एक हिस्सा है। किन्तु क्या कोई यह कह सकता है कि आज कनाडा ब्रिटिश लोगों के कब्जे में है? दक्षिण अफ्रीका ब्रिटिश साम्राज्य का एक हिस्सा है, किन्तु वह ब्रिटिश सत्ता के तहत है, इस प्रकार से क्या कोई कह सकता है? आस्ट्रेलिया ब्रिटिश साम्राज्य का एक हिस्सा है। किन्तु आस्ट्रेलिया पर ब्रिटिशों की सत्ता है, इस प्रकार से क्या कोई कह सकता है? आयरलैंड ब्रिटिश साम्राज्य का एक हिस्सा है, किन्तु वह ब्रिटिशों की सत्ता में है, इस तरह से क्या कोई कह सकता है? इसी सवाल को अलग ढंग से रखें तो यह पूछा जा सकता है कि ब्रिटिश साम्राज्य का हिस्सा होने पर सहूलियतों की दृष्टि से ऐसी कौन-सी चीज है जो कनाडा अंग्रेजों को दे सकता है वही चीज जर्मनों को नहीं दे सकता? जो चीज आस्ट्रेलिया ब्रिटिशों को दे सकता है वही चीज जर्मनों को नहीं दे सकता? जो चीज दक्षिण अफ्रीका ब्रिटिशों को दे सकता है, उसे जर्मनों को नहीं दे सकता? जो चीज आयरलैंड ब्रिटिशों को दे सकता है वही चीज जर्मनों को नहीं दे सकता? और एक दृष्टि से देखा जाए तो इस सवाल को तीसरे ढंग से भी रखा जा सकता है। ऐसी कौन-सी बात है कि जो कनाडा करना चाहता है किन्तु इंग्लैंड उसे वह करने नहीं देगा? जो बात आस्ट्रेलिया करना चाहता है किन्तु इंग्लैंड उस पर आपत्ति कर सकता है? दक्षिण अफ्रीका करना चाहता है किन्तु इंग्लैंड उसके काम में रुकावट डाल सकता है? इस दृष्टि से सोचा जाए तो यह दिखाई देगा कि अंग्रेजों की शासन-प्रणाली को साम्राज्यशाही कहने का मतलब गलत धारणाएँ बना लेना है। साम्राज्यशाही का मतलब एक तरह से सरदेशमुखी (सामन्तशाही) ही है। और जहाँ सरदेशमुखी स्थायी स्थान बनाकर रहेगी उसी को साम्राज्यशाही कहा जा सकता है। अंग्रेजों की साम्राज्यशाही में सरदेशमुखी को स्थायी स्थान नहीं है। अन्य सभी जगह जिस प्रकार से साम्राज्यशाही का जन्म हुआ उसी प्रकार अंग्रेजों की साम्राज्यशाही का जन्म भी सरदेशमुखी से ही हुआ। किन्तु कुछ समय बाद उनकी साम्राज्यशाही से सरदेशमुखी का विनाश हो सकता है। जो राष्ट्र अंग्रेजों की सत्ता में हैं वे सरदेशमुखी से आजाद हो सकते हैं, इस बात को अंग्रेजों का इतिहास सिद्ध कर सकता है।

कनाडा, आस्ट्रेलिया, न्यूजीलैंड, दक्षिण अफ्रीका, आयरलैंड आदि राष्ट्र अंग्रेजों की सरदेशमुखी के तहत चल रहे थे। आज वे ही राष्ट्र किसी भी प्रकार का खून-खराबा या

गृहयुद्ध किए बगैर अंग्रेज सरदेशमुखी से स्वतन्त्र हो गए हैं और उन पर अंग्रेजों का किसी भी प्रकार का कब्जा नहीं रहा है। इस दृष्टि से देखा जाए तो ब्रिटिशों के साम्राज्य का जो इतना बड़ा फैलाव दिखाया जाता है उसका कोई खास मतलब नहीं है। क्योंकि किसी भी दृष्टि से देखा जाए तब भी कनाडा, आस्ट्रेलिया, आयरलैंड आदि देश ब्रिटिश साम्राज्य की सत्ता के बाहर के हैं, ऐसा कहने में कोई आपत्ति नहीं है। यदि उन्हें साम्राज्य से अलग कर दिया जाए तो आज ब्रिटिश साम्राज्य जो इतना बड़ा दिखाई देता है वह बहुत छोटा दिखाई देगा।

इस पर कोई यह कह सकता है कि इसमें सच्चाई होने के बावजूद भी उसका हमारे लिए क्या उपयोग है? शेष साम्राज्य के देश ब्रिटिशों की सरदेशमुखी से मुक्त होने के बावजूद हिन्दुस्तान आज भी उन्हीं की सरदेशमुखी में सड़ रहा है। और यदि उसकी मुक्ति नहीं हो रही है तो हम लोगों को अंग्रेजों को क्यों मदद करनी चाहिए? इस सवाल के दो तरह से जवाब दिए जा सकते हैं।

पहला जवाब यह कि हिन्दुस्तान ब्रिटिशों की सरदेशमुखी से मुक्त होने की राह पर है। यही नहीं, उसने काफी बड़ा रास्ता तय कर लिया है। आज नहीं तो कल इस देश को कनाडा, आस्ट्रेलिया का दर्जा प्राप्त होगा इसमें कोई सन्देह नहीं है। इस तरह की बातें इतनी साफ हैं कि उन्हें अन्धा आदमी भी देख पाएगा। ऐसी स्थिति होते हुए भी साम्राज्यशाही में रहकर हिन्दू लोगों को इस युद्ध में मदद करने से इनकार करना, बड़ी गलत बात है। ब्रिटिश लोग आज ही आज हिन्दुस्तान को उस तरह का दर्जा नहीं दे रहे हैं इसलिए उन्हें भला-बुरा कहने का कोई मतलब नहीं है। हमें बिलकुल ऐसा नहीं लगता कि कनाडा, आस्ट्रेलिया का दर्जा हिन्दुस्तान को प्राप्त होने में देर लगी तो उसके लिए अंग्रेजों को ही पूरी तरह से जिम्मेदार समझा जाए। इस बात को बिल्कुल नजरअंदाज नहीं किया जा सकता कि इस तरह की देर हिन्दुस्तान के लोगों के आपस के मतभेदों के कारण हो रही है। यदि वे इस बारे में एकमत हो गए तो इस प्रकार का दर्जा प्राप्त होने के लिए पलभर की भी देर नहीं लगेगी। ब्रिटिशों की ओर से आपत्ति उठाना भी सम्भव नहीं है। क्योंकि उन्होंने कई बार घोषणा की है कि ब्रिटिश साम्राज्य में कनाडा का जो दर्जा है वही हिन्दुस्तान का रहेगा। हिन्दुस्तान के इस विरोध का दूसरा जवाब यह है कि इस युद्ध में यदि अंग्रेजों की हार हुई और हिन्दुस्तान पर हिटलर की सत्ता कायम हुई तो हिन्दुस्तान के लोगों को राजनीति को पुनः प्रारम्भ से ही शुरू करना पड़ेगा। मतलब आज तक जो हुआ उसे छोड़ देना पड़ेगा और सब कुछ नए से शुरू करना पड़ेगा। किन्तु यह कहा जा सकता है कि यह एक बहुत बड़ी उम्मीद है। यदि हिटलर ने हिन्दुस्तान के लोगों को पुनः प्रारम्भ से शुरू करने की सहूलियत दी तो उसे इस देश के लोगों का बहुत बड़ा भाग्य समझना होगा। हिटलर के मन में काले लोगों के बारे में किस प्रकार की भावना है इस बात को समझ लेना जरूरी है। इससे आप सभी लोग परिचित हो जाएँ इसलिए उसकी 'माईन कांफ' किताब का निम्न अंश यहाँ दिया जा रहा है–

"It is a crime against the eternal creator to train the dark races for intellectual careers. They should be traind like poodles. The earliest human civilization has rendered possible not so much as the training of animals as by the employment of men of inferior race... It is in accordance with the Eternal will which ruled Universe to advance the Victory the better and the stronger and command the subordination of the weaker and the worse.."

"काले लोगों को अपना बुद्धिवादी जीवन व्यतीत करने की शिक्षा देना एक तरह से सनातन जगनिर्माता परमात्मा के साथ गुनाह करना है। काले लोगों को कुत्तों की तरह ही पढ़ाना चाहिए। जो सनातन मानव संस्कृति अस्तित्व में आई वह जानवरों को पढ़ाने के कारण नहीं, निचली जाति के लोगों को काम करने के लिए मजबूर करने की वजह से। इस दुनिया पर अपनी सत्ता स्थापित करनेवाले प्राचीन पुरुषों की इच्छा के मुताबिक ऊँची और श्रेष्ठ जातियों ने नीच और दुर्बल जातियों पर अपनी सत्ता को कायम करके ही उसे अपनी सफलता के रास्ते पर आगे बढ़ना चाहिए।"

उसी प्रकार हिटलर के शासनकाल में राजनीतिक आन्दोलनों को कितना मौका मिलेगा और जिसे संघर्षशील राजनीति कहते हैं वह कहाँ तक की जा सकेगी इस बात की कल्पना होनी चाहिए इसलिए हम हिटलर के एक सहयोगी इ.टी. रोब्यास की 'कामेरून्स में जर्मनी' (Germany in the Cameroons by—E.T. Robasche) नामक किताब का एक अंश प्रस्तुत कर रहे हैं–

"The Germans, being superman, have every right to determine now the natives should live and the natives should never be allowed to forget that their lives, their work and actions should be placed at the desposal of the Germans to exploit as they with...It is thoroughly sickening to me observing the British encouraging the education amongst the natives, even going so far as to allow them to enter the universities and colleges in England; but it passes my comprehension altogether that they allow them to enter Government service in their own colonies where, unless they are checked in time they will eventually occupy executive positions. It seems incredible that these natives will ultimately become, for example, high court judges when white men will have to debase themselves and occupy the undignified position of appearing before them and perhaps being sentenced by them.

...Thank heaven, the Germans rule by the head and not the heart. Thank heaven the Germans understand the native and where he belongs...the servant of his white master...In order to retain our prestige and position we could not sentence the Germans (in the Comeroons) who had been found quilty; so they were either transferred to another district or were sent home.

The only punishment the native, irrespective of position, understands and appreciates is flogging and plenty of it. Flog the native well and he will soon realise that the straight path is better and not quite as painful.''

''मानव समाज में जर्मन लोग उच्चतम जाति में पैदा होने के कारण काले लोगों को अपना जीवन किस स्थिति में गुजारना चाहिए, इस बात को तय करने का उन्हें (जर्मन लोगों को) पूरा अधिकार है। काले लोग नीच जाति के हैं और उनका जीवन, उनकी मेहनत और उनकी परिचर्या का जर्मनों की इच्छा के मुताबिक उनकी (जर्मनों की) भलाई के लिए इस्तेमाल करने को उन्हें (काले लोगों को) अनुमति देनी चाहिए। इस बात को उन्हें कभी भी भूलना नहीं चाहिए...ब्रिटिश लोग काले लोगों में शिक्षा के प्रचार को बढ़ावा देते हैं। इतना ही नहीं, इंग्लैंड के कॉलेजों में और विश्वविद्यालयों में प्रवेश पाने के लिए उन्हें सहूलियतें देते हैं, इस बात को देखकर मैं बेचैन हो जाता हूँ। किन्तु वे (ब्रिटिश लोग) अपनी खुद की कॉलोनियों में सरकारी नौकरियों में प्रवेश पाने की इजाजत वहाँ के काले लोगों को कैसे दे सकते हैं, इस बात की तो मैं कल्पना भी नहीं कर सकता। यदि इस बात को समय रहते ही रोका नहीं गया तो उसका परिणाम यह होगा कि उपनिवेशों में कानून को अमल में लाने के अधिकार के पद वे (काले लोग) हासिल करेंगे। जैसे, ये काले लोग कभी न कभी हाईकोर्ट के न्यायाधीश होंगे और उनके सामने गोरे लोगों को निचले दर्जे के लोगों की तरह, उनके सामने विनम्रता अपनाकर उन्हें उनसे न्याय माँगना पड़ेगा और शायद उनकी ओर से (काले लोगों की ओर से) उन्हें (गोरे लोगों को) सजा भी सुनाई जा सकती है। ऐसी बातों पर मुझे यकीन नहीं होता।

हे ईश्वर! मैं तेरा शुक्रिया अदा करता हूँ कि हम जर्मन लोग अक्ल से सत्ता चलाते हैं, भावना से नहीं। हे ईश्वर! मैं तेरा शुक्रिया अदा करता हूँ कि जर्मन लोग काले लोगों को अच्छी तरह से पहचानते हैं। काले आदमियों का कार्य है अपने गोरे मालिकों की सेवा करना, बस इतना ही! इस बात को जर्मन लोगों ने अच्छी तरह से समझ लिया है।

कामेरून्स में हमारी इज्जत और हमारा दर्जा सँभालने के लिए किसी जर्मन का काले आदमी के खिलाफ गुनाह करने का आरोप साबित हो गया तब भी उसे (जर्मन को) कोर्ट में सजा देने का अधिकार नहीं है। जर्मन गुनाहगार दूसरे जिले में भेज दिया जाता है या जर्मनी में ही उसे उसके घर पर भेज दिया जाता है।

काला आदमी किसी भी दर्जे का हो उसे सिर्फ एक ही सजा देनी उचित है, उससे उसे अपनी कीमत पता चलती है और वह सजा है कोड़ों की। बेहद सनासन पड़नेवाले कोड़ों की सजा! काले आदमी को कोड़े से इस तरह से मारिए कि कोड़े की पीड़ा बर्दाश्त

करने की बजाय गुलामी का सीधा रास्ता ही बेहतर है, इस बात की उसे तुरन्त समझ आ जाएगी।''

अंग्रेजों की हार होनी चाहिए, हिटलर की जीत होनी चाहिए और हिटलर आया तो हमें स्वराज्य देगा और सविनय अवज्ञा आन्दोलन करने देगा और यदि जेल हम गए तो 'ए' क्लास जेल में रखेगा, ऐसी उम्मीद करनेवाले हिन्दुओं से हम यह कहना चाहते हैं कि उन्हें हिटलर और उसके सहयोगियों की मानसिकता का अच्छी तरह अध्ययन करना चाहिए। उसके बाद ही तय करना चाहिए कि इस युद्ध में अंग्रेजों को मदद करनी चाहिए या नहीं।

पिछले जून माह तक इस बारे में हिन्दुस्तान में दो ही मत थे। बगैर शर्त मदद करनेवालों का एक ओर, सशर्त मदद करनेवालों का दूसरा। किन्तु पिछले जून माह से एक तीसरा मत भी बन गया है। और वह है गांधी का तीसरा मत।

यह तीसरा मत उक्त दोनों से अलग है। पिछले जून माह में कांग्रेस वर्किंग कमेटी ने दिल्ली में जो युद्ध से सम्बन्धित प्रस्ताव पास किया और जिसमें यह कहा था कि, 'यदि अंग्रेजों ने कुछ बातों को स्वीकार किया तो हम स्वराज्य का अधिकार ग्रहण करेंगे और युद्ध में उन्हें मदद करेंगे।' इस प्रस्ताव का गांधी ने विरोध किया था, इस बात को सभी जानते हैं।

इस प्रकार का विरोध उन्होंने क्यों किया है इस बात का खुलासा जो गांधी ने किया है उससे इस बात का पता चलता है कि इस गांधीवाद की भूमिका क्या है। संक्षेप में कहने का मतलब गांधी की मुख्य भूमिका यही है कि 'हम अहिंसावादी हैं, अंग्रेजों को अहिंसा के जरिए हिटलर का प्रतिकार करना चाहिए।' इस बात के मुताबिक उनका यह कहना है कि इस समय कांग्रेस को सत्ता स्वीकार करके मन्त्रिमंडल बनाने की योजना को स्वीकार नहीं करना चाहिए। क्योंकि ऐसा किया गया तो इन मन्त्रिमंडलों को युद्ध में अंग्रेजों को मदद करने के लिए, जो जरूरी है वह सब करना पड़ेगा और जब अंग्रेज लोग हिंसा के रास्ते दुश्मन का मुकाबला कर रहे हैं तब अंग्रेजों को मदद करने के लिए कांग्रेस मन्त्रिमंडल पर हिंसा का समर्थन करने का दोष लगेगा। कांग्रेस जब आज तक अहिंसा के तत्त्व को अपनाती आई है तब उसको इस तत्त्व को मटियामेट करने के लिए प्रेरित नहीं करना चाहिए। मतलब अंग्रेज लोग युद्ध में हिंसात्मक साधनों का उपयोग कर रहे हैं इसलिए उन्हें इस देश के लोगों को मदद नहीं करनी चाहिए। यही गांधीवाद की विशेषता है।

गांधी की इस विचारधारा से काफी लोग अचरज में पड़ गए होंगे इसमें कोई सन्देह नहीं। इस प्रकार की विचारधारा गांधी के मन में कब से आई? यह अहिंसा के तत्त्व के खिलाफ है इसलिए अंग्रेजों को मदद नहीं करनी चाहिए इस प्रकार की बात करनेवाले गांधी से हम यह पूछना चाहते हैं कि खिलाफत आन्दोलन में आपकी भूमिका क्या थी और उन्हें मदद करने के बारे में तब आपका अहिंसा का तत्त्व क्या रुकावट बन सका?

यह सवाल हमने आज ही उठाया है ऐसी बात नहीं। बल्कि 1921 में जब खिलाफत

आन्दोलन शुरू हुआ उस समय 'सर्वेंट्स ऑफ इंडिया' सोसायटी के सदस्य श्री जकेरियस ने 'सर्वेंट्स ऑफ इंडिया' में गांधी से यह सीधा सवाल पूछा था कि "आप अहिंसावादी हैं और हिंसा के साधनों से खिलाफत की सुरक्षा करने की बात करनेवाले मुस्लिम खिलाफतवादियों को कैसे मदद कर सकते हैं?" इसका गांधी ने जो जवाब दिया है वह बड़ा रोचक है इसलिए हम उसे निम्न दे रहे हैं–

"Mr. Zacharias argues in the 'Servant of India' that the Khilafat is based on force. The Khilafat is the earthly representative of Islam pledged to defend it even with the sword. And how can I, believer in non-violence, fight to sustain an institution that is permitted to resort to physical force for its defence.

Mr. Zacharias is right in his description of the Khilafat. He is wrong in his estimate of the function of a victory of non-violence of physical force either directly or indirectly in defence of anything, but he is not precluded from helping men or institutions that are themselves not based on non-violence. If reverse were the case, I would, for instance, be precluded from helping India to attain Swaraj, because the future Parliament of India under Swaraj, I know for certain, will be having some military and police forces, or to take a domestic illustration, I may not help a son to secure justice, because forsooth he is not a believer in non-violence.

Mr. Zacharia's proposition will reduce all commerce by a believer in non-violence to an impossibility. And there are not wanting men, who do believe that complete non-violence means complete cessation of all activity.

Not such, however, is my doctrine of non-violence. My business is to refrain from doing any violence myself, and to induce by persuasion and service as many of God's creatures as I can to join me in the belief and practice. But I would be untrue to my faith, if I refused to assist in a just cause, any men or measures that did not entirely coincide with the principle of non-violence. I would be promoting violence, if finding the Musalmans to be in the right, I did not assist them by means strictly non-violent against those who had treacherously plotted the destruction of the dignity of Islam. Even when both parties believe in violence, there is often such a thing as justice on one side of the other. A robbed man has justice on his side, even though he may be preparing to regain the lost property by force. And it would be accounted as a trumph of non-violence if the injured party could be persuaded to regain his property by methods of Satyagrah, i.e., love or soulforce rather than a free fight.

Of course it is open to Mr. Zacharias to reject my claim as a devotee of non-violence in view of all the limitations, I have mentioned. I can only suggest to him that life is a very complex thing and truth and non-violence present problems, which often defy analysis and judgement. One discovers truth and the method of applying the only legitimate means of Vindicating it, i.e., Satyagrah or soul force, by patient endeavour and silent prayer. I can only assure friends that I spare no pains to grope my way to the right and that humble but constant endeavour and silent prayer are always my two trusty companions along the weary but beautiful path that all seekers must tread.

'सर्वेंट्स ऑफ इंडिया' में श्री जकेरिया लिखते हैं, ''खिलाफत आन्दोलन हिंसा के तत्त्वों पर आधारित है। खिलाफत आन्दोलन इस्लाम धर्म की दुनिया का प्रतिनिधि है और जरूरी हुआ तो तलवार की मदद से उस धर्म की रक्षा करना इस्लाम का घोषित वाक्य है। और अहिंसा तत्त्व पर आस्था रखनेवाला मेरे जैसा आदमी स्वसुरक्षा के लिए भौतिक (Physical) शक्ति का इस्तेमाल करने के लिए धर्म द्वारा खुली छूट देनेवाली संस्था का अस्तित्व बरकरार रखने के लिए कैसे आन्दोलन कर सकता है? श्री जकेरिया ने खिलाफत का जो वर्णन किया है वह एकदम सही है। उन्होंने अहिंसा का व्रत धारण करनेवाले के कार्य का जो अंदाजा लगाया था वह एकदम गलत है। किसी भी बात की सुरक्षा के लिए प्रत्यक्ष या परोक्ष रूप में भौतिक शक्ति का उपयोग हिंसा के द्वारा करना अहिंसावादियों का वायदा नहीं है, इस तरह की बात सही होने पर भी अमुक एक संस्था अहिंसा पर खड़ी नहीं है इसलिए उसे या उसमें सम्मिलित लोगों को मदद करने के लिए अहिंसावादियों पर किसी प्रकार की रोक नहीं लगाई गई है, यह बात यदि सही नहीं है तो उदाहरण के तौर पर, हिन्दुस्तान को स्वराज्य प्राप्ति के लिए मदद करने में मुझे रुकावट आएगी। क्योंकि, हिन्दुस्तान के भावी स्वराज्य की संसद कुछ न कुछ फौज और पुलिस तो रखेगी ही। पारिवारिक उदाहरण दें तो अगर मेरे बच्चे का अनत्याचार पर विश्वास नहीं है इसलिए उसे न्याय दिलवाने के लिए मैं मदद नहीं कर पाऊँगा।

श्री जकेरिया के तर्क को स्वीकार किया जाए तो अहिंसावादियों को किसी भी प्रकार का काम करना असम्भव होगा। और सम्पूर्ण अहिंसा का मतलब सम्पूर्ण निष्क्रियता माननेवाले लोगों की भी कोई कमी नहीं है। किन्तु मेरा अहिंसा तत्त्व इस प्रकार का नहीं है। अपने आपको किसी भी प्रकार के अत्याचार से दूर रखना और मेरी तरह की आस्था तथा आचरण रखने के लिए ईश्वर के सभी बच्चों को जितना समझा सकता हूँ उतना समझाना और उनकी सेवा करके उनका मन परिवर्तित कर सकता हूँ उतना करना मेरा काम है। किन्तु मेरे अहिंसा तत्त्व के साथ जो पूरी तरह मेल नहीं खाते

ऐसे लोगों या इस तरह के कार्यों का पक्ष उचित होने के बावजूद उन्हें मदद देना मैंने टाल दिया तो यही कहना पड़ेगा कि मैं अपनी आस्था को निभा नहीं सका। यह समझ में आने के बाद कि मुस्लिमों का पक्ष सही है, इस्लाम धर्म का महत्त्व नष्ट करने के लिए षड्यन्त्र करनेवाले विश्वासघाती लोगों के खिलाफ मैंने केवल अनत्याचारी साधनों से मुस्लिमों की मदद नहीं की तो उसका यही मतलब होगा कि मैं अत्याचार का समर्थन कर रहा हूँ। जिस समय अत्याचार पर भरोसा करनेवाले दो पक्ष आपस में झगड़ते हैं उस समय उनमें से इस पर उस पक्ष की ओर न्याय का झुकाव तो होता ही है। जिस आदमी की जायदाद लूट ली गई हो, ऐसे आदमी ने अपनी खोई हुई जायदाद जोरजबर्दस्ती हासिल करने की कोशिश की तब भी उसका पक्ष न्यायपूर्ण तो होता ही है। और जिसका नुकसान हुआ है उसे अधिक संघर्ष करने की बजाय या मानसिक बल मतलब सत्याग्रह के जरिए अपनी जायदाद हासिल करने के लिए उसका मन परिवर्तित करना सम्भव हुआ तो यह कहना पड़ेगा कि इसमें अहिंसा तत्त्व की बहुत बड़ी विजय हुई है। मतलब मैंने अहिंसा की कई सीमाएँ तय की हैं उससे मुझे अपने आपको अहिंसा भक्त कहलवाने का अधिकार नहीं है, इस तरह की बात मिस्टर जकेरिया कह सकते हैं। इस सम्बन्ध में मैं उन्हें इतना ही कहना चाहता हूँ कि जीवन कई विचारों से बना हुआ है और इस जीवन में सत्य और अहिंसा तत्त्वों के सम्बन्ध में इस तरह के रहस्यमय सवाल खड़े होते हैं कि उन्हें अलग-अलग करना और उन पर अपनी राय देना एक तरह से बुद्धि के लिए चुनौती ही है। लम्बा प्रयास और मौन प्रार्थना के संयोग से मनुष्य को सत्य की प्राप्ति होती है और समाज में उस सत्य की स्थापना के लिए सिर्फ न्याय जैसे साधनों का रास्ता है, मतलब जो सत्याग्रह या मानसिक शक्ति का रास्ता है वह दिखाई देने लगता है। मैं अपने मित्रों को इतना ही यकीन दिला सकता हूँ कि सत्यशोधन करने के काम में मैं मामूली से मामूली भी गलती नहीं करता हूँ। और सत्यान्वेषण के लिए किन्तु रमणीय रास्ते पर चलनेवाले राहगीरों की तरह विनम्र किन्तु लगातार प्रयास और मौन प्रार्थना जैसे दो मेरे भरोसेमन्द सहचर हमेशा साथ चलते हैं।''

उक्त परिच्छेद में प्रदर्शित विचार को गांधी ने सिर्फ तात्त्विक दृष्टि से प्रतिपक्ष को जवाब देने के उद्‌देश्य से उपयोग में लाया होता तो उसके बारे में हमें कुछ कहने की जरूरत नहीं है। किन्तु यह विचारधारा ईमानदारी की हो तो गांधी से इस तरह का सवाल किया जा सकता है कि हिंसावादी मुस्लिम खिलाफतवादियों को मदद देने के लिए, अहिंसावादी गांधी को किसी भी प्रकार की नैतिक कठिनाई यदि रुकावट नहीं बन सकी, तो इस युद्ध में अंग्रेजों को मदद करने के लिए गांधी को अहिंसा का बहाना क्यों करना चाहिए? खिलाफतवादियों का लक्ष्य न्यायपूर्ण था इसलिए उन्हें मदद करने के लिए अहिंसावादी गांधी को कोई कठिनाई नहीं थी फिर क्या गांधी का यह कहना है कि इस युद्ध में अंग्रेजों का पक्ष अन्याय पर आधारित है। इस सवाल का जवाब गांधी किस तरह से दे सकते हैं इसे देखने के लिए कई लोग बड़ी उत्सुकता से इन्तजार करेंगे इसमें कोई आश्चर्य की बात नहीं है। किन्तु हमें तो इस बात का बिल्कुल भरोसा नहीं कि

गांधी इस सवाल का कुछ जवाब दे पाएँगे। जिस समय जो लगेगा उस समय उसे बोलना और जैसे भी हो, बाजी मार लेना यह तो गांधी की अपनी शैली है। आज तक किसी भी विषय में एक राय देकर गांधी अटल रहे हैं, इस तरह की बात हमने कभी नहीं देखी है। 1914 के महायुद्ध में तिलक ने इस व्यावहारिक कहावत के मुताबिक कि, 'अंग्रेजों की मजबूरी हिन्दुस्तान का फायदा' और 'साम्राज्य की जरूरत हमारे काम आएगी', हिन्दुस्तान को युद्ध में बगैर शर्त मदद नहीं करनी चाहिए, इस प्रकार का प्रचार पूरे देश में किया गया था। उस समय गांधी ने तिलक का विरोध किया था और अंग्रेजों को बगैर शर्त मदद करनी चाहिए इस बात का समर्थन किया था। इस अवसर पर उन्होंने मान्यवर शास्त्री को एक पत्र लिखा था और वह पत्र मुम्बई के 'टाइम्स ऑफ इंडिया' के 19 जुलाई, 1918 के अंक में प्रकाशित हुआ था। उस पत्र का एक परिच्छेद हम निम्न दे रहे हैं–

"I cannot however, conclude my observations without stating what I consider to be the best means of enforcing our openion whatever shape it may finally take. I entirely endorse concluding remarks of the authors of the historic documents that thousands of Indian reformers are today studying with avidity : 'If anything could entre the sense of responsibility under which our recommendations are made, in a matter fraught with consequences so immense, it would be the knowledge that even as we are bringing our report to an end, far greater issues still hang in the balance upon the battlefield of France. It is there and not in Delhi or white hall that the ultimate decision of India's future will be taken.' May God grant us, home-rulers, the wisdom to see this simple truth ! The gate-way to on freedom is situated on the French soil. No victory worth has yet been won without the shedding of blood. If we could but crowed the betterfields of France with an indomitable army of home-rulers fighting for victory for the cause of the allies, it will also be a fight for our own cause. We could then have made out an unanswerable case for the granting of home-rule not is any distant time or near future but immediately. My advice, therefore, to the country would be, fight unconditionally unto death with the Britain for the victory, and agitate simultaneously also unto death, if we must, for reforms that we deserve. This is the surest method of gaining an honourable victory for ourselves over the strongest opposition of bureacratic forces. and at the end of it there would be no ill-will left. It may not be impossible to gain or end by sheer obstructive and destructive agitation. But it is easy enough to see that we shall at the same time reap ill-will between the British and the Indian elements, not a particularly cohesive cement, for binding would be partners."

"इस पत्र को पूरा करने से पहले, हमारी माँगों का अन्त में जो स्वरूप बनेगा वह तो बनेगा ही, किन्तु मेरी राय में उन माँगों को स्वीकार करने के लिए उन्हें मजबूर करने का सबसे अच्छा रास्ता कौन-सा है, यह बताना जरूरी है। हिन्दी राजनीतिक क्षेत्र के हजारों कार्यकर्त्ता राजकीय सुधारों के जिस ऐतिहासिक मसौदे पर आज बड़ी उत्सुकता से सोच रहे हैं उस मसौदे को तैयार करनेवालों ने अन्त में जो निष्कर्ष निकाला है वह मुझे पूरी तरह से मंजूर है," जिस योजना का परिणाम इतना बड़ा होनेवाला है कि उसकी आज कल्पना करना भी सम्भव नहीं है। उस योजना के बारे में सिफारिश करते समय हमें जिम्मेदारी का अहसास होने पर भी एक वजह से हमारे मन में सन्देह पैदा हो रहा है। वह कारण यह है कि हमारी रिपोर्ट पूरी होने से पहले ही हिन्दी राजनीतिक सुधार के सवाल से भी ज्यादा गम्भीर सवाल फ्रांस की युद्धभूमि पर हल किए जाएँगे। हिन्दुस्तान के भविष्य के बारे में जो फैसला होना है वह दिल्ली या वायसराय हाउस में नहीं होगा बल्कि फ्रांस की युद्धभूमि पर होनेवाला है।

इस सामान्य सत्य को पहचानने के लिए ईश्वर हमें और स्वराज्यवादियों को सद्‌बुद्धि दे। अपने स्वराज्य का रास्ता फ्रांस की भूमि पर है। खून बहाए बगैर आज तक सही सफलता किसी को नहीं मिली है। यदि हम दोस्तों की विजय के लिए लड़नेवाली स्वतन्त्रतावादियों की अपराजयी फौज को फ्रांस की युद्धभूमि पर भेज सके तो उसके कारण हम अपने फायदे के लिए भी लड़ सकते हैं। इस तरह करने से हम भविष्य में नहीं तो तुरन्त स्वराज्य हासिल करनेवाली स्थिति पैदा कर सकते हैं। इसलिए मैं देश से यह कहना चाहता हूँ कि अंग्रेजों की विजय के लिए मौत की परवाह किए बगैर ब्रिटेन के साथ आन्दोलन खड़ा कीजिए और अपने उचित सुधार के लिए संघर्ष कीजिए। नौकरशाही के भयंकर विरोध के खिलाफ सम्माननीय विजय हासिल करने का यही भरोसेमन्द रास्ता है। इस तरह होने से अन्त में किसी भी प्रकार की नफरत मन में नहीं रहेगी। हमें सिर्फ रुकावट या विनाश के रास्ते से लक्ष्य की प्राप्ति होनी असम्भव नहीं होगी किन्तु उससे हम लोगों में और ब्रिटिश लोगों में आपस में नफरत पैदा होगी और उससे भविष्य में आपसी हिस्सेदारी के लिए कभी भी अच्छा नहीं होगा।"

इससे पाठकों को पता चल जाएगा कि गांधी 1914 के युद्ध में ब्रिटिशों को मदद करने के विचारों का कितने जोर-शोर से प्रचार कर रहे थे। उस समय उन्हें यहाँ-वहाँ से यह पूछा जा रहा था कि 'आप अंग्रेजों को बगैर शर्त मदद करने के लिए क्यों कह रहे हैं?' इस सवाल का गांधी ने जो जवाब दिया है उसे भी इस मौके पर ध्यान में रखना जरूरी है। 1915 के अप्रैल में मद्रास में वकीलों का सालाना सहभोज का कार्यक्रम हुआ था। उसमें गांधी को भी निमन्त्रण दिया गया था। यही नहीं ब्रिटिश साम्राज्य को चिरंजीवी बनाने के लिए उनसे भाषण करने की प्रार्थना की गई थी। उस मौके का लाभ उठाकर गांधी ने बगैर शर्त विरोध करनेवाले विरोधियों को निम्न जवाब दिया था–

"During my three months tour in India as also in South Africa I have been so often questioned how I, a determind opponent of modern civilization and an avowed patriot could reconcile myself to loyalty of the British Empire of which India was such a large part, how it was possible for me to find it consistant that India and England could work together for mutual benefit. It gives me the greatest pleasure this evening at this great and important gathering to re-declare my loyalty to the British Empire and my loyalty is based upon very selfish grounds. As a passive resister, I discovered that a passive resister has to make good his claim to passive resistance, no matter under what circumstances he finds himself, and I discovered that the British Empire has certain ideals with which I have fallen in love and one of the ideals is that every subject of the British Empire has the best scope possible for his energies and honour and whatever he thinks is due to his conscience. I think that this is true of the British as it is not true of any other Government (applause) I feel, as you here perhaps know that I am no lovers of any Government, and I have more than once said that, that Government is the best which governs least. And I have found that it is possible for me to be governed least under the British Empire." (Loud applause)

"हिन्दुस्तान में मेरे तीन माह के दौरे में और उसी प्रकार दक्षिण अफ्रीका में मुझे कई बार इस तरह के सवाल पूछे गए कि मैं आधुनिक सुधारों का जबर्दस्त विरोधी और जबर्दस्त स्वदेशाभिमानी होने के कारण ब्रिटिश साम्राज्य के साथ प्रतिबद्ध कैसे रह सकता हूँ? और हिन्दुस्तान तथा इंग्लैंड जैसे दोनों राष्ट्र एक साथ मिलकर एक-दूसरे की भलाई के लिए लड़ सकेंगे यह मैं कैसे बता सकता हूँ ? आज के इस बहुत ही महत्त्वपूर्ण अवसर पर पुनः एक बार मुझे ब्रिटिश राज्य के पक्ष में अपनी प्रतिबद्धता व्यक्त करने में खुशी हो रही है। मेरी इस प्रतिबद्धता के मूल में बड़ा स्वार्थ छिपा हुआ है। मैं स्वयं अनत्याचार विरोधी होने के कारण मुझे इस प्रकार का अनुभव हुआ है कि किसी भी भयंकर स्थिति में इस तरह के विरोधी को अपना विरोध करने की अपनी योग्यता साबित करनी चाहिए। मुझे ब्रिटिश साम्राज्य में कुछ अच्छी बातें दिखाई दीं इसलिए मुझे उसमें कुछ आस्था पैदा हो गई। उसमें एक अच्छी बात यह है कि ब्रिटिश साम्राज्य में हर आदमी के उत्साह को, प्रतिष्ठा को और विवेकबुद्धि को पर्याप्त मौका मिलता है। इस प्रकार की सच्चाई सिर्फ ब्रिटिश साम्राज्य में ही दिखाई देती है, अन्य किसी सत्ता में नहीं दिखाई देती। (तालियाँ) मुझे ऐसा लगता है और आपको भी उस बात का इल्म होगा कि मैं किसी भी सरकार का भक्त नहीं हूँ। मैंने कई बार इस बात को स्पष्ट किया है कि जो सरकार कम-से-कम सत्ता चलाती है वही सरकार इस बात का उत्तर है। और मुझे इस

बात का पूरा यकीन है कि ब्रिटिश साम्राज्य मुझ पर कम-से-कम बन्धन लगाएगा। इसीलिए मैं ब्रिटिश सरकार के साथ प्रतिबद्ध हूँ।'' (जोर-जोर से तालियाँ)

इस प्रकार 1914 के युद्ध में गांधी की भूमिका के बारे में किसी को कुछ कहने की कोई जरूरत नहीं है। इस युद्ध में अंग्रेजों को मदद करनी चाहिए या नहीं इस बारे में पिछले दस महीनों में लगता है उन्होंने कई तरह के अन्तर्विरोधी विचार प्रकट किए हैं।

यहाँ हम लोगों से इतना ही कहना चाहते हैं कि गांधी की सही राय कौन-सी है यह पता लगाना काफी मुश्किल बात है। इसलिए हमें बड़े खेद के साथ कहना पड़ता है कि कोई मनमौजी आदमी आगे-पीछे की बात सोचे बगैर जैसा जब मन में आया वैसी बात करता है, वही गांधी की स्थिति हो गई है। यदि किसी ने इस बात की खोज की कि भूतकाल में उनके विचारों में किस प्रकार से परिवर्तन हुआ है, तो यह एक बेहद दिलचस्प बात होगी, हमें ऐसा लगता है। किन्तु भूतकाल में इस विषय में उनके विचारों में जो परिवर्तन होता रहा उसे अलग रखा जाए और इस युद्ध के शुरू होने के समय से अब तक युद्ध के बारे में इस देश के लोगों को अपनी नीति क्या रखनी चाहिए तो इन दस महीनों में इस सम्बन्ध में हमें दिखाई देगा कि उन्होंने तीन प्रकार से परस्पर विरोधी विचार व्यक्त किए हैं। युद्ध शुरू होने के दो-तीन दिनों में ही गांधी और वायसराय की शिमला में भेंट हुई थी। गांधी के खिलाफ कांग्रेस के अनुयायियों की शिकायत है कि गांधी कांग्रेस के नेता के रूप में कांग्रेस की ओर से वायसराय से मिलने जाते हैं। किन्तु उनकी वायसराय के साथ क्या बातचीत हुई इस बात का वे कांग्रेसवालों को बिल्कुल पता नहीं चलने देते। किन्तु इस समय उन्होंने स्वयं ही एक पत्र प्रकाशित करवाकर वायसराय के साथ हुई बातचीत की जानकारी दी है। इस पत्र में उन्होंने निम्न प्रकार से अपने विचार व्यक्त किए थे–

"Having made my position vis-a-vis Congress quite clear, I told His Excellency that my own sympathies were with England and France from the purely humanitarian standpoint. I told him that I could not contemplate, which had hither to been regarded as impregnable. And as I was picturing before him the Houses of Parliament and Westminister Abbey and their possible destruction, I broke of down. I am in perpetual quarrel with God that he should allow such things to on . My non-violence seems almost impotent. But the answer comes at the end of the daily quarrel that neither God non-violence is impotent. Impotency is in men. I must try on without losing faith even though I may break in the attempt."

"कांग्रेस में मेरा स्थान क्या है इस बात को एकदम स्पष्ट करने के बाद मैंने मान्यवर वायसराय से कहा कि इंग्लैंड और फ्रांस के बारे में मेरी जो हमदर्दी है वह शुद्ध मानवीय कल्याण की है। मैंने वायसराय से यह भी कहा है कि आज तक अटूट रहे लंदन शहर के विनाश की बात मैं बर्दाश्त नहीं कर सकता, इस खबर से मेरा मन

थरथराने लगा है। जब मैं वायसराय के सामने हाउस ऑफ पार्लियामेंट और वेस्टमिनिस्टर अॅब्बे के सम्भव विनाश का चित्र रख रहा था तब मैं पूरी तरह अस्वस्थ हो गया था। मेरा मन बेचैन हो गया था और मैं अपने मन-ही-मन में ईश्वर के साथ लड़-झगड़ रहा था कि ईश्वर को इस तरह की गलत बातें घटने नहीं देनी चाहिए। मुझे ऐसा लगने लगा है कि मेरा अहिंसा तत्त्व करीब-करीब दुर्बल हो गया है। किन्तु हर दिन संघर्ष के अन्त में मुझे जवाब मिलता है कि ईश्वर दुर्बल नहीं है और अहिंसा भी दुर्बल नहीं है। दुर्बलता तो मनुष्य में है। इस तरह के प्रयासों में मेरा देश टूट गया तब भी कोई बात नहीं, किन्तु आस्था को बरकरार रखते हुए मुझे प्रयोग करते रहना चाहिए।''

"I am not therefore just now thinking of India's deliverance. It will come. But what will it be worth if England and France fall?"

''फिलहाल मैं हिन्दुस्तान की स्वतन्त्रता के बारे में नहीं सोच रहा हूँ। हिन्दुस्तान तो स्वतन्त्र होगा ही। किन्तु इंग्लैंड और फ्रांस के पतन के बाद उस स्वतन्त्रता का क्या मूल्य रहेगा?'' इस तरह के विचार गांधी के थे। 5 सितम्बर, 1939 को गांधी ने वायसराय के साथ मुलाकात के बाद पत्र-प्रतिनिधियों के सामने इस तरह के विचार व्यक्त किए थे।

यह उनकी प्रारम्भिक भूमिका है। इस परिच्छेद से स्पष्ट होगा कि उनकी राय में युद्ध के प्रारम्भ में इस देश के लोगों को ब्रिटिश लोगों की बगैर शर्त मदद करनी चाहिए। उसके बाद 15 सितम्बर, 1939 को वर्धा में कांग्रेस वर्किंग कमेटी की बैठक हुई। उस बैठक में वर्किंग कमेटी ने यह प्रस्ताव मंजूर किया, ''इस युद्ध में ब्रिटिशों को लोकशाही के तत्त्वों के सम्बन्ध में और उसी तरह साम्राज्यशाही के तत्त्वों के सम्बन्ध में अपना लक्ष्य और उस लक्ष्य का लाभ हिन्दुस्तान के लोगों को कहाँ तक दिया जाएगा, इस बात का साफ शब्दों में और सरल भाषा में स्पष्टीकरण करना चाहिए। और अंग्रेज सरकार जब तक उस प्रकार का स्पष्टीकरण नहीं करती तब तक इस लड़ाई में कांग्रेस को अंग्रेजों की मदद करनी सम्भव नहीं है।'' जिन लोगों को यह मालूम है कि कांग्रेस वर्किंग कमेटी और गांधी में गुरु-शिष्य का सम्बन्ध है, उन्हें वर्किंग कमेटी द्वारा मंजूर किए गए इस प्रस्ताव को देखकर निश्चित तौर पर आश्चर्य होगा इसमें कोई सन्देह नहीं। 5 सितम्बर को गांधी कहते हैं कि इस युद्ध में अंग्रेजों की बगैर शर्त मदद करनी चाहिए। और उसी माह में 15 तारीख को गांधी की उपस्थिति में आयोजित कांग्रेस वर्किंग कमेटी की बैठक ने यह प्रस्ताव मंजूर किया कि ''अंग्रेज लोग जब तक अपना लक्ष्य घोषित नहीं करते तब तक उन्हें मदद करना सम्भव नहीं है।'' यह एक बड़ा अजीब तरीका है, ऐसा कहना गलत नहीं होगा। या तो गांधी ने पहली बार जो राय व्यक्त की उसमें ढोंग था या इस तरह से कहने के अलावा उनके पास और कोई रास्ता नहीं था कि वर्किंग कमेटी ने उनकी राय को कोई महत्त्व नहीं दिया। किन्तु उससे भी बड़े आश्चर्य की बात यह है कि वर्किंग कमेटी ने जो सशर्त मदद का प्रस्ताव मंजूर किया उसे गांधी ने समर्थन भी दिया है। बगैर शर्त मदद करने की बात करनेवाले गांधी, वर्किंग कमेटी

ने सशर्त मदद करने का जो प्रस्ताव मंजूर किया उसे समर्थन देते हैं, इस बात पर शायद कई लोगों को यकीन नहीं आएगा। गांधी ने 23 सितम्बर, 1939 के 'हरिजन' के अंक में अपने विचार व्यक्त किए हैं, उनके कुछ अंश हम निम्न दे रहे हैं–

"The working committee's statement on the world crisis took four days before it received final shape, Every member expressed his opinion freely on the draft that was, at the committee's invitation prepared by Pandit Jawaharlal Nehru. I was sorry to find myself alone in thinking that whatever support was to be given to the British should be given unconditionally. This could only be done on a purely non-violence basis. But the committee has a tremendous responsibility to discharge. It could not take the purely non-violent attitude felt that the nation had not imbibed the non-violent spirit requisite for the possession of the strength which disdains to take advantage of the difficulty of the opponent. But in stating the reasons for its conclusion the committee desired to show the greatest consideration for the English."

"It will be a pity in Congressmen to engage in petty squabbles and party strife. If anything big or worthy is to come out of the committee's action, the undivided and unquestioned loyalty of every Congressman is absolutely necessary. I hope too that all other political parties and communities will join the committee's demand for clear declaration of their policy about the British Government with such corresponding action as is possible amidst martial conditions."

"All that is required is a mental revolution on the part of the British statesmen. To put it still more plainly, all that is required is honest action to implement the decleration of faith in democracy made on the eve of the war, and still being repeated from British platforms. Will Great Britain have an unwilling India dragged into the war or a willing ally co-operating with her in the prosecution of defence of true democracy?"

"विश्व आपत्ति के बारे में कांग्रेस वर्किंग कमेटी का निवेदन अन्तिम रूप से तैयार होने में चार दिन लग गए। कमेटी के आग्रह पर पंडित नेहरू ने इस निवेदन पत्र का मसौदा तैयार किया। और उस पर हर सदस्य ने अपनी राय खुले दिल से व्यक्त की। किसी भी प्रकार की शर्त रखे बगैर ब्रिटिशों को जो कुछ मदद देनी हमारे लिए सम्भव होगी वह हमें देनी चाहिए इस प्रकार की सोच रखनेवाला मैं अकेला आदमी हूँ, इस बात का पता लगते ही मुझे खेद हुआ। मेरी राय में जो कुछ मदद करनी है वह शुद्ध अनत्याचार की नींव पर होनी चाहिए। किन्तु कमेटी को बहुत बड़ी जिम्मेदारी निभानी

थी। कमेटी केवल अनत्याचारी बर्ताव स्वीकार नहीं कर सकी। कमेटी को ऐसा लगा कि अपने विरोधी की मुसीबत का लाभ उठाना एक तरह से नफरत करने योग्य बात समझी जाए इतना मानसिक बल हासिल करने के लिए जो जरूरी अहिंसक स्वभाव चाहिए वह अभी तक राष्ट्र में कायम नहीं हो सका। किन्तु कमेटी ने जो निर्णय लिया है उसके कारणों को दर्ज करते समय कमेटी की अंग्रेजों के बारे में अधिक से अधिक चिन्ता प्रदर्शित करने की इच्छा दिखाई दी है।''

कांग्रेस के अनुयायी इस समय मामूली झगड़ों में और पार्टी के भीतरी झगड़े में उलझकर रहेंगे तो उससे गलत बात और कोई नहीं हो सकती। कमेटी ने जो निर्णय लिया है उससे यदि कुछ महत्त्वपूर्ण और उचित परिणाम आने हों तो कांग्रेस के सभी अनुयायियों को कमेटी पर अविभाजित और असंदिग्ध वफादारी रखनी बेहद जरूरी है। उसी प्रकार कमेटी ने यह जो माँग की है कि ब्रिटिश सरकार को अपनी नीति स्पष्ट रूप से घोषित करनी चाहिए और उसके मुताबिक वर्तमान युद्ध स्थिति में जो सम्भव हो उस तरह का कुछ न कुछ कार्य करके दिखाना चाहिए, उसे अन्य सभी राजनीतिक दल और सभी जातियाँ मिलकर समर्थन देंगी, इस प्रकार की मैं उम्मीद करता हूँ।

आज यदि किसी बात की जरूरत है तो वह ब्रिटिश राजनीतिज्ञों में मानसिक क्रान्ति की जरूरत है। और भी स्पष्ट रूप से कहें तो युद्ध के प्रारम्भ में की गई और आज भी ब्रिटिश मंचों से बार-बार की जानेवाली लोकतन्त्र पर भरोसे की आम घोषणा ईमानदार क्रिया के द्वारा अमल में लाने की आज जरूरत है। क्या ग्रेट ब्रिटेन हिन्दुस्तान को उसकी इच्छा के खिलाफ युद्धभूमि पर खींचकर लाएगा या असली लोकतन्त्र की सुरक्षा के काम में स्वयं सहयोग करनेवाले दोस्त के रूप में हमें अपने करीब करेगा?''

पहली राय बगैर शर्त मदद करने और दूसरी राय सशर्त मदद करने की है। दूसरी राय व्यक्त करने के बाद, तीसरी राय है बिल्कुल मदद न करने की। और वह इसलिए कि मदद अहिंसा तत्त्व के खिलाफ जाती है इसलिए! हमारा कहना है कि गांधी की पहली राय हमारी राय से मेल खाती थी और वही इस समय उचित है। दूसरी राय पहली राय से भिन्न होने पर भी वह व्यवहार को लेकर थी, इस बात को हम स्वीकार करते हैं। किन्तु उनकी तीसरी राय तो एकदम गैरजिम्मेदाराना ढंग की है। इस बात का किसी को भी आश्चर्य होगा कि अहिंसावादी गांधी हिंसावादी खिलाफतवालों को मदद करने के लिए तैयार हो जाते हैं तो फिर अंग्रेजों के बारे में उन्हें अहिंसा की रुकावट क्यों होनी चाहिए। शायद उन्होंने 'न करने के लिए वार शनिवार' इस तरह का अहिंसा का बहाना आगे किया होगा या वे गैरजिम्मेदार विचारों के प्रवाह में फँस गए होंगे, इसके अलावा तीसरा और कोई कारण हो सकता है इस बात की हमें कोई सम्भावना नहीं नजर आ रही है।

हमने युद्ध के बारे में अपनी भूमिका को स्पष्ट किया है। हमारी यह मान्यता है कि बहुत ज्यादा काँटे का समझौता करने के चक्कर में पड़ने के बजाय इस देश के लोगों को युद्ध में अंग्रेजों को मदद करनी चाहिए। हमारी इस राय को जो कोई गलत समझता

हो उसमें हमें कोई एतराज नहीं है। हम जवाब में यह कह सकते हैं कि हमारी जो राय है उसी प्रकार की राय 1914 के युद्ध में गांधी की भी थी। फर्क सिर्फ इतना ही है कि गांधी ने अपनी भूमिका को बदल दिया है और उस तरह की भूमिका बदलने के लिए हमें ऐसा बिल्कुल नहीं लगता कि अंग्रेजों की ओर से इस बारे में कोई प्रमाद हुआ है।

हमने अपनी भूमिका स्पष्ट कर दी है इसलिए दूसरों के मतभेदों की चर्चा करते रहने में हमें कोई दिलचस्पी नहीं है। किन्तु तथाकथित नेता बेवजह अपने विचारों की हेराफेरी करने लग जाते हैं तब इस प्रकार की बातें जरूरी हो जाती हैं, यह हमारी अपनी जिम्मेदारी बन जाती है। हमें बिल्कुल ऐसा नहीं लगता कि विचारों की हेराफेरी में गांधी के दोषों का हंडा भरना शेष रह गया है। ऐसा लगता है कि जब मन चाहे तब विचार बदलने की गांधी की आदत बन गई है। किसी भी आदमी को एक बार एक राय देने में और दूसरी बार दूसरी राय देने में शर्म होनी चाहिए। किन्तु लगता है गांधी ने इस मामले में हर तरह की सीमाएँ तोड़ दी हैं। अभी-अभी किसी आदमी ने गांधी से उनकी इस बार-बार की मतभिन्नता के बारे में पूछा था। उस आदमी को गांधी ने जो जवाब दिया था वह बहुत महत्त्वपूर्ण है। 30 दिसम्बर, 1939 के 'हरिजन' के अंक में गांधी लिखते हैं–

"At the time of writing I never think of what I have said before. My aim is not to be consistant with my previous statements on a given question, but to be consistant with truth as it may present itself to me at a given moment. The result has been that I have grown from truth to truth; I have saved my memory an undue strain, and what is more, whenever I have been obliged to compare my writing even of fifty years ago with the later, I have discovered no inconsistency between the two. But friends who observed inconsistency will do well to take the meaning that my latest writing may yield unless, of course, they prefer the old. But before making the choice they should try to see if there is not an underlying and abiding consistency between the two abiding seeming inconsistencies."

"किसी भी विषय पर कहते-लिखते समय उस विषय के बारे में मैंने पहले क्या कहा था इस बारे में मैं कभी सोचता ही नहीं। किसी विशेष सवाल के सम्बन्ध में मैंने पहले जो वक्तव्य दिया है उससे आज का वक्तव्य मेल खाता है या नहीं इस बात को देखना मेरा उद्देश्य नहीं रहता। मैं सिर्फ इतना ही देखता हूँ कि विशेष अवसर पर मुझे जो सत्य दिखाई दिया उस सत्य के साथ मेरा उस समय का वक्तव्य मेल खाता है या नहीं। इसका परिणाम यह हुआ है कि मैं अपना जीवन असत्य की ओर से सत्य की ओर जाने में (शाश्वत सत्य के मार्ग पर) व्यतीत कर रहा हूँ। उसके कारण मैंने अपनी दिमागी ताकत पर पड़नेवाले गैरजरूरी तनाव को कम कर दिया है। और विशेष बात यह है कि जब-जब मैंने पचास साल पहले लिखी बातों से अपनी हाल की लिखी बातों

की तुलना करने का प्रयास किया तब उन दोनों में मुझे बिल्कुल भी विरोध नहीं दिखाई दिया। फिर भी मेरे जिन मित्रों को ऐसा विरोध दिखाई देगा उन्हें (मतलब जिन्हें पहले के लेख ज्यादा पसन्द होंगे उन्हें उनको उसी अर्थ में लेना चाहिए।) मेरे आजकल के लेखों का अर्थ भी इसी तरह लेना ज्यादा उचित होगा। किन्तु इस ऊपरी तौर पर दिखाई देनेवाले विरोध में भी बुनियादी और अविच्छिन्न समानता दिखाई देती है या नहीं, इस बात को खोजने का प्रयास करना चाहिए।''

नेता रास्ता दिखानेबाला होना चाहिए, सिर्फ सत्य खोजनेवाला नहीं! किन्तु गांधी इस बारे में क्यों सोचें? यदि गांधी को पूछनेवाला कोई होता तो उनमें ऐसी महात्मागीरी का मतलब गैरजिम्मेदाराना जवाब देने की हिम्मत न होती। उन्हें कोई पूछनेवाला नहीं है। इसलिए आज की राजनीति में गांधी का मनमाना आचरण बड़े आराम से चल रहा है। यदि इस तरह की भाषा यूरोप के किसी नेता ने इस्तेमाल की होती तो उसे नेता पद से अलग करने में वहाँ के लोगों को पाँच मिनट भी न लगे होते। इस देश की स्थिति ऐसी है कि 'लोग हैं भोलेभाले और नेता हो गए हैं उन्मादी'। लोगों की यही भावना है कि महात्मा कुछ भी करें लेकिन वह तो महात्मा ही हैं। गांधी का नशा यही है कि अधिकार है इसलिए हम जो भी कहें लोग वही स्वीकार कर लेते हैं! जहाँ लोग भोलेभाले हैं और नेतृत्व करनेवाले व्यक्ति पर उनका पूरा विश्वास है वहाँ नेतृत्व करनेवाले व्यक्ति की अधिक जिम्मेदारी है। उसके गैरजिम्मेदाराना ढंग से विचारों को बदलने का मतलब लोगों को गुमराह करनेवाली बात है। इसलिए हमें ऐसा लगता है कि गांधी ने यह जो नई भूमिका अख्तियार की है वह नई भूमिका उपदेशात्मक नहीं है बल्कि षड्यन्त्र है। इसलिए लोगों को उस षड्यन्त्र से सचेत रहना चाहिए, यही उन्हें हमारा सुझाव है।

जिस तरह हमें यह बताना जरूरी लगता है कि गांधी के उपदेशों से सचेत रहिए उसी तरह यह कहना भी जरूरी है कि कांग्रेस वर्किंग कमेटी से भी सचेत रहिए। हठीली कशमकश से कुछ भी हासिल होनेवाला नहीं है। अड़ंगे डालने की कितनी भी इच्छा हो फिर भी अंग्रेजों को रोका नहीं जा सकता। कांग्रेस न तो भर्ती को रोक सकती है और न कुछ कर सकती है। यदि कांग्रेस ने भर्ती को रोकने का प्रयास किया तो अन्य दल मदद के लिए तैयार हैं। ऐसी स्थिति के कारण अंग्रेजों को रोका नहीं जा सकता उल्टे रोकने की बात करनेवालों की हालत खराब हो जाएगी, इसमें कोई सन्देह नहीं है। अन्य सभी दल युद्ध में मदद करने के लिए तैयार हैं। सिर्फ कांग्रेस की ओर से ही रुकावट बनी हुई है। और जब कांग्रेस का मतलब हिन्दू हो तब जो नुकसान होगा वह हिन्दुओं का ही होगा। इसलिए हमारा सुझाव है कि उन्हें इन तमाम बातों पर साफ दिल से सोच-विचार करना चाहिए।

हमारे आन्दोलन का बल हमारे अखबारों से है

__दि. 26 अगस्त 1940__ को शाम को पोयबावड़ी, परल, मुम्बई में समाज सेवक संघ के दामोधर सभागार में मुम्बई म्युनिसपैलिटी में काम करनेवाले अछूत मजदूर इकट्ठा हुए थे। डॉ. बाबासाहेब अम्बेडकर रात में 9.00 बजे सभास्थल पर पहुँचे। प्रारम्भ में भाई चिटणीस का भाषण हुआ। उसके बाद सभा को सम्बोधित करते हुए डॉ. अम्बेडकर ने कहा–

बहनो तथा भाइयो,

आप लोग संघ के नाम पर यहाँ इकट्ठा हुए हैं। फिर भी मैं आज आप लोगों से संघ के सम्बन्ध में कुछ नहीं कह पाऊँगा। मैं आज आप लोगों का ध्यान बहुत महत्त्वपूर्ण बातों की ओर आकर्षित करना चाहता हूँ। उस बात को सुनने और उसे पूरी सफलता के साथ अमल में लाने के लिए ही मैंने आज आप लोगों को यहाँ बुलाया है। हमारे सभी आन्दोलनों की सफलता हमारे अखबारों से है। और वे अखबार पिछले 20-22 सालों से किसी न किसी रूप में आपके सामने आते रहे हैं। पहला 'मूकनायक', बाद में 'बहिष्कृत भारत' और अब का 'जनता' ये उनके अलग-अलग रूप हैं। 'जनता' को जन्म देनेवाला भारतभूषण छापाखाना है। मैंने इन दोनों संस्थाओं को बिल्ली के बच्चों की तरह सँभाला है। अपने बच्चों का रक्षण करने के लिए बिल्ली को एक जगह से दूसरी जगह भटकना पड़ता है, उसी तरह 'जनता' और छापाखाने को बचाने के लिए मुझे कई मुश्किलों का सामना करना पड़ा है। किन्तु ऐसी स्थिति यदि आगे रही तो अखबार का प्रकाशन असम्भव हो जाएगा।

आज पुनः 'जनता' और छापाखाने पर खतरे के बादल मँडरा रहे हैं। वे जिस स्थान पर हैं, उस स्थान को छोड़ देने के लिए मुझे नोटिस मिला है। इसलिए 'जनता' और छापाखाने को अब सुरक्षित स्थान पर ले जाना मेरे लिए जरूरी हो गया है। और यह सुरक्षित स्थान अब आगे अस्थायी नहीं होना चाहिए। इसलिए अपनी निजी इमारत बनाना ही अब हमारे सामने महत्त्वपूर्ण सवाल है। यह भी सच है कि इस सवाल को आप लोग अकेले हल नहीं कर सकते। आपकी तरह अन्य लोगों पर भी इसका बोझ पड़ेगा और अन्य लोगों से भी इस कार्य का कुछ बोझ उठाने का आग्रह किया जाएगा। किन्तु आप लोगों को ही पहले बुलाने की वजह यह है कि आप लोग अन्य लोगों से

ज्यादा संगठित हैं। इसीलिए आप लोगों के सामने इस बात को रखना ज्यादा उचित है। आपके संघ के 500 सदस्य हैं। इन सभी सदस्यों की ओर से हर एक से दो रुपए के हिसाब से इकट्ठा करके कुल 10 हजार रुपए आप लोगों को इकट्ठा करने चाहिए। पहले माह में हर एक को एक रुपया देना चाहिए फिर एक माह बाद एक रुपया, फिर दूसरे माह में हर एक को अपने हिस्से का चन्दा देना चाहिए।

इस काम के लिए एक कमेटी का गठन किया जाएगा। इस कमेटी के सचिव मान्यवर शांताराम अनाजी उपशाम करेंगे। मेरे हस्ताक्षरों से रसीदबुक छपाई जाएगी। और उन रसीद बुकों को ले जाकर हरेक को अपनी जिम्मेदारी निभानी चाहिए। मैं यहाँ एक बात स्पष्ट करना चाहता हूँ वह यह है कि आप लोग जो पैसा देनेवाले हैं वह यूनियन के सदस्य की हैसियत से नहीं बल्कि आप लोग अछूत जाति से सम्बन्धित हैं इसलिए। यह पैसा मडके बाबा के द्वारा इकट्ठा किया जाएगा, यूनियन के द्वारा नहीं। इस निधि पर आपकी यूनियन का किसी भी प्रकार का अधिकार नहीं होगा। इसलिए मैं बड़े आग्रह के साथ कहना चाहता हूँ कि इस काम को अपने समाज का काम समझकर आप लोग इस कार्य को तुरन्त शुरू कर दीजिए। मैं आज इससे ज्यादा और कुछ बोलना उचित नहीं समझता।

साप्ताहिक 'जनता' के 31 अगस्त, 1940 के अंक में प्रकाशित।

धर्मवादी लोग अपनी-अपनी जाति को ही दान देते हैं

*दि. **1 नवम्बर 1940** को मुम्बई मे चित्रा सिनेमा के पीछेवाली जगह में डॉ. बाबासाहेब अम्बेडकर की अध्यक्षता में एक जंगी सभा आयोजित की गई थी। इस सभा का आयोजन इमारत फंड इकट्ठा करने के बहाने किया गया था। इस सभा में डी.व्ही. प्रधान, भा.र. कद्रेकर, के.व्ही. चित्रे आदि मान्यवर उपस्थित थे। इस सभा को सम्बोधित करते हुए डॉ. अम्बेडकर ने कहा–*

इस सभा का आयोजन वास्तव में कोई जरूरी नहीं था क्योंकि इमारत के लिए निधि इकट्ठा करने की घोषणा मैंने दो साल पहले की थी। तब से हम किसी सुविधाजनक स्थान की तलाश में थे। मुम्बई शहर में खास तौर पर दो तरह के स्थान हैं : (1) मुम्बई महानगर पालिका की जमीन और (2) सुधार प्रन्यास की जमीन। सुधान प्रन्यास की जमीन खरीदनेवालों को उस जमीन के सिर्फ एक-तिहाई जमीन पर निर्माण-कार्य करना चाहिए और शेष उसके इर्द-गिर्द की दो-तिहाई जमीन खाली छोड़ देनी चाहिए, यह नियम है। उसी प्रकार म्यूनिसपैलिटी की जमीन खरीदने पर 10 फीट जमीन चारों ओर छोड़नी पड़ती है। इस तरह की कठोर शर्तें हमें मंजूर नहीं थीं। इसलिए हम अन्य किसी सुविधाजनक जमीन की तलाश करने लगे। अन्त में आप जिस जमीन पर बैठे हैं उस जमीन को हमने पसन्द किया है। इतनी बड़ी जमीन को बाँटने के लिए जमीन मालिक तैयार नहीं था। लेकिन कुछ मित्रों की मदद से हमने इस जमीन को बाँटकर खरीद लिया है।

बीस साल से हमारा सामाजिक कार्य चल रहा है फिर भी सभा, समारोह आदि अलग-अलग कार्यों के लिए स्थान प्राप्त करने के लिए दूसरों के पास जाने के अलावा कोई विकल्प नहीं था। इस अभाव को इस जमीन पर बनी इमारत से पूरा किया जाएगा। यह जमीन आप सभी के लिए बड़े काम की चीज है। इस जमीन का क्षेत्रफल 1100 वर्ग मीटर है। इसके पास ही ट्राम की सुविधा है। इसके करीब ही जी.आई.पी., बी.बी. एंड सी. के स्टेशन हैं। कीमत की दृष्टि से देखें तो यह जमीन हमें किफायत के भाव में मिली है, यह कहने में कोई हर्ज नहीं है। कहीं जमीन की कीमत 22 रुपए प्रति मीटर है तो कहीं उसकी कीमत 25 से 30 रुपए वर्ग मीटर है। यह जमीन हमें 15 रुपए मीटर मिली है। (तालियाँ)

बड़ी खुशी की बात यह है कि जमीन के मालिक की यह शर्त भी नहीं है कि आज ही जमीन की सारी कीमत देने पर ही उस पर अधिकार किया जाए। यदि ऐसा होता तो 15-16 हजार रुपयों की व्यवस्था करना हमारे लिए आसान बात नहीं थी। हमें वह रकम बारह साल में आसान किस्तों में देनी है।

हमने इस जमीन को 999 साल के पट्टे पर लिया है। व्यवहार की दृष्टि से यह समझौता एक तरह से स्थायी स्वामित्व का समझौता है, ऐसा यदि कहा जाए तो इसमें कोई हर्ज नहीं होगा।

इस जमीन पर हम तीन मंजिल इमारत बनाना चाहते हैं। पहली मंजिल पर आधे हिस्से में भारतभूषण छापाखाना और आधे हिस्से में म्यूनिसपल यूनियन की व्यवस्था तथा अन्य ऑफिस और कुछ कमरे रहने के लिए रखने की व्यवस्था करनी है। दूसरी मंजिल किराए पर देने के लिए तैयार करनी है। और अंदाज है कि उसके करीब सोलह कमरे बनेंगे और उससे साल का लगभग 3500 रु. किराया मिलने की सम्भावना है।

तीसरी मंजिल पर 50 फीट चौड़ा और 100 फीट लम्बा हॉल बनेगा। हॉल का किराया सालभर में 400-500 रु. आएगा, ऐसी उम्मीद है। इस तरह सालाना 4,000 रु. आय होगी, इस तरह का अनुमान है। उसमें से महानगर पालिका टैक्स, ब्याज आदि घटाकर 2500 रु. शेष रह जाएँगे, ऐसा अनुमान है। इससे यह लगता है कि इस जमीन पर भवन निर्माण-कार्य शुरू किया गया तो हमारा नुकसान होने की बजाय लाभ ही होगा।

प्यारे भाइयो, इस तरह से हर साल 2500 रु. रकम प्राप्त होती रहेगी तो गाँव-देहातों के लोगों पर अन्य सवर्ण लोगों के द्वारा जो जुल्म किया जाता है, उसके खिलाफ दलितों की मदद की जा सकती है। इस तरह से गाँव-देहातों के लोगों की रक्षा होगी और समय आने पर इधर-उधर झोली फैलाने की नौबत नहीं आएगी।

यदि ये तीन मंजिलें बनेंगी तो जमीन की कीमत और इमारत निर्माण का खर्च एक लाख रुपए होगा। महायुद्ध के कारण सीमेंट, लोहा आदि वस्तुओं के दाम बढ़ गए हैं। और दूसरी बात यह है कि इस निधि के लिए अन्य जाति के लोगों की ओर से मदद मिलना मुश्किल है। धर्मवादी लोग अपनी-अपनी जाति को ही दान देते हैं। अपने समाज में पैसेवाले लोग नहीं हैं। हम लोग कांग्रेस में भी नहीं हैं।

इस निधि को हम लोगों को अपने लोगों में से ही इकट्ठा करना चाहिए। धनवानों की तरह अपने लोगों में से एकदम 200 रु., 500 रु. या 1000 रु. का अनुदान मिलना मुश्किल है। अपने समाज के हर आदमी को दो-दो रुपए दान देकर ही इस रकम को इकट्ठा करना होगा। आप लोग जगह-जगह इमारत निधि कमेटियाँ बनाइए और अपने काम में लग जाइए। यदि आप लोगों की यही इच्छा हो कि पैसे लेने के लिए मुझे ही आपके पास आना चाहिए, तो मैं जरूर आऊँगा लेकिन आप लोग जानते हैं कि हमारे समाज की हर तरह की जिम्मेदारी हर तरह से मेरे ऊपर है। इसलिए मुझे हर जगह बुलाने का आग्रह मत कीजिए। यह होने पर भी यदि सचमुच आपका प्रेम मुझ पर है

तो मैं आऊँगा। किन्तु इमारत निधि के काम में किसी को भी किसी भी तरह की कोई दलाली नहीं करनी चाहिए। सिर्फ इतना कहते हुए मैं अपना भाषण समाप्त कर रहा हूँ।

साप्ताहिक 'जनता' के 16 नवम्बर, 1940 के अंक में प्रकाशित।

हमारे पास सबसे अधिक बल संगठन का है

***दि. 7 दिसम्बर 1940** को रात में साढ़े आठ बजे चन्दनवाडी, मुम्बई में इमारत फंड के लिए दलितों की एक जंगी सभा का आयोजन किया गया था। डॉ. बाबासाहेब अम्बेडकर इस सभा के अध्यक्ष थे। सभा के प्रारम्भ में 'डॉ. अम्बेडकर कौन हैं, दलितों के राजा हैं', 'अम्बेडकर जिन्दाबाद, थोड़े दिन में भीमराज' आदि घोषणाओं से उनका जबर्दस्त स्वागत किया गया था।*

आप लोगों ने आज यहाँ सभा का आयोजन करके मुझे निमन्त्रित किया है, इसके लिए मैं आपका बड़ा आभारी हूँ। वास्तव में मैंने किसी के प्रति भी आभार व्यक्त नहीं किया है। फिर आप लोगों के प्रति ही आभार क्यों व्यक्त कर रहा हूँ? क्योंकि आप लोगों ने पिछले दस-बारह सालों से सार्वजनिक कार्य में हिस्सा नहीं लिया है और मुझे सन्देह था कि शायद यहाँ के लोग सो तो नहीं गए? या फिर वे क्या करते हैं? मुझे आदि बातों के बारे में कोई जानकारी नहीं थी। अब आप इस सभा का आयोजन करके समाज कार्य के बारे में अपनी जिज्ञासा दिखा रहे हैं। इसीलिए मेरा आप लोगों के प्रति आभार व्यक्त करना उचित है। महाड के सत्याग्रह के बाद कुछ लोगों ने कोंकणी लोगों को छलना शुरू किया है। जिन लोगों ने उन्हें सताया उनके नाम यहाँ बताने की कोई जरूरत नहीं। मेरी तरह तुम लोगों को भी उनके नाम मालूम होंगे। इन लोगों में से किसी ने सार्वजनिक आन्दोलन में हिस्सा लिया होगा, इस बात की मुझे कोई जानकारी नहीं है। इन लोगों में से कुछ लोगों ने खुल्लमखुल्ला कोंकणस्थ और देशस्थ का भेदभाव फैलाया है। इस तरह के भेदभाव से समाज के कल्याण की बात नहीं बल्कि हानि तुरन्त हो जाएगी, इसमें कोई सन्देह नहीं है। इस प्रकार का भेदभाव पैदा करनेवालों ने इन दस-बारह सालों में कुछ समाजहित के काम किए होते तो मुझे बड़ी खुशी होती। उन्होंने कुछ छात्रावास खोले होते, कुछ गरीब बच्चों को स्कॉलरशिप दिलवाई होती तब भी मुझे खुशी होती। लेकिन उन्होंने वैसा कुछ नहीं किया है बल्कि समाज में भेदभाव पैदा किया जा रहा है। कड़वी बातें कहना मेरा स्वभाव नहीं है। और न मुझे उसमें किसी भी प्रकार की दिलचस्पी है। मैं समाज में किसी भी प्रकार का भेदभाव पैदा नहीं करना चाहता। लेकिन ऐसे लोगों की वजह से समाज का बड़ा नुकसान हुआ है।

इतने दिनों तक हमारे हाल बेहाल होते रहे हैं, अब आगे ऐसा मत होने दीजिए।

समाज में भेदभाव पैदा होनेवालों को किसी भी प्रकार का महत्त्व मत दीजिए। इसके लिए मुझे कठोर उपाय खोजना पड़ेगा। आप लोगों ने शायद इन्हीं बातों को पहचान करके आपस के भेदभावों को भूलकर इस जंगी सभा का आयोजन किया है, इसीलिए मैंने आपके प्रति आभार व्यक्त करना उचित समझा है। खैर।

भाइयो, इमारत के बारे में मुझसे पहले दो वक्ताओं ने आपको बता दिया है। इसके पहले भी मैंने इमारत निर्माण के सम्बन्ध में दो-चार जगह भाषण दिए हैं। यदि आप साप्ताहिक 'जनता' के पाठक हों तो आपको भी उसकी जानकारी होगी। मेरे पहले वक्ताओं ने जो बताया है उससे पता चलता है कि उन्हें शायद मेरी भावना समझ में नहीं आई।

इमारत के बारे में आप लोगों को जानकारी होना जरूरी है। इस इमारत को चौपाल की तरह बनाना है जैसी चौपालें पश्चिमी महाराष्ट्र में होती हैं। वहाँ की चौपाल में कामधन्धा न करनेवाले अलाल महार लोग लेटे रहते हैं। मैं इस प्रकार के काम के लिए इस इमारत को नहीं बनाना चाहता। मुम्बई के दगड़चाल में शंकर का एक मन्दिर था। वहाँ कई साधु लोग गाँजा, चरस आदि पीकर मठ में गप्प-शप्प करते रहते थे। वहाँ हिन्दू-मुस्लिम रहते थे। वे एक-दूसरे के भरोसेमन्द थे। एक दिन किसी ने शंकर की मूर्ति तोड़ दी तब इस तरह से लगना स्वाभाविक है कि शंकर की मूर्ति को मुस्लिमों ने तोड़ा होगा, क्योंकि हिन्दुओं के मन में मुस्लिमों के प्रति हमेशा शक रहता है। हिन्दू मुस्लिम को अपना दुश्मन मानते हैं।

मूर्ति तोड़ने के कारणों को जानने का मतलब दूसरी एक बात की ओर मुड़ना स्वाभाविक है। हम लोग अछूतपन और दरिद्रता की खाई में गिर चुके हैं। हमारे पास पैसा नहीं है। हाथ जलाए बगैर रोटी नहीं मिलती। लेकिन हमारे पास सबसे ज्यादा बल संगठन का है। उसी के बल पर हमें अपने दुश्मन से मुकाबला करना है।

हम लोगों को जो कुछ राजनीतिक हक़ प्राप्त हुए हैं उन्हें हमसे छीनने के लिए कांग्रेस तैयार है। कांग्रेस ने बड़े-बड़े लोगों को अपाहिज कर दिया है। एक समय अब्राह्मण पार्टी काफी सबल थी। उनका सत्यशोधक समाज बड़े जोर-शोर से काम कर रहा था। गणपति उत्सव के समय ब्राह्मणों का गणपति अलग और मराठों का गणपति अलग होता था। उस समय इन मराठों ने ब्राह्मणों को चिढ़ाने, लज्जित करने के लिए एक उपनाम गढ़ लिया था। वे ब्राह्मणों को 'हर्रर बॅ' कहा करते थे। लेकिन जो अब्राह्मण ब्राह्मणों को गाली देते थे उनकी क्या स्थिति है? रावबहादुर बोले ने अपनी उम्र ब्राह्मणों को गाली-गलौच देने में गुजारी है। लेकिन अब बोले सावरकर के भक्त हो गए हैं। वही बात पूना के जेधे[1] के साथ है। वे अब पूना के एक ब्राह्मण के हाथ के खिलौना बन गए हैं।

यह गैरब्राह्मण पार्टी (ब्राह्मणेतर) काफी सशक्त थी लेकिन वही कांग्रेस के सामने घुटने टेककर क्यों खड़ी है? इसकी एक ही वजह है कि उनमें हद से ज्यादा बिखराव

1. महाराष्ट्र के गैरब्राह्मण आन्दोलन में जेधे और जवलकर ये दो नाम प्रसिद्ध हैं। और दोनों ब्राह्मणों के जबर्दस्त आलोचक थे। दिनकरराव जवलकर की 'देश के दुश्मन' किताब प्रसिद्ध है।

है। हमारी स्थिति उस प्रकार की नहीं है। हमें जो कुछ मिला है उसका लाभ हम हमारी जाति को पहुँचा रहे हैं। और वह भी किसी का गुलाम हुए बगैर।

आज की राजनीति बगैर पैसे से नहीं होती। गांधी ने कांग्रेस को राजनीति लड़ाने के लिए एक करोड़ रुपए खर्च किए हैं। पिछले चुनाव में मुझे पराजित करने के लिए कांग्रेस ने हर तरह के हथकंडे अपनाए। अन्य लोग चुने गए और वे कांग्रेस से निकल भी गए तब भी मुझे जीतने नहीं देना है, यही कांग्रेस की जिद थी। और इसीलिए वल्लभभाई पटेल ने उसके लिए 35,000 हजार रुपए खर्च किए। लेकिन अपने समाज की एकता के कारण मैं दूसरे नम्बर पर जीत गया। पारसी महिलाओं ने डॉ. गिल्डर को एकमुश्त वोट नहीं दिए होते तो मैं पहले नम्बर पर जीता होता। इसलिए बार-बार चुनाव लड़ने के लिए पैसा न होने के कारण हमारे बेहाल होने की सम्भावना है। यह न हो इसलिए इस इमारत से हमें हर साल पाँच-छह हजार रुपए किराया मिल सकता है। उसकी वजह से हम अपने चुनाव स्वतन्त्र रूप से लड़ सकते हैं। उसी प्रकार हमारे समाज के लोगों को गाँव-देहातों में सवर्ण लोगों द्वारा सताया जाता है। मुझे इस तरह की कई बातें बताई जाती हैं। लेकिन मैं क्या कर सकता हूँ? उनके लिए पैसों की गरज होती है। वकील लोग बगैर पैसे के कैसे काम कर सकते हैं? इसलिए मुझे लोगों से बड़े खेद के साथ कहना पड़ता है कि भाइयो, मैं आप लोगों के लिए ज्यादा कुछ नहीं कर सकता। यह बात वास्तव में शर्मिन्दा करनेवाली है। इसलिए इस इमारत की आय से हम लोग अपने लोगों के कुछ दुखदर्द कम कर सकते हैं।

इस इमारत निधि में पैसा लेने के लिए हमारे पास धनवान लोग नहीं हैं। इसलिए बूँद-बूँद पानी घड़े में डालते रहने से जिस तरह घड़ा भर जाता है उसी प्रकार आप सभी लोगों को थोड़ा-थोड़ा पैसा देकर इस इमारत निधि को पूरा करना चाहिए।

यह सवाल मेरे या अन्य किसी के भी स्वार्थ का नहीं है। यह इमारत सभी लोगों की जायदाद है। इस तरह की भावना मन में रखकर आप सभी लोगों को सहयोग करना चाहिए। जिन लोगों की पचीस रुपए तक तनख्वाह है, उनके लिए मैंने दो रुपए चन्दा रखा है। लेकिन जिन लोगों की ज्यादा तनख्वाह है उन्हें सींग कटवाकर भेड़ों के झुंड में घुसने का प्रयास नहीं करना चाहिए। उन सभी लोगों को अपनी एक माह की तनख्वाह इस कार्य के लिए किश्तों में देनी चाहिए। आप लोग जिन्दगीभर पैसा कमाएँगे और अपने रिश्तेदारों को पालेंगे, साहूकार का कर्ज उतारेंगे, जेवरात बनाएँगे फिर भी इस सार्वजनिक कर्ज को चुकाना पड़ेगा। इस काम में आप लोगों को कोई आनाकानी नहीं करनी चाहिए। मैं आप लोगों से नम्र निवेदन करना चाहता हूँ, यदि उसका कुछ उपयोग हुआ तो निश्चित तौर पर समाज का भला होगा और कुछ उपयोग नहीं हुआ तो समाज की बड़ी हानि होगी, इसमें कोई सन्देह नहीं है।

इतनी बात कहते हुए मैं आप लोगों से पुनः निवेदन करता हूँ कि आप लोगों को इस कार्य में मदद करनी चाहिए। और मैं अपनी बात को यहीं विराम देना चाहता हूँ।

साप्ताहिक 'जनता' के 14 दिसम्बर, 1940 के अंक में प्रकाशित।

मराठी अखबारवालों का धन्धा शुद्ध तमाशबीनों का धन्धा बन गया है

*'केसरी ट्रस्ट' को कांग्रेस को सौंप दिया जाए इसलिए रामभाऊ तिलक ने आमरण अनशन शुरू कर दिया था। उस समय डॉ. बाबासाहेब अम्बेडकर किसी काम से पूना गए थे। वे रामभाऊ तिलक से मिले। लेकिन इस मुलाकात के बारे में गलत-सलत खबरें मुम्बई के 'नागरिक' अखबार में छपी। इसलिए उस समय सा. जनता के प्रतिनिधि ने **दि. 27 जनवरी 1941** को इस सम्बन्ध में डॉ. अम्बेडकर से मुलाकात की–*

सवाल : क्या यह सच है कि आपने रामभाऊ तिलक से जानबूझकर भेंट की है?

जवाब : पहली बात तो यह है कि मुझे ढेरों महत्त्वपूर्ण काम हैं। जब मैं पूना में था तब मैं विधायक भोले के साथ 'लग्न पाहावे करून' सिनेमा देखने गया। बाद में उन्हीं के साथ लौटते समय भोले ने कहा, 'तिलक के लड़के ने भूख-हड़ताल शुरू कर दी है, इसलिए जाकर उन्हें देख लें।' मैंने कहा, 'चलिए, देख लेंगे।' मैं सोच रहा था कि उनसे नीचे की मंजिल पर ही भेंट होगी। लेकिन तीन मंजिल चढ़कर जाना पड़ा तब मैं तो पहले ही थका हुआ था।

सवाल : कैसी थी रामभाऊ की तबीयत?

जवाब : उन्हें देखने के बाद ऐसा नहीं लगा कि इस आदमी ने तेरह दिन तक भूख-हड़ताल की है। अच्छी तरह बात कर रहे थे। एक दिन उपवास करने पर जिस तरह की हालत होती है, बस वैसी ही थी। इस तरह से तेरह ही नहीं बल्कि 130 दिन तक भूख-हड़ताल करने पर भी रामभाऊ को कुछ फर्क पड़नेवाला नहीं है।

सवाल : खैर, ऐसा सुना है कि आप इस झंझट में रामभाऊ तिलक को कानूनी मदद करनेवाले हैं?

जवाब : केसरी हो या रामभाऊ तिलक हो लेकिन मेरा इस झंझट में पड़ने का कोई कारण नहीं है। मैं तो वहाँ सिर्फ पाँच मिनट ही रुका। वहाँ जाने के बाद रामभाऊ ने अपने कागजातों का पुलिंदा मेरे हाथ में थमा दिया। उनके पास

आनेवालों को वे उनकी एक-एक कॉपी देते थे। पुलिंदा उन्होंने सिर्फ मुझे ही दिया, पर ऐसी बात नहीं है। क्या आपको यह सच लगता है कि इन पाँच मिनटों में मैं उन्हें मदद करने के लिए एकदम तैयार हो जाता?

मेरे सम्बन्ध में इस तरह की झूठी खबरें फैलानेवाले लोगों को इतनी भी अक्ल नहीं है कि मैं कांग्रेस जैसी देशद्रोही, स्वार्थी, गुंडागर्दी करने में माहिर संस्था के हाथ में केसरी ट्रस्ट देने के बारे में हमदर्दी क्यों दिखाऊँ?

मुझे लोकमान्य तिलक के बारे में कभी भी असम्मान व्यक्त करने की कोई जरूरत नहीं है। मैं ऐसे आदमी की संस्था को गांधी जैसे पाखंडी व्यक्ति के हाथ की कठपुतली बनी कांग्रेस के हाथ में जाने देने के लिए मदद करूँगा, यह तो कभी भी सम्भव नहीं है।

कांग्रेस के हाथ में केसरी ट्रस्ट देने के लिए कहनेवाले रामभाऊ तिलक के बारे में गलत, बेवजह, झूठी खबरें छपानेवाले कांग्रेस छाप अखबारों को पाक कांग्रेसवालों का सत्य आचरण में लाना क्या उचित नहीं है ?

निवेदन

मैं मराठी अखबारों का पाठक नहीं हूँ। किस अखबार में मेरे बारे में क्या छपता है, इसकी मुझे कोई विशेष जानकारी नहीं होती। इसलिए 'नागरिक' समाचार-पत्र में इस तरह का समाचार छपा है इस बात की मुझे कल्पना भी नहीं थी। जब लोग मुझे पूछने लगे तब मुझे पता चला कि ऐसा कोई समाचार 'नागरिक' पत्र में छपा है। तब मैंने 'नागरिक' को पढ़ा तब मुझे बड़ा आश्चर्य हुआ। क्योंकि जो समाचार छपा है उसमें मेरा एक शब्द भी नहीं है। और 'नागरिक' के खास प्रतिनिधि से कभी मेरी मुलाकात भी नहीं हुई है। रामभाऊ तिलक और मेरी भेंट में मैंने उन्हें सिर्फ दो ही सवाल पूछे थे। पहला यह कि, 'आपके विरोधियों पर आपकी इस भूख-हड़ताल का क्या कोई असर पड़ा है?' इस सवाल का उन्होंने नकारात्मक जवाब दिया। उसके बाद मैंने उनसे दूसरा सवाल पूछा, 'आप भूख-हड़ताल करने की बजाय कोर्ट में क्यों नहीं जाते?' उसका जवाब उन्होंने यह दिया, 'मेरे पास पैसा नहीं है। पिछले केस में सॉलीसीटर की फीस भी मैंने अभी तक नहीं दी है।' उसके बाद मैंने कुछ नहीं कहा। उन्होंने कहा, 'मैंने डिक्लेरेशन किया है। अब जिरो जो करना है कर सकते हैं।' उस पर मैंने कहा, 'किस चीज का डिक्लेरेशन?' उसके बाद उन्होंने मुझे अपने छपे हुए पर्चे दिए। और कहा कि 'इन्हें पढ़िए, मेरा कहना समझ में आ जाएगा।' वे पर्जे लेकर मैं लौट आया, इसके अलावा और कुछ नहीं हुआ। इससे ज्यादा मैंने कुछ किसी से कहा भी नहीं। इस सच्चाई के बाद भी एकदम बात का बतंगड़ और झूठी खबर मेरे नाम पर छापना बड़े खेद और अचरज की बात है।

लेकिन इसमें खेद और अचरज करने की कोई बात नहीं है। मराठी अखबारवालों

का धन्धा एक तरह से शुद्ध तमाशबीनों का धन्धा बन गया है, ऐसा यदि मैं कहूँ तो उसमें कोई गलत नहीं होगा। लावणी को जिस तरह शृंगारिक करने के लिए तमाशबीनों को अर्थ का अनर्थ करने में शर्म नहीं आती उसी तरह मराठी अखबारवालों को अपने अंकों को सजाने के लिए मनचाहे झूठ लिखने में कुछ भी अनैतिक नहीं लगता। उनका उद्देश्य अखबार बेचने के अलावा और कुछ नहीं है। जनशिक्षा अखबार का अपना उद्देश्य है उसे पाने की योग्यता उनके पास नहीं है। आधे से भी ज्यादा सम्पादक मैट्रिक से ज्यादा पढ़े-लिखे नहीं हैं। 'लंदन टाइम्स' आदि समाचार-पत्रों के सम्पादकों से इनकी तुलना की जाए तो 'कहाँ राजा भोज और कहाँ पोत राजा'। यह तो ऐसी बात है कि चोर कहे कि चोरी पर कोई रोक-टोक नहीं होनी चाहिए। मराठी समाचार-पत्रों के इस प्रकार के गैरजिम्मेदाराना व्यवहार पर जब तक कानूनी रोक नहीं लगाई जाती तब तक चुप रहने के अलावा अन्य कोई रास्ता नहीं है। क्योंकि हर अखबार की झूठी खबरों का मैं प्रतिवाद करता रहा तो मैं जीवन में दूसरा कोई काम नहीं कर सकूँगा। यह मुलाकात 'नागरिक' में छपी इसलिए उसका प्रतिवाद करना जरूरी हो गया है।

'नागरिक' में छपी खबर के बारे में लिखने का यह मौका है फिर भी मेरा आरोप सभी मराठी अखबारों पर है। स्थिति इस प्रकार की है कि जहाँ सभी काले हैं वहाँ उनमें काले और गोरे का फर्क कैसे किया जाए। सिर्फ 'नागरिक' में यह मुलाकात प्रकाशित हुई इसलिए लोग इसे सच मान लेंगे। अपने आदमी को डाँट-डपटकर अच्छी राह दिखाना उचित है। इस वजह से इस मुलाकात का प्रतिवाद करके इस तरह की हरकतों के बारे में मुझे जो लगता है उसका मैंने खुलासा किया है।

राजगृह **भीमराव रा. अम्बेडकर**

दादर, मुम्बई

31 जनवरी, 1941

साप्ताहिक 'जनता' के 1 फरवरी, 1941 के अंक में प्रकाशित हुई थी।

गांधी को हिन्दू गवर्नर चाहिए अछूत क्यों नहीं?

*दि. **23 फरवरी 1941** को तड़वड़े (ढोकी), जि. सोलापुर में सोलापुर जिला और मोगलाई मराठवाडा के महार, मातंग वतनदार परिषद् आयोजित की गई थी। डॉ. बाबासाहेब अम्बेडकर 22 फरवरी को ही सुबह 10.00 बजे तड़वड़े रेलवे स्टेशन पर पहुँचे। बाद में पचास बैलों की जुती हुई सजी-धजी गाड़ी में उनका भव्य जुलूस निकाला गया था। इस जुलूस में सम्मिलित दलित घोषणाएँ दे रहे थे कि अम्बेडकर कौन हैं? दलितों के राजा हैं। इस तरह उनका भव्य स्वागत किया गया। 23 फरवरी को डॉ. अम्बेडकर की अध्यक्षता में परिषद् प्रारम्भ हुई। उन्होंने अपने अध्यक्षीय भाषण में कहा—*

भाइयो तथा बहनो,

आपमें से कुछ लोग निजाम के संस्थान से आए हैं तो कुछ लोग खालसा इलाके से आए हैं। इसलिए आज मुझे अपने व्याख्यान के दो भाग करने पड़ेंगे। एक खालसा भाइयों के लिए और दूसरा निजाम प्रान्त के भाइयों के लिए। सोलापुर जिले के भाइयों को विधायक ऐदाले ने काफी सरकारी बंजर भूमि दिलवाई है। उन्होंने उनकी गरीबी को यथासम्भव कम करने और कुछ गाँवों के अछूतों पर हुए अन्याय दूर करने के लिए काफी प्रयास किए हैं। और उसमें उन्हें सफलता भी मिली है। आगे भी कुछ सुधार होनेवाले थे लेकिन राजनीति की गाड़ी को बीच में ही आम रास्ते में छोड़कर कांग्रेस के डरपोक बैल जंगल में भाग गए। ये बैल गांधी से डरते हैं। आज कांग्रेस की यह स्थिति है कि गांधी ने कोई भुलावा खड़ा कर दिया तो उनके चापलूसों ने आँखें बन्द करके उनका तुनतुना बजाना ही है। कांग्रेस हिन्दी लोगों की पक्षधर बनकर उनके हितों की रक्षा करने के लिए 1885 में पैदा हुई थी। प्रारम्भ के पच्चीस सालों में उसकी कोई विशेष पहचान नहीं थी। पूना-मुम्बई का कोई नेता खड़ा हो जाता, व्यापारी खड़ा हो जाता। इकट्ठा होकर कुछ प्रस्ताव पास कर लिए जाते थे, यही कांग्रेस का काम था! लेकिन पिछले बीस साल से उसके नाम की मुनादी की जा रही है। यद्यपि अंग्रेज लोग मिस्टर चेम्बरलेन को प्रधान पद देते हैं। साम्राज्य के सभी सूत्र उसके हाथ में देते हैं लेकिन उनके सार्वजनिक बर्ताव से हमें गुलामी की खाई में गिरना पड़ेगा इस तरह का सन्देह होते ही उन्हें प्रधान पद से हटा भी देते हैं। लेकिन कांग्रेस की स्थिति ऐसी नहीं

है। उसे व्यवहार की समझ नहीं है। 1940 के साल का मतलब 1911 का साल, ऐसा उसे भ्रम हो गया है। लेकिन उसमें अब कोई दम नहीं रह गया है। हिन्दू महासभा की यमुना कांग्रेस की गंगा से अलग होकर अलग दिशा में बह रही है। मुस्लिम समाज मुस्लिम लीग के झंडे तले संगठित हो रहा है। मुस्लिम लीग का प्रवाह अलग रास्ते से बह रहा है। मुस्लिमों का प्रभाव बढ़ गया है। अंग्रेज सरकार को अपनी शरण में लाने का बल न तो कांग्रेस में है और न हिन्दू महासभा में है। इस तरह का बल अकेले मुस्लिम लीग में ही है। भारत के वायसराय लॉर्ड लिनलिथगो ने विधि कौन्सिल की पुनर्रचना की योजना पेश की है। यहाँ कांग्रेस ने इस प्रकार की अहंकारी और उन्मादी भूमिका निभाई कि पहले सारी सत्ता को कांग्रेस के हाथों में सौंप दीजिए और फिर मुस्लिम लीग के लोगों को, अछूतों को या अल्पसंख्यकों को उसमें क्या दिया जाए और क्या न दिया जाए और दिया जाए तो कितनी मात्रा में और किस व्यक्ति को दिया जाए इसका फैसला कांग्रेस करेगी। किसी एक आदमी ने अहंकार किया तो उसकी परवाह करने की कोई जरूरत नहीं। उसके पाप का फल वही भोगेगा। लेकिन जब व्यक्ति का अहंकार उस व्यक्ति को प्राप्त हुए स्थान के कारण घातक होता है, उस समय सभी लोगों को उसके बारे में सोचना चाहिए। और राष्ट्र की भलाई के लिए झूठे, घमंडी और अहंकारी स्वभाव पर रोक लगानी चाहिए। राष्ट्र-कार्य की गाड़ी उचित रास्ते से ले जानी चाहिए। लेकिन गांधी के डरपोक बैलों ने उसे रास्ते में ही छोड़ दिया और हिन्दी राजनीति को गुड़-गोबर कर दिया है। गांधी के तन्त्र से चलनेवाले हरिजन सेवक संघ की भी वही स्थिति हो गई है। वे अछूतों को साक्षर करने के लिए कहीं छोटा-सा टूटा-फूटा स्कूल खोल देंगे, पानी भरने के लिए कहीं अलग कुँआ खोद देंगे। लेकिन उस जिम्मेदारी को सरकार अपने ढंग से निभा रही है। मैं हरिजन सेवक संघवालों को सुझाव देना चाहता हूँ कि भाइयो, यदि हरिजनों को पानी पिलाना ही चाहते हो तो समानता की भावना से पिलाइए। हम लोग समाज में व्याप्त गैरबराबरी को खत्म करना चाहते हैं। इस तरह की लीपापोती से समाज में व्याप्त गैरबराबरी खत्म होनेवाली नहीं। शरीर के नाजुक हिस्से पर तेजी से बढ़ रहा फफोला ठीक करने के लिए तेल लगाकर कभी-कभार उस पर हाथ घुमाने से क्या काम चल जाएगा? हरिजन सेवक संघ, कांग्रेस और गांधी मुस्लिमों की खुशामद करेंगे, राजा-रजवाड़ों की खुशामद करेंगे, लेकिन अछूतों के लिए कुछ नहीं करेंगे। गांधी को हिन्दू गवर्नर चाहिए, हिन्दू कलेक्टर चाहिए। फिर मैं कहता हूँ कि अछूत गवर्नर क्यों नहीं चाहिए? अछूत कलेक्टर क्यों नहीं चाहिए? लेकिन गांधी को वह नहीं चाहिए। मध्य प्रान्त में डॉ. खरे ने एक अछूत को दीवान का पद दिया इस पर गांधी का पित्त प्रकोप बढ़ गया। वे डॉ. खरे पर भड़क उठे। मैं उचित समय पर उस पत्रव्यवहार को जनता के सामने रखूँगा। संक्षेप में मैं यही कहना चाहता हूँ कि गांधी का आन्दोलन, उनका सार्वजनिक संसार, अछूतों के सम्बन्ध में पक्षपातपूर्ण है। गृहस्थी को नमक, मिर्च, लकड़ी की जरूरत भी है। गांधी के इस संसार के लिए सेठ-साहूकारों से चन्दा मिलता है। आज कांग्रेस का जो बोलबाला

दिखाई दे रहा है, उसमें गांधी का कोई करिश्मा नहीं है। वह एक करोड़ रुपए की रकम का करिश्मा है।

भाइयो, अपना संसार हमें ही चलाना है। लेकिन इसके लिए साधन नहीं हैं, निधि नहीं है, पैसा नहीं है। इसलिए आज की दौड़-धूप के मामलों में निराश होने से काम नहीं चलेगा। हमें तो सम्मान के साथ जीना है। उस तरह जीने के लिए राजनीतिक सत्ता हमारे हाथों में आनी चाहिए। आप महारकी के लोभ में कितने दिनों तक पड़े रहना चाहते हैं? मैं आधे हक़ का वतनदार हूँ। मैंने वतनदारी के लोभ को छोड़ दिया है। आज भी मेरे गाँव के सवर्ण हिन्दू लोग मेरे घर के आगे रख दिए गए देवता को शादी-ब्याह के समय बड़े जुलूस के साथ ले जाते हैं। एक बार उसमें बाधा पैदा हो गई और गाँव में भुखमरी फैल गई। अपने सार्वजनिक कार्य में उस तरह से बाधा पैदा मत होने दीजिए। अपने आन्दोलन का कार्य लगातार चलता रहे इसलिए मैंने मुम्बई में ढाई लाख की इमारत बनाने की योजना बनाई है। उसके कुछ हिस्से में 'जनता' पत्र का कार्यालय, प्रेस आदि होगा। शेष भाग से किराया लिया जा सकता है। हर साल आठ-नौ हजार की आमदनी होगी, और उसमें से हमारा खर्च पूरा होगा। इसके लिए देशस्थ अछूत लोगों की ओर से हर घर से कम-से-कम एक रुपया तो मिलना ही चाहिए। इस पैसे को इकट्ठा करने के लिए मैंने इस जिले के दो लोगों को चुना है। एक विधायक ऐदाले और दूसरे हरिभाऊ तोरणे, इनके पास पैसा जमा होना चाहिए। इस पैसे को हम लोगों को इकट्ठा करना है। यदि हमने दूसरों से पैसा लिया तो हम उनके हो जाएँगे। शायद आप लोगों को महाभारत के कौरव और पांडवों की कथा याद होगी। पांडवों के पक्ष में न्याय है और उन्हीं के पक्ष में सच्चाई है, इस बात की पूरी जानकारी होने के बाद भी भीष्म, द्रोण जैसे योद्धा कौरवों के पक्ष में रहे क्योंकि उन्होंने कौरवों का अन्न खाया था। आप लोग अपनी ताकत के मुताबिक मदद कीजिए। मैं इमारत बनवाकर दिखा दूँगा, इस बात का मुझे पूरा भरोसा है।

आज निजाम सरकार के राज्य में रहनेवाली अपनी जनता के बारे में मुझे कुछ कहना है। सचमुच में देखा जाए तो खालसा प्रदेश में और निजाम के प्रदेश में महारों की स्थिति करीब-करीब एक जैसी है। भारत में जो पाँच-छह सौ संस्थान हैं उनमें निजाम का संस्थान पहले दर्जे का है। उसकी तुलना में बड़ौदा संस्थान छोटा है। लेकिन उस संस्थान ने अछूतों की शिक्षा की व्यवस्था की है। वही बात मैसूर संस्थान की भी है। वहाँ अछूतों को जमीन मिल गई है। सुरती के लगान की छूट भी मिली है। उस संस्थान की सरकार ने अछूतों की पढ़ाई की ओर ध्यान दिया है, इस बात को सभी जानते हैं। लेकिन इस तरह की कोई बात हैदराबाद संस्थान में नहीं है। वतनदार महारों के पेटपानी का सवाल आज भी सही ढंग से हल नहीं हुआ है। वहाँ अछूतों को प्राथमिक शिक्षा की सुविधाएँ उपलब्ध नहीं हैं। वहाँ लाखों एकड़ सरकारी भूमि बेकार पड़ी है लेकिन अछूत लोग भूखे मर रहे हैं। संस्थानों की आर्थिक स्थिति अच्छी होने के बाद भी ऐसा क्यों होना चाहिए? मेरी तो कुछ समझ में नहीं आ रहा है। अपने दुखों को सरकार के

सामने रखने के लिए अछूतों को संगठन बनाना चाहिए। हैदराबाद के नए संविधान में अछूतों की जनसंख्या के अनुपात में उचित प्रतिनिधित्व हासिल करने का प्रयास करना चाहिए। आज निजाम प्रदेश के अछूतों ने मुझे देने के लिए जो पैसा इकट्ठा किया है यदि वह उनके कार्य के लिए जरूरी हो तो वे उसका उपयोग कर सकते हैं। आप लोगों को अपनी समस्या को उचित ढंग से सरकार के सामने रखने का प्रयास करना चाहिए। उसमें हर आवश्यक मौके पर मैं जरूर आपकी मदद करूँगा।

इस परिषद् में डॉ. अम्बेडकर के अध्यक्षीय व्याख्यान के बाद तीन प्रस्ताव पास किए गए।[1]

साप्ताहिक 'जनता' के 8 मार्च, 1941 के अंक में प्रकाशित।

1. देखिए परिशिष्ट : पाँच

लोकतन्त्र की स्थापना के लिए बुद्ध-जयन्ती का राजनीतिक महत्त्व

***मई 1941** को बुद्ध जयन्ती के अवसर पर मुम्बई में एक सभारम्भ में डॉ. बाबासाहेब अम्बेडकर का भाषण–*

हिन्दुस्तान के लोग उत्सवप्रिय हैं, यह बात किसी को बताने की जरूरत नहीं है। उनके साल में आधे से ज्यादा दिन उत्सवों और त्यौहारों के होते हैं। उसी प्रकार वे देश के महान व्यक्तियों के जन्म और मरण के उत्सवों को भी बहुत ज्यादा महत्त्व देते हैं। कृष्ण जन्माष्टमी, रामनवमी, हनुमान जयन्ती आदि उत्सव उनके इस मनोभावों की गवाही देते हैं। इस सारी स्थिति को देखते हुए हिन्दुस्तान के हिन्दू लोग बुद्ध की जयन्ती नहीं मनाते, इस बात का किसी भी विदेशी आदमी को आश्चर्य होगा, इसमें कोई शक नहीं। हिन्दुस्तान में जो महान लोग पैदा हुए उनमें बुद्ध का स्थान बहुत ऊँचा है। बुद्ध की महानता का प्रतिपादन करते हुए उन्हें दुनिया को प्रकाशित करनेवाला प्रकाशमान सूरज कहनेवाले उनके चहेते हैं। ईसाई लोग जिन्हें बुद्ध से ईर्ष्या है वे भी उन्हें एशिया को प्रकाशित करनेवाला सूर्य की उपमा देते हैं। हिन्दू लोग भी उन्हें विष्णु का अवतार कहते थे। ऐसे महान पुरुष की इस देश के लोगों को याद भी नहीं रही। बाजीराव पेशवा (पूना) की विधवा-मस्तानी का नाम जिन्हें मालूम है ऐसे सामान्यजनों की आज कमी नहीं है। लेकिन जिन्हें बुद्ध का नाम मालूम है, ऐसे सामान्यजन उनसे बहुत कम होंगे इसमें कोई सन्देह नहीं। इतने महान व्यक्ति को अपनी स्मृति से गायब कर देना यह बड़े खेद और आश्चर्य की बात है। ऐसी स्थिति में खुशी की बात यह है कि बंगाल और अन्य प्रान्तों में बुद्ध-जयन्ती का उत्सव मनाने का कार्य शुरू हुआ है। यह कार्य बहुत ही प्रशंसा के काबिल है। लेकिन मेरी राय में इस उत्सव का बहुत बड़ा राजनीतिक महत्त्व है। इस बात को समझाने के लिए आज हम गौतम बुद्ध का चरित्र और उनके कार्य के बारे में जनता को बताएँगे।

गौतम बुद्ध का चरित्र

ढाई हजार साल पहले शुद्धोदन नाम का एक शाक्यवंशीय राजा कपिलवस्तु में राज्य करता था। इस शुद्धोदन राजा के कुल का नाम गौतम था। कपिलवस्तु नाम का स्थान आज के हिन्दुस्तान के संयुक्त प्रान्त में था। वह स्थान बस्ती और अयोध्या के बीच, फैजाबाद से 50 मील पूरब में स्थित है। शुद्धोदन राजा की दो रानियाँ थीं। वे दोनों बहनें थीं। एक का नाम मायादेवी और दूसरी का नाम प्रजापति था। शुद्धोदन और मायादेवी के विवाह के कुछ दिनों बाद मायादेवी गर्भवती हुई। गर्भवती होने के बाद प्रसव के लिए रिवाज के अनुसार उसे अपने मायके जाना था। इसलिए मायादेवी के पिता सुबुद्ध ने अपने दामाद शुद्धोदन को सन्देश भेजा कि पुत्री को प्रसव के लिए मायके भेज दिया जाए। मायादेवी और उसकी बहन प्रजापति अपनी संगसहेलियों के साथ अपने मायके जाने के लिए निकलीं। उनके रास्ते में लुम्बिनि वन पड़ता था। उस वन में उसे प्रसूति-वेदना शुरू हुई। उस वन में उसने एक पुत्र को जन्म दिया। उसके कुछ दिनों बाद मायादेवी का देहान्त हो गया। फिर उस बच्चे की देखभाल की जिम्मेदारी प्रजापति पर आई। उस बच्चे का नाम सिद्धार्थ रखा गया। यही शिशु बाद में गौतम बुद्ध के नाम से प्रख्यात हुआ।

यह पुत्र क्षत्रिय कुल और राजघराने में पैदा होने के कारण, उसकी स्थिति के अनुसार उसकी पढ़ाई की व्यवस्था की गई। शास्त्राभ्यास भी अच्छी तरह से करवाया गया था। लेकिन सिद्धार्थ के मन का झुकाव एकान्त की ओर था। उसका राजवैभव और भोग-विलास की ओर कोई रुचि नहीं थी। शुद्धोदन को लगा कि उसका पुत्र संन्यास की ओर बढ़ रहा है। इसलिए उन्होंने पुत्र का विवाह करके उसे गृहस्थ जीवन के बंधन में बाँधने का निश्चय किया। उन्होंने दंडयानी की पुत्री, जिसका मायके का नाम गोपी और ससुराल का नाम यशोधरा था, उसके साथ सिद्धार्थ का विवाह कर दिया। उसके बाद सिद्धार्थ गौतम का राहुल नाम का एक पुत्र हुआ। पुत्र के ऐशोआराम के लिए शुद्धोदन ने तीन बड़े महल बनवाए थे। राजकुमार के ऐशोआराम में कोई कमी न रहे इसके लिए उन्होंने सारी व्यवस्था महलों में ही करवा दी थी।

इस पर भी सिद्धार्थ ने अनुभव किया कि दुनिया में दुख है। मनुष्य जीवन नश्वर है। जिस जीवन में दुख है, व्याधि है और मौत है, ऐसा जीवन सारहीन है। सिद्धार्थ गौतम इन्हीं विचारों में मगन रहता था। ऐसी ही स्थिति में उसकी पत्नी यशोधरा प्रसूत हुई। राजकुमार को पुत्र पैदा होने की खबर दी गई। तब उसे ऐसा लगा कि एक और जंजीर उसके पैरों में पड़ गई। उसका संन्यास लेने का फैसला बरकरार था। उसने अपना यह फैसला अपने पिता राजा शुद्धोदन को बताया। सिद्धार्थ गौतम संन्यास लेने का अपना फैसला छोड़ दे इसके लिए राजमहलों में हर तरह के मनोरंजन की व्यवस्था की गई। उसे अपने फैसले से दूर करने की पूरी कोशिश की गई। लेकिन सिद्धार्थ गौतम का फैसला ही अटल था। फिर भी राजा को सूचित किए बगैर घर से बाहर निकलना

उचित नहीं था इसलिए उसने अपना फैसला अमल में लाने का जो निश्चय किया था वह बताने के लिए सिद्धार्थ राजमहल में गया। और उसने अपने पिता से कहा कि आप मेरे रास्ते में रुकावट न बनिए और न मेरे घर से बाहर जाने पर खेद व्यक्त कीजिए। आप अपना राज, अपनी प्रजा और अपनी दौलत को स्वयं रखिए। इसमें से मुझे कुछ नहीं चाहिए। दूसरे दिन राजा शुद्धोदन ने अपने सभासदों की बैठक आमन्त्रित की और उन्होंने सिद्धार्थ के निश्चय के बारे में उन्हें बताया।

गृहत्याग करने के बाद सिद्धार्थ गौतम ने दो आचार्यों का शिष्यत्व स्वीकार किया और 'दुनिया में दुख क्यों है' इस सवाल का समाधान पाने की कोशिश की। उसने सबसे आलार कालाम और बाद में उधक रामपुत्र का शिष्यत्व स्वीकार किया। इस तरह उसने उनके सम्पर्क में अपने सात साल व्यतीत किए। लेकिन उनके उपदेशों से उसकी शंकाओं का समाधान नहीं हुआ। इसलिए सिद्धार्थ उन्हें छोड़कर जगह-जगह भ्रमण करते हुए मगध देश में उरूवेला (बुद्ध गया) जा पहुँचा। वहाँ उन्हें उन्हीं की तरह संन्यास लेकर अरण्यवास करनेवाले पाँच लोग मिले। सिद्धार्थ गौतम ने उनके साथ असह्य तपस्या करके अपनी काया को दंडित करने की शुरुआत की। छह साल की कठोर तपस्या से उसका शरीर कंकाल की तरह हो गया था। उसमें चलने-फिरने, उठने-बैठने की शक्ति भी नहीं रही थी। एक दिन पास ही बहनेवाली फाल्गु नदी से स्नान करके अपने निवास की ओर लौटते हुए वह रास्ते में मूर्च्छित हो गिर पड़ा। नजदीक ही एक भेड़-बकरियाँ चरानेवाला रहता था। उसकी बड़ी कन्या का नाम सुजाता था। उसने सिद्धार्थ गौतम को उस मूर्च्छावस्था में देखा। उसके लिए वह अपने घर से दूध-भात लाई। होश में आने पर उसे महसूस हुआ कि देहदंड से इस बात का ज्ञान होना सम्भव नहीं कि दुनिया में दुख क्यों है। सिद्धार्थ ने सुजाता से दूध-भात ग्रहण किया। जब उन पाँच संन्यासियों को इस बात का पता चला कि सिद्धार्थ ने भोजन ग्रहण करना शुरू कर दिया है तो वे सिद्धार्थ को योगभ्रष्ट मानकर उसका साथ छोड़कर कहीं दूर चले गए। वहाँ सिद्धार्थ गौतम अब अकेले रह गए थे।

एक रात एक वृक्ष के नीचे सिद्धार्थ गौतम ध्यानस्थ अवस्था में बैठे थे तब उन्हें इस बात का अनुभव हुआ कि दुनिया में दुख क्यों है और उसे नष्ट करने का रास्ता क्या है। उसने अनुभव किया कि लोग मानवी जीवन-प्रवाह की दो धाराओं में बह रहे हैं। उसमें एक मार्ग है चैन से मरने का इन्तजार करते रहना। और दूसरा मार्ग है अपने ही देह को दंडित करते हुए मरने का इन्तजार करते रहना। सिद्धार्थ गौतम को इन दोनों मार्गों में कोई सार नजर नहीं आया। सिद्धार्थ गौतम ने उस वृक्ष की छाया में अनुभव किया कि वे दोनों मार्ग असत्य हैं। इन दोनों रास्तों से संसार में मानव के दुख को समाप्त करना सम्भव नहीं है। इस अनुभव के बाद ही सिद्धार्थ गौतम ज्ञानी हुए। इसलिए लोग उन्हें बुद्ध (ज्ञानी पुरुष) कहने लगे। उन्हें जिस वृक्ष की छाया में यह ज्ञान हुआ, उस वृक्ष को 'बोधिवृक्ष' कहा गया।

इस नई ज्ञानदृष्टि का ऐसा परिणाम हुआ कि बुद्ध ने संन्यास और देहदंडन का

मार्ग त्याग दिया। वे पुनः गृहस्थ जीवन में नहीं लौटे। लेकिन वे पुनः समाज में आए। और उन्होंने समाज में 'धम्म स्थापना' के कार्य को शुरू किया। स्वयं देश के चप्पे-चप्पे में घूमकर उन्होंने अपनी वाणी से बूढ़े-नौजवानों, पुरुष-नारियों को अपने 'धम्म' का उपदेश दिया। वे यह कार्य पूरे चालीस सालों तक करते रहे। अन्त में धम्म प्रचार के लिए घूमते हुए बुद्ध पावानगरी में मुकाम के लिए रुके। इस गाँव में चुन्द नाम का एक लुहार रहता था। वह बुद्ध का श्रद्धावान उपासक था। उसने बुद्ध से अपने घर पर भोजन करने का आग्रह किया। चुन्द के यहाँ भोजन स्वीकार करने के बाद बुद्ध बीमार पड़ गए। बीमार अवस्था में बुद्ध नेपाल के पूर्व भाग में स्थित कुशीनारा गाँव पहुँचे। और वहीं उनका महापरिनिर्वाण हुआ।

बुद्ध ईसा मसीह के 563 साल पहले राजपुत्र के रूप में पैदा हुए थे और ईसापूर्व 483वें साल में एक 'धम्म संस्थापक' के रूप में महापरिनिर्वाण को प्राप्त हुए।

बुद्ध का कार्य

बुद्ध के धम्म के सिद्धान्त क्या हैं? बुद्ध ने कौन-सा कार्य किया है? इन बातों को समझे बगैर बुद्ध का महत्त्व समझ में नहीं आएगा। इन सभी बातों की चर्चा यहाँ विस्तार से करना सम्भव नहीं है। लेकिन साररूप में ही बुद्ध के कार्यों की जानकारी दी जा सकती है। बुद्ध के कार्य का मतलब ब्राह्मण धर्म को मटियामेट कर देना है। इसी में उसका अर्थ समाहित है। बुद्धकालीन ब्राह्मणधर्म के तीन आधारस्तम्भ थे। उसका पहला आधारस्तम्भ है वेदप्रमाण, दूसरा आधारस्तम्भ है यज्ञ-बलिदान और तीसरा आधार-स्तम्भ है वर्णाश्रम धर्म। वेदों में जो कुछ भी है वह सत्य है, चाहे वह बुद्धि को पसन्द आए या न आए। 'वेदों में जो होगा वह सब सही है' इस सिद्धान्त से ब्राह्मण धर्म को आधार मिलता था, उसके बारे में बुद्ध ने कहा कि यह मनुष्य के ज्ञानमार्ग का पहला पत्थर है। बुद्ध का सिद्धान्त था कि मनुष्य के संज्ञान को जो अच्छा लगे वही सही है। बुद्ध का यह सिद्धान्त 'वेदों में जो होगा वही सच' ब्राह्मणी धर्म के सिद्धान्त के विरोध में था। ब्राह्मणी धर्म में यह कहा जाता था कि परमेश्वर प्राप्ति ही धर्म का अन्तिम उद्देश्य है और परमेश्वर को बलिदान दिए बगैर उसकी प्राप्ति नहीं हो सकती। इसलिए यज्ञ करना और उसमें बलि देना इसी को सत्य धर्म कहा जाता था। ब्राह्मण धर्म में बहुत पहले यज्ञों में मनुष्यों की बलि दी जाती थी। और उस नरबलि का मांस यजमानों को खाना पड़ता था। बुद्ध के काल में नरबलि की प्रथा बन्द हुई थी पर यज्ञों में पशुओं की बलि देने की प्रथा थी। जिन्होंने उस समय के साहित्य को पढ़ा होगा उन्हें यह मालूम होगा कि आज के ब्राह्मणों के पूर्वज यज्ञों में अनगिनत गायों का संहार करते थे। इस साहित्य को पढ़ने के बाद ऐसा लगता है कि ब्राह्मणों ने जितनी गायों की यज्ञों में हत्या की होगी उनके एक प्रतिशत गायों की हत्या मुस्लिमों ने की होगी या नहीं, इस बारे

में ही सन्देह है। बुद्ध ने जिस तरह वेदप्रामाण्य की धज्जियाँ उड़ा दीं उसी प्रकार उन्होंने यज्ञसंस्था की भी धज्जियाँ उड़ाईं। इस बारे में बुद्ध की भूमिका बहुत क्रान्तिकारी थी ऐसा कहना चाहिए। बुद्ध का सिद्धान्त था कि धर्म और परमेश्वर प्राप्ति का कोई सम्बन्ध नहीं है। बुद्ध की यह भूमिका थी कि मनुष्य को मनुष्य के साथ कैसा व्यवहार करना चाहिए। इसके उचित बन्धनों को प्रचारित करना ही धर्म का क्षेत्र है। परमेश्वर प्राप्ति धर्म का क्षेत्र है इस तरह की मान्यता बुद्ध को कबूल नहीं थी। बुद्ध का कहना था कि एक ओर तो परमेश्वर-प्राप्ति के लिए यज्ञ करना और दूसरी ओर अपने पड़ोसी के साथ बेईमानी का बर्ताव करना, उसे परेशान करना, अधर्मीय व्यवहार करना, यह तो सरासर धर्म की प्रताड़ना है और वर्णाश्रम धर्म ब्राह्मणी धर्म का जो तीसरा बड़ा आधारस्तम्भ है उस पर तो बुद्ध ने बहुत तीखा प्रहार किया है। ब्राह्मणी धर्म का सारा रहस्य इस वर्णाश्रम धर्म की कल्पना में समाया हुआ है। जातिभेद के जन्माधारित ऊँच-नीच आदि कल्पनाओं के प्रसार में वर्णाश्रम धर्म की अहम भूमिका है। इस ब्राह्मण धर्म में नारियों को और शूद्रों को कोई मान-सम्मान या प्रतिष्ठा नहीं है। उनके लिए जीवन के रास्ते खुले नहीं हैं। उन्हें किसी भी चीज पर स्वामित्व का अधिकार नहीं है। इन दो मानवीय वर्गों को स्वतन्त्रता प्राप्त नहीं है। जिन्देपन की उनकी यह हालत मरने के बाद भी उनका पीछा नहीं छोड़ती। ब्राह्मणी धर्म में नारी और शूद्रों को मरने के बाद भी मोक्ष नहीं है। क्योंकि ब्राह्मणी धर्म के सिद्धान्त के अनुसार जो संन्यास ले सकता है उसी को मोक्ष की प्राप्ति हो सकती है। ब्राह्मणी धर्म ने शूद्र और नारियों को संन्यास लेने की इजाजत नहीं दी थी। बुद्ध को ऊँच-नीच भाव मंजूर नहीं था। बुद्ध ने ब्राह्मणी धर्म के 'ब्राह्मण हुआ भ्रष्ट तब भी वह तीनों लोकों में श्रेष्ठ' सिद्धान्त के खिलाफ कड़ा संघर्ष किया। उन्होंने इस ब्राह्मणी सिद्धान्त को समूल नष्ट करने की कोशिश की। सामाजिक समानता का बुद्ध के अलावा दूसरा कोई बड़ा समर्थक नहीं, ऐसा यदि कहा जाए तो वह गलत नहीं होगा। ब्राह्मणी धर्म में नारियों को मोक्ष नहीं था। लेकिन बुद्ध ने नारियों को भिक्षुणी बनाया। ब्राह्मणी धर्म में शूद्रों को मोक्ष प्राप्ति का अधिकार नहीं था। लेकिन बुद्ध ने शूद्रों को भिक्षु बनाया। इससे यह बात सिद्ध होती है कि बुद्ध केवल समानता के सिद्धान्तों के ही समर्थक नहीं थे बल्कि उन्होंने समानता के सिद्धान्तों को अमल में लाने का भी प्रयास किया। बुद्ध ने सिर्फ नारी और शूद्रों को ही भिक्षु बनाया ऐसी बात नहीं बल्कि उन्होंने अछूतों को भी ऊँचे से ऊँचे पदों तक पहुँचाया।

उपर्युक्त विवरण बहुत ही संक्षेप में है। फिर भी हमें लगता है कि इससे इस बात का पता चलता है कि बुद्ध ने इस देश में कितना क्रान्तिकारी कार्य किया है। बौद्ध धर्म के सिद्धान्त जितने प्रभावी और कल्याणकारी थे उसी प्रकार बौद्ध धर्म का प्रसार भी बहुत बड़े पैमाने पर हुआ। दक्षिण में श्रीलंका और प्रशान्त महासागर के दर्जनों छोटे-बड़े द्वीपों में रहनेवाले लोगों ने बुद्ध के धर्म को अपनाया था। पूरब में ब्रह्मदेश, असम, चीन, जापान तक बुद्ध के धर्म का प्रसार हुआ। उत्तर में तिब्बत, नेपाल, तुर्किस्तान, मंगोलिया तक बुद्ध धर्म का प्रसार हुआ। इतना ही नहीं तमाम अफगानी बुद्ध के अनुयायी थे।

भारत के किसी भी धर्म का इतना प्रसार नहीं हुआ। बुद्ध के धर्म के प्रसार की अपनी विशेषता है। सभी धर्मों का प्रसार अपने सिद्धान्तों के बल पर नहीं हुआ था। मुस्लिम धर्म अपने गुणों के बल पर नहीं फैला। मुस्लिम धर्म तलवार के बल पर फैला। ईसाई धर्म कानून के बल पर फैला। सिर्फ दुनिया में अकेला बौद्ध धर्म ही ऐसा है जो अपने गुणों के बल पर फैला है। उसे तलवार के धार की या कानून के दबाव की जरूरत नहीं पड़ी। लोगों को धरपकड़कर बुद्ध के धर्म में लाने की जरूरत नहीं पड़ी। लोगों ने स्वयं प्रेरणा से बुद्ध के धर्म को स्वीकार किया।

इस तरह की स्थिति होते हुए भी बुद्ध के नाम को लोग क्यों भूल गए, यह सवाल पैदा होता है। भारत के बाहर बौद्ध धर्म आज भी जिन्दा है। उसके अनुयायी कम नहीं हैं। भारत में उसका पतन हुआ। उसके कारण आज यहाँ विस्तार से नहीं बताए जा सकते। लेकिन उनकी संक्षेप में चर्चा की जा सकती है। यह युग बुद्ध के नाम को भूल नहीं सकता। बुद्ध अमर और काल से परे हैं। किसी भी युग में उनका नाम लुप्त नहीं हो सकता। चीन के लोग बुद्ध को नहीं भूले, जापान के लोग बुद्ध को नहीं भूले। ब्रह्मदेश के लोग बुद्ध को नहीं भूले और अन्य देशों के लोग भी बुद्ध को नहीं भूले सिर्फ भारत के लोग ही बुद्ध को भूल गए हैं। इसका कारण युग नहीं है बल्कि इसके लिए बुद्ध के विरोधी ही कारण हैं, यह बात एकदम सही है। ब्राह्मण जाति बुद्ध का सबसे बड़ा दुश्मन है। ब्राह्मणों का झगड़ा केवल बुद्ध से ही था ऐसी बात नहीं। उनका जैन धर्म के संस्थापक महावीर से भी झगड़ा था। बुद्ध की तरह महावीर भी यज्ञ के विरोध में था, वेदप्रामाण्य के विरोध में था। लेकिन ब्राह्मणों ने जिस तरह करारा प्रहार बुद्ध पर किया उस तरह का प्रहार महावीर पर नहीं किया। इसका कारण बुद्ध जिस प्रकार ब्राह्मणी चातुर्वर्ण्य व्यवस्था का विरोधी था, उस तरह महावीर नहीं था। ब्राह्मणों को बुद्ध के वेद लांछन के बारे में बुरा लगता था, लेकिन उन्हें उससे नफरत नहीं थी क्योंकि वेदों की प्रामाणिकता रद्द होने से उनका बड़ा नुकसान होनेवाला नहीं था। उसी प्रकार उनको कुछ ऐसा ही यज्ञों के बारे में भी लगता था। उन्हें लगता था कि यज्ञ रहें तब भी ठीक न रहें तब भी ठीक, उससे उन पर कोई बड़ी विपत्ति आनेवाली नहीं है। लेकिन चातुर्वर्ण्य के बारे में उनकी सोच अलग थी। उन्होंने इस बात को जान लिया था कि चातुर्वर्ण्य समाप्त हो गया तो ब्राह्मण नाम की कोई चीज नहीं होगी। मतलब वे चातुर्वर्ण्य को अपनी जान मानते थे। बुद्ध का चातुर्वर्ण्य विरोधी अभियान का मतलब ब्राह्मणों की बुनियाद पर प्रहार है। यह कहना गलत नहीं होगा कि वह उस युग का ब्राह्मण विरोधी अब्राह्मण (बहुजन) आन्दोलन था। और उस आन्दोलन के प्रवर्तक बुद्ध को वे अपना प्रबल विरोधी मानते थे। उसको मटियामेट करने के लिए उन्होंने जो भी सम्भव हो सकते थे सभी हथकंडे अपनाए। उन्होंने अपने वैदिक देवता ब्रह्मा, विष्णु और महेश को दूर हटाकर क्षत्रिय (अब्राह्मण) राजाओं को देवता बनाकर बुद्ध के आन्दोलन को खत्म कर दिया। ब्राह्मण लोग क्षत्रिय राम की पूजा इस वजह से करने लगे, जैसे आज वे विजेताओं की पूजा करते हैं। जब उन्हें इस बात का पता चला कि अकेले राम की पूजा (चापलूसी)

करने से काम नहीं चलेगा तो उन्होंने दूसरे क्षत्रिय राजा कृष्ण को आगे लाकर ब्राह्मणों ने उसे भगवान बनाकर पूजना शुरू कर दिया। जब बहुजनों (अब्राह्मण) को लगा कि अब ब्राह्मण ही हमारे राजाओं की पूजा कर रहे हैं तो तब उन्हें ब्राह्मणों के विरोध में अभियान चलाने की कोई जरूरत नहीं रही। इस तरह ब्राह्मणों ने उनके आन्दोलन की धार को बेअसर कर दिया। ब्राह्मण लोग यह कहने लगे कि बुद्ध तो आपका ही है, लेकिन हम भी उसे विष्णु का दसवाँ अवतार मानते हैं। लोग प्रसन्न हो गए। उन्हें लगा कि ब्राह्मणों ने हमारे बुद्ध को दसवाँ अवतार मान लिया है। अब बहुजनों को लगा कि ब्राह्मणों के साथ लड़ने की कोई जरूरत नहीं है। ब्राह्मणों ने एक ओर अब्राह्मण जनता से सामदाम किया और दूसरी ओर बुद्ध का अनुकरण करके उन्होंने लोगों को गुमराह करने का प्रयास किया कि ब्राह्मण धर्म और बौद्ध धर्म एक ही हैं। बौद्धों ने विहार बनवाए। विहार बौद्धों की दृष्टि में सचेत ज्योति हैं। इस बात को समझकर ब्राह्मणों ने उनके पड़ोस में अपने मन्दिर बनवाने शुरू किए। इस बाहरी समानता की वजह से लोगों को बौद्ध धर्म और ब्राह्मण धर्म में कोई फर्क ही नहीं दिखाई दिया। धर्म के सन्दर्भ में भिन्नता समाप्त होकर गुड़-गोबर का मेल-मिलाप होने लगा। अन्त में मुस्लिमों के आक्रमणों से बौद्ध विहार तबाह हुए। जब बौद्ध भिक्षु देश छोड़कर चले गए तब उनकी अनुपस्थिति का लाभ उठाकर ब्राह्मणों ने बौद्ध के नाम को मिटा देने के उद्देश्य से बुद्ध विहारों को पांडव गुफाओं में बदल दिया। और बुद्ध की मूर्तियों को तोड़कर वहाँ उन्होंने शिवलिंग स्थापित कर दिए।

ब्राह्मणों ने इस देश में बुद्ध के नाम को मिटा देने का प्रयास किया, यह बात बड़ी आसानी से समझ में आती है। क्योंकि बुद्ध उनका असली दुश्मन था। फिर बुद्ध-जयन्ती मनाई जाए यह विचार उनके दिमाग में कैसे आ सकता है? लेकिन बहुजन समाज की भलाई के लिए, उन्हें धर्मान्धता के जाल से मुक्त करने के लिए, जन्तर-मन्तर के झूठे धर्म से मुक्त करके सही मानवीय धर्म की राह पर लाने के लिए, उनके मानवीय हक़ प्रस्थापित करने के लिए, उनके दिलो-दिमाग में स्वाभिमान की ज्योति जलाने के लिए जिसने अपना सबकुछ न्यौछावर कर दिया, जिसने बहुजन (अब्राह्मण) समाज की भलाई के लिए राजवैभव को त्याग दिया, जिसने अपनी मेहनत और कार्य से देश के लोकाचार को बढ़ाया ऐसे महापुरुष को सभी बहुजन समाज के लोगों को पूरी तरह से भूलना यह बड़े दुर्भाग्य की बात है। कम-से-कम उन्हें तो बुद्ध की स्मृतियों को जिन्दा रखना चाहिए था।

हमें लगता है कि हिन्दू लोगों को बुद्ध-जयन्ती मनाने के लिए कहने के यही कुछ कारण हैं। पढ़े-लिखे हिन्दू लोगों में राजनीति में हिन्दू संस्कृति की नींव पर हिन्दू लोगों के लिए लोकतन्त्र स्थापित करने की इच्छा पैदा हुई है। और उसके लिए उनके सभी प्रयास चल रहे हैं। मुझे तो ऐसे हिन्दू लोगों की अक्ल पर तरस आता है। इस देश में ऐसा लोकतन्त्र स्थापित करने की बात करनेवाले लोग या तो मूर्ख होने चाहिए या धूर्त होने चाहिए। लेकिन इस प्रकार की धूर्तता और मूर्खता बहुत दिनों तक चलनेवाली नहीं

है। उन्हें अनुभव होने पर पता चलेगा कि ब्राह्मण धर्म और लोकतन्त्र एक-दूसरे के विरोधी हैं। उसी प्रकार एक-दूसरे के लिए मारक भी हैं। यदि लोकतन्त्र चाहते हो तो चातुर्वर्ण्य नष्ट होना चाहिए। चातुर्वर्ण्य के इन जन्तुओं को नष्ट करने के लिए बुद्ध के दर्शन से बढ़कर मारक अस्त्र दूसरा नहीं है, ऐसी मेरी मान्यता है। इसलिए हम कहते हैं कि राजनीति की रक्तशुद्धि के लिए सभी हिन्दुओं का (बहुजन या अब्राह्मण हिन्दू) बुद्ध-जयन्ती मनाना जरूरी और लाभदायक है।

आज भारत राजनीतिक दृष्टि से बीमार व्यक्ति की तरह है। हिन्दुस्तान के नाम का उच्चारण सुनते ही पेट फूले, हाथ-पाँव सूखे हुए, बे-रोशन चेहरा, आँखें भीतर धँसी हुई, हड्डियों के कंकाल जैसे आदमी का चित्र आँखों के सामने उभरता है। इसमें लोकतन्त्र की गाड़ी चलाने की ताकत नहीं है। लेकिन लोकतन्त्र की गाड़ी चलाने की इच्छा हो तो उसके लिए ताकत का होना भी जरूरी है। और उस तरह की ताकत बिना दवा के प्राप्त नहीं हो सकती। लेकिन दवा लेने से क्या फायदा? सभी लोग जानते हैं कि किसी प्रकार की दवा लेने के पहले रोगी के प्रकोष्ठ को साफ रखना पड़ता है। वहाँ का मैला साफ करना पड़ता है। उसके बगैर दवा अपना असर नहीं दिखाती। हमारे हिन्दू लोगों का प्रकोष्ठ शुद्ध नहीं है। उसमें ब्राह्मणी धर्म का कई बरसों का मैल चिपककर रुका पड़ा है। जो हक़ीम इस मैल को साफ कर बाहर निकालेगा वही इस देश में लोकतन्त्र की स्थापना के लिए मददगार हो सकता है। और उस तरह का हक़ीम बुद्ध के अलावा दूसरा कोई नहीं है। हिन्दुओं की रक्तशुद्धि राम की जयन्ती मनाने से नहीं होगी, कृष्ण की जयन्ती मनाने से नहीं होगी। या गांधी की जयन्ती मनाने से भी नहीं होगी। राम, कृष्ण और गांधी ब्राह्मण धर्म के पक्षपोषक हैं। लोकतन्त्र की स्थापना के लिए उनका कोई उपयोग नहीं है। अगर उपयोग है तो वह केवल बुद्ध का हो सकता है। इसलिए उन्हें याद करना और उनके सिद्धान्तों को अपनाना यही हिन्दू समाज के राजनीतिक और सामाजिक रक्तशुद्धि का इलाज है, ऐसा हमें प्रामाणिकता के साथ लगता है।

बुद्धं सरणं गच्छामि।
धम्मं सरणं गच्छामि।
संघं सरणं गच्छामि।

और इसी बात को उन्हें बार-बार दोहराते रहना चाहिए, हम उन्हें यह सलाह देना चाहते हैं।

7 मई, 1941 के साप्ताहिक 'जनता' में प्रकाशित।

अच्छा हुआ महात्मा चला गया इनसान रह गया

डॉ. बाबासाहेब अम्बेडकर द्वारा सा. जनता के ***दि. 11 मई 1941*** *के अंक के लिए लिखा गया अग्रलेख–*

गांधी ने एक जगह कहा है, ''मैं हर एक अंग्रेज आदमी से यह अनुरोध करता हूँ कि उसे हिंसा की बजाय अहिंसा का रास्ता अख्तियार करना चाहिए। और जो विवाद उठें उन्हें अहिंसा के रास्ते से ही हल करने का प्रयास करना चाहिए। आप लोगों को आज तक ऐसा उपदेश देने की हिम्मत मेरी नहीं हुई थी। अब भगवान की कृपा से यह हिम्मत मुझे प्राप्त हुई है। इसलिए मैं आपको यह उपदेश दे रहा हूँ। मैं आप लोगों से यह कहना चाहता हूँ कि आप इस युद्ध को समाप्त कर दीजिए। आप लोग युद्ध करने में समर्थ नहीं हैं यह समझकर मैं आपसे यह कह रहा हूँ ऐसी बात नहीं बल्कि, हिंसा अपने-आप में बुरी चीज है, इसलिए मैं आपसे यह कह रहा हूँ।

''कोई भी कार्य कितना भी पवित्र हो फिर भी उसके लिए अनगिनत लोगों की बलि देना उचित नहीं है। इतना ही नहीं, जिस कार्य को पूरा करने के लिए इतने लोगों की बलि चढ़ानी पड़ती है उस तरह का कार्य पवित्र है या नहीं इसके बारे में मेरे मन में सन्देह है। आप लोगों को जर्मनों के खिलाफ लड़ना है, इस बात को मैं समझता हूँ। उसमें अंग्रेज असफल हों ऐसी मेरी बिल्कुल इच्छा नहीं है। मैं आप लोगों से यही कहना चाहता हूँ कि आप नाजियों के खिलाफ लड़ें। लेकिन अहिंसा के रास्ते से लड़िए। तलवार, बन्दूक, गोला-बारूद आदि हिंसात्मक साधनों का इस्तेमाल मत कीजिए। मेरी यह इच्छा है कि आप अंग्रेज लोगों को हिटलर और मुसोलिनी को निमन्त्रण भेजना चाहिए और उनसे कहना चाहिए कि, 'आप लोगों को हमसे जो कुछ चाहिए, आइए और ले जाइए।' उन्हें जो कुछ अच्छा लगे, उसे उन्हें ले जाने दीजिए। यदि हिटलर और मुसोलिनी को आप लोगों का मकान-जायदाद लेनी हो तो उसे खाली करके उन्हें सौंप दीजिए। यदि वे तुम्हें मकान छोड़कर बाहर जाने की इजाजत न देते हों तो अपने लोगों और बीवी-बच्चों की हत्या होने दीजिए।' मैं आप लोगों को जो अहिंसा का उपदेश दे रहा हूँ इसका मतलब यह नहीं कि मैं अज्ञानी आदमी हूँ ऐसा मत समझिए। मुझे पिछले पचास सालों से अहिंसा के साधनों का अच्छा अनुभव है। मैंने अपने जीवन के हर व्यवहार में पारिवारिक, सार्वजनिक, आर्थिक और राजनीतिक अवसरों पर इस मार्ग को

अपनाया है। उसमें मुझे कभी असफलता नहीं मिली है।' अहिंसा के बारे में गांधीजी की ऐसी सोच थी।

पिछले डेढ़ माह में गांधी ने अहिंसा के बारे में कई तरह के वक्तव्य दिए हैं। कर्नल एमरी ने पिछले माह 23 तारीख के पार्लियामेंट में जो भाषण दिया उस भाषण का गांधी ने 28 अप्रैल को जवाब के रूप में एक लम्बा निवेदन प्रकाशित करवाया था। उस निवेदन में गांधी ने कर्नल एमरी को सम्बोधित करते हुए निम्न प्रकार की बात कही थी।

गांधी कहते हैं कि, "मैं ब्रिटिश सरकार से एक सवाल पूछना चाहता हूँ कि अंग्रेजों के यहाँ डेढ़ सौ साल तक सत्ता में रहने के बाद भी मुट्ठीभर बदमाशों के खिलाफ खड़े होने की ताकत भारतीय लोगों में क्यों नहीं आई? सचमुच भारतीय लोगों की अपेक्षा अंग्रेजों को इस बात पर ज्यादा शर्म आनी चाहिए थी कि हजारों लोग मामूली बदमाशों से घबराकर अपना घर छोड़कर भाग जाते हैं। राज्यकर्त्ताओं की सबसे पहली जिम्मेदारी है कि उन्हें प्रजा को आत्मसुरक्षा की शिक्षा देनी चाहिए। किन्तु विदेशी अंग्रेज सरकार को भारतीय प्रजा-सुरक्षा के बारे में कोई जिम्मेदारी महसूस नहीं हुई इसलिए उन्होंने प्रजा को हथियार देने की इजाजत नहीं दी।"

"कर्नल एमरी ने पार्लियामेंट में भारतीय फौजियों के बारे में जो प्रशंसा और अभिनन्दन करनेवाले शब्द व्यक्त किए हैं उनका भारत पर किसी भी प्रकार का प्रभाव पड़ना सम्भव नहीं है। क्योंकि उन्होंने यदि भारत को युद्ध साहित्य की दृष्टि से सम्पन्न किया होता और भारतीय लोगों को फौजी शिक्षा दी होती तो यूरोप के किसी भी राष्ट्र ने ब्रिटिश साम्राज्य के खिलाफ जाने की हिम्मत ही न की होती।"

इसी माह 23 तारीख को गांधी ने अहमदाबाद में जो हिन्दू-मुस्लिम दंगा हुआ था उस दंगे के सन्दर्भ में एक कमेटी बनाई है। उस कमेटी के अध्यक्ष मान्यवर भोगीलाल को गांधी ने पत्र लिखा है। उसमें गांधी ने हिंसा-अहिंसा पर अपने विचार व्यक्त किए हैं। उसमें निम्न प्रकार की बातों पर ध्यान देना जरूरी है।

"गुंडों के डर से लोगों का घर से भाग जाना बड़ी खतरनाक बात है। गुंडों का प्रतिकार हिंसा से या अहिंसा से करने का बल उनमें होना चाहिए। 'ब्रीद' का मैं जो अर्थ ले रहा हूँ वह यदि सही है तो कांग्रेसवालों को अहिंसा से ही प्रतिकार करना चाहिए, उसमें वे सफल होंगे। लेकिन भाग जाना कायरता का लक्षण है इस बात को भी हमें लोगों को साफ तौर पर बता देना चाहिए। यदि वे अहिंसा से प्रतिकार करने में सबल न हों तो उन्हें हिंसा से प्रतिकार करना चाहिए, यही उनकी जिम्मेदारी है।"

"आप लोगों को यह देखना चाहिए कि स्वयं की या दूसरों की सुरक्षा हिंसा से करनी चाहिए इस तरह की बात बतानेवाले लोग कांग्रेस में कितने हैं? यदि कांग्रेस के बहुमतवालों की यह राय बनी कि गुंडों के हमलों के खिलाफ हिंसात्मक प्रतिकार करना ही चाहिए और उस तरह से करना कांग्रेस के लक्ष्य के खिलाफ नहीं है तो उन्हें उस तरह से सीधी घोषणा करके उसी तरह से कांग्रेस का मार्गदर्शन करना चाहिए।"

“अपनी जान की रक्षा के लिए गुंडों से डरकर लोगों का भाग जाना यह तो बर्दाश्त करनेवाली बात नहीं है। उसके लिए तो हिंसात्मक या अहिंसात्मक तरीके से प्रतिकार करने का बल होना जरूरी है।”

“कांग्रेस को फौज या पुलिस की सहायता नहीं माँगनी चाहिए। जिनका अहिंसा पर विश्वास है, उन्हें सरकार से मदद माँगनी चाहिए।”

“जहाँ हिंसात्मक शारीरिक शिक्षा दी जाती है, ऐसे अखाड़ों से कांग्रेस को अपना सम्बन्ध नहीं रखना चाहिए।”

“दंगों में हुए नुकसान के लिए कांग्रेस मुआवजा नहीं माँगेगी। वह कांग्रेस का काम नहीं है। अपनी रक्षा के लिए ताकत न होने के कारण जनता को नुकसान बर्दाश्त करना चाहिए। उसे जनता को भोगना ही चाहिए।”

“भाई ! सिख या ठाकुर-राजपूतों से संरक्षण माँगने की तो मैं कल्पना भी नहीं कर सकता।”

“मुस्लिम मोहल्लों में रहनेवाले हिन्दुओं को वहाँ से भागना नहीं चाहिए। अपनी जान को खतरे में डालते हुए भी वहीं रहना चाहिए।”

“हिन्दू बस्ती में रहनेवाले मुस्लिमों को हिन्दुओं को पूरी सुरक्षा देनी चाहिए।”

यदि कोई व्यक्ति, गांधी द्वारा 1940 में अंग्रेजों को लिखा हुआ पत्र और 1941 में भोगीलाल को लिखे हुए पत्र को पढ़ेगा तो क्या कहेगा? जो गांधी अंग्रेज लोगों से यह कह रहे थे कि आप अपने हथियार फेंक दीजिए, फौजी पेशे को त्याग दीजिए, वही गांधी बेहद गुस्से से कहते हैं कि अंग्रेजों ने भारतीय लोगों को फौजी शिक्षा क्यों नहीं दी, हथियारों का निर्माण क्यों नहीं किया और भारतीय लोगों को हिंसक लोगों से अपनी सुरक्षा करने की शिक्षा क्यों नहीं दी, यह कहते हुए वे बेचैन हो जाते हैं। ऐसे आदमी के कुछ सिद्धान्त हैं या नहीं, उसकी अक्ल ठिकाने है या नहीं, इस तरह का सन्देह भी यदि किसी के मन में पैदा हुआ तो उसे कौन दोषी ठहराएगा? जो गांधी एक साल पहले अंग्रेजों को उपदेश दे रहे थे कि आप हथियारों से प्रतिकार मत कीजिए, हिटलर और मुसोलिनी को आक्रमण करने दीजिए और उन्होंने आक्रमण किया तो उनके लिए अपने घर खुले छोड़कर, वे जो कुछ ले जाना चाहें ले जाने दीजिए, इस तरह कह रहे थे लेकिन वही गांधी आज अहमदाबाद के लोगों से कहते हैं कि आप अपने मकानों को छोड़कर मत जाइए। भागना कायरता है। यदि आप अहिंसा से प्रतिकार नहीं कर सकते तो हिंसा से प्रतिकार कीजिए। वे इस तरह के चंचल दिमाग के आदमी हैं, उन्हें लोगों को अपना मार्गदर्शक कैसे मानना चाहिए, इस तरह का सवाल यदि किसी ने पूछा तो क्या उसे गलत समझा जाएगा? जो गांधी यह कह रहे थे कि प्रतिकार न करना, पर-पीड़ा बर्दाश्त करना अपना सिद्धान्त है, वही गांधी अब यह कहते हैं कि प्रतिकार करना जरूरी है, इतना ही नहीं यदि अहिंसा के रास्ते प्रतिकार करना सम्भव न हो तो हिंसा के रास्ते प्रतिकार करना जरूरी है। ऐसे समय यदि किसी ने इस तरह का सन्देह व्यक्त किया कि यह महज बुद्धिभ्रम है तो इसे अनावश्यक कैसे कहा जा सकता है? जिस गांधी ने

यह आग्रह किया था कि सभी को अहिंसा का पालन करना चाहिए, वही गांधी कहते हैं कि सिर्फ कांग्रेस को ही अहिंसा का पालन करना चाहिए। जो गांधी कहते थे कि कांग्रेस के लोगों को अहिंसा का पालन तो करना ही चाहिए, वही गांधी आज कहते हैं कि यदि कांग्रेस के लोगों ने बहुमत से तय किया कि गुंडाशाही का हिंसात्मक तरीके से प्रतिकार करना सम्भव नहीं, अब उन्हें लोगों को हिंसात्मक रास्ता अपनाने के लिए कहने में कोई आपत्ति नहीं है। इस आधार पर इस तरह का आरोप करना क्या गलत होगा कि गांधी का अहिंसा के सिद्धान्त पर बिल्कुल विश्वास नहीं था। अहिंसा के सम्बन्ध में गांधी के एक-दूसरे से विरोधी विचार पढ़ने के बाद किसी भी आदमी को बड़ा आश्चर्य होगा इसमें कोई सन्देह नहीं। उनके इन विचारों को जिम्मेदार आदमी की घोषणा कहा जाए, या एक पागल आदमी का बड़बड़ाना कहा जाए या महात्मा का पागलपन कहा जाए या किसी बनिया की हिसाबी आदत से रचा गया पुराण कहा जाए, इस बात का कुछ पता नहीं चलता।

कुछ भी हो, फिर भी अहिंसा के बारे में गांधी की आज की सोच एक तरह से उनकी दुरावस्था है, ऐसा यदि कहा जाए तो कुछ गलत नहीं होगा। क्योंकि एक बार एक बात कहना और दूसरी बार दूसरी बात कहना, परस्परविरोधी विचार रखना इससे बढ़कर दुरावस्था और क्या हो सकती है? कभी-कभी आदमी को अपनी सोच बदलनी पड़ती है। क्योंकि सोच भी परिस्थिति के आधार पर बनती है। यदि परिस्थिति बदल गई तो सोच को भी बदलना पड़ता है। लेकिन सोच बदलने के बाद भी मनुष्य अपने सिद्धान्तों को नहीं बदल सकता। सोच बदलनेवाले आदमी को शायद कोई पाखंडी नहीं कहेगा लेकिन सिद्धान्त बदलनेवाले आदमी को यह कहने में किसी को कोई संकोच नहीं होगा कि यह आदमी पाखंडी है। गांधी की अहिंसा की भूमिका में जो फर्क आया है वह विचारों में मतभेद जैसा कुछ नहीं है बल्कि वह फर्क सिद्धान्तों के स्वरूप का है, इसमें कोई सन्देह नहीं है। एक बार जिस तत्त्व को उन्होंने बताया उसे छोड़ देने की नौबत आना इससे बढ़कर और बुरी हालत क्या हो सकती है? इस दुरावस्था के कारणों को जान लेना जरूरी है। गांधी की अहिंसा तो मूलतः अहिंसा की विडम्बना थी। भारत में सदियों से अहिंसा के बारे में जो कहा गया है, उसकी परिभाषा, उसकी मर्यादा और उसके विस्तार के बारे में संत तुकाराम[1] ने अपनी एक गाथा में पहले ही उल्लेख किया है–

दया उसी का नाम जीवों का पालन।
और उच्छेदन दुश्मनों का॥

संत तुकाराम ने अहिंसा की यह जो परिभाषा की है वही सही परिभाषा है। तुकाराम की गाथा का यह अंश 'और उच्छेदन दुश्मनों का' बहुत महत्त्वपूर्ण है। गांधी ने उस अंश को छोड़कर मतलब 'दया उसी का नाम जीवों का पालन' इसी अंश को लेकर और 'और उच्छेदन दुश्मनों का' छोड़कर अपनी अहिंसा का अधिक विस्तार किया है।

1. संत तुकाराम : मराठी संत कवि जो ब्राह्मण जाति के नहीं थे।

गांधी द्वारा अहिंसा के अधिक विस्तार करने के मूल में स्वार्थ था। जगमान्य गांधी को दुनिया का महात्मा बनने का इस बारे में जितना लालच है उतना शायद किसी को नहीं होगा। जगप्रसिद्ध होने के सबसे आसान तरीके के रूप में गांधी ने एकतरफा अहिंसा की घोषणा की, इसमें हमें इसके अलावा और कोई कारण नहीं दिखाई दे रहा है। इसमें यह नहीं कहा जा सकता कि गांधी को एकतरफा अहिंसा, दुश्मन का प्रतिकार किए बगैर खूनखराबा, धनदौलत को लूटना और आग लगा देना आदि बातों के अंदाज मालूम नहीं थे।

भारत में पिछले बीस साल में हिन्दू-मुस्लिमों के हजारों दंगे-फसाद हुए हैं। और उसमें भी मुम्बई इलाके और मुम्बई शहर में हिन्दू-मुस्लिमों के दंगे-फसादों की संख्या सबसे ज्यादा है, ऐसा कहने में कुछ गलत नहीं होगा। मुम्बई शहर में हिन्दू-मुस्लिमों के दंगे-फसादों में हिन्दुओं की जानें भी गईं और धन का नुकसान भी हुआ। इस बात की पूरी जानकारी गांधी को थी लेकिन गांधी को उस समय इस तरह का उपदेश नहीं सूझा कि अपनी अहिंसा को नियन्त्रित करते हुए प्रतिकार करना चाहिए। इसका कारण अहिंसा के भयंकर परिणामों की ओर देखने की गांधी को कोई जरूरत महसूस नहीं हुई। लेकिन अहमदाबाद के हिन्दू गांधी के लिए अपरिचित नहीं थे। और अहमदाबाद में मुस्लिमों ने हिन्दुओं पर जो ज्यादतियाँ की थीं वे कोई गैरों पर हुई ज्यादतियाँ नहीं थीं। गांधी भले ही संन्यासी हों फिर भी गुजरात उनकी मातृभूमि है और अहमदाबाद का हिन्दू समुदाय उनके पेट का गोला है, इस तरह की भावना उनमें थी। अहिंसा ने हमारे पेट के गोले को घुमाया, अहिंसा का प्रेम जिस कारण दुनिया को राह दिखा रहा था उसी ने अपने घर में आग लगा दी, इस बात को जब गांधी ने देखा तब वे होश में आए और अहिंसा का पूरी तरह से त्याग कर देने के लिए तैयार हो गए।

भारत में शंकराचार्य, माधवाचार्य, रामानुजाचार्य जैसे आचार्य हुए हैं। भारत में संत तुकाराम, गोरा कुम्भार, चोखामेला आदि साधु-सन्त हुए। लेकिन कुछ लोग बड़े गर्व से कहते हैं कि इस देश में गांधी के पहले कोई महात्मा नहीं हुआ है। आज कई लोगों को ऐसा लगता है कि आचार्य, साधु-सन्त लोग बेमतलब पैदा हुए हैं। उन पर यह आरोप है कि उन्होंने देश के उत्थान के लिए कुछ नहीं किया है। यह सब सही होने पर भी आचार्य साधु-सन्त इस देश में पैदा हुए तो इसे देश को कोई खतरा नहीं कहा जा सकता। लेकिन इस देश में महात्मा पैदा हुआ इस बात को हम देश के लिए सबसे बड़ा खतरा मानते हैं। जिस दिन गांधी को महात्मा की उपाधि दी गई वह दिन देश के इतिहास में दुर्भाग्य का और गांधी को महात्मा की उपाधि देने की जिस आदमी को अक्ल सूझी उसे खतरनाक आदमी समझने में कोई हर्ज नहीं है, यह हमारी सीधी मान्यता है। यह महात्मा हर दृष्टि से जनता के लिए एक मुसीबत है। जनता को संयम चाहिए, नियम चाहिए। जनता को किसी बात को करने से पहले उसे अच्छी तरह परखने के अलावा और कोई रास्ता नहीं है। सच कहा जाए तो किसी भी बात का प्रमाण माँगना चाहिए। परिणामों की जाँच-पड़ताल करनी चाहिए। लेकिन महात्मा के लिए यह संयम

नहीं है, नियम नहीं है। महात्मा जो कहेगा वही सच है और वही आज्ञा है। लेकिन यह बात आचार्य और साधु-सन्तों के बारे में नहीं है। आचार्य और साधु-सन्तों के साथ सच-झूठ, अच्छे-बुरे के बारे में प्रतिवाद किया जा सकता है। वे संयम-नियम और तर्कशास्त्र के बन्धनों से परे नहीं हैं। एक बार किसी के महात्मा मान लिए जाने पर उसे यह पूछने का हक़ ही नहीं रहता कि, 'ऐसा क्यों?' क्योंकि महात्मा और परमात्मा में फर्क नहीं है। महात्मा का मतलब परमात्मा, परमेश्वर, यही दुनिया की समझ है। लेकिन आचार्य और साधु-सन्तों के बारे में यह बात नहीं है। वे मार्गदाता हैं, मुक्तिदाता नहीं। महात्मा केवल मार्गदर्शक नहीं है बल्कि वह मुक्तिदाता है, यही आम आदमी की मान्यता होती है। लोग आचार्य और साधु-सन्तों की वंदना करते हैं। लेकिन लोग बड़ी श्रद्धा से महात्मा की शरण में जाते हैं।

शरणागति का मतलब एक खतरा ही है। उसके मुकाबले दूसरा और कोई खतरा हो ही नहीं सकता। क्योंकि वह मानसिक गुलामी है और जो लोग मानसिक गुलामी में फँस जाते हैं उनका उत्थान रुक जाता है, इस बात की गवाही सारी दुनिया का इतिहास दे रहा है।

जब तक लोग श्रद्धावान हैं तब तक महात्मापन चलेगा। और लोगों पर महात्मापन का प्रभाव पड़ने के बाद लोग भावुक बन जाते हैं, गुलाम बन जाते हैं। खतरे से बचने के लिए महात्मापन को समाप्त करना ही सही उपाय है। गांधी का महात्मापन अहिंसा पर आधारित था। और अहिंसा की घोषणा की वजह से वह बरकरार भी था। हमारा पूरा यकीन है कि अहमदाबाद में दंगा-फसाद न हुआ होता तो गांधी ने अहिंसा का व्रत मरते दम तक न छोड़ा होता और अहिंसा के भयंकर परिणाम मालूम होने पर दुनिया की रक्षा के लिए अहिंसा का नया मार्ग बतलानेवाले महात्मा के रूप में मरने की अपनी इच्छा पूरी कर ली होती। लेकिन गांधी पूरी तरह असफल रहे। और वह इतना कि गांधी के दरवाजे पर बैठा हुआ परमात्मा भी उनकी मदद नहीं कर सका।

अहमदाबाद का दंगा गांधी के लिए खतरनाक साबित हुआ। यह जितना गांधी के लिए खतरा साबित हुआ उतना ही इसे देश के लिए भी खतरा मानना चाहिए। अहमदाबाद की घटना से एक बात अच्छी हुई। गांधी ने अपना महात्मापन जारी रखने के लिए एक तरह से अपने बदन पर अहिंसा की राख लगाई हुई थी, यह बात साबित हो गई है। गांधी ने अपने बड़प्पन के लिए अहिंसा की चिता जलाई और अपनों की रक्षा करने के लिए अब उसे बुझा दिया। कुल मिलाकर गांधी की अहिंसा एक बड़ा पाखंड था, इस बात को अहमदाबाद ने साबित कर दिया है। और हम ऐसा मानते हैं कि यह इस देश का सौभाग्य ही रहा है।

जिस दिन गांधी को अहिंसा पर विश्वास छोड़ना पड़ेगा उस दिन गांधी का महात्मापन खत्म होना शुरू हो जाएगा, यह हमारी काफी दिनों पहले की भविष्यवाणी है। इस दृष्टि से हम अहमदाबाद के दंगे को महत्त्वपूर्ण घटना मानते हैं। क्योंकि यदि अहमदाबाद में हिन्दू-मुस्लिमों का दंगा न हुआ होता और अहिंसा के कारण वहाँ के

हिन्दुओं की हानि न हुई होती तो गांधी ने अपने बड़प्पन के लिए अहिंसा के पाखंड का कभी त्याग नहीं किया होगा।

अहमदाबाद के दंगे से अच्छा हुआ कि राख उड़ गई और कोयला बच गया। महात्मा चला गया, इनसान रह गया, लोगों को यह कहने का अवसर मिल गया। इसलिए हम अहमदाबाद के हिन्दू और मुस्लिमों का अभिनन्दन करना चाहते हैं।

साप्ताहिक 'जनता' के 11 मई, 1941 के अंक में प्रकाशित।

पाठकों से नम्र निवेदन

पिछले से पिछले अंक में पाठकों को इस प्रकार की सूचना दी गई थी कि साप्ताहिक 'जनता' समाचार-पत्र शायद बन्द करना पड़ेगा। उस सूचना से कई पाठकों को दुख हुआ है ऐसा हमारे ध्यान में आया है। कई लोग हमसे खुद मिलने आए और उन्होंने कहा कि किसी भी हालात में 'जनता' पत्र का प्रकाशन बन्द न किया जाए। साप्ताहिक 'जनता' पत्र को बन्द करने की मेरी इच्छा नहीं थी। कई तरह की कठिनाइयाँ आईं फिर भी मैंने इस पत्र को लगातार प्रकाशित किया। मेरे इस पत्र की तरह ही अब्राह्मण आन्दोलन के कई समाचार-पत्र किसी समय प्रकाशित होते थे। उन्हें राजाश्रय था। उनके ग्राहकों की संख्या भी काफी थी। उन्हें विज्ञापनों से भी कुछ रुपए मिल जाते थे। मैंने जितने समाचार-पत्र प्रकाशित किए उनमें किसी को भी उनकी तरह आय का एक निश्चित साधन नहीं मिल पाया। यह होते हुए भी मैंने इस पत्र का प्रकाशन जारी रखा है। इसकी वजह यह है कि समाचार-पत्र अछूतों के मुक्ति आन्दोलन को जिन्दा रखने के लिए एक संजीवनी हैं, ऐसी मेरी निश्चित मान्यता है। इस पत्र के प्रकाशन को बन्द करने की बात फिलहाल जो आर्थिक कठिनाइयाँ पैदा हुई हैं उन्हीं की वजह से है। वे कठिनाइयाँ अब बर्दाश्त से बाहर हैं, 'जनता' के पाठकों को भी यह बात बर्दाश्त नहीं हुई, यह बड़ी खुशी की बात है।

क्योंकि इससे एक बात दिखाई देती है कि 'जनता' पर उनका कितना प्रेम है। लेकिन उन सभी चाहनेवाले पाठकों को इस बात की खबर है कि साप्ताहिक 'जनता' पर सिर्फ प्रेम दिखाने से उसे जिन्दा रखना सम्भव नहीं है। बल्कि उसके लिए सभी लोगों को कुछ त्याग करने की आवश्यकता है। अन्य अखबारवालों ने अपनी नुकसान भरपाई के लिए अखबारों की कीमतें बढ़ाई हैं। अपने लोगों की दरिद्रता की वजह से 'जनता' की कीमत बढ़ानी सम्भव नहीं है और सम्भव होने पर भी उचित नहीं है। साप्ताहिक 'जनता' को इस संकट से बचाने के लिए दूसरा कोई रास्ता अख्तियार करना होगा। मेरी राय में दो बातें की जा सकती हैं–'जनता' के ग्राहकों की संख्या बढ़ाई जा सकती है, और दूसरी बात 'जनता' के लिए ज्यादा से ज्यादा सहयोग राशि इकट्ठा की जा सकती है। पिछले साल जब 'जनता' की ओर से सहयोग की अपील की गई उस समय कई लोगों ने सहयोग दिया था इस बात को मुझे कबूल करना चाहिए। उसी तरह का सहयोग अब भी लोग करेंगे, ऐसी मुझे उम्मीद है। लोगों ने ग्राहक बनाने और आर्थिक

सहयोग का अपना दायित्व निभाया तो मैं 'जनता' को प्रकाशित करते रहने की जिम्मेदारी निभाऊँगा, इस तरह का भरोसा मैं आप लोगों को दिलाना चाहता हूँ। इसलिए सभी लोगों को 'जनता' के प्रति अपनी जिम्मेदारी को भूलना नहीं चाहिए, यही मेरा आप सभी से नम्र निवेदन है।

–भीमराव रामजी अम्बेडकर

साप्ताहिक 'जनता' मुम्बई, 17-5-1941 के अंक में प्रकाशित।

क्या दंगे-फसाद का कोई इलाज नहीं है?

डॉ. बाबासाहेब अम्बेडकर द्वारा सा. जनता के ***दि. 7 जून 1941*** *के अंक के लिए लिखा गया अग्रलेख।*

पिछले अप्रैल माह के शुरू में मुम्बई शहर में हिन्दू-मुस्लिमों के बीच दंगा-फसाद शुरू हुआ। इससे पहले अहमदाबाद शहर में हिन्दु-मुस्लिमों के बीच दंगा-फसाद हुआ। जब अहमदाबाद में दंगा-फसाद हो रहे थे तभी कानपुर में भी हिन्दू-मुस्लिमों का दंगा शुरू हो गया। और उसी के साथ बिहार में भी हिन्दू-मुस्लिम दंगे हुए हैं। इन दंगों से पहले बंगाल प्रदेश के ढाका शहर में हिन्दू-मुस्लिमों के बीच फसाद शुरू हुआ और उसकी आग काफी दूर-दूर तक फैली थी। हिन्दू-मुस्लिमों के बीच दंगा-फसाद एक तरह से स्थायी समस्या बन गई है। जिस तरह लोग मेले के लिए निकलते हैं, उसी तरह लोग दंगा-फसाद करने के लिए भी इकट्ठा होते हैं, यह कुछ इसी तरह हो रहा है। फर्क इतना है कि मेले का समय तय होता है। किन्तु दंगा-फसाद कब होगा इसके बारे में कोई कुछ नहीं कर सकता। लेकिन दंगा-फसाद होने पर किसी को कोई आश्चर्य नहीं होता। एक-दूसरे का एक-दूसरे पर वार करना, मारना और मरना यह हिन्दू-मुस्लिमों के संयुक्त जीवन निर्वाह की एक प्रणाली बन चुकी है। इसलिए इस विषय पर लिखना जरूरी हो गया है। फिलहाल मुम्बई में जो दंगा-फसाद चल रहा है वह पहले के दंगे-फसादों से कुछ अलग प्रकार का है, ऐसा हमें पहले से ही लग रहा था। इस दंगे में पहले के दंगा-फसादों की तुलना में बहुत बड़ी हानि हुई है। इसमें जानमाल का कितना नुकसान हुआ है यह कहना मुश्किल है। जब से यह दंगा शुरू हुआ तब से अब तक 42 लोगों की जानें जा चुकी हैं। 222 लोग घायल हो चुके हैं। और 1850 मवाली लोगों को जेल में बन्दी बनाकर रखा गया है। पहले के दंगे-फसादों की तुलना में यह दंगा-फसाद छोटा है, ऐसा कहना कुछ गलत नहीं है। किन्तु इस दंगे को अधिक महत्त्व दिया गया है। इसकी वजह यह है कि इस दंगे का कोई कारण नहीं है। पहले जो दंगे-फसाद होते थे उनमें दोनों ओर से विवाद पैदा करने के लिए कुछ-न-कुछ कारण बताए जाते रहे हैं। कभी मस्जिद के सामने से हिन्दू बाजा बजाते हुए निकले इसलिए दंगा हुआ, कभी मुस्लिमों ने ईद के दिन गाय हलाल कर दी इसलिए दंगा हुआ है। किन्तु इस दंगे का कोई निश्चित कारण है ऐसा कोई नहीं कह सकता। यही इस दंगे की विशेषता है।

यह दंगा राजनीतिक है, ऐसा हमें शुरू से ही लग रहा था। मद्रास में मुस्लिम लीग का जो अधिवेशन हुआ था उसके समाप्त होते ही दंगा चारों ओर फैल गया, इसी आधार पर हमने अपना तर्क दिया था। किन्तु अब तर्क देने की कोई जरूरत नहीं रही है। दोनों ओर से इस बात को स्वीकार कर लिया गया है। दंगे के सम्बन्ध में हिन्दू महासभा के नेता बैरिस्टर सावरकर ने जो पत्र प्रकाशित किया था उसमें उन्होंने साफ तौर पर कहा था कि यह दंगा नहीं है बल्कि हिन्दुओं के खिलाफ मुस्लिमों का विद्रोह है। मुस्लिमों के नेता बैरिस्टर जिन्ना ने भी एक पत्र प्रकाशित किया था उसमें उन्होंने यह खुलासा किया था कि मुम्बई का दंगा धार्मिक नहीं बल्कि राजनीतिक है। हिन्दुओं से राजनीतिक सत्ता प्राप्त करना यही इस दंगे का बुनियादी उद्देश्य है। अब तक मुम्बई के सरकारी अफसर यह दंगा गुंडों ने भड़काया है, ऐसा मानकर अपनी कार्यवाही कर रहे थे। किन्तु लगता है उन्हें भी गुमराह किए जाने का अहसास हुआ है। क्योंकि आज के 'टाइम्स ऑफ इंडिया' से पता चलता है कि दंगा भड़काने के मूल में गुंडे लोग नहीं हैं बल्कि दंगे की मूल योजना बनानेवाले कुछ करिश्मेबाज लोग हैं, इस बात को अस्वीकार करना आसान नहीं है।

फिर इस दंगे का इलाज क्या है? इस तरह का सवाल कोई भी पूछ सकता है, इसमें कोई अचरज की बात नहीं है। यह दंगा रुके ऐसी इच्छा नेताओं में भी नहीं दिखाई देती। जिन्ना ने सिर्फ इतना ही वक्तव्य दिया है कि यह राजनीति से प्रेरित दंगा है। किन्तु उन्होंने अपने मुस्लिम भाइयों से और अपने अनुयायियों से यह नहीं कहा कि आप लोग दंगा मत भड़काइए। बैरिस्टर सावरकर बाबू राजेन्द्र प्रसाद से इस विवाद में उलझ गए कि आप पहले मुस्लिमों को दंगा रुकवाने के लिए कहिए, फिर हम हिन्दू लोगों को दंगा रुकवाने के लिए कहेंगे। इसमें गांधी का रवैया तो अजीब था। गांधी ने जो पत्र प्रकाशित किया उस पत्र से दंगा रुकने के बजाय और ज्यादा भड़क गया, ऐसा कहने में कोई आपत्ति नहीं है। अहमदाबाद के हिन्दुओं पर हुए अहिंसा के भयंकर परिणामों से दुखी गांधी को दंगा समाप्त होने के बाद हिंसा-अहिंसा के सम्बन्ध में अपने परिवर्तित विचार व्यक्त करने का मौका मिला था। किन्तु जिस समय दंगा भड़क रहा था उस समय उन्होंने अपने जो विचार व्यक्त किए उनसे अधिक नुकसान हुआ है, ऐसा कहने में कोई आपत्ति नहीं है। क्योंकि गांधी के पत्र में हिन्दू लोगों को मुस्लिम गुंडों के विरोध में आप हिंसा पर उतर आइए और अपना बचाव कीजिए, इस तरह से प्रेरित करने के अलावा और कुछ नहीं था, ऐसा कहने में कोई आपत्ति नहीं है। गांधी ने सिर्फ इतना ही कहा कि 'गुंडे आप पर हमला करें तो आप भागिए मत।' इसमें भागिए मत और मारिए, इस तरह का संकेत ही नहीं, खुली सूचना भी है, अधिकतर लोग यही समझ रहे हैं। कम-से-कम मुस्लिम लोगों का यही समझना है, इसमें कोई सन्देह नहीं। गांधी का पत्र प्रकाशित होने के बाद जो दंगा शान्त हो गया था वह पुनः भड़क उठा। यह उसका प्रमाण है। नेतागण दंगा रुकवाने के इच्छुक नहीं दिखाई दे रहे हैं। उसी प्रकार दंगा रुकवाने के लिए जो समितियाँ गठित की गई हैं उनसे दंगा रुकवाया जा सकेगा ऐसा

नहीं लग रहा है। इन समितियों में से जिसे पीस कमेटी कहा जाता है उस कमेटी ने खास तौर से यह सवाल उठाया है कि दंगे की शुरुआत किसने की है। दंगा भड़काने की जिम्मेदारी कमेटी के मुस्लिम सदस्य हिन्दुओं पर लादना चाहते हैं और हिन्दू सदस्य दंगे की जिम्मेदारी मुस्लिमों पर लादना चाहते हैं। दंगा भड़काने के लिए वास्तव में कौन जिम्मेदार है इस बात की जाँच-पड़ताल किए बगैर दंगा रुकवाना सम्भव नहीं है, इस बात की ओर समिति के सदस्यों का पूरा ध्यान है, तब भी इस समिति के द्वारा दंगा रुकवाने में कामयाबी हासिल होगी, ऐसी उम्मीद करने का कोई बड़ा कारण नहीं है।

इस पीस कमेटी के अलावा दंगे से प्रभावित लोगों को मदद करने के लिए एक रिलीफ कमेटी का गठन हिन्दुओं ने किया है। दंगे से प्रभावित हिन्दुओं की मदद के लिए उसे गठित किया गया है। दूसरी कमेटी मुस्लिम लोगों की मदद के लिए गठित की गई है। इस तरह की कमेटियाँ दंगा रुकवाने की दृष्टि से बेकार हैं। इतना ही नहीं, उनसे दंगा ज्यादा दिन तक भड़कते रहने की ही सम्भावना है, ऐसा लगता है। दो राष्ट्रों में जब युद्ध शुरू होता है तब उसे जारी रखना और उसमें सफलता हासिल करने की बात पूरी तरह से सप्लाई डिपार्टमेंट पर निर्भर करती है। इसीलिए युद्ध में हर राष्ट्र अपने फौजियों के पीछे एक बड़ा सप्लाई डिपार्टमेंट स्थापित करता है। इस तरह की रिलीफ कमेटियाँ मेरी दृष्टि में सप्लाई डिपार्टमेंट्स हैं। वास्तव में हिन्दुओं ने मुस्लिमों की मदद के लिए और मुस्लिमों ने हिन्दुओं की मदद के लिए रिलीफ कमेटियाँ स्थापित की होतीं तो उनसे दंगा शान्त करने का काम काफी हद तक सफल होता, ऐसा हमें लगता है। लेकिन उनका आज का स्वरूप और उनके जाति-सम्बन्धों तथा लक्ष्य पर गौर किया जाए तो उनका ज्यादा उपयोग दंगा भड़काते रहने में होगा, ऐसा कहने में कोई आपत्ति नहीं है।

इस दृष्टि से इस समस्या का हल कैसे होगा? यह एक बड़ा सवाल बन गया है। दंगा राजनीति से प्रेरित है इस बात पर सभी सहमत हैं। जब तक हिन्दु-मुस्लिमों का राजनीतिक सवाल हल नहीं होता तब तक यह समस्या भी हल नहीं होगी, इसमें कोई दो राय नहीं हैं। कुछ पाकर समस्या को टालने की मुस्लिमों की आदत बन गई है, ऐसा दिखाई दे रहा है। कुछ-न-कुछ दिए बगैर इस समस्या का हल होगा, ऐसी स्थिति नहीं दिखाई दे रही है। उस तरह का दान देने से मुस्लिम लोगों को सन्तोष हो जाएगा इस बारे में किसी को किसी प्रकार का सन्देह है, ऐसा नहीं कहा जा सकता। पाकिस्तान दो या सभी जगह उन्हें आधा हिस्सा दो, यही मुस्लिमों की माँग है, इस बात को सभी लोग जानते हैं। सिर्फ सवाल यह है कि हिन्दू लोग कैसा दान देने के लिए तैयार होंगे? आज तक की हिन्दू लोगों की नीति से इस बात का पता चलता है कि इन दोनों में से एक भी बात स्वीकार करने के लिए हिन्दू लोग तैयार नहीं हैं। पाकिस्तान मंजूर करने के लिए हिन्दू लोग तैयार नहीं हैं। लगता है कि पाकिस्तान को मंजूर न करने का फैसला हिन्दू लोगों ने कर लिया है। और कम्युनल अवॉर्ड से ज्यादा सुई की नोक भर जितनी सहूलियतें मुस्लिमों को नहीं देनी हैं, यह उनका आखिरी फैसला है। इस दृष्टि से देखा

जाए तो कोई भी आदमी यह कह सकता है कि हिन्दुस्तान का भविष्य खतरे में है। बगैर दान दिए समस्या का हल खोजने के दो मार्ग हिन्दू लोगों ने तय किए हैं, इस बात का पता हिन्दू लोगों के अनुमान से लगता है। उसमें कांग्रेस और हिन्दू महासभा के रास्ते एकदम अलग-अलग दिखाई दे रहे हैं। अंग्रेज सरकार को अपने आन्दोलन के बल पर परेशान करके उनके हाथों मुस्लिमों को पराजित करना, यही कांग्रेस के आन्दोलन की नीति है, ऐसा दिखाई दे रहा है। इसमें हिन्दू महासभा का रास्ता कुछ अलग दिखाई दे रहा है। हिन्दू महासभा की नीति यह दिखाई दे रही है कि मुस्लिमों से चौथा पानीपत करके उन्हें उनकी जगह दिखा देनी चाहिए। इन दोनों में से किसी एक रास्ते से सफलता हासिल होगी, ऐसा हमें नहीं लग रहा है। मेढक फूल भी गया तब भी वह बैल जैसा नहीं हो सकता। कांग्रेस का आन्दोलन कितना भी फैल जाए और कितना भी प्रभावी हो जाए तब भी कांग्रेस अंग्रेज सरकार को झुका पाएगी इतनी प्रभावी और बलवान होगी, इस बात को सिर्फ कांग्रेस के लोग ही कह सकते हैं। कांग्रेस की राजनीतिक ताकत कितनी बड़ी है, इस बात की कल्पना के लिए बहुत दूर जाने की जरूरत नहीं है।

हाल में ही घटित हुआ आयरलैंड का उदाहरण इसके लिए पर्याप्त है। सरकार ने आयरलैंड के उत्तरी इलाके में जबरन फौजी भरती की नीति अमल में लाने का अपना संकल्प घोषित किया था। आयरलैंड के उत्तरी और दक्षिणी इलाके का आज कोई सम्बन्ध नहीं है। राजनीतिक दृष्टि से ये दोनों इलाके एकदम भिन्न हैं। आयरलैंड के उत्तरी इलाके पर मिस्टर डी. व्हॅलेरा की किसी भी प्रकार की सत्ता नहीं है। इस तरह की स्थिति में व्हॅलेरा ने ब्रिटिश सरकार की जबरन फौजी भरती की नीति का अपने भाषण में निषेध किया। उसका परिणाम यह हुआ कि ब्रिटिश सरकार को अपनी जबरन फौजी भर्ती की नीति को वापस लेना पड़ा। युद्ध शुरू हुए आज दो साल बीत गए, कांग्रेस लगातार अपनी राजनीतिक घोषणा अंग्रेज सरकार के सामने रख रही है। किन्तु उसकी ओर ब्रिटिश सरकार ने आँख उठाकर भी नहीं देखा। इस दृष्टि से देखा जाए तो 'कहाँ डी. व्हॅलेरा, कहाँ गांधी; कहाँ राजा और कहाँ पोतराजा, कहाँ राजा भोज और कहाँ गंगू तेली', यह कहा जा सकता है। इसके लिए हमें खेद है। किन्तु अंग्रेजों को परेशान करके मुस्लिमों की पाकिस्तान की माँग को दरकिनार करने लायक ताकत कांग्रेस के आन्दोलन से ही उभरेगी, ऐसा कहना हिम्मत की बात होगी, यह कहने में हमें कोई संकोच नहीं है।

हिन्दू महासभा की नीतियों की ओर देखते हुए उसका मकसद सफल होगा, ऐसा भी नहीं दिखाई दे रहा है। हिन्दू महासभा एक खोखा है और उस पर बैरिस्टर सावरकर और हिन्दू महासभा में कुछ शक्ति है, यह बात बिल्कुल नहीं है। आज हिन्दू महासभा के पक्ष में जो अनुकूल स्थिति दिखाई दे रही है, वह हमेशा बरकरार रहेगी, ऐसी बात नहीं है। हिन्दू महासभा के प्रति अनुकूल वातावरण आकाश में छाए बादलों जैसा है। ये बादल दो जगह घिर सकते हैं। जहाँ हिन्दू-मुस्लिम तनाव है, वहीं महासभा के बादल दिखाई देते हैं। जहाँ ब्राह्मण धर्म का प्रभाव अभी बरकरार है वहाँ ये बादल मँडराते हुए

दिखाई देते हैं। मद्रास प्रान्त में हिन्दू महासभा के बादल सिर्फ ब्राह्मणी धर्म का धुँआ हैं। बंगाल प्रान्त में हिन्दू महासभा का प्रभाव हिन्दू-मुस्लिम दंगों की वजह से है। अन्य जगहों पर हिन्दू महासभा के बीज अंकुरित नहीं हो सकते। जो आदमी अन्य प्रान्तों की स्थिति का अध्ययन करेगा उसे इस बात का सही पता लग जाएगा।

उक्त कारणों की वजह से हिन्दू महासभा का बीज अंकुरित होकर पेड़ बनेगा और उस पेड़ के नीचे बैठकर हिन्दुओं को अपना कैम्प लगाकर मुस्लिमों पर हमला बोलकर उन्हें पराजित किया जा सकता है, इस तरह की उम्मीद पूरी नहीं होगी, इसमें कोई सन्देह नहीं है। दंगा एक तरह से राजनीतिक संकट है। और कुछ दिए बगैर उसका हल नहीं है। कुछ देने के लिए हिन्दू लोग तैयार नहीं हैं। और अपना हक़ माँगनेवाले लोगों को वे सबक नहीं सिखा सकते। इस तरह के दो पाटों के बीच देश खड़ा है। इस पर हमें अधिक खेद है। इस दंगे को रुकवाना लोगों के हाथों में है, इस तरह की स्थिति फिलहाल नहीं है। यदि दंगा रुक गया तो वह बारिश की मेहरबानी की वजह से रुकेगा, ऐसा हमें लगता है। इसलिए बादलों के आगमन के लिए प्रार्थना करना जरूरी है। और इस तरह की प्रार्थना बच्चों को ही नहीं, सभी छोटे-बड़े लोगों को करनी चाहिए। यही हमारा सबसे नम्र निवेदन है।

साप्ताहिक 'जनता' के 7 जून, 1941 के अंक में प्रकाशित।

यह सच्चाई है या षड्यन्त्र?

डॉ. बाबासाहेब अम्बेडकर द्वारा सा. जनता के ***दि. 5 जुलाई 1941*** *के अंक के लिए लिखा गया अग्रलेख।*

"कृपलानी बीस साल तक गांधी के दर्शन से प्रभावित रहे तब भी क्या उन पर उसका कोई असर नहीं पड़ा? गांधी की राजनीति का यह सार है कि जनता को अपने शान्तिपूर्ण प्रयासों से स्वयं सरकार होना चाहिए। गांधी और इंग्लैंड के लिबरल लोगों का यह दर्शन है कि राजसत्ता का मतलब उसका सार्वभौम होना लेकिन यह सिर्फ सरकार को नहीं बल्कि जनता को भी होना चाहिए। सरकार (गवर्नमेंट) इस राजसत्ता की इच्छा को अमल में लानेवाली एक मशीनरी होती है। जिस समय सरकार अपना काम करने में पूरी तरह बेकार साबित होती है उस समय जनता इच्छा-शक्ति के प्रत्यक्ष प्रयासों से राजसंस्था और सरकार का चेहरा बदल देती है। गांधी ने तिलक के बाद यही कार्य करने के लिए नेतृत्व स्वीकार किया है। उनके काम का ढंग तय है। किसान, मजदूर और मध्यम वर्ग अपनी मदद के लिए स्वयं आगे आएँगे। सभी ऊँचे वर्गों को मिलाकर, उनका संगठन बनाकर राजसत्ता जनहितकारी हो, इस तरह का दबाव सरकार पर बनाए रखने का रास्ता ही गांधी का रास्ता था और है।

"किन्तु जनता को मूर्ख बनाकर उसकी शक्ति नष्ट करने की नीति आज गांधी और कांग्रेस के सभी नेता अपना रहे हैं। गैरजिम्मेदार और अप्रातिनिधिक गवर्नरशाही सोलह करोड़ प्रजा पर एक साल से भी ज्यादा समय से राज कर रही है, लेकिन लोग उस पर फिदा हैं! इंग्लैंड में इस तरह की बात नहीं हुई होती, यह बात अमेरी ने स्वयं नहीं तो जेटलैंड की मूँछों पर ताव देकर कही, और उनका यह कहना सच भी था। हिन्दी जनता आज अहिंसा के कारण नहीं रुकी है बल्कि उसे डरपोक बनाया गया है। और उसके लिए कांग्रेस के नेता जिम्मेदार हैं। इस जिम्मेदारी को ध्यान में रखकर रास्ता बदलने की बजाय कृपलानी किसी चमत्कार का इन्तजार कर रहे हैं। जो लोग किसी चमत्कार की इन्तजार में रहते हैं उन्हें क्या हासिल होता है, इस बात को हम रेनो के उदाहरण से अच्छी तरह समझते हैं। हमारे यहाँ रेनो की तरह निराश होने की स्थिति अभी नहीं आई। बुजुर्ग नेताओं ने हिम्मत हारी हो तो कांग्रेस के युवाओं को अब अपने बल पर आगे आकर कदम बढ़ाना चाहिए।"

उक्त विचारों को पढ़ने के बाद यदि पाठकों को लगता है कि ये विचार तो साप्ताहिक 'जनता' के सम्पादक के हैं, तो उसमें कुछ भी आश्चर्य की बात नहीं है किन्तु ये विचार साप्ताहिक 'जनता' के सम्पादक के नहीं हैं। बल्कि ये विचार पिछले रविवार को 'लोकमान्य' के अग्रलेख में व्यक्त हुए हैं। उक्त विचारों को पढ़ने के बाद कोई भी यह कह सकता है कि 'लोकमान्य' की विचारधारा में काफी परिवर्तन हुआ है। हमें इस बात की खुशी है कि जो विचार हम पिछले कई दिनों से व्यक्त करते आ रहे हैं वे ही विचार सच साबित हो रहे हैं और अन्त में 'लोकमान्य' जैसे पूरी तरह से कांग्रेस के प्रति समर्पित अखबार को भी उसका समर्थन करना पड़ा है। यहाँ हमें जो खेद है वह इस बात का है कि 'लोकमान्य' की आँखें खुलने में काफी देर लग गई है। आज 'लोकमान्य' ने जो विचार व्यक्त किए हैं वे विचार इससे पहले यदि प्रकाशित किए गए होते और उन्हें जनता तक पहुँचाया गया होता तो आज जनता की जो स्थिति हो गई है वह शायद नहीं हुई होती। यह स्थिति कितनी खराब हो चुकी है, इस बात का अंदाजा अभी-अभी 'सोशियल वेलफेयर' नाम की मासिक पत्रिका में ऑल इंडिया कांग्रेस कमेटी के जनरल सेक्रेटरी आचार्य कृपलानी ने जो लेख लिखा है उससे किसी के भी ध्यान में आ सकती है। आचार्य कृपलानी ने अपने उस लेख को शीर्षक दिया है 'आज के इस अवरोध को समाप्त करने का रास्ता क्या है?' और 'विदेशी आक्रमण हुआ तो हिन्दुस्तान का संरक्षण कैसे किया जाए?' इस सम्बन्ध में उन्होंने लिखा है। कुछ कांग्रेसी लोगों को इंग्लैंड का युद्ध में पिछड़ जाने की खबर सुनते ही बड़ी खुशी होती है। किन्तु आचार्य कृपलानी की राय में इंग्लैंड के पिछड़ने की खबर से लोग निराश हो जाते हैं। हमारी राय में आचार्य कृपलानी ने जो सच्चाई प्रकट की है, उससे बड़ा लाभ हुआ है। निराश होने पर निराशा से उभरने का क्या उपाय किया जा सकता है, इस बात पर सोचते हुए उन्होंने कहा है कि इस निराशा के तीन कारण हैं।

1. विदेशी आक्रमण से मुकाबला करने के लिए हिन्दुस्तान की पर्याप्त फौजी तैयारी नहीं है।

2. विदेशी आक्रमण का मुकाबला किया जा सके इसके लिए सरकार कुछ नहीं कर रही है।

3. हिन्दी जनता पर सरकार का विश्वास नहीं है इसलिए सरकार जनता से किसी भी प्रकार की मदद नहीं ले रही है। सरकारी युद्ध-प्रयासों की समीक्षा करके ये तीन कारण कितने सही हैं इस बात को आचार्य कृपलानी ने सप्रमाण सिद्ध किया है। सरकार की ओर से निराश होने की वजह से लोग कांग्रेस की ओर देखते हैं। किन्तु कृपलानी दीन वाणी से कहते हैं, ''कांग्रेस भी क्या कर सकती है? फौजी संगठन कुछ निजी संस्थाओं द्वारा नहीं चलाया जा सकता और सरकार हमारी मदद लेने के लिए तैयार नहीं है। तब क्या किया जा सकता है? रोने से कोई लाभ नहीं। शायद कोई-न-कोई चमत्कार होगा और अनुकूल समय आएगा, इस बात का इन्तजार करना जरूरी है। कम-से-कम ईश्वर और सृष्टि की प्रार्थना करते हुए इन्तजार कीजिए।''

इस लेख में आचार्य कृपलानी ने जो रास्ता बतलाया है, उससे इस बात का पता चलता है कि कांग्रेस की शक्ति कितनी नष्ट हो चुकी है। ईश्वर की प्रार्थना करते रहने के अलावा विदेशी आक्रमण टालने का अन्य कोई रास्ता देश के सामने नहीं है और यदि यही बात सच हो तो कांग्रेस ही क्या किसी भी राजनीतिक संस्था का कोई उपयोग नहीं हो सकता है। और अन्त में यही कहना पड़ेगा कि सारी राजनीति बेकार की चीज है। कांग्रेस जैसी शक्तिशाली राजनीतिक संस्था का इस तरह बुरा हाल होना यह हमें भी सोचने के लिए मजबूर करनेवाली बात है। हम बहुत दिनों से कहते आ रहे हैं कि कांग्रेस जब तक गांधी के हाथों में है तब तक कांग्रेस के हाथों राजनीतिक क्रान्ति तो क्या, राजनीतिक विकास होना भी सम्भव नहीं है। कई लोग मेरी बातों से सहमत थे। किन्तु उनमें से कुछ लोगों का तर्क यह था कि कांग्रेस के आलोचकों को कांग्रेस में आकर वे जो सुधार कर सकते हैं उन्हें करने चाहिए। उनका यह तर्क हमें कभी भी पसन्द नहीं आया। गफलत में पिंजरे में घुसे चूहे को जिस तरह अन्दर से बाहर आना असम्भव होता है और पिंजरा तोड़ना भी असम्भव होता है उसी प्रकार बाहर रहकर जो लोग कांग्रेस की आलोचना करते हैं उन्हें कांग्रेस में जाकर कांग्रेस में सुधार करना भी सम्भव नहीं है। उनके लिए सही-सलामत कांग्रेस से बाहर निकलना भी सम्भव नहीं है। या तो गांधी और कांग्रेस अलग-अलग होने चाहिए नहीं तो कांग्रेस को गांधी के विचारों से मुक्त होकर और गांधी के नेतृत्व को अस्वीकार करते हुए स्वतन्त्र रूप से अपना कार्य मानवीय अनुभव के आधार पर आगे बढ़ाना चाहिए। अन्यथा जिनकी यह मान्यता है कि गांधी से देश बड़ा है उन्हें कांग्रेस से बाहर आकर देश के लिए वे जो कुछ कर सकते हैं उस कार्य को करना चाहिए। यह विचार 'लोकमान्य' के सम्पादक ने अपने सम्पादकीय में व्यक्त किया है इसलिए हम उनका अभिनन्दन करते हैं। जब बिल्ली के बच्चे पैदा होते हैं तो उनकी आँखें बन्द रहती हैं किन्तु कुछ दिनों के बाद उनकी आँखें खुलने लगती हैं और वे सृष्टि का अनुभव करने में समर्थ हो जाते हैं। हमारे कांग्रेस भक्तों की आँखें कभी-न-कभी खुल जाएँगी, ऐसी उम्मीद हमें बिल्कुल नहीं थी। किन्तु नाउम्मीदी में उम्मीद की एक रोशनी दिखाई दी इससे हमें भी तसल्ली हुई है।

उक्त विचार व्यक्त करते हुए अपने पाठकों को एक बात का संकेत देना हमारे लिए जरूरी हो गया है। कई लोगों को इस बात की खुशी है कि मान्यवर मुंशी जैसे लोग कांग्रेस से बाहर आ गए हैं। मुंशी जैसे लोगों ने कांग्रेस छोड़ दी है इस पर हमें किसी प्रकार का सन्तोष नहीं है बल्कि उनके व्यवहार के बारे में सन्देह पैदा हो गया है। हमने सन्तोष इसलिए व्यक्त किया है कि 'लोकमान्य' जैसे कांग्रेस को समर्पित अखबार ने अपनी आँखें खोली हैं। चारों ओर इस तरह की गलत समझ बन गई है कि मुंशी ने कांग्रेस छोड़ दी है। उन्होंने जिन कारणों से कांग्रेस छोड़ी है वे कारण निजी नहीं बल्कि सैद्धान्तिक हैं, इस तरह की बात चारों तरफ फैली है। किन्तु ये दोनों बातें सच हैं, ऐसा हमें बिल्कुल नहीं लगता। मुंशी कांग्रेस से बाहर निकल गए ऐसा कहने की बजाय गांधी ने उन्हें जानबूझकर अपना लक्ष्य पूरा करने के लिए कांग्रेस से बाहर

भेज दिया है, यह कहना हमें उचित लगता है। अब तक कई लोग कांग्रेस से बाहर हुए हैं। मान्यवर नरीमन, डॉ. खरे, सुभाषचन्द्र बोस, एम.एन. राय आदि लोगों के उदाहरण सभी के सामने हैं। ये सभी लोग कांग्रेस से निकले। किन्तु उन्होंने कांग्रेस से निकलते समय कभी गांधी से इजाजत या आशीर्वाद माँगा हो, ऐसा नहीं सुना गया। गांधी की दृष्टि से देखा जाए तो कांग्रेस से बाहर चले गए उक्त लोगों से मुंशी जैसे लोग कम पापी सिद्ध होते हैं ऐसा कोई नहीं कह सकता। अहिंसा का सिद्धान्त गांधी का धर्म है। उस सिद्धान्त को ठोकर मारकर निकलनेवाला आदमी गांधी की दृष्टि से अधर्मी ही कहा जाना चाहिए। इस दृष्टि से मुंशी जैसे लोग अधर्मी और पापी सिद्ध होने के बावजूद उन्हें गांधी का कांग्रेस से बाहर निकलते समय आशीर्वाद देना, उनके कल्याण की कामना करना काफी खतरनाक खेल लगता है। अब तक जिन लोगों ने गांधी का विरोध करते हुए कांग्रेस से बाहर कदम निकाला उन सभी को गांधी ने अपना दुश्मन समझकर उन्हें समाप्त करने के लिए अपनी सारी ताकत किस तरह से लगाई इस बात का शर्मनाक इतिहास सभी को मालूम है। उनका मुंशी के प्रति अपना भस्मासुरी बर्ताव छोड़कर उस द्रोह को अपने में छिपा लेना और उनके बारे में हमदर्दी दिखाने के मूल में कुछ-न-कुछ उद्देश्य तो होना ही चाहिए, इस बात का हमें पूरा सन्देह है।

हिन्दू महासभा का मुकाबला करने के लिए गांधी और मुंशी ने मिलकर इस तरह की चाल चली होगी, इस तरह का तर्क गढ़ना गलत होगा, ऐसा हमें कम-से-कम आज नहीं लग रहा है। एक बात तो एकदम सच है कि मुम्बई और अहमदाबाद जैसे शहरों में हिन्दू और मुस्लिमों के जो दंगे हुए उनसे गुजराती लोगों का कांग्रेस से भरोसा पूरी तरह उठ चुका है। दूसरी बात कांग्रेस से खफा गुजराती प्रजा धनवान है और उसके धनबल के बगैर कोई भी राजनीतिक संस्था प्रभावी नहीं बन सकती। तीसरी बात, हिन्दू महासभा के नेता बैरिस्टर सावरकर तो कांग्रेस के जबर्दस्त दुश्मन हैं। इस तरह की बातें गांधी और उनके सहयोगी लोगों को अच्छी तरह मालूम होनी चाहिए। गुजराती समाज का रुख हिन्दू महासभा की ओर बढ़ा तो महासभा कांग्रेस से मुकाबला करने में समर्थ होगी, ऐसी बात गांधी और उनके सहयोगियों की समझ में आनेवाली नहीं है, ऐसा नहीं कहा जा सकता।

इन तमाम बातों पर गम्भीरता से सोचकर यदि गांधी ने गुजराती समाज की धारा हिन्दू महासभा की ओर मोड़ने के बजाय वह अपने ही किसी अनुयायी के हाथों में रहे इसके लिए प्रयास करना, समय की जरूरत है, ऐसा समझकर उन्होंने मुंशी जैसे व्यक्ति को जानबूझकर कांग्रेस के बाहर कर दिया होगा, ऐसा यदि कहा जाए तो इसमें कोई गलत बात होगी, ऐसा हमें बिल्कुल नहीं लगता। गांधी महात्मा हैं तब भी आम आदमी जैसे विकार, मद, घृणा, अहंकार, घमंड आदि उनमें नहीं हैं ऐसा कोई नहीं कह सकता। जिस गुजराती समाज के सहयोग पर गांधी ने अपना जो राजनीतिक महल बनाया है उसकी नींव यों ढहते हुए देखकर, खास उद्देश्य से मुंशी को कांग्रेस से बाहर करने की योजना जानबूझकर बनाई गई है। हम चाहते हैं कि हमारा तर्क गलत साबित हो।

भविष्य में क्या तय होगा वही सच है किन्तु मुंशी के कांग्रेस से निकलने के बारे में जिन्हें सन्तोष हो रहा है, उन्हें इस घटना पर हमारे मनों में जो सन्देह पैदा हुआ है उसे सबके सामने रखना चाहिए।

साप्ताहिक 'जनता' में प्रकाशित अग्रलेख, 5 जुलाई, 1941।

संगठन और एकता के बल को पहचानिए

*मुम्बई **दि. 13 जुलाई 1941,** रविवार को, दोपहर तीन बजे कावसजी जहाँगीर हॉल में म्यूनिसपल मजदूर संघ की सालाना आमसभा हुई। डॉ. बाबासाहेब अम्बेडकर इस सभा के अध्यक्ष थे। इस सभा को सम्बोधित करते हुए डॉ. अम्बेडकर ने कहा–*

'म्यूनिसपल मजदूर संघ' का प्रस्ताव पढ़ने के बाद आप लोगों को इस बारे में कुछ बताया जाए यह मेरी बिल्कुल इच्छा नहीं थी। संघ के प्रकाशित प्रस्ताव से संघ अच्छी तरह से काम कर रहा है, इस बात का यकीन सभी को होगा इसमें कोई सन्देह नहीं। 1938 और 1940 साल के संघ के सदस्यों की संख्या की ओर देखें तो 1938 में संघ की सदस्य संख्या दो हजार से भी कम थी। किन्तु वही सदस्य संख्या 1940 में पाँच हजार के लगभग पहुँची है।

'म्यूनिसपल मजदूर संघ' जैसे संघ मुम्बई में कम हैं ऐसी बात नहीं है। मान्यवर निमकर का संघ, टेक्स्टाइल यूनियन आदि संघ हैं। उस संघ की और अपने संघ की तुलना की जाए तो वे संघ अपने इस म्यूनिसपल संघ की किसी भी प्रकार की बराबरी नहीं कर सकते। उस संघ के नेताओं का कार्य मैं 1919 से 1941 तक देखता आ रहा हूँ। उन्होंने मजदूर लोगों की मामूली भलाई भी नहीं की बल्कि उन्होंने उन्हें नुकसान ही पहुँचाया है। इन लोगों ने कुल मिलाकर 30-40 हड़तालें की होंगी, किन्तु उसमें से एक भी हड़ताल सफल नहीं हुई। अभी पिछले साल उन्होंने मिल मजदूरों की हड़ताल करवाई। वह जैसे-तैसे 3-4 सप्ताह तक चली। लेकिन आखिर तक मजदूरों को एक पैसे का भी फायदा नहीं हुआ और हड़ताल पूरी तरह असफल रही। इस बात को आपमें से कई लोग जानते होंगे।

इसके एकदम अलग हम लोगों ने दो साल पहले सिर्फ एक हड़ताल की थी और उसे कम समय में सफलता मिली। मुम्बई म्यूनिसपैलिटी हमारे शरण में आई और हमारे मजदूरों की सभी शर्तें स्वीकार करके उनकी तनख्वाह बढ़ाई गई।

इससे 'म्यूनिसपल मजदूर संघ' पर कोई किसी प्रकार का आरोप नहीं लगा सकता, यह कहने में किसी को भी कोई सन्देह हो तो उसे मुम्बई सरकार का लेबर गजट देखना चाहिए। सरकार हर संघ और यूनियन की बीच-बीच में जाँच-पड़ताल करती रहती है और उसे बाद में लेबर गजट में दर्ज करती है। गजट में यह रिमार्क दर्ज किया गया है,

'म्यूनिसपल मजदूर संघ' जैसा व्यवस्थित कोई संघ या यूनियन नहीं चल रही है। इस संघ की ओर से जो काम होने बाकी हैं उनके लिए संघ में काम करनेवाले लोगों को किसी भी प्रकार का दोष नहीं दिया जा सकता। संघ में काम करनेवाले लोग बड़े मेहनती हैं, इसके लिए मेरे मन में कोई सन्देह नहीं है। इसके लिए मुझे यदि किसी को दोष देना पड़े तो वह संघ के सदस्यों को। संघ में काम करनेवाले लोग अपने बलबूते पर कुछ नहीं कर सकते। उन्हें आप सभी लोगों से सहयोग चाहिए। और यदि ऐसा हुआ तो संघ को कामयाबी मिलेगी। संघ में काम करने के लिए आप लोगों को अच्छे लोग मिले हैं। और यदि आप लोग एक होकर नहीं रहे तो यह बड़ा दुर्भाग्य है, यही मुझे कहना है।

मैं इस सभा में आप लोगों को उपदेश दे रहा हूँ इसका मतलब यह नहीं है कि आप लोग जो काम कर रहे हैं, उसी काम को आपके बच्चों को करते रहना चाहिए। आप लोग जो काम कर रहे हैं वह बहुत गन्दा काम है। लेकिन फिलहाल की बुरी हालत में चोरी, लूटपाट आदि बातें करने के बजाय इस काम को करना उचित है, ऐसा मुझे लगता है। लेकिन आप अपने बाल-बच्चों को पढ़ा-लिखाकर आप जो काम कर रहे हैं उस काम में उन्हें न आने देने की जिम्मेदारी लीजिए। आप लोग जो गन्दा काम करते हैं वही काम अन्य जाति के लोगों को कितना भी पैसा दिया जाए तब भी वे लोग उस काम को नहीं करेंगे। ऐसी स्थिति के बाद भी इस गन्दे काम का मुआवजा क्या आप लोगों को उचित रूप में मिल रहा है? यदि आप लोगों ने इस काम को करने से इनकार किया तो मुम्बई में रहनेवाले लोग कॉलरा से और अन्य रोगों से एक के बाद एक मरेंगे इसमें कोई सन्देह नहीं। मुम्बई की चाबी आप लोगों के हाथ में है। आप लोगों के लिए दूसरों को कुछ करने की जरूरत ही नहीं है। आप लोग अपना ही भला कर सकते हैं, इतना बल आपके पास है। इस बात को आप लोगों ने यदि अच्छी तरह से समझ लिया तो सारी बातें सही ढंग से चलती रहेंगी। उसके लिए आप लोगों को आपस में एकता बरकरार रखनी चाहिए।

मैं सुन रहा हूँ कि चेम्बूर कूड़ापट्टी में कुछ विवाद हुआ है। वहाँ अन्य लोग आप लोगों में बिखराव पैदा करने का प्रयास करते हैं। उनके इस षड्यन्त्र में यदि आप लोग फँस गए तो फँसे हुए लोग फिर कभी बाहर नहीं निकल पाएँगे। एकता के बल पर आप लोग जो चाहें वह कर सकते हैं। मुम्बई के ड्रेनेज विभाग के लोगों ने यदि हड़ताल की और चेम्बूर के लोगों ने उन्हें सहयोग किया तो म्यूनिसपल कमिश्नर आपके सामने दौड़कर आएगा इसमें कोई सन्देह नहीं। आपकी इस शक्ति के बल पर हिन्दू मुस्लिमों के तीन माह के दंगे-फसादों में जितना शोर-शराबा हुआ उससे ज्यादा शोर-शराबा आप लोग एक सप्ताह की हड़ताल से कर सकते हैं लेकिन इस काम के लिए आप लोगों में एकता होनी जरूरी है।

म्यूनिसपल संघ के चार आना चन्दे के लिए कुछ लोगों के पास दस बार जाना पड़ता है, यह उचित नहीं है। तनख्वाह के दिन पान, बीड़ी, सिनेमा आदि आराम की चीजों के लिए आपको पैसा मिलेगा और संघ के चन्दे के लिए चार आना नहीं मिल पाएँगे। मैं

आप लोगों को आगाह करना चाहता हूँ कि जो दूसरों से जा मिलेगा और आप लोगों में बिखराव पैदा करेगा उसे पहले जमाने में जिस तरह से जाति के खिलाफ काम करने पर समाज से बहिष्कृत किया जाता था, उसी प्रकार उसके साथ भी व्यवहार करना चाहिए, इस तरह की सलाह देने में मैं किसी की परवाह नहीं करूँगा, इस बात को आप अच्छी तरह से समझ लीजिए। आप लोगों में एकता होने के बाद अपनी दिक्कतें दूर करने के लिए आप लोगों को दूसरों के सामने हाथ जोड़ने की कोई जरूरत नहीं है। चेम्बूर कूड़ापट्टी में आज तक अच्छा काम चल रहा था। वहाँ के लोगों की एकता प्रशंसा की योग्य थी। लेकिन वहाँ के सत्ताधारी लोगों ने कुछ लोगों को लालच देकर वहाँ के लोगों में बिखराव पैदा करने की कोशिश की है। उसका पूरा इन्तजाम हम करनेवाले हैं। लेकिन जो लोग आप लोगों में जिले का जो भेदभाव पैदा करना चाहते हैं उसके बारे में मैं आप लोगों को कहना चाहता हूँ। यह बात सिर्फ म्यूनिसपल मजदूरों के लिए ही है ऐसी बात नहीं है बल्कि वह सभी आम अछूत समझे गए लोगों के लिए है।

कुछ साल पहले तक हमारे समाज का राजनीति में कुछ भी महत्त्व नहीं था। लेकिन अब अपना दल कांग्रेस और मुस्लिम लीग आदि दो राजनीतिक संगठनों के मुकाबले में खड़ा हुआ है। उनका जो महत्त्व है वही अपने संगठन का है, यह किस बात का परिणाम है? यह तो निश्चित तौर पर हमारी एकता का परिणाम है। इसलिए इस म्यूनिसपल संघ में इस तरह के भेद नहीं होने चाहिए। म्यूनिसपल अधिकारियों को म्यूनिसपल मजदूर संघ के प्रति गहरी नफरत है। उन्हें यह संघ नहीं चाहिए। इस संघ की वजह से वे किसी से रिश्वत नहीं ले सकते। इसलिए ये अधिकारी 'तोड़ो और मारो' इस भेद नीति को अपना रहे हैं। इसीलिए समय रहते ही सचेत होकर आप लोगों ने यदि इस तरह का जिलावाद खत्म किया तो ही आप लोगों की भलाई होगी।

महार जाति कहीं की भी हो, एक जैसी है। कहीं का भी महार हो, किसी भी महार की पंक्ति में जाकर बैठ जाता है, भोजन करता है। उनमें किसी प्रकार का भेदभाव नहीं है। जिस तरह किसी भी प्रदेश का मुस्लिम बिस्मिल्लाह कहने के बाद किसी अन्य प्रदेश के मुस्लिम के साथ बैठकर खाना खा लेता है, उसी प्रकार महार जाति है। इसलिए लोग इस तरह का भेद करेंगे कि यह नासिकवाला, यह सतारावाला, यह अहमदनगरवाला और अपने बीच की एकता खत्म करने का प्रयास करेंगे तो सभी का नुकसान होगा इसमें कोई सन्देह नहीं।

यूरोप के राष्ट्रों की ओर देखिए। यूरोप के राष्ट्र अलग-अलग होने के कारण उन्हें हिटलर ने जीत लिया। लेकिन इन सभी राष्ट्रों में यदि एकता होती तो उन्होंने जर्मनी का सत्यानाश कब का कर दिया होता। आप लोगों ने अपने बीच एकता रखी तब कहीं हम आप लोगों के लिए लड़ सकते हैं अन्यथा हमारे हाथ से कुछ नहीं होगा। यदि हमारे पाँवों तले की जमीन खिसक गई तो हम क्या कर सकते हैं? इसलिए आप सभी लोग एक होकर रहिए और म्यूनिसपल संघ की ताकत बढ़ाइए, बस इतना ही मेरा आपसे अनुरोध है।

साप्ताहिक 'जनता' के 19 जुलाई, 1941 के अंक में प्रकाशित।

भारत मन्त्री कर्नल ॲमेरी को तार

*वायसराय की कार्यकारी परिषद् में अछूतों का एक भी प्रतिनिधि नहीं लिया गया था। इसलिए डॉ. बाबासाहेब अम्बेडकर ने **31 जुलाई, 1941** को भारत मन्त्री कर्नल ॲमेरी को तार भेजकर अछूतों के प्रतिनिधित्व की पुनः माँग की थी। इस तार में डॉ. अम्बेडकर ने कहा–*

छह करोड़ अछूत समाज को नजरअंदाज करना और मुस्लिमों को 43 प्रतिशत (हिन्दुओं के लगभग बराबर) प्रतिनिधित्व देना, आपका यह व्यवहार बड़ा आश्चर्यजनक है। इससे इस बात का पता चलता है कि अंग्रेज सरकार ने अपने आपको कुछ विशेष जातियों के पास गिरवी रख दिया है। हिन्दुस्तान में अछूत वर्ग एक महत्त्वपूर्ण और स्वतन्त्र इकाई है, यह बात ब्रिटिश सरकार ने कानूनी दृष्टि से स्वीकार की है और हिन्दी राजनीतिक संविधान में संशोधन करते समय अछूत समाज की मंजूरी अनिवार्य है, ऐसा ब्रिटिश सरकार द्वारा समय-समय पर घोषित किए जाने के बावजूद, युद्ध[1] के समय अछूत समाज का सहयोग मिलने पर भी जब वायसराय की कार्यकारी परिषद् में अछूत वर्ग का एक भी प्रतिनिधि सरकार ने नहीं लिया है इसका अर्थ यह है कि ब्रिटिश सरकार ने अछूत समाज से विश्वासघात किया है, इसमें कोई सन्देह नहीं है।

मैं अछूत समाज के हित में और उनकी ओर से अपना विरोध दर्ज कर रहा हूँ। मैंने निजी तौर पर कभी ब्रिटिश सरकार से सहयोग की भीख नहीं माँगी है और न मैं उनके सहयोग पर निर्भर रहा हूँ। मैं आगे भी बगैर सरकार की सहायता के कार्य करता रहूँगा। किसी का भी चुनाव करना आपके हाथ में है। मुझे जो न्याय चाहिए वह अछूत समाज के लिए चाहिए। इसलिए मैं आपको यह संकेत देना चाहता हूँ कि अछूत समाज वायसराय की कार्यकारी परिषद् में प्रतिनिधित्व पर अपना हक़ छोड़ने के लिए तैयार नहीं है। मैं पुनः एक बार आपको आगाह करना चाहता हूँ कि आप अछूतों का प्रतिनिधित्व कबूल करें। एक और प्रतिनिधि लेने से कुछ नुकसान होगा, ऐसी बात नहीं है।

---

1. दूसरा विश्वयुद्ध।

अंग्रेजों की धोखेबाजी

डॉ. बाबासाहेब अम्बेडकर द्वारा सा. जनता के लिए लिखा गया अग्रलेख,
दि. 9 अगस्त 1941।

जब से युद्ध शुरू हुआ है तब से इस बात पर चर्चा चल रही थी कि वायसराय की कार्यकारी परिषद् का पुनर्गठन होगा। इस सम्बन्ध में काफी कशमकश चली और अन्त में बिल्कुल नई कार्यकारी परिषद् गठित की गई। इस नई कार्यकारी परिषद् के बारे में जनता में किसी प्रकार का कोई खास उत्साह पैदा हुआ, ऐसा नहीं कहा जा सकता।

'पलभर की मौज' इससे ज्यादा महत्त्व लोगों ने इस नई योजना को नहीं दिया है। आज युद्ध की स्थिति को देखते हुए इस योजना का देश की सुरक्षा की दृष्टि से कुछ महत्त्व है, यह भी नहीं कहा जा सकता। युद्ध करीब-करीब समाप्त होने की स्थिति में पहुँच गया है। पाँच-छह माह में समझौता होकर हर तरफ शान्ति छा जाएगी, ऐसी बात यदि कही जाए तो यह कोई असम्भव बात नहीं है। मौजूदा स्थिति को देखते हुए जिनकी कार्यकारी परिषद् में नियुक्ति की गई, उन्हें मुर्दा उठाने के लिए बुलाए गए मुर्दाफरोश से ज्यादा बड़ा काम करने का मौका मिलेगा या नहीं, इस तरह का सन्देह होना कुछ गलत बात है, ऐसा हमें नहीं लगता।

इस तरह देखा जाए तो इस कार्यकारी परिषद् के सम्बन्ध में जो निराशा चारों ओर छाई रही है, उसमें कोई गलत बात नहीं है। इस योजना का कोई खास महत्त्व ही नहीं है। और इसीलिए उसकी अच्छी-बुरी स्थिति के बारे में लिखने का हमारा कोई इरादा नहीं था। लेकिन अछूतों की दृष्टि से और हिन्दुओं की दृष्टि से उसका विशेष महत्त्व है। उसे समझना सभी के हित में है।

सबसे पहली बात यह है कि अछूत वर्ग के लोगों को इस कार्यकारी परिषद् की योजना से एक बात सीखनी बहुत जरूरी है। जिस दिन से कार्यकारी परिषद् का पुनर्गठन होगा, जैसाकि ब्रिटिश सरकार की ओर से घोषित किया गया है, उस दिन से अछूत वर्ग का कम-से-कम एक प्रतिनिधि इस विधि परिषद् में लिया जाएगा, इसके बारे में किसी के भी मन में कोई सन्देह नहीं था। 1927 से आज तक के हिन्दुस्तान की राजनीति के इतिहास की जाँच-पड़ताल की जाए तो उसमें एक महत्त्वपूर्ण बात दिखाई देती है। वह बात यह है कि जिस अछूत समाज को हिन्दू समाज का एक हिस्सा समझा

जाता था, उसकी आज एक स्वतन्त्र समाज के रूप में गिनती होने लगी है। और उसके मुताबिक जहाँ-जहाँ राज्य का अधिकार हो सकता है वहाँ-वहाँ उसके लिए स्वतन्त्र व्यवस्था की गई थी। इस बात को उन्हें हिन्दू समाज से अलग और आजाद माने गए सामाजिक जीवन का प्रमाण ही मानना चाहिए। अछूत लोग राजनीतिक दृष्टि से हिन्दू समाज से अलग हैं, स्वतन्त्र हैं, इस बात को सभी ने इस तरह से स्वीकार कर लिया था कि गवर्नमेंट ऑफ इंडिया एक्ट के तहत कार्यकारी परिषद् में मुस्लिमों की तरह अछूतों के मन्त्री होने चाहिए, इस तरह के राजनीतिक बन्धन भी लगाए गए थे। कांग्रेस ने बदमाशी से अपनी मन्त्री परिषद में अछूतों का प्रतिनिधि नहीं लिया, यह बात दूसरी है। किन्तु मन्त्रिमंडल में उन्हें प्रतिनिधित्व मिलना उनका हक़ है, इस बारे में किसी के मन में कोई सन्देह नहीं होना चाहिए।

इस सच्चाई के आधार पर वायसराय ने कार्यकारी परिषद् की जो योजना बनाई उसे देखने से इस बात का पता चलता है कि अंग्रेज सरकार ने बहुत बड़ा अन्याय किया है, इसमें कोई सन्देह नहीं है। यह सिर्फ अन्याय होता तब भी कोई बात नहीं किन्तु यह कहने में कोई संकोच नहीं कि यह अन्याय नहीं बल्कि विश्वासघात है। सिर्फ मौजूदा लॉर्ड लिनलिथगो ने जब युद्ध शुरू हुआ तब से आज तक जो राजनीतिक प्रपत्र जारी किए हैं उन्हें देखने से इस बात का पता चलता है कि उन्होंने भी अछूत वर्ग के राजनीतिक महत्त्व को स्वीकार किया है। जिस तरह मुस्लिम समाज हिन्दुस्तान की राजनीति की एक स्वतन्त्र इकाई है, उसी प्रकार अछूत समाज भी हिन्दुस्तान की राजनीति की एक स्वतन्त्र इकाई है, यह उन्होंने स्वयं स्वीकार किया है। सभी राजनीतिक इकाइयों की सहमति से हिन्दुस्तान की राजनीति चलनी चाहिए, इस तरह का आश्वासन उन्होंने खुद दिया था। इस तरह की स्थिति के बावजूद भी नई कार्यकारी परिषद् में हिन्दुओं के तीन प्रतिनिधि, मुस्लिमों के तीन प्रतिनिधि और एक पारसी प्रतिनिधि की जरूरत ब्रिटिश सरकार महसूस करे तथा अछूतों के एक प्रतिनिधि के बिना भी काम चल सकता है, इस तरह से अगर उन्हें लगे तो इस मानसिकता को और राजनीति को क्या कहा जाए, यही बात समझ में नहीं आ रही है। सारे यूरोप में अंग्रेजों को लुच्चे अंग्रेज कहा जाता है और इस पर उन्हें गुस्सा आता है। किन्तु ऐसे उदाहरण देखने-सुनने के बाद यह लगता है कि जो लोग अंग्रेजों के लिए उक्त विशेषण का प्रयोग करते हैं, वे अनुभव के आधार पर ही करते होंगे किन्तु अंग्रेजों को यह नहीं मानना चाहिए कि दुर्बल अछूत समाज के साथ विश्वासघात करके उनके उचित हक़ों को नकार देने में बहुत बड़ा पुरुषार्थ है।

अंग्रेज सरकार की इस नीच और गैरजिम्मेदार करनी से जो नफरत की भावना पैदा होती है इस सम्बन्ध में हिन्दू नेताओं ने और हिन्दू अखबारों ने जो मौन धारण किया है उसके बारे में उतनी ही, बल्कि उससे अधिक नफरत पैदा होती है। सप्रू समिति में अछूत वर्ग के प्रतिनिधियों को शामिल नहीं किया गया, फिर भी इसके बारे में किसी प्रकार का खेद व्यक्त नहीं किया गया। किन्तु सप्रू समिति कुछ विधायकी कार्य करेगी ऐसी कोई

उम्मीद हमें नहीं थी। इसलिए उसे लेकर हमें कोई निराशा भी नहीं है। किन्तु हिन्दू महासभा और उसके नेता श्री सावरकर के बर्ताव से हमें बड़ा आश्चर्य हो रहा है। एक समय बैरिस्टर सावरकर अंग्रेजों के कट्टर दुश्मन थे। उन्होंने अंग्रेजों की सत्ता को समाप्त करने के लिए हथियार इकट्ठा करने में अपनी आधी से अधिक उम्र व्यतीत कर दी। यह सब होते हुए भी आज सावरकर अंग्रेजों के सामने भीगी बिल्ली बने हुए हैं, ऐसा कहने में कोई ऐतराज नहीं होना चाहिए। वायसराय साहब का घोषणा करना और सावरकर जैसे लोगों द्वारा उस घोषणा पर अपनी सहमति व्यक्त करने के अलावा सावरकर अन्य और कुछ कर रहे हैं, ऐसा उनकी आज की राजनीति से बिल्कुल नहीं लग रहा है। उन्होंने यह जो खुशामद करनी शुरू की है उसका कोई जनहित का आधार होता तो उसे किसी ने दोष नहीं दिया होता। किन्तु हिन्दू समाज के बारे में अंग्रेजों की दृष्टि कैसी है इस सम्बन्ध में सोचने से इस बात का पता चलता है कि अंग्रेज लोग हिन्दुओं की भलाई के बारे में क्या करते हैं, इस सवाल पर बैरिस्टर सावरकर को कोई चिन्ता नहीं है। वायसराय साहब उनसे पत्राचार करते हैं इसी बात से बैरिस्टर सावरकर फूले समाए दिखाई देते हैं। अन्यथा हिन्दू महासभा का कोई भी समर्थक वायसराय द्वारा पुनर्गठित कार्यकारी परिषद् की योजना का समर्थन नहीं करता। सावरकर की सम्पूर्ण राजनीति इतनी अजीब है कि उन्हें राजनीति की समझ है या नहीं, इसी बात पर हमें सन्देह हो रहा है।

हिन्दू महासभा नाम की संस्था कम्युनल अवार्ड का विरोध करने के लिए स्थापित की गई है। ब्रिटिश सरकार ने मुस्लिम लोगों को उनकी जनसंख्या से अधिक प्रतिनिधित्व विधिसभा और कार्यकारी परिषद् में दिया है, यही हिन्दू महासभा की सबसे बड़ी शिकायत है। यही हिन्दू महासभा की दृष्टि में अंग्रेजों द्वारा किया गया सबसे बड़ा पाप है, ऐसा समझा जाता था। इस गलती को सुधारकर मुस्लिमों को जो अधिक प्रतिनिधित्व दिया गया उसे कम करने के लिए उन्हें मजबूर करके जनसंख्या के अनुपात में मुस्लिम प्रतिनिधित्व का गणित तैयार करना यही हिन्दू महासभा का बहुत बड़ा कार्य बन गया था। पिछले साल जब कार्यकारी परिषद् का नया विधान बनने की सम्भावना थी और जिस समय बैरिस्टर जिन्ना ने मुस्लिमों को 50 प्रतिशत प्रतिनिधित्व देने की माँग की थी उस समय बैरिस्टर सावरकर ने हिन्दू महासभा की ओर से उनका विरोध किया था। उसी प्रकार उस समय होनेवाली कार्यकारी परिषद् की बैठक में एक अछूतों का और एक सिखों का प्रतिनिधि लिया जाए, इस तरह की घोषणा की गई थी। आश्चर्य की बात यह है कि अंग्रेज सरकार ने वर्तमान कार्यकारी परिषद् में मुस्लिमों को लगभग 50 प्रतिशत प्रतिनिधित्व दिया है। किन्तु अछूतों या सिखों को थोड़ा-सा भी प्रतिनिधित्व नहीं दिया गया। यह होते हुए भी जिस स्थिति में मुस्लिमों को 50 प्रतिशत प्रतिनिधित्व दिया गया वह व्यवस्था अच्छी है ऐसी तारीफ सावरकर जैसे लोग कर रहे हैं। इस वैचारिक भ्रष्टता को देखकर कोई भी यह कह सकता है कि बैरिस्टर सावरकर की बुद्धि भ्रष्ट हो गई है। और इसमें किसी को भी कोई आश्चर्य नहीं होना चाहिए। अछूत और सिखों के बारे में सावरकर की सोच में काफी बड़ा परिवर्तन दिखाई दे रहा है। पिछले साल

अछूत और सिखों के प्रतिनिधि कार्यकारी परिषद् में भेजे जाने का आग्रह करनेवाले सावरकर आज सिर्फ सिखों को प्रतिनिधि परिषद् में नहीं लिया गया इसी पर खेद व्यक्त कर रहे हैं और सिखों पर हुए अन्याय को दूर करने की माँग कर रहे हैं। लेकिन अछूतों का प्रतिनिधि न लिए जाने पर उन्होंने कोई विरोध नहीं किया। अछूतों के सम्बन्ध में एक साल में सावरकर के दृष्टिकोण में यह परिवर्तन आने का कौन-सा प्रबल कारण था, इस बारे में हम कुछ नहीं कह सकते। उनके इस बर्ताव से हिन्दू महासभा जैसी संस्था पूरी तरह से ब्राह्मणशाही के जाल में फँस गई है। बगैर उसके इतना बड़ा प्रमाद सावरकर के हाथों नहीं हुआ होता।

इस सम्बन्ध में हम सभी हिन्दू लोगों को एक सलाह देना चाहते हैं। आज जो भी कोई हिन्दुस्तान की राजनीति का गम्भीरता से अवलोकन करेगा उसे एक बात साफ तौर पर दिखाई देगी कि अंग्रेज सरकार मुस्लिमों के घर पर गिरवी पड़ी सरकार है। और वह पूरी तरह से मुस्लिमों के दबाव में है। हिन्दुओं के प्रति अंग्रेजों के मन में सद्भाव होना चाहिए इस बात में सन्देह है। गांधी ने युद्ध के सम्बन्ध में अंग्रेजों के साथ जिस तरह से असहयोग शुरू किया है, उसी प्रकार जिन्ना ने उनसे भी अधिक असहयोग अंग्रेजों से शुरू किया है। बावजूद इसके मुस्लिम लोगों को जिन्ना से अलग कर उन पर अपना नियन्त्रण स्थापित करने के लिए अंग्रेज लोग चाहे जैसा प्रयास कर रहे थे, उन्होंने मुस्लिमों को लगभग 50 प्रतिशत प्रतिनिधित्व देकर पाकिस्तान का मुआवजा पहले ही दे दिया है। लेकिन हिन्दू लोगों को गांधी से दूर रखने के लिए अंग्रेजों ने कोई प्रयास नहीं किया है। और न उनकी उस तरह से कोई इच्छा है। अंग्रेज और मुस्लिमों के सहयोग से, सलाह से और हिस्सेदारी से आज के हिन्दुस्तान की राजनीति चल रही है। इस हिस्सेदारी में अंग्रेज सरकार वेश्या हिस्सेदार के रूप में दिखाई दे रही है। जो मुस्लिम कहेंगे उसके मुताबिक चलना, इसके अलावा उनके पास कोई विकल्प नहीं है। मुस्लिम और अंग्रेजों की ऐसी हिस्सेदारी हिन्दुओं के लिए बड़ी खतरनाक होगी, इस बात को बताने की कोई जरूरत नहीं है। दोनों की आज तक की राजनीति से इस बात का पता चलता है कि सबसे पहले इस देश को स्वराज्य न मिले, और यदि मजबूर होकर स्वराज्य देना पड़े तो देश को तबाह करने के बाद देना ही उनकी इस हिस्सेदारी का परिणाम होगा। इस भयंकर परिणाम से हिन्दू लोग यदि अपना बचाव करना चाहते हैं तो हिन्दुओं को अछूतों के साथ समानता का बर्ताव करने की उदार बुद्धि दिखानी चाहिए। और इन बीती हुई घटनाओं से अछूतों को सबक सीखने का एक बड़ा अवसर हासिल हुआ है, इस तरह से कहने में कोई आपत्ति नहीं है। दोनों ही ने उन्हें धोखा दिया है। उन्हें अंग्रेज सरकार और हिन्दू लोगों पर विश्वास रखना चाहिए, इस बात पर गम्भीर रूप से सोचने की जिम्मेदारी उन पर आई है, ऐसा हमें लगता है। इस सम्बन्ध में हम पुनः फिर कभी लिखना चाहते हैं। लेकिन आज अंग्रेज सरकार और हिन्दू महासभा का जबर्दस्त विरोध करना, अछूत समाज की बहुत बड़ी जिम्मेदारी बन गई है।

साप्ताहिक 'जनता' में प्रकाशित अग्रलेख, 9 अगस्त, 1941।

जिन्हें हमने सत्ता दिलवाई, वे ही अब हम पर वार कर रहे हैं

__दि. 16 और 17 दिसम्बर 1939__ को हरेगाँव (जि. अहमदनगर) में मुम्बई इलाका वतनदार महार, मातंग, बंधुवा लोगों की परिषद् डॉ. बाबासाहेब अम्बेडकर की अध्यक्षता में हुई थी। उपपरिषद के प्रस्तावों के अनुसार डॉ. अम्बेडकर मुम्बई के गवर्नर को एक निवेदन-पत्र भेजा था। लेकिन सरकार ने लगान (जुड़ी) के मामले में अपनी नीति में कोई परिवर्तन नहीं किया। इसलिए सरकार की अन्यायी नीति के खिलाफ सिन्नर (जि. नासिक) में __दि. 16 अगस्त 1941__ को डॉ. अम्बेडकर की अध्यक्षता में वतनदार महार, मातंग, बन्धुवा लोगों की परिषद् आयोजित की गई। इस परिषद् में भाऊराव गायकवाड, आर.आर. भोले, डी.जी. जाधव, पी.जे. वोहम, बी.एच. वराडे, जे.एस. एदाड़े, भाई चित्रे आदि मान्यवर नेता उपस्थित थे। इस परिषद् को सम्बोधित करते हुए डॉ. अम्बेडकर ने कहा–

बहनो तथा भाइयो,

आज की इस सभा का आयोजन क्यों किया गया इस बात को आप सभी लोग जानते हैं। पिछले साल-डेढ़ साल से सरकार ने हमारी वतनदारी के बारे में अन्यायपूर्ण नीति अपनाई है। महार, मातंग, वेठिया आदि वतनदारों की जो जमीनें वंश-परम्परा से उनके अधिकार में हैं उन जमीनों पर उनका जीवन निर्भर है। उस वतनी जमीन पर सरकार ज्यादा लगान (जुडी) लगा रही है। सरकार नासिक जिले में इस नए जबरन लादे गए लगान को वसूल कर रही है। मेरी जानकारी के मुताबिक 1939 में सरकार को इस नई नीति की वजह से 1500 रु. या 2000 रु. से भी अधिक प्राप्त हुए हैं। 1940 में इसमें बढ़ोतरी होने से 5000 रु. प्राप्त हुए। इस सरकारी अन्यायपूर्ण नीति के खिलाफ जनमत जाग्रत करके पिछले साल हरेगाँव में मुम्बई इलाका महार, मातंग, वेठिया आदि अछूत वतनदारों की बैठक मेरी अध्यक्षता में आयोजित की गई थी। उस बैठक में यह प्रस्ताव स्वीकार किया गया था कि ज्यादा लगान की अन्यायपूर्ण नीति के खिलाफ सरकार के पास एक निवेदन-पत्र भेजा जाए। यदि उस निवेदन पर अमल नहीं किया

गया तो सरकारी काम का बहिष्कार किया जाए या अन्य कोई प्रतिकार का रास्ता अपनाया जाए। सभा के अध्यक्ष की हैसियत से मैंने उस प्रस्ताव का निवेदन-पत्र गवर्नर के पास भेज दिया। उस पर मुझे सरकार की ओर से यह जवाब मिला कि निवेदन-पत्र पर विचार-विमर्श चल रहा है। किन्तु इतना समय बीत जाने के बाद भी अभी तक सरकारी नीति में कोई परिवर्तन नहीं हुआ है बल्कि मैंने तो यहाँ तक सुना है कि इस जिले की सिन्नर तहसील में कुछ जगहों पर सरकार ने महार वतनदारों पर दीवानी का दावा दायर किया है। ज्यादा लगान की वसूली के लिए पुलिस ने जायदाद जफ्त करने का प्रयास किया है। पर्याप्त जायदाद के अभाव में जानवरों को जफ्त करने और मकान जफ्त करने का प्रयास किया है। सरकार की इन नीतियों के खिलाफ लोगों में असन्तोष पैदा करनेवालों पर भी कानूनी कार्यवाही करने का सरकार का इरादा है। सरकार की यह नीति पूरी तरह से अन्यायपूर्ण है। वह न्याय और नीति पर आधारित नहीं है। इस अन्यायपूर्ण नीति के खिलाफ हम लोगों को अब पूरी तरह तैयार हो जाना चाहिए।

वतन प्रणाली नई नहीं है बल्कि वह काफी पुरानी है। इस प्रकार की वतन प्रणाली हिन्दुओं के शासन काल में शुरू हुई थी। अंग्रेजों की सत्ता यहाँ स्थापित होने के बाद उन्होंने अपनी सुविधा के मुताबिक इस वतन हक़ में परिवर्तन किया। यहाँ महार, मातंग, वेठिया आदि लोगों की तरह अन्य लोग भी वतनदार हैं। लेकिन सरकार ने अन्य लोगों के बारे में जो न्याय-बुद्धि से काम लिया है उस तरह न्याय-बुद्धि से हमारे बारे में नहीं सोचा है। उस अन्याय को आप लोग भली भाँति समझ पाएँ इसके कुछ उदाहरण बताता हूँ।

पेशवाई में ईनामदारों का एक वर्ग था। इस वर्ग को सरकार की ओर से वर्षासन मिलता था। उनका किसी प्रकार का कोई कामधन्धा नहीं था। उसी तरह देवस्थानों के पुजारियों के भी वतनी-हक़ थे। पेशवाई समाप्त होने के बाद जब यहाँ अंग्रेजों की सत्ता आई तब सरकार ने उन वतनी-हक़ों के बारे में क्या किया है? जिन्हें पेशवाई में ईनाम मिलता था उनके वतनी-हक़ों को भी सरकार ने हाथ नहीं लगाया। सरकार के लिए इन लोगों का कोई उपयोग न होने के बावजूद भी सरकार ने 6,15,649 रु. के लगान की जमीन इसी ईनामदार वर्ग के पास रहने दी है।

दूसरा वतनदार वर्ग सरंजाम लोगों का था। इन लोगों को पेशवाओं ने बड़ी स्टेट्स दी थीं। ये लोग स्टेट में पैसे के बल पर अपने पास फौज रखते थे। और जब पेशवाओं पर कोई मुसीबत आती थी या युद्ध के समय वह फौज पेशवाओं की मदद करती थी। किन्तु अंग्रेजों की फौजी नीति एकदम अलग थी। उनकी फौजी नीति दूसरों पर निर्भर नहीं थी। यह सरकार अपने बल पर फौज को पालती है। मतलब अब पेशवा काल के सरंजामदार बेकार साबित हुए। सरकार के लिए उनका कुछ भी उपयोग नहीं रहा। फिर भी सरकार ने उनकी वतनदारी को हाथ नहीं लगाया। इन सरंजामी लोगों को घर बैठे सरकारी खजाने से 2,67,500 रु. की पेन्शन दी जाती है।

सरंजामदार, पुरोहित आदि की तरह पेशवाई में देशमुख, देशपांडे नौकरी में थे। किन्तु ये वतन वारिस हक से चल रहे थे इसलिए इनकी आवश्यकता नहीं रही।

मामलेदारों की जगह उनके बच्चों को अयोग्य होने के बावजूद दी गईं। इससे प्रशासन में घोटाले हुए। इसलिए उन्होंने वतन पर मामलेदार नियुक्त किए। सरकार के लिए पहले से चले आ रहे देशमुख, देशपांडे आदि लोगों का कोई उपयोग नहीं रहा। लेकिन आश्चर्य की बात है कि उनके पास जो जमीन थी उसे उनसे नहीं लिया गया। जमीन उनके पास ही रहने दी गई। इतना ही नहीं, सरकार उनसे 8,14,545 रु. लगान के बजाय सिर्फ 2 लाख रुपए लगान लेती है।

आप लोगों की तरह ही पहले जमाने में लोहार, बढ़ई, धोबी, नाई आदि बारह बलुतेदार (गाँव-मजदूर) काम करते थे। किन्तु 1863 में सरकार ने इन लोगों को नौकरी से हटा दिया। सरकार ने उन्हें उनकी वतनदारी लौटा दी। उनकी जमीनें उन्हें दे दीं। आज के पटवारियों के स्थान पर पहले वतनदार कुलकर्णी थे। सरकार ने कुलकर्णी का वतन समाप्त कर वेतन पानेवाले पटवारी नियुक्त किए। कुलकर्णी के वतन को समाप्त किया गया फिर भी उनके पास जो जमीनें थीं उन्हें पहले के अल्प लगान पर वापस लौटा दीं। यही नहीं, किसी भी प्रकार का सरकारी काम किए बगैर उन्हें पहले की तरह भत्ता मिलता है। हमारी तरह जो अन्य वतनदार थे उनके साथ सरकार ने इस तरह न्याय और उदारता का व्यवहार किया। किन्तु हम लोगों के साथ इस तरह से बर्ताव क्यों किया जाता है? सरकार इस तरह के बेकार लोगों को दो लाख रु. बेमतलब के देती है। और जो बेचारे महार, मातंग, और वेठिया आदि लोग धूप-छाँव की बगैर परवाह किए दिन-रात चौबीस घंटे सरकारी काम के लिए दौड़ते रहते हैं उन पर इतना अन्याय और जुल्म क्यों? यह मेरा सरकार से आह्वानपूर्ण सवाल है।

पिछले दस-पन्द्रह सालों से आज तक मेरा रोष स्पृश्य हिन्दू और कांग्रेस आदि इस देश के लोगों के खिलाफ था। मैंने आज तक हिन्दू धर्म और हिन्दू समाज पर जबर्दस्त प्रहार किए हैं। लेकिन मैं सरकार से बड़े विश्वास के साथ कहना चाहता हूँ कि जितनी ताकत के साथ मैंने हिन्दू समाज पर प्रहार किए हैं उससे सौ गुना तीव्र प्रहार मैं सरकार के विरोध में करूँगा। मैं कभी भी सरकार के विरोध में नहीं बोलता था इसलिए कई लोग मुझ पर सरकार का वफादार, देशद्रोही, जातिवादी इस तरह के आरोप लगाते हैं। किन्तु आप सभी लोगों को इस बात को स्वीकार करना पड़ेगा कि कोई आदमी कितना भी बलवान हो, उसके लिए दुश्मन पर चारों ओर से हमला करना सम्भव नहीं है। मैं अपने दुश्मनों पर हमला करके उन्हें अपने नियन्त्रण में लाने का प्रयास कर रहा था। इसी नीति के तहत मैं आज तक लड़ाई लड़ता आ रहा हूँ। लेकिन जिस सरकार के साथ हम पूरी ईमानदारी के साथ बर्ताव करते रहे वह सरकार ही हमारे खिलाफ हो गई। सच्चाई तो यह है कि इस देश में अंग्रेजों की सत्ता हमने स्थापित की है, यह एक ऐतिहासिक सत्य है। हम लोगों ने अंग्रेजों के पक्ष में अपना खून बहाकर पेशवाई को दफना दिया है। 1818 में पेशवाई का पूरी तरह से अन्त हो गया। इसी साल खडर्या के निर्णायक युद्ध में अंग्रेजों की विजय हुई, वह केवल महार वीरों की सहायता से ही सम्भव हो सकी थी। इस बात की गवाही कोरेगाँव (पूना) का विजयस्तम्भ देता है। इस

विजयस्तम्भ पर दो नाम अंग्रेजों के, चार नाम पुरभय्यों के और शेष सभी नाम महार वीरों के हैं।

जिन्हें हमने सत्ता दिलवाई वे लोग ही अब हम पर वार कर रहे हैं। हम लोगों ने अंग्रेजों को विजय दिलवाई किन्तु अंग्रेजों के राज में हमारी भलाई होने के बजाय ऊँचे वर्ण के लोगों की भलाई हुई है। आप लोग किन्हीं भी सरकारी दफ्तरों में जाकर देखिए, आप लोगों को यही बात नजर आएगी। सरकार ने सवर्ण हिन्दुओं की ओर ध्यान दिया है, मुस्लिमों की मनचाही माँगें स्वीकार कर उन्हें हिन्दुओं की बराबरी का राजनीतिक महत्त्व दिया लेकिन उन्होंने हमारे लिए क्या किया? पिछले दो सौ सालों की सत्ता में ब्रिटिश सरकार ने अछूत समाज के लिए क्या किया है, इस बात का जवाब सरकार को देना चाहिए।

आज हम लोगों की कितनी बदतर स्थिति है? पहले गाँव के खलिहान से पेट भरने के लिए कुछ-न-कुछ मिल जाता था। लेकिन हम लोगों ने जो आन्दोलन चलाया है उससे यह सारी सुविधाएँ खत्म हो गई हैं। सरकार अमलदारों के लिए अपना खजाना खुला रख सकती है लेकिन हम लोगों को एक रुपया भी देने के लिए तैयार नहीं है। यही नहीं, हमारे मुँह में आया हुआ निवाला भी छीनना चाहती है। किन्तु मैं सरकार की हर तरह की चुनौती स्वीकार करने के लिए तैयार हूँ। मैं सरकार से सरेआम यह कहना चाहता हूँ कि सरकार ने इस बात को दबाने की लाख कोशिश की तब भी ज्यादा लगान की अमल में लाई जानेवाली नीति का मैं इसी तरह प्रतिकार करूँगा, इसमें कोई सन्देह नहीं है।

मैंने आज तक सरकार के विरोध में कोई काम नहीं किया है। न मैंने कांग्रेस से दोस्ती की है और न मैं उनके आन्दोलन में शामिल हुआ हूँ। न मैंने किसी दंगा-फसाद में हिस्सा लिया है। इस देश में शान्ति बनाए रखने का मेरे जैसा प्रयास किसी ने नहीं किया होगा। किन्तु सरकार ने हमारी कोई परवाह नहीं की है। आज सरकार को हमारी जरूरत नहीं है। हिन्दू लोग भी हमें पसन्द नहीं करते, मुस्लिम लोगों ने कुछ भी किया तब भी चल जाता है। जो अंग्रेजों को परेशान करता रहेगा, उसके सामने सरकार झुकती है। हम लोगों ने इतने दिनों तक सरकार पर जो झूठा यकीन किया था उस यकीन को आज तोड़ देना चाहिए। यह एक निर्णायक युद्ध है। मैंने जो निवेदन-पत्र भेजा है उसका जवाब सरकार नहीं देगी क्योंकि हमारी बात न्याय और सत्य पर आधारित है। मैं सरकार से यही कहना चाहता हूँ कि यदि हमारी माँगें नामंजूर करनी हों तो उसका परिणाम बहुत खतरनाक होगा। हमारी माँगें बेहद मामूली हैं और वह हमारे पेट के सवाल से जुड़ी हुई हैं। हमारी माँग यही है कि जिस तरह से अन्य वतनदारों को जमीनें देकर उन्हें वतनदारी से मुक्त किया गया उसी प्रकार हम लोगों को भी हमारी जमीनें देकर वतनदारी से मुक्त कीजिए। अन्य वतनदार लोग बगैर कुछ काम किए हराम का खाते हैं, उस प्रकार की हमारी माँग नहीं है। यदि यह सरकार को मंजूर न हो तो विधि-सभा में स्पृश्य हिन्दुओं के प्रतिनिधि और हमारे प्रतिनिधि मिल-जुलकर इस सवाल

को आपस में हल कर लेंगे। किन्तु सरकार ने उसमें भी दखलंदाजी करने की कोशिश की तो उसका मुकाबला किए बगैर हमें चैन नहीं आएगा।

हमारा मुकाबला कैसा होगा इसके बारे में आज कुछ नहीं कहा जा सकता। क्योंकि वह पूरी तरह से सरकार के रवैये पर निर्भर है। सरकार जिस तरह की नीति तय करेगी उस तरह से हमें मुकाबले का स्वरूप तय करना पड़ेगा। उधर कुछ भी हो जाए, आपको जान भी कुर्बान करनी पड़े फिर भी आप अपनी जमीनें मत छोड़िए। भाऊराव गायकवाड को पुलिस कब गिरफ्तार कर लेगी, कुछ नहीं कहा जा सकता। अगर उन्हें गिरफ्तार किया गया तब भी खुशी की बात है। उनकी तरह नेतृत्व करने के लिए कई लोग तैयार हुए हैं। इन नेताओं को गिरफ्तार करने के बाद सरकार आप लोगों पर मुकदमे दायर करेगी। पुलिस को बुलाएगी। फिर भी किसी भी प्रकार से डरने की कोई जरूरत नहीं है। आपके मकान जफ्त किए गए तो आप लोग उसका मुकाबला कीजिए। सामान मत ले जाने दीजिए। जमीन छील ली गई तो अपने परिवार के साथ खेतों में झुग्गियाँ डालकर रहिए। पुलिस ने गोलियाँ चलाईं तब भी अपने खेतों से हटिए नहीं। किसी परिवार को जेल जाना पड़ा तो उसके रिश्तेदारों को जमीन की रखवाली करते हुए सरकार से मुकाबला करना चाहिए।

इस आन्दोलन में हम लोगों को कोई मदद करनेवाला नहीं है। इस आन्दोलन को हमें अपने बल पर आगे बढ़ाना है। दूसरों की मदद न भी मिले तब भी हमें यह लड़ाई लड़कर जीत हासिल करनी है। यहाँ मैंने जिस भाषा का इस्तेमाल किया है उससे मेरे मन में सरकार के विरोध में कितना असन्तोष है, इस बात की आप कल्पना कर सकते हैं। सरकार की इस जुल्मी नीति की कहीं कोई बराबरी नहीं है। कांग्रेस ने बार्डोली में सरकारी लगान देने से साफ इनकार किया। उस समय सरकार ने कांग्रेस के सामने घुटने टेक दिए। और कांग्रेस के कमीशन द्वारा तय किया गया लगान मंजूर किया। कांग्रेस में पैसे के बल और मनुष्य-बल की कोई कमी नहीं थी। हमारा पक्ष इन दोनों बातों से बहुत कमजोर है। फिर भी इस बात को ध्यान में रखिए कि न्याय और नीति हमारे पक्ष में है। अन्त में हमारे न्याय-पक्ष की ही विजय होगी, इसमें कोई सन्देह नहीं है।

साप्ताहिक 'जनता' के 23 अगस्त, 1941 के अंक में प्रकाशित।

हमारा हक़ हमें चाहिए

__दि. 26 अप्रैल 1942__ को मुम्बई में एक दलित जनसभा का आयोजन किया गया था। इस विराट जनसभा को सम्बोधित करते हुए डॉ. बाबासाहेब अम्बेडकर ने कहा–

आज सार्वजनिक कार्य में कदम रखे हुए तुझे तेईस साल हो गए हैं। मैंने 1941 में कोल्हापुर संस्थान के मानगाँव में एक आम जनसभा के अध्यक्ष की हैसियत से पहला भाषण दिया था। तब से आज तक मैं सार्वजनिक कार्य कर रहा हूँ। इन तेईस सालों के मेरे सार्वजनिक कार्य को देखा जाए तो उस कार्य के सामाजिक, धार्मिक और राजकीय इस तरह से तीन हिस्से किए जा सकते हैं।

सामाजिक क्रान्ति

1919 से पहले की सामाजिक स्थिति और आज की सामाजिक स्थिति पर गौर किया जाए तो हम लोगों ने बहुत बड़ी सामाजिक क्रान्ति की है, ऐसा कहने में कोई कठिनाई नहीं होगी। पहले सभी लोग मरे हुए जानवरों का मांस खाते थे। उसमें उन्हें किसी प्रकार की हीनता महसूस नहीं होती थी शर्म महसूस नहीं होती थी। किन्तु आज? हमारा पढ़ा-लिखा आदमी हो या अनपढ़ आदमी हो, पुरुष हो या नारी, सभी को ऐसा लगता है कि हम लोग पहले जो कुछ करते थे वह गलत था। इस तरह की बातें उनके दिलो-दिमाग में आ गई हैं। उस समय वे अपने खास हक़ों के रूप में उनकी रखवाली करते थे। लेकिन उन सभी बातों को अब हमने छोड़ दिया है। अब मरे हुए जानवरों को खींचने की बारी ब्राह्मण और गराठों पर आई है। यह मैं कल्पना से कह रहा हूँ ऐसी बात नहीं है बल्कि जो सच है वही कह रहा हूँ। रत्नागिरि जिले के महाड गाँव में कृष्णा नाम का एक महार रहता था। वह भी कार्यकर्त्ता था। महाड के चवदार तालाब के सत्याग्रह आन्दोलन के बाद वहाँ के किसी ब्राह्मण की भैंस मर गई। उस ब्राह्मण ने कृष्णा को अकेले में बुलाकर उससे भैंस खींचने का बड़ा आग्रह किया। लेकिन कृष्णा ने कहा, 'पंडित, यह कैसे सम्भव है?' तब निराश होकर उस ब्राह्मण को ही अपने बच्चे की मदद

से वह मरी हुई भैंस खींचकर गाँव के बाहर फेंकनी पड़ी। लेकिन भैंस सड़ गई और चारों ओर उसकी दुर्गन्ध फैलने लगी। फिर ब्राह्मण ने कृष्णा से आग्रह करते हुए उसे अट्ठारह रुपया देने का लालच दिया। किन्तु कृष्णा ने साफ शब्दों में कुछ भी करने से इनकार कर दिया। मतलब उस ब्राह्मण ने ही स्वयं उस भैंस को खींचकर उसे गाँव से तीन मील की दूरी पर ले जाकर फेंक दिया। इस उदाहरण से यह स्पष्ट होता है कि 'मैं इनसान हूँ, मुझमें भी पुरुषार्थ है', यह चेतना हममें से हर व्यक्ति में जागी है। फिर, क्या यह एक सामाजिक क्रान्ति नहीं है?

धार्मिक क्रान्ति

हम लोगों ने धार्मिक दृष्टि से जितनी क्रान्ति की है उतनी क्रान्ति किसी अन्य समाज ने नहीं की है, इस बात को कोई भी अस्वीकार नहीं कर सकता। इस धर्म (हिन्दू धर्म) में न्याय, नीति, समानता, भाईचारा आदि बातों का कोई महत्त्व नहीं है। इस धर्म में मनुष्य को जलानेवाली बातें ही अधिक हैं। हम लोगों के लिए जो बातें खतरनाक थीं उन सभी बातों को हम धर्म के नाम पर कर रहे थे। लेकिन आज धर्म की दृष्टि से हम जितने पवित्र दिखाई दे रहे हैं उतना दूसरा कोई भी हिन्दू समाज नहीं दिखाई दे रहा है। मराठा, भंडारी आदि जातियों में होली के घिनौने पाखंड आज भी सरेआम हैं। उन पर उन्हें आनन्द और गर्व महसूस होता है। लेकिन हम लोगों ने इन तमाम बातों को छोड़ दिया है। अब हम लोग पहले ही की तरह भक्ति-भावना से पोथी-पुराणों को नहीं पढ़ते। हममें से मन्त्र-तन्त्र, साधु-सन्त सब मटियामेट हो गए हैं। और उसी वजह से अपना समाज एकदम धोए हुए चावलों की तरह साफ दिखाई दे रहा है।

राजनीतिक क्रान्ति

राजनीतिक उत्थान के बारे में भी वही स्थिति है। हम लोगों ने अलग समय में अपना जितना राजनीतिक उत्थान किया है, उतना शायद किसी समाज ने नहीं किया है, इस बात को कोई भी स्वीकार कर सकता है। सरकारी नौकरियाँ और म्यूनिसपैलिटियाँ, डिस्ट्रिक्ट बोर्ड्स आदि स्थायी स्वराज्य संस्थाओं में सवर्ण हिन्दुओं की सरमायेदारी थी। हम लोग सिर्फ उनके गन्दे काम करने के लिए थे। उनमें हमारा एक भी अफसर नहीं था। लेकिन आज ऐसी एक भी स्थायी स्वराज्य संस्था नहीं, जिसमें हमारे लोग नहीं हैं। जिनकी छाया को भी छूना पाप था, जो राजनीति में अनाधिकारी करार कर दिए गए थे, वे अछूत लोग ब्राह्मणों के कन्धे से कन्धा मिलाकर आज देश की राजनीति चला रहे हैं।

यह हमारे आन्दोलन की संक्षिप्त जानकारी है। कई लोग कहते हैं कि डॉ. अम्बेडकर ने क्या किया है? आज ही एक साप्ताहिक अखबार में मेरी आलोचना छपी है। मैं, हिटलर और महर्षि कर्वे–हम तीनों लोग एक ही सप्ताह में पैदा हुए हैं। इस आधार पर एक पत्रकार ने ऐसा निष्कर्ष निकाला है कि हिटलर ने कार्य किया है, महर्षि कर्वे ने कार्य किया है, लेकिन डॉ. अम्बेडकर ने कुछ नहीं किया है। मैंने कुछ किया है या नहीं, यह मुझे बताने की कोई जरूरत नहीं है। मुझे अपने नेतृत्व का किसी के सामने प्रदर्शन नहीं करना है। किन्तु इसमें एक बात स्पष्ट कर देना जरूरी है कि मेरे बारे में कोई कुछ भी कहे, मुझे उसकी कोई परवाह नहीं है। लेकिन हम लोगों ने जो क्रान्ति की है वह एक बड़ी क्रान्ति है, इस बात को हमें भूलना नहीं चाहिए।

मैंने इस अवसर पर यह निवेदन क्यों किया है? मैं आज आप लोगों के सामने अपने समाज के भविष्य के बारे में जो निवेदन करना चाहता हूँ और जिस निवेदन के लिए मैं आज इस अवसर पर जानबूझकर उपस्थित रहा हूँ, उसके बारे में कहने से पहले अपने आन्दोलन का आज तक का स्वरूप अच्छी तरह से समझ में आए इसलिए मैंने भूमिका के रूप में यह निवेदन किया है। हम लोग अपने मुकाम (लक्ष्य) के नजदीक पहुँच गए हैं, ऐसा मुझे लगता था। किसी समय मुझे ऐसा लगता था कि समय बीतने के बाद हम लोग सवर्ण समाज में समरस हो जाएँगे। कुछ समय के बाद इस तरह की स्थिति आएगी कि सवर्ण और अछूत का भेद नष्ट हो जाएगा। हमने नासिक, महाड में जो आन्दोलन किए उसका लक्ष्य यही था। सार्वजनिक स्थलों का और जलस्थलों का हमें उपयोग करना चाहिए, इसी भावना से प्रेरित होकर हम लोगों ने सत्याग्रह किया था। लेकिन हिन्दू लोग हमें समानता से अपने में मिला लेने के लिए तैयार नहीं हैं।

इस बात को हमने अच्छी तरह अनुभव किया है। इसलिए हमने अपने कार्य की दिशा बदल दी है, इस बात को आप लोगों को और हिन्दू लोगों को अच्छी तरह ध्यान में रखना चाहिए, यही मेरा कहना है।

हमारी नई नीति

हम लोगों के लिए यदि हिन्दू समाज में समानता का और अपनत्व का स्थान नहीं है, तो हम लोगों को अपनी राजनीति अपने हाथों में लेनी चाहिए। दो भाइयों में झगड़ा होता है तो वे अलग-अलग हो जाते हैं। उसी प्रकार सवर्ण हिन्दू समाज और हम लोगों में हक़ों के सवाल पर विभाजन होना चाहिए। सवर्ण हिन्दू समाज और हम लोगों में किसी भी प्रकार की एकता की भावना नहीं बची है। इसलिए सभी लोगों को यह बात ध्यान में रखनी चाहिए कि हम दोनों में हक़ों का विभाजन हुए बगैर यह झगड़ा समाप्त नहीं हो सकता। इसमें मेरा किसी से निजी झगड़ा नहीं है। इस झगड़े का स्वरूप इस प्रकार का है कि एक भाई दूसरे की जुल्म-ज्यादतियों से परेशान होकर अलग होना

चाहता है, लेकिन दूसरा भाई उसे अलग नहीं होने देना चाहता और उसके साथ भाई की तरह व्यवहार भी नहीं करना चाहता। लेकिन इस अवसर पर मैं सवर्ण हिन्दू लोगों से साफ तौर पर कह देना चाहता हूँ कि पहले हमारा हिस्सा हमें दीजिए। हमारा हिस्सा हमें मिलने के बाद मैं तुम्हारी लड़ाई (आजादी हासिल करने की) लड़ने की जिम्मेदारी लेता हूँ। हमारा भी यही कहना है कि यह देश तुरन्त स्वतन्त्र होना चाहिए जैसे सवर्ण हिन्दू कहते हैं। इतना ही नहीं, मेरा मत है कि इस देश में अंग्रेजों का राज एक दिन भी न रहे। लेकिन जिस राज्यसत्ता पर अपने अखिल समाज का भविष्य निर्भर है, उस राज्यसत्ता का हिस्सा देने से हिन्दुओं ने इनकार किया तो मैं उसे हासिल करने के लिए पूरी तरह सबल हूँ।

क्रिप्स की योजना

अब इसके बाद हमारे समाज को होशियार हो जाना चाहिए। क्रिप्स के साथ जो समझौता होना था वह असफल हो गया और वे वापस चले गए हैं। क्रिप्स की योजना को अस्वीकार किया गया यह हम पर बड़ी मेहरबानी की गई है। इस योजना को देखकर मुझे अंग्रेजों की प्रामाणिकता के बारे में सन्देह हो रहा था। कांग्रेस ने संविधान-सभा की माँग की थी। उसका सभी अल्पसंख्यकों ने विरोध किया था। उसी प्रकार सरकार ने भी कांग्रेस की संविधान-सभा की माँग को अस्वीकार कर दिया था।

स्वयं निर्णायक संविधान-सभा की योजना को स्वीकार किया गया तो अपने हक़ तय करने का अधिकार पूरी तरह से सवर्णों के हाथों में जाएगा। इस तरह इस संविधान-सभा की योजना से हमारे समाज के भविष्य के लिए खतरा पैदा हो गया था।

सरकार को लगता है कि अछूत लोग गरीब, अल्पसंख्यक और दरिद्र हैं इसलिए उनको अपने हक़ लेने की अक्ल नहीं है। इसलिए इन बातों से हमें कुछ सीखना चाहिए। अपने न्यायोचित हक़ हासिल करने के लिए हमें लड़ने के लिए तैयार रहना चाहिए। यदि किसी ने चारों दरवाजे बन्द करके हमें कुचलने की कोशिश की तो कानूनी और गैरकानूनी दोनों तरीके से हम लोगों को अपना हक़ झगड़कर हासिल करने चाहिए, बरकरार रखने चाहिए। दूसरे लोग हमारा उत्थान करेंगे, इस बात पर भरोसा करना बेकार है। इसलिए हम लोगों को मैदान में उतरना चाहिए। उसके अलावा हमारे पास और कोई विकल्प नहीं है।

दलितों का सशक्त अखिल भारतीय संगठन हो

*दि. **18 और 19 जुलाई 1942** को नागपुर में भारत के दलितों की पहली अखिल राजकीय परिषद् नागपुर में आयोजित की गई थी। प्रो. एन. शिवराज, मद्रास इस परिषद् के अध्यक्ष थे। इस परिषद् का आयोजन डॉ. बाबासाहेब अम्बेडकर की प्रेरणा से ही किया गया था। परिषद् के पहले दिन **दि. 18 जुलाई** के भाषण में डॉ. अम्बेडकर ने कहा–*

अध्यक्ष महोदय, भाइयो तथा बहनो,

इस सम्मेलन में बोलते हुए मुझे सबसे पहले भाषा की कठिनाई महसूस हो रही है। इस विशाल जनसमूह में मराठी प्रदेश के लोगों की संख्या बहुत अधिक है। इसलिए इस सभा का उद्देश्य अधिक लोगों की समझ में आए ऐसी इच्छा रखनेवाले आदमी को मराठी में ही बोलना चाहिए। इन मराठीभाषी लोगों के अलावा यहाँ गैरमराठी प्रदेशों से आए दलित जाति के प्रतिनिधि भी मौजूद हैं। अन्य प्रदेशों से आए दलित जाति के प्रतिनिधि भी हमारे साथ हैं। उनमें से कुछ बंगाल, बिहार, मद्रास, आन्ध्र, पंजाब और अन्य प्रदेशों से आए दिखाई दे रहे हैं। उन्हें भी इस सभा के कार्य की जानकारी हो इसलिए मुझे अंग्रेजी में बोलना चाहिए, यह जरूरी भी है। इस कठिनाई को हल करने के लिए मैंने पहले अंग्रेजी में, बाद में मराठी में बोलने का फैसला किया है। मतलब मुझे जो कहना है वह सभी लोगों की समझ में आए। इसलिए आज मेरा अंग्रेजी में बोलने का मन है, कल मैं मराठी में बोलूँगा।

परिषद् क्यों आयोजित की गई?

इस सम्मेलन के आयोजन की कल्पना कैसे सूझी इस बारे में दो बातें कहनी जरूरी हैं, मुझे ऐसा लगता है। आपको याद होगा, पिछले अप्रैल माह में सर स्ट्राफर्ड क्रिप्स से मिलने के लिए मुझे दिल्ली निमन्त्रित किया गया था। वे भारतीय संविधान में कुछ परिवर्तन सुझाने के लिए अंग्रेज सरकार के प्रतिनिधि के रूप में आए थे। और उनके सुझाव भारत के अलग-अलग राजनीतिक दलों को स्वीकार होने चाहिए इसलिए

राजनीतिक दलों के प्रतिनिधियों से चर्चा करने की जिम्मेदारी भी उन्हें सौंपी गई थी। दिल्ली जाने से पहले भारत के सभी प्रदेशों के दलित जातियों के प्रतिनिधियों को बातचीत के लिए मैंने दिल्ली बुलाया था। सर स्ट्राफर्ड क्रिप्स के साथ हुई चर्चा का ब्यौरा जब मैंने उनके सामने प्रस्तुत किया तब हम सभी की समझ में आया कि सर स्ट्राफर्ड क्रिप्स की जो योजनाएँ थीं वे दलित (अनुसूचित जाति) जातियों के कल्याण पर एक जानलेवा हमला थीं। क्रिप्स की योजना के बारे में अपनी मान्यताओं को मैंने एक लेख के माध्यम से अखबार में प्रकाशित करवाया था। मुझे लगता है कि आप लोगों को वह लेख पढ़ना चाहिए। मुझे लगा कि अखिल भारतीय अनुसूचित जातियों की ओर से आम और संगठित आन्दोलन करना बहुत जरूरी है। यही आम आन्दोलन आनेवाले राजनीतिक विनाश से हमें बचा सकता है। भारतभर के सभी अनुसूचित जातियों के अपने प्रतिनिधियों द्वारा दिल्ली में जाहिर इच्छाओं का परिणाम है आज का यह सम्मेलन। इसीलिए इस सम्मेलन के पीछे अखिल 'अछूत भारत' संघबद्ध होकर खड़ा है। इसीलिए भारतभर के अनुसूचित जाति के प्रतिनिधि आज आपके बीच मौजूद हैं। इस सम्मेलन का आयोजन कहाँ किया जाए इसके लिए अन्य प्रदेशों में होड़ लगी थी। बंगाल, पंजाब, उत्तर प्रदेश, मध्यप्रदेश और मुम्बई आदि प्रदेशों में हर किसी को यह लग रहा था कि सम्मेलन के इस आयोजन का श्रेय उन्हें ही मिलना चाहिए। अन्त में इस बात पर सभी सहमत हुए कि इस सम्मेलन के आयोजन का श्रेय मध्यप्रदेश को दिया जाए। फिर भी एक बात के लिए सभी का आग्रह था कि सम्मेलन का आयोजन कहीं भी हो किन्तु सम्मेलन की अध्यक्षता मुझे करनी पड़ेगी। इस बात से असहमत होने पर भी अन्त में मैंने अध्यक्ष पद स्वीकार करने की स्वीकृति दे दी। उस समय मैं राजनीतिक आदमी के हिस्से में आनेवाली स्वतन्त्रता का उपभोग कर रहा था। उस समय इस आयोजन का अध्यक्षपद स्वीकार करके मनचाहे विचार व्यक्त करना मेरे लिए सम्भव था। उस समय जिम्मेदारी के पद पर रहने के बाद जो सीमाएँ आती हैं वे नहीं थीं। लेकिन सम्मेलन के आयोजन से पहले ही मेरी वायसराय की एग्ज्यूक्यूटिव कौन्सिल के सदस्य के रूप में नियुक्ति की घोषणा की गई। और इसी के साथ मैं जिम्मेदारी के बन्धनों में बँध गया इसलिए मैंने सोचा कि अनुसूचित जाति की ओर से अधिकारी के रूप में और जो स्वतन्त्र रूप से अपनी बात कह सके ऐसे किसी दूसरे आदमी को इस सम्मेलन का अध्यक्ष बनाया जाता तो अच्छा होता।

रावबहादुर एन. शिवराज

रावबहादुर एन. शिवराज स्वतन्त्र रूप से बोल सकते हैं और प्रतिनिधि के रूप में भी बोल सकते हैं, इस बारे में मुझे बिल्कुल सन्देह नहीं है। वे अपने लोगों के कल्याण के लिए कई सालों से मेहनत कर रहे हैं। वे केन्द्रीय विधिमंडल में भी अपना प्रतिनिधित्व

कर रहे हैं। उनकी शैक्षणिक योग्यता के बारे में कहा जाए तो हम लोगों में उनके जैसे पढ़े-लिखे बहुत कम लोग हैं। वे मद्रास विश्वविद्यालय से बी.ए. और एल.एल.बी. हैं। वे मद्रास में वकालत करते हैं और वहाँ दस साल से कानून के अधिवक्ता भी हैं। इस सम्मेलन के अध्यक्ष के रूप में उनसे ज्यादा लायक आदमी खोजने से नहीं मिलता। इसीलिए मेरे स्थान पर उनका चुनाव होने से मुझे बड़ी खुशी है।

मैं जब तक भारत सरकार का सदस्य हूँ तब तक अपना आन्दोलन सँभालने की जिम्मेदारी आप लोगों को स्वीकार करनी है। हम सभी का लक्ष्य हासिल होने तक इस आन्दोलन को लगातार सक्रिय रखने की जिम्मेदारी आप लोगों की ही है। मैं आप लोगों को मदद करूँगा और सलाह भी दूँगा, लेकिन प्रत्यक्ष आन्दोलन में उतरना मेरे लिए सम्भव नहीं होगा, यह सच्चाई है। इस बारे में आप लोगों के मन में किसी प्रकार का सन्देह नहीं होना चाहिए। इसीलिए पिछले बीस साल से मेरे नेतृत्व में उत्थान की ओर बढ़नेवाले अछूतों के आन्दोलन की जिम्मेदारी दूसरों के हाथ में थमाते हुए अपनी अगुवाई का प्रस्ताव आपके सामने पेश करना बहुत जरूरी है। भारत की अनुसूचित जातियाँ अन्य जातियों की तुलना में कहाँ खड़ी हैं इस बात की जानकारी जिन्हें यह जिम्मेदारी सौंपी जा रही है उन्हें अच्छी तरह होनी चाहिए। इसलिए यह बताना बहुत जरूरी है। उसी प्रकार उनकी मुक्ति के लिए क्या किया गया और क्या करना बाकी है, यह बताना भी आवश्यक है।

यह बड़े फक्र की बात है कि अछूतों ने सभी दिशाओं में अपने उत्थान के लिए तेजी से कदम बढ़ाए हैं। मैं यहाँ तीन महत्त्वपूर्ण बातों का भी उल्लेख करूँगा। भारत की बहुत ही कम जातियों में दिखाई देनेवाली राजनीतिक सतर्कता को उन्होंने बहुत जल्दी हासिल किया है। दूसरी बात यह है कि उन्होंने शिक्षा के क्षेत्र में अच्छी तरक्की की है। और तीसरी बात यह है कि अलग-अलग संस्थाओं में और देश की सरकारी नौकरियों में कम-से-कम उनके प्रवेश की शुरुआत हुई है।

अछूतों ने जो उत्थान किया है उसके फैलाव को ध्यान में रखते हुए आज की स्थिति में अछूत पीढ़ी अछूत नहीं है। इसी बात के लिए बीस साल पहले यह आन्दोलन शुरू हुआ था। उस समय अछूतों की क्या हालत थी आज इसका उन्हें कुछ आभास नहीं है। जब मैं लंदन से बैरिस्टर बनकर लौटा उस समय मुम्बई में जो सम्मेलन हुआ था उसकी यादें आज भी मेरे दिमाग में हैं। उस सम्मेलन में सम्मेलनों के संयोजकों के अलावा एक भी श्रोता मौजूद नहीं था। कुछ लोग मकानों के दरवाजों की सीढ़ियों पर बीड़ियाँ पीते हुए बैठे थे। तो कुछ लोग अलग-अलग कोनों में आपस में गप हाँकते हुए खड़े थे। इस दृश्य को देखिए और उस दृश्य की कल्पना कीजिए। आज यहाँ आपके सामने पचहत्तर हजार से भी अधिक श्रोता मौजूद हैं। इस स्थिति में बीस साल पहले की स्थिति की तुलना करें तो आपको लगेगा कि अपना शैक्षणिक उत्थान अच्छी तरह से हो रहा है। अकेले पूना में ही पचास छात्र पढ़ रहे हैं। अलग-अलग विश्वविद्यालय में ग्रेजुएट हुए लोगों की कुल संख्या पाँच सौ के करीब होगी। कुछ लोग डॉक्टर हैं।

कुछ लोग बैरिस्टर हुए हैं। अपने भाइयों में से कई लोग नगरपालिकाओं के और जिला तथा स्थानीय परिषदों के सदस्य भी हैं। कुछ साल पहले हमारे बच्चों को पढ़ने-लिखने की इजाजत नहीं थी। कुछ साल पहले तक अपवित्र होने के भय से अछूतों को स्थानीय संस्थाओं और नगरपालिकाओं का सदस्य बनने की इजाजत नहीं थी। अब वह सारा माहौल बदल गया है। लेकिन सरकारी नौकरियों में उम्मीद के मुताबिक आज भी हमारे लोग बहुत कम हैं। लेकिन कम ही क्यों न हों, वहाँ भी हम पहुँच गए हैं। इस सन्दर्भ में पुलिस और फौज का जिक्र किया जाना चाहिए। पुलिस विभाग अछूतों के लिए बन्द था। अछूतों को सादी पुलिस की नौकरी भी नहीं मिलती थी। कम-से-कम कुछ प्रान्तों में तो अब वह स्थिति बदल गई है। अब अपने लोगों को पुलिस में भी भर्ती किया जाता है। मुझे यहाँ फौज का भी जिक्र करना चाहिए। 1892 तक सभी जगह महार थे। यही नहीं, महार लोगों की फौज में अलग बटालियन थी। लेकिन 1892 के बाद महारों की फौज में भर्ती पर रोक लगा दी गई। 1914 का महायुद्ध जब शुरू था उस समय फौज में महारों की भर्ती पुनः शुरू की गई और महार फौजियों की स्वतन्त्र बटालियन बनाई गई। युद्ध समाप्त होने के बाद पुनः उस बटालियन को भंग कर दिया गया। किन्तु आज फिर महार फौजियों की बटालियन बनाई गई है। अपने नौजवानों को ऑफिसर्स के पदों पर नियुक्त किया जा रहा है। हाल ही में अपने पाँच-छह युवाओं को फौज में गजिटेड ऑफिसर्स के पद दिए गए हैं। उन्हें सम्मान के पद प्राप्त हुए हैं। हमारी महिलाओं ने सबसे अधिक विकास किया है। आप देख रहे हैं कि इस सम्मेलन में बीस-पच्चीस हजार महिलाएँ उपस्थित हैं। इन्हें देखने से कोई यह कह सकता है कि ये अछूत महिलाएँ हैं? अपनी महिलाओं ने जो विकास किया है वह तारीफ के काबिल है। और हमारे आन्दोलन के लिए यह बात प्रेरणा के रूप में है। मतलब यह स्थिति बहुत सन्तोषजनक है। इस विकास पर हम सभी को गर्व है। इस विकास के लिए अन्य किसी के प्रति आभार व्यक्त करने की कोई जरूरत नहीं है। यह विकास हिन्दू लोगों की मेहरबानी का परिणाम नहीं है। वास्तव में यह पूरी तरह से हमारी मेहनत का ही फल है। अब इस विकास को आगे किस तरह से जारी रखा जाए यह सवाल हमारे सामने है। यह एक ऐसा सवाल है जिसे हमें अपने आपसे बार-बार पूछते रहना चाहिए। उसे किसी भी दृष्टि से नजरअंदाज न होने दें। अलग-अलग जातियों की स्पर्धा में अगर किसी का विकास दिखाई देता हो तो वह विकास उस जाति में निहित शक्ति का परिणाम है। यह शक्ति आर्थिक हो सकती है, सामाजिक हो सकती है या राजनीतिक हो सकती है। सवाल यह है कि अपना विकास इसी तरह जारी रखने के लिए हमारे पास कौन-सी शक्ति है? क्या हमारे पास आर्थिक शक्ति है? मुझे मालूम है कि हमारे पास यह शक्ति नहीं है। हम केवल गुलामों की जाति हैं। क्या हमारे पास सामाजिक शक्ति है? मुझे मालूम है यह शक्ति भी हमारे पास नहीं है। हम लोग मानव जाति का एक अपमानित हिस्सा हैं। इसीलिए अपने निरन्तर विकास के लिए हम जिस शक्ति पर निर्भर रह सकते हैं वह है राजनीतिक शक्ति। और उस शक्ति को हासिल करना, हमारी मुक्ति का वही एक रास्ता है। इस

बारे में मुझे कतई सन्देह नहीं है। और इस शक्ति के बगैर हमारा सर्वनाश होगा इसमें भी कोई सन्देह नहीं है। इसीलिए इस सवाल पर हम सभी लोगों को विशेष रूप से ध्यान देना चाहिए। यह हमारी जिन्दगी और मौत का सवाल है। राजनीतिक शक्ति हासिल करने की दृष्टि से हमारा भविष्य क्या है? इसलिए हमें यहाँ अपनी मददगार शक्तियों और विरोधी शक्तियों की संक्षेप में जानकारी होनी चाहिए। इन शक्तियों की जानकारी होने के बाद ही आप अपनी आगे की नीति तय कर सकते हैं। तब किसी बात को अच्छी तरह जानने के बाद ही आप उसे अपना समर्थन दे सकते हैं।

मेरी राजनीति की बुनियाद

मैं अपनी बात यहीं से शुरू करता हूँ कि मेरी राजनीति की बुनियाद क्या है। आप शायद उससे परिचित भी होंगे। फिर भी उसके बारे में पुनः कहना गलत नहीं है। अछूत लोग हिन्दुओं का एक हिस्सा या उपहिस्सा नहीं हैं बल्कि वे भारत के राष्ट्रीय जीवन का एक स्वतन्त्र और महत्त्वपूर्ण हिस्सा हैं, यही सिद्धान्त मेरी राजनीति की बुनियाद है। मुस्लिम लोग जिस तरह साफ तौर पर हिन्दू समाज से अलग हैं, उसी प्रकार अछूत भी हिन्दू समाज से पूरी तरह स्वतन्त्र हैं। मुस्लिमों की तरह अछूतों को हिन्दुओं से अलग राजनीतिक हक़ हासिल करने का अधिकार है, यही मेरी राजनीति की बुनियाद है। यदि लोगों ने इस बात पर गौर किया तो मेरे बारे में या मेरी राजनीति के बारे में किसी को गलतफहमी नहीं होगी। अपनी राजनीति की बुनियाद के बारे में कुछ कहने के बाद अब मैं अपने स्वतन्त्र राजनीतिक हक़ों में सहायक कुछ जरूरी बातों की संक्षेप में चर्चा करूँगा। इसकी शुरुआत गोलमेज परिषद् से की जाए। गोलमेज परिषद् एक झमेला है। उसमें क्या-क्या हुआ है इस बारे में मैं विस्तार से निवेदन करके आप लोगों को परेशान नहीं करना चाहता। गोलमेज परिषद् में अछूतों के बारे में क्या बातें हुईं, उनमें से कुछ बातों की मैं यहाँ चर्चा करूँगा। वहाँ गांधीजी और मेरे बीच काफी गहमागहमी हुई। गोलमेज परिषद् में गांधी ने यह विवाद खड़ा किया कि अछूत लोग हिन्दू समाज का ही एक हिस्सा हैं। उन्होंने कहा कि अछूत लोग हिन्दुओं का ही उपहिस्सा हैं। इसलिए ब्रिटिश सरकार भारतीय लोगों को जो भी राजनीतिक अधिकार दे वे सभी अधिकार अखंडित रूप में हिन्दुओं के हाथों में सौंपे जाएँ, यह उनका आग्रह था। क्योंकि उनकी राय में अछूतों के कल्याण की जिम्मेदारी सिर्फ हिन्दू ही स्वीकार कर सकते हैं। लेकिन मेरे विचार इससे एकदम अलग थे। मेरा कहना था, राष्ट्रीय जीवन में अछूत समाज एक स्वतन्त्र और महत्त्वपूर्ण स्थान रखता है, यह मेरा प्रतिवाद था। सवर्ण हिन्दू अछूतों के स्वाभाविक दुश्मन होने की वजह से वे अछूतों के विश्वस्त हो ही नहीं सकते। वे लोग अछूतों के उत्थान में राजसत्ता का उपयोग करने के बजाय उसका उपयोग उन्हें हमेशा के लिए गुलाम बनाए रखने के लिए करेंगे। इसलिए अछूत और हिन्दुओं में राजनीतिक

हक़ों का विभाजन होना बहुत जरूरी है। इससे अछूतों के हाथों में राजसत्ता आएगी और अछूतों के कल्याण के लिए तथा हिन्दुओं की जुल्म-ज्यादतियों और उत्पीड़न से हमारी रक्षा करने के लिए उस राजसत्ता का इस्तेमाल किया जा सकता है। महात्मा गांधी और अन्य हिन्दुओं ने हमारे हक़ों को छीनने की किस तरह कोशिशें कीं इन बातों की यहाँ विस्तार से चर्चा की कोई जरूरत नहीं है। गोलमेज परिषद् में अछूतों की विजय हुई और महात्मा गांधी की पराजय में अछूतों की विजय हुई और महात्मा गांधी की पराजय इतना कहना ही काफी है। इस संघर्ष का परिणाम कम्युनल अवार्ड के रूप में सामने आया। इसका सबसे बड़ा लाभ यह हुआ कि भारत के राष्ट्रीय जीवन में अछूतों का स्वतन्त्र अस्तित्व स्वीकार किया गया और खंडित राजनीतिक हक़ हासिल करने का अधिकार स्वीकार कर लिया गया। यही कम्युनल अवार्ड का वास्तविक महत्त्व है।

प्रारम्भ में गांधीजी ने इस कम्युनल अवार्ड को अपनी सम्मति नहीं दी। अंग्रेज सरकार को अपना निर्णय वापस लेना चाहिए इसके लिए उन्होंने आमरण अनशन किया। लेकिन गोलमेज परिषद् और आमरण अनशन के बाद भी अछूत लोग हिन्दू समाज से अलग स्वतन्त्र इकाई नहीं हैं और उन्हें स्वतन्त्र रूप से राजनीतिक अधिकार न दिए जाएँ इस बात के लिए उनकी दौड़धूप असफल रही। मैंने गोलमेज परिषद् में जो बुनियादी बात रखी थी उसे उन्हें पूना पैक्ट में स्वीकार करना पड़ा।

इसमें प्रारम्भ में ही अछूतों को सफलता मिली। महायुद्ध शुरू होने के बाद और भारतीय राजनीति में कांग्रेस को महत्त्वपूर्ण स्थिति प्राप्त होने के बाद भी हमारी स्थिति मजबूत थी। तब भी हमें अपने हक़ों के बारे में उम्मीद थी। और 8 अगस्त, 1940 के वायसराय से किए गए निवेदन की वजह से वह उम्मीद अधिक मजबूत हुई। उस निवेदन में यह स्पष्ट कर दिया गया था कि अछूत और मुस्लिम दोनों भारतीय राष्ट्रीय जीवन की महत्त्वपूर्ण और स्वतन्त्र इकाइयाँ हैं इसलिए जिस संविधान को मुस्लिम और दलितों का समर्थन नहीं मिलेगा उस संविधान को ब्रिटिश सरकार अमल में नहीं लाएगी।

हमारी स्थिति कहाँ तक मजबूत है इस बारे में मैंने आपको बताया। दूसरी ओर हमारी ताकत को कमजोर करने के लिए कौन-सी शक्तियाँ सक्रिय हैं इसके बारे में भी मैं आप लोगों को कुछ बताना चाहता हूँ। हमारी स्थिति को कमजोर करनेवाली शक्तियों में एक बहुत खतरनाक शक्ति है गांधी और गांधीवाद। पूना पैक्ट पर हस्ताक्षर करके मैंने गांधी का जीवन बचाया। लेकिन अपने वचन के प्रति जागरूक एक सभ्य आदमी की तरह गांधी ने हस्ताक्षर करने के बाद उसे नहीं निभाया। बल्कि एक छद्‌मी इनसान की तरह उसे सिर्फ मुसीबत से छुटकारा पाने के लिए किया हुआ समझौता करार दिया। मैं आप लोगों को याद दिलाना चाहता हूँ कि पूना पैक्ट ने गांधी को जीवनदान दिया है। फिर भी उन्होंने उस पैक्ट की बुनियादी शर्तों को कभी प्रामाणिक नहीं माना और वास्तव में उनका कभी समर्थन नहीं किया। वे आज भी अपने इस निश्चय पर अटल हैं कि अछूतों को स्वतन्त्र राजनीतिक अधिकार नहीं मिलने चाहिए। उनकी हमेशा यह कोशिश रहती है कि हमारे अधिकारों के विरोध में हमारी स्थिति कमजोर करने के लिए

जो सम्भव हो, वह करना चाहिए। मुझे ऐसा लगता है कि गांधी हमारे सबसे बड़े प्रतिपक्षी हैं। यह बात आप लोगों को ध्यान में रखनी चाहिए। उनके लिए 'दुश्मन' शब्द का इस्तेमाल करने के लिए पर्याप्त प्रमाण जुटाए जा सकते हैं पर मुझे यह अच्छा नहीं लगता, इसलिए मैंने उनके लिए 'दुश्मन' शब्द का प्रयोग नहीं किया है। उनकी नकली बातों में कई लोग आ सकते हैं। मैं आप लोगों से साफ तौर पर कहना चाहता हूँ कि आपका पक्ष कमजोर करनेवाली जो विरोधी शक्तियाँ हैं और राजनीतिक स्वतन्त्रता हासिल करने के लिए जिन बातों के विरोध में तुम्हें अपनी एकता से एकजुट होना है, उनमें से सबसे खतरनाक शक्ति यदि कोई है तो वह हैं गांधी। इस बात को यदि आप भूले तो आपने बहुत बड़ी भूल की, यही कहना उचित होगा। हमारी स्थिति कमजोर करनेवाली बातों में दूसरी बात ब्रिटिश सरकार की बदली हुई नीयत है। अगस्त, 1940 के खुले निवेदन तक ब्रिटिश सरकार का दृष्टिकोण यह था कि अछूत वर्ग एक स्वतन्त्र और महत्त्वपूर्ण इकाई है। वह इतनी महत्त्वपूर्ण तथा स्वतन्त्र इकाई है कि संविधान में कोई भी परिवर्तन उनकी सम्मति के बगैर नहीं हो सकता। लेकिन अंग्रेज सरकार ने सर स्ट्रॉफर्ड क्रिप्स के पास जो योजनाएँ भेजीं उन्हें देखने से पता चलता है कि अब अंग्रेज सरकार की नीयत में पूरा खोट आ गया है। क्योंकि स्ट्राफर्ड क्रिप्स ने बिना किसी परवाह के घोषित कर दिया कि क्रिप्स योजना में जो संविधान में परिवर्तन सम्बन्धी बातें हैं उनके मुताबिक संविधान में परिवर्तन के लिए सिर्फ मुस्लिम और हिन्दुओं की सम्मति पर्याप्त है, अछूतों की सम्मति की जरूरत नहीं है। स्पष्ट शब्दों में कहें तो भारत के राष्ट्रीय जीवन में अछूतों को स्वतन्त्र तथा महत्त्वपूर्ण इकाई के रूप में दी गई मान्यता अब समाप्त कर दी गई है। इस देश के सात करोड़ अछूत राष्ट्र की स्वतन्त्र और महत्त्वपूर्ण इकाई हैं। उनका स्थान सिर्फ कुछ महीनों में ही कैसे समाप्त कर दिया गया है, यह बात किसी की भी समझ से परे है। यह ब्रिटिश सरकार की बाजीगरी है, इसमें अछूतों के प्रति भयंकर विश्वासघात है। इस विश्वासघात के कारण कुछ भी हों और ब्रिटिश सरकार के इस जुल्म के बारे में आप लोग कुछ भी सोचें लेकिन आप लोगों को यह बात समझ लेनी चाहिए कि यह हमारे विरोध में किया गया बहुत बड़ा षड्यन्त्र है। इसी तरह हमारी स्थिति को कमजोर करनेवाला तीसरा एक और पहलू है। उसकी ओर भी मैं आपका ध्यान आकर्षित करना चाहता हूँ। एक समय ऐसा था कि भारत की अलग-अलग अल्पसंख्यक जातियों में जातिकल्याण पर आधारित एकता की भावना थी और उनमें एक प्रमुख वर्ग मुस्लिम भी था। वह एकता अब खत्म हो गई। इस बदलाव का कारण है, मुस्लिम लीग द्वारा मुस्लिमों के सोच में लाया गया परिवर्तन। 1937 के चुनाव के बाद बैरिस्टर जिन्ना की रहनुमाई में जो मुस्लिम लीग यह मानती थी कि देश में मुस्लिम समाज एक अल्पसंख्यक वर्ग है उसने इसी तथ्य को सामने रखकर कार्य करना शुरू किया। उसने अल्पसंख्यक होने की वजह से अन्य अल्पसंख्यक लोगों की मदद से अपना स्वतन्त्र अस्तित्व कायम करने का प्रयास किया। एक-दूसरे के सहयोग से पैदा होनेवाली शक्ति पर मुस्लिम लीग का इतना गहरा विश्वास था कि

मुस्लिम लीग ने अन्य अल्पसंख्यक लोगों के कल्याण के कार्य अपनाए और उनकी माँगों के समर्थन में प्रस्ताव मंजूर किए। इस तरह मुस्लिम लीग केवल मुस्लिमों की ही पक्षधर नहीं थी बल्कि वह भारत के सभी अल्पसंख्यक लोगों के संरक्षण के लिए कार्य करती थी। लीग का यह दृष्टिकोण निस्सन्देह दलितों के हित में था। अछूतों का दृष्टिकोण भी यही था। लेकिन लीग के दृष्टिकोण में अब परिवर्तन आया है। जब से मुस्लिम लीग ने पाकिस्तान के बारे में अपने निर्णय की घोषणा की तब से मुस्लिम लीग मुस्लिमों को भारतीय राष्ट्र की एक स्वतन्त्र इकाई नहीं मानती। उसका कहना है कि वह स्वयं एक स्वतन्त्र राष्ट्र है। बात यहीं खत्म नहीं होती। मुस्लिम लीग अब यह समझती है कि भारत की अन्य जातियों से उसका कुछ लेना-देना नहीं है। हिन्दुओं से कुछ लेना-देना नहीं है और अन्य अल्पसंख्यक जातियों से भी उसका कोई सरोकार नहीं है। मुस्लिम लीगी एकता का अर्थ बहुत आसान है। इस तरह की एकता किसी भी प्रकार का भेदभाव या विचार किए बगैर सभी मुस्लिम लोगों के विरोध में की गई एकता है। मुस्लिम लीग के स्वभाव में जो परिवर्तन हुआ है उसका परिणाम अछूतों की राजनीति पर गम्भीर रूप से पड़ेगा, इसमें कोई सन्देह नहीं है। इसका मतलब यह है कि अछूतों ने अपना एक सहयोगी खो दिया है। मुस्लिम लीग ने मुस्लिम विरोधी और गैरमुस्लिम एक नई विचारधारा ही पैदा नहीं की है बल्कि उसने एक नया समीकरण बनाया है। वह एक मामूली समीकरण है कि मुस्लिमों की संख्या कितनी भी क्यों न हो लेकिन वह गैरमुस्लिमों के बराबर है। और इसीलिए वे मानते हैं कि किसी भी राजनीतिक माँग में मुस्लिमों को आधा हिस्सा मिलना ही चाहिए। इस समीकरण से कोई भी सहमत नहीं हो सकता। यह समीकरण गणित विरोधी ही नहीं, वह सभी अछूतों तथा गैरमुस्लिमों के कल्याण के विरोध में है। मुस्लिम लीग की राजनीति में यह जो परिवर्तन हुआ है उस पर गौर किया जाए तो लगेगा कि अछूतों ने अपना एक सहयोगी ही नहीं खोया है बल्कि अपना एक दोस्त भी खोया है। क्योंकि जब लीग हर क्षेत्र में पचास प्रतिशत प्रतिनिधित्व माँग रही है तो अछूत और मुस्लिमों में विरोध पैदा होगा, इसमें कोई सन्देह नहीं है। मैंने आप लोगों को इस बात की जानकारी दी है कि भारतीय राजनीति में हमारी स्थिति क्या है। इसी तरह यह भी बताया कि इस स्थिति की टोह लेने के लिए कौन-कौन-सी शक्तियाँ कार्य कर रही हैं। अब मेरी राय में आप लोगों की कौन-सी राजनीतिक माँगें होनी चाहिए इस बारे में भी मैं कुछ कहना चाहूँगा। आप लोगों के लिए इन माँगों को स्पष्ट शब्दों में रखना बहुत जरूरी है उससे आपकी स्थिति साफ हो जाएगी। इससे अपने लोगों को भी पता चल जाएगा कि हम किन बातों का समर्थन करते हैं और आपके विरोधियों को भी आपकी माँगों के बारे में जानकारी मिल जाएगी।

सबसे पहले आप लोगों का यह आग्रह होना चाहिए कि भारतीय राष्ट्रीय जीवन में आपको स्वतन्त्र और अलग इकाई के रूप में पहचाना जाए। अछूत लोग सिर्फ हिन्दुओं का एक उप-भाग हैं इस विचार का आप लोगों को पूरी तरह से विरोध करना

चाहिए। अछूतों को हिन्दुओं से अलग स्वतन्त्र इकाई के रूप में मंजूरी मिलने में यदि असफलता हाथ लगी तो वे हिन्दू ही रहेंगे। उन पर गुलामी लादी जाएगी और धीरे-धीरे उनका पतन होगा। दूसरी बात यह कि आप लोगों को अछूतों की शिक्षा के लिए अपने सालाना बजट में से राज्य सरकार और केन्द्रीय सरकार के पास एक निश्चित रकम अलग से होनी चाहिए। ऐसी व्यवस्था संविधान में हो, यह माँग करनी चाहिए। इस तरह की माँग सिर्फ प्राथमिक शिक्षा के लिए ही नहीं बल्कि उच्च शिक्षा के लिए भी करनी चाहिए। अछूतों को नेतृत्व की दृष्टि से और ऊँचे दर्जे की सरकारी नौकरियों की दृष्टि से उच्च शिक्षा की अधिक जरूरत है। तीसरी बात यह है कि अछूतों के लिए सरकारी नौकरियों में कुछ निश्चित स्थान आरक्षित किए जाने चाहिए। और ये स्थान कम-से-कम योग्यता के नियम के अनुसार भरे जाने चाहिए, यह बहुत जरूरी है। हम लोग गलत कानूनों की वजह से ही पीड़ाएँ बर्दाश्त नहीं कर रहे हैं बल्कि गलत शासन की वजह से हमें पीड़ाएँ बर्दाश्त करनी पड़ रही हैं। और यह शासन हिन्दू जाति के हाथों में है इसलिए गलत है। ये हिन्दू लोग, शासनसत्ता में भी सामाजिक खराबियाँ पैदा करते हैं और वास्तव में जो लाभ अछूतों को मिलने चाहिए वे उन्हें नहीं मिलने देते। किसी-न-किसी बहाने वे लाभ की सम्भावना को ही हमेशा के लिए खत्म कर देते हैं।

जब तक आपका शासन साफ-सुथरा नहीं है तब तक अच्छे कानूनों से भी आपका भला नहीं हो सकता। इसलिए अछूतों में से जब तक कुछ लोग सरकारी नौकरियों में ऊँचे पदों पर नहीं आएँगे तब तक तुम्हें अच्छी शासनसत्ता प्राप्त नहीं होगी। क्योंकि ये लोग इस बात पर नजर रखेंगे कि हिन्दू अधिकारी अछूतों के साथ किस प्रकार का व्यवहार करते हैं और वे उन पर प्रतिबन्ध लगाएँगे। उन्हें उनका कार्य करने से रोकेंगे। फिर भी सिर्फ कुछ आरक्षित स्थानों की माँग करना ही पर्याप्त नहीं है। बल्कि ये आरक्षित स्थान निश्चित समय से पहले भरे जाने चाहिए इस तरह का आग्रह करना भी जरूरी है। आरक्षित स्थानों के साथ इस बात का भी महत्त्व है। आप लोग इसमें समय-सीमा का निर्धारण नहीं करते कि आरक्षित स्थान कब तक भरे जाएँ। कुछ-न-कुछ कारण बताकर ऐसे स्थानों को रिक्त रखा जाएगा। इस तरह से इन असम्भव कारणों से हम लोगों में कोई योग्य उम्मीदवार ही नहीं मिलेगा। आप सभी जानते हैं कि नियुक्ति करनेवाला अधिकारी यदि कोई हिन्दू हुआ तो अछूतों में कोई लायक उम्मीदवार ही नहीं मिलेगा, चौथी बात यह है कि केन्द्रीय और प्रदेश शासन में अछूतों को प्रतिनिधित्व मिले इसके लिए आप लोगों को आग्रह करना चाहिए। यही बुनियादी सवाल है। इस तरह की बुनियादी शक्ति जिन लोगों के हाथों में है वे समय के मुताबिक चलेंगे। मतलब वे कई प्रकार के सामाजिक दोषों को भी रोक सकते हैं और वे लोग ही सामाजिक, राजनीतिक और आर्थिक सम्बन्धों में महत्त्वपूर्ण कल्याणकारी परिवर्तन ला सकते हैं। सत्ता की इस चाबी के रूप में हमारे प्रतिनिधि रखे जाने चाहिए यह आग्रह अछूतों को करना चाहिए। इस समय इन बातों को आश्वासनों पर नहीं छोड़ देना चाहिए। हिन्दुओं के समय-समय पर दिए हुए आश्वासनों पर भरोसा नहीं करना है। इस सम्बन्ध में

संविधान में ही व्यवस्था होनी चाहिए, इस बात पर आप लोगों को सतर्कता के साथ ध्यान देना चाहिए।

और एक अन्तिम माँग है, इस माँग पर भी अछूतों को जोर देना चाहिए। किसी भी दृष्टि से इस माँग का महत्त्व कम नहीं है। मेरी राय में तो यह माँग अन्य सभी माँगों में महत्त्वपूर्ण है। इस माँग के अन्तर्गत हिन्दुओं के गाँवों से अलग अछूतों के लिए स्वतन्त्र और अलग नई बस्तियाँ स्थापित करना है। मेरा सवाल है कि अछूत लोग हजारों सालों से हिन्दुओं के दास और गुलाम बनकर क्यों रहे? मेरी राय में इस सवाल का जवाब हिन्दू ग्रामों की खास ढंग की रचना में है। भारत में लगभग सात लाख गाँव-देहात हैं। हिन्दुओं के हर गाँव के साथ अछूतों की एक-एक छोटी-सी बस्ती जोड़ दी गई है। इन गाँवों में हिन्दुओं की संख्या की तुलना में अछूतों की संख्या बहुत कम है। दूसरी बात यह है कि इन अछूत बस्तियों के पास आर्थिक साधन नहीं हैं और उनके पास विकास के कोई साधन नहीं हैं। ये स्थायी रूप से भूमिहीनों की बस्तियाँ होती हैं। वे अछूत होने की वजह से किसी भी प्रकार की चीजें बेच नहीं सकते। क्योंकि कोई भी अछूतों से कुछ नहीं खरीदता। इस तरह की बस्तियाँ कंगालों की, और पेट के लिए हिन्दू लोगों पर निर्भर लोगों की हैं। वह बस्ती जैसे-तैसे भिक्षा पर या मामूली-सी मजदूरी पर काम करके जीवन निर्वाह करती है। ऐसी स्थिति में इस बात की कल्पना आसानी से की जा सकती है कि अछूत लोग हजारों सालों तक इस अपमानित अवस्था में क्यों रहे क्योंकि अछूतों के लिए हिन्दुओं के विरोध में कुछ करना सम्भव नहीं था। वे संख्या से भी कम हैं और आर्थिक दृष्टि से भी गरीब हैं। मौजूदा गाँव-प्रणाली में अछूतों को स्वतन्त्रता प्राप्त नहीं हो सकती। फिर वह स्वतन्त्रता सामाजिक हो या आर्थिक। सामाजिक तथा आर्थिक परतन्त्रता की वजह से उनमें जो हीनभावना आई है वह कभी समाप्त नहीं होगी। इसीलिए इस परम्परागत ग्राम (गाँव, देहात, खेडा) व्यवस्था को खत्म कर देना चाहिए। इस ग्राम-व्यवस्था के कारण हिन्दुओं ने अछूतों पर गुलामी की जिस पकड़ को मजबूत किया है उससे मुक्त होने की अछूतों की वास्तविक इच्छा हो तो इसके लिए यही एकमात्र रास्ता है। इसलिए आप लोगों की ओर से यह आग्रह किया जाना चाहिए कि केन्द्रीय सरकार के खर्चे से सिर्फ अछूतों के लिए नई बस्तियाँ स्थापित करने की व्यवस्था संविधान में की जानी चाहिए, मेरा यह सुझाव है। खेती करने योग्य बहुत-सी सरकारी जमीन है, उस जमीन पर अब तक किसी का कब्जा नहीं है। इस जमीन पर अछूतों का कब्जा नहीं है। इस जमीन पर अछूतों के नए गाँव बसाने की योजना अमल में लाई जा सकती है। सरकार लोगों की परती पड़ी जमीन को खरीद सकती है, और उसका उपयोग इस उद्देश्य की पूर्ति के लिए कर सकती है। अछूत लोग फिलहाल जहाँ रहते हैं वहाँ उन्हें इन नए गाँवों में बसाने के लिए और स्वतन्त्र किसान के रूप में कृषि-कार्य के लिए तैयार करना मुश्किल नहीं है। इसमें कुछ समय लग सकता है। लेकिन इस योजना से कुछ नुकसान होनेवाला नहीं है। यह कार्य इतना महत्त्वपूर्ण है कि संवैधानिक रूप से केन्द्रीय सरकार पर इस योजना को अमल में लाने की जिम्मेदारी निश्चित कर देनी चाहिए।

यहाँ और भी एक मुद्दा है जिसके बारे में कुछ बातें कहनी जरूरी हैं। वह मुद्दा यह है कि भारत के सभी अछूतों का मुख्य संगठन के रूप में काम करनेवाला एक अखिल भारतीय स्तर का केन्द्रीय राजनीतिक संगठन स्थापित किया जाना चाहिए। हम लोग अपने क्षेत्रीय संगठनों के द्वारा अपने राजनीतिक आन्दोलन करते आ रहे हैं। मैंने यह भी देखा है कि एक ही प्रदेश में कई राजनीतिक संस्थाएँ हैं। यदि किसी आदमी को अध्यक्ष या सचिव बनने की इच्छा हो तो वह एक नया संगठन बना देता है। वह संगठन का महत्त्वपूर्ण पदाधिकारी स्वयं बन जाता है। उसे संगठन का नाम, उसका अध्यक्ष या सेक्रेटरी के रूप में अपना नाम प्रचारित करने के अलावा बाकी कुछ करने की जरूरत महसूस नहीं होती। इस तरह का कार्य बेबुनियादी है। ऐसे कामों पर एकदम रोक लगनी चाहिए। इसका केवल एक ही तरीका है और वह यह कि हम लोगों को क्षेत्रीय शाखाओं के साथ अखिल भारतीय स्तर का एक संगठन बनाना चाहिए और आज जो छोटे-छोटे संगठन हैं उन सभी को समाप्त कर देना चाहिए। आपको जो शक्ति चाहिए वह इससे मिलेगी और संगठित मोर्चा बनाने के लिए सहायता भी प्राप्त होगी। इस तरह कार्य करने के लिए आप लायक होंगे। आप लोग इस सवाल पर गम्भीरता से विचार करेंगे, ऐसी मुझे उम्मीद है।

अछूतों की समस्या के सम्बन्ध में मैंने अपने कुछ विचार आपके सामने रखे हैं। मुझे उम्मीद है कि आप लोग इन बातों पर सही ढंग से सोचेंगे।

अन्त में भाषण समाप्त करने से पहले युद्ध के बारे में हमारा नजरिया क्या है, इस पर बोलना जरूरी होगा। हम लोगों ने शुरू से ही सरकार के प्रयासों का समर्थन किया है। मुझे लगता है कि आगे भी हम इस बारे में सरकार को अपना समर्थन देते रहेंगे। हमारी कुछ राजनीतिक माँगें हैं। उनके बारे में हम आग्रह करेंगे कि वे पूरी हो जाएँ। और हमारी माँगें पूरी होनी ही चाहिए ऐसी शर्त रखे बिना हम लोगों ने सरकार के युद्ध-प्रयासों को समर्थन दिया है। लेकिन इसका मतलब यह नहीं है कि युद्ध की समाप्ति के बाद हमारी माँगों का महत्त्व कम हो जाएगा। युद्ध का समर्थन करते समय हम लोगों ने किसी प्रकार की शर्त नहीं रखी थी। इस युद्ध में असफलता मिलने पर जो स्थिति पैदा होगी उसकी बजाय युद्ध में सफलता मिलने पर पैदा होनेवाली स्थिति ही हमारे राजनीतिक सवाल हल करने की दृष्टि से फायदेमन्द होगी, ऐसा हमें लगता है। यह युद्ध लोकतन्त्र और तानाशाही के बीच है। वह उदारवादी, कल्याणकारी, तानाशाही नहीं है बल्कि असभ्य और क्रूर किस्म की तानाशाही है। उसकी बुनियाद में नैतिकता नहीं है बल्कि कट्टर वंशवाद है। इसलिए यह पूरी तरह से नष्ट कर देने योग्य तानाशाही है। यह नाजी तानाशाही है। नाजीज्म की विजय के बाद जो मुसीबतें पैदा होंगी वे इतनी भयंकर होंगी कि उतनी भयंकर स्थितियाँ दुनिया में इससे पहले कभी पैदा नहीं हुई होंगी और भविष्य में भी शायद ही पैदा हों। इस बात को आप शायद भूल सकते हैं। वह वंशवाद पर आधारित शासन-व्यवस्था भारतीय लोगों के लिए खतरनाक होगी, यह महत्त्वपूर्ण और चिन्ता की बात है। परिस्थितियों के बारे में यह विचार यदि बराबर हो

और मुझे लगता है कि दुनिया में मनुष्य और मनुष्य के सम्बन्धों का उचित ढंग से पालन करवानेवाले लोकतन्त्र के तत्त्व समाप्त न हों इसलिए इस बारे में सचेत रहना बहुत आवश्यक है। अपना यदि लोकतन्त्र पर यकीन है तो हम लोगों को उसके साथ वफादारी और सच्चाई से रहना चाहिए। सिर्फ लोकतन्त्र पर अचल विश्वास होने से काम चलनेवाला नहीं है बल्कि समानता, स्वतन्त्रता और भाईचारे के सिद्धान्तों का समूल नाश करनेवाले लोकतन्त्र के दुश्मन को हम किसी भी रूप में मदद नहीं करेंगे। हमें ऐसा संकल्प करना चाहिए। इसलिए मैं यह उम्मीद करता हूँ कि इस सवाल पर सभी लोग एकमत होने चाहिए। और यदि आप लोग मेरे विचारों से सहमत हों तो यह बात स्वाभाविक रूप से सामने आएगी कि लोकतन्त्रात्मक संस्कृति की रक्षा करने के लिए अन्य लोकतन्त्री देशों के साथ मिलकर हमें इस बारे में जोरदार प्रयास करने चाहिए। यदि लोकतन्त्र जिन्दा रहा तो उसका फल निश्चित तौर पर हमें मिलेगा। और यदि लोकतन्त्र मर गया तो हमारा विनाश भी अटल है, इसमें कोई सन्देह नहीं है।

इस मौके पर और कुछ ज्यादा कहने की जरूरत है, ऐसा मुझे नहीं लगता। आप लोगों से मिलकर आज मुझे बड़ी खुशी हुई है। भूतकाल की तरह भविष्य में भी आप लोगों की सेवा करने में मुझे प्रसन्नता ही होगी। हम सबने मिलकर मेहनत की और प्रयास किए तो हम लोग कभी असफल नहीं हो सकते क्योंकि हमारा काम न्यायोचित और मानवीय कल्याण का काम है।

कोसारे, एच.एल. : विदर्भातील दलित च...., पृ. 399-407

यह दलितों के नए युग का प्रारम्भ है

अ.भा. दलित वर्ग परिषद् जो नागपुर में आयोजित की गई थी उसका समापन ***दि. 20 जुलाई 1942*** *को हुआ था। यह परिषद् का तीसरा सम्मेलन था और* ***18,19 व 20 जुलाई*** *इस तरह से यह तीन दिन का सम्मेलन था। समापन के भाषण में डॉ. अम्बेडकर ने कहा–*

दोस्तो, पिछले दस वर्षों में राजनीतिक आन्दोलनों में बड़ी तेजी आई है। फिर भी जहाँ तक अछूतों का सम्बन्ध है, देखा जाए तो आप लोगों ने आज जो प्रस्ताव पास किए हैं उससे अछूतों के नए युग का प्रारम्भ हुआ है, इस बात का मुझे पूरा यकीन है। आप सभी को मालूम है कि मैं कल से अपने नए ऑफिस की जिम्मेदारी सँभालनेवाला हूँ। इसलिए मैंने अपने पिछले बीस साल के नेतृत्व का हिसाब आप लोगों के सामने रखा है।

मुस्लिम और अछूत समाज अल्पसंख्यक समाज समझे जाने के बावजूद भी उनकी स्थिति में काफी बड़ा अन्तर है, इस बात को स्पष्ट करना जरूरी है। हमारी जाति की तुलना में मुस्लिम जाति बहुत धनवान है। अंग्रेजों के आने से पहले वे इस देश के शासनकर्त्ता थे। इस दृष्टि से उनका दर्जा ऊँचा है। हमारी तुलना में उनका अच्छा खासा विकास हुआ है। सैकड़ों सालों से हमारा शोषण हुआ है। हमारी आर्थिक स्थिति दरिद्र है। सिर्फ अकेली जनसंख्या के आधार पर हम अपनी तुलना मुस्लिमों से नहीं कर सकते। हम लोगों को पूरी तरह अपने प्रयासों पर निर्भर रहकर अपना कार्य करना चाहिए। हमें अपनी जाति का उत्थान करना है। इस नई नियुक्ति की वजह से मैं अपनी जिम्मेदारी को दूसरों के कन्धों पर डाल रहा हूँ। मुझे अधिकारों को लेकर कोई दिलचस्पी नहीं है। मैं अलग-थलग ही अच्छा था। मुझे साधारण डॉ. अम्बेडकर में और नामदार डॉ. अम्बेडकर में कुछ फर्क नहीं दिखाई देता। अपनी नियुक्ति के बारे में मुझे ज्यादा महत्त्वपूर्ण यह लगता है कि गवर्नर जनरल के एग्जीक्यूटिव कौंसिल में दलित वर्ग के प्रतिनिधि के लिए एक स्थान सुरक्षित रखने की परम्परा अब बन रही है। यह एक तरह से ब्राह्मणशाही पर जानलेवा हमला है। मेरी नियुक्ति का महत्त्व इसी में है। यह परम्परा ब्राह्मणशाही के लिए लाभकारी नहीं है। मेरी राय में यह अछूतों की बहुत बड़ी विजय है।

ऐसे कई लोग हैं जिनकी मेरे बारे में अच्छी राय नहीं। है। पढ़ाई करते हुए एकांकी जीवन व्यतीत करना मेरा स्वभाव है। मेरे इस स्वभाव के बारे में कई लोगों को लगता

है कि मैं लोगों के साथ उचित बर्ताव करने की बजाय उन्हें टालता हूँ। मैं आप लोगों से यकीन के साथ कह सकता हूँ कि मेरी मंशा यह बिल्कुल नहीं रहती कि मैं किसी का अपमान करूँ। मेरा जीवन बहुत सीमित है। मुझे कई प्रकार के काम करने हैं और मुझे मदद करनेवाला कोई नहीं है।

कई हिन्दू लोग मेरी ओर दुश्मन की निगाह से देखते हैं। उनकी शिकायत है कि मैं उनकी भावनाओं को ठेस पहुँचानेवाले कड़े शब्दों का इस्तेमाल करता हूँ। लेकिन मेरा दिल बहुत कोमल है, इस बात को मैं जानता हूँ। ब्राह्मण समाज के भी मेरे कई मित्र हैं। फिर भी कोमल दिल के आदमी को सत्य बोलना ही चाहिए। जब अपने प्रिय सम्बन्धियों के साथ कुत्ते से भी बदतर व्यवहार किया जाता है और उनके विकास के तमाम रास्ते हर तरह से बन्द किए गए हैं, इन बातों के देखने के बाद भी मैं हिन्दुओं से कोमलता से बर्ताव करूँ ऐसी उम्मीद वे कैसे कर सकते हैं? आज की हिन्दू पीढ़ी ने इसमें कुछ नहीं किया इस बात को मैं अच्छी तरह जानता हूँ। इसीलिए अपनी भावनाओं को नियन्त्रित कर मैं अपने विरोधियों से भी सम्मान के साथ बर्ताव करने का प्रयास करता हूँ। अपने विरोधियों के साथ मेरा व्यवहार कभी नफरत की भावना से भरा हुआ नहीं होता है। सही बात तो यह है कि उनका ही अपराधी मन उन्हें कचोटता है।

मेरी यह निश्चित मान्यता है कि इस देश में राजनीतिक हक़ हिन्दू, मुस्लिम और दलित वर्ग में बाँट दिए जाएँ। हिन्दू और मुस्लिमों की तरह ही दलित वर्ग को भी कानूनी तौर पर शासन में उचित हिस्सेदारी मिलनी चाहिए। इन तीन स्तम्भों पर आधारित भविष्य का संविधान ठीक ढंग से काम कर पाएगा। इस बात को मनवाने के लिए आप सब लोगों को एक झंडे के नीचे संगठित होना चाहिए। और सिर्फ एक संगठन बनाना चाहिए। अपने संवैधानिक हक़ हमें अभी प्राप्त नहीं हुए हैं। इसका एक कारण यह है कि हम लोग अभी तक संगठित नहीं हैं। आप सभी लोग संगठित हुए और एक संस्था के रूप में काम करने लगे तो आप लोग अपने अधिकार प्राप्त कर लेंगे। इस बारे में मुझे बिल्कुल सन्देह नहीं है।

कांग्रेस एक बहुत बड़ा संगठन है और उसका प्रभाव काफी दूर तक फैला हुआ है। कोई भी आदमी स्वाभाविक रूप से पूछता है कि आपके संगठन का प्रसार इतनी दूर तक क्यों नहीं हुआ है? कांग्रेस के पास दो बातों की सुविधा है। भारत के सभी प्रेस कांग्रेस के पीछे खड़े हैं। इसलिए उसे अच्छीखासी ख्याति मिल जाती है। दूसरी बात यह है कि कांग्रेस के पास पैसा है। आप लोगों को याद होगा कि कांग्रेस ने एक करोड़ रुपए का कोष इकट्ठा किया है। उसकी सफलता का रहस्य इसी कोष में है। लेकिन मैंने अपने समाज के काम के लिए कभी कोष की माँग नहीं की है। हम लोगों ने जो भी संगठन बनाया और विकसित किया है वह बगैर किसी कोष की मदद से किया है। लेकिन अब मुझे आप लोगों को यह बताना चाहिए कि अपना संगठन बढ़ाने की दृष्टि से पैसा इकट्ठा करना बहुत जरूरी है। पैसे के बगैर हमारा संगठन आगे नहीं बढ़

सकता। और पहले से ही सुसंगठित जातियों की बराबरी में चल पाना हमारे लिए मुश्किल होगा।

सार्वजनिक जीवन में गलतियाँ होती हैं, लेकिन उनसे अपना हौसला मत टूटने दीजिए। गलतियों से ही हमें अपने दोष दिखाई देते हैं। उसी के बाद ही हम उन्हें दूर कर सकते हैं।

आप लोगों ने यह जो प्रस्ताव मंजूर किया है कि अखिल भारत के लिए एक संगठन होना चाहिए, उससे मुझे बड़ी खुशी हुई है। अब आप लोग उसकी शाखाएँ हर प्रदेश में स्थापित कीजिए। उसी तरह आज जितने संगठन अस्तित्व में हैं उन सबको इस अखिल भारतीय संगठन में मर्ज करने के लिए आप लोगों को विशेष ध्यान देना चाहिए।

मेरी सबसे बड़ी अपेक्षा यह है कि कार्यालय और आन्दोलन के केन्द्र की दृष्टि से हर प्रदेश में नहीं, हर शहर में इस संगठन की इमारतें होनी चाहिए। मैंने कल रात वेड़गाँव के दशरथ पाटिल से बात की है। मैंने उन्हें कहा है कि नागपुर में कुछ जमीन खरीदकर संस्था की एक इमारत खड़ी की जाए। आप लोग बीस से पच्चीस हजार रुपए में उसे बना सकते हैं। इस तरह की इमारत आप लोग नागपुर में बना सकते हैं। इमारत की नींव रखने के लिए यदि आप लोगों ने मुझे निमन्त्रण दिया तो उस निमन्त्रण को स्वीकार करने में मुझे बड़ी खुशी होगी।

कोसारे, एच.एल. : विदर्भातील दलित च...., पृ. 411-413

मजदूर वर्ग सत्ता प्राप्त करे!

'द इंडियन फेडरेशन ऑफ लेबर' इस संस्था की ओर से दिल्ली में ***दि. 8 से 17 सितम्बर 1943*** *तक 'द ऑल इंडिया ट्रेड यूनियन वर्कस् स्टडी कैम्प' आयोजित किया गया था। उसके समापन भाषण के लिए डॉ. बाबासाहेब अम्बेडकर को निमंत्रित किया गया था।* ***दि. 17 सितम्बर 1943*** *को कामरेड एम. एन. राय की उपस्थिति में डॉ. अम्बेडकर ने अपने भाषण में कहा–*

मुझे आप लोगों के सामने दो बातें कहनी हैं, यह सूचना आपके सचिव महोदय ने मुझे दी इस बात की मुझे बड़ी खुशी है। इस निमन्त्रण को स्वीकार किया जाए या नहीं, दो कारणों से मेरे सामने यह सवाल उठा था। आप यह देखिए कि जिससे सरकार को कठिनाई हो ऐसी कोई बात मैं नहीं कहूँगा। दूसरी बात यह कि आप लोगों का सबसे प्रिय विषय जो मजदूरों की आर्थिक माँगों का सवाल है उस पर मैं बहुत कम बोल पाऊँगा। सचमुच देखा जाए तो मेरी स्वीकृति के बिना आपके सचिव महोदय मुझसे अलग होने के लिए तैयार नहीं थे। इसलिए मैंने स्वीकृति दी। मतलब मुझे भी ऐसा लगा कि कुल मिलाकर मजदूर आन्दोलन के बारे में मेरे जो विचार हैं उन्हें व्यक्त करने का यह एक अच्छा मौका है और सिर्फ मजदूरों के आर्थिक आन्दोलनों से जिनकी हमदर्दी है उन्हें भी मेरे विचार आंशिक रूप से स्वीकार होंगे, इसमें कोई सन्देह नहीं है।

संसदीय लोकतन्त्र के विरोध में आवाज

किन्तु इस सवाल का स्वरूप समझने के लिए हमें कुछ पीछे जाना पड़ेगा। मानवीय समाज की शासन-प्रणाली में ऐसे कई महत्त्वपूर्ण परिवर्तन हुए हैं। एक समय ऐसा था जब जुल्मी राजा की अनियन्त्रित सत्ता ही शासन-संस्था के रूप में थी। किन्तु कई सालों की खूनी लड़ाइयों के बाद वह स्थिति बदल गई और संसदीय लोकतान्त्रिक प्रणाली आई। शासन-संस्था में यही सबसे अच्छी प्रणाली है यह समझ उस समय हर तरफ थी। व्यक्ति को जिसमें पूरी स्वतन्त्रता और सुख मिले ऐसा स्वर्ण युग इसी रास्ते पर चलने

पर प्राप्त होगा, यह अधिकतर लोगों की उम्मीद थी। इस उम्मीद के कुछ कारण थे। जनता की अव्यक्त इच्छाओं को मूर्त रूप देनेवाला विधिमंडल इस व्यवस्था में है। उसके प्रति जिम्मेदार कार्यकारी मंडल है और उससे भी आगे इन दोनों पर नजर रखकर उन्हें नियन्त्रण में रखनेवाला न्यायमंडल है। जनता के वास्तविक राज्य के जो आवश्यक गुण हैं वे सभी गुण इस प्रणाली में दिखाई देते हैं। और इसीलिए यह प्रणाली शुरू हुई। इसे एक सदी बीत चुकी है। इस प्रणाली के विरोध में अब चारों ओर होहल्ला मचा है। इसे देखकर आश्चर्य होना स्वाभाविक है। इटली का उदाहरण लीजिए, स्पेन को लीजिए या जर्मनी को ले लीजिए। वहाँ इस प्रणाली के विरोध में जबर्दस्त विद्रोह शुरू हो गया है। वास्तव में देखा जाए तो ऐसे देश बहुत कम हैं जहाँ इस प्रणाली के विरोध में होहल्ला न हो। आखिर ऐसा क्यों हो रहा है, यह सोचने लायक सवाल है। भारत में तो इस सवाल का बहुत महत्त्व है। क्योंकि यह प्रणाली इस देश में शुरू हो, इस तरह के प्रयास हो रहे हैं। किन्तु इस समय किसी निडर आदमी को आगे आकर यहाँ बताना चाहिए कि ''इस मार्ग में क्या खतरा है, और यह प्रणाली राज्यशासन की सर्वोत्तम प्रणाली क्यों नहीं है।''

यह प्रणाली असफल क्यों हुई?

संसदीय लोकतन्त्र क्यों असफल हुआ? जहाँ नौकरशाह (हुक्मशाह) थे उन राष्ट्रों में लोकतन्त्र असफल रहा। क्योंकि उसको तुरन्त काम करने की आदत नहीं है। काम में देरी उसकी नियति है। हम हमेशा देखते हैं कि कार्यकारी मंडल को कुछ कानूनों की आवश्यकता हो तो विधिमंडल उन्हें मंजूर करने में निश्चित तौर पर देर लगाएगा। यदि वैसा न हुआ तो ऊपरी न्यायमंडल उन कानूनों को असंवैधानिक करार देगा। हुकूमत-शाहों को मनचाहे तरीके से शासन करने का मौका नहीं मिलता। इसलिए जर्मनी, इटली जैसे राष्ट्रों के लिए उसका कोई महत्त्व नहीं है। किन्तु केवल हुकूमतशाह ही इस प्रणाली को दोष देते तो कोई बात नहीं थी। मेरे लिए उनका महत्त्व दो कौड़ी का है। अफसोस की बात यह है कि जो लोग हुक्मशाहों के खिलाफ हैं वे भी संसदीय लोकतन्त्र के सातत्य को और लोकतान्त्रिक क्रान्ति को बेकार की चीज समझते हैं।

यह बात तीन तरह से घटित हुई है। हर व्यक्ति को समान राजनीतिक हक़ होने चाहिए। इस मत का काफी प्रसार हुआ है। इतना प्रसार कि आज जिस राष्ट्र ने इस प्रणाली को अपनाया है उसमें आम मतदान का अधिकार न हो, यह सम्भव नहीं है। दूसरी बात यह कि इसमें आर्थिक और सामाजिक समानता के सिद्धान्तों को स्वीकार किया गया है। इसके अलावा समाज-विरोधी संस्थाएँ शासन-व्यवस्था के कामकाज में रुकावट पैदा नहीं कर सकतीं।

इतना सब होने के बावजूद भी लोकतन्त्र की शपथ लेनेवाले राष्ट्रों में इस प्रणाली

के विरोध में असन्तोष है। मतलब यह असन्तोष हुक्मरानों के विरोध से एकदम अलग है, यह बात साफ है। गहराई में जाने की बजाय हम सार रूप में यह कह सकते हैं कि सामान्य जनों को सुख, सम्पत्ति और स्वतन्त्रता आदि तीन बुनियादी बातों का लाभ आज भी इस प्रणाली में पूरी तरह से नहीं मिल रहा है, यह चेतना ही इस असन्तोष के मूल में है। यदि यह बात सच हो तो, संसदीय लोकतन्त्र की असफलता के कारणों को हमें समझ लेना चाहिए। मेरी राय में इस असफलता के कारण गलत विचारधारा और संगठन-दोष ही है।

गलत विचारधारा

गलत विचारधारा के दो उदाहरण मैं आपके सामने रख रहा हूँ। इस प्रणाली में समझौता स्वतन्त्रता को बहुत महत्त्व दिया गया है जिसकी वजह से उसे असफलता मिली है। स्वतन्त्रता के नाम पर इसकी दुहाई दी जाती है जिसकी वजह से सामाजिक असमानता और उससे होनेवाले परिणामों पर बिल्कुल सोचा नहीं गया। असमान वर्गों में होनेवाले समझौते कैसे खतरनाक होते हैं यह बात नजरअंदाज की गई। इससे दुर्बलों को सताने का मौका सबलों को मिलता है, इस बात की परवाह नहीं की गई। परिणाम यह हुआ कि स्वतन्त्रता का समर्थन करनेवाले इस संसदीय लोकतन्त्र ने गरीबों की पीड़ा को, उनके दुखदर्दों को घटाने की बजाय बढ़ाया।

विचारधारा की दूसरी कमी यह कि "सामाजिक और आर्थिक समानता न हो तो केवल राजनीतिक समानता का कोई उपयोग नहीं है।" इस बात की समझ उन्हें नहीं थी। यह बात शायद कुछ लोगों को पसन्द नहीं आएगी। किन्तु मैं उन्हें यह पूछना चाहता हूँ कि इंग्लैंड और अमेरिका जैसे देशों में संसदीय लोकतन्त्र असफल नहीं हुआ, लेकिन इटली, जर्मनी में असफल हुआ, इसकी क्या वजह है? इसकी वजह यही है कि वहाँ आर्थिक और राजनीतिक समानता ज्यादा थी। वास्तव में देखें तो लोकतन्त्र का मतलब भी समानता है। संसदीय लोकतन्त्र ने स्वतन्त्रता की घोषणा की, किन्तु सही समानता की पहचान वह नहीं कर सका। समानता का महत्त्व समझ में न आने की वजह से उसे स्वतन्त्रता और समानता के एकीकरण में सफलता नहीं मिली। उसका परिणाम यह हुआ कि स्वतन्त्रता के सामने समानता समाप्त हो गई और असमानता बढ़ गई।

संगठन में दोष

विचारधारा में जो अन्तर्विरोध या दोष था उससे भी अधिक संगठन में जो दोष या अन्तर्विरोध था उससे असफलता मिली है, वे ही असफलता के प्रबल कारण बने हैं।

इससे राजनीतिक समाज के राज्यकर्त्ता और सामान्य जनों के ऐसे वर्ग बन जाते हैं, जो खतरनाक साबित होते हैं। यह बात यहीं तक होती तब भी कोई बात नहीं थी किन्तु उससे भी बात आगे बढ़ती है, और वह यह कि ये दोनों वर्ग इतने स्थायी बन जाते हैं कि समाज के एक विशेष वर्ग से ही राज्यकर्त्ता चुने जाते हैं और आम जनता जस की तस रह जाती है। जनता स्वयं राज्य नहीं करती। वह सिर्फ शासन-संस्था की स्थापना करती है और उसके बाद उससे दूर हो जाती है। फिर वह राज्य अपना राज्य है या नहीं, इस बात को जनता भूल जाती है। इसी वजह से संसदीय लोकतन्त्र जनता के राज्य की स्थापना कभी नहीं कर सका। सार रूप में जनता के राज्य का बाहरी दिखावा, आज भी एक वर्ग का दूसरे वर्ग पर परम्परागत ढंग से चलनेवाला राज्य ही है। इसी दोष की वजह से संसदीय लोकतन्त्र असफल रहा है, और इसने जनता के सुख की आशाएँ पूरी नहीं कीं।

फिर सवाल यह खड़ा होता है कि इसके लिए जिम्मेदार कौन है? दलित गरीब या मजदूर। दलित जनता की संसदीय लोकतन्त्र ने कोई भलाई नहीं की यह बात सही है। किन्तु उसके लिए वे ही मुख्य रूप से जिम्मेदार हैं। इसमें आप देखिए कि वे इस बात को ही भूल गए हैं कि मानवीय जीवन की नींव आर्थिक है या नहीं। मैंने हाल में ही 'आर्थिक मानव की मौत' नाम की किताब पढ़ी है। किन्तु जब अभी तक आर्थिक मानव का जन्म ही नहीं हुआ है तो उसकी मौत का सवाल ही नहीं उठता। मनुष्य सिर्फ अन्न पर नहीं जीता यह मार्क्स के आलोचकों का जवाब है जो वास्तव में सही है। मानव का सिर्फ सूअर की तरह तरोताजा होना संस्कृति का लक्ष्य नहीं है। कार्लाइल का यह कथन मुझे पसन्द है। किन्तु मजदूरों के तरोताजा होने की बात तो दूर, उन्हें भरपेट भोजन भी नहीं मिलता। तो मैं यह कहूँगा कि मजदूरों को सभी बातों को छोड़कर सबसे पहले भोजन की बात पर सोचना चाहिए।

आर्थिक दृष्टिकोण का महत्त्व

मानवीय जीवन की नींव आर्थिक है और इसीलिए आर्थिक परिस्थिति के मुताबिक इतिहास बनता है, यह विचार मार्क्स ने दुनिया के सामने रखा। तब से उस पर विवाद चल रहा है। किन्तु मेरी राय में मार्क्स ने इसे सिद्धान्त रूप में नहीं रखा बल्कि उसके माध्यम से उन्होंने मजदूरों को यह शिक्षा दी कि जिस प्रकार ऊँचे वर्ग के लोग आर्थिक सवालों को महत्त्व देते हैं उसी प्रकार मजदूरों को भी आर्थिक सवालों को महत्त्व देना चाहिए। इससे इतिहास में उनका आर्थिक जीवन प्रतिबिम्बित होगा। मार्क्स का यह सिद्धान्त सही है ऐसा मुझे नहीं लगता, क्योंकि आर्थिक स्थिति का समाज-संरचना पर जो प्रभाव पड़ता है उसके महत्त्व की ओर मजदूरों ने बिल्कुल ध्यान नहीं दिया है। शासन-प्रणाली के सम्बन्ध में जो साहित्य प्रकाशित हुआ है उसे उन्होंने पढ़ा नहीं है।

रूसो की 'सोशियल कॉन्ट्रैक्ट', मार्क्स की 'कम्युनिस्ट मेनोफेस्टो', पोप तेरहवें लुई की 'मजदूरों की स्थिति' और जॉन स्टुअर्ट मिल की 'लिबर्टी' समाज-रचना के सम्बन्ध में चार मूल किताबें मजदूरों को अवश्य पढ़नी चाहिए। किन्तु मुझे निश्चित तौर पर मालूम है कि मजदूर लोग इन किताबों को महत्त्व नहीं देंगे। उन्हें बहुत पहले से ही राजा-रानी की किताबें पढ़ने का शौक है।

सत्ता प्राप्त करना ही लक्ष्य!

देखा जाए तो इसमें उनका गुनाह उससे भी भयंकर है। राज्यव्यवस्था पर अपना कब्जा कायम करने की बात आज तक उन्होंने छुई तक नहीं है। अपना हित तथा अपने अधिकारों को हासिल करने के लिए राज्यव्यवस्था पर सत्ता कायम करने की आवश्यकता है, यह बात भी उनकी समझ में नहीं आती है। वे उसके बारे में सोचने के लिए भी तैयार नहीं हैं। आज तक जितनी दुखद घटनाएँ घटी हैं यह उसमें से एक है। उनकी सारी संगठन चतुराई ट्रेड यूनियनों की आर्थिक माँगों तक सीमित रही है। मैं स्वयं ट्रेड यूनियनों के खिलाफ नहीं हूँ। उनकी उपयोगिता है, इस बात को मैं अस्वीकार नहीं करता। किन्तु यह बात भी उतनी ही सच है कि वह सीमित है। उससे मजदूरों के सभी सवाल हल होनेवाले नहीं हैं। मजदूर संगठन कितने भी शक्तिशाली हुए तब भी पूँजीवादी व्यवस्था को और अधिक अच्छी तरह से चलाने के लिए वे पूँजीपतियों को मजबूर नहीं कर सकते। उनके पीछे मजदूर सरकार का बल होता तो बात दूसरी थी। इसलिए सत्ता हासिल करना ही एकमात्र लक्ष्य मजदूरों का होना चाहिए अन्यथा कार्यकर्त्ताओं के झगड़े हल करने में ही ट्रेड यूनियनों की सारी शक्ति खर्च होगी और मजदूरों के हितों की बात दूर रह जाएगी।

खतरनाक राष्ट्रवाद

राष्ट्रवाद के नाम पर लोग उन्हें गलत राह पर ले जा सकते हैं यह मजदूरों का तीसरा बड़ा दोष है। पहले ही गरीब और फिर राष्ट्रवाद के नाम पर उन्हें हर चीज का त्याग करना पड़ता है। किन्तु उनके स्वार्थ त्याग से राष्ट्रवाद की विजय होने के बाद भी क्या उनको आर्थिक और सामाजिक समानता का लाभ मिलेगा, इस बात पर मजदूरों ने कभी सोचा ही नहीं है। उनके त्याग और बलिदान पर जिस राष्ट्रवाद का पोषण होता है वही उनका असली दुश्मन बन जाता है और उनका सबसे ज्यादा शोषण उसी में होता है।

अपना राजनीतिक दल

इसीलिए संसदीय लोकतन्त्र के तहत यदि मजदूरों को रहना है तो उसका उपयोग उन्हें अपने लिए करना चाहिए। उसके लिए भारत में दो बातों की जरूरत है। सिर्फ आर्थिक माँगों के लिए ट्रेड यूनियन्स की स्थापना करना, यह छोटा उद्देश्य हिन्दू मजदूरों को नहीं रखना चाहिए बल्कि शासन-व्यवस्था पर अपना अधिकार स्थापित करने के उद्देश्य को प्राथमिकता देनी चाहिए। इसलिए मजदूरों को अपना स्वतन्त्र राजनीतिक दल बनाना चाहिए। मतलब ट्रेड यूनियन को मजबूत करने का काम भी इसी दल का होगा। इस दल को मजदूरों के प्रतिनिधि के नाम पर शेखी बघारनेवाले कार्यकर्त्ताओं के एकाधिकार को समाप्त कर देना चाहिए और सिर्फ मामूली और क्षणिक लाभ के लिए अन्तिम लक्ष्य को पाने में रुकावट बननेवाली मानसिकता को छोड़ देना चाहिए। उसी प्रकार हिन्दू महासभा या कांग्रेस जैसे जातिवादी और पूँजीवादी राजनीतिक दल से उन्हें दूर रहना चाहिए। वे कितना ही कहें कि भारत की आजादी के लिए हम लड़े, तब भी उनके बहकावे में न आकर उनसे दूर रहना चाहिए। कांग्रेस और हिन्दू महासभा के जाल से मुक्त होने से मजदूरों को भारत के स्वतन्त्रता आन्दोलन में ज्यादा मुस्तैदी से शामिल होने का मौका मिलेगा और राष्ट्रवाद के नाम पर जो जालसाजी चल रही है, उसे भी रोका जा सकेगा। किन्तु इसके लिए मार्ग एक ही है। अपना राजनीतिक दल स्थापित किया जाए। सबसे महत्त्वपूर्ण बात यह है कि इससे हिन्दी राजनीति में बुद्धिवाद का अभाव कम होगा। कांग्रेस यह शेखी बघारती रहती है कि हमारी राजनीति क्रान्तिवादी है, इसलिए कुछ लोग उसके पीछे हैं। यह बात सही है किन्तु उसके पल्ले असफलता के अलावा कुछ भी नहीं पड़ता, यह बात भी उतनी ही सच है। इसका कारण कांग्रेस के मुकाबले में अन्य कोई दल न होने की वजह से उसमें बुद्धिवाद कभी रहा ही नहीं। पिछले बीस साल से चला आ रहा यह अभाव मजदूरों के दल से दूर होगा।

ज्ञान के बगैर शक्ति नहीं

हिन्दी मजदूरों को दूसरी एक बात यह सीखनी चाहिए कि ज्ञान के बिना शक्ति प्राप्त नहीं होती। अपना सवाल लेकर मजदूर जब लोगों के सामने खड़े होंगे तब उनसे यह सवाल जरूर पूछा जाएगा कि क्या राज चलाने की औकात उनके पास है? राष्ट्रीय या अन्तर्राष्ट्रीय राजनीति में हम दूसरों की तरह ही गलतियाँ कर सकते हैं, इस तरह के जवाब से काम चलनेवाला नहीं है। उन्हें इससे भी आगे जाकर यह सिद्ध करना पड़ेगा कि उच्च वर्ग के लोगों से भी वे ज्यादा योग्य तथा कुशल हैं। मजदूरों की शासन-प्रणाली का स्वरूप अन्य वर्गों की शासन-प्रणाली से अलग ही रहेगा। क्योंकि उनकी सरकार आर्थिक नियोजन की प्रणाली पर खड़ी होगी। अन्य प्रणाली की अपेक्षा इस प्रणाली में

ज्ञान की ज्यादा जरूरत होगी। किन्तु खेद के साथ कहना पड़ता है कि हिन्दी मजदूर वर्ग को आज भी अध्ययन की जरूरत समझ में नहीं आती। कारखानेदारों को गाली देने के अलावा मजदूर कार्यकर्त्ता कुछ नहीं सीख पाए।

इस अभाव को दूर करने के लिए अध्ययन मंडल स्थापित करने का जो कार्यक्रम इंडियन फेडरेशन ऑफ लेबर ने शुरू किया, उससे मुझे बड़ी खुशी हुई है। उससे राजसत्ता चलाने की क्षमता मजदूरों में आएगी। मजदूरों का स्वतन्त्र राजनीतिक दल स्थापित करने की जरूरत भी इंडियन फेडरेशन ऑफ लेबर को महसूस होगी, इस बात की मैं उम्मीद करता हूँ। मजदूर वर्ग में उसने शासक वर्ग बनने की योग्यता पैदा कर दी तो इसके लिए मजदूर ही फेडरेशन को धन्यवाद देंगे।

पुनर्मुद्रण, 'अस्मितादर्श' औरंगाबाद : अप्रैल-मई-जून, 1988

तुम लोगों को शासन करनेवाली जमात बनना है

*अखिल भारतीय शेड्यूल्ड कास्ट फेडरेशन का दूसरा अखिल भारतीय सम्मेलन कानपुर में **दि. 30 जनवरी 1944** को होना निश्चित था। उससे पहले **26 जनवरी 1944** को कानपुर में एक दलित वर्गीय जनसभा को सम्बोधित करते हुए डॉ. बाबासाहेब अम्बेडकर ने कहा–*

भाइयो,

आप लोग भावी स्वतन्त्र भारत की शासक जमात बननेवाले हो, आप लोग यह विश्वास कीजिए। इस देश में हम लोगों के साथ सिर्फ नौकर की तरह नहीं बल्कि गुलाम की तरह व्यवहार किया जाता है। लेकिन अब इससे आगे हम लोग इस स्थिति को कभी भी बर्दाश्त नहीं करेंगे। सभी लोगों को यह बात अच्छी तरह ध्यान में रखनी चाहिए कि जब भारत में स्वराज्य की स्थापना होगी तब इस देश की शासन-व्यवस्था के तीन हिस्से होंगे। और ये तीन हक़दार लोग हैं हिन्दू, मुस्लिम और दलित जाति के लोग। एक जाति द्वारा दूसरी जाति पर वर्चस्व कायम करके अपनी सत्ता स्थापित करने का युग अब बीत गया है। मैं यहाँ साफ तौर पर घोषणा करना चाहता हूँ कि दलित वर्ग के लोगों ने अपने हक़ों के लिए संघर्ष करने का दृढ़ निश्चय कर लिया है। और वे देश की शासन-व्यवस्था में अपने हक़ों की हिस्सेदारी हासिल किए बगैर नहीं रहेंगे। जब तक उनके हाथों में शासन-सत्ता की बागडोर नहीं आती, तब तक वे अपनी दरिद्रता के दुख में फँसे हुए भाइयों को मुक्त नहीं कर सकते। हम लोग उस शुभ दिन की इन्तजार में हैं कि जब हमारे मेहनतकश मजदूर भाइयों को कम-से-कम 30 रुपए मासिक किराए का मकान और बुढ़ापे में कम-से-कम पेंशन मिले। मुझे कांग्रेस में शामिल हो जाना चाहिए, जो लोग मुझसे यह आग्रह कर रहे हैं उन लोगों से मेरा सीधा सवाल है कि मैं भारत के दलितों के स्वतन्त्रता संग्राम को कांग्रेस से भी ज्यादा महत्त्व देता हूँ। क्योंकि उन पर पिछले दो हजार से भी ज्यादा सालों से अन्याय, जुल्म-ज्यादतियाँ हो रही हैं। उन्हें बुरी तरह रौंदा गया है।

मैं उस बात के लिए अपने आपको धन्य समझूँगा कि देश के स्वराज्य से भी मेरे

दलित-शोषित भाइयों की मुक्ति का कार्य मेरे हाथों हो। यदि कोई जिम्मेदार कांग्रेस नेता मुझे यह भरोसा दिला सकता है कि मैं जिस दलित जाति का सदस्य होने में गर्व महसूस करता हूँ, उस जाति के हितों के संरक्षण की और उनके उत्थान की जिम्मेदारी उसकी है, तो मैं उनके इस प्रस्ताव पर सोचने के लिए तैयार हूँ। लेकिन जो आदमी जातिभेद, वर्णभेद या धर्मभेद पर विश्वास करता हो उसे मैं नेता मानने के लिए बिल्कुल तैयार नहीं हूँ। भाइयो, आप लोग हजारों साल से जो जुल्म-अन्याय बर्दाश्त करते आए हैं उसके कारणों पर आप गौर कीजिए, यही मेरा आपसे निवेदन है। आप लोगों के दुखों का सबसे बड़ा कारण है हिन्दू धर्म। दुनिया के सभी धर्मों में हिन्दू धर्म ही एक ऐसा धर्म है कि जो जातिभेद और अछूतपन का समर्थन करता है।

इसी की वजह से और इसी के डर की आड़ में सवर्ण हिन्दू लोग अछूत जातियों पर अन्याय करते हैं। आज भी वही स्थिति है। मुझे यह बड़े दुख के साथ कहना पड़ता है कि अछूत जाति के लोग गाँव-देहातों में सम्मान का जीवन नहीं जी सकते। इसलिए अब हमको इस अत्याचारी धर्म को त्याग देना चाहिए और हजारों साल से हम पर जो अन्याय हो रहा है उसे अब आगे बर्दाश्त करने की कोई जरूरत नहीं है। आज भी मेरे समाज के लोग स्वयं को इसलिए नीच मानते हैं क्योंकि हिन्दू उन्हें नीच मानते हैं। उन पर अपनी सत्ता चलाकर उन्हें दबाकर रखते हैं। यह देखकर मुझे बड़ा दुख होता है, बड़ी पीड़ा होती है। भाइयो, आप लोगों को अपनी शक्ति पर भरोसा करना चाहिए और आप लोग अपने मन से इस दरिद्र भावना को हटा दीजिए कि आप अन्य किसी भी जाति के लोगों से कम दर्जे के हैं।

मैं आप लोगों से यह नम्र निवेदन करना चाहता हूँ कि शेडयूल्ड कॉस्ट फेडरेशन आपकी राजनीतिक संस्था है और उसके पीछे आप लोगों को अपनी पूरी ताकत के साथ खड़ा रहना चाहिए। आप उसे मजबूत बनाइए। ब्रिटिश सरकार हमेशा ही मुस्लिमों का पक्ष लेती है। भाइयो, आप इस बात पर भी सोचिए कि कांग्रेस के नेताओं ने जेल से मुक्त होने के बाद यदि मुस्लिमों से सौदेबाजी करके और भारत के स्वराज्य की सत्ता को दो हिस्सों में बाँटकर आपस में बाँट लेने का फैसला कर लिया तो आप लोगों की क्या हालत होगी? आप लोग न घर के रहेंगे न घाट के। यदि आप लोगों की यह इच्छा हो कि शासनसत्ता में हमें भी हिस्सा मिलना चाहिए तो आप लोगों को एक जबर्दस्त संगठन खड़ा करके एक होना चाहिए, एक हो जाना चाहिए। तब तो आप अपने नागरी हक़ों के लिए भावी स्वराज्य में संघर्ष कर सकते हैं। मैं आप लोगों को सचेत करना चाहता हूँ कि जिन नेताओं की कसरत कागजों तक सीमित है, ऐसे नकली नेताओं की संख्या को आप लोग बढ़ने मत दीजिए।

आप लोग ध्यान में रखिए कि अपने इस आन्दोलन में अपने वर्ग की महिलाएँ जब तक बड़ी संख्या में सक्रिय सहयोग नहीं देतीं तब तक हमारा यह आन्दोलन सफलता की ऊँचाई को पार नहीं कर सकता। मेरी दिलोजान से यह इच्छा है कि हर शहर में स्वयंसेवकों का (कार्यकर्त्ताओं का) एक दल स्थापित हो और इस दल के स्वयंसेवक

दो-दो सौ मील दूर गाँव-देहातों में पहुँचकर घर-घर प्रचार करके लोगों तक इस परिषद् का सन्देश पहुँचाएँ।

अपने समाज के लोग भी जातिभेद की भावना के रोग से ग्रस्त हैं, यह सबसे बड़े दुख की बात है। जब आप लोग यह माँग कर रहे हैं कि दूसरों को अछूतपन और जातिभेद को समाप्त करना चाहिए तो आपकी भी जिम्मेदारी हो जाती है कि आप अपने आपस के जातिभेद को खत्म कर दें। उसी प्रकार आप लोगों को इस बात की भी कोशिश करनी चाहिए कि महिलाएँ इस आन्दोलन में हिस्सा बँटाने में पीछे न रहें। उसी प्रकार अपने छात्रों और नौजवानों को भी अपने आपमें समाज-सेवा की भावना पैदा करनी चाहिए। उन्हें इस बात पर गौर करना चाहिए कि फिलहाल किसी भी स्थिति में भविष्य में उन्हीं को अपने समाज के कल्याण की जिम्मेदारी निभानी है। क्योंकि स्वतन्त्र भारत में उन्हीं लोगों को शासन करनेवाली जमात के रूप में जिन्दगी जीनी है।

हमें दूर रखकर राष्ट्रीय सरकार असम्भव

डॉ. बाबासाहेब अम्बेडकर दक्षिण भारत के दौरे पर गए थे। वे ***दि. 20 सितम्बर 1944*** *को सबसे पहले हैदराबाद पहुँचे। उस समय उनका दो जगह असाधारण स्वागत हुआ। पहला स्वागत नागपल्ली में हुआ और दूसरा सिकन्दराबाद-हैदराबाद में। उस समय दलित महिला स्वयंसेविकाओं ने डॉ. अम्बेडकर को गार्ड ऑफ ऑनर दिया था। हैदराबाद में नबाब मैना, नबाब जंग बहादुर आदि मान्यवर उनसे मिलने आए। डॉ. अम्बेडकर के हैदराबाद आगमन पर दलित समाज में बेहद उत्साह था। हैदराबाद के जीरा मैदान पर सभा का आयोजन किया गया था। बहुत बड़े जुलूस के साथ डॉ. अम्बेडकर सभा स्थल पर पहुँचे। सभा को सम्बोधित करते हुए उन्होंने कहा–*

अध्यक्ष महोदय, भाइयो तथा बहनो,

आज आप लोगों ने मेरा यह जो इतनी गर्मजोशी से स्वागत किया है इसके लिए मैं आपका आभारी हूँ। मैं आपके यहाँ पहली बार आया हूँ इसलिए मुझे इतने बड़े स्वागत-समारोह की उम्मीद नहीं थी। किन्तु अपने जीवन और उम्र को देखकर मुझे इससे कुछ भी आश्चर्य नहीं हो रहा है।

युवा पीढ़ी का कार्य

आज की स्वागत सभा में और जुलूस में युवा वर्ग ने जो उत्साह दिखाया उससे मुझे अधिक सन्तोष हुआ है। अपने समाज का भविष्य आज की युवा पीढ़ी पर निर्भर है। युवा पीढ़ी जब तक अपने समाज के लिए अपने स्वार्थों का त्याग नहीं करती तब तक हम अपने लक्ष्य को हासिल नहीं कर सकते। यहाँ आज तक आन्दोलन हुए होते तो आप लोगों का अधिक उत्थान हुआ होता, ऐसा मुझे लगता है।

नारियों को सन्देश

आज के समारोह में नारियों के उत्साह को देखकर मैं बहुत खुश हूँ। यहाँ की नारियाँ अच्छा भाषण दे सकती हैं, इस बात को मैंने यहाँ अच्छी तरह अनुभव किया है। यहाँ की नारियों ने साफ-सुथरा रहना सीख लिया है। यहाँ समता सैनिक दल की शाखा स्थापित कर नारियों ने उसमें बहुत बड़ी संख्या में हिस्सा लिया है, इस पर मुझे अत्यधिक प्रसन्नता हो रही है। आज के इस मौके पर मैं नारियों को जो सन्देश देना चाहता हूँ, वह यह कि उन्हें पुरुषों की तरह सार्वजनिक जीवन में आना चाहिए। पुरुष वर्ग से यदि नारी वर्ग पिछड़ गया तो किसी भी समाज का उत्थान नहीं होगा। गाड़ी का एक पहिया यदि कमजोर हो तो गाड़ी आगे नहीं बढ़ सकती। इसलिए नारियों को अब पुरुषों से कन्धे से कन्धा मिलाकर चलना चाहिए जिससे हम अपनी आजादी को जल्दी से जल्दी हासिल कर पाएँगे।

आन्दोलन का अन्तिम लक्ष्य

हमारे आन्दोलन का लक्ष्य क्या है? अपना उद्‌देश्य यही है कि अपने समाज को और अपने देश को स्वतन्त्रता प्राप्त होनी चाहिए। किन्तु इस देश में कई पन्थ हैं : (1) हिन्दू, (2) मुस्लिम, (3) ईसाई और (4) अछूत। अछूत कौन हैं? अछूत जाति हिन्दुओं से अलग है। हिन्दू समाज ने हमें हजारों साल से सामाजिक, आर्थिक, राजनीतिक दृष्टि से गुलाम बनाकर रखा है। लेकिन हम लोग अब इन गुलामी की बेड़ियों को तोड़ना चाहते हैं। इस देश में गला फाड़-फाड़कर यह बताया जाता है कि इस देश को जनतन्त्रात्मक राज चाहिए। लेकिन अछूत वर्ग को दूर रखकर क्या जनतन्त्रात्मक राज मिल सकता है? इस प्रकार का सवाल मैं हिन्दू समाज से पूछना चाहता हूँ। जनतन्त्रात्मक राज में मुस्लिमों को उनके हक़ मिलेंगे, ईसाई लोगों को भी उनके हक़ मिल जाएँगे लेकिन हम लोगों को हमारे हक़ नहीं मिलेंगे। इस तरह का प्रयास हिन्दू लोग कर रहे हैं। लेकिन हम उनके भाई-बहन नहीं हैं। हम उनके अपने नहीं हैं। हिन्दू समाज पर निर्भर रहकर, वे हमें हमारे हक़ लौटा देंगे, इस बात पर हमारा बिल्कुल भरोसा नहीं है। किसी समय बैरिस्टर जिन्ना ने सभी अल्पसंख्यक लोगों का पक्ष लिया था। किन्तु अब उन्होंने मुस्लिम लीग की ओर से पाकिस्तान की माँग की है। और उन्होंने अन्य अल्पसंख्यक लोगों के उत्थान का रास्ता छोड़ दिया है। वे अब सिर्फ मुस्लिमों के ही उत्थान के बारे में सोच रहे हैं। यही नहीं, मौका हासिल होते ही वे अन्य अल्पसंख्यक लोगों के हक़ों को छीनकर मुस्लिमों के लिए अधिक से अधिक सत्ता हथियाने की कोशिश करेंगे इसलिए हम कहते हैं कि हिन्दू ही नहीं, मुस्लिम भी हमारे विरोध में हैं।

गांधी और कांग्रेस की नीति

हम लोगों को किसी भी प्रकार के हक़ न मिलें, हम लोगों का स्वतन्त्र अस्तित्व न हो, हम लोग इस देश में सम्मान से न रह पाएँ, और हम लोगों को राजनीतिक क्षेत्र में हमेशा-हमेशा के लिए समाप्त करके हमारे पाँवों में हजारों साल से जो बेड़ियाँ पड़ी हुई हैं वे और मजबूत हों इसके लिए कांग्रेस और गांधी ने पूरा संकल्प कर लिया है। उनकी यही इच्छा है कि हम लोग अपना सिर ऊँचा न उठाएँ और हमेशा के लिए उनके गुलाम बनकर रहें।

असली राष्ट्रीय सरकार

हम लोग अंग्रेज सरकार, हिन्दू-मुस्लिमों से कहते हैं कि देश की सत्ता में हमारी हिस्सेदारी होनी चाहिए। उसके लिए हम लड़ेंगे, मरेंगे। हमारा अत्याचार पर भरोसा नहीं है, और हम किसी भी प्रकार के अत्याचार की कोई परवाह नहीं करते। अब अंग्रेज सरकार, हिन्दू, मुस्लिम और अन्य समुदायों के लोगों को इस बात का पता चलना चाहिए कि जिसमें हिन्दू, मुस्लिम और अछूत वर्ग के प्रतिनिधि होंगे उसे ही वास्तव में राष्ट्रीय सरकार कहा जाएगा। अछूत लोग हिन्दू समाज का हिस्सा नहीं हैं। वे एक स्वतन्त्र राष्ट्र हैं। अपना लक्ष्य पाने के लिए आन्दोलन करने के लिए और लड़ने के लिए अछूत वर्ग तैयार है।

अपने संगठन को बढ़ाइए

हमारी माँगें बहुत अधिक हैं। हमारे रास्ते में काँटों के पर्वत खड़े हैं। हमारे दुश्मन भी बहुत हैं। इसके लिए हमें अपना संगठन खड़ा करना होगा। यदि हम लोगों ने अपना संगठन बनाया तो गांधी, जिन्ना, सावरकर जैसे लोग हमारे हक़ों को नजरअंदाज नहीं कर सकते। सरकार की ओर जाना हमारे हित में नहीं है। आज हमारी सबसे महत्त्वपूर्ण जिम्मेदारी यही है कि अपना संगठन बढ़ाकर अपनी माँगों को मंजूर करने के लिए सरकार को मजबूर किया जाए। जब तक हमारी शक्ति बढ़ेगी नहीं तब तक हम लोगों को कुछ हासिल होनेवाला नहीं है।

स्वतन्त्रता के प्रति हमारी उम्मीदें

हिन्दुस्तान की आजादी के बारे में अछूतों में कोई आस्था नहीं, इस प्रकार का झूठा, घिनौना और दुष्टतापूर्ण प्रचार कांग्रेस और (तथाकथित) राष्ट्रवादी अखबारों की ओर

से किया जाता है। हम लोगों पर इस तरह के भी झूठे आरोप लगाए जाते हैं कि हम राष्ट्र-विरोधी, देश को डुबानेवाले हैं। सच्चाई यह है कि अछूतों को इनसानियत चाहिए, समानता चाहिए। उन्हें दूसरों की बराबरी के राजनीतिक अधिकार चाहिए, इसके लिए हमारा जो आन्दोलन चल रहा है वह यदि देश को डुबानेवाला है ऐसा यदि उन्हें कहना है तो उनकी इस सोच के बारे में मुझे कुछ नहीं कहना है, इस बात पर मुझे कोई आश्चर्य नहीं है। अछूतों को अन्य किसी भी जाति की तुलना में स्वतन्त्रता के प्रति कम आस्था नहीं है। बल्कि वे उनसे अधिक आस्थावान हैं। किन्तु देश की स्वतन्त्रता के साथ हमें अपने समाज की स्वतन्त्रता भी चाहिए।

साप्ताहिक 'जनता' के 2 दिसम्बर, 1944 के अंक में प्रकाशित।

हमें समानता पर आधारित स्वतन्त्रता चाहिए

*दि. **22 सितम्बर 1944** को शाम के समय मद्रास म्यूनिसपल कार्पोरेशन की ओर से डॉ. बाबासाहेब अम्बेडकर को सम्मान-पत्र दिया गया था। यह सभारम्भ रिपन भवन में हुआ था। इस सभारम्भ में शहर के सभी मान्यवर उपस्थित थे। मेयर डॉ. सैय्यद नियामथुल्ला ने डॉ. अम्बेडकर को सम्मान-पत्र अर्पण किया। उसके बाद डॉ. अम्बेडकर ने अपने भाषण में कहा–*

आप लोग अपने नगर की ओर से मेरा सम्मान, स्वागत कर रहे हैं, यह आपका बड़प्पन है। मैं मद्रास शहर का निवासी नहीं हूँ। और यहाँ मैंने नागरिक जीवन से सम्बन्धित कोई विशेष कार्य भी नहीं किया है। इसलिए आपकी मेहमाननवाजी पर मेरा कोई अधिकार नहीं है। फिर भी आप लोग मेरा स्वागत कर रहे हैं इसके लिए मैं आपका आभारी हूँ। मैं आप लोगों को जो बात कहने जा रहा हूँ वह किसी की आलोचना या किसी पर गुस्सा करने के उद्देश्य से नहीं कहना चाहता। बल्कि मैं एक घटित सच्चाई को बताना चाहता हूँ। मैंने अखबारों में पढ़ा कि मुझे सम्मान-पत्र देने का प्रस्ताव एकमत से मंजूर नहीं हुआ है। उसका कुछ लोगों ने विरोध किया है। (हँसी) यहाँ इस बात का उल्लेख करने की वजह इतनी है कि सबकी सहमति से मिले सम्मान-पत्र की बजाय इस तरह से मिला हुआ सम्मान ही मुझे अच्छा लगता है। सहमति से कई बातें हम लोग केवल औपचारिकता के रूप में करते हैं। और आधुनिक समाज की कुछ परम्परागत झूठी रूढ़ियों का इसके अलावा कुछ महत्त्व नहीं होता है (तालियाँ)। जो बात हो चुकी है वह इतना जरूर दर्शाती है कि महानगर पालिका के कम-से-कम एक वर्ग ने मुझे सम्मान-पत्र देने की प्रामाणिकता और आग्रह जताया है।

आप लोगों ने मेरे विश्वविद्यालयीन जीवन और फिर अध्यापक, अधिवक्ता और मुम्बई की अपर विधिसभा के सदस्य के रूप में मेरे कार्य का बेवजह बढ़ा-चढ़ाकर उल्लेख किया है। आप लोगों ने मेरे बारे में जो भी कहा है उन सारी बातों को सच समझकर गर्व अनुभव करनेवाला मैं नहीं हूँ। जिस लक्ष्य को पाने के लिए मैं इतने दिन से मेहनत कर रहा हूँ उसके प्रति हमदर्दी की वजह से ही आपने मेरा सम्मान किया है। और मैं इस बात को मानकर चल रहा हूँ कि वह मेरे निजी सम्मान की बजाय इस लक्ष्य को समर्थन देने के उद्देश्य से ही आपने किया है।

आप लोगों ने गरीब बस्तियों में सुधार करने और मजदूरों के बच्चों को भोजन उपलब्ध कराने के लिए मद्रास महानगर पालिका ने जो बड़ा कार्य किया है उसका उल्लेख किया है। इस सम्बन्ध में हिन्दी सरकार ने क्या किया है उसकी चर्चा यहाँ करना उचित नहीं होगा। किन्तु हिन्दी सरकार धीमी रफ्तार से चलनेवाला तन्त्र है, इस तरह से उसकी हमेशा आलोचना होती है। उसका यहाँ मुझे जवाब देना है। केन्द्रीय सरकार को इस तरह का तन्त्र नहीं कहा जा सकता। वह इस प्रकार के सुधारों को अलग रखकर आराम से बैठनेवाली निरर्थक संस्था नहीं है।

पिछले कुछ सालों में सरकार ने मजदूर वर्ग के लिए जो काम किया है उसे देखिए। मैं सबसे पहले आपका ध्यान रोजगारोपयोगी शिक्षा योजना की ओर आकर्षित करना चाहता हूँ। उसका लाभ लगभग 6800 लोगों को मिला है। इस तरह की शिक्षा देनेवाली 300 से 400 संस्थाएँ केन्द्रीय हिन्दुस्तान में हैं। जिनकी विश्वविद्यालय में शिक्षा पाने की हैसियत नहीं है, ऐसे मजदूरों के बच्चों को अपनी कार्यकुशलता से कुछ ज्यादा पैसा कमाने का मौका मिलेगा। और इस तरह की शिक्षा युद्ध के बाद बन्द नहीं की जाएगी बल्कि वह देश की शिक्षा-प्रणाली का एक महत्त्वपूर्ण हिस्सा बन जाएगी, इस बात की हमें पूरी उम्मीद है।

इसके अलावा सरकार ने मजदूर वर्ग के हित में कुछ महत्त्वपूर्ण कानून भी बनाए हैं। जैसे औद्योगिक विवादों में शक्ति से अदालती जाँच करने को कानून। आज तक केन्द्रीय सरकार को मजदूरों की नौकरी के बारे में कुछ शर्तें रखने का काई अधिकार नहीं था। नौकरी की शर्तें और वेतन तय करना यह केवल मजदूर और मालिक के बीच का आपसी सवाल था। आज यह कानून ऐसा है कि यदि सरकार को लगता है कि वे नियम पर्याप्त नहीं हैं तो उचित नियम लागू करने का अधिकार सरकार को है। इस तरह का कानून युद्ध की वजह से बनाया गया है फिर भी युद्ध समाप्त होने के साथ ही इसका भी अन्त हो जाएगा, ऐसी बात नहीं है। उसे स्थायी कानून में परिवर्तित किया जाएगा, इस बात की मुझे पूरी उम्मीद है। हमने जो किया है वह कुछ भी नहीं है, इस बात को मैं अच्छी तरह से जानता हूँ। किन्तु लोगों को इस बात को ध्यान में रखना चाहिए कि इस तरह के कानून बनाने के बारे में केन्द्रीय सरकार की स्थिति बहुत अच्छी नहीं है। वास्तव में मजदूर वर्ग के बारे में कानून बनाने का अधिकार विशेष तौर पर प्रादेशिक सरकारों को है। मतलब प्रादेशिक सरकारों को इस तरह का अधिकार केन्द्रीय सरकार की ओर से दिया गया है। किन्तु 1935 के कानून में इस तरह की व्यवस्था की गई है कि कानून कोई बने लेकिन उसे अमल में लाने की जिम्मेदारी प्रादेशिक सरकारों को दे दी गई है। इसलिए जो कानून केन्द्रीय सरकार बनाएगी, प्रादेशिक सरकारों को पूछ करके ही बनाएगी। अन्त में सारी जिम्मेदारी प्रादेशिक सरकारों की ही होती है। और कारोबार करनेवाले लोग जिस कानून की ओर आँख उठाकर देखने के लिए तैयार नहीं हैं उस कानून का केन्द्रीय सरकार द्वारा बनाने का कोई फायदा भी नहीं है। इस तरह की हमारी कुछ दिक्कतें हैं। सभी को जितना चाहिए उतना देने की

हमारी क्षमता नहीं है, फिर भी सरकार का मन पत्थरों से नहीं बना हुआ है। मजदूरों से सम्बन्धित कानूनों को एक नई दिशा देने का विचार चल रहा है।

कई लोग केन्द्रीय सरकार की आलोचना करते हैं लेकिन वैसी आलोचना करने का कोई मतलब है? केन्द्रीय सरकार ने शायद विशेष कुछ नहीं किया होगा। उसका मेरी दृष्टि में इतना ही महत्त्व नहीं है। अन्त में आज की केन्द्रीय सरकार क्या कर पाएगी और क्या नहीं कर पाएगी, यही महत्त्वपूर्ण सवाल है। यह सवाल राष्ट्रीय सरकार का प्रमुख सवाल है, क्या वह इस बारे में सोच पाएगी? मेरी विनम्र राय है कि किसी भी सवाल से यह सवाल अधिक महत्त्वपूर्ण है। विवाद के बावजूद मैं इस बात को मानने के लिए तैयार हूँ कि आज की केन्द्रीय सरकार एक अस्थायी सरकार है। हम सभी राष्ट्रीय सरकार की प्रतीक्षा कर रहे हैं। मुझे सबसे ज्यादा चिन्ता इस बात की है कि राष्ट्रीय सरकार आज की सरकार की तुलना में क्या कुछ ज्यादा कर पाएगी? इस बारे में मेरे मन में कुछ सन्देह है। हम सभी यह कह रहे हैं कि एक बार हमारे हाथों में सत्ता आने पर, सभी वयस्क नर-नारियों को मतदान का अधिकार मिला तो सभी दुखों का अन्त हो जाएगा। सब कुछ ठीक-ठाक हो जाएगा और हर आदमी इनसान की हैसियत से सिर ऊँचा कर किसी भी रास्ते पर घूमने-फिरने के लिए स्वतन्त्र होगा। पर इस बारे में अब भी मेरे मन में सन्देह है। मैंने यूरोपियन शासन-प्रणाली का और पार्लियामेंटरी शासन-व्यवस्था का पर्याप्त अध्ययन किया है। और आम मतदान प्रणाली अमल में आने के बाद संसदीय प्रणाली की सरकार स्थापित होते ही सभी मानवीय दुखों का अन्त हो जाएगा, यह बात जब कभी कही जाती है, उस पर मुझे विश्वास नहीं होता। ऐसा मानने का कोई ऐतिहासिक आधार नहीं है। सच बात यह है कि आम मतदान हो या न हो, जनमत पर आधारित सरकार हो या अन्य किसी भी प्रकार की सरकार हो, हर देश में, हर समाज में दो वर्ग होते ही हैं, एक शासक वर्ग और दूसरा बहुजन समाज अर्थात शोषित या सत्ताहीन वर्ग। यह भेद स्पष्ट हो या अस्पष्ट हो उसका कोई महत्त्व नहीं है। आप आम मतदान प्रणाली अमल में लाइए, तब भी शासक वर्ग सत्ता में चुनकर आएगा ही। इसमें बहुजन समाज के चुने जाने की कभी कोई उम्मीद नहीं है। यह वक्तव्य मैं गैरजिम्मेदाराना ढंग से नहीं दे रहा हूँ। इस बात के पर्याप्त ऐतिहासिक आधार हैं।

देखिए, 1937 के चुनाव का परिणाम क्या रहा है? उस समय भी मतदान का व्यापक अधिकार था। चुनाव काफी जोर-शोर से लड़ा गया और वोट भी उदारता से दिए गए। लेकिन अन्त में क्या हुआ? अब उस बारे में मैं कुछ नहीं कहना चाहता, लेकिन कांग्रेस के सात प्रदेशों में मैंने जो कहा वह सच साबित हुआ। और वह यह कि इस देश में आपने कुछ भी किया तब भी शासन करनेवाली जमात तो ब्राह्मण जाति ही रहेगी। सात प्रदेशों में ब्राह्मण मुख्यमन्त्री थे। मन्त्रिमंडल में आधे लोग ब्राह्मण थे। इस बात को मैं आलोचना के रूप में नहीं कह रहा हूँ। बल्कि यह सच्चाई है। यदि चुनाव से कुछ निश्चित हुआ तो वह यह कि इस देश में शासन करनेवाली जाति एक ही है

और उसी जाति का विकास हुआ है। क्या हर राष्ट्र में स्वराज्य होना चाहिए, यह सवाल एकदम गलत है। सही सवाल यह है कि उस राष्ट्र की शासन करनेवाली जमात को शासनाधिकार देने लायक समझदारी क्या उस शासक जमात में है? हम इस बात को भूल रहे हैं कि इस सवाल के जवाब में ही स्वराज्य का हक़ निर्भर करता है। किसी शासनकर्त्ता जमात के हाथों में सत्ता सौंपनी हो तो यह सवाल खड़ा होता है कि उस जमात की सोच क्या है, उसका लक्ष्य क्या है, उसके इरादे क्या हैं? यदि आपकी शासन करनेवाली जमात को ऐसा लगता हो कि कुछ निश्चित असमानता होनी ही चाहिए, समानता पर उसका विश्वास न हो, उसे कुछ लोगों को इनसान कहना ही पसन्द न हो, उन्हें छुएँ नहीं, शिक्षा का और धन कमाने का हक़ सिर्फ वर्ग विशेष को ही हो, अन्य लोगों को नहीं, दूसरे लोग उनके गुलाम ही रहें और वे गुलामी में ही मरें, इस तरह से यदि उस जमात की सोच हो तो, मैं उन्हें पूछना चाहता हूँ कि यदि राष्ट्रीय सरकार उस जाति के हाथों में आई तो क्या वह राष्ट्रीय सरकार आज की केन्द्रीय सरकार से ज्यादा बेहतर ढंग से काम करनेवाली होगी?

मैं राष्ट्रीय सरकार का दुश्मन नहीं हूँ। मैं स्वराज्य का भी विरोध नहीं कर रहा हूँ। मैं स्वतन्त्रता का भी विरोधी नहीं हूँ। बल्कि देश को जिस बात का आश्वासन दिया जा रहा है, वह स्वतन्त्रता, शिक्षा और सम्पन्नता मुझे भी मिलेगी, इस बात का यकीन यदि मुझे हुआ तो उस स्वतन्त्रता के लिए, उस राष्ट्रीय भावना के लिए मैं कभी भी लड़ने के लिए तैयार हूँ। लेकिन यदि इस सारे लम्बे-चौड़े दर्शन का परिणाम यही होनेवाला हो कि उसकी सीमाएँ सिर्फ एक शासनकर्ती जमात तक ही सीमित रहें और यह शासनाधिकार उस जमात की शक्ति को बढ़ाकर अन्य लोगों के हक़ छीननेवाली हो तो आज की केन्द्रीय सरकार की जिस तरह आलोचना हो रही है उसी तरह उस सरकार की आलोचना करने का क्या मतलब रह जाता है। (तालियाँ)।

साप्ताहिक 'जनता' के 25 नवम्बर, 1944 के अंक में प्रकाशित।

ब्राह्मणों को नहीं, ब्राह्मणवाद को खत्म कीजिए

दि. 23 सितम्बर, 1944 को ब्राह्मणविरोधी लोगों द्वारा स्थापित 'जस्टिस पार्टी' अर्थात अब्राह्मण पार्टी के पतन की समीक्षा करते हुए डॉ. बाबासाहेब अम्बेडकर का मद्रास में दिया गया भाषण।

दोस्तो,

मैं अपने अध्ययन के आधार पर यह कहना चाहता हूँ कि मद्रास में अब्राह्मण पार्टी का संगठन भारत के इतिहास की एक महत्त्वपूर्ण घटना है। इस पार्टी का जन्म जैसा कि उसके नाम से पता लगता है, जाति-भावना से हुआ है। फिर भी उसकी बुनियादी नींव और लक्ष्य जातिवादी नहीं हैं, इस बात को कई लोग समझ नहीं पाए हैं। इस अब्राह्मण पार्टी का संचालन कौन करता है, यह महत्त्वपूर्ण नहीं है। उसका संचालन करनेवाला मध्यम वर्ग (मध्यम जातियाँ) भले ही हों, उसके ऊपर के सिरे पर ब्राह्मण वर्ण और निचले सिरे पर अछूत होंगे, फिर भी इस तरह की पार्टी लोकतन्त्र की नींव पर खड़ी न होती तो उसे कोई मूल्य प्राप्त न हुआ होता। इसी की वजह से हर लोक-शाहीवादी पार्टी को इस पार्टी के उत्थान में आस्था है।

भारत में ब्राह्मणशाही का नंगा नाच चल रहा है। जिस देश में ब्राह्मणशाही का वर्चस्व हो उस देश के इतिहास में अब्राह्मण (बहुजन) पार्टी का गठन होना एक महत्त्वपूर्ण घटना है। उसकी असफलता के बारे में सोचना भी खेद की बात है। 1937 के चुनाव में इस पार्टी की बड़ी बुरी हालत हुई थी, यह पार्टी चारों कोने चित हो गई थी। यह एक बड़ा महत्त्वपूर्ण सवाल है और इस सवाल पर पार्टी के नेताओं को गम्भीरता से सोचना चाहिए। चुनाव के पहले मद्रास में करीब-करीब 24 साल तक यह अब्राह्मण पार्टी ही सत्ताधारी रही है। यह पार्टी इतने लम्बे समय तक शासन-सत्ता में रही फिर भी तास के पत्तों के महल की तरह यह पार्टी चुनाव में क्यों बुरी तरह पराजित हुई? इस पार्टी का बहुसंख्यक ब्राह्मणों में ही अप्रिय होने का कारण क्या है? मेरी राय में इस पतन के दो कारण हैं। इसका पहला कारण यह है कि इस पार्टी के लोगों ने इस बात को नहीं पहचाना कि उनका ब्राह्मणों के साथ किस बारे में झगड़ा है। उन्होंने सरेआम ब्राह्मणों की आलोचना की है लेकिन उनमें से किसी ने यह स्पष्ट नहीं किया कि हमारे ब्राह्मणों के साथ जो मतभेद हैं वे तत्त्वों के आधार पर हैं। उनमें स्वयं में भी न जाने कितनी

ब्राह्मणशाही भरी पड़ी है। वे लोग स्वयं 'नमम' पहनते थे और अपने आपको नम्बर दो के ब्राह्मण ही समझते थे। वे स्वयं ब्राह्मणवाद को समाप्त करने के नाम पर ब्राह्मणशाही की भावना से चिपके हुए थे। उसी आदर्श के मुताबिक अपना जीवन व्यतीत कर रहे थे, ऐसी उनकी श्रद्धा थी। उनकी सिर्फ इतनी ही शिकायत थी कि ब्राह्मण उन्हें अपने से नीच समझते थे।

जिस पार्टी के अनुयायियों को यह मालूम नहीं कि वे जिस पार्टी का समर्थन कर रहे हैं या जिस पार्टी का विरोध करने के लिए उन्हें कहा गया, उन दोनों पार्टियों में तात्त्विक मतभेद क्या हैं, उस पार्टी की नींव मजबूत होना मुश्किल बात है। मेरी राय में इस तरह का मतभेद स्पष्ट करने की असमर्थता ही इस पार्टी के पतन का कारण बनी है। दूसरी बात उस पार्टी का कार्यक्रम बड़ा सीमित है, यह उसके पतन का दूसरा कारण है। उसकी विरोधी पार्टी ने उसे 'नौकरी खोजनेवाली पार्टी' कहा है। उसके लिए मद्रास के 'हिन्दू' अखबार ने शायद ऐसे ही शब्द इस्तेमाल किए हैं। मैं उसकी आलोचना को ज्यादा महत्त्व नहीं दे रहा हूँ। क्योंकि यदि हम 'नौकरी खोजनेवाले' हैं तो दूसरे भी हमसे कुछ कम 'नौकरी खोजे' हुए नहीं हैं।

अब्राह्मण पार्टी ने अपने युवकों के लिए नौकरियाँ दिलाना ही अपना मुख्य लक्ष्य रखा है, यह भी इस पार्टी के कार्यक्रम की कमजोरी है। अपने आपमें यह एक अच्छा उद्देश्य है। किन्तु जिन अब्राह्मण युवकों को नौकरियाँ देने के लिए यह पार्टी बीस साल से संघर्ष कर रही है उन युवकों ने नौकरियाँ पाने के बाद पार्टी को कभी याद किया है? इस पार्टी के शासन के बीस साल के काल में गाँव-देहातों के जो लोग आर्थिक कठिनाइयों में पड़े हुए हैं और ब्याज खानेवाले साहूकारों के जाल में फँसते ही जा रहे हैं ऐसे 90 प्रतिशत अब्राह्मण (बहुजन, किसान, मजदूर, दलित, आदिवासी आदि) जनता के लिए झूठे वादों के अलावा इस पार्टी ने क्या किया है?

इन बीस सालों में मंजूर किए गए कानूनों का मैंने गहराई से अध्ययन किया है। इस पार्टी ने सिर्फ एक कानून मंजूर करने के अलावा मेहनतकश और किसानों के लिए कुछ नहीं किया है। इसी वजह से कांग्रेसवालों ने बड़ी आसानी से इस पार्टी का सफाया कर दिया है।

इस तरह की घटनाएँ जिस ढंग से घटीं उन्हें देखकर मुझे बड़ा आश्चर्य और दुख हुआ। मैं आपसे एक बात कहना चाहता हूँ कि आपकी पार्टी से ही आपका कल्याण होगा, इसमें कोई सन्देह नहीं। पार्टी को एक सुयोग्य नेता, मजबूत संगठन और राजनीतिक मंच की जरूरत होती है।

हम लोगों को अपने नेता की हद से ज्यादा आलोचना नहीं करनी चाहिए। जरा कांग्रेस को देखिए। क्या अन्य किसी भी देश के लोग गांधीजी जैसे आदमी को नेता के रूप में स्वीकार कर सकते थे? क्योंकि गांधीजी के पास कोई सैद्धान्तिक दृष्टि नहीं है, ज्ञान भी नहीं है, और सही निर्णय लेने की सामर्थ्य भी नहीं है। गांधी अपने सारे सामाजिक जीवन में असफल रहे हैं। भारत को सफलता हासिल करने का मौका आया

और गांधी ने सही निर्णय लिया, ऐसा एक भी मौका याद नहीं आ रहा है। जब जिन्ना ने पाकिस्तान की बात शुरू की तब गांधीजी दो-तीन साल तक उसे 'पाप' कहते रहे। और उस बात की ओर उन्होंने कुछ ध्यान नहीं दिया। अन्त में जब जिन्ना उत्तेजित होकर खड़े रहे तब गांधी घबरा गए और एकदम पलटकर इस समस्या के हल के लिए प्रयास करने लगे। फिर भी इतनी गलतियाँ होने के बावजूद भी वे नेता बने रहे, क्योंकि कांग्रेस ने कभी भी अपना नेता परखकर स्वीकार नहीं किया है।

अब आप जिन्नाजी के बारे में सोचिए। वे एक स्वतन्त्र और स्वेच्छाचारी नेता थे। यह सुनकर आपको आश्चर्य होगा कि सम्पूर्ण मुस्लिम लीग जिन्ना के हाथ का एक खिलौना थी। क्योंकि मुस्लिमों ने उन्हें अपने भरोसे का नेता स्वीकार कर लिया था। कांग्रेस को यह अच्छी तरह मालूम था कि उन्होंने ही गांधीजी की आलोचना की तो कांग्रेस के विभाजन का खतरा है। इसीलिए लोकशाही विरोधी गांधी की कई बातों को कांग्रेस ने बर्दाश्त किया है। इसलिए अब्राह्मण लोगों को मेरी यह सलाह है कि एकता सबसे कीमती चीज है। जब तक आपके पास समय है तब तक आप इस शिक्षा का सदुपयोग करके उसे अपने दिलो-दिमाग में जगह दें।

शासन करनेवाली जमात बनो

दि. 24 सितम्बर 1944 को शाम को छह बजे मद्रास शेड्यूल्ड कास्ट फेडरेशन की ओर से मद्रास के मेमोरियल हॉल, पार्क टाउन में दलितों की विशाल जनसभा हुई। रावबहादुर प्रो. एन. शिवराज इस सभा के अध्यक्ष थे। इस सभा में मद्रास और द्रविड़ वर्कर्स एसोसिएशन, साऊथ इंडियन बुद्धिस्ट एसोसिएशन, शेड्यूल्ड कास्ट्स फेडरेशन ऑफ द सिविल एंड मिलिट्री स्टेशन, बंगलौर, मद्रास शेड्यूल्ड कास्ट स्टूडेंट्स एसोसिएशन, आन्ध्र प्रॉविन्शियल शैड्यूल्ड कास्ट्स वेलफेअर एसोसिएशन और अन्य संस्थाओं की ओर से डॉ. बाबासाहेब अम्बेडकर को सम्मान-पत्र दिए गए। एक युवक ने उनको भगवान बुद्ध का सुन्दर चित्र भेंट स्वरूप दिया था। इस सभा को सम्बोधित करते हुए डॉ. अम्बेडकर ने कहा–

अध्यक्ष महोदय, भाइयो तथा बहनो,

आप लोगों ने इस मद्रास शहर में बहुत बड़ी तादाद में इकट्ठा होकर मेरा सम्मान किया है उसके लिए मैं सबसे पहले आप सब लोगों का आभारी हूँ।

इसी मद्रास शहर में एक बहुत बड़े आदमी ने अभी दो बार अपने भाषण में मेरे बारे में बहुत गलत शब्दों का इस्तेमाल किया है। उस आदमी का नाम है नामदार श्रीनिवास शास्त्री। शुरू में ही उनके बारे में कुछ कह देना उचित होगा। कुछ दिन पहले जब पाकिस्तान के सवाल पर नामदार शास्त्री के मन में उलझनें पैदा नहीं हुई थीं और किसी भी अन्तर्राष्ट्रीय सम्मेलन में हिन्दुस्तान के एकमात्र प्रतिनिधि के रूप में महात्मा गांधी ही शिरकत कर सकेंगे, ऐसा वे मानते थे। उस समय उन्होंने एक बार कहा था कि हिन्दी जनता को इस बात के लिए पूरी सावधानी बरतनी चाहिए कि कुछ भी क्यों न हो किन्तु डॉ. अम्बेडकर को किसी अन्तर्राष्ट्रीय परिषद् में हिस्सा लेने का मौका न मिले। उनके जैसे बुजुर्ग और सम्माननीय आदमी के मुख से इस तरह की भाषा सुनकर मुझे बड़ा आश्चर्य हुआ। मेरा सार्वजनिक जीवन नामदार शास्त्री की तुलना में बहुत कम है। और मैंने अब तक उनके जैसा यश भी हासिल नहीं किया लेकिन मैंने अपने छोटे से सार्वजनिक जीवन में ऐसा कौन-सा बुरा काम किया है जिसकी वजह से मुझे किसी अन्तर्राष्ट्रीय परिषद् में सम्मिलित हुआ देखकर हिन्दी जनता को शर्म के मारे गर्दन नीचे झुकानी पड़ेगी? इसके लिए मैंने अपने भीतर झाँक करके देखा है। मैं यहाँ कुछ

गाली-गलौच करने के लिए खड़ा नहीं हूँ अन्यथा मैंने बड़ी आसानी से नामदार शास्त्री को ब्रिटिश सरकार की गोद में बैठा हुआ कुत्ता कह दिया होता। उन्होंने अपनी सारी उम्र ब्रिटिश सरकार की गोद में बैठकर गुजारी है। और उन्होंने देश में तथा देश के बाहर यदि कुछ कुप्रसिद्धि और बड़प्पन हासिल किया हो तो वह केवल इस वजह से कि ब्रिटिश सरकार ने कई अवसरों पर उन्हें आगे किया। उन पर कृपादृष्टि रखी थी, इसीलिए। मैं उनके बारे में यह नहीं कहना चाहता कि शास्त्री को चीखने-चिल्लाने का मतलब सड़ी हुई मैयत पर एक बूढ़े कौवे की काँव-काँव है।

अधिकांश कांग्रेसजन आखिर कहना क्या चाहते हैं? यही कि अछूत वर्ग देशहित के खिलाफ जा रहा है। मैं श्री गांधी, नामदार शास्त्री, सर तेजबहादुर सप्रू और हिन्दी राजनीति की पहली कतारवाले कई नेताओं के साथ बैठा हूँ। मैंने उन्हें ऐसी बातें करते हुए देखा है जिन बातों की राष्ट्रवादियों से उम्मीद नहीं की जा सकती। मुझे पूरा यकीन है, केवल यकीन ही नहीं मुझे इस बात का अभिमान है कि जिस समय गोलमेज परिषद् में कोई सार्वजनिक सवाल चर्चा के लिए आया उस समय मेरा व्यवहार उन देशभक्त कहे जानेवाले लोगों से कई गुना अच्छा और राष्ट्रीय स्वाभिमान से भरपूर था।

गोलमेज परिषद् में गांधी का कार्य

यहाँ इकट्ठा हुए अधिकांश लोगों को शायद यह मालूम नहीं होगा कि गांधी ने गोलमेज परिषद् में क्या किया है। आप लोगों को यह लगता होगा कि हम लोगों ने वहाँ कोई बहुत अच्छा कार्य किया है। लेकिन क्या यह सच है? श्री गांधी ने वहाँ क्या किया है? श्री गांधी जब 1930 में गोलमेज परिषद् में गए उस समय उन्हें कांग्रेस का यह आदेश था कि उन्हें सम्पूर्ण स्वतन्त्रता की ही माँग करनी चाहिए, उससे कम कुछ भी स्वीकार न करें। हिन्दुस्तान के अन्य बड़े राजनीतिक खिलाड़ी भी उस माँग को पूरी तरह नहीं समझते थे। लेकिन गांधी ने जो कुछ किया उस बारे में कहने में मुझे दुख हो रहा है। लेकिन मैंने गोलमेज परिषदों में संघ तोड़ने का काम किया है, ऐसा आरोप मुझ पर लगाया जाता है। इसलिए मुझे इस बारे में कुछ बातें आप लोगों के सामने स्पष्ट करनी जरूरी हैं।

मतलब गांधी स्वतन्त्रता की माँग की गठरी अपने साथ ले गए थे इसलिए वे हमारी माँगों से काफी दूर रहेंगे ऐसी सबको अपेक्षा थी। लेकिन आश्चर्य यह है कि हिन्दुस्तान के दुर्भाग्य से गांधी को इस तरह से फुसलाया गया कि उन्होंने साइमन कमीशन की सिफारिशों से ही समस्याओं के समाधान में अपनी तत्परता दिखाई। इस वजह से तत्कालीन भारत-मन्त्री सर सैम्युअल होमर और कंजरवेटिव पार्टी की बैठक बुलाने की जल्दबाजी होने लगी। उस समय हम लोगों ने पार्लियामेंट के कंजरवेटिव लेबर और लिबरल आदि दलों का एक कमीशन बनाया था। पार्लियामेंट को साइमन कमीशन की

सिफारिशें स्वीकार करनी चाहिए, उससे आगे नहीं बढ़ना चाहिए, इस बात को सर सैम्युअल होमर अपनी प्रतिष्ठा के सवाल के रूप में देख रहे थे। उन्हें गांधी की नीति भगवान का प्रसाद लगी। उन्होंने तुरन्त बोलना शुरू कर दिया कि हिन्दुस्तान में गांधी से बड़ा आदमी कोई नहीं है। सप्रू कौन हैं? अम्बेडकर किस पेड़ की पत्ती हैं? और जिन्ना किस दरिया की खसखस हैं? यदि गांधी प्रादेशिक स्वायत्तता से सहमत हैं तो ऐसी बैठकों को रोक देना चाहिए और पार्लियामेंट को तुरन्त साइमन कमीशन के मुताबिक कानून बनाना चाहिए। इस बात के खिलाफ हम लोगों ने आवाज उठाई। हम लोगों ने साफ शब्दों में कहा कि हमें यह बात मंजूर नहीं है और ऐसी बातों से हम बिल्कुल सहमत नहीं हो सकते। इसके खिलाफ हम लोगों ने जबर्दस्त आवाज बुलन्द की, अन्त में ब्रिटिश मन्त्रिमंडल को परिषद् में प्रतिनिधित्व के लिए एक कैबिनेट कमेटी गठित करने के लिए मजबूर होना पड़ा। इस कमेटी के सामने गवाही देनेवालों में एक मैं भी था। कमेटी के अध्यक्ष लॉर्ड चांसलर और भारत-मन्त्री सहित कुछ सदस्य थे। मुझे यह बताने में गर्व महसूस हो रहा है, मैंने वहाँ कहा कि पार्लियामेंट में इस तरह हमसे पीछे हटना बर्दाश्त नहीं होगा। क्या कोई यह कह सकता है कि मेरी यह भूमिका निन्दा करने योग्य थी? क्या कोई यह कह सकता है कि केन्द्रीय सरकार को जनमतवादी बनाने में अछूत वर्ग का विरोध है?

उस समय गांधी ने संस्थाओं के सवाल पर घुटने टेक दिए। और साफ शब्दों में कहा कि संस्थाओं के प्रतिनिधियों को स्वीकृत करने में उन्हें कोई आपत्ति नहीं है। उस समय इस सवाल पर सम्पूर्ण गोलमेज परिषद् में झगड़नेवाला मैं अकेला प्रतिनिधि था। उस समय नामदार शास्त्री कहाँ छिपे थे? उनके बारे में मैं कुछ मजेदार बातें आप लोगों को बताना चाहूँगा। हम सभी लोग फेडरेशन के एकदम खिलाफ थे। मैंने शुरू से जिस मुद्दे का विरोध किया वह यह था कि ब्रिटिश सरकार को हिन्दुस्तान की राजनीति को संस्थानिक राजनीति से कोई घालमेल नहीं करना चाहिए। इन दोनों मुद्दों को अलग हुए आज करीब डेढ़-सौ साल हो गए हैं। मतलब हम एक ही लोग हैं। हमारा भविष्य भी एक जैसा होगा, इसमें कोई सन्देह नहीं। फिर भी सवाल पैदा होता है कि क्या डेढ़ सौ सालों से हम लोग अलग-अलग रास्तों पर चल रहे हैं? क्या हमें मिली राजनीतिक शिक्षा अलग-अलग है?

मेरा आग्रह के साथ यह कहना है कि ब्रिटिश हिन्दुस्तान को राष्ट्रीय स्वतन्त्रता की ओर अपने विशेष रास्ते से ही ले जाने दीजिए। उन पर हिन्दी संस्थानिकों को लादकर उनका भविष्य उलझन में डालने की कोशिश नहीं करनी चाहिए। नामदार शास्त्री इसी मत के थे या कह सकते हैं कि इस 'कारस्तानी' में वे मेरे साथ थे, हम तीन लोग ही इस तरह से ब्रिटिश हिन्दुस्तान को सीने से लगाए हुए थे। मैं, नामदार शास्त्री और सर चिन्तामणि। मेरे जैसे बच्चे की बजाय नामदार शास्त्री जैसे ख्यातिप्राप्त व्यक्ति की ओर लोग अधिक सम्मान की भावना से देखेंगे इसलिए हमने उन्हें अपनी ओर से बोलने के लिए खड़ा किया। जिस दिन वे परिषद् में बोले उसके पहले दिन मैं और चिन्तामणि

उनके पास गए थे। उस समय भी उनका मत उसी तरह तय था ऐसा हमें लगा। नामदार शास्त्री तीन बजे किंग जेम्स पैलेस में बोलनेवाले थे, वहाँ हम भी थे। वे वहाँ क्या बोले होंगे, क्या आप कल्पना कर सकते हैं? मैं और सर चिन्तामणि अपनी बात पर दृढ़ थे। श्री श्रीनिवास शास्त्री ने कहा कि वे फेडरेशन के पक्ष में थे। उन्होंने मुझे कहा कि मैं दुराग्रह से सारी योजनाओं का मटियामेट कर रहा हूँ, इसलिए मुझे चुपचाप रहना चाहिए। यदि गांधी प्रामाणिक होते तो संस्थानिकों के जुल्म से स्वयं की मुक्ति के सिद्धान्त के अनुरूप उन्होंने व्यवहार किया होता। उन्होंने सबसे पहले यह आग्रह किया होता कि संस्थानी प्रजा के प्रतिनिधि जनता को चुनने चाहिए। इसकी बजाय गांधी ने कहा कि संस्थानिकों को अपने पसन्द के प्रतिनिधि चुनने का वे समर्थन करते हैं। मैं एक बात आप लोगों को बताना चाहता हूँ कि गांधी को राजनीति की बहुत कम समझ है। इस बात को मैं उनकी निन्दा के तौर पर नहीं कह रहा हूँ। तालियाँ बज उठने के उद्‌देश्य से भी नहीं कह रहा हूँ। यह सच है। मैं पहली गोलमेज परिषद् में मौजूद था, उसमें गांधी नहीं थे। मुझे वहाँ के उतार-चढ़ाव मालूम थे। गांधी के बोलने से पहले वहाँ की छोटी-बड़ी सभी बातें मालूम हो जाएँ जिससे यह तय किया जा सके कि गांधीजी को वहाँ क्या कहना है और क्या नहीं कहना इसलिए भी मेरा वहाँ रहना आवश्यक था और इसी बात की मुझे चिन्ता भी थी। दूसरी गोलमेज परिषद् में गांधी उपस्थित हुए, उस समय मैं फेडरल स्ट्रक्चर कमेटी में था। मैं अछूतों का प्रतिनिधि था। मुझे अध्यक्ष की कुर्सी के पास स्थान मिलने की उम्मीद नहीं थी। मेरे लिए दूर बैठने की व्यवस्था की गई थी। गांधी आए और उसी समय सभा में चर्चा का विषय रखा गया। पहले ही गांधी को राजनीतिक ज्ञान कम और उसमें भी वे पहली बैठक में मौजूद नहीं थे। इन दो बातों से मुझे चिन्ता थी। मुझे इस बात की उत्सुकता थी कि यदि मुझे पहले बोलने का मौका दिया गया तो मैं सारी परिस्थितियों को स्पष्ट रख दूँगा और गांधीजी को उसकी पूरी जानकारी दे दूँगा।

उस समय कुछ तबियत खराब होने का बहाना बनाकर मैंने लॉर्ड चांसलर साहब से पहले बोलने की इजाजत माँगी। उन्होंने गांधी से पूछा कि क्या इसमें आपको कोई आपत्ति है? गांधी ने भी उदारतापूर्वक कहा 'नहीं'—मैं करीब डेढ़ घंटे तक बोलता रहा। मैंने इंग्लैंड में इससे ज्यादा देर तक कभी भाषण नहीं दिया था। भाषण के बाद तबियत खराब होने के बहाने से अब मेरा वहाँ से जाना जरूरी था। मेरे बाद गांधी ने अपने भाषण में क्या कहा, इसे जानने के लिए मैं सारी रात उत्सुकता से इन्तजार करनेवाला इंग्लैंड में अकेला आदमी रहा होऊँगा। आधी रात के समय उस बैठक की रिपोर्ट मेरे सामने आई। मैंने जल्दबाजी में लिफाफे को खोला। गांधी का पहला वाक्य मेरी नजरों के सामने आया कि 'डॉ. अम्बेडकर की बात मुझे मन से पसन्द है लेकिन बुद्धि से पसन्द नहीं।' मैंने अपने भाषण में जो कुछ कहा था, गांधी उसके एकदम विरोध में बोले थे। मुझे बड़ा खेद हुआ। मुझे रात में हलका-सा बुखार था। दूसरे दिन सुबह मैं फिर परिषद् में गया, वहाँ गांधी और अन्य सभी लोग मौजूद थे। चर्चा शुरू होते ही मैंने लॉर्ड चांसलर

को गांधी से कुछ सवाल करने की इजाजत माँगी। गांधी और मेरे झगड़े का मूल कारण इसी में है।

पाप के हिस्सेदार : गांधी और शास्त्री

मैंने गांधी से तीन सवाल पूछे। मेरा पहला सवाल था कि संस्थानी प्रजा के प्रतिनिधि संस्थानिकों को ही चुनने चाहिए, ऐसा कहने के लिए क्या उन्हें कांग्रेस ने आदेश दिया था? क्या कांग्रेस में इस मुद्दे पर कभी चर्चा हुई थी? क्या कांग्रेस ने उन्हें उस बारे में बोलने का अधिकार दिया था? दूसरा सवाल चुनाव के बारे में था। कंजरवेटिव पार्टी की यह इच्छा थी कि चुनाव अप्रत्यक्ष होने चाहिए। उसका हम सभी ने विरोध किया। लेकिन गांधी ने उसका समर्थन किया था। मैंने गांधी से सवाल पूछा था कि इसी मुद्दे के समर्थन के लिए कांग्रेस ने मिसेज ऐनी बीसेंट का होमरूल बिल नकार दिया था, क्या यह बात सच है या नहीं? तीसरा सवाल अब मेरे ध्यान में नहीं आ रहा है। फिर अध्यक्ष ने गांधी को पूछा कि क्या वे कुछ जवाब देना चाहेंगे? गांधी ने जवाब देने से इनकार किया था। इसलिए यदि हिन्दुस्तान को डुबाने का पाप किसी के हाथ से हुआ तो वह मेरे हाथ से नहीं, अछूतों के हाथ से नहीं बल्कि वह पाप गांधी और शास्त्री तथा इस तरह के अन्य लोगों के हाथों से हुआ है।

हम स्वतन्त्रता की माँग का समर्थन करेंगे

हिन्दुओं को आयरलैंड की स्थिति पर गौर करना चाहिए। 1916 में उस राष्ट्र की एकता के आखिरी प्रयास हुए। दक्षिणी आयरलैंड के कैथोलिकों की ओर से रेमंड और उत्तरी आयरलैंड की ओर से सर एडवर्ड कर्जन के बीच बातचीत चल रही थी। जिस समय रेमंड ने उत्तर आयरलैंड के प्राटेस्टेंट पन्थ के लोगों को खास हक़ देने की घोषणा की तो उसका जवाब देते हुए कर्जन ने कहा कि, 'भाड़ में जाएँ तुम्हारे खास हक़, हम तुम्हारे वर्चस्व में बिल्कुल नहीं रहना चाहते।' क्या कभी हमने इस तरह की भाषा का इस्तेमाल किया है? हमारे पास ऐसा कहने के लिए सबल कारण और हक़ है फिर भी हमने वैसा नहीं कहा है। उनसे हम कहीं ज्यादा नम्रता से बात कर रहे हैं। उसी प्रकार हिन्दू महासभा के अध्यक्ष की तरह हमने अभी भी यह नहीं कहा है कि तुम्हारी लोकतन्त्र की बातों का मतलब है अपनी सुलतानशाही पर पर्दा डालने के लिए डींगें मारना। हमने कहा तुम्हें स्वराज्य चाहिए, लीजिए, हम तुम्हें समर्थन देंगे। सिर्फ एक छोटी-सी न्यायोचित शर्त है। हमें हमारे हितसम्बन्धों की रक्षा के लिए खास हक़ दीजिए। कर्जन की भूमिका से हमारी भूमिका काफी ऊँचे दर्जे की है।

क्या कोई शास्त्री या गांधी या कोई भी कांग्रेसी नेता यह कह सकता है कि हमारी भूमिका देशप्रेम की नहीं है, विशाल नहीं है और उदार दिल नहीं है? हम दो हजार सालों से ब्राह्मणों का भयंकर जुल्म भूलने के लिए तैयार हैं। और वह भी एक उम्मीद पर कि यदि वे खास हक़ हमें मिल गए तो देश के अन्य उदार दिल लोगों की मदद से हम अपने समाज को और राष्ट्र को सही इनसानियत और राष्ट्रीयता के हक़ दिलवा सकते हैं। हमारी सारी राजनीति में इससे ज्यादा उदार, ज्यादा विशाल और ऊँची भावनाएँ क्या कोई हो सकती हैं? इसलिए मैं अपने हिन्दू भाइयों से कहता हूँ कि कम-से-कम अब तो अपनी आदतों को बदलो और हम जो स्वार्थ-त्याग कर रहे हैं, भविष्य की उम्मीदों पर निर्भर होकर हम आज जो खतरा झेलने के लिए तैयार हैं उन पर गम्भीरता से सोचिए। इस सवाल को हम समझदारी से हल करना चाहते हैं। एकता करने की मेरी इच्छा है। उसके लिए मैं तैयार हूँ। लेकिन बड़े दुर्भाग्य से कहना पड़ रहा है कि आज तक इस बारे में हिन्दू समाज का रवैया ठीक नहीं है।

हमने जब अपना सिर ऊँचा उठाया तब उन्होंने हमारी बात का मजाक बनाया। 1932 में पहली बार अछूतों का सवाल उठाया गया। और उन्हें मुस्लिमों की बराबरी का स्थान मिला। उस समय मतदान कमेटी ने सारे देश में घूमकर हर प्रान्त के अछूतों की संख्या खोज निकालने का प्रयास किया। उस समय मुझे हर तरफ यही अनुभव हुआ कि सारे हिन्दू फिर वे पुराने सनातनी हों या स्वयं को प्रगत कहलाने वाले हिन्दू हों, सब एक स्वर में कह रहे थे कि अछूत नाम की कोई चीज नहीं है। संयुक्त प्रान्त, बिहार, पंजाब आदि सभी ओर एक ही स्थिति थी। आखिर ऐसा क्यों? कारण एकदम साफ है। हमारे हिन्दू भाइयों को पता चल गया था कि सरकार विधिमंडल में अछूतों के अलग प्रतिनिधि नियुक्त करनेवाली है। और उन प्रतिनिधियों की संख्या अछूतों की कुल संख्या पर निर्भर रहेगी। सरकार का निर्णय बदलना उनके बस में नहीं था। इसलिए उन्होंने इस तरह का झूठा प्रचार करना शुरू कर दिया था कि देश में अछूत नाम का समाज ही नहीं है। इस तरह से हिन्दू 1932 में घटिया खेल खेल रहे थे। आज वे अनोखा ही जाल फेंक रहे हैं।

गांधी और वायसराय का पत्र-व्यवहार

आप लोगों को यह मालूम ही है कि गांधी और वायसराय का पत्र-व्यवहार प्रकाशित हुआ है। उसमें 15 जुलाई, 1944 का पत्र बहुत ही महत्त्वपूर्ण है। उसमें वायसराय ने कहा है कि युद्ध समाप्त होते ही ब्रिटिश सरकार हिन्दुस्तान को स्वतन्त्रता देने के लिए तैयार है। लेकिन एक शर्त पर और वह यह कि जो संविधान उस समय अमल में आएगा वह हिन्दुस्तान के राष्ट्रीय जीवन की सभी प्रमुख इकाइयों को मंजूर होना चाहिए। और वह प्रमुख इकाइयाँ भी वायसराय ने बताई हैं। अपनी खुशकिस्मती और

हिन्दू भाइयों की बदनसीबी से उन्होंने उसमें अछूतों का भी एक प्रमुख इकाई के रूप में उल्लेख किया है।

अछूतों को स्वतन्त्र प्रतिनिधित्व

इस बारे में कुछ अखबारवाले चिल्ला रहे हैं कि वायसराय का यह मत नया है और क्रिप्स ने ब्रिटिश सरकार की ओर से जो योजना पेश की थी उसमें इस तरह से कुछ नहीं था। मैं ऐसी बातों से नफरत करता हूँ। मुझे यह समझ में नहीं आ रहा है कि वे इस तरह से झूठा और घिनौना प्रचार क्यों कर रहे हैं? हिन्दू समाचार-पत्रों को और सम्पादकों को इस बात को ध्यान में रखना चाहिए कि हम जिन बातों के बारे में बोलना चाहते हैं उसकी उन्हें सही जानकारी हासिल कर लेनी चाहिए। सारी जानकारी हासिल करने के बाद ही उन्हें आलोचना करनी चाहिए।

अछूतों का मतदाता संघ अलग होना चाहिए इस प्रकार की सिफारिश साइमन कमीशन ने कितने आग्रह के बाद की थी, इस बात को बताने की जरूरत नहीं। क्या किसी की यह कहने की हिम्मत है कि अछूत वर्ग इस देश की एक स्वतन्त्र और महत्त्वपूर्ण इकाई नहीं है। फिर गोलमेज परिषद् में सरकार ने उन्हें स्वतन्त्र प्रतिनिधित्व क्यों दिया? अछूत समाज का मतलब हिन्दुओं की कोई शाखा या जाति नहीं, बल्कि वह एक स्वतन्त्र इकाई है। इसीलिए उनके स्वतन्त्र प्रतिनिधि बुलाए गए थे। उसी प्रकार ज्वाइंट पार्लियामेंटरी कमेटी की रिपोर्ट को देखिए। यह पुराना इतिहास है। उसके बाद न जाने कितनी बातें हो चुकी हैं। अछूत समाज स्वतन्त्र इकाई है।

मैं अपने हिन्दू भाइयों को साफ तौर पर कहना चाहता हूँ कि उन्हें अब ये सारी पुरानी मान्यताएँ छोड़ देनी चाहिए। और इसे अच्छा कहिए या बुरा कहिए लेकिन अछूत समाज हिन्दुस्तान की एक स्वतन्त्र इकाई है, इस बात को उन्हें अच्छी तरह समझ लेना चाहिए। मैं उन्हें साफ तौर पर कहना चाहता हूँ कि इस बारे में उन्हें किसी भी प्रकार का सन्देह नहीं होना चाहिए।

गांधी-जिन्ना विवाद

गांधी-जिन्ना की चर्चा के मुख्य सवाल के सम्बन्ध में मुझे कुछ नहीं कहना है। लोग मुझसे पूछते हैं कि आप गांधी-जिन्ना चर्चा के बारे में कुछ क्यों नहीं कह रहे हैं? इस चर्चा के बारे में क्या कहा जाए, यही मेरी समझ में नहीं आ रहा है।

यह दो समूहों के बीच के समझौते का प्रयास सन्देह के घेरे में है। मुझे लगता है कि इन दोनों का दाँव तीसरे को लूटकर स्वयं की भलाई करने का है। मुझे यह भी मालूम

नहीं कि जिन्ना गांधी से क्या चाहते हैं और गांधी जिन्ना से क्या चाहते हैं। लेकिन गांधी ने जिन्ना को जो उचित है उससे कुछ ज्यादा दिया तो वह मेरे हिस्से से देंगे, इस बात का मुझे डर है। इसलिए इस चर्चा से मुझे डर क्यों लग रहा है यह बात आप आसानी से समझ सकते हैं। गांधी की नीति का महत्त्वपूर्ण पहलू है कि देश की सबसे बड़ी पार्टी कांग्रेस की ताकत को बढ़ाना और उसके बल पर ब्रिटिश सरकार के मन में डर पैदा करके अछूतों की माँगों को नजरअंदाज कर उन्हें समझौता करने के लिए मजबूर करना।

जब से जाति का सवाल राजनीतिक एजेंडे पर दिखाई देने लगा तब से गांधी ने अपने सार्वजनिक जीवन में यदि कुछ किया है तो यह कि उन्होंने अछूतों के सवालों को नजरअंदाज करना शुरू किया है।

गांधी ने मुझे गोलमेज परिषद् में अकेला गिराने की बड़ी कोशिश की। हिटलर की भाषा में कहना हो तो उन्होंने मुझे चारों ओर से घेर लिया था। उन्होंने मुझे अकेला कर मेरा सारा समर्थन नष्ट करने का प्रयास किया। बहुत दिनों तक प्रयास असफल होने के बाद कोई भी ईमानदार आदमी जो नहीं करेगा उस तरह की बात उन्होंने की। उन्होंने मुस्लिमों के पास जाकर जिन्ना की उनकी 14 शर्तें मानने की बात कबूल की। लेकिन वह एक शर्त पर कि उन्हें इस 'नालायक अछूत कुत्ते' के साथ कोई बातचीत नहीं करनी चाहिए। इस बात का मेरे पास लिखित प्रमाण है। गोलमेज परिषद् में गांधी और लीग में जो समझौता हुआ है उसका एक लिखित मसौदा मेरे पास है। कम-से-कम इस समय उस तरह से नहीं होगा, इस बात की मुझे उम्मीद है।

अपना उद्‌देश्य क्या है इस बात को अच्छी तरह से समझ लीजिए। शासन करनेवाली जमात बनना ही हमारा उद्‌देश्य है और लक्ष्य है, इस बात को भूलिए नहीं। उसे अपने घरों के दरवाजों पर लिखकर रखिए ताकि आपको हर दिन याद रहे कि जो उम्मीदें हमने सँभालकर रखी हैं, जिसके लिए हम लड़ रहे हैं, वह कोई छोटा-मोटा साधारण लक्ष्य नहीं है। अपना संघर्ष छोटी-बड़ी नौकरी के लिए या सहूलियतों के लिए नहीं है। हमारे दिलो-दिमाग में बड़ी उम्मीदें हैं और शासन करनेवाली जमात बनना यही हमारा लक्ष्य है। उसे अमल में लाने के लिए कितनी मेहनत करनी पड़ेगी, इस बात को आप अच्छी तरह से समझ जाएँगे। यहाँ सिर्फ निवेदनों या शब्दों से कुछ होनेवाला नहीं है। शायद गांधी उसे हवा में उड़ा देंगे।

गांधी और सरकार को भी दिखा देना होगा कि इस समय हमने पूरा निश्चय कर लिया है और सरकार को भी हमें सीधा जवाब देना होगा। अब हम किसी भी प्रकार की बकवासबाजी को नहीं चलने देंगे। हम यह उम्मीद करते हैं कि सरकार ने एक बार जो वायदा किया है वह उसे निभाएगी। लेकिन सरकार की या अन्य किसी की इच्छा पर निर्भर रहने का अब कोई मतलब नहीं है। हम लोगों को खुद पर भरोसा रखना चाहिए। हम लोगों को अपना संगठन मजबूत करना चाहिए। हम लोगों को अपनी छोटी-छोटी कठिनाइयों की ओर ध्यान नहीं देना चाहिए।

मुझे इस शहर के अछूतों में बड़ा उत्साह दिखाई दे रहा है। शायद वह मेरे यहाँ आने से होगा। लेकिन स्थानीय भावना से स्थानीय कार्यक्रम करके अपनी शक्ति बढ़नेवाली नहीं है। हम सभी लोगों को एक राजनीतिक संगठन में होना चाहिए। और दुनिया को दिखा देना चाहिए कि अखिल भारतीय शेडयूल्ड कास्ट फेडरेशन से अखिल भारतीय अछूत समाज एकताबद्ध है।

खैरमोडे, चां.भ.–डॉ. बी.आर. अम्बेडकर चरित्र, खंड-9, पृ. 356-359

वेद और गीता प्रतिक्रान्तिवादी साहित्य

*दि. **24 सितम्बर 1944** को सुबह दस बजे मद्रास के प्रभात टॉकीज में रॅशनल सोसायटी की ओर से डॉ. बाबासाहेब अम्बेडकर का व्याख्यान आयोजित किया गया था। एस. रामनाथ इस व्याख्यान के अध्यक्ष थे। डॉ. अम्बेडकर ने अपने व्याख्यान में कहा–*

अध्यक्ष महोदय, भाइयो और बहनो,

मैं राजनीतिक आदमी हूँ, इसलिए मैं साहित्य, इतिहास और दर्शन पर आधिकारिक व्यक्ति के रूप में नहीं बोल सकता। किन्तु साहित्य, इतिहास और दर्शन का अध्ययन करके मैंने जो समझा है, उसे आज मैं आप लोगों के सामने रखने का प्रयास करूँगा।

प्राचीन भारत में क्रान्ति

हिन्दुस्तान के इतिहास के बारे में बहुत सारी गलत धारणाएँ फैली हुई हैं। कई विद्वान इतिहासकारों ने कहा है कि हिन्दुस्तान में राजनीति थी ही नहीं। प्राचीन भारतीयों ने केवल धर्म, दर्शन और अध्यात्म के सम्बन्ध में लिखने पर ही ध्यान दिया था और वे इतिहास और राजनीति से पूरी तरह अनभिज्ञ थे। कुछ लोगों का ऐसा भी कहना है कि हिन्दी जीवन और समाज एक खास किस्म की फौलादी चौखट में घूम रहा है। और उस चौखट का वर्णन करने के बाद ही इतिहासकार का काम खत्म हो जाता है लेकिन हिन्दुस्तान के प्राचीन इतिहास का अध्ययन करने के बाद मेरी राय इन विद्वानों से एकदम अलग बनी है। इस अध्ययन से मैंने यह देखा है कि दुनिया के किसी भी देश में हिन्दुस्तान की तरह तेज रफ्तारवाली राजनीति नहीं थी। और हिन्दुस्तान ही एक ऐसा राष्ट्र है, जिसमें ऐसी क्रान्तियाँ हुई हैं जो दुनिया के अन्य देशों में नहीं हुईं।

बौद्ध और ब्राह्मण

हिन्दी इतिहास के छात्रों को एक बुनियादी बात ध्यान में रखनी चाहिए जिसे इतिहासकार साफ तौर पर भूल गए लगते हैं। वह यह कि प्राचीन हिन्दुस्तान में बौद्ध

और ब्राह्मणों का जो संघर्ष हुआ है इस महान संघर्ष का इतिहास जैसे कि कुछ इतिहासकारों ने कहा है, उनके मुताबिक यह संघर्ष केवल किसी पन्थ का मामूली झगड़ा नहीं था बल्कि वह सत्य के लिए लड़ी गई एक बहुत बड़ी लड़ाई थी।

बुद्ध ने सत्य की परिभाषा एकदम सरल शब्दों में बताई थी। जिसका ज्ञान इन्द्रियों को हो सके वही सत्य है। दूसरे शब्दों में कहा जाए तो किसी आधिकारिक व्यक्ति द्वारा बताई गई बात ही सत्य है, ऐसा नहीं है। बल्कि ब्राह्मणों का कहना इसके विरोध में था। उनका कहना था कि जो वेद कहता है वही सच है। बौद्ध क्रान्तिकारी थे और ब्राह्मण प्रतिक्रियावादी। फिलहाल हम लोग प्रतिक्रियावादियों के वर्चस्व में हैं। वेदों को पढ़ने के बाद मुझे बड़ा आश्चर्य हुआ कि जिनमें विदूषकी बकवास के अलावा और कुछ नहीं है। फिर इस तरह के ग्रन्थों को प्रमाण ग्रन्थ मानने का आग्रह ब्राह्मण जैसे होशियार लोग क्यों करते हैं? अथर्ववेद में तो सिर्फ जादुई मन्त्रों के अलावा और कुछ नहीं है।

यदि इस्लाम धर्म इस देश में न आया होता तो और भी लम्बे समय तक ब्राह्मणों और बौद्धों के बीच का संघर्ष जारी रहता। दुनिया के इतिहास में स्वतन्त्रता, समानता और भाईचारा आदि सिद्धान्तों की घोषणा करनेवाला बुद्ध ही पहला आदमी था। यह बात भुला दी गई है। और इसी बात की आज हिन्दुस्तान को सबसे बड़ी जरूरत है। यह तथ्य भुला दिया गया क्योंकि क्रान्ति के विरोध में प्रतिक्रान्ति विजयी हुई।

कई लोगों को भगवद्गीता एक धार्मिक ग्रन्थ लगता है। खेद के साथ मुझे यह कहना पड़ रहा है कि मुझे उस किताब में ऐसा कुछ भी दिखाई नहीं दिया। बल्कि इस ग्रन्थ ने नुकसान अधिक किया है। इस ग्रन्थ में ऐसी बातों को सैद्धान्तिक आधार देने का प्रयास किया गया है कि जो बातें बुद्धि की कसौटी पर खरी नहीं उतरतीं।

बुद्ध ने राजनीति, समाज, राज्यशासन, धर्म और बुद्धिवाद में जिस क्रान्ति की नींव रखी थी, वह क्रान्ति आगे असफल रही। और धर्म तथा राजनीति को मिलाकर, चातुर्वर्ण्य को केवल सामाजिक प्रथा के रूप में नहीं बल्कि एक राजनीतिक दर्शन का रूप देने के लिए मनुस्मृति लिखी गई।

बुद्धिवाद से अलग

हमारे सामाजिक और राजनीतिक जीवन की नींव बुद्धिवाद पर होनी चाहिए। हर देश में राजनीतिक नेताओं को किसी न किसी कसौटी पर परखा जाता है। लेकिन गांधी को देखिए। उनके लिए कोई कसौटी नहीं है। वे जो कहेंगे वही सच है। दो साल पहले गांधी ने कहा था कि पाकिस्तान बनना पाप है। सभी कांग्रेसवालों ने उनके स्वर में स्वर मिलाया था। आज गांधी कहते हैं कि पाकिस्तान बनना पाप नहीं है। मुस्लिम जो माँगें, उन्हें देना चाहिए। और कांग्रेसवाले अब इसी स्वर में स्वर मिला रहे हैं। अपने

सामाजिक, राजनीतिक और बौद्धिक जीवन में बुद्धिवाद को किस तरह से अलग किया जाता है उसका यह एक अच्छा उदाहरण है। यदि इस तरह की स्थिति को समाप्त नहीं किया गया तो भविष्य में बहुत बड़ा खतरा पैदा हो सकता है, इसमें कोई शक नहीं है।

सा. जनता : दि. 9 दिसम्बर 1944

वेद और गीता शूद्र-विरोधी ग्रन्थ

***दि. 29 नवम्बर 1944** को पूना में शाम के समय अखिल भारतीय दलित फेडरेशन के जनरल सेक्रेटरी पी.एन. राजभोज ने डॉ. बाबासाहेब अम्बेडकर के सम्मान में चायपार्टी का आयोजन किया था। उस समय वहाँ उपस्थित लोगों को सम्बोधित करते हुए डॉ. अम्बेडकर ने कहा–*

आज भाषण करने की मेरी इच्छा नहीं थी। किसी ने यह आग्रह किया कि मुझे सर तेजबहादुर सप्रू की योजना के बारे में बोलना चाहिए। लेकिन उसके बारे में यहाँ बोलने की मेरी इच्छा नहीं है। मैंने मद्रास में गीता के बारे में जो कहा उस पर पूना के ब्राह्मणों ने अपनी असहमति जाहिर की है। मुझे लगता है कि उनकी बात का जवाब देना उचित है। मेरी बात समझने के लिए पूना में किसी आम सभा का आयोजन किया गया होता तो वहाँ मैंने अपनी बात को रखा होता। लेकिन उस तरह का मौका न मिलने की वजह से इस सभा में मैं अपनी बात रख रहा हूँ।

यह कहा जाता है कि वेद ईश्वर-रचित हैं, अपौरुषेय हैं, इसलिए उनकी आज्ञा का पालन करना चाहिए। लेकिन इस बात का इतिहास में कहीं कोई प्रमाण नहीं है। ब्राह्मणों के अलावा किसी ने भी वेदों को महत्त्व नहीं दिया है और अपने धर्मग्रन्थ के रूप में कभी मान्यता नहीं दी है। वेदों को प्रामाणिक मानने का सिद्धान्त ब्राह्मणों द्वारा बाद में प्रतिपादित किया गया है। इसके प्रमाण 'आश्वलायन गुह्यसूत्र' में मिलते हैं। उस समय ब्राह्मण भी वेदों को प्रामाणिक नहीं मानते थे, इस बात का स्पष्ट उल्लेख है। सामाजिक मूल्य निर्मित होने से पहले लोग पंचायतों के निर्णय को प्रामाणिक मानते थे। उस समय वेदों का चौथा या पाँचवाँ स्थान था। शबर स्वामी ने जनमेजय के सूत्रों को लेकर इस पर भाष्य लिखा है। उसमें पूर्वपक्ष और उत्तरपक्ष रखा गया है। पूर्वपक्ष में वेदों के बारे में उल्लेख है और उसमें वेद-विरोधियों का पक्ष रखा गया है। शबर स्वामी ने कहा है कि ब्राह्मण वेदों की सत्ता को स्वीकार नहीं करते थे। और वेदों के निर्माण का मतलब मूर्खता या पागलपन है, यह दावा किया है। बुद्ध ने वेदों को कभी प्रमाणग्रन्थ के रूप स्वीकार नहीं किया। बुद्ध ने वेदप्रणीत धर्म का सख्त विरोध किया है। यह बुद्ध धर्म शूद्रों का (बहुजन) था और उसने कभी भी वेदों की प्रामाणिकता को स्वीकार नहीं किया था।

मेरी आलोचना की जाती है कि मैं गीता को बिना पढ़े उसकी आलोचना करता

हूँ। लेकिन यह आरोप गलत है। पिछले पन्द्रह सालों से गीता का अध्ययन करने के बाद ही मैंने गीता के सम्बन्ध में अपने विचार रखने शुरू किए हैं।

गीता में खास ऐसा कुछ नहीं है। उसमें विशेष तौर पर दो बातें बताई गई हैं। पहली बात यह कि मरना, मारना, हिंसा पाप है। दूसरी बात वर्णाश्रम धर्म का समर्थन और भक्ति से मोक्ष की प्राप्ति। गीता का अध्ययन करते समय केवल गीता पर निर्भर रहने से गीता का अर्थ समझ में नहीं आएगा। इसलिए गीता के समकालीन अन्य साहित्य का अध्ययन करके ही गीता का अर्थ समझा जा सकता है।

इस देश का प्राचीन इतिहास ध्यान से देखा जाए तो इस बात का पता चलता है कि इस देश में लगभग दो हजार साल तक ब्राह्मण धर्म और बुद्ध धर्म में संघर्ष चला था। इस संघर्ष के दरमियान जो साहित्य लिखा गया उसका स्वरूप धार्मिक नहीं बल्कि राजनीतिक है। देश के सत्ता-स्थानों पर हमारी हुकूमत चले इसलिए ब्राह्मणों ने इस ग्रन्थ की रचना की है।

वेदों का कुछ अनुवाद गीता में किया गया है। लेकिन वेदों में भी ऐसा कौन-सा ज्ञान समाया हुआ है? सचमुच में देखें तो वेद दो ही हैं। ऋग्वेद और अथर्ववेद। मैंने कई बार वेदों को पढ़ा है। उसमें समाज या मानव के उत्थान के लिए तथा नैतिकता के पोषण के बारे में कुछ नहीं कहा गया है। अथर्ववेद में यह बताया गया है कि बीवी प्रेम न करती हो तो क्या करना चाहिए? दूसरे की बीवी को कैसे खुश किया जाय? चोरी कैसे करनी चाहिए? इसके अलावा जलाने-मारने आदि बातों का भी उल्लेख है। वास्तव में वेद जैसे ग्रन्थों में इन विषयों की चर्चा करने की क्या जरूरत थी? ऋग्वेद के पुरुष सूत्र में यह बताया गया है कि ब्राह्मणों से लेकर शूद्रों तक किसे किसके साथ कैसा व्यवहार करना चाहिए। इस बात से बुद्ध का जबर्दस्त विरोध था। और इसी दृष्टि से उन्होंने चातुर्वर्ण्य व्यवस्था की जबर्दस्त आलोचना की है। गीता में कहा गया है कि मारना क्षत्रियों का धर्म है, उनका कर्त्तव्य है। एक का दूसरे को मारना शायद जरूरी हो सकता है लेकिन यह उसका धर्म या कर्त्तव्य नहीं हो सकता। गीता के दूसरे अध्याय में 18 से 39 श्लोकों में वेदों का हवाला देकर इस तरह का विवरण दिया गया है कि आत्मा अविनाशी है, शरीर बुढ़ापे के कारण या अन्य कारणों से नष्ट होगा ही। लेकिन जरा सोचिए किसी हत्या के मामले में वकील ने जज से कहा कि, 'साहब, आत्मा अविनाशी है, तो फिर आप हत्या के मामले में आरोपी को सजा क्यों देते हैं?' वकील के इस तर्क को क्या कहा जाएगा?

बुद्ध धर्म के दर्शन के सामने ऐसे प्रमाणों का टिकना सम्भव नहीं था। बुद्ध के दर्शन ने सामाजिक, मानसिक और राजनीतिक क्रान्ति से शूद्रों को (बहुजन) ऊँचे पदों तक पहुँचाया है। उस काल में कई शूद्रों के राजा होने के प्रमाण मिलते हैं। अपने हाथ से सत्ता छिन जाने के कारण ब्राह्मणों ने पुनः चातुर्वर्ण्य व्यवस्था की नींव को गीता द्वारा मजबूत करने का प्रयास किया। उन्होंने अपने हाथों से खिसक गई देश की सत्ता को पुनः हासिल कर लिया।

भगवद्गीता से पहले वर्णाश्रम धर्म की क्या स्थिति थी इस बात का जैमिनि ने अपने पूर्वमीमांसा ग्रन्थ में अच्छी तरह वर्णन किया है। वेदों की बुद्ध ने नहीं चार्वाक आदि विद्वानों ने भी आलोचना की है। बुद्ध ने वेदों पर हमला किया इसीलिए शूद्रों का (बहुजनों का) सेवाधर्म खत्म हो गया और वे राज्यकर्त्ता बन गए।

श्रीकृष्ण ने सांख्यदर्शन के आधार पर चातुर्वर्ण्य के चौखट का निर्माण किया है। सांख्यदर्शन में त्रिगुणों को स्वीकार किया गया है। गीता में चार गुण, चार वर्णों का मेल किया गया है। आज तक किसी भी विद्वान ने सांख्यदर्शन और गीता में जो असमानता है, उसका अर्थ स्पष्ट करने की कोशिश नहीं की है। श्रीकृष्ण की भगवद्गीता ने चातुर्वर्ण्य को आधार दिया इसीलिए चातुर्वर्ण्य आज तक बरकरार है।

जब मैंने भगवद्गीता का ऐतिहासिक दृष्टि से अध्ययन किया तब मुझे लगा कि पहले यह किताब काले वर्ण (कृष्ण) पर रही होगी। फिर उसके जातिभाइयों मतलब ग्वालों ने उनकी प्रशंसा में कुछ और जोड़ दिया होगा। जो पाँवड़े थे उनमें धर्म और दर्शन नहीं था। उस समय उसमें सिर्फ 60 लोग होने चाहिए थे। बाद में जब ये लोग कृष्ण को भगवान मानने लगे उस समय उनके गाए हुए प्रशंसा गीतों से ही भक्ति-मार्ग बना। इस तरह से श्रीकृष्ण को देवता बनाया गया। बाद में गीता आज के स्वरूप में आई होगी। इसमें मैं किसी की आलोचना नहीं कर रहा हूँ। लेकिन आप लोग जब तक इन ग्रन्थों को प्रमाण मानेंगे तब तक इस दुनिया में आपका उत्थान होनेवाला नहीं है। इस किताब में शूद्रों (बहुजनों) की निन्दा की गई है, अनादर किया गया है। उन पर हर तरह के दोषारोपण किए गए हैं। इससे इनमें हीनभाव पैदा होगा। वे हमेशा के लिए दलित रहेंगे, यह सुनियोजित रूप से किया गया है। आप हम पर उन किताबों को स्वीकार करने और धर्मग्रन्थ के रूप में प्रामाणिक मानने के लिए जोर दें तो भी हम इस बात को कभी स्वीकार नहीं करेंगे। यह हमारे जीवन का एक कार्य है। इन सारी बातों को स्वयं समझकर बाद में उन्हें मुझे अपने लोगों को समझाना है। निचले वर्ग के लोगों को सन्तानहीन करने का, उनको हमेशा के लिए अपने गुलाम बनाए रखने का और उन्हें मटियामेट करने का सुनियोजित ढंग से प्रयास करनेवाला एक विशेष वर्ग भारत के अलावा दुनिया के अन्य किसी भी देश में नहीं दिखाई देगा।

सा. जनता : दि. 9 दिसम्बर 1944।

अनुभवी निर्णायकों की ही समन्वय समिति होनी चाहिए

सन् 1944 में तत्कालीन भारत की राजनैतिक गुत्थियाँ हल करने के लिए सर तेजबहादुर सप्रू ने एक समन्वय समिति गठित की थी। उसमें उन्होंने डॉ. बाबासाहेब अम्बेडकर को भी निमन्त्रित किया था। उसमें उन्होंने कुछ शर्तों पर समिति से असहयोग किया था। उससे सम्बन्धित यह पत्र व्यवहार।

(सर तेजबहादुर सप्रू के पत्र पर डॉ. अम्बेडकर द्वारा लिखा गया जवाबी पत्र।)

दिल्ली
6 दिसम्बर, 1944

प्रिय सर तेज,

पिछले पखवाड़े मैं दौरे पर था। इसलिए जब मैं कल शाम घर पहुँचा तब आपका पत्र और तार मुझे मिले। इस दौरान आपने समिति का कार्य करने के लिए जिन व्यक्तियों के नाम प्रस्तावित किए वे नाम मैंने अखबारों में पढ़े हैं। मुझे बड़े खेद के साथ कहना पड़ता है कि उन नामों के कारण मुझे अपना फैसला बदलना पड़ रहा है।

मैं एक बात कहना चाहता हूँ कि मुझमें विश्वास पैदा न कर सकनेवाले भी कुछ सदस्य उनमें हैं। और उन्होंने जातिवाद में सम्मिलित होकर अल्पसंख्यक लोगों के बारे में पहले ही गलत धारणाएँ बना रखी हैं। आपकी समिति के बारे में मेरी यह सोच थी कि हिन्दुस्तान के अलग-अलग अल्पसंख्यक लोगों के सवाल पर हर तरह से विचार-विमर्श करके वैचारिक न्याय-प्रणाली के सिर्फ अनुभवी निर्णायकों की ही हमारी समिति होगी। और इसीलिए मैंने अपना सहयोग देना तय किया था। लेकिन गठन और उद्‌देश्य की दृष्टि से मुझे आपकी समिति का स्वरूप एकदम अलग लग रहा है। ऐसी

[इस पत्र के जवाब में सर तेजबहादुर सप्रू ने 10 दिसम्बर, 1944 को डॉ. अम्बेडकर को एक जवाबी-पत्र भेजा था। फिर 31 दिसम्बर 1944 को इस सन्दर्भ में डॉ. अम्बेडकर ने अपना स्पष्टीकरण प्रकाशित किया था।]

स्थिति में मैं आपकी समिति के लिए अछूतों के नाम नहीं दे रहा हूँ। जो सदस्य भेदभाव बरतते हैं उन्हें अलग कर समिति का स्वरूप छोटा हो, तभी समिति को अपनी रिपोर्ट प्रस्तुत करनी चाहिए, इस बात को यदि आप स्वीकार करते हैं तो मैं आज भी आपको सहयोग देने के लिए तैयार हूँ।

आपका सहयोगी,
डॉ. बी.आर. अम्बेडकर

मैंने सर तेजबहादुर सप्रू की समिति के साथ सहयोग करने से इनकार किया, इस बात की उन्होंने शिकायत की, इस पर मुझे बड़ा आश्चर्य हुआ। यदि सचमुच किसी को शिकायत करनी चाहिए तो मुझे करनी चाहिए थी। सर सप्रू ने गलत दिशा से काम की शुरुआत की है। यदि उनकी मन से यह इच्छा होती कि जातीय दलों के साथ सम्बन्ध रखनेवाली सभी जमातों को उनकी समिति के साथ सहयोग करना चाहिए तो उन्हें समिति के सदस्य तय करने से पहले अलग-अलग जमातों के नेताओं की स्वीकृति लेनी आवश्यक थी। ऐसा न करने की वजह से मैं उनके साथ सहयोग नहीं कर सकता, इस बात से जब मैंने उन्हें अवगत किया तो इसमें मेरा क्या कसूर है? और उसके लिए सर तेजबहादुर सप्रू को मुझे दोष देना उचित नहीं होगा। साइमन कमीशन के सदस्य उन्हें पसन्द नहीं थे। इसलिए उन्होंने साइमन कमीशन के विरोध और बहिष्कार का आन्दोलन चलाया था।

मैं सहयोग करने के लिए तैयार नहीं हूँ, इतनी ही बात को सर सप्रू ने जाहिर किया। किन्तु आज जिससे मुझे सन्तोष हो इस तरह से यदि वे समिति का पुनर्गठन करने के लिए तैयार हों तो मैं उनसे सहयोग करने के लिए तैयार हूँ, इस बात से मैंने उन्हें सूचित किया था, किन्तु इस बात पर उन्होंने कुछ नहीं कहा।

शायद सर सप्रू को ऐसा लगा हो कि अलग-अलग जमातों ने जो प्रस्ताव मंजूर किए थे उन्हें पढ़कर और ऐरे-गैरे लोगों का सहयोग लेकर यह समिति अपना काम पूरा कर लेगी। बेचारों को यदि ऐसा लगता हो तो लगे। मुझे इस बारे में बस इतना ही कहना है कि मेरे सम्बन्ध में उनकी शिकायत उचित नहीं है।

दल की शाखाएँ स्थापित कर अपनी शक्ति बढ़ाइए

*अखिल भारतीय समता सैनिक दल का दूसरा सम्मेलन **दि. 30 दिसम्बर 1944** को कानपुर में आयोजित किया गया था। इस सम्मेलन को सम्बोधित करते हुए डॉ. बाबासाहेब अम्बेडकर ने कहा–*

समता सैनिक दल के मेरे बहादुर सैनिकों की आज इस संयुक्त प्रान्त में (दल की) दूसरी सभा हो रही है। पिछले 17 सालों से इस दल का कार्य मुम्बई और मध्य प्रान्त में बड़े जोर-शोर के साथ चल रहा है। इन दोनों प्रान्तों में समता सैनिक दल के दस हजार से भी अधिक सैनिक काम कर रहे हैं। मेरे मुम्बई प्रान्त में कुछ साल पहले कांग्रेस के गुंडे-बदमाश लोग हमारी पार्टी या अन्य पार्टियाँ की आम सभाओं में बाधा उत्पन्न कर देते थे।

मैंने 1927 में इस दल की स्थापना की थी। उस दिन से हमारी आम सभा में कांग्रेस के गुंडे-बदमाशों को घुसने की हिम्मत नहीं हुई। एक समय की बात है, मेरे ऑफिस के सामने विरोधी दल की एक बड़ी आम सभा हुई थी। उस सभा में हमारे सैनिक गए और उन्होंने उस सभा की मेज-कुर्सियाँ आदि उठाकर मेरे ऑफिस में रख दीं। वह सामान आज भी मेरे पास उसी तरह पड़ा हुआ है। इस तरह की बातें इन सैनिकों के कार्य का प्रमाण हैं। कहने का मतलब यह है कि अपने सैनिक इतने सचेत हैं कि वे अपनी जिम्मेदारी को अच्छी तरह निभा सकते हैं। इतना मुझे उन पर विश्वास है। इसलिए इस ध्येयवादी दल की शाखाएँ हर प्रान्त, हर शहर और हर गाँव में स्थापित करके अपनी शक्ति बढ़ानी चाहिए।

साप्ताहिक 'जनता' के 6 जनवरी, 1945 के अंक में प्रकाशित।

शब्दानुक्रमणिका

ऐ

क

ख

ग

च

ज

ट

ठ

ड

त

●●●